Johann Gottlieb Fichte's Sämmtliche Werke

Johann Gottlieb Fichte, Immanuel Hermann Fichte

Johann Gottlieb Fichte's

sämmtliche Werke.

Herausgegeben

von

J. H. FICHTE.

Fünfter Band.

Berlin, 1845.

Verlag von Veit und Comp.

Johann Gottlieb Fichte's

sämmtliche Werke.

Herausgegeben

von

J. H. FICHTE.

Zweite Abtheilung.
B. Zur Religionsphilosophie.

Dritter Band.

Berlin, 1845.

Verlag von Veit und Comp.

Vorrede des Herausgebers.

Im vorliegenden fünften Bande der Werke ist Alles zusammengestellt, was, gedruckt oder bisher ungedruckt, Fichte über Religionsphilosophie geschrieben: es umfasst daher auch einen bedeutenden Zeitraum von Veränderungen und Entwickelungen seiner Ansicht (von 1790—1806), in welchem sich deutlich alle die einzelnen Bildungsstufen unterscheiden lassen, welche er, von seiner frühesten vorkantischen Zeit an, bis zur Ausbildung seines Systemes in der zweiten Gestalt durchschritten hat.

Da jedoch in diesem Gebiete mehr, wie bei rein theoretischen Untersuchungen, alle Kräfte der Persönlichkeit zusammenwirken, überhaupt der gesammte Ertrag des Lebens und innerer Erfahrung hier ein wesentlich Mitbedingendes ist: so wird es nöthig, dabei einzelnes Lebensgeschichtliche einzuschalten. Wir erinnern aus der Biographie daran, dass Fichte, ursprünglich zum Studium der Theologie bestimmt, durch die Zweifel und Lücken, welche in den Lehren der Dogmatik ihm zurückblieben, und die er sich philosophisch lösen wollte, nach und nach in den eigentlichen Kreis der Speculation hineingeführt wurde. Hier erschien ihm nun zuerst die deterministische Weltansicht als die folgerichtigste, wenn sie auch einen unversöhnten Zwiespalt zwischen Verstand und Gefühl in ihm zurückliess, und Spinoza, dessen System er auch späterhin als das einzig consequente vor Erfindung des transscendentalen Idealismus bezeichnete, war ihm das Vorbild für jene philosophische Denkweise.

Wie er indess ihn fasste, zeigen einige Stellen aus den (im Jahre 1790 geschriebenen) *„Aphorismen über Religion und Deismus"* (§. 15, a—e), die wir deshalb als ein Zeugniss seiner frühesten Bildungsgeschichte hier aufgenommen haben: sie enthalten offenbar eine lebendigere und idealistischere Auffassung des Determinismus, als sich irgend Etwas in Spinoza's eigentlichem Systeme findet. Die Welt ist das verwirklichte *Gedankensystem* der Gottheit; daher kann auch jede Veränderung derselben, im Ganzen, wie in den einzelnen Weltwesen, ihre erste Ursache nur im Denken Gottes finden. Aber ebendeshalb ist in dieser Gedankenverkettung Alles mit vollendeter Weisheit vorausbestimmt, und so kann es in der bewusstlosen Natur keinen Zufall geben, in der Welt der bewussten Wesen für ein freies Eingreifen keine Stelle übrig seyn: jenes, wie dieses, ist vorausdeterminirt, und „auch, was die gemeine Menschenempfindung Sünde nennt, entsteht aus der nothwendigen, grösseren oder kleineren, Einschränkung endlicher Wesen."

Aber so sehr diese Lehre den menschlichen Verstand befriedigt — fährt er fort, — so giebt es doch Augenblicke, in denen „das Herz" sich an der Speculation rächt, wo es mit heisser Sehnsucht jenem als unerbittlich anerkannten Gotte sich zuwendet, als ob er eines Individuums wegen

seine grossen Plane ändern könne, wo die Empfindung einer sichtbaren Hülfe, einer fast unwidersprechlichen Gebetserhörung, das ganze System zerrüttet.

Wie ist dieser Zwiespalt zu schlichten? „Das einzige
Rettungsmittel wäre, sich jene Speculationen über die Grenz-
linie des menschlichen Bewusstseyns hinaus abzuschneiden.
Aber kann dies Jeder, wenn er will, wenn ihm die specu-
lative Denkungsart schon natürlich, schon mit der ganzen
Wendung seines Geistes verwebt ist?" — Hier bricht das
Fragment ab.

Bei diesen Kämpfen und Widersprüchen, die offenbar
mit dem ganz Persönlichen bestimmter Erlebnisse und Betrachtungen verwebt waren, kam ihm die Kantische Philosophie beschwichtigend entgegen, indem sie gerade den Rechten der Verstandeserkenntniss in Betreff übersinnlicher Dinge
Grenzen setzte. Dies bekennt er ausdrücklich in gleichzei-
tig geschriebenen Briefen (Leben u. Briefwechsel I. S. 128.
144. 45. 149.), und erklärt insbesondere, dass vor der Kantischen Philosophie keiner, der seinen Verstand selbstständig
zu brauchen wusste, anders habe denken können, als er;
auch erinnere er sich nicht, Jemanden gefunden zu haben,
der gegen sein deterministisches System etwas Gründliches
eingewendet hätte. Nur sein Herz hatte es nicht befriedigt.
Und so fasst er den ganzen Umfang seiner damaligen Ueberzeugungen über diese Puncte in folgendes Bekenntniss
an seine Verlobte zusammen (Brief vom 6. December 1790,
a. a. O. S. 128.):

„Ueberhaupt denke ich jetzt über geistige Dinge um
Vieles anders, als sonst. Ich habe die Schwachheit meines
Verstandes in Dingen der Art nur seit Kurzem so gut ken-
nen gelernt, dass ich ihm hierüber nicht gern mehr trauen

mag, er mag sie bejahen oder verneinen. Ich habe seit
meinem Aufenthalte in Leipzig wieder wunderbare Spuren
der Vorsehung erfahren! — Unser Verstand ist eben so hinlänglich für die Geschäfte, die wir auf der Erde zu betrei-
ben haben: mit der Geisterwelt kommen wir nur durch unser Gewissen in Verbindung. Zu einer Wohnung der Gottheit ist er zu enge: für diese ist nur unser Herz ein wür-
diges Haus. Das sicherste Mittel, sich von einem Leben
nach dem Tode zu überzeugen, ist das, sein gegenwärtiges
so zu führen, dass man es wünschen darf. Wer es fühlt,
dass, wenn ein Gott ist, er gnädig auf ihn herabschauen
müsse, den rühren keine Gründe gegen sein Daseyn, und
er bedarf keiner dafür. Wer so viel für die Tugend aufgeopfert hat, dass er Entschädigungen in einem anderen Leben zu erwarten hat, der beweist sich nicht, und glaubt
nicht die Existenz eines solchen Lebens; er fühlt sie. "

Dies leitet uns ein zu seiner ersten selbstständigen
Schrift, der „Kritik aller Offenbarung" (1791), deren wissenschaftlicher Hintergrund eben jene Ueberzeugungen waren.
Sie steht auf Kants Boden, enthält aber schon einen weiteren Ausbau seiner praktischen Philosophie und ist im Plane
des Ganzen und in der Ausführung völlig selbstständig angelegt.
Wie mit dem Naturrechte, so trat auch hierin Fichte Kanten
voran, indem dieser erst zwei Jahre später denselben Gegenstand in seiner Schrift: „Die Religion innerhalb der Grenzen der blossen Vernunft" (1793) behandelte. Die Vergleichung beider Werke ist auch jetzt noch so lehrreich und
erläutert so sehr das innere Verhältniss beider Systeme,
dass wir dabei verweilen müssen.

Fichte erscheint in dieser ersten Schrift noch ganz als
Anhänger Kantischer Lehre, aber er zeigt diesen Inhalt in

einer so selbstständigen systematischen Form, zugleich so
gereinigt von den Zufälligkeiten und Beiwerken ihres ersten
Erscheinens, dass ihr Ergebniss ganz als sein selbsterwor-
benes Eigenthum zu betrachten ist. Aber ebenso ist hier
noch nirgends eine Spur vorhanden, die auf ein Hinausstre-
ben über die Grenzen jener Lehre gedeutet werden könnte,
welche den künftigen Entdecker des Princips von der Identität des Subjectiven und Objectiven errathen liesse, wodurch freilich die Grundansicht, auf welcher diese erste
Schrift ruht, in ihrem Fundamente aufgehoben wurde. Hier
wird noch das Princip eines nur subjectiven Erkennens, einer durch die ursprüngliche Einrichtung unseres endlichen
Erkenntnissvermögens schlechthin bedingten Auffassung aller
Wahrheit, so nachdrücklich behauptet, so entschieden als
eine unüberwindliche Schranke des Geistes betrachtet, als
dies je nur bei Kant geschehen ist. Daher auch die gänzliche Verwerfung, die Fichte später über sein Werk aussprach, indem er es kurzweg als ein, schon da er es druk-
ken liess, für schlecht erkanntes, nachher auch öffentlich
für schlecht erklärtes Buch bezeichnete.*) Wir finden dies
Urtheil ungerecht; denn das Werk ist ebenso reif und consequent nach seinen Prämissen, wie irgend eines der späteren; und der Tadel des Princips müsste auch Kant treffen.
So aber kann diese Strenge gegen sich selbst desto mehr
mit seinem Urtheile über andere Denker versöhnen; sie

---

*) „Die Patrioten, zwei Gespräche" in den *Nachgelassenen Wer-
ken* III. S. 253. Welche äussere Dringlichkeiten ihn übrigens auf Kants
Rath zur Veröffentlichung dieses zufällig entstandenen und ursprünglich nicht für das Publicum bestimmten Werkes veranlassten, ist im
„Leben" (Bd. I. S. 174 f. u. 184.) zu finden.

zeigt seine völlig objective, nur in die Sache versenkte Urtheilsweise.

Vergleichen wir jene beiden Werke untereinander, so ist, trotz der grossen Verschiedenheit in ihrer Anlage und in dem äusseren Gange ihrer Untersuchung, dennoch eine merkwürdige Uebereinstimmung des Grundgedankens und seiner Hauptmotive zwischen ihnen nicht zu verkennen. Sie kann nicht daher rühren, dass in beiden von Kantischen Prämissen ausgegangen wird, denn jener Grundgedanke liegt weit ab von so allgemeinen Principien; ebensowenig kann sie eine bloss zufällige seyn: sie muss daher in einem tieferen, objectiven Sachverhalte ihren Grund haben, dessen Enthüllung sogar jetzt noch von wissenschaftlichem Interesse ist. Auch deshalb halten wir für nöthig, näher auf jenen Parallelismus einzugehen. Wir folgen dabei der Fichteschen Darstellung, nicht nur weil ihr Gedankengang hier uns näher liegt, sondern auch weil er der bündigere ist: Kants Uebereinstimmendes führen wir später an.

Es ist schon erinnert, dass in Fichte's Werk so gut, wie im Kantischen, die philosophischen Principien des Letzteren zur Voraussetzung dienen: Geoffenbarte Religion und der Glaube an sie kann nur praktischer Natur seyn, aus der praktischen Vernunft des Menschen hervorgehen; ebenso darf der letztere nur auf moralischen Gründen beruhen. Dogmen daher von eigenthümlich theoretischem Inhalte, welche der Vernunft für sich selbst unzugänglich seyn sollen, z. B. über das innere Wesen Gottes oder über die Art unserer persönlichen Fortdauer, gehen weder den eigentlichen (moralischen) Inhalt einer Religion etwas an, noch können sie dazu beitragen, sie als Offenbarung zu bestätigen. Es ergiebt sich nemlich, dass alle Vernunftgründe, um die Ansprüche einer Religion auf Offenbarung zu erweisen, sich niemals bis zu dem Argument erstrecken können, sie sey darum als offenbarte erweislich, weil die theoretische Vernunft in ihr überschritten worden: was über die Vernunft hinausliegt, ist zugleich *gegen* die Vernunft; es wäre ein sich selbst aufhebender Widerspruch, auf dergleichen einen Vernunftbeweis gründen zu wollen.

Wenn demnach auch in einer offenbarten Religion der Vernunftinhalt und die Regeln der Vernunft in Prüfung und Auslegung derselben niemals überschritten seyn können: bleibt unter solcher Voraussetzung überhaupt der Begriff einer Offenbarung übrig, bedarf es überall derselben? Und wenn wir dies aus irgend einem anderen Grunde behaupten müssen, welches sind die allgemeingültigen Kriterien, nach welchen eine „*Kritik aller Offenbarung*" zu entscheiden hätte, ob eine bestimmte historische Religion darauf Anspruch habe, offenbarte zu seyn? (So wird von Fichte die Aufgabe seines Werkes gleich anfangs gefasst und eingeleitet; Kant, wiewohl er von der Thatsache eines Bestehens geoffenbarter Religion neben der Vernunftreligion ausgeht, kommt erst mittelbar auf jene Frage zurück; aber er will aus dem Erfolge der Kritik rückwärts das allgemeine Princip einer solchen Kritik erhärten.) —

Urheber der Religion überhaupt kann nur Gott seyn, indem er durch unsere Vernunft sich als moralischer Gesetzgeber verkündigt: — Kant nennt diese die *natürliche,* Fichte, mit einer weniger richtig gebildeten Bezeichnung, die *Naturreligion.* Soll nun vom Unterschiede einer solchen von einer offenbarten Religion die Rede seyn, so kann diese sich nur auf ein *Factum in der Sinnenwelt* gründen, dessen *Causalität* bloss einem übernatürlichen Wesen beigelegt zu werden

vermag, als dessen *Zweck* aber zugleich die moralische Gesetzgebung Gottes sich ankündigen muss. (Da die Philosophie überall auf bestimmte Begriffe und scharf ausgeprägte
Bezeichnungen zu dringen hat, — bemerkt Fichte hierbei sehr
beherzigenswerth auch für unsere Zeit — so darf sie sich
des Ausdrucks „Offenbarung" nur in *diesem* Sinne bedienen,
oder soll sich desselben ganz enthalten.)

Aber hiermit ist weder die Nothwendigkeit, noch die
Wirklichkeit einer Offenbarung bewiesen; nur ihre allgemeine
Möglichkeit hat sich gezeigt, die Vernunft kann diesen Begriff ohne Widerspruch denken. Die Offenbarungslehren
können nur rein moralische Antriebe enthalten, die aber
auf dem Wege sinnlicher Vermittelung an den Menschen gelangen, eben weil er ursprünglich nicht bloss Vernunft-,
sondern auch Sinnenwesen ist. Nur für ein solches Wesen
daher ist Offenbarung im *eigentlichen* Sinne möglich, nicht
für ein reines Vernunftwesen.

Für jenes ergiebt sie sich aber sogar als nothwendig
unter gewissen Bedingungen. Es ist nemlich nicht nur möglich, sondern wahrscheinlich, dass der Mensch im Einzelnen,
oder die Menschheit in bestimmten Zeiträumen, so entartet
und versunken sey, dass das Sittengesetz aus reiner Vernunft seine Wirkung an ihnen verloren habe. Die Maximen
der Bildung nehmen dann den Charakter einer auf sinnliche
Zwecke gerichteten Klugheit an, und werden so Hindernisse,
nicht Förderungsmittel der Sittlichkeit, während der *aprio-
rische* Charakter, den die letztere im Menschen auch dann
noch unläugbar behauptet, sich nur in der Beurtheilung der
Handlungen Anderer, nicht aber als Bestimmungsgrund der
eigenen zeigt.

So verhält es sich denn nun wirklich mit dem Menschen und der Menschheit. In beiden, wie sie uns factisch begegnen, kann die Religion und die Sittlichkeit nicht bloss durch die Macht innerer moralischer Gefühle und Begriffe auf die Dauer wirksam werden. Es bedarf der Religion durch Offenbarung; Gott muss sich ihnen unmittelbar durch die Sinne ankündigen und Gehorsam für die also ertheilten Gebote verlangen. Gott aber vermag dies schlechthin, denn laut des Vernunftpostulates ist Gott als dasjenige Wesen zu denken, in welchem beide Gesetzgebungen, der Natur und der Moralität, schlechthin *Eins* sind, der zugleich aber die Natur dem Moralgesetze gemäss bestimmt. „Für seine Allmacht und in seiner Weltanschauung ist *nichts natürlich und nichts übernatürlich, nichts nothwendig und nichts zufällig, möglich oder wirklich.*" Nur unser endliches Bewusstseyn macht diese Unterschiede und muss sie machen; sie hangen mit der „ursprünglichen Einrichtung" unseres Geistes zusammen: daher *für uns* der Gegensatz von Natur und Moralität, von Nothwendigkeit und Freiheit unüberwindlich ist, der für Gott, d. h. der eigentlichen Wahrheit der Sache nach, nicht besteht.

Hieraus ergeben sich nun die „*Kriterien zur Beurtheilung der Göttlichkeit einer Offenbarung,*" welche insgesammt in den umfassenden Kanon eingehen: „Nur diejenige Offenbarung kann von Gott seyn, welche ein Princip der Moral, das mit der praktischen Vernunft übereinstimmt, und lauter solche moralische Maximen aufstellt, welche sich aus ihr ableiten lassen."

Wenn jedoch jene sämmtlichen Kriterien in einer bestimmten Religion zusammentreffen, welche auf Offenbarung sich zu gründen behauptet, wie bei der christlichen — aber nur bei dieser finden sie sich wirklich und finden sich vollständig:—so hat jener Glaube an ihre Offenbarung für uns völlig subjective Gültigkeit; denn wir können ihr auch vom höchsten Vernunftstandpuncte, um ihres rein sittlichen Inhaltes willen, göttliche Autorität beilegen. Es vereinigt sich nemlich mit dieser Annahme zugleich noch die völlige Sicherheit, dass wir nie des Irrthums in dieser Beurtheilung derselben überführt werden können, wie im Gebiete irgend einer auf theoretischen Gründen ruhenden Probabilität: denn das Moralgesetz ist für alle vernünftigen Wesen und zu jeder Zeit dasselbe; ein Widerspruch gegen dasselbe in einer oder der anderen Hinsicht müsste daher sogleich hervortreten.

So wird theils die Möglichkeit einer Offenbarung *an sich*, theils der Glaube an die Wirklichkeit einer bestimmten, wenn derselbe nur vor dem Richterstuhle der praktischen Vernunft *a priori* seine Gültigkeit erweist, völlig gesichert, alle Einwendungen dagegen werden auf immer abgewiesen und aller Streit darüber auf ewige Zeiten beigelegt.

Dieser Streit ist vollkommen dialektisch: Anerkennung einer Offenbarung ist nicht möglich — sagt der eine Theil; Anerkennung einer Offenbarung ist möglich — sagt der zweite: und so ausgedrückt, widersprechen sich beide Sätze geradezu. „Wenn aber der erste so bestimmt wird: Anerkennung einer Offenbarung aus theoretischen Gründen ist unmöglich" (dies hatte nemlich die vorhergehende Abhandlung ebenso entschieden erwiesen, wie den anderen Theil der Antinomie); „und der zweite: Anerkennung einer Offenbarung um einer Bestimmung des Begehrungsvermögens willen, d. h. ein *Glaube* an dieselbe, ist möglich: so widersprechen sie sich nicht, sondern können beide wahr seyn,

und sind" (in Bezug auf eine bestimmte Religion) „beide
wahr — laut unserer Kritik."

Dies in gedrängter Kürze die leitenden Hauptgedanken
des Fichteschen Werkes. Dieselben, systematisch nur weniger gegliedert und zur Schärfe eines förmlichen Beweises
concentrirt, begegnen uns in Kants Religion innerhalb der
Grenzen der blossen Vernunft. Beide Werke vergleichend,
glauben wir nicht zu irren, wenn wir den Vorzug der bün-
digen Schärfe und der systematischen Gedankenverknüpfung
auch hier auf Fichte's Seite stellen, während Kant durch
den Reichthum sinnreicher Beobachtung und treffender Com-
binationen, diesem, wie fast allen seinen Werken, das Siegel
seines bewundernswürdigen Geistes aufgedrückt hat.

Kant macht eben *den* Gedanken zur Hauptsache, welchen auch Fichte, zwar in bloss gelegentlicher Erwähnung,
einführt, um ihn jedoch gleichfalls zur Hauptwendung seines
Beweises zu benutzen: — dass der Mensch und die Menschheit
niemals *durch sich selbst* zur Sittlichkeit aus rein moralischen
Gründen sich erheben würden, wenn nicht zuerst die Autorität eines Gottes, einer „Offenbarung" dazwischenträte.
Kant ist verschwenderisch an Gründen und Thatsachen zum
Beweise jenes Satzes („*von der Einwohnung des bösen Princips neben dem guten*"): er fasst ihn endlich in das uni-
versale Factum eines „radicalen Bösen" zusammen, und
zeigt ausserdem, dass der Ursprung jenes Bösen im Menschen („des Hanges, subordinirte Triebfedern statt der reinen Moralität in seine Maximen aufzunehmen") nicht in der
Sinnlichkeit, auch nicht in dem bloss endlichen Wesen des
Menschen zu suchen sey; wiewohl er übrigens, von seinem,
dem reflectirenden Standpuncte aus völlig consequent, ihn
für durchaus unbegreiflich erklärt. Hierdurch ist Kant über

Fichte's und einen guten Theil der modernen Auffassung des
Bösen überhaupt hinausgegangen, wo es immer mit blosser
Sinnlichkeit verwechselt oder aus den natürlichen Schran-
ken eines endlichen Wesens hergeleitet wird.

Daraus folgert nun Kant die Autorität und Berechtigung
eines historischen Offenbarungs- (Kirchen-) Glaubens, nach
welchem Gott selbst der Urheber und Verkünder der moralischen Gebote ist und ihre Beobachtung, lohnend oder
strafend, überwacht. Aber auch hier kann nur der reine
(moralische) Religionsglaube der höchste Ausleger desselben
seyn: in seine Autorität läuft Alles zurück.

Dabei bleibt indess eine Seite der Sache völlig unentschieden: Kant untersucht nicht, wie Fichte, die objective
Möglichkeit einer Offenbarung im Begriffe Gottes und den
eigenthümlichen Begriff der Offenbarung selbst. Ihm genügt
die Thatsache, oder noch eigentlicher, ihm genügt die *Annahme,* der *Glaube* an eine solche. Daher nun das Schwankende im ganzen letzten Theile des Werkes. Wenn er auch
im weiteren Verlaufe desselben zeigt, dass der christliche
Glaube, unter der Bedingung einer *moralischen* Auslegung
seiner Hauptdogmen, von allen positiven Religionen dem
reinen Religionsglauben am meisten entspreche: so nimmt
dies hier doch die ganz äusserliche Wendung, dass es für
den Religionslehrer bei dieser Auslegung des Kirchenglau-
bens und der heiligen Schrift weniger darauf ankomme, ihren
objectiven Sinn festzustellen, als durch ihre Auslegung sie
dem moralischen Glauben gemäss zu *machen.* Wie der
Kantische moralische Beweis für das Daseyn Gottes zuletzt
fast nur auf den Rath hinauslief, also zu denken und zu
handeln, „als wenn ein Gott sey:" so verliert sich auch hier
jene bündige und gediegene Beweisführung in den praktischen

Rath: die Offenbarungslehren wenigstens immer moralisch auszulegen.

Ueber dergleichen schwankende Annahmen in beiderlei Hinsicht war nun Fichte schon im Bereiche jener ersten Schrift hinaus: er drang auf ein objectives Wissen und dessen definitive Entscheidung. Zunächst hatte er einen, mit dem Kantischen verglichen, sehr verschärften moralischen Beweis für das Daseyn Gottes und für die vollkommensten Eigenschaften desselben, als moralischen Wesens, gegeben; daraus folgte für ihn die „*objective* Möglichkeit" einer wirklichen Offenbarung, ebenso — unter den angegebenen Bedingungen, über deren Vorhandenseyn beide Denker übereinstimmen, — die „Wahrscheinlichkeit" und die „Zweckmässigkeit" einer solchen. Und so bedurfte er nicht mehr der unentschiedenen Cautel: dass man den Offenbarungsinhalt jedenfalls moralisch auslegen müsse; er konnte positiv sagen: so gewiss Gott objectiv nur als moralischer Gesetzgeber zu denken ist, *kann* die von ihm gegebene Offenbarung nur den reinsten Moralismus enthalten; Beides zeugt schlechthin für einander, und die eine Gewissheit stützt die andere.

Dies endlich, diese ganze, objectiver Erkenntniss zustrebende Tendenz ist ohne Zweifel die hervorragendste Seite jener ersten Schrift Fichte's: der Gedanke einer *objectiven* Metaphysik und speculativen Theologie, auf der Grundlage des Moralismus und der Zuversicht moralischer Freiheit, mochte ihm vorschweben, den er nachher, nur in völlig anderer Weise, wirklich ausgeführt hat, — dadurch schon damals, ohne es freilich gewahr zu werden, von der Kantischen Denkweise bis in die Wurzel sich abscheidend.

***

Man hat in Frage gestellt,*) ob und wiefern Fichte durch
seinen späteren Begriff von Gott als der moralischen Weltordnung, und überhaupt durch seinen Idealismus die oben
entwickelte Offenbarungstheorie zurückgenommen, oder *da-
neben* noch beibehalten habe. Man zeigt dadurch nur, wie
durchaus oberflächlich philosophische Standpuncte in ihrer
Gesammtheit beurtheilt werden. Das *Resultat* jener Theorie
im Einzelnen konnte er späterhin weder ausdrücklich verneinen, noch bestätigen, indem der gesammte Standpunct
so principiell ein anderer geworden war, dass der Grundgedanke der Offenbarungskritik zwar in seiner Tiefe be-
wahrt, aber in völlig neuer Gestalt wiedererzeugt werden
musste. Hiermit sind wir zur zweiten Epoche seiner Religionstheorie gelangt, welche neben dem, was wir darüber
schon aus seiner ersten Sittenlehre kennen, in den hier zum
erstenmale vollständig abgedruckten grösseren und kleineren Abhandlungen dargestellt ist.**)

Zur einleitenden Charakteristik derselben ist jedoch nöthig,
einen etwas weiteren Umblick zu nehmen.

Bei Kant, wie in Fichte's erster Schrift, war Gott eigentlich noch immer das transscendente, jenseits der Welt
liegende, *allerrealste* Wesen des alten Dogmatismus. Nur
wollte man ihn nicht durch objectiv theoretische, sondern
durch vermeintlich bescheidnere Beweise aus unserer moralischen Natur für einen *moralischen Glauben* erhärten. Die

---

*) So z. B. Stäudlin in seiner „Geschichte des Rationalismus
und Supernaturalismus" 1826. S. 190. Note.
**) Man vergleiche N. 3—7. im Inhaltsverzeichnisse dieses Theiles.

Frage blieb bis dahin völlig unerörtert: ob der Begriff eines also *objectivirten*, ein für allemal der Welt entgegengestellten Gottes überhaupt denkbar sey? — und *so* fand Fichte den Stand der Sache, als er mit seinem Systeme hervortrat.

Hatte nun die Wissenschaftslehre entweder gar nichts geleistet, oder den Begriff eines objectivirten „Dinges an sich" völlig und in jeder Gestalt ausgetilgt: so war damit auch der Vorstellung einer solchen *Transscendenz* ein Ende gemacht.*) Wie hätte daher der ganze wissenschaftliche Apparat, welchen die Kritik der Offenbarung darbietet, ihrem Urheber später genügen können? Er war, nach der einmal gewonnenen, — wie wir im Namen der ganzen Philosophie sagen können, wahrhaft gewonnenen Einsicht, für immer überschritten. Dadurch sind wir aber in den Mittelpunct der Streitigkeiten versetzt, welche sich damals an dem neuen Gottesbegriffe entspannen; denn gerade die Läugnung jener objectivirten Transscendenz, die Verneinung Gottes, als des alten „Dinges an sich," der zum erstenmale wieder behauptete Immanenzbegriff war es, welcher jene tiefgreifenden Kämpfe hervorrief, von denen wohl zu behaupten ist, dass sie der Sache nach noch jetzt fortdauern und in verschiedener Gestalt bis in die Gegenwart sich hinabziehen. Jetzt aber, wo die Wissenschaft so viel weiter gerückt ist, können wir im freieren Ueberblicke wohl erkennen, wie nothwendig jener Kampf war, und wie erfolgreich und fruchtbringend die Entwickelungen, welche von jenem Zeitpuncte an, mit verschiedenen Ruhepuncten, aber in genauem Zusammenhange sich fortgesetzt haben.

Wir haben schon anderswo gezeigt: — erst bedurfte

---

*) Vergl. Bd. I. Vorrede S. XVIII. XXI.

die Speculation, den *Immanenzbegriff* in voller Kraft und
Entschiedenheit durchzusetzen; erst musste dieser die Religion und deren Gefühl zu neuem Leben und tieferer Innigkeit wiedererwecken, über die erstorbenen Formen und
überlieferten Begriffe des damaligen theologischen und philosophischen Theismus hinaus — was er allerdings vermag;
denn es ist, neben einer nie zu verläugnenden Seite speculativer Wahrheit, auch ein Element wahrer und tiefer Religiosität in ihm. (Wir dürfen für die damalige Bildungs-
epoche nur an den früheren Spinozismus Fr. Schlegels und
an Schleiermachers Reden über die Religion erinnern, die
in ihrem Verhältnisse zu den „Monologen" gerade von Fichte's
Princip aus den Uebergang bereiten von dem erstarkten
und vertieften Selbstgefühle des Ich zur Hingabe desselben
an das Unendliche.)

In diese neue Epoche der Philosophie geht Fichte nun nicht
mehr ein; vielmehr lässt sich behaupten, dass er damals den
schärfsten und prägnantesten Ausdruck für die Einwendungen gefunden habe, welche die rückwärtsliegende Ansicht
dem Begriffe der absoluten Persönlichkeit Gottes entgegen-
zuhalten pflegt. Bei Fichte finden wir die erste Wurzel und

den wahren Ursprung der Bedenken, die bis auf den heutigen Tag gegen jenen Begriff laut geworden sind.

Zur Bezeichnung seines eigenen Standpunctes hat Fichte übrigens wohl selbst das treffende Wort gefunden, wenn er behauptet (in der „gerichtlichen Verantwortungsschrift"), sein System sey nicht *atheistisch*, sondern vielmehr *akosmistisch* zu nennen, indem es die vermeintliche Realität einer objectiven Sinnenwelt und den Wahn einer von dort aus den Geist beherrschenden Naturnothwendigkeit ganz vernichte, und in die moralische Freiheit des Ich und die sittliche Weltordnung der Iche die einzige Realität und die Offenbarung des Göttlichen setze. —

Aber auch noch ein anderer starrgewordener Gegensatz war bei Kant, wie in der älteren Philosophie und Theologie, zurückgeblieben, der zur Aufhebung gelangen musste, wozu der von Fichte aufgestellte Gottesbegriff und seine Offenbarungstheorie die erste Anregung gaben. Für jene blieb es durchaus bei dem Gegensatze und der wechselseitigen Ausschliessung von natürlicher Religion und geoffenbarter: in der Offenbarung kann Gott nur durch ausserordentliche, über die Naturgesetze hinausgreifende Mittel wirken; daher der ebenso starre Begriff des Wunders. Allgemeine Voraussetzung dabei war einerseits die abstracte Vorstellung von Naturgesetzen, überhaupt von einer, ein für allemal fertig ausgeschaffenen Welt, andererseits von ausserordentlichen, den natürlichen Lauf derselben aufhebenden einzelnen Willenserweisungen Gottes, welche, eben in dieser ausnahmweisen Einzelheit, seine Offenbarung sind. Entschieden hinausgegangen über diese ganze Ansicht und ihre Voraussetzungen ist Fichte in der Kritik der Offenbarung noch nicht, aber er stellt doch in ihr schon die Alternative gegen dieselbe auf: dass Gott ein solches ausserordentliche Eingreifen entweder vorausgesehen habe, — wo es schwierig werde sich zu denken, wie ein so vorausgesehenes Wunder innerlich sich unterscheiden möge von der allgemeinen Vorsehung und der allgemein welterhaltenden Macht Gottes, indem ein dergestalt vorausbestimmtes Wunder ja gleichfalls in der Verkettung der Dinge und in den Naturgesetzen vorbegründet seyn müsse: — oder dass Gott jenes Eingreifen nicht vorausgesehen habe, wo dann der Begriff seiner Allmacht und Vollkommenheit eine schwere Einbusse erleide. Noch entschiedener verräth Fichte in jenem Jugendwerke das in ihm dämmernde Bewusstseyn, dass man mit diesen, selbst von Kant tolerirten Gegensätzen überhaupt im Bereiche ganz ungenügender Begriffe bleibe, indem er zeigt, dass für Gott der Unterschied eines Uebernatürlichen und Natürlichen, Zufälligen oder Nothwendigen völlig ohne Geltung sey, dass uns jene Trennung nur erscheine, indem wir Sinnenwesen sind.

Späterhin hat Fichte nun durch den Einen entscheidenden Schritt seines Idealismus auch jener beschränkenden Bestimmungen und Ausschliesslichkeiten sich durchgreifend entschlagen. Der Begriff der Offenbarung kann ihm nur auf dem universalen Gedanken einer steten und immer fortdauernden Einkehr des göttlichen Geistes im endlichen beruhen: eine solche zeigt sich aber in der Sittlichkeit, und diese vermag auch allein ächte Sittlichkeit hervorzubringen. Im *sittlichen* Ich zunächst wird das Offenbarungselement des göttlichen Geistes nachgewiesen: und zur *Religion* wird diese thaterfüllte, begeisterte Sittlichkeit, indem der Sittliche erkennt, nicht aus sich selbst, sondern durch göttliche Kraft jene Thaten zu vollbringen, indem er seine Eigenheit ganz und mit Bewusstseyn an diese dahingiebt.

Ohne den allgemeinen Gedanken eines solchen Sichoffenbarens, *dem* menschlichen Geiste und *in* ihm, bleibt in jener göttlichen Oekonomie, aus der wahre Religion, Heiligung des Willens und Sittlichkeit stammen, Alles unerklärt und in Dunkel gehüllt. Dies der spätere, nun ganz philosophische Begriff der Offenbarung, wie er den nachfolgenden Schriften Fichte's, besonders auch seiner Abhandlung über Christologie (in der Beilage zur „Religionslehre") zu Grunde liegt.

———

Fassen wir nach diesen allgemeinen Betrachtungen die späteren religionsphilosophischen Arbeiten, welche der vorliegende Band enthält, im Einzelnen ins Auge: so zeigt sich, dass auch diese unter sich in genauem Zusammenhange stehen und die Entwickelung eines einzigen Grundgedankens enthalten, welcher indess, nur in einer mehr Kantischen Hülle und Ausdrucksweise, schon in der Kritik der Offenbarung sich gezeigt hat.

In derselben wird nemlich, noch ganz nach Kantischen Voraussetzungen, die Nothwendigkeit eines Glaubens an Gott daraus erwiesen, dass dieser es allein vermöge, das angemessene Verhältniss zwischen Tugend und Glückseligkeit herzustellen, — im gegenwärtigen, oder wenigstens in dem folgenden Leben. In dieser Auffassung werden beide Begriffe in einem ganz äusseren, zufälligen Verhältnisse zu einander belassen, indem Glückseligkeit für den Tugendhaften wie etwas äusserlich ihm Anzufügendes, durch besondere Veranstaltung zu *Verleihendes* erscheint. Ein etwas reiferes Nachdenken und selbst nur genauere psychologische Re-

flexion kann jedoch zeigen, dass dies ein durchaus unwah-
res, ja unmögliches Verhältniss ist. Gott selbst könnte nicht
— wenn er auch wollte, oder wenn die Voraussetzung eines
solchen Willens in ihm nicht an sich schon ein tiefer Ver-
nunftwiderspruch wäre — Glückseligkeit von Aussen verleihen, indem er uns etwa bloss in einen äusserlich glück-
lichen, paradiesischen Zustand versetzt. Bei diesem passiven Sichanfächelnlassen von endlosem Genuss könnte man
an Lessings Ausspruch von der unendlichen Langenweile
erinnert werden, dessen er sich nach einer anderen Richtung hin bediente, und es sind durchgreifende Misverständnisse, denen wir über diese Dinge bei Theologen, wie Philosophen begegnen, welche ihren Theismus auf sehr verwirrende und der Wahrheit schädliche Weise dadurch be-
thätigen. Fichte hat ihnen, besonders in seiner „Religionslehre" (siebente Vorlesung), mit durchgreifender Entschiedenheit dies nachgewiesen.

Können wir nun Glückseligkeit überhaupt nicht von
Aussen, als accidentellen Zustand, sondern nur aus uns
selbst, durch frische, ungehemmte Lebensthat uns erwerben: so müssen wir ebendarum, von anderer Seite her Kant
beistimmend und seine gewöhnlichen Widerleger zurück-
weisend — behaupten, dass sie etwas Anderes und Höheres sey, denn blosse „Tugend", jener *Zustand* abstracter
Vollkommenheit oder Sittlichkeit, wo man den Geist und
Willen durchaus abtrennt oder losgerissen betrachtet von
seiner Umgebung und Wirkenssphäre und ihn in einsam
abgezogener Selbstgenüge seine Befriedigung finden lassen
will; und von dieser nur abstracten Auffassung ist selbst
Fichte's frühere Moral und Religionslehre nicht freizusprechen.
Auch die äussere Angemessenheit ist ein wesentlich mitbestim-

mendes Moment, um aus der unverkümmerten Individualität, bei Jedem auf eigenthümliche Weise, jene Vollkommenheit zu erzeugen, die gesund und allversöhnend im Selbstgefühle als Befriedigung oder Glückseligkeit empfunden wird. Auch ein künftiger, höherer Zustand derselben kann nur darin bestehen, jene Harmonie zwischen Innerem und Aeusserem zu vollenden, um so dem Genius eines Jeden in dem ihm verwandten Elemente eine freiere, kampflose Selbstdarstellung zu vergönnen: daher auch das ursprüngliche Christenthum gewiss geistiger und tiefer, als irgend eine andere Religion oder als die gewohnten theologischen und philosophischen Vorstellungen darüber, den künftigen Anfang des Himmelreiches von einer völligen Abscheidung des Guten und des Bösen anheben lässt, und an ein Beseitigen aller äusserlich hemmenden Lebensbedingungen anknüpft, worin allein der Grund einer erhöhteren Seligkeit gefunden werden könnte.

Darum muss jedoch von dem höheren Standpunct aus gesagt werden, dass nur Gott Urheber jener Vollkommenheit oder Glückseligkeit in uns, nach den inneren wie äusseren Bedingungen, seyn könne. Fichte aber in seiner „Appellation” fällt, nur nach der anderen Seite hin, in jenen Gegensatz zurück: er ereifert sich seltsam gegen den Begriff der Glückseligkeit, welche er als „Genuss” bezeichnet, — mit ebenso abstracter Entgegenhaltung des Begriffes der reinen Moralität: — das Ich solle kein genussbegehrender Sklave seyn, sondern freier Mitschöpfer Gottes im Reiche der Geister, und Gott selbst sey zu gross, um bloss Genuss zu gewähren, indem sogar ein leidlicher Mensch sich zu einer so verächtlichen Rolle zu gut finden müsse. Dies sind, wie man sieht, Grundmisverständnisse, in welche sich beide

Gegnerschaften zu gleichen Hälften getheilt haben, in denen falsche, erdichtete Abstractionen einer idealistischen Moral und eudämonistischen Glückseligkeitslehre wider einander kämpfen, während sie nirgends in der Wirklichkeit existiren. Die gelungen strebende Tüchtigkeit und die daraus stammende Befriedigung sind selbst die Glückseligkeit, der davon unabtrennliche *Genuss* einer Vollkommenheit, die ebenso verliehen, wie erworben ist. Und so hätte Fichte in seiner Appellation einestheils recht gehabt, jene äusserlich an uns kommende Glückseligkeit — nicht sowohl *abzuweisen*, als vielmehr zu zeigen, dass es dergleichen nicht geben könne, — anderntheils hat er unrecht zu meinen, Glückseligkeit oder deren Genuss seyen etwas so Geringes oder Ueberflüssiges, da sie vielmehr das äussere Zeichen und die Begleiter der inneren Tüchtigkeit oder Tugend sind. —

Jenem älteren, bis auf Kant üblichen Gegeneinanderstellen von Tugend und Glückseligkeit, daher auch von einem Verdienste des Menschen und einer belohnenden Gottheit, sucht nun schon die Offenbarungskritik dadurch zu begegnen, dass sie beide Momente und den Gegensatz zwischen ihnen *in den Menschen selbst* hineinverlegt. Das Verhältniss zwischen Tugend und Glückseligkeit ist eigentlich das zwischen dem höheren (moralischen) und niederen Begehrungsvermögen, zwischen dem Menschen als Vernunft- und als Sinnenwesen, als *Noumenon* und *Phaenomenon*. Hier beschreibt nun Fichte mit grosser psychologischer Schärfe, wie sich die *Ansprüche* des Menschen in letzterer Hinsicht nicht weniger geltend machen müssen, als die *Forderungen* an ihn in ersterer, und wie auch jene auf einem wahren und berechtigten Bedürfnisse beruhen. Aber es musste tiefer gezeigt werden, wie nur aus einem *einzigen* Principe

heraus, aus der im Menschen hergestellten *Einheit,* durch
jene höhere Wiedergeburt, welche nie ohne göttlichen Antheil ist, das Verhältniss von Tugend und Glückseligkeit
richtig ausgeglichen werde. Die *Einheit* wenigstens hat
Fichte späterhin mit Energie zur Geltung gebracht, doch nur
in der Tugend gesucht und als Glückseligkeit verworfen.
Aber damit ging ihm zugleich das Hauptargument des moralischen Beweises für das Daseyn Gottes verloren, zu
welchem er sich in der Offenbarungskritik noch im Wesentlichen bekennt.

Diesem Beweise hat er jedoch sofort eine andere analoge
Wendung gegeben, und auf diese Beweisführung eben den
Glauben an die moralische Weltordnung, das Princip seiner
eigenen Gotteslehre, gegründet. Die Darstellung desselben
macht den Inhalt der kleineren religionsphilosophischen Aufsätze aus, deren leitender Hauptgedanke so zu bezeichnen ist:

Der Sittliche will das Gute, nicht um seiner, sondern
um des Guten willen: so seines reinen Willens bewusst, ist
er selbstbefriedigt, autonom, der absoluten Vernunft gleich;
er bedarf für sich keiner äusseren Glückseligkeit. Wohl
aber muss er schlechthin wollen, dass das Gute auch die
rechten Folgen habe in dem Bereiche der Aussenwelt, sonst
wäre er in Betreff des Heiligsten und Gewissesten für ihn
in einem Selbstwiderspruche befangen: ja ohne diese Zuversicht wäre sogar sein Handeln gehemmt, wenn er glauben könnte, dass je aus Gutgewolltem ein Schlimmes hervorgehen könne. Aber die Folgen seiner Handlungen liegen durchaus über den Bereich seiner Wirkung hinaus: er
kann nur *wollen.*

Demnach muss er mit derselben ursprünglichen, jeden

Zweifel niederschlagenden Evidenz, wie sich in ihm das Sittengebot, als das schlechthin seyn *Sollende* ankündigt, überzeugt seyn, dass das Gute seyn *werde,* dass eine über jede menschliche Macht und Freiheit hinausliegende moralische Ordnung es verwirkliche. Dieser Glaube ist nur Theil jener ursprünglichen moralischen Evidenz, aber zugleich auch der wahre Grund alles Glaubens an ein Göttliches, an einen heiligen, über alles Menschliche hinausliegenden Willen.

Jene ursprüngliche sittliche Evidenz und dieser Glaube ist aber zugleich der erste Ursprung *aller* Gewissheit und Evidenz — „und insofern sagt man ganz richtig: das Element aller Gewissheit ist Glaube;" — denn alle andere, auch die theoretische Gewissheit kann zuletzt nur anknüpfen an jene *moralische:* der einzige Zwang, welcher für ein freies Wesen möglich ist, bleibt der, welchen es sich selbst auferlegt — sich selbst durch jene freiwillige moralische Unterwerfung. Mit dieser That kommt aber zugleich auch Einheit und Harmonie in das theoretische Bewusstseyn: der Zweifel einer skeptischen Reflexion ist für immer überwunden. Die Welt ist das versinnlichte Materiale unserer Pflicht; dies ist das eigentlich Reelle in den Sinnendingen, der wahre Grundstoff aller Erscheinung.

In solchem Zusammenhange und durch solche Vermittelung kann man nun das Princip dieses Glaubens an die Realität der übersinnlichen und der sinnlichen Welt gar wohl Offenbarung nennen, weil es ein durchaus Ursprüngliches ist, ein *zuerst* und *zuletzt* den sonst schrankenlosen Aufflug der Reflexion Bindendes. Der Begriff jener Weltordnung ist nemlich das absolut Erste aller *objectiven* Erkenntniss, gleichwie die Freiheit und sittliche Bestimmung das absolut Erste der subjectiven Erkenntniss ist. Alle übrige objective Erkenntniss kann nur durch jene begründet und bestimmt werden, jene aber durch nichts Anderes; — nicht etwa durch Beweise für das Daseyn Gottes aus einem Daseyn der Sinnenwelt, — weil es ein Ursprünglicheres und Gewisseres gar nicht giebt, als den moralisch-religiösen Glauben und seine Gewissheit.

Hieraus erklären sich nun die bekannten, dem Vorwurfe der Atheisterei unterlegenen Ausdrücke und Wendungen: „Jene lebendige und wirkende moralische Ordnung ist selbst Gott. Wir bedürfen keines anderen Gottes und können keinen anderen fassen." In der theoretischen Vernunft liegt kein Grund und Antrieb, über jenen Begriff hinauszugehen, und das unendlich ordnende sittliche Princip der Welt, jenen „heiligen Willen," als ein *„besonderes"* Wesen, mit Persönlichkeit und Bewusstseyn begabt, zu denken, überhaupt den Begriff der Substanz, des ruhenden Seyns oder Dinges, auf ihn anzuwenden.

Wenn es so gedacht wird, ist es vielmehr durchaus ohne den Begriff der Schranken, der *Endlichkeit,* nicht zu denken: man hat also durch Beilegung solcher Prädicate das unendliche Wesen zu einem endlichen gemacht, nicht Gott gedacht, sondern sich selbst nur im Denken vervielfältigt, ebensowenig daher auch einen höheren Grund der moralischen Weltordnung ausgefunden. Oder — um die eigenen prägnanten Worte Fichte's anzuführen („über den Grund unseres Glaubens" S. 187.):

„Was nennt ihr denn nun Persönlichkeit und Bewusstseyn? Doch wohl dasjenige, was ihr in euch selbst gefunden, an euch selbst kennen gelernt und mit diesem Namen bezeichnet habt? Dass ihr aber dieses ohne Beschränkung und Endlichkeit schlechterdings nicht denkt, noch denken könnt, kann euch die geringste Aufmerksamkeit auf die Construction dieses Begriffes lehren." — — „Ihr könnt aus diesem Wesen die moralische Weltordnung ebensowenig erklären, als ihr sie aus euch erklären könnt; sie bleibt unerklärt und absolut, wie zuvor, und ihr habt in der That, indem ihr dergleichen Worte vorbringt, gar nicht gedacht, sondern mit einem leeren Schalle die Luft erschüttert. Dass es euch so ergehen werde, konntet ihr ohne Mühe voraussehen. *Ihr seyd endlich; und wie könnte das Endliche die Unendlichkeit umfassen und begreifen?"* (In den letzteren Ausspruch besonders hat man damals, wie jetzt, mit den verschiedensten Wendungen und für die verschiedensten Folgerungen, lebhaft eingestimmt.)

Hier kommen jedoch bei Fichte noch ergänzende Bestimmungen hinzu. Nur in Betreff der Schranken und der dadurch bedingten Endlichkeit Gottes verneint er den Begriff eines Bewusstseyns Gottes. Der Materie nach ist die Gottheit lauter Bewusstseyn, reine Intelligenz, geistiges Leben und Thätigkeit. Dieses Intelligente aber in einen Begriff zu fassen und zu beschreiben, wie es von sich und Anderm wisse, ist schlechthin unmöglich. Schon Gott begreifen, ihm Prädicate beilegen wollen, heisst ihn zu einem endlichen Wesen machen, weil ein besonderes Prädicat ihm nur im Gegensatze mit anderen, dadurch von ihm ausgeschlossenen Wesen beigelegt werden könnte. („Verantwortungsschrift" S. 266.; vergl. „Rückerinnerungen" §. 37.) Fichte konnte beinah, und mit mehr theoretischem Rechte, als dieser, auf Jacobi's Satz zurückkommen: dass ein Gott, der gewusst werden solle, ebendarum kein Gott mehr sey.

Noch bestimmter erklärt er sich über diesen Begriff und über sein Verhältniss zum Jacobischen Theismus in einem überhaupt für sein ganzes damaliges System wichtigen Briefe an Reinhold (Leben und Briefwechsel II. S. 305.): „Was mir Persönlichkeit heisse, habe ich in meinem Naturrechte auseinandergesetzt; vielleicht denkt Jacobi etwas anderes Bestimmtes bei diesem Worte; aber was mit dem gewöhnlichen Gebrauche desselben nur die geringste Analogie Habende, das dem Gedanken des Unendlichen nicht geradezu widerspräche? *Bewusstseyn* Gottes möchte noch hingehen. Wir müssen einen Zusammenhang des Göttlichen mit unserem Wissen annehmen, den wir nicht füglich anders, denn als ein Wissen der *Materie* nach denken können, *nur nicht der Form unseres discursiven Bewusstseyns nach. Nur das Letztere läugnete ich, und werde es läugnen, so lange ich meiner Vernunft mächtig bin.*"

Das Treffende der zuletzt gemachten Erinnerung wird wohl keine Speculation in Abrede stellen, welche auch in diesem Gebiete auf klaren und scharfbestimmten Begriffen besteht. Dennoch hätte es hierbei für Fichte selbst nahe gelegen, sich des Kantischen Beweises von der Möglichkeit (Widerspruchlosigkeit), dann aber auch, unter gewissen, weiter nachgewiesenen Bedingungen, — von der Nothwendigkeit des Begriffes eines göttlichen *intellectus archetypus* zu erinnern, in welchem jene, für den endlichen Geist nothwendig auseinanderliegenden Eigenschaften vergegenwärtigender Anschauung und discursiven Denkens eben deshalb zusammenfallen, weil in ihm die Einheit und das höchste Zweckvermittelnde der Welt gedacht werden muss.*) Aber

*) Kants Kritik der Urtheilskraft, 2te Ausg. II. Theil, §. 77. S.

noch näher lag für Fichte die Erinnerung dessen, was er
sich selber dazu vorbereitet in seinem Begriffe des unendlichen Ich und seines Verhältnisses zum endlichen. Wir
haben schon bemerkt, dass dies Verhältniss in den Darstellungen seines Systemes, welche bis zu der hier geschilder-
ten Epoche reichen, das dunkelste und unentwickeltste geblieben sey: er musste erkennen, dass es nur von diesem
Puncte aus aufgehellt und dadurch zugleich der wahre
Begriff der Religion gefunden werden könne, der ja doch
nur das Verhältniss des endlichen Geistes zum absoluten
betreffen kann.   Wenn es nun sich fragt, wie unendliches
Ich, absolute Vernunft u. dgl., kurz jenes Princip der Identität des Subjectiven und Objectiven eigentlich zu denken
sey: so wird es der gründlichen, auf Abschluss dringen-
den Speculation keinesweges genügen, in die Wendung
einzustimmen, die nach Fichte von hier aus unzählige-
mal versucht worden ist: die Wirklichkeit und Perso-
nification desselben nur im unablässigen Setzen endlicher Iche zu suchen: — wo bliebe in dieser endlosen
Verschwemmung die vom Begriffe des Ich unabtrennliche
Einheit, die in der Wirklichkeit der absoluten Vernunft nothwendig mitenthaltene Form des *Bewusstseyns?* Alle jene Bestimmungen können nur im Begriffe eines absoluten Selbstbewusstseyns ihren klar befriedigenden Abschluss finden.
„Reine Intelligenz” aber, allgemeiner Geist, unendliche Sub-
jectivität und Aehnliches, sind unreife, aller Klarheit und
Bestimmtheit entbehrende Halbbegriffe, eben auch nur „leere
Schälle, mit denen man die Luft erschüttert.”

Hier ist daher noch eines tiefer greifenden Irrthums

_____

350. 51., verglichen mit den §§. 85. 86. und der „Anmerkung",
und mit §. 87.

zu erwähnen, dessen Wirkungen bis in die Gegenwart hinabreichen. In jene Argumentationsweise Fichte's gegen die Persönlichkeit Gottes haben die populären Wortführer der nachfolgenden Systeme eingestimmt; es ist zu einem untrüglichen Axiome geworden, dass ein solcher Begriff undenkbar sey, weil er das „Unendliche" Schranken unterwerfe, und man hat lieber zu jenen unklaren und gebrechlichen Vorstellungen seine Zuflucht genommen, bloss um sich mit der bezeichneten Schwierigkeit äusserlich abzufinden. Und dennoch ist sie ein leeres Schreckbild, entstanden aus einem halben, durchaus unvollständigen Begriffe des Absoluten. Als bloss Unendliches es zu fassen, wie das, im Ungefähren der Klarheit haften bleibende, abstracte Denken so sehr es liebt, — heisst es bloss zur Hälfte fassen: es muss noch weit eigentlicher als die absolute, durchdringende *Einheit* seiner Unendlichkeit gedacht werden. *Dieser* Begriff der Einheit eines (*realen*) Unendlichen aber ist es, welcher, gründlich nach seinen Bedingungen erschöpft und vollständig entwikkelt, nur im Begriffe eines absoluten Selbstbewusstseyns seinen Abschluss finden kann.

Ueberhaupt also ergiebt sich, dass die von Fichte zuerst geltend gemachte Auffassung des Bewusstseyns, als lediglich einer *Bestimmung des Endlichen*, selbst nur einseitig sey, und statt auf der speculativen Erfassung seiner reinen Idee zu beruhen, sich vielmehr dadurch als Product einer empirisch - psychologischen Reflexion verräth: als ob jene Idee lediglich in der Endlichkeit eines discursiven, an Zeit- und Raumschranken gebundenen Bewusst*werdens* sich verwirklichen könne, als ob überhaupt *diese* Daseynsform desselben als die einzige erwiesen wäre, da sie vielmehr

***

nicht in jener Idee liegt und einer anderweiten Erklärung bedarf. Zugleich ist es wohl eines der grössten Selbstmissverständnisse und Inconsequenzen der gesammten gegenwärtigen Philosophie, dass sie, welche auf dem Principe eines *intuitiven* Wissens beruht, ja ohne Voraussetzung eines solchen ihre ganze Weltansicht nicht begründen kann, dennoch die Form des discursiven, menschlich-endlichen Bewusstseyns für die einzig mögliche, wie einzig verwirklichte hält, ohne sich mit Entschiedenheit zum wahren Resultate ihres eigenen Princips und zur einzig gründlichen Einsicht erheben zu können, dass jenes intuitive Bewusstseyn eben ewig realisirt seyn, in Gott persönlich existiren müsse. Und hierin gerade finden wir, wie schon gezeigt, die wahre Bedeutung der Wissenschaftslehre in ihrer späteren Gestalt (wie ihre frischesten Darstellungen, die vom Jahre 1801 und 1804, zeigen können), die Idee des absoluten Selbstbewusstseyns in seiner tiefsten Wechseldurchdringung mit dem absoluten *Seyn* erkannt, und die weltschöpferischen Formen dieser ursprünglichsten Synthesis gezeigt zu haben. Sie ist ein grosses Bruchstück für eine speculative Theologie, nicht, wie man sie, wie sie sich selbst grossentheils gedeutet hat, blosse Grundlage zu einer Theorie des menschlichen Bewusstseyns, weshalb es auch ihr nie recht hat gelingen wollen, gerade was das Wissen zum endlichen, menschlichen macht und in die beschränkende Form eines Zeitbewusstseyns einführt, aus jener Ursynthesis vollständig oder befriedigend abzuleiten. Es war hier noch eine weite Lücke auszufüllen, — die aber auch die gegenwärtige Philosophie vorerst nur anzuerkennen und einzugestehen hat. —

Wir haben noch über Fichte's „Anweisung zum seligen

Leben oder die Religionslehre" (1806) ein Wort zu sagen: Man hat diese Vorlesungen nicht selten als Hauptquelle für die Kenntniss seines späteren Systemes betrachtet, und aus ihnen besonders die Behauptung abgezogen, dass Fichte seine nachherigen Ansichten nur in populärem Gewande, nicht in wissenschaftlicher Form darzustellen vermocht: — eine Unterstellung, die bereits vor den in den „Nachgelassenen Werken" gegebenen Urkunden hätte verschwinden müssen, welche jedoch von der Lässigkeit des Nachsprechens hier und da noch wiederholt wird. Wir selbst können die wissenschaftlichen Partien dieser Vorlesungen nicht für so bedeutend anschlagen, als dies gewöhnlich geschieht. Sie sind aus dem Versuche hervorgegangen, das Resultat sehr vermittelter philosophischer Constructionen, frei von aller eigentlichen Kunstsprache, dennoch klar und fasslich auszusprechen, um die religiöse Weltansicht zugleich auf die höchsten wissenschaftlichen Principien zu gründen. Wir müssen ein jedes Unternehmen dieser Art an sich schon für mislich halten, indem, wenn man das eigentliche Verhältniss sich deutlich machen will, die wahre Popularität in philosophischen Dingen doch nur darin bestehen kann, die wissenschaftliche Form oder Begründung selbst zur höchsten Klarheit und Vollendung zu bringen, nicht, diese Form aufzugeben: ein philosophisches Resultat, populär ausgesprochen, ist gerade dies nicht mehr, ist ein, ebendarum unklares, Mittelding; und so liegt im Wesen der Sache schon die Gefahr, nach keiner von beiden Seiten hin sich genugzuthun. Dass ein solches Gefühl den Urheber bei Abfassung dieses Werkes begleitet habe, scheint aus der Form desselben hervorzugehen, welche in wiederholten Ansätzen,

*** 2

in verschiedenen Wendungen und Ausdrücken den philosophischen Grundgedanken des Ganzen fasslich zu machen
strebt. Es ist bekannt, wie Gegner dies als Mangel der
Einheit in seiner Ansicht selbst, als Zeichen innerer Ohn-
macht derselben ihm vorgeworfen haben. Da sich jedoch
in seinen übrigen wissenschaftlichen Darstellungen von einem stückweisen Abbrechen und mislingendem Wiederan-
setzen Nichts findet, da bei ihm vielmehr Alles aus einem
einfachen, gediegenen Mittelpuncte sich ausbreitet, so können wir den Grund jenes Mangels nur in dem an sich ver-
fehlten Unternehmen finden, auf populäre Weise eigentlich
philosophische Resultate mittheilen zu wollen.

So liegt uns die Bedeutung jener Vorlesungen überhaupt nicht in ihrem speculativen Gehalte, sondern in der
Einheit und Tiefe der Gesinnung, welche sie erfüllt. Sie
sprechen den erhabenen Realismus seiner Lehre in seiner
Reinheit und mit begeisterter Kraft aus: — nur dadurch
entfliehen wir dem Scheine, wie der inneren Unseligkeit eines leeren Strebens, nur dadurch kehrt Wahrheit in unser
Wissen ein, wie Zuversicht und Seligkeit in unser Seyn,
wenn das höchste Seyn, Gott, in uns eingeht, wenn wir,
Eins mit ihm geworden, von seinem Inhalte erfüllt, auf eigenthümliche Weise die Ideen darstellen. Nur die *Liebe,*
das Bewusstseyn jener Einheit, überwindet die Reflexion
und ist Gewissheit des Göttlichen, weil Erfülltseyn mit ihm.
Diese ist aber allein Religion, nach dem Christenthum *Glaube,*
im Gegensatze gegen die Werkheiligkeit, und so ist die innerste Einheit der Philosophie, als *Lebens-* oder *Religions-*
lehre (denn auch diese Begriffe erweisen sich als Eins),
mit dem Christenthume gefunden.

Dies der leitende Gedanke jener Vorlesungen, der in den scientifischen Darstellungen des Systems nicht sowohl zurückgedrängt oder vergessen wird — ist er ja vielmehr auch hier der Hintergrund, auf den sich Alles bezieht, — als er dort vielmehr, weil er als *Resultat* aufgewiesen werden soll, leichter übersehen werden kann und übersehen worden ist; woraus das bekannte Urtheil sich ergeben, dass die Wissenschaftslehre nur ein leeres Reflectirsystem sey. In diesem Betrachte, und um dieses inneren Verhältnisses zu den streng wissenschaftlichen Darstellungen können diese Vorlesungen auch als die beste Einleitung in das Studium von jenen betrachtet werden.

Inhaltsanzeige

des fünften Bandes.

Berichtigungen.

(Durch die Entfernung des Herrn Herausgebers vom Druckort
entstanden.)

Band I. Vorrede S.   xi. Zeile 4 v. ob. st. desselben lies derselben.

-       xvi. - 5 v. unten ein Komma nach „Disjunc-
tion" zu setzen.

-      xviii. - 12 v. unten st. unterlegt l. beilegt.

-      xxv. - 5 v. unten st. neuen l. neuern.

Band I. S. 439. - 16 v. oben st. vom Dinge l. von Dinge.

-     - 491. im Citat statt Band V. l. Band VI.

-    II. - 12. Zeile 3 v. unten statt das absolut lies
das absolute.

-    II. - 165. bei dem Titel „Bestimmung des Menschen" ist einzuschalten: „Zweite unveränderte Ausgabe 1802." „Dritte unveränderte Ausgabe 1838.

-   III. Vorrede S. xxxii. Zeile 1 von oben statt neuen
Demokratie lies reinen Demokratie.

Statt transcendent etc. etc. lies überall transscendent.

- populair   - - - - populär.

Aphorismen

über Religion und Deismus.

(Fragment.)

———

1) Die christliche Religion ist auf einige, als anerkannt vorausgesetzte, Sätze gebaut. Ueber diese hinaus findet keine Untersuchung mehr statt.

2) Um den Inhalt dieser Religion genau zu bestimmen, muss man zuerst diese Sätze aufsuchen. Aus ihnen folgt alles Uebrige durch die richtigsten Schlüsse im klarsten Zusammenhange. Eine Sammlung derselben *ohne die geringste Zumischung von philosophischem Räsonnement* wäre ein Kanon dieser Religion.

3) Gott betrachtet sie nur, inwiefern er Beziehung auf Menschen haben kann. Ueber sein objectives Daseyn sind die Untersuchungen abgeschnitten.

4) Es scheint allgemeines Bedürfniss des Menschen zu seyn, in seinem Gotte gewisse Eigenschaften zu suchen, die der erste Schritt zur Speculation ihm *absprechen* muss. Diese wird ihm Gott als ein unveränderliches, keiner Leidenschaft fähiges Wesen zeigen; und sein Herz heischt einen Gott, der sich erbitten lasse, der Mitleiden, der Freundschaft fühle. Diese zeigt ihn als ein Wesen, das mit ihm und mit jedem Endlichen gar keinen Berührungspunct gemein habe; und jenes will einen Gott, dem es sich mittheilen, mit dem es sich gegenseitig modificiren könne.

5) Die Religionen vor Jesu, selbst die jüdische, anfangs mehr und hernach stufenweise weniger, — bedienten sich des Anthropomorphismus, um diese Bedürfnisse des Herzens zu befriedigen.

1*

6) Dieses Mittel war nur so lange zureichend, bis sich die Vernunft der Menschen zu einem consequenteren Begriffe von der Gottheit erhob. In eine Religion für alle Zeiten und Völker passte sie nicht. In der christlichen Religion, die das seyn sollte, wurde das System der Mittlerschaft *) erwählt.

7) Jesu werden alle Eigenschaften Gottes, die sich auf Menschen beziehen können, beigelegt; er ist zum Gotte der Menschen gesetzt. Weiter hinaus, über das objective Wesen Jesu, sind die Untersuchungen abgeschnitten.

8) Jesu werden auch diejenigen Eigenschaften zugeschrieben, die das Herz des Menschen in seinem Gotte sucht, ohne dass sein Verstand sie in ihm findet: — Mitleiden, herzliche Freundschaft, Beweglichkeit. Ein Gesichtspunct der Apostel: Er ist versucht allenthalben, damit er lernte barmherzig seyn, u. dergl. **) Ueber die Art, wie diese zarte Menschlichkeit mit seinen höheren göttlichen Eigenschaften zugleich besteht, sind die Untersuchungen abermals abgeschnitten.

9) Es war Grundsatz der alten Religionen, und auch der neuern, soviel ich sie kenne: dass *Sünde* sey, und dass der Sünder nicht anders, als nach gewissen *Aussöhnungen,* sich Gott nahen könne. Ein Beweis, dass abermals dieser Satz in der allgemeinen Empfindung der nicht speculirenden Menschheit gegründet ist.

10) Die christliche Religion setzt diesen Satz als einen Empfindungssatz voraus, ohne sich auf das *wie* desselben und auf seine objective Gültigkeit einzulassen. — Wer ein Christ wird, bedarf keiner anderweitigen Versöhnung; durch die ver-

---

*) In den heidnischen Religionen waren die Untergötter, besonders die Penaten, Laren etc. recht persönliche Mittler zwischen den Menschen und den höheren Göttern. Da nach Jesu die Menschheit wieder herabsank, entstanden im Papstthum eine Menge Mittler in den Heiligen. Ein Beweis, wie mich dünkt, dass dieses Bedürfniss im Innern der nicht speculirenden Menschheit gegründet ist.

**) Betrachtungen der *Schicksale Jesu* aus diesem Gesichtspuncte, *als Bildung und Darstellung zum menschlichen Gotte der Menschen,* würden ein neues Licht über das Ganze der Religion werfen, und dem geringsten Umstande des Lebens Jesu eine neue Fruchtbarkeit geben.

mittelst des Todes Jesu gestiftete Religion ist jedem, der ihr
herzlich glaubt, der Weg zur Gnade Gottes eröffnet. Wer doch
Bedürfniss eines Versöhnopfers fühlt, der betrachte nur diesen
Tod als das seinige: — das scheinen mir die Apostel zu
sagen.

11) Wenn man von diesen Sätzen ausgeht, so erscheint
alles in der christlichen Religion in dem richtigsten Zusammenhange: geht man mit seiner Untersuchung über sie hinaus,
so verwickelt man sich in unendliche Schwierigkeiten und Widersprüche. *)

12) Diese ersten Grundsätze der Religion gründen sich
mehr auf Empfindungen, als auf Ueberzeugungen: auf das Bedürfniss, sich mit Gott zu vereinigen; auf das Gefühl seines
Sündenelendes und seiner Strafbarkeit u. s. w. Die christliche
Religion scheint also mehr für das Herz bestimmt, als für den
Verstand; sie will sich nicht durch Demonstrationen aufdringen,
sie will aus Bedürfniss gesucht seyn; sie scheint eine Religion
guter und simpler Seelen. — Die Starken bedürfen des Arztes
nicht, sondern die *Kranken*. — Ich bin gekommen, die *Sünder*
zur Busse zu rufen — und dergleichen Aussprüche. — Daher
die Dunkelheit, die sie umschwebt und umschweben *sollte:*
daher, dass sehr mögliche Mittel einer dringenderen Ueberzeugung, z. E. die Erscheinung Jesu vor der ganzen jüdischen
Nation nach seiner Auferstehung, das begehrte Zeichen vom
Himmel u. dergl. — nicht angewendet wurden.

13) Es ist merkwürdig, dass im ersten Jahrhunderte ungelehrte Apostel eben da ihre Untersuchungen abschnitten, wo
der grösste Denker des achtzehnten, Kant, gewiss ohne Rücksicht darauf, die Grenze zieht — bei Untersuchung des objectiven Wesens Gottes; bei den Untersuchungen über Freiheit,
Imputation, Schuld und Strafe.

14) Wenn man diese Grenzen überschreitet, ohne jedoch
seiner Untersuchung ihren freien Gang zu lassen; wenn man

---

*) Selbst Paulus scheint mir in seinem Briefe an die Römer mit seinen
subtilen Untersuchungen über die Gnadenwahl diese Grenzlinie des Christenthums überschritten zu haben.

beim Ausgehen des Denkens sich schon im voraus das **Ziel**
setzt, wo man ankommen will, um, so viel möglich, die Speculation mit den Aussprüchen der Religion zu vereinigen: so
entsteht ein aus sehr ungleichen Materien sehr locker zusam-
mengefügtes, in die Luft gebautes Haus; — bei einem furcht-
samen und weniger Phantasie fähigen Crusius eine religiöse
Philosophie, und bei muthigeren und witzigeren neueren Theologen eine philosophische Religion, oder ein Deismus, der
nicht einmal als Deismus viel taugt. Man macht sich überdies
bei dieser Art von Arbeit verdächtig, dass man nicht sehr ehrlich zu Werke gehe.

15) Geht man mit seinem Nachdenken gerade vor sich hin,
ohne weder rechts noch links zu sehen, noch sich zu kümmern,
wo man ankommen wird: so kommt man, scheint es mir, sicher *) auf folgende Resultate:

a. es ist ein ewiges Wesen, dessen Existenz, und dessen Art
zu existiren, nothwendig ist;

b. nach und durch den ewigen und nothwendigen Gedanken
dieses Wesens entstand die Welt.

c. Jede Veränderung in dieser Welt wird durch eine zureichende Ursache nothwendig so bestimmt, wie sie ist. — Die
erste Ursache jeder Veränderung ist der Urgedanke der
Gottheit.

d. Auch jedes denkende und empfindende Wesen also muss
nothwendig so existiren, wie es existirt. — Weder sein
Handeln, noch sein Leiden kann ohne Widerspruch anders
seyn, als es ist.

---

*) Ich weiss, dass die Philosophen, die auf andere kommen, die ihrigen
ebenso scharf beweisen; aber ich weiss auch, dass sie in der *fortgehenden
Reihe* ihrer Schlüsse zuweilen *inne halten*, um mit *neuen Principien*, die
sich irgend woher geben lassen, eine *neue Reihe* anzufangen. So ist z. B.
dem scharfsinnigsten Vertheidiger der Freiheit, der je war, dem in Kants
Antinomien etc. der *Begriff* der *Freiheit überhaupt* irgendwo anders her
(von der Empfindung, ohne Zweifel) *gegeben*, und er thut in seinem Beweise
nichts, als ihn *rechtfertigen* und *erklären*: da er im Gegentheil in ungestört
fortlaufenden Schlüssen aus den ersten Grundsätzen der menschlichen Erkenntniss nie auf einen Begriff von der Art würde gekommen seyn.

e. Was die gemeine Menschenempfindung *Sünde* nennt, entsteht aus der nothwendigen, grösseren oder kleineren,
Einschränkung endlicher Wesen. Es hat nothwendige
Folgen auf den Zustand dieser Wesen, die ebenso nothwendig, als die Existenz der Gottheit, und also unvertilg-
bar sind.

16) Dieses rein deistische System widerspricht der christlichen Religion nicht, sondern lässt ihr ihre ganze subjective
Gültigkeit; es verfälscht sie nicht, denn es kommt mit ihr nirgends in Collision; es hat keinen schädlichen, sondern bei dem,
der es ganz übersieht, einen überaus nützlichen Einfluss auf
Moralität; es verhindert nicht, sie, als die beste Volksreligion,
zu verehren, und sie denen, die ihrer bedürfen, wenn man
nur ein wenig Consequenz und Empfindlichkeit hat, mit der
innigsten Wärme zu empfehlen: aber es wirkt eine gewisse
Unbiegsamkeit und hindert für seine eigene Person an den angenehmen Empfindungen, die aus der Religion fliessen, Antheil
zu nehmen.

17) Dennoch kann es gewisse Augenblicke. geben, wo das
Herz sich an der Speculation rächt; wo es sich zu dem als
unerbittlich anerkannten Gotte mit heisser Sehnsucht wendet,
als ob er eines Individuums wegen seinen grossen Plan ändern werde: wo die Empfindung einer sichtbaren Hülfe, einer
fast unwidersprechlichen Gebetserhörung das ganze System
zerrüttet — und, wenn das Gefühl des Misfallens Gottes an
der Sünde allgemein ist — wo eine dringende Sehnsucht nach
einer Versöhnung entsteht.

18) Wie soll man einen solchen Menschen behandeln? Im
Felde der Speculation scheint er unüberwindlich. Mit Beweisen der Wahrheit der christlichen Religion ist ihm nicht bei-
zukommen; denn diese gesteht er so sehr zu, als man sie
ihm nur beweisen kann: aber er beruft sich auf die Unmöglichkeit, sie auf sein Individuum anzuwenden. Die Vortheile,
die ihm dadurch entgehen, kann er einsehen; er kann sie mit
der heissesten Sehnsucht wünschen; aber es ist ihm unmöglich, zu glauben. — Das einzige Rettungsmittel für ihn wäre,

sich jene Speculationen über die Grenzlinie hinaus abzuschneiden. Aber kann er das, wann er will? Wenn ihm die Trüg-
lichkeit dieser Speculationen noch so überzeugend bewiesen
wird, — kann ers? kann er es, wenn ihm diese Denkungsart
schon natürlich, schon mit der ganzen Wendung seines Geistes
verwebt ist? — —

Versuch

einer Kritik aller Offenbarung.

Von

Johann Gottlieb Fichte.

Erste Auflage: Königsberg, Hartung. 1792.
Zweite, vermehrte und verbesserte Auflage, 1793.

8

sich jene S;
den. Aber
lichkeit di
wird, — k
schon nat'.
verwebt i

Verehrungswürdigster Mann!

Nicht meine eigene Meinung von dieser Schrift, sondern das vortheilhafte Urtheil würdiger Männer über sie machte mich so kühn, ihr in dieser zweiten Auflage jene für sie so ehrenvolle Bestimmung zu geben.

So wenig mir es zukommt, vor dem Publicum Ihre Verdienste zu rühmen, so wenig würde Ihnen es möglich seyn, selbst von einem würdigeren, das anzuhören: das grösste Verdienst war immer das bescheidenste.

Doch erlaubt selbst die Gottheit ihren vernünftigen Geschöpfen, die Empfindungen ihrer Verehrung und Liebe gegen sie in Worte ausströmen zu lassen, um das Bedürfniss ihres vollen Herzens zu befriedigen, und der gute Mensch versagt es gewiss nicht dem Menschen.

Gewiss nehmen Sie also die aus der gleichen Quelle fliessende Versicherung ähnlicher Empfindungen gütig auf von
Eurer Hochwürdigen Magnificenz

innigstem Verehrer
Johann Gottlieb Fichte.

Vorrede zur ersten Auflage.*)

Dieser Aufsatz heisst ein *Versuch,* nicht als ob man überhaupt bei Untersuchungen der Art blind herumtappen und nach Grund fühlen müsse, und nie ein sicheres Resultat finden könne; sondern darum, weil *ich* mir noch nicht die Reife zutrauen darf, die dazu gehören würde, dies sichere Resultat hinzustellen. Wenigstens war diese Schrift ihrer ersten Bestimmung nach nicht für die Presse; verehrungswürdige Männer beurtheilten sie gütig, und sie waren es, die mir den ersten Gedanken, sie dem Publicum vorzulegen, gaben.

Hier ist sie. Stil und Einkleidung sind meine Sache; der Tadel oder die Verachtung, die diese trifft, trifft nur mich, und das ist wenig. Das Resultat ist Angelegenheit der Wahrheit, und das ist mehr. Dieses muss einer strengen, aber sorgfältigen und unparteiischen Prüfung unterworfen werden: Ich wenigstens verfuhr unparteiisch.

Ich kann geirrt haben, und es wäre ein Wunder, wenn ich es nicht hätte. Welchen Ton der Zurechtweisung ich verdiene, entscheide das Publicum.

Jede Berichtigung, in welchem Tone sie auch abgefasst sey, werde ich dankbar anerkennen; jedem Einwurfe, der mir der Sache der Wahrheit zuwider scheint, begegnen, so gut ich kann. Ihr, der Wahrheit, weihe ich mich feierlich, bei meinem ersten Eintritte ins Publicum. Ohne Rücksicht auf Partei, oder auf eigene Ehre, werde ich immer dafür anerkennen, was ich dafür halte, es komme, woher es wolle, und nie dafür anerkennen, was ich nicht dafür halte. — Das Publicum verzeihe es mir, dieses erste und einzige Mal vor ihm von mir

---

*) Diese Vorrede, und das ächte vom Verfasser mit seinem Namen unterzeichnete Titelblatt wurden durch ein Versehen nicht in der Ostermesse, aber wohl späterhin, mit ausgegeben.   Der Verleger.

gesprochen zu haben. Ihm kann diese Versicherung sehr unwichtig seyn; aber mir war es wichtig für mich selbst, dasselbe zum Zeugen meines feierlichen Gelübdes zu nehmen.

Königsberg, im December 1791.

Vorrede zur zweiten Auflage.

Auch nach dieser zweiten Ausgabe bleibt gegenwärtige Schrift noch immer ein Versuch; so unangenehm es mir auch war, mich der gütigen Meinung, die ein verehrungswürdiger Theil des Publicums etwa von ihrem Verfasser gefasst haben könnte, nur aus einer grossen Entfernung anzunähern. So fest auch meines Erachtens noch die Kritik der Offenbarung auf dem Boden der praktischen Philosophie als ein einzelnes Nebengebäude steht; so kommt sie doch erst durch eine kritische Untersuchung der ganzen Familie, wozu jener Begriff gehört, und welche ich die der Reflexionsideen nennen möchte, mit dem ganzen Gebäude in Verbindung, und wird erst dadurch unzertrennlich mit ihm vereinigt.

Diese Kritik der Reflexionsideen war es, welche ich lieber als eine zweite Ausgabe der gegenwärtigen Schrift hätte geben mögen, wenn meine Musse hingereicht hätte, mehr zu leisten, als ich wirklich geleistet habe. Jedoch werde ich, ohne Anstand, zur Bearbeitung der dafür gesammelten Materialien schreiten, und dann wird diese Schrift eine weitere Auseinandersetzung eines dort nur kurz zu behandelnden Theils jener Kritik seyn.

Was ich in dieser zweiten Ausgabe hinzugefügt oder geändert habe, und warum — wird hoffentlich jeder Kenner selbst bemerken. Einige Erinnerungen, worunter ich deren in den Göttingschen gelehrten Anzeigen mit Achtung erwähne, *) ka-

---

*) Verfasst von C. Fr. Stäudlin; vergl. desselben „Geschichte des Rationalismus und Supranaturalismus.'' Göttingen, 1826, S. 166. (Anm. d. Herausg.)

men mir zu spät zu Gesicht, als dass ich ausdrücklich auf sie hätte Rücksicht nehmen können. Da sie jedoch nicht mein Verfahren im Ganzen treffen, sondern durch eine weitläufigere Erläuterung einzelner Resultate zu heben sind, so hoffe ich in der künftigen Kritik der Reflexionsideen den würdigen Recensenten völlig zu befriedigen.

Noch bin ich eine nähere Bestimmung des in der ersten Vorrede gegebenen Versprechens, mich auf jeden mir ungegründet scheinenden Einwurf gegen diese Kritik einzulassen, dem Publicum schuldig. — Ich konnte dieses Versprechen nur in dem Sinne geben, insofern es mir scheinen würde, dass die Wahrheit selbst, oder ihre Darstellung durch Erörterung der Einwürfe gewinnen könnte; und dieser Zweck scheint mir auf keine würdigere Art erreicht werden zu können, als wenn ich in meinen künftigen Arbeiten auf Einwürfe gegen das, was ich wirklich behaupte, oder zu behaupten scheine — nicht aber etwa gegen das, was ich ausdrücklich läugne — da, wo ich den Urheber derselben nicht mit der grössten Hochachtung nennen könnte, nur stillschweigend Rücksicht nehme.

Zur Jubilate-Messe 1793.

———

Versuch einer Kritik aller Offenbarung.

§. 1.

Einleitung.

Es ist ein wenigstens merkwürdiges Phänomen für den Beobachter, bei allen Nationen, sowie sie sich aus dem Zustande der gänzlichen Rohheit bis zur Gesellschaftlichkeit emporgehoben haben, Meinungen von einer Gegenmittheilung zwischen höheren Wesen und Menschen, — Traditionen von übernatürlichen Eingebungen und Einwirkungen der Gottheit auf Sterbliche, — hier roher, da verfeinerter, aber dennoch allgemein, den Begriff der *Offenbarung* vorzufinden. Dieser Begriff scheint also schon an sich, wäre es auch nur um seiner Allgemeinheit willen, einige Achtung zu verdienen; und es scheint einer gründlichen Philosophie anständiger, seinem Ursprunge nachzuspüren, seine Anmaassungen und Befugnisse zu untersuchen, und nach Maassgabe dieser Entdeckungen ihm sein Urtheil zu sprechen, als ihn geradezu, und unverhört, entweder unter die Erfindungen der Betrüger, oder in das Land der Träume zu verweisen. Wenn diese Untersuchung philosophisch seyn soll, so muss sie aus Principien *a priori,* und zwar, wenn dieser Begriff, wie vorläufig wenigstens zu vermuthen ist, sich bloss auf Religion beziehen sollte, aus denen der praktischen Vernunft angestellt werden; und wird von dem besonderen, das in einer

gegebenen Offenbarung möglich wäre, gänzlich abstrahiren, ja
sogar ignoriren, ob irgend eine gegeben sey, um allgemein für
jede Offenbarung gültige Principien aufzustellen.

Da man bei Prüfung eines Gegenstandes, der so wichtige
Folgen für die Menschheit zu haben scheint, über den jedes
Mitglied derselben sein Stimmrecht hat, und bei weitem die
meisten es in Ausübung bringen, und der daher entweder un-
begrenzt verehrt, oder unmässig verachtet, und gehasst ist, nur
zu leicht von einer vorgefassten Meinung fortgerissen wird; so
ist es hier doppelt nöthig, bloss auf den Weg zu sehen, den
die Kritik vorzeichnet; ihn geradefort, ohne ein mögliches Ziel
in den Augen zu haben, zu gehen, und ihren Ausspruch zu
erwarten, ohne ihn ihr in den Mund zu legen.

§. 2.

Theorie des Willens, als Vorbereitung einer Deduction der Religion überhaupt.

Sich mit dem Bewusstseyn eigener Thätigkeit zur Hervorbringung einer Vorstellung bestimmen, heisst *Wollen;* das Vermögen, sich mit diesem Bewusstseyn der Selbstthätigkeit zu
bestimmen, heisst das *Begehrungsvermögen:* beides in der weitesten Bedeutung. Das Wollen unterscheidet sich vom Begehrungsvermögen, wie das Wirkliche vom Möglichen. — Ob das
im Wollen vorkommende Bewusstseyn der Selbstthätigkeit uns
nicht vielleicht täuschen möge, bleibt vor der Hand ununtersucht und unentschieden.

Die hervorzubringende Vorstellung ist entweder *gegeben,*
insofern nemlich eine Vorstellung gegeben seyn kann, die ihrem *Stoffe* nach, wie aus der theoretischen Philosophie als ausgemacht und anerkannt vorausgesetzt wird; oder die Selbstthätigkeit *bringt* sie auch sogar ihrem Stoffe nach *hervor,* wovon wir die Möglichkeit oder Unmöglichkeit vor der Hand noch
ganz an ihren Ort gestellt seyn lassen.

I.

Der Stoff einer Vorstellung kann, wenn er nicht durch absolute Spontaneität hervorgebracht seyn soll, nur der Recepti-

vität, und dieses nur in der Sinnenempfindung gegeben seyn; —
denn selbst die *a priori* gegebenen Formen der Anschauung
und der Begriffe müssen, insofern sie den *Stoff* einer Vorstellung ausmachen sollen, der Empfindung, in diesem Falle der
inneren, gegeben werden; — folglich steht jedes Object des
Begehrungsvermögens, dem eine Vorstellung entspricht, deren
Stoff nicht durch absolute Spontaneität hervorgebracht ist, unter den Bedingungen der Sinnlichkeit, und ist empirisch. In
dieser Rücksicht also ist das Begehrungsvermögen gar keiner
Bestimmung *a priori* fähig; was Object desselben werden soll,
muss empfunden seyn, und sich empfinden lassen, und jedem
Wollen muss die Vorstellung der *Materie* des Wollens (des
Stoffes der hervorzubringenden Vorstellung) vorhergegangen
seyn.

Nun aber ist mit dem blossen Vermögen, sich durch die
Vorstellung des Stoffes einer Vorstellung zur Hervorbringung
dieser Vorstellung selbst — zu bestimmen, noch gar nicht die
Bestimmung gesetzt, so wie mit dem Möglichen noch nicht das
Wirkliche gesetzt ist. Die Vorstellung nemlich soll nicht bestimmen, in welchem Falle sich das Subject bloss leidend verhielte, — bestimmt *würde,* nicht aber sich *bestimmte,* — sondern *wir* sollen uns durch die Vorstellung bestimmen, welches
„durch" sogleich völlig klar seyn wird. Es muss nemlich ein
Medium seyn, welches von der einen Seite durch die Vorstellung, gegen welche das Subject sich bloss leidend verhält, von
der anderen durch Spontaneität, deren Bewusstseyn der ausschliessende Charakter alles Wollens ist, bestimmbar sey; und
dieses Medium nennen wir *den Trieb.*

Was *von der einen Seite* das Gemüth in der Sinnenempfindung als bloss leidend afficirt, ist der Stoff oder die Materie
derselben; nicht ihre Form, welche ihr vom Gemüthe durch
seine Selbstthätigkeit gegeben wird.*) Der Trieb ist also, in-

---

*) Diese Form der empirischen Anschauung, insofern sie empirisch ist,
ist der Gegenstand des Gefühls des Schönen. *Richtig verstanden* entdeckt
dies einen leichteren Weg zum Eindringen in das Feld der ästhetischen Urtheilskraft.

sofern er auf eine Sinnenempfindung geht, nur durch das Materielle derselben, durch das in dem Afficirtwerden unmittelbar
empfundene, bestimmbar. — Was in der Materie der Sinnenempfindung von der Art ist, dass es den Trieb bestimmt, nennen wir *angenehm*, und den Trieb, insofern er dadurch bestimmt wird, den *sinnlichen* Trieb: welche Erklärungen wir vor
der Hand für nichts weiter, als für Worterklärungen geben.

Nun theilt die Sinnempfindung überhaupt sich in die des
äusseren, und die des *inneren* Sinnes; davon der erstere die
Veränderungen der Erscheinungen im Raume mittelbar, der
zweite die Modificationen unseres Gemüthes, insofern es Erscheinung ist, in der Zeit unmittelbar anschaut; und der Trieb
kann, insofern er auf Empfindungen der ersteren Art geht, der
grobsinnliche, und insofern er durch Empfindungen der zweiten Art bestimmt wird, der *feinsinnliche* genannt werden: aber
in beiden Fällen bezieht er sich doch bloss auf das angenehme,
weil, und *inwiefern* es angenehm ist; ein angemaasster Vorzug des letzteren könnte sich doch auf nichts weiter gründen,
als dass seine Objecte *mehr* Lust, nicht aber eine *der Art nach*
verschiedene Lust gewährten; jemand, der sich vorzugsweise
durch ihn bestimmen liesse, könnte höchstens etwa das von
sich rühmen, dass er sich besser auf das Vergnügen verstehe,
und könnte auch sogar das dem nicht beweisen, der ihn ver-
sicherte: er mache aus seinen feineren Vergnügungen einmal
nichts, er lobe sich seine gröberen; — da das auf den Sinnen-
geschmack ankommt, über den sich nicht streiten lässt; und
da alle angenehme Affectionen des inneren Sinnes sich doch
zuletzt auf angenehme äussere Sensationen dürften zurückführen lassen.

Soll *von der anderen Seite* dieser Trieb durch Spontaneität bestimmbar seyn, so geschieht diese Bestimmung *entweder*
nach gegebenen Gesetzen, die durch die Spontaneität auf ihn
bloss angewendet werden, mithin nicht unmittelbar durch Spontaneität; *oder* sie geschieht ohne alle Gesetze, mithin unmittelbar durch absolute Spontaneität.

Für den ersteren Fall ist dasjenige Vermögen in uns, das
gegebene Gesetze auf gegebenen Stoff anwendet, die Urtheils-

kraft: folglich müsste die Urtheilskraft es seyn, die den sinnlichen Trieb den Gesetzen des Verstandes gemäss bestimmte.
— Dies kann sie nun nicht so thun, wie die Empfindung es
thut, dass sie ihm Stoff gebe, denn die Urtheilskraft giebt überhaupt nicht, sondern sie ordnet nur das gegebene Mannigfaltige unter die synthetische Einheit.

Zwar geben alle oberen Gemüthsvermögen durch ihre Geschäfte reichlichen Stoff *für* den sinnlichen Trieb, aber sie geben ihn nicht *dem* Triebe; ihm giebt sie die Empfindung. Die
Thätigkeit des Verstandes beim Denken, die hohen Aussichten,
die uns die Vernunft eröffnet, gegenseitige Mittheilung der Gedanken unter vernünftigen Wesen u. dergl. sind allerdings er-
giebige Quellen des Vergnügens; aber wir schöpfen aus diesen
Quellen gerade so, wie wir uns vom Kitzel des Gaumens afficiren lassen — durch die Empfindung.

Ferner kann das Mannigfaltige, welches sie *für die Bestimmung des sinnlichen Triebes* ordnet, nicht das *Einer* gegebenen
Anschauung an sich seyn, wie sie es für den Verstand, um es
zum Behuf einer theoretischen Erkenntniss auf Begriffe zu bringen, thun muss; also keine Bestimmung des Stoffes durch Form,
weil der sinnliche Trieb bloss durch den Stoff, und gar nicht
durch Begriffe bestimmt wird; — eine Anmerkung, die für die
Theorie des Begehrungsvermögens sehr wichtig ist, da man
durch Vernachlässigung derselben von ihr aus in das Gebiet
der ästhetischen Urtheilskraft irregeleitet wird: — sondern *mannigfaltige* angenehme Empfindungen. Die Urtheilskraft steht
während dieses Geschäftes ganz und lediglich im Dienste der
Sinnlichkeit; diese liefert Mannigfaltiges, und Maassstab der
Vergleichung: der Verstand giebt nichts, als die Regeln des
Systems.

Der *Qualität* nach ist das zu beurtheilende durch die Empfindung unmittelbar gegeben; es ist positiv *das angenehme,*
welches ebenso viel heisst, als das den sinnlichen Trieb bestimmende, und keiner weiteren Zergliederung fähig ist. Das
Angenehme ist angenehm, weil es den Trieb bestimmt, und es
bestimmt den Trieb, weil es angenehm ist. *Warum* etwas der
Empfindung unmittelbar wohlthue, und *wie* es beschaffen seyn

müsse, wenn es ihr wohlthun solle, untersuchen wollen, hiesse
sich geradezu widersprechen; denn dann sollte es ja auf Begriffe zurückgeführt werden, mithin der Empfindung nicht unmittelbar, sondern vermittelst eines Begriffes wohlthun. Negativ, das unangenehme; limitativ, das indifferente für die Empfindung.

Der *Quantität* nach werden die Objecte des sinnlichen
Triebes beurtheilt ihrer Extension und Intension nach; alles
nach dem Maassstabe der unmittelbaren Empfindung. — Der
Relation nach, wo wieder bloss das angenehme bloss auf das
angenehme bezogen wird: 1) in Absicht seines Einflusses auf
die Beharrlichkeit des Empfindungsvermögens selbst, wie sie
nemlich unmittelbar durch die Empfindung dargestellt wird; 2)
in Absicht seines Einflusses auf Entstehung oder Vermehrung
anderer angenehmer Sinnenempfindungen — der Causalität des
angenehmen aufs angenehme; 3) in Absicht der Bestehbarkeit
oder Nichtbestehbarkeit mehrerer angenehmer Empfindungen
nebeneinander. — Endlich der *Modalität* nach wird beurtheilt:
1) die Möglichkeit, ob eine Empfindung angenehm seyn könne,
nach Maassgabe vorhergegangener Empfindungen ähnlicher Art;
2) die Wirklichkeit — dass sie angenehm sey; 3) die Nothwendigkeit ihrer Annehmlichkeit, wobei der Trieb Instinct wird.

Durch diese Bestimmung des Mannigfaltigen, das in der
Empfindung bloss *angenehm* ist, nach Verstandesgesetzen, —
durch dieses Ordnen desselben entsteht der Begriff des *Glücks;*
der Begriff von einem Zustande des empfindenden Subjectes,
in welchem nach Regeln genossen wird: so dass eine angenehme Empfindung einer anderen von grösserer Intension oder
Extension, — eine, die dem Empfindungsvermögen schadet,
einer anderen, die es stärkt — eine, die in sich isolirt ist, einer anderen, die selbst wieder Ursache angenehmer Empfindungen wird, oder viele andere neben sich duldet, und erhöht
— endlich ein bloss möglicher Genuss, Empfindungen, die nothwendig angenehm seyn müssen, oder die man als wirklich angenehm empfindet, nachgesetzt und aufgeopfert werden. Ein
nach diesem Grundrisse verfertigtes System gäbe eine Glücks-

lehre — gleichsam eine Rechenkunst des Sinnengenusses,*) welche aber keine Gemeingültigkeit haben könnte, da sie bloss empirische Principien hätte. Jeder müsste sein eigenes System haben, da jeder nur selbst beurtheilen kann, was *ihm* angenehm, oder noch angenehmer sey; nur in der Form kämen diese individuellen Systeme überein, weil diese durch die nothwendigen Verstandesgesetze gegeben ist, nicht aber in der Materie. Den Begriff des Glückes so bestimmt ist es völlig richtig, dass wir nicht wissen können, was das Glück des anderen befördere, ja, worein wir selbst in der nächsten Stunde unser Glück setzen werden.

Wird dieser Begriff des Glückes durch die Vernunft aufs unbedingte und unbegrenzte ausgedehnt, so entsteht die Idee der Glückseligkeit, welche, als gleichfalls lediglich auf empirischen Principien beruhend, nie allgemeingültig bestimmt werden kann. Jeder hat in diesem Sinne seine eigene Glückseligkeitslehre: eine auch nur comparativ allgemeine ist unmöglich, und widersprechend.

Aber mit einer solchen *bloss mittelbaren* Bestimmbarkeit des sinnlichen Triebes durch Spontaneität reichen wir zur Erklärung der wirklichen Bestimmung noch gar nicht aus; denn schon für die Möglichkeit dieser Bestimmbarkeit mussten wir wenigstens ein Vermögen, die durch die Empfindung geschehene Bestimmung des Triebes wenigstens *aufzuhalten*, stillschweigend voraussetzen, weil ohne dies eine Vergleichung und Unterordnung des verschiedenen Angenehmen unter Verstandesgesetze, zum Behufe einer Bestimmung des Willens nach den Resultaten dieser Vergleichung, gar nicht möglich wäre. Dieses Aufhalten nemlich kann gar nicht durch die Urtheilskraft selbst nach Verstandesgesetzen geschehen; denn dann müssten Verstandesgesetze auch praktisch seyn können, welches ihrer Natur geradezu widerspricht. Wir müssen demnach den obengesetzten zweiten Fall annehmen: dass dieses Aufhalten *unmittelbar* durch die Spontaneität geschehe.

Aber nicht nur dieses Aufhalten, sondern auch die end-

---

*) Ehemals auch — *Sittenlehre* genannt.

liche wirkliche Bestimmung des Willens kann nicht bloss durch
jene Gesetze vollendet werden; denn alles, was wir nach ihnen in unserem Gemüthe zu Stande bringen, geschiehet mit
dem Gefühle der Nothwendigkeit, welches dem jedes Wollen
charakterisirenden Bewusstseyn der Selbstthätigkeit widerstreitet: sondern sie muss unmittelbar durch Spontaneität geschehen.

Aber man beurtheile das hier gesagte ja nicht zu voreilig,
als ob wir es uns hier bequem machten, und aus unserem Bewusstseyn der Selbstthätigkeit im Wollen unmittelbar auf die
wirkliche Existenz dieser Selbstthätigkeit schlössen. Allerdings
könnte nicht bloss dies Bewusstseyn der Selbstthätigkeit, oder
der Freiheit, welches an sich und seiner Natur nach nicht anders als negativ (eine Abwesenheit des Gefühles der Nothwendigkeit) ist, bloss aus dem *Nicht*bewusstseyn der eigentlichen
erst aufhaltenden, dann bestimmenden Ursache entstehen; sondern wenn wir keinen anderweitigen Grund für Freiheit, d. i.
Unabhängigkeit vom Zwange des Naturgesetzes fänden, *müsste*
es sogar daher entstehen: dann wäre die Jochsche Philosophie
die einzige wahre, und einzige consequente: aber dann gäbe
es auch gar keinen Willen, die Erscheinungen desselben wären erweisbare Täuschungen, Denken und Wollen wären nur
dem Anscheine nach verschieden, und der Mensch wäre eine
Maschine, in der Vorstellungen in Vorstellungen eingriffen, wie
in der Uhr Räder in Räder. (Gegen diese durch die bündig-
sten Schlüsse abzuleitenden Folgerungen ist keine Rettung, als
durch Anerkennung einer praktischen Vernunft, und, was eben
das sagt, eines kategorischen Imperativs derselben.) — Wir
haben also bisjetzt nichts weiter gethan, als den *vorausgesetz-*
ten Begriff eines Willens, insofern er durch das untere Begehrungsvermögen bestimmt seyn soll, analysirt; wir haben gezeigt,
wenn ein Wille sey, wie seine Bestimmung durch den sinnlichen Trieb möglich sey; *dass* aber ein Wille sey, haben wir
bisjetzt weder erweisen gewollt, noch gekonnt, noch zu erweisen vorgegeben. Ein solcher Erweis dürfte vielleicht aus
Untersuchung des oben angenommenen zweiten Falles, — dass
nemlich die durch die Handlung des Willens hervorzubringende
Vorstellung selbst ihrem Stoffe nach, nicht durch Empfindung,

sondern durch absolute Spontaneität, d. i. durch Spontaneität mit Bewusstseyn hervorgebracht sey, — sich ergeben.

II.

Alles, was blosser Stoff ist, und nichts anderes seyn kann, wird durch die Empfindung gegeben; die Spontaneität bringt nur Formen hervor: die angenommene Vorstellung müsste demnach eine Vorstellung von so etwas seyn, das *an sich Form*, und nur als Object einer Vorstellung von ihr, *relativ* (in Beziehung auf diese Vorstellung) *Stoff* wäre; so wie z. B. Raum und Zeit, — an sich Formen der Anschauung — von einer Vorstellung von Raum oder Zeit der Stoff sind.

Formen kündigen sich dem Bewusstseyn nur in ihrer Anwendung auf Objecte an. Nun werden die in der reinen Vernunft ursprünglich liegenden Formen der Anschauung, der Begriffe und der Ideen auf ihre Objecte mit dem Gefühle der Nothwendigkeit angewendet; sie kündigen sich demnach dem Bewusstseyn *mit Zwang*, und *nicht mit Freiheit* an, und heissen daher auch *gegeben*, nicht *hervorgebracht*.

Soll nun jene gesuchte Form sich dem Bewusstseyn als durch absolute Spontaneität hervorgebracht (nicht als mit Zwang gegeben) ankündigen, so muss sie es in Anwendung auf ein durch absolute Spontaneität bestimmbares Object thun. Nun ist das einzige, was unserem Selbstbewusstseyn als ein solches gegeben ist, — *das Begehrungsvermögen;* mithin muss jene Form, objectiv betrachtet, *Form des Begehrungsvermögens* seyn. Wird diese Form Stoff einer Vorstellung, so ist dieser Vorstellung Stoff durch absolute Spontaneität hervorgebracht; wir haben eine Vorstellung, wie wir sie suchten — welches aber die einzige in ihrer Art seyn muss, weil die Bedingungen ihrer Möglichkeit einzig auf das Begehrungsvermögen passen — und die aufgegebene Frage ist gelöst. Dass nun wirklich eine solche ursprüngliche Form des Begehrungsvermögens, und ein ursprüngliches Begehrungsvermögen selbst vermittelst dieser Form sich in unserem Gemüthe dem Bewusstseyn ankündige, ist *Thatsache dieses Bewusstseyns;* und über dieses letzte, einzig allgemeingeltende Princip aller Philosophie hinaus findet keine

Philosophie mehr statt. Durch diese Thatsache nun wird es erst gesichert, *dass* der Mensch einen Willen habe.

In diesem Zusammenhange wird denn auch, welches wir hier bloss im Vorbeigehen erinnern, völlig klar, wie Vorstellungen, nemlich jene einzige, deren Stoff nicht durch Sinnenempfindung gegeben, sondern durch absolute Spontaneität hervorgebracht ist, und die von ihr abgeleiteten, möglich sind, welche über alle Erfahrung in der Sinnenwelt hinausgehen; — wie der *Stoff* dieser Vorstellungen, der reingeistig ist, um ins Bewusstseyn aufgenommen werden zu können, durch die uns für Gegenstände der Sinnenwelt gegebenen *Formen* müsse bestimmt werden; welche Bestimmungen aber, da sie nicht durch die Bedingungen des Dinges an sich, sondern durch die Bedingungen unseres Selbstbewusstseyns nothwendig gemacht wurden, nicht für *objectiv,* sondern nur für *subjectiv* — doch aber, da sie sich auf die Gesetze des reinen Selbstbewusstseyns gründen, für *allgemeingültig* für jeden discursiven Verstand angenommen, aber nicht weiter ausgedehnt werden müssen, als ihre Aufnehmbarkeit ins reine Selbstbewusstseyn es erfordert, weil sie im letzteren Falle ihre Allgemeingültigkeit verlieren würden; endlich, dass dieser Uebergang in das Reich des Uebersinnlichen für endliche Wesen der einzig mögliche sey.

Insofern nun — um den Faden unserer Betrachtung da wieder aufzunehmen, wo wir ihn fallen liessen — insofern dem Begehrungsvermögen ursprünglich seine Form bestimmt ist, wird es nicht erst durch ein gegebenes Object bestimmt, sondern es giebt sich durch diese Form sein Object selbst: d. h. wird diese Form Object einer Vorstellung, so ist diese Vorstellung Object des Begehrungsvermögens zu nennen. Diese Vorstellung nun ist die Idee des *schlechthin rechten.* Auf den Willen bezogen treibt dieses Vermögen, — zu wollen, schlechthin weil man will. Dieses wunderbare Vermögen in uns nun nennt man das *obere* Begehrungsvermögen, und sein charakteristischer Unterschied von dem *niederen* Begehrungsvermögen ist der, dass dem ersteren kein Object gegeben wird, sondern dass es sich selbst eins giebt, dem letzteren aber sein Object gegeben werden muss.   Das erstere ist absolut selbstthätig, das letztere in vieler Rücksicht bloss leidend.

Dass aber dieses obere Begehrungsvermögen, welches auch bloss ein *Vermögen* ist, — ein *Wollen,* als wirkliche *Handlung* des Gemüths, mithin eine empirische Bestimmung, hervorbringe, dazu wird noch etwas mehr erfordert.   Nemlich jedes Wollen, als Handlung des Gemüths betrachtet, geschieht mit dem Bewusstseyn der Selbstthätigkeit.   Nun kann dasjenige, worauf die Selbstthätigkeit in dieser Handlung wirkt, nicht selbst wieder Selbstthätigkeit seyn, wenigstens in dieser Function nicht, sondern es ist, insofern die Spontaneität auf dasselbe wirkt, bloss leidend, mithin eine Affection.   Die dem oberen Begehrungsvermögen *a priori* beiwohnende nothwendige Willensform aber kann nie durch eine im empirischen Selbstbewusstseyn gegebene Spontaneität afficirt werden, welches ihrer Ursprünglichkeit und ihrer Nothwendigkeit schlechthin widersprechen würde.   Soll nun die Bestimmbarkeit des Willens in endlichen Wesen durch jene nothwendige Form nicht ganz aufgegeben werden, so muss sich ein Medium aufzeigen lassen, das von der einen Seite durch die absolute Spontaneität jener Form hervorgebracht, von der anderen durch die Spontaneität im empirischen Selbstbewusstseyn bestimmbar sey.*)   Insofern es das letztere ist, muss es *leidend* bestimmbar, mithin eine *Affection des Empfindungsvermögens* seyn.   Insofern es aber, der ersteren Bedingung gemäss, durch absolute Spontaneität hervorgebracht seyn soll, kann es nicht eine Affection der Receptivität durch gegebene *Materie* — mithin, da sich ausser dieser keine positive Affection des Empfindungsvermögens denken lässt, überhaupt keine positive, sondern nur eine *negative* Affection — eine Niederdrückung, eine Einschränkung desselben seyn.   Nun aber ist das Empfindungsvermögen, insofern es

---

*) Es sind nemlich, bei der charakteristischen Beschaffenheit endlicher Wesen leidend afficirt zu werden, und durch Spontaneität sich zu bestimmen, bei jeder Aeusserung ihrer Thätigkeit Mittelvermögen anzunehmen, die von der einen Seite der Bestimmbarkeit durch Leiden, von der anderen der Bestimmbarkeit durch Thun fähig sind.

blosse Receptivität ist, weder positiv noch negativ durch die Spontaneität, sondern bloss durchs Gegebenwerden eines Materiellen afficirbar; folglich kann die postulirte negative Bestimmung überhaupt nicht die Receptivität betreffen (etwa eine Verstopfung oder Verengerung der Sinnlichkeit an sich seyn); sondern sie muss sich auf die Sinnlichkeit beziehen, *insofern sie durch Spontaneität bestimmbar ist* (s. oben), *sich auf den Willen bezieht, und sinnlicher Trieb heisst.*

Insofern nun diese Bestimmung auf die absolute Spontaneität zurückbezogen wird, ist sie bloss negativ — eine Unterdrückung der willensbestimmenden Anmaassung des Triebes; — insofern sie auf die Empfindung dieser geschehenen Unterdrückung bezogen wird, ist sie positiv, und heisst das *Gefühl der Achtung.* Dieses Gefühl ist gleichsam der Punct, in welchem die vernünftige und die sinnliche Natur endlicher Wesen innig zusammenfliessen.

Um das höchstmöglichste Licht über unseren weiteren Weg zu verbreiten, wollen wir hier noch über dieses wichtige Gefühl, den Momenten des Urtheilens nach, reflectiren. — Es ist nemlich, wie eben jetzt erörtert worden, der *Qualität* nach eine positive Affection des inneren Sinnes, die aus der Vernichtung des sinnlichen Triebes, als *alleinigen* Bestimmungstriebes des Willens, mithin aus Einschränkung desselben entsteht. Die *Quantität* desselben ist *bedingt-bestimmbar*, der Grade der Intension und Extension fähig, in Beziehung der Willensformen empirisch-bestimmbares Wesen auf das Gesetz; — *unbedingt, und völlig bestimmt*, keiner Grade der Intension oder Extension fähig, *Achtung schlechthin*, gegen die einfache Idee des Gesetzes; — *unbedingt, und unbestimmbar*, unendlich, gegen das Ideal, in welchem Gesetz und Willensform Eins ist. Der *Relation* nach bezieht sich dieses Gefühl auf das *Ich*, als Substanz, entweder im *reinen* Selbstbewusstseyn, und wird dann *Achtung unserer höheren geistigen Natur*, die sich ästhetisch im Gefühle des Erhabenen äussert; oder im *empirischen*, in Absicht der Congruenz unserer besonderen Willensformen mit dem Gesetze — *Selbstzufriedenheit*, .— *Scham vor sich selbst*: — oder auf *das Gesetz*, als *Grund* unserer Verbindlich-

keit — die Achtung schlechthin, das Gefühl des nothwendigen
Primats des Gesetzes, und unserer nothwendigen Subordination
unter dasselbe: — oder, auf das *Gesetz als Substanz* gedacht,
— unser Ideal. Endlich der *Modalität* nach ist Achtung *möglich* gegen empirisch bestimmbare vernünftige Wesen; *wirklich*
gegen das Gesetz, und *nothwendig* gegen das alleinheilige
Wesen.

So etwas nun, wie *Achtung* ist, welches wir hier bloss zur
Erläuterung hinzusetzen, ist zwar in allen endlichen Wesen anzunehmen, in denen die nothwendige Form des Begehrungsvermögens noch nicht nothwendig Willensform ist; aber in einem Wesen, in welchem Vermögen und Handlung, Denken und
Wollen Eins ist, lässt sich Achtung gegen das Gesetz gar nicht
denken.

Insofern nun dieses Gefühl der Achtung den Willen, als
empirisches Vermögen, bestimmt; und wieder im Wollen durch
Selbstthätigkeit bestimmbar ist, als zu welchem Behufe wir ein
solches Gefühl in uns aufsuchen mussten, heisst es *Trieb*. —
Trieb aber eines wirklichen Wollens kann es, da kein Wollen
ohne *Selbstbewusstseyn* (der Freiheit) möglich ist, nur durch
Beziehung auf das *Ich,* folglich nur in der Form der *Selbstach-*
tung seyn. — Dass diese Selbstachtung nun entweder **rein,**
schlechthin Achtung der Würde der Menschheit in uns, oder
empirisch, Zufriedenheit über die wirkliche Behauptung derselben, sey, haben wir eben gesagt. Es scheint in der Betrachtung allerdings weit edler und erhabener, sich durch die reine
Selbstachtung, — durch den einfachen Gedanken, ich *muss* so
handeln, wenn ich ein Mensch seyn will, als durch die empirische, — durch den Gedanken, wenn ich so handle, werde
ich als Mensch mit mir zufrieden seyn können, bestimmen zu
lassen: aber in der Ausübung fliessen beide Gedanken so innig ineinander, dass es selbst dem aufmerksamsten Beobachter
schwer werden muss, den Antheil, den der eine oder der andere an seiner Willensbestimmung hatte, genau voneinander
zu scheiden. — Aus dem gesagten erhellet, dass es eine völlig richtige Maxime der Sittlichkeit sey: respectire dich selbst;
und erklärt sich, warum nicht unedle Gemüther vor sich selbst

weit mehr Furcht und Scheu empfinden, als vor der Macht der gesammten Natur, — und den Beifall ihres eigenen Herzens weit höher achten, als die Lobpreisungen einer ganzen Welt.

Insofern nun diese Selbstachtung als *activer,* den Willen zwar nicht nothwendig zum wirklichen Wollen, aber doch thätig zur Neigung bestimmender Trieb betrachtet wird, heisst sie *sittliches Interesse;* welches entweder *rein* ist, — Interesse für die Würde der Menschheit an sich, oder *empirisch* — Interesse für die Würde der Menschheit in unserem empirisch bestimmbaren Selbst. Interesse aber muss nothwendig von einem Gefühle der Lust begleitet seyn, und ein wirklich behauptetes Interesse empirisch ein Gefühl der Lust hervorbringen, daher auch die empirische Selbstachtung sich als Selbstzufriedenheit äussert. Dieses Interesse bezieht sich allerdings auf das Selbst, aber nicht auf die *Liebe,* sondern auf die *Achtung* dieses Selbst, welches Gefühl seinem Ursprunge nach rein sittlich ist. Will man den sinnlichen Trieb den eigennützigen, und den sittlichen den uneigennützigen nennen, so kann man zur Erläuterung das wohl thun; aber mir wenigstens scheint diese Benennung da, wo es um scharfe Bestimmung zu thun ist, unbequem, da auch der sittliche Trieb, um ein wirkliches Wollen zu bewirken, sich auf das Selbst beziehen muss; und empirische Merkmale da, wo man die oben erörterten transscendentalen hat, überflüssig. — Dass aber die ursprüngliche nothwendige Bestimmung des Begehrungsvermögens ein Interesse, und zwar ein alles Sinnliche unterjochendes Interesse hervorbringt, entsteht aus der *kategorisch*-gesetzlichen Form desselben, und ist nur unter dieser Voraussetzung zu erklären.*) Man erlaube mir hierbei einen Augenblick stehenzubleiben.

---

*) Ich füge zur Erläuterung auch hier noch hinzu, dass so etwas, wie Interesse am Guten bloss von endlichen, d. h. empirisch bestimmbaren Wesen gelte, von dem Unendlichen aber gar nicht auszusagen sey: dass mithin in der reinen Philosophie, wo von allen empirischen Bedingungen gänzlich abstrahirt wird, der Satz: das Gute muss schlechthin darum geschehen, weil es gut ist — ohne alle Einschränkung vorzutragen; für sinnlich bestimmbare Wesen aber so einzuschränken ist: das Gute wirkt Interesse, schlechthin darum, weil es gut ist, und dieses Interesse muss den Willen bestimmt haben, es hervorzubringen, wenn die Willensform rein moralisch seyn soll.

Achtung ist das zunächst, und wohl in jedem Menschen sich äussernde wunderbare Gefühl, das aus der ganzen sinnlichen Natur desselben sich nicht erklären lässt,
und auf seinen Zusammenhang mit einer höheren Welt unmittelbar hindeutet. Das wunderbarste dabei ist dies, dass
dieses Gefühl, das an sich doch niederbeugend für unsere Sinnlichkeit ist, von einem unnennbaren, der Art nach von jeder
Sinnenlust gänzlich verschiedenen, dem Grade nach sie unendlich übertreffenden Vergnügen begleitet wird. Wer, der
dieses Vergnügen nur einmal innig empfand, möchte nur z. B.
das Hinstaunen in den tobenden Sturz des Rheinfalls, oder das
Aufblicken an den jeden Augenblick das Herabsinken zu drohen scheinenden ewigen Eismassen, unter dem erhebenden
Gefühle: *ich* trotze eurer Macht *) — oder sein Selbstgefühl
bei der freien und wohl überlegten Unterwerfung auch nur
unter die Idee des allgemeinen nothwendigen Naturgesetzes,
dieses Naturgesetz unterjoche nun seine Neigung oder seine
Meinung — oder endlich sein Selbstgefühl bei der freien Aufopferung seines Theuersten für die Pflicht, gegen irgend einen
sinnlichen Genuss vertauschen? Dass der sinnliche Trieb von
einer, und der reinsittliche Trieb von der anderen Seite im
menschlichen Willen sich die Wage halten, liesse sich wohl
daraus erklären, weil sie beide in einem und ebendemselben Subjecte erscheinen; dass aber der erstere dem letzteren sich so wenig gleichsetzt, dass er vielmehr bei der blos-

---

*) Sollten wir nicht bei der Erziehung mehr auf die Entwickelung des
Gefühls für das Erhabene bedacht seyn? — ein Weg, den uns die Natur
selbst öffnete, um von der Sinnlichkeit aus zur Moralität überzugehen, und
der in unserem Zeitalter uns meist schon sehr früh durch Frivolitäten und
Colifichets, und unter anderen auch durch Theodiceen und Glückseligkeits-
lehren, verdämmt wird. — *Nil admirari — omnia humana infra se posita
cernere* — ist es nicht das unsichtbare Weben dieses Geistes, das uns hier
weniger, da mehr an die klassischen Schriften der Alten anzieht? Was müssten wir bei unseren ohne Zweifel entwickelteren Humanitätsgefühlen gegen
jene bald werden, wenn wir ihnen nur hierin ähnlich werden wollten? und
was sind wir jetzt gegen sie?

sen Idee eines Gesetzes sich niederbeugt, und ein weit inni-
geres Vergnügen aus seiner Nichtbefriedigung, als aus seiner
Befriedigung gewährt — dieses, oder mit einem Worte, das
Kategorische, schlechthin unbedingte und unbedingbare des
Gesetzes deutet auf unseren höheren Ursprung, und auf unsere
geistige Abkunft — ist ein göttlicher Funke in uns, und ein
Unterpfand, dass Wir Seines Geschlechts sind: und hier geht
denn die Betrachtung in Bewunderung und Erstaunen über.
An diesem Puncte stehend verzeiht man der kühnsten Phantasie ihren Schwung, und wird mit der liebenswürdigen Quelle
aller Schwärmereien der Pythagoräer und Platoniker, wenn
auch nicht mit ihren Ausflüssen völlig ausgesöhnt.

Und hierdurch wäre denn auch die Dunkelheit gehoben,
welche noch immer, besonders guten Seelen, die sich des drin-
gendsten Interesse fürs schlechthin Rechte bewusst waren, das
Verstehen des hartscheinenden Ausspruchs der Kritik, dass das
Gute gar nicht auf unsere Glückseligkeit bezogen werden
müsste, erschwerte. Sie haben ganz recht, wenn sie auf ihrem
Selbstgefühle bestehen, dass sie zu wirklich guten Entschliessungen doch nur durch das Interesse bestimmt werden; nur
müssen sie den Ursprung dieses Interesse, wenn ihre Entschliessung rein sittlich war, nicht im Sinnengefühle, sondern in der
Gesetzgebung der reinen Vernunft aufsuchen. Der nächste,
nicht nothwendig bestimmende, aber doch eine Neigung ver-
ursachende Bestimmungsgrund ihres Willens ist freilich das
Vergnügen des inneren Sinnes aus Anschauung des Rechten;
dass aber eine solche Anschauung ihnen Vergnügen macht,
davon liegt der Grund gar nicht in einer etwanigen Affection
der inneren Receptivität durch den Stoff jener Idee, welches
schlechthin unmöglich ist; sondern in der *a priori* vorhandenen nothwendigen Bestimmung des Begehrungsvermögens, als
oberen Vermögens. — Wenn ich also jemanden fragte: würdest du, selbst wenn du keine Unsterblichkeit der Seele glaub-
test, lieber unter tausend Martern dein Leben aufopfern, als
unrecht thun; und er mir antwortete: auch unter dieser Bedingung würde ich lieber sterben, und das *um mein selbst willen,* weil ein unter unsäglichen Martern mich vernichtender

Tod mir weit erträglicher ist, als ein, in dem Gefühle der Un-
würdigkeit zu leben, unter Scham und Selbstverachtung hinzu-
bringendes Leben — so würde er darin, insofern er von dem
empirischen Bestimmungstriebe seiner Entschliessung redete,
völlig recht haben. Dass er aber in diesem Falle sich selbst
würde verachten müssen — dass die Aussicht auf eine solche
Selbstverachtung ihm so drückend wäre, dass er lieber sein
Leben aufopfern, als ihr sich unterwerfen wollte, davon würde
er den Grund vergebens wieder in der Sinnenempfindung aufsuchen, aus welcher er so etwas, wie Achten oder Verachten,
mit aller Mühe nicht würde herauskünsteln können.

Selbst dieses Interesse aber bewirkt noch nicht nothwendig ein wirkliches Wollen; dazu wird in unserem Bewusstseyn
noch eine Handlung der Spontaneität erfordert, wodurch das
Wollen, als wirkliche Handlung unseres Gemüthes, erst vollendet
wird. Die in dieser Function des Wählens dem Bewusstseyn empirisch gegebene *Freiheit der Willkür (libertas arbitrii),* die auch
bei einer Bestimmung des Willens durch die sinnliche Neigung
vorkommt, und nicht bloss in dem Vermögen zwischen der
Bestimmung nach dem sittlichen, oder nach dem sinnlichen
Triebe, sondern auch zwischen mehreren sich widerstreitenden
Bestimmungen durch den letzteren — zum Behuf einer Beurtheilung derselben — zu wählen besteht, ist wohl zu unterscheiden von der absolut ersten Aeusserung der Freiheit durch
das praktische Vernunftgesetz; wo Freiheit gar nicht etwa Willkür heisst, indem das Gesetz uns keine Wahl lässt, sondern
mit Nothwendigkeit gebietet, sondern nur negativ gänzliche Befreiung vom Zwange der Naturnothwendigkeit bedeutet, so dass
das Sittengesetz auf gar keinen in der theoretischen Naturphilosophie liegenden Gründen, als seinen Prämissen, beruhe,
und ein Vermögen im Menschen voraussetze, sich unabhängig
von der Naturnothwendigkeit zu bestimmen. Ohne diese absolut erste Aeusserung der Freiheit wäre die zweite bloss empirische nicht zu retten, sie wäre ein blosser Schein, und das
erste ernsthafte Nachdenken vernichtete den schönen Traum,
in dem wir uns einen Augenblick von der Kette der Naturnothwendigkeit losgefesselt wähnten. — Wo ich nicht irre, so

ist die Verwechselung dieser zwei sehr verschiedenen Aeusserungen der Freiheit eine der Hauptursachen, warum man sich
die *moralische* (nicht etwa physische) *Nothwendigkeit,* womit
ein Gesetz der *Freiheit* gebieten soll, so schwer denken konnte.
Denkt man nemlich in den Begriff der Freiheit das Merkmal
der *Willkür* hinein (ein Gedanke, dessen noch immer viele
sich nicht erwehren können), so lässt damit sich freilich auch
die *moralische* Nothwendigkeit nicht vereinigen. Aber davon
ist bei der ersten ursprünglichen Aeusserung der Freiheit,
durch welche allein sie sich überhaupt bewährt, gar nicht die
Rede. Die Vernunft giebt sich selbst, unabhängig von irgend
etwas ausser ihr, durch absolut eigene Spontaneität, ein Gesetz;
das ist der einzig richtige Begriff der transscendentalen Freiheit: dieses Gesetz nun gebietet, eben *weil* es *Gesetz* ist, nothwendig und unbedingt, und da findet keine Willkür, kein Aus-
wählen zwischen verschiedenen Bestimmungen durch dieses
Gesetz statt, weil es nur auf *eine* Art bestimmt. — Folgendes
noch zur Erläuterung. Diese transscendentale Freiheit, als aus-
schliessender Charakter der Vernunft, insofern sie praktisch
ist, ist jedem moralischen Wesen, folglich auch dem Unendlichen beizulegen. Insofern aber diese Freiheit auf empirische
Bedingungen endlicher Wesen sich bezieht, gelten ihre Aeusserungen in diesem Falle nur unter diesen Bedingungen; folglich
ist eine Freiheit der Willkür, da sie auf der Bestimmbarkeit
eines Wesens noch durch andere als das praktische Vernunftgesetz beruht, in Gott, der bloss durch dieses Gesetz bestimmt
wird, ebensowenig, als Achtung fürs Gesetz, oder Interesse
am Schlechthinrechten anzunehmen; und die Philosophen, welche in diesem Sinne des Worts die Freiheit, als durch die
Schranken der Endlichkeit bedingt, Gott absprachen, hatten
daran vollkommen recht.

Damit nun diese Zergliederung, die neben der Hauptabsicht, unbemerkte Schwierigkeiten einer Offenbarungskritik zu
heben, noch die Nebenabsicht hatte, einige Dunkelheiten in
der kritischen Philosophie überhaupt aufzuklären, und den bisherigen Nichtkennern oder Gegnern derselben eine neue Thür
zu eröffnen, um in sie einzudringen, nicht von kritischen Philo-

sophen selbst misverstanden, und so gedeutet werde, als sey dadurch die Tugend abermals zur Magd der Lust herabgewürdigt, so machen wir unsere Gedanken durch folgende Tabelle noch deutlicher:

Wollen, die Bestimmung durch Selbstthätigkeit zur Hervorbringung einer Vorstellung, als *Handlung* des Gemüths betrachtet,

ist

A.	B.	
rein,	*nicht rein,*	
	a.	*b.*
wenn *Vorstellung* sowohl als *Bestimmung* durch absolute Selbstthätigkeit hervorgebracht ist. — Dieses ist nur in einem Wesen möglich, das bloss *thätig* und nie *leidend* ist, in Gott.	wenn zwar die *Bestimmung*, aber nicht die *Vorstellung* durch Selbstthätigkeit hervorgebracht wird. — Bei der Bestimmung durch den sinnlichen Trieb in endlichen Wesen.	wenn zwar die *Vorstellung*, aber nicht die *Bestimmung* durch Selbstthätigkeit hervorgebracht wird. — Nun aber soll schon vermöge des Begriffs des Wollens die Bestimmung allemal durch Selbstthätigkeit hervorgebracht werden; folglich ist dieser Fall nur unter der Bedingung denkbar, dass zwar die eigentliche *Bestimmung* als *Handlung* durch Spontaneität geschehe, der *bestimmende Trieb* aber eine Affection sey. — Sittliche Bestimmung des Willens in endlichen Wesen vermöge des Triebs der Selbstachtung, als eines sittlichen Interesse.

Reines *Wollen* ist demnach in endlichen Wesen nicht möglich, weil das Wollen nicht Geschäft des reinen Geistes, sondern des empirisch bestimmbaren Wesens ist; aber wohl ein reines *Begehrungsvermögen*, als *Vermögen*, welches nicht dem empirisch bestimmbaren Wesen, sondern dem reinen Geiste beiwohnt, und allein durch sein Daseyn unsere geistige Natur

offenbart. — Anders hat sich denn auch, sowie ich wenigstens
es verstanden habe, die reine Vernunft durch ihren bevoll-
mächtigten Interpreten unter uns nicht erklärt, wie aus einer
Vergleichung dieser Darstellung mit der in der Kritik der praktischen Vernunft sich ergeben dürfte *).

III.

Die Affection des Glückseligkeitstriebes durch das Sittengesetz zur Erregung der Achtung ist, in Beziehung auf ihn,
als Glückseligkeitstrieb, bloss *negativ:* auch die Selbstachtung
wirkt so wenig Glückseligkeit, wenn Glückseligkeit, wie es
geschehen muss, bloss in das *angenehme* gesetzt wird, dass sie
vielmehr steigt, so wie jene fällt, und dass man sich nur um
so mehr achten kann, je mehr von seiner Glückseligkeit man
der Pflicht aufgeopfert hat. Dennoch ist zu erwarten, dass
das Sittengesetz den Glückseligkeitstrieb, selbst *als* Glückseligkeitstrieb, wenigstens mittelbar auch *positiv* afficiren werde,
um Einheit in den ganzen, rein- und empirisch - bestimmbaren
Menschen zu bringen; und da dieses Gesetz ein *Primat* in uns
verlangt, so ist es sogar zu fordern **).

Nemlich der Glückseligkeitstrieb wird vors erste durch
das Sittengesetz nach Regeln eingeschränkt; ich *darf* nicht alles wollen, wozu dieser Trieb mich bestimmen könnte. Durch
diese vors erste bloss negative Gesetzmässigkeit nun kommt
der Trieb, der vorher gesetzlos und blind vom Ohngefähr oder
der blinden Naturnothwendigkeit abhing, überhaupt unter ein
Gesetz, und wird auch da, wo das Gesetz nicht redet, wenn

---

*) Welches nicht zum Beweise, sondern κατ᾽ ἄνϑρωπον gesagt wird.
Jede Behauptung muss auf sich selbst stehen, oder fallen. — Der *verehrt*
Kanten noch wenig, der es nicht am ganzen Umrisse und Vortrage seiner
Schriften gemerkt hat, dass er uns nicht seinen *Buchstaben*, sondern seinen
Geist mittheilen wollte; und er *verdankt* ihm noch weniger.

**) Die Vernachlässigung dieses Theils der Theorie des Willens, nemlich
der Entwickelung der *positiven* Bestimmung des sinnlichen Triebes durch das
Sittengesetz, führt nothwendig zum Stoicismus in der Sittenlehre — dem Princip der Selbstgenügsamkeit — und zur Läugnung Gottes und der Unsterblichkeit der Seele, wenn man consequent ist.

dieses Gesetz nur für ihn *alleingültig* ist, eben durch das Still-schweigen des Gesetzes, *positiv* gesetzmässig (gesetzlich noch nicht). Darf ich *nicht* wollen, was das Sittengesetz verbietet, so darf ich alles wollen, was es *nicht* verbietet — nicht aber, ich *soll* es wollen, denn das Gesetz schweigt ganz; son-dern das hängt ganz von meiner freien Willkür ab. — Dieses *Dürfen* ist einer der Begriffe, die ihren Ursprung an der Stirn tragen. Er ist nemlich offenbar durch das Sittengesetz be-dingt; — die Naturphilosophie weiss nur von *können,* oder *nichtkönnen,* aber von keinem *dürfen:* — aber er ist durch dasselbe nur negativ bedingt, und überlässt die positive Be-stimmung lediglich der Neigung.

Was man, wegen des Stillschweigens des Gesetzes, darf, heisst, insofern es auf das Gesetz bezogen wird, negativ *nicht unrecht;* und insofern es auf die dadurch entstehende Gesetz-mässigkeit des Triebes bezogen wird, positiv *ein Recht.* Zu allem, was *nicht unrecht ist, habe ich ein Recht* *).

Insofern das Gesetz durch sein Stillschweigen dem Triebe ein Recht giebt, ist dieser bloss *gesetzmässig;* der Genuss wird durch dieses Stillschweigen bloss (moralisch) *möglich.* Dies leitet uns auf eine Modalität der Berechtigung des Triebes, und es lässt sich erwarten, dass der Trieb durch das praktische Gesetz mittelbar auch *gesetzlich* — dass ein Genuss durch dasselbe auch *wirklich* werden könne. Dieser letztere Aus-druck kann nun nicht soviel heissen, als ob die Sinnlichkeit durch einen ihr vom Sittengesetze gegebenen Stoff in der Re-ceptivität positiv angenehm afficirt werden solle, wovon die Unmöglichkeit schon oben zur Genüge dargethan worden; — der Genuss soll nemlich nicht *physisch-,* sondern *moralisch-wirklich* gemacht werden, welcher ungewöhnliche Ausdruck sogleich seine völlige Klarheit erhalten wird. Eine solche mo-ralische Wirklichmachung des Genusses müsste sich noch im-mer auf jene negative Bestimmung des Triebes durchs Gesetz gründen. Durch diese nun erhielt der Trieb vors erste ein

---

*) Im Vorbeigehen die Frage: Soll der erste Grundsatz des Naturrechts ein Imperativ, oder eine Thesis seyn? Soll diese Wissenschaft im Tone der praktischen, oder in dem der theoretischen Philosophie vorgetragen werden?

Recht. Nun aber können Fälle eintreten, wo das Gesetz seine
Berechtigung zurücknimmt. So ist ohne Zweifel jeder berechtigt zu leben; dennoch aber kann es Pflicht werden, sein **Le-**
ben aufzuopfern. Dieses Zurücknehmen der Berechtigung wäre
ein förmlicher Widerspruch des Gesetzes mit sich selbst. **Nun**
kann das Gesetz sich nicht widersprechen, ohne seinen gesetz-
lichen Charakter zu verlieren, aufzuhören, ein Gesetz zu seyn,
und gänzlich aufgegeben werden zu müssen. — Dieses würde
uns nun vors erste darauf führen, dass alle Objecte des sinnlichen Triebes, laut der Anforderung des Sittengesetzes sich
nicht selbst zu widersprechen, nur Erscheinungen, nicht Dinge
an sich, seyn könnten; dass mithin ein solcher Widerspruch in
den Objecten, insofern sie Erscheinungen sind, gegründet, mithin nur scheinbar sey. Jener Satz ist also ebenso gewiss ein
Postulat der praktischen Vernunft, als er ein Theorem der theoretischen ist. Es gäbe demnach an sich gar keinen Tod, kein
Leiden, keine Aufopferung für die Pflicht, sondern der Schein
dieser Dinge gründete sich bloss auf das, was die Dinge zu
Erscheinungen macht.

Aber, da unser sinnlicher Trieb doch einmal auf Erscheinungen geht; da das Gesetz ihn *als* solchen, mithin insofern
er darauf geht, berechtigt, so kann es auch diese Berechtigung
nicht zurücknehmen; es muss mithin, vermöge seines geforderten Primats, auch über die Welt der Erscheinungen gebieten.
Nun kann es das nicht *unmittelbar*, da es sich *positiv* nur *an*
das Ding an sich, an unser oberes, reingeistiges Begehrungsvermögen wendet; es muss also *mittelbar,* mithin *durch den*
sinnlichen Trieb geschehen, auf den es negativ allerdings wirkt.
Daraus nun entsteht eine von der negativen Bestimmung des
Triebes durch das Gesetz abgeleitete positive *Gesetzlichkeit* desselben. — Wer z. B. für die Pflicht stirbt, dem nimmt das Sittengesetz ein vorher zugestandenes Recht; das kann aber das
Gesetz nicht thun, ohne sich zu widersprechen; folglich ist
ihm dieses Recht nur insofern er Erscheinung ist (hier — in
der Zeit) genommen: sein durch das Gesetz berechtigter Le-
benstrieb fordert es als Erscheinung, mithin in der Zeit, zurück, und wird durch dieses rechtliche Zurückfordern gesetz-

lich für die Welt der Erscheinungen. Wer im Gegentheile auf
Anforderung des Gesetzes an ihn sein Leben nicht aufgeopfert
hat, ist des Lebens unwürdig, und muss es, wenn das Sittengesetz auch für die Welt der Erscheinungen gelten soll, der
Causalität dieses Gesetzes gemäss, als Erscheinung verlieren *).

Aus dieser Gesetzlichkeit des Triebes entsteht der Begriff
der *Glückswürdigkeit,* als das zweite Moment der Modalität der
Berechtigung. — *Würdig* ist ein Begriff, der sich offenbar auf
Sittlichkeit bezieht, und der aus keiner Naturphilosophie zu
schöpfen ist; ferner sagt *würdig* offenbar mehr, als ein Recht,
— wir gestehen manchem ein Recht zu einem Genusse zu,
den wir doch desselben sehr unwürdig halten, niemanden aber
werden wir umgekehrt eines Glücks würdig achten, auf welches er ursprünglich (nicht etwa hypothetisch) kein Recht hat;
endlich entdeckt man auch im Gebrauche den negativen Ursprung dieses Begriffs, denn in der Beurtheilung, ob jemand
eines Genusses würdig sey, sind wir genöthigt, den wirklichen
Genuss wegzudenken. — — Es ist eine der äusseren Anzeigen
der Wahrheit der kritischen Moralphilosophie, dass man keinen
Schritt in ihr thun kann, ohne auf einen in der allgemeinen
Menschenempfindung tief eingeprägten Grundsatz zu stossen,
der sich nur aus ihr, und aus ihr leicht und fasslich erklärt.
So ist hier die Billigung und das Verlangen der Wiedervergel-
tung *(jus talionis)* allgemeine Menschenempfindung. Wir gönnen es jedem, dass es ihm ebenso gehe, wie ers anderen gemacht hat, und dass ihm gerade so geschehe, wie er gehandelt
hat. Wir betrachten demnach, selbst in der gemeinsten Beurtheilung, die Erscheinungen seines sinnlichen Triebes, als gesetzlich für die Welt der Erscheinungen; wir nehmen an, seine
Handlungsarten sollen, in Rücksicht auf ihn, als allgemeines
Gesetz gelten.

Diese Gesetzlichkeit des Triebes fordert nun die völlige
Congruenz der Schicksale eines vernünftigen Wesens mit sei-

---

*) Welch ein sonderbares Zusammentreffen! — „Wer sein Leben lieb
hat, der wird es verlieren; wer es aber verliert, der wirds erhalten zum
ewigen Leben:" sagte Jesus; welches gerade soviel heisst, als das obige.

nem sittlichen Verhalten, als erstes Postulat der an sinnliche
Wesen sich wendenden praktischen Vernunft: in welchem verlangt wird, dass stets diejenige Erscheinung erfolge, welche,
wenn der Trieb legitim durch das Sittengesetz bestimmt, und
für die Welt der Erscheinungen gesetzgebend gewesen wäre,
hätte erfolgen müssen. — Und hier sind wir denn zugleich unvermerkt über eine, von keinem Gegner der kritischen Philosophie, soviel ich weiss, bemerkte, aber darum nicht minder
sie drückende Schwierigkeit hinweggekommen: wie es nemlich
möglich sey, das Sittengesetz, welches an sich nur auf die
Willensform moralischer Wesen, als solches anwendbar ist, auf
Erscheinungen in der Sinnenwelt zu beziehen; welches doch,
zum Behuf einer postulirten Congruenz der Schicksale moralischer Wesen mit ihrem Verhalten, und der übrigen daraus zu
deducirenden Vernunftpostulate, nothwendig geschehen musste.
Diese Anwendbarkeit nemlich erhellet bloss aus der, von der
negativen Bestimmung des Glückseligkeitstriebes abgeleiteten,
Gesetzlichkeit desselben für die Welt der Erscheinungen.

Werden endlich im dritten Momente der Modalität Recht
und Würdigkeit in Verbindung gedacht, in welcher Verbindung
das Recht seinen positiven Charakter, als Gesetzmässigkeit der
sinnlichen Neigung *), und die Würdigkeit ihren negativen, als
durch Aufhebung eines Rechts durch ein Gebot entstanden,
verliert; so entsteht ein Begriff, der positiv für uns überschwäng-
lich ist, weil alle Schranken aus ihm hinweggedacht werden,
negativ aber ein Zustand ist, in dem das Sittengesetz keine
sinnliche Neigung einzuschränken hat, weil keine da ist — unendliche Glückseligkeit mit unendlichem Rechte, und Würdigkeit **) — *Seligkeit* — eine unbestimmbare Idee, die aber dennoch durch das Sittengesetz uns als das letzte Ziel aufgestellt
wird, und an die wir uns, da die Neigungen in uns immer
übereinstimmender mit dem Sittengesetze werden, folglich un-

---

*) Gott hat keine Rechte: denn er hat keine sinnliche Neigung.

**). Welche beiden letzteren Begriffe hier nur dazu dastehen, um die leere
Stelle einer Idee zu bezeichnen, die aus ihrer Verbindung entsteht, und die
für uns undenkbar ist.

sere Rechte sich immer mehr ausbreiten sollen, stets annähern;
aber sie, ohne Vernichtung der Schranken der Endlichkeit, nie
erreichen können. Und so wäre denn der Begriff des ganzen
höchsten Guts, oder *der Seligkeit,* aus der Gesetzgebung der
praktischen Vernunft, deducirbar: der erste Theil desselben,
die *Heiligkeit, rein;* aus der positiven Bestimmung des oberen
Begehrungsvermögens durch dieses Gesetz, welches in der Kritik der praktischen Vernunft so einleuchtend geschehen ist,
dass hier keine Wiederholung nöthig war: der zweite Theil,
die *Seligkeit* (im engeren Sinne), *nicht rein;* aus der negativen
Bestimmung des niederen Begehrungsvermögens durch dieses
Gesetz. Dass wir aber, um den zweiten Theil zu deduciren,
von empirischen Prämissen ausgehen mussten, darf uns nicht
irren; da theils zwar das zu bestimmende empirisch, das bestimmende aber rein geistig war; theils in der aus diesen Bestimmungen deducirten Vernunftidee der Seligkeit alles empirische weggedacht, und diese Idee rein geistig aufgefasst werden sollte, welches für sinnliche Wesen freilich nicht möglich ist.

§. 3.
Deduction der Religion überhaupt.

Oben wurde, aus der Anforderung des Sittengesetzes, sich
durch Aufhebung seiner Berechtigungen des sinnlichen Triebes
nicht zu widersprechen, eine mittelbare Gesetzlichkeit dieses
Triebes selbst, und aus ihr eine anzunehmende vollkommene
Congruenz der Schicksale vernünftiger Wesen mit ihren moralischen Gesinnungen deducirt. Nun aber hat der Trieb, ob
er gleich hierdurch *gesetzliche Rechte,* als *moralisches* Vermögen, bekommt, so wenig eine *gesetzgebende Macht,* als *physi-
sches* Vermögen; dass er vielmehr selbst von empirischen Naturgesetzen abhängig ist, und seine Befriedigung lediglich von
ihnen leidend erwarten muss. Jener Widerspruch des Sittengesetzes mit sich selbst in Anwendung auf empirisch-bestimm-
bare Wesen wäre demnach bloss weiter hinausgerückt, nicht
gründlich gehoben: denn wenn auch das Gesetz dem Triebe
ein Recht giebt, seine Befriedigung zu fordern, so ist ihm, der

nicht bloss ein Recht sucht, sondern die Behauptung in seinem
Rechte, das er selbst nicht behaupten kann, damit noch keine
Genüge geschehen; er bleibt nach wie vor, ohngeachtet der
Erlaubniss des Sittengesetzes, sich zu befriedigen, unbefriedigt.
Das Sittengesetz selbst also muss, wenn es sich nicht wider-
sprechen, und aufhören soll, ein Gesetz zu seyn, diese von
ihm selbst ertheilten Rechte behaupten; es muss mithin auch
über die Natur nicht nur gebieten, sondern herrschen. Das
kann es nun nicht in Wesen, die selbst von der Natur leidend
afficirt werden, sondern nur in einem solchen, welches die
Natur durchaus selbstthätig bestimmt; in welchem moralische
Nothwendigkeit, und absolute physische Freiheit sich vereinigen.
So ein Wesen nennen wir *Gott.* Eines Gottes Existenz ist mithin eben so gewiss anzunehmen, als ein Sitten*gesetz.* — Es *ist*
ein Gott.

In Gott herrscht *nur* das Sittengesetz, und dieses *ohne alle
Einschränkung.* Gott ist *heilig* und *selig*, und wenn das letztere in Beziehung auf die Sinnenwelt gedacht wird, *all-
mächtig.*

Gott muss, vermöge der Anforderung des Moralgesetzes an
ihn, jene völlige Congruenz zwischen der Sittlichkeit und dem
Glücke endlicher vernünftiger Wesen hervorbringen, da nur
durch und in ihm die Vernunft über die sinnliche Natur herrscht:
er muss *ganz gerecht* seyn.

Im Begriffe alles existirenden überhaupt wird nichts gedacht, als die Reihe von Ursachen und Wirkungen nach Naturgesetzen in der Sinnenwelt, und die freien Entschliessungen
moralischer Wesen in der übersinnlichen. Gott muss die erstere ganz übersehen, denn er muss die Gesetze der Natur
vermöge seiner Causalität durch Freiheit bestimmt, und der
nach denselben fortlaufenden Reihe der Ursachen und Wirkungen den ersten Stoss gegeben haben: er muss die letzteren
alle kennen, denn alle bestimmen den Grad der Moralität eines
Wesens; und dieser Grad ist der Maassstab, nach welchem die
Austheilung des Glücks an vernünftige Wesen, laut des Moralgesetzes, dessen Executor er ist, geschehen muss. Da nun

ausser diesen beiden Stücken für uns nichts denkbar ist, so müssen wir Gott *allwissend* denken.

So lange endliche Wesen endlich bleiben, werden sie — denn das ist der Begriff der Endlichkeit in der Moral — noch unter anderen Gesetzen stehen, als denen der Vernunft; sie werden folglich die völlige Congruenz des Glücks mit der Sittlichkeit durch sich selbst nie hervorbringen können. Nun aber fordert das Moralgesetz dies ganz unbedingt. Daher kann dieses Gesetz nie aufhören gültig zu seyn, da es nie erreicht seyn wird; seine Forderung kann nie ein Ende nehmen, da sie nie erfüllt seyn wird. Es gilt für die Ewigkeit. — Es thut diese Forderung an jenes heilige Wesen, in Ewigkeit das höchste Gut in allen vernünftigen Naturen zu befördern; in Ewigkeit das Gleichgewicht zwischen Sittlichkeit und Glück herzustellen: jenes Wesen muss also selbst ewig seyn, um einem ewigen Moralgesetze, das seine Natur bestimmt, zu entsprechen; und es muss, diesem Gesetze gemäss, allen vernünftigen Wesen, an die dieses Gesetz gerichtet ist, und von welchen es Ewigkeit fordert, die Ewigkeit geben. Es muss also ein *ewiger Gott* seyn, und jedes moralische Wesen muss *ewig* fortdauern, wenn der Endzweck des Moralgesetzes nicht unmöglich seyn soll.

Diese Sätze nennen wir, als mit der Anforderung der Vernunft, uns endlichen Wesen ein praktisches *Gesetz* zu geben, unmittelbar verbunden, und von ihr unzertrennlich, *Postulate* der Vernunft. Nemlich diese Sätze werden nicht etwa durch das Gesetz *geboten,* welches ein *praktisches* Gesetz für *Theoreme* nicht kann, sondern sie müssen nothwendig angenommen werden, wenn die Vernunft gesetzgebend seyn soll. Ein solches Annehmen nun, zu dem die Möglichkeit der Anerkennung eines Gesetzes überhaupt uns nöthigt, nennen wir *ein Glauben.* — Da jedoch diese Sätze sich bloss auf die Anwendung des Sittengesetzes auf *endliche* Wesen, wie sich oben aus der Deduction derselben hinlänglich ergeben hat, nicht aber auf die Möglichkeit des Gesetzes an sich, welche Untersuchung für uns transscendent ist, sich gründen, so sind sie in dieser Form nur *subjectiv,* d. i. nur für endliche Naturen, — für diese aber, da sie auf den blossen (Begriff der moralischen Endlichkeit,

abgesehen von allen besonderen Modificationen derselben sich
gründen, *allgemeingültig.* Wie der unendliche Verstand sein
Daseyn und seine Eigenschaften anschauen möge, können wir,
ohne selbst der unendliche Verstand zu seyn, nicht wissen.

Die Bestimmungen im Begriffe Gottes, den die durch das
Moralgebot praktisch bestimmte Vernunft aufstellte, lassen sich
in zwei Hauptklassen theilen: die erste enthält diejenigen, welche sein Begriff selbst unmittelbar giebt, dass er nemlich gänzlich und allein durch das Sittengesetz *) bestimmt sey; die
zweite diejenigen, welche ihm in Beziehung auf die Möglichkeit
endlicher moralischer Wesen zukommen, um welcher Möglichkeit willen wir eben seine Existenz annehmen mussten. Die
ersteren stellen Gott dar als die vollkommenste Heiligkeit, in
welcher das Sittengesetz sich ganz beobachtet darstellt, als das
Ideal aller moralischen Vollkommenheit; und zugleich als den
Alleinseligen, weil er der Alleinheilige ist; mithin als Darstellung
des erreichten Endzwecks der praktischen Vernunft, als das
höchste Gut selbst, dessen Möglichkeit sie postulirte: die zweiten als den obersten Weltregenten nach moralischen Gesetzen,
als Richter aller vernünftigen Geister. Die ersteren betrachten
ihn an und für sich selbst, nach seinem *Seyn,* und er erscheint
durch sie als vollkommenster Beobachter des Moralgesetzes:
die zweiten nach den Wirkungen dieses Seyns auf andere moralische Wesen, und er ist vermöge derselben höchster, niemandem untergeordneter Executor der Verheissungen des Moralgesetzes, mithin auch Gesetzgeber; welche Folgerung aber
noch nicht unmittelbar klar ist, sondern unten weitläufiger
erörtert werden soll. So lange wir nun bei diesen Wahrheiten,
als solchen, stehen bleiben, haben wir zwar eine *Theologie,*
die wir haben mussten, um unsere theoretischen Ueberzeugungen und unsere praktische Willensbestimmung nicht in Widerspruch zu setzen; aber noch keine *Religion,* die selbst wieder

---

*) Wenn man von Gott redet, so heisst die Anforderung der praktischen
Vernunft an ihn nicht Gebot, sondern Gesetz. Sie sagt von ihm kein *Sollen,*
sondern ein *Seyn* aus; sie ist in Rücksicht auf ihn nicht *imperativ,* sondern
constitutiv.

als Ursache auf diese Willensbestimmung einen Einfluss hätte. Wie entsteht nun aus Theologie Religion?

Theologie ist blosse Wissenschaft, todte Kenntniss ohne praktischen Einfluss; Religion aber soll der Wortbedeutung nach *(religio)* etwas seyn, das uns *verbindet,* und zwar *stärker* verbindet, als wir es ohne dasselbe waren. Inwiefern diese Wortbedeutung hier der Strenge nach anwendbar sey, muss sich sogleich ergeben.

Nun scheint es vors erste, dass Theologie, auf solche Principien gegründet, nie blosse Wissenschaft ohne praktischen Einfluss seyn könne, sondern dass sie, durch vorhergegangene Bestimmung des Begehrungsvermögens bewirkt, hinwiederum auf dasselbe zurückwirken müsse. Bei jeder Bestimmung des unteren Begehrungsvermögens müssen wir wenigstens die Möglichkeit des Objects unserer Begierde annehmen, und durch dieses Annehmen wird die Begierde, die vorher blind und unvernünftig war, erst gerechtfertigt, und theoretisch vernünftig; hier also findet diese Zurückwirkung unmittelbar statt. Die Bestimmung des oberen Begehrungsvermögens aber, das Gute zu wollen, ist *an sich* vernünftig, denn sie geschieht unmittelbar durch ein Gesetz der Vernunft und bedarf keiner Rechtfertigung durch Anerkennung der Möglichkeit ihres Objects: diese Möglichkeit aber nicht anerkennen, das wäre gegen die Vernunft, und mithin ist das Verhältniss hier umgekehrt. Beim unteren Begehrungsvermögen geschieht die Bestimmung erst durchs Object; beim oberen wird das Object erst durch die Bestimmung des Willens realisirt.

Der Begriff von etwas, das schlechthin *recht* ist *), hier insbesondere von der nothwendigen Congruenz des Grades

---

*) Das Wort *recht* (welches wohl zu unterscheiden ist von *einem Rechte,* von welchem die Lehrer des Naturrechts reden), hat einen ihm eigenthümlichen Nachdruck, weil es keiner Grade der Vergleichung fähig ist. Nichts ist *so gut*, oder *so edel*, dass sich nicht noch etwas *besseres* oder *edleres* denken liesse; aber *recht* ist nur eins: alles, worauf dieser Begriff anwendbar ist, ist entweder schlechthin recht oder schlechthin unrecht, und da giebts kein drittes. Weder das lateinische *honestum,* noch das griechische καλὸν κἀγαϑὸν hat diesen Nachdruck. (Vielleicht das lateinische *par — egisti*

des Glücks eines vernünftigen, oder eines als solches betrach-
teten Wesens, mit dem Grade seiner sittlichen Vollkommenheit,
ist in unserer Natur, unabhängig von Naturbegriffen, und von
der durch dieselben möglichen Erfahrung, *a priori* da. Betrachten wir diese Idee nur bloss als Begriff, ohne Rücksicht
auf das durch dieselbe bestimmte Begehrungsvermögen, so
kann sie uns nichts weiter seyn und werden, als ein durch
die Vernunft unserer Urtheilskraft gegebenes Gesetz zur Reflexion, über gewisse Dinge in der Natur, sie auch noch in
einer anderen Absicht, als der ihres *Seyns,* nemlich der ihres
Seynsollens, zu betrachten. In diesem Falle scheint es vors
erste, dass wir gänzlich gleichgültig gegen die Uebereinstimmung mit dieser Idee bleiben, und weder Wohlgefallen noch
Interesse für dieselbe empfinden würden.

Aber auch dann wäre alles, was ausser uns mit dem *a
priori* in uns vorhandenen Begriffe des Rechts übereinstimmend
gefunden würde, zweckmässig für eine uns durch die Vernunft
aufgegebene Art über die Dinge zu reflectiren, und müsste, da
alle Zweckmässigkeit mit Wohlgefallen angeblickt wird, ein Gefühl der Lust in uns erregen. Und so ist es denn auch wirklich. Die Freude über das Mislingen böser Absichten, und
über die Entdeckung und Bestrafung des Bösewichts, ebenso,
wie über das Gelingen redlicher Bemühungen, über die Anerkennung der verkannten Tugend, und über die Entschädigung
des Rechtschaffenen für die auf dem Wege der Tugend erlit-
tenen Kränkungen und gemachten Aufopferungen ist allgemein,
im Innersten der menschlichen Natur gegründet, und die nie
versiegende Quelle des Interesse, das wir an Dichtungen nehmen. Wir gefallen uns in so einer Welt, wo alles der Regel
des Rechts gemäss ist, weit besser, als in der wirklichen, wo

---

uti par est — ?) Es ist ein Glück für unsere Sprache, dass man diesem
Worte durch Misbrauch desselben seinen Nachdruck nicht geraubt hat, welches sie ohne Zweifel dem Geschmacke der Superlativen, und der Uebertrei-
bung, — der Meinung, dass es eben nicht viel gesagt sey, wenn man z. B.
eine Handlung *recht* nenne, und dass sie wenigstens *edel* heissen müsse, zu
verdanken hat.

wir so mannigfaltige Verstosse gegen dieselbe zu entdecken
glauben. — Aber es kann uns auch etwas, ohne dass wir Interesse dafür fühlen, d. i. ohne dass wir das Daseyn des Gegenstandes begehren, gefallen; und von der Art ist z. B. das
Wohlgefallen am Schönen. Wäre es mit dem Wohlgefallen am
Rechten ebenso beschaffen, so wäre dasselbe ein Gegenstand
unserer blossen Billigung. Wenn uns einmal ein Gegenstand
gegeben wäre, der diesem Begriffe entspräche, so könnten wir
nicht vermeiden, Vergnügen, und bei dem Anblicke eines Gegenstandes, der ihm widerspräche, Misvergnügen zu empfinden; aber es würde dadurch noch keine Begierde in uns entstehen, dass überhaupt etwas gegeben werden möchte, worauf
dieser Begriff anwendbar sey. Hier wäre also blosse Bestimmung des Gefühls der Lust und Unlust, ohne die geringste
Bestimmung des Begehrungsvermögens.

Abgerechnet, dass der Begriff des *Sollens* an sich schon
eine Bestimmung des Begehrungsvermögens, das Daseyn eines
gewissen Objects zu wollen, anzeigt: so bestätigt es die Erfahrung ebenso allgemein, dass wir auf gewisse Gegenstände
nothwendig diesen Begriff anwenden, und die Uebereinstimmung
derselben mit ihm unnachlässlich verlangen. So sind wir in
der Welt der Dichtungen, im Trauerspiele oder Romane, nicht
eher befriedigt, bis wenigstens die Ehre des unschuldig Verfolgten gerettet, und seine Unschuld anerkannt, der ungerechte
Verfolger aber entlarvt ist, und die gerechte Strafe erlitten hat,
so angemessen es auch dem gewöhnlichen Laufe der Dinge in
der Welt seyn mag, dass dies nicht geschehe; zum sicheren
Beweise, dass wir es nicht von uns erhalten können, dergleichen Gegenstände, wie die Handlungen moralischer Wesen,
und ihre Folgen sind, bloss nach der Causalität der Naturgesetze zu betrachten; sondern dass wir sie nothwendig mit dem
Begriffe des Rechts vergleichen müssen. Wir sagen in solchen
Fällen, das Stück sey nicht geendigt; und ebensowenig können
wir bei Vorfällen in der wirklichen Welt, wenn wir z. B. den
Bösewicht im höchsten Wohlstande mit Ehre und Gut gekrönt,
oder den Tugendhaften verkannt, verfolgt und unter tausend
Martern sterben sehen, uns befriedigen, wenn nun alles aus,

und der Schauplatz auf immer geschlossen seyn soll. Unser Wohlgefallen an dem, was recht ist, ist also keine blosse Billigung, sondern es ist mit Interesse verbunden. — Es kann aber ein Wohlgefallen gar wohl mit einem Interesse verbunden seyn, ohne dass wir darum diesem Wohlgefallen eine Causalität zur Hervorbringung des Objectes desselben zuschreiben; ohne dass wir auch nur das geringste zum Daseyn des Gegenstandes desselben beitragen wollen, oder auch nur wollen können. Dann ist das Verlangen nach diesem Daseyn ein *müssiger Wunsch (pium desiderium).* Wir mögen es begehren so heftig wir wollen, wir müssen uns doch bescheiden, dass wir keinen rechtlich gegründeten Anspruch darauf machen können. So ist das Begehren vieler Arten des Angenehmen bloss ein müssiger Wunsch. Wer verlangt z. B. nicht nach anhaltendem ungestümem Wetter einen hellen Tag? Aber einem solchen Verlangen können wir gar keine Causalität zur Hervorbringung eines solchen Tages zuschreiben.

Hätte es mit dem Wohlgefallen am Sittlichguten eine solche Bewandtniss, wie mit irgend einem der Dinge, die wir angeführt haben, so könnten wir keine Theologie haben, und bedürften keiner Religion: denn so innig wir auch im letzten Falle die Fortdauer der moralischen Wesen, und einen allmächtigen, allwissenden und gerechten Vergelter ihrer Handlungen wünschen müssten, so wäre es doch sehr vermessen, aus einem blossen Wunsche, so allgemein und so stark er auch wäre, auf die Realität seines Objectes zu schliessen, und dieselbe auch nur als subjectivgültig anzunehmen.

Aber die Bestimmung des Begehrungsvermögens durch das Moralgesetz, das Recht zu wollen, soll eine Causalität haben, es wenigstens zum Theil wirklich hervorzubringen. Wir sind unmittelbar genöthigt, das Recht in unserer eigenen Natur als von uns abhängig zu betrachten; und wenn wir etwas dem Begriffe desselben widerstreitendes in uns entdecken, so empfinden wir nicht blosses Misvergnügen, wie bei der Nichterfüllung eines müssigen Wunsches, oder auch nur blossen Unwillen gegen uns selbst, wie bei der Abwesenheit eines Gegenstandes unseres Interesse, daran wir selbst Schuld sind

(also bei Vernachlässigung einer Regel der Klugheit), sondern
Reue, Scham, Selbstverachtung. In Absicht des Rechts *in uns*
fordert also das Moralgesetz in uns schlechterdings eine Causalität zur Hervorbringung desselben, in Absicht desselben *aus-*
ser uns aber kann es dieselbe nicht geradezu fordern, weil wir
dasselbe nicht als unmittelbar von uns abhängig betrachten
können, da dieses nicht durch moralische Gesetze, sondern
durch physische Macht hervorgebracht werden muss. In Absicht des letzteren also wirkt das Moralgesetz in uns ein blosses Verlangen des Rechts, aber kein Bestreben es hervorzubringen. Dieses Verlangen des Rechts ausser uns, d. i. einer
dem Grade unserer Moralität angemessenen Glückseligkeit, ist
wirklich *durch das Moralgesetz* entstanden. Glückseligkeit zwar
überhaupt zu verlangen, ist ein Naturtrieb; diesem gemäss aber
verlangen wir sie unbedingt, uneingeschränkt, und ohne die
geringste Rücksicht auf etwas ausser uns; mit Moralbegriffen
aber, d. i. als vernünftige Wesen, bescheiden wir uns bald,
gerade nur dasjenige Maass derselben verlangen zu können,
dessen wir werth sind, und diese Einschränkung des Glückseligkeitstriebes ist unabhängig von aller religiösen Belehrung
selbst der ununterrichtetsten Menschheit tief eingeprägt, der
Grund aller Beurtheilung über die Zweckmässigkeit der menschlichen Schicksale, und jenes eben unter dem unbelehrtesten
Theile der Menschheit am meisten ausgebreiteten Vorurtheils,
dass der ein vorzüglich böser Mensch seyn müsse, den vorzüglich traurige Schicksale treffen.

Dieses Verlangen aber ist so wenig weder *müssig,* d. i.
ein solches, dessen Befriedigung wir zwar gerne sehen, bei
dessen Nichtbefriedigung wir uns aber auch zur Ruhe weisen
lassen würden, noch unberechtigt, dass vielmehr das Moralgesetz *das Recht in uns* zur Bedingung *des Rechts ausser uns*
macht (das heisst nicht soviel, als ob es nur unter der Bedingung Gehorsam von uns verlange, wenn wir die demselben
angemessene Glückseligkeit erwarten dürfen [denn es gebietet
ohne alle Bedingung], sondern, dass es uns alle Glückseligkeit
nur als Bedingung unseres Gehorsams möglich darstellt; das
Gebot nemlich ist das unbedingte, die Glückseligkeit aber das

dadurch bedingte): und dies thut es dadurch, indem es unsere
Handlungen dem Principe der Allgemeingültigkeit unterzuord-
nen befiehlt; da *allgemeines Gelten* (nicht bloss Gültigkeit) *des
Moralgesetzes* und *dem Grade der Moralität jedes vernünftigen
Wesens völlig angemessene Glückseligkeit* identische Begriffe
sind. Wenn nun die Regel des Rechts nie allgemeingeltend
werden weder würde noch könnte, so bliebe zwar darum immer jene Forderung der Causalität des Moralgesetzes zur Hervorbringung des Rechts in uns, als Factum da, aber es wäre
schlechterdings unmöglich, dass sie *in concreto,*in einer Natur,
wie die unserige, erfüllt werden könnte. Denn sobald wir bei
einer moralischen Handlung uns nur fragten: was mache ich
doch? so müsste unsere theoretische Vernunft uns antworten:
ich ringe, etwas schlechthin unmögliches möglich zu machen,
ich laufe nach einer Chimäre, ich handle offenbar unvernünftig:
und sobald wir wieder auf die Stimme des Gesetzes hörten.
müssten wir urtheilen: ich denke offenbar unvernünftig, indem
ich dasjenige, was mir schlechthin als Princip aller meiner
Handlungen aufgestellt ist, für unmöglich erkläre. Folglich wäre
in diesem Zustande, so fortdauernd auch die Forderung des
Moralgesetzes, eine Causalität in uns zu haben, bliebe, eine
fortgesetzte Erfüllung desselben nach Regeln schlechterdings
unmöglich; sondern unser Ungehorsam oder Gehorsam hinge
davon ab, ob eben der Ausspruch der theoretischen, oder der
der praktischen Vernunft das Uebergewicht in unserem Gemüthe hätte (wobei jedoch im letzteren Falle offenbar die theo-
retischgeläugnete Möglichkeit des Endzweckes des Moralgesetzes
stillschweigend angenommen, und durch unsere Handlung anerkannt würde); worüber wir, nach aufgehobener Machtgewalt
des praktischen Vermögens über das theoretische nichts bestimmen könnten, folglich weder freie, noch moralische, noch
der Imputation fähige Wesen, sondern wieder ein Spiel des
Zufalles, oder eine durch Naturgesetze bestimmte Maschine würden. Theologie also ist, auf diese Grundsätze gebaut, *in concreto* betrachtet nie blosse Wissenschaft, sondern wird ganz
unmittelbar in ihrer Entstehung schon dadurch Religion, indem
sie allein, durch Aufhebung des Widerspruches zwischen un-

serer theoretischen und unserer praktischen Vernunft, eine
fortgesetzte Causalität des Moralgesetzes in uns möglich macht.

Und dies zeigt denn auch, welches wir bloss im Vorbeigehen erinnern, das eigentliche Moment des moralischen Beweises für das Daseyn Gottes. Wie man aus theoretisch anerkannten Wahrheiten praktische Folgerungen herleiten könne,
welche dann eben den Grad der Gewissheit haben, als die
Wahrheiten, auf welche sie sich gründen, wie z. B. aus unserer *a priori* theoretisch erwiesenen Abhängigkeit von Gott die
Pflicht folgen werde, sich gegen ihn dieser Abhängigkeit gemäss zu betragen, hat man immer leicht einsehen zu können
geglaubt, weil man sich an diesen Gang der Folgerung gewöhnt
hatte, da sie doch eigentlich gar nicht begreiflich ist, weil sie
nicht richtig ist, indem der theoretischen Vernunft keine Machtgewalt über die praktische zugeschrieben werden kann. Umgekehrt aber können aus einem praktischen Gebote, das schlechthin *a priori* ist, und sich auf keine theoretischen Sätze, als
seine Prämissen, gründet, theoretische Sätze abgeleitet werden,
weil der praktischen Vernunft allerdings eine Machtgewalt über
die theoretische, doch gemäss den eigenen Gesetzen derselben,
zuzuschreiben ist. Es ist also ganz der umgekehrte Gang der
Folgerung, und hat man sie je misverstanden, so ist es bloss
daher gekommen, weil man sich das Moralgesetz nicht als
schlechthin *a priori*, und die Causalität desselben nicht als
schlechthin (nicht theoretisch, aber praktisch) nothwendig
dachte.

Der Widerspruch zwischen theoretischer und praktischer
Vernunft ist nun gehoben, und die Handhabung des Rechts ist
einem Wesen übertragen worden, in welchem die Regel desselben nicht bloss *allgemeingültig,* sondern *allgemeingeltend* ist,
das also das Recht auch ausser uns uns zusichern kann. —
Sie ist allgemeingeltend für die Natur, die nicht moralisch ist,
aber auf die Glückseligkeit moralischer Wesen Einfluss hat.
Insofern auf diese Glückseligkeit auch anderer moralischer Wesen Betragen einfliesst, lassen auch diese sich betrachten als
Natur. In dieser Rücksicht ist Gott der Bestimmer der durch

die Causalität ihres Willens in der Natur hervorgebrachten Wirkungen, aber nicht ihres Willens selbst.

Moralische Wesen aber, *als solche,* d. i. in Absicht ihres
Willens, können nicht so durch den Willen des allgemeinen
Gesetzgebers bestimmt werden, wie die unmoralische Natur,
denn sonst hörten sie auf es zu seyn, und die Bestimmung
der ersteren durch diesen Willen muss, wenn sich ihre Möglichkeit zeigen sollte, ganz etwas anderes seyn, als die der
letzteren. Die letztere kann nie selbst moralisch werden, sondern nur in Uebereinstimmung mit den moralischen Ideen eines vernünftigen Wesens gesetzt werden; die ersteren sollen
frei, und bloss durch sich erste Ursachen moralischer Bestimmungen seyn. In Absicht der letzteren ist also Gott nicht eigentlich Gesetzgeber, sondern Beweger, Bestimmer; sie ist blosses Instrument, und der moralisch handelnde bloss Er.

Moralische Wesen sind aber, nicht nur insofern sie nach
Naturgesetzen *thätig,* sondern auch insofern sie nach denselben *leidend* sind, Theile der Natur, und als solche Gegenstand
der Bestimmung der Natur nach moralischen Ideen, insofern
durch dieselbe ihnen der gebührende Grad der Glückseligkeit
zugemessen wird, und als solche sind sie völlig in der moralischen Ordnung, wenn der Grad ihrer Glückseligkeit dem Grade
ihrer sittlichen Vollkommenheit völlig angemessen ist.

Dadurch nun kommen wir zuerst, dass ich mich so ausdrücke, in Correspondenz mit Gott. Wir sind genöthigt bei
allen unsern Entschliessungen auf ihn aufzusehen, als den, der
den moralischen Werth derselben allein und genau kennt, da
er nach ihnen unsere Schicksale zu bestimmen hat, und dessen Billigung oder Misbilligung das einzig richtige Urtheil über
dieselben ist. Unsere Furcht, unsere Hoffnung, alle unsere Erwartungen beziehen sich auf ihn: nur in seinem Begriffe von
uns finden wir unseren wahren Werth. Die heilige Ehrfurcht
vor Gott, die dadurch nothwendig in uns entstehen muss, verbunden mit der Begierde der nur von ihm zu erwartenden
Glückseligkeit, bestimmt nicht unser oberes Begehrungsvermögen, das Recht überhaupt zu wollen (das kann sie nie, da sie
selbst auf die schon geschehene Bestimmung desselben sich

gründet), sondern unseren empirisch-bestimmbaren Willen, dasselbe wirklich in uns anhaltend und fortgesetzt hervorzubringen. Hier ist also schon Religion, gegründet auf die Idee von Gott, als Bestimmer der Natur nach moralischen Zwecken, und in uns auf die Begierde der Glückseligkeit, welche aber gar nicht etwa unsere Verbindlichkeit zur Tugend, sondern nur unsere Begierde, dieser Verbindlichkeit Genüge zu thun, vermehrt und verstärkert.

Nun lässt aber ferner das allgemeine Gelten des göttlichen Willens für uns als *passive* Wesen, uns auf die Allgemeingültigkeit desselben für uns auch als active Wesen schliessen. Gott richtet uns nach einem Gesetze, das ihm nicht anders, als durch *seine* Vernunft gegeben seyn kann, folglich nach seinem durch das Moralgesetz bestimmten Willen. Seinem Urtheile also liegt sein *Wille, als allgemeingeltendes Gesetz* für vernünftige Wesen, auch insofern sie activ sind, zum Grunde, indem ihre Uebereinstimmung mit demselben der Maassstab ist, nach welchem ihnen, als passiven, ihr Antheil an der Glückseligkeit zugemessen wird. Die Anwendbarkeit dieses Maassstabes erhellet sogleich daraus, weil die Vernunft ihr selbst nie widersprechen kann, sondern in allen vernünftigen Wesen ebendasselbe aussagen, folglich der durch das Moralgesetz bestimmte Wille Gottes völlig gleichlautend mit dem uns durch ebendieselbe Vernunft gegebenen Gesetze seyn muss. Es ist nach diesem für die *Legalität* unserer Handlungen völlig gleichgültig, ob wir sie dem Vernunftgesetze darum gemäss einrichten, weil unsere Vernunft gebietet; oder darum, weil Gott das will, was unsere Vernunft fordert: ob wir unsere Verbindlichkeit vom blossen Gebote der Vernunft, oder ob wir sie vom Willen Gottes herleiten: — ob es aber für die *Moralität* derselben völlig gleichgültig sey, ist dadurch noch nicht klar, und bedarf einer weiteren Untersuchung.

Unsere Verbindlichkeit vom Willen Gottes ableiten, heisst, seinen Willen, *als solchen,* für unser Gesetz anerkennen; sich darum zur Heiligkeit verbunden erachten, weil Er sie von uns fordert. Es ist also dann nicht bloss von einer Vollbringung des Willens Gottes, der Materie des Wollens nach, sondern

von einer auf die Form desselben gegründeten Verbindlichkeit
die Rede; — wir handeln dem Gesetze der Vernunft gemäss,
weil es *Gottes* Gesetz ist.

Hierbei entstehen folgende zwei Fragen: Giebt es eine Verbindlichkeit, dem Willen Gottes, als solchem, zu gehorchen,
und worauf könnte sich dieselbe gründen? und dann: Wie erkennen wir das Gesetz der Vernunft in uns als Gesetz Gottes?
Wir gehen an die Beantwortung der ersteren.

Schon der Begriff von Gott wird uns bloss durch unsere
Vernunft gegeben, und bloss durch sie, insofern sie *a priori*
gebietend ist, realisirt, und es ist schlechterdings keine andere
Art gedenkbar, auf welche wir zu diesem Begriffe kommen
könnten.   Ferner verbindet uns die Vernunft ihrem Gesetze
zu gehorchen, ohne Rückweisung an einen Gesetzgeber über
sie, so dass sie selbst verwirrt und schlechterdings vernichtet
wird, und aufhört Vernunft zu seyn, wenn man annimmt, dass
noch etwas anderes ihr gebiete, als sie sich selbst.   Stellt sie
uns nun den Willen Gottes als völlig gleichlautend mit ihrem
Gesetze dar, so verbindet sie uns freilich mittelbar, auch diesem zu gehorchen; aber diese Verbindlichkeit gründet sich auf
nichts anderes, als auf die Uebereinstimmung desselben mit
ihrem eigenen Gesetze, und es ist kein Gehorsam gegen Gott
möglich, ohne aus Gehorsam gegen die Vernunft.   Hieraus erhellet nun vors erste zwar soviel, dass es völlig gleich auch
für die *Moralität* unserer Handlungen ist, ob wir uns zu etwas
verbunden erachten, darum, weil es unsere Vernunft befiehlt,
oder darum, weil es Gott befiehlt; aber es lässt sich daraus
noch gar nicht einsehen, wozu uns die letztere Vorstellung dienen soll, da ihre Wirksamkeit die Wirksamkeit der ersteren
schon voraussetzt, da das Gemüth schon bestimmt seyn muss,
der Vernunft gehorchen zu wollen, ehe der Wille, Gott zu gehorchen, möglich ist; da es mithin scheint, dass die letztere
Vorstellung uns weder allgemeiner noch stärker bestimmen
könne, als diejenige, von der sie abhängt, und durch die sie
erst möglich wird.   Gesetzt aber, es liesse sich zeigen, dass
sie unter gewissen Bedingungen wirklich unsere Willensbestimmung erweitere, so ist vorher doch noch auszumachen, ob

eine Verbindlichkeit sich ihrer überhaupt zu bedienen stattfinde: und da folgt denn unmittelbar aus dem obigen, dass,
obgleich die Vernunft uns verbindet, dem Willen Gottes seinem
Inhalte nach (*voluntati ejus materialiter spectatae*) zu gehorchen, weil dieser mit dem Vernunftgesetze völlig gleichlautend
ist, sie doch unmittelbar keinen Gehorsam fordert, als den für
ihr Gesetz, aus keinem anderen Grunde, als weil es ihr Gesetz ist; dass sie folglich, da nur unmittelbare praktische Gesetze der Vernunft verbindend sind, zu keinem Gehorsam gegen den Willen Gottes, als solchen (*voluntatem ejus formaliter
spectatam*), verbinde. Die praktische Vernunft enthält mithin
kein Gebot, uns den Willen Gottes, als solchen, gesetzlich für
uns zu denken, sondern bloss eine Erlaubniss; und sollten wir
a posteriori finden, dass diese Vorstellung uns stärker bestimme, so kann die Klugheit anrathen, uns derselben zu bedienen, aber Pflicht kann der Gebrauch dieser Vorstellung nie
seyn. Zur Religion also, d. i. zur Anerkennung Gottes, als moralischen Gesetzgebers, findet keine Verbindlichkeit statt; um
so weniger, da, so nothwendig es auch ist, die Existenz Gottes und die Unsterblichkeit unserer Seele anzunehmen, weil
ohne diese Annahme die geforderte Causalität des Moralgesetzes
in uns gar nicht möglich ist, und diese Nothwendigkeit ebenso
allgemein gilt, als das Moralgesetz selbst, wir doch nicht einmal sagen können, wir seyen *verbunden* diese Sätze anzunehmen, weil Verbindlichkeit nur vom Praktischen gilt. Inwieweit
aber die Vorstellung von Gott, als Gesetzgeber durch dieses
Gesetz in uns, gelte, hängt von der Ausbreitung ihres Einflusses auf die Willensbestimmung, und diese hinwiederum von
den Bedingungen ab, unter welchen vernünftige Wesen durch
sie bestimmt werden können. Könnte nemlich gezeigt werden,
dass diese Vorstellung nöthig sey, um dem Gebote der Vernunft überhaupt Gesetzeskraft zu geben (wovon aber das Gegentheil gezeigt worden ist), so würde sie für alle vernünftige
Wesen gelten; kann gezeigt werden, dass sie in allen *endlichen*
vernünftigen Wesen die Willensbestimmung erleichtert, so ist
sie gemeingültig für diese; sind die Bedingungen, unter denen
sie diese Bestimmung erleichtert und erweitert, nur von der

menschlichen Natur gedenkbar, so gilt sie, falls sie in allgemeinen Eigenschaften derselben liegen, für alle, oder wenn sie in besonderen Eigenschaften derselben liegen, nur für einige Menschen.

Die Bestimmung des Willens, dem Gesetze Gottes überhaupt zu gehorchen, kann nur durch das Gesetz der praktischen Vernunft geschehen, und ist als bleibender und dauernder Entschluss des Gemüths vorauszusetzen. Nun aber können einzelne Fälle der Anwendung des Gesetzes gedacht werden, in denen die blosse Vernunft nicht Kraft genug haben würde, den Willen zu bestimmen, sondern zu Verstärkung ihrer Wirksamkeit noch der Vorstellung bedarf, dass eine gewisse Handlung durch Gott geboten sey. Diese Unzulänglichkeit des Vernunftgebotes, als solches, kann keinen anderen Grund haben, als Verminderung unserer Achtung gegen die Vernunft in diesem besonderen Falle; und diese Achtung kann durch nichts anderes vermindert worden seyn, als durch ein derselben widerstreitendes Naturgesetz, das unsere Neigung bestimmt, und welches mit jenem der Vernunft, das unser oberes Begehrungsvermögen bestimmt, *in einem und ebendemselben Subjecte,* nemlich *in uns* erscheint, und mithin, wenn die Würde des Gesetzes bloss nach der des gesetzgebenden Subjectes bestimmt wird, von einerlei Range und Werthe mit jenem zu seyn scheinen könnte. Hier noch ganz davon abstrahirt, dass wir in einem solchen Falle uns täuschen, dass wir die Stimme der Pflicht vor dem Schreien der Neigung nicht hören, sondern uns in der Lage zu seyn dünken könnten, wo wir unter blossen Naturgesetzen stehen; sondern vorausgesetzt, dass wir die Anforderungen beider Gesetze und ihre Grenze richtig unterscheiden, und unwidersprechlich erkennen, was unsere Pflicht in diesem Falle sey, so kann es doch leicht geschehen, dass wir uns entschliessen, nur hier dies einemal eine Ausnahme von der allgemeinen Regel zu machen, nur dies einemal wider den klaren Ausspruch der Vernunft zu handeln, weil wir dabei niemandem verantwortlich zu seyn glauben, als uns selbst, und weil wir meinen, es sey unsere Sache, ob wir vernünftig oder unvernünftig handeln wollen; es verschlage niemandem etwas, als uns selbst, wenn wir uns dem Nachtheile,

der freilich daraus für uns entstehen müsse, wenn ein moralischer Richter unserer Handlungen sey, unterwerfen, durch
welche Strafe unser Ungehorsam gleichsam abgebüsst zu werden scheint; wir sündigten auf eigene Gefahr.   Ein solcher
Mangel an Achtung für die Vernunft gründet sich mithin auf
Mangel der Achtung gegen uns selbst, welche wir bei uns wohl
verantworten zu können glauben.   Erscheint uns aber die in
diesem Falle eintretende Pflicht als von Gott geboten, oder,
welches eben das ist, erscheint das Gesetz der Vernunft durchgängig und in allen seinen Anwendungen als Gesetz Gottes,
so erscheint es in einem Wesen, in Absicht dessen es nicht
in unserem Belieben steht, ob wir es achten, oder ihm die gebührende Achtung versagen wollen; wir machen bei jedem
wissentlichen Ungehorsame gegen dasselbe nicht etwa nur eine
Ausnahme von der Regel, sondern wir verläugnen geradezu
die Vernunft überhaupt; wir sündigen nicht bloss gegen eine
von derselben abgeleitete Regel, sondern gegen ihr erstes Gebot; wir sind nun, die Verantwortlichkeit zur Strafe, die wir
allenfalls auf uns selbst nehmen könnten, abgerechnet, einem
Wesen, dessen blosser Gedanke uns die tiefste Ehrfurcht ein-
prägen muss, und welches nicht zu verehren der höchste Unsinn ist, auch noch für Verweigerung der ihm schuldigen Ehrfurcht verantwortlich, welche durch keine Strafe abzubüssen ist.

Die Idee von Gott, als Gesetzgeber durchs Moralgesetz in
uns, gründet sich also auf eine Entäusserung des unserigen,
auf Uebertragung eines Subjectiven in ein Wesen ausser uns,
und diese Entäusserung ist das eigentliche *Princip der Religion*,
insofern sie zur Willensbestimmung gebraucht werden soll. Sie
kann nicht im eigentlichsten Sinne unsere Achtung für das Moralgesetz überhaupt verstärken, weil alle Achtung für Gott sich
bloss auf seine anerkannte Uebereinstimmung mit diesem Gesetze, und folglich auf Achtung für das Gesetz selbst gründet;
aber sie kann unsere Achtung für die Entscheidungen derselben in einzelnen Fällen, wo sich ein starkes Gegengewicht der
Neigung zeigt, vermehren; und so ist es klar, wie, obgleich die
Vernunft uns überhaupt erst bestimmen muss dem Willen Gottes zu gehorchen, doch in einzelnen Fällen die Vorstellung die-

ses uns hinwiederum bestimmen könne, der Vernunft zu gehorchen.

Im Vorbeigehen ist noch zu erinnern, dass diese Achtung
für Gott, und die auf dieselbe gegründete Achtung für das Moralgesetz, als das seinige, sich auch bloss auf die Uebereinstimmung desselben mit diesem Gesetze, d. i. auf seine Heiligkeit
gründen müsse, weil sie nur unter dieser Bedingung Achtung
für das Moralgesetz ist, die allein die Triebfeder jeder rein
moralischen Handlung seyn muss. Gründet sie sich etwa auf
die Begierde sich in seine Güte einzuschmeicheln, oder auf
Furcht vor seiner Gerechtigkeit, so läge unserem Gehorsame
auch nicht einmal Achtung für Gott, sondern Selbstsucht zu
Grunde.

Der Pflicht widerstreitende Neigungen sind wohl in allen
endlichen Wesen anzunehmen, denn das ist eben der Begriff
des Endlichen in der Moral, dass es noch durch andere Gesetze, als durch das Moralgesetz, d. i. durch die Gesetze seiner Natur bestimmt werde; und warum Naturgesetze unter irgend einer Bedingung, für Naturwesen, auf welch einer erhabenen Stufe sie auch stehen mögen, stets und immer mit dem
Moralgesetze zusammenstimmen sollten, lässt sich kein Grund
angeben; aber es lässt sich gar nicht bestimmen, inwieweit
und warum nothwendig dieser Widerstreit der Neigung gegen
das Gesetz die Achtung für dasselbe, als blosses Vernunftgesetz, so schwächen solle, dass es, um thätig zu wirken, noch
durch die Idee einer göttlichen Gesetzgebung geheiligt werden
müsse; und wir können uns nicht entbrechen, für jedes vernünftige Wesen, welches, nicht weil die Neigung in ihm schwä-
cher ist, in welchem Falle es kein Verdienst haben würde,
sondern weil die Achtung für die Vernunft in ihm stärker ist,
dieser Vorstellung zur Willensbestimmung nicht bedarf, eine
weit grössere Verehrung zu fühlen, als gegen dasjenige, welches ihrer bedarf. Es lässt sich also der Religion, insofern sie
nicht blosser Glaube an die Postulate der praktischen Vernunft
ist, sondern als Moment der Willensbestimmung gebraucht werden soll, auch nicht einmal für Menschen subjective Allgemeingültigkeit (denn nur von dergleichen kann hier die Rede seyn)

zusichern; ob wir gleich auch von der anderen Seite nicht beweisen können, dass endlichen Wesen überhaupt, oder dass
insbesondere Menschen in diesem Erdenleben eine Tugend möglich sey, die dieses Momentes gänzlich entbehren könne.

Diese Uebertragung der gesetzgebenden Autorität an Gott
nun gründet sich laut obigem darauf, dass ihm durch seine
eigene Vernunft ein Gesetz gegeben seyn muss, welches für
uns gültig ist, weil er uns darnach richtet, und welches mit
dem uns durch unsere eigene Vernunft gegebenen, wonach wir
handeln sollen, völlig gleichlautend seyn muss. Hier werden
also zwei an sich von einander gänzlich unabhängige Gesetze,
die bloss in ihrem Principe, der reinen praktischen Vernunft,
zusammenkommen, beide *für uns* gültig gedacht, ganz gleichlautend in Absicht ihres Inhaltes, bloss in Absicht der Subjecte
verschieden, in denen sie sich befinden. Wir können jetzt bei
jeder Forderung des Sittengesetzes in uns sicher schliessen,
dass eine gleichlautende Forderung in Gott an uns ergehe, dass
also das Gebot des Gesetzes in uns auch Gebot Gottes sey
der Materie nach: aber wir können noch nicht sagen, das
Gebot des Gesetzes in uns sey schon *als solches,* mithin
der Form nach, Gebot Gottes. Um das letztere annehmen
zu dürfen, müssen wir einen Grund haben, das Sittengesetz
in uns als abhängig von dem Sittengesetze in Gott für uns zu
betrachten, d. i. den Willen Gottes als die Ursache desselben
anzunehmen.

Nun scheint es zwar ganz einerlei zu seyn, ob wir die
Befehle unserer Vernunft, als völlig gleichlautend mit dem Befehle Gottes an uns, oder ob wir sie selbst unmittelbar als Befehle Gottes ansehen; aber theils wird durch das letztere der
Begriff der Gesetzgebung erst völlig ergänzt, theils aber und
vorzüglich muss nothwendig beim Widerstreite der Neigung
gegen die Pflicht die letztere Vorstellung dem Gebote der Vernunft ein neues Gewicht hinzufügen.

Den Willen Gottes als Ursache des Sittengesetzes in uns
annehmen, kann zweierlei heissen, nemlich dass der Wille Gottes entweder Ursache vom *Inhalte* des Sittengesetzes, oder
dass er es nur von *der Existenz des Sittengesetzes in uns* sey.

Dass das erstere schlechterdings nicht anzunehmen sey, ist
schon aus dem obigen klar, denn dadurch würde Heteronomie
der Vernunft eingeführt, und das Recht einer unbedingten Willkür unterworfen, das heisst, es gäbe gar kein Recht. Ob das
zweite gedenkbar sey, und ob sich ein vernünftiger Grund dafür finde, bedarf einer weiteren Untersuchung.

Die Frage also, um deren Beantwortung es jetzt zu thun
ist, ist diese: Finden wir irgend einen Grund, Gott als die Ursache der Existenz des Moralgesetzes in uns anzusehen? oder
als Aufgabe ausgedrückt: wir haben ein Princip zu suchen,
aus welchem Gottes Wille, als Grund der Existenz des Moralgesetzes in uns, erkannt werde. Dass das Sittengesetz in uns
das Gesetz Gottes an uns enthalte, und *materialiter* sein Gesetz sey, ist aus dem obigen klar: ob es auch der Form nach
sein Gesetz, d. i. durch ihn und als das seinige promulgirt sey,
als wodurch der Begriff der Gesetzgebung vollständig gemacht
wird, davon ist jetzt die Frage, welche mithin auch so ausgedrückt werden kann: hat Gott sein Gesetz an uns wirklich promulgirt? können wir ein Factum aufweisen, das sich als eine
dergleichen Promulgation bestätigt?

Würde diese Frage in theoretischer Absicht, bloss um unsere Erkenntniss zu erweitern, erhoben, so könnten wir uns
auch ohne Antwort auf dieselbe begnügen, und schon *a priori*
(vor ihrer Beantwortung) sicher seyn, dass eine zu dieser Absicht befriedigende Antwort gar nicht möglich sey, indem nach
der Ursache eines Uebernatürlichen, nemlich des Moralgesetzes
in uns gefragt, mithin die Kategorie der Causalität auf ein Nou-
men angewendet wird. Da sie aber in praktischer Absicht zur
Erweiterung der Willensbestimmung gethan wird, so können
wir theils sie nicht so geradezu abweisen, theils bescheiden
wir uns schon zum voraus, dass auch eine nur subjectiv, d. i.
für unsere Denkgesetze, gültige Antwort uns befriedigen werde.

§. 4.

*Eintheilung der Religion überhaupt, in die natürliche und ge-
offenbarte.*

In der *allgemeinsten* Bedeutung wird Theologie Religion,
wenn die um unserer Willensbestimmung durch das Gesetz der
Vernunft angenommenen Sätze praktisch auf uns wirken. Diese
Wirkung geschieht *entweder* auf unser ganzes Vermögen, zur
Hervorbringung der Harmonie in desselben verschiedenen Functionen, indem die theoretische und praktische Vernunft in Uebereinstimmung gesetzt, und die postulirte Causalität der letzteren in uns möglich gemacht wird. Hierdurch erst wird Einheit in den Menschen gebracht, und alle Functionen seines Vermögens auf einen einzigen Endzweck hingeleitet. *Oder* sie geschieht insbesondere, nemlich negativ, auf unser Empfindungsvermögen, indem für das höchste Ideal aller Vollkommenheit
tiefe Ehrfurcht, und für den einzig richtigen Beurtheiler unserer Moralität, und gerechten Bestimmer unserer Schicksale nach
derselben, Vertrauen, heilige Scheu, Dankbarkeit gewirkt wird.
Diese Empfindungen sollen nicht eigentlich den Willen bestimmen; aber sie sollen die Wirksamkeit der schon geschehenen
Bestimmung vermehren. Man würde aber nicht wohl thun,
auf eine unbegrenzte Erhöhung dieser Empfindungen, besonders insofern sie sich auf den Begriff Gottes als unseres moralischen Richters gründen (und welche zusammen das ausmachen, was man *Frömmigkeit* nennt), hinzuarbeiten, weil dem
eigentlichen Momente aller Moralität, das was recht ist schlechthin darum zu wollen, *weil* es recht ist, dadurch leicht Abbruch
geschehen könnte. *Oder* endlich sie geschieht unmittelbar auf
unseren Willen, durch das dem Gewichte des Gebotes hinzu-
gefügte Moment, dass es Gebot Gottes sey; und dadurch entsteht Religion in der *eigentlichsten* Bedeutung.

Dass das Sittengesetz in uns seinem Inhalte nach als Gesetz Gottes in uns anzunehmen sey, ist schon aus dem Begriffe
Gottes, als unabhängigen Executors des Vernunftgesetzes überhaupt, klar. Ob wir einen Grund haben, es auch seiner Form

nach dafür anzunehmen, ist die jetzt zu untersuchende Frage.
Da hierbei gar nicht vom Gesetze an sich die Rede ist, als
welches wir in uns haben, sondern vom Urheber des Gesetzes,
so können wir im Begriffe der göttlichen Gesetzgebung von dem
Inhalte (*materia*) derselben hier gänzlich abstrahiren, und haben nur auf ihre Form zu sehen. Die gegenwärtige Aufgabe
ist also die: ein Princip zu suchen, aus welchem Gott als moralischer Gesetzgeber erkannt werde; oder es wird gefragt:
hat sich Gott uns als moralischer Gesetzgeber angekündigt, und
wie hat ers?

Dies lässt sich auf zweierlei Art als möglich denken, nemlich dass es entweder *in uns*, als moralischen Wesen, in unserer vernünftigen Natur; oder *ausser derselben* geschehen sey.
Nun liegt in unserer Vernunft, insofern sie rein *a priori* gesetzgebend ist, nichts, das uns berechtigte, dies anzunehmen:
wir müssen uns also nach etwas ausser ihr umsehen, welches
uns wieder an sie zurückweise, um nun aus ihren Gesetzen
mehr schliessen zu können, als wozu diese allein uns berechtigen: oder wir müssen es ganz aufgeben, aus diesem Principe
Gott als Gesetzgeber zu erkennen. Ausser unserer vernünftigen Natur ist das, was uns zur Betrachtung und Erkenntniss
vorliegt, die Sinnenwelt. In dieser finden wir allenthalben Ordnung und Zweckmässigkeit; alles leitet uns auf eine Entstehung
derselben nach Begriffen eines vernünftigen Wesens. Aber zu
allen den Zwecken, auf welche wir durch ihre Betrachtung geführt werden, muss unsere Vernunft einen letzten, einen Endzweck, als das Unbedingte zu dem Bedingten, suchen. Alles
aber in unserer Erkenntniss ist bedingt, ausser dem durch die
praktische Vernunft uns aufgestellten Zwecke des höchsten Gutes, welcher schlechthin und unbedingt geboten wird. Dieser
allein also ist fähig, der gesuchte Endzweck zu seyn; und wir
sind durch die subjective Beschaffenheit unserer Natur gedrungen, ihn dafür anzuerkennen. Kein Wesen konnte diesen Endzweck haben, als dasjenige, dessen praktisches Vermögen bloss
durch das Moralgesetz bestimmt wird; und keins die Natur
demselben anpassen, als dasjenige, das die Naturgesetze durch
sich selbst bestimmt. Dieses Wesen ist Gott. Gott ist also

Weltschöpfer. Kein Wesen ist fähig Object dieses Endzweckes
zu seyn, als nur moralische Wesen, weil diese allein des höchsten Gutes fähig sind. Wir selbst also sind als moralische Wesen (objectiv) Endzweck der Schöpfung. Wir sind aber, als
sinnliche, d. i. als solche Wesen, die unter den Naturgesetzen
stehen, auch Theile der Schöpfung, und die ganze Einrichtung
unserer Natur, insofern sie von diesen Gesetzen abhängt, ist
Werk des Schöpfers, d. i. des Bestimmers der Naturgesetze
durch seine moralische Natur. Nun hängt es zwar theils offenbar nicht von der Natur ab, dass die Vernunft in uns ebenso,
und nicht anders spricht; theils würde die Frage, ob es von
ihr abhänge, dass *wir* eben moralische Wesen sind, durchaus
dialektisch seyn. Denn erstens dächten wir uns da den Begriff der Moralität aus uns weg, und nähmen dennoch an, dass
wir dann noch *wir* seyn würden, d. i. unsere Identität beibehalten haben würden, welches sich nicht annehmen lässt; zweitens geht sie auf objective Behauptungen im Felde des Uebersinnlichen aus, in welchem wir nichts objectiv behaupten dürfen.*) Da es aber *für uns* ganz einerlei ist, ob wir uns des
Gebotes des Moralgesetzes in uns nicht *bewusst* sind, oder ob
wir überhaupt keine moralischen Wesen sind; da ferner unser
Selbstbewusstseyn ganz unter Naturgesetzen steht: so folgt
daraus sehr richtig, dass es von der Einrichtung der sinnlichen
Natur endlicher Wesen herkomme, dass sie sich des Moralgesetzes in ihnen *bewusst sind;* und wir dürfen, wenn wir uns
vorher nur richtig bestimmt haben, hinzusetzen: dass sie moralische Wesen *sind.* Da nun Gott der Urheber dieser Einrichtung ist, so ist die Ankündigung des Moralgesetzes in uns durch
das Selbstbewusstseyn, zu betrachten als Seine Ankündigung,
und der Endzweck, den uns dasselbe aufstellt, als Sein Endzweck, den er bei unserer Hervorbringung hatte. So wie wir
ihn also für den Schöpfer unserer Natur erkennen, müssen wir

---

*) Die Frage: warum überhaupt moralische Wesen seyn sollten? ist
leicht zu beantworten: wegen der Anforderung des Moralgesetzes an Gott,
das höchste Gut ausser Sich zu befördern, welches nur durch Existenz vernünftiger Wesen möglich ist.

ihn auch für unseren moralischen Gesetzgeber anerkennen;
weil nur durch eben eine solche Einrichtung uns Bewusstseyn
des Moralgesetzes in uns möglich war. Diese Ankündigung
Gottes selbst geschieht nun durch das Uebernatürliche in uns;
und es darf uns nicht irren, dass wir, um das zu erkennen,
einen Begriff ausser demselben, nemlich den der Natur, zu
Hülfe nehmen mussten. Denn theils war es die Vernunft, die
uns das, ohne welches jener Begriff uns zu unserer Absicht
gar nicht hätte dienen können, den Begriff des möglichen Endzweckes, hergab, und dadurch erst die Erkenntniss Gottes als
Schöpfers möglich machte; theils hätte auch diese Erkenntniss
uns Gott noch gar nicht als Gesetzgeber darstellen können,
ohne das Moralgesetz in uns, dessen Daseyn erst die gesuchte
Ankündigung Gottes ist.

Die zweite uns gedenkbare Art, wie sich Gott als moralischen Gesetzgeber ankündigen konnte, war *ausser* dem Uebernatürlichen in uns, also, in der *Sinnenwelt,* da wir ausser diesen beiden kein drittes Object haben. Da wir aber, weder
aus dem Begriffe der Welt überhaupt, noch aus irgend einem
Gegenstande oder Vorfalle in derselben insbesondere, mittelst
der Naturbegriffe, welche die einzigen auf die Sinnenwelt anwendbaren sind, auf etwas übernatürliches schliessen können;
dem Begriffe einer Ankündigung Gottes als moralischen Gesetzgebers aber etwas übernatürliches zum Grunde liegt: so müsste
dies durch ein Factum in der Sinnenwelt geschehen, dessen
Causalität wir *alsbald,* folglich ohne erst zu schliessen, in ein
übernatürliches Wesen setzten, und dessen Zweck, es sey eine
Ankündigung Gottes, als moralischen Gesetzgebers, wir *sogleich,*
d. i. unmittelbar durch Wahrnehmung erkennten; wenn dieser
Fall überhaupt möglich seyn soll.

Diese Untersuchung stellt nun vorläufig zwei Principien
der Religion, insofern diese sich auf Anerkennung einer formalen Gesetzgebung Gottes gründet, dar; deren eines das Princip
des Uebernatürlichen *in uns,* das andere das Princip eines Uebernatürlichen *ausser uns* ist. Die Möglichkeit des ersteren ist
schon gezeigt; die Möglichkeit des zweiten, um welche es hier
eigentlich zu thun ist, müssen wir weiter darthun. Eine Re-

ligion, die sich auf das erste Princip gründet, können wir, da
sie den Begriff einer Natur überhaupt zu Hülfe nimmt, Naturreligion nennen: und eine solche, der das zweite zum Grunde
liegt, nennen wir, da sie durch ein geheimnissvolles, übernatürliches Mittel zu uns gelangen soll, das ganz eigentlich zu
dieser Absicht bestimmt ist, *geoffenbarte Religion.* Subjectiv,
als Habitus eines vernünftigen Geistes (als Religiosität) betrachtet, können beide Religionen, da sie zwar entgegengesetzte,
aber nicht sich widersprechende Principien haben, sich in einem Individuo gar wohl vereinigen, und eine einzige ausmachen.

Ehe wir weitergehen, müssen wir noch anmerken, dass,
da hier bloss von einem Principe der Gesetzgebung ihrer Form
nach die Rede gewesen, vom Inhalte derselben aber gänzlich
abstrahirt worden, die Untersuchung, wohin nach diesen beiden verschiedenen Principien die Gesetzgebung ihrem Inhalte
nach (*legislatio materialiter spectata*) zu setzen sey, nicht berührt werden konnte. Dass nach dem ersten Principe, welches die Ankündigung des Gesetzgebers in uns setzt, auch die
Gesetzgebung selbst in uns, nemlich in unserer vernünftigen
Natur zu suchen sey, ist sogleich von selbst klar. Nach dem
zweiten Principe aber sind wieder zwei Fälle möglich: entweder die Ankündigung des Gesetzgebers ausser uns verweist
uns an unsere vernünftige Natur zurück, und die ganze Offenbarung sagt, in Worten ausgedrückt, nur soviel: Gott ist Gesetzgeber; das euch ins Herz geschriebene Gesetz ist das Seinige; oder sie schreibt uns auf eben dem Wege, auf dem sie
Gott als Gesetzgeber bekannt macht, noch sein Gesetz besonders vor. Nichts verhindert, dass in einer *in concreto* gegebenen Offenbarung nicht beides geschehen könne.

Anmerkung.

Man hat seit Erscheinung der Kritik schon mehrmals die
Frage aufgeworfen: Wie ist geoffenbarte Religion möglich? —
eine Frage, die sich zwar immer aufdrang, die aber erst, seitdem dieses Licht den Pfad unserer Untersuchungen beleuch-
tet, gehörig gestellt werden konnte. Aber wie mirs scheint,
hat man in allen Versuchen, die ich wenigstens kenne, den

Knoten mehr zerschnitten, als aufgelöst. Der eine deducirt die Möglichkeit der Religion überhaupt richtig, entwickelt ihren Inhalt, stellt ihre Kriterien fest; und gelangt nun durch drei ungeheuere Sprünge [1) indem er Religion in der weitesten, und die in der engsten Bedeutung verwechselt, 2) indem er natürliche und geoffenbarte Religion verwechselt, 3) indem er geoffenbarte überhaupt und christliche verwechselt] zu dem Satze: völlig so eine Vernunftreligion ist die christliche. Ein anderer, dem es sich freilich nicht verbergen konnte, dass diese noch etwas mehr sey, setzt dieses Mehrere bloss in grössere Versinnlichung der abstracten Ideen jener. Aber die Vernunft giebt *a priori* gar kein Gesetz, und kann keins geben, über die Art, wie wir uns die durch ihre Postulate realisirten Ideen vorstellen sollen. Jeder, auch der schärfste Denker, meine ich, denkt sie sich, wenn er sie in praktischer Absicht auf sich anwendet, mit einiger Beimischung von Sinnlichkeit, und so geht es bis zu dem rohsinnlichsten Menschen in unmerkbaren Abstufungen fort. Ganz rein von Sinnlichkeit ist *in concreto* keine Religion; denn die Religion überhaupt gründet sich auf das Bedürfniss der Sinnlichkeit. Das Mehr oder Weniger aber berechtigt zu keiner Eintheilung. Wo hören denn nach dieser Vorstellungsart die Grenzen der Vernunftreligion auf, und wo gehen die der geoffenbarten an? Es gäbe nach ihr so viele Religionen, als es schriftliche oder mündliche Belehrungen über Religionswahrheiten, als es überhaupt Subjecte gäbe, die an eine Religion glaubten; und es liesse sich durch nichts, als durch das Herkommen begreiflich machen, warum eben diese oder jene Darstellung der Religionswahrheiten die autorisirteste seyn sollte; und durch gar nichts, woher die Berufung auf eine übernatürliche Autorität käme, die wir als das charakteristische Merkmal aller vorgeblichen Offenbarungen vorfinden. Diese Verirrung vom einzig möglichen Wege einer Deduction des Offenbarungsbegriffes kam bloss daher, dass man jene allbekannte Regel der Logik vernachlässigte: Begriffe, die zu einer Eintheilung berechtigen sollen, müssen unter einem höheren Geschlechtsbegriffe enthalten, unter sich aber specifisch verschieden seyn. Der Begriff der Religion überhaupt ist Geschlechtsbegriff. Sol-

len Natur- und geoffenbarte Religion, als unter ihm enthalten,
specifisch verschieden seyn; so müssen sie es entweder in Absicht ihres Inhaltes, oder wenn dies, wie schon *a priori* zu
vermuthen, nicht möglich ist, wenigstens in Absicht ihrer Er-
kenntnissprincipien seyn; oder die ganze Eintheilung ist leer,
und wir müssen auf die Befugniss, eine geoffenbarte Religion
anzunehmen, gänzlich Verzicht thun. Der oben angezeigte Begriff ist es denn auch, den der Sprachgebrauch von jeher mit
dem Worte *Offenbarung* verknüpft hat. Alle Religionsstifter
haben sich zum Beweise der Wahrheit ihrer Lehren nicht auf
die Beistimmung unserer Vernunft, noch auf theoretische Beweise, sondern auf eine übernatürliche Autorität berufen, und
den Glauben an diese, als den einzigen rechtmässigen Weg der
Ueberzeugung, gefordert.*)

§. 5.

Formale Erörterung des Offenbarungsbegriffes, als Vorberei-tung einer materialen Erörterung desselben.

Wir kamen im vorigen §. von dem Begriffe der Religion
aus auf den Begriff einer möglichen Offenbarung, welche Re-
ligionsgrundsätze zu ihrem Stoffe haben könnte. Das wäre,
wenn jene jetzt bloss vorausgesetzte Möglichkeit des Begriffes
sich bestätigen sollte, der *materielle Ort* dieses Begriffes in unserem Verstande. Jetzt werden wir, nicht um systematischer
Nothwendigkeit willen, sondern zur Beförderung der Deutlichkeit, ihn auch seiner *Form* nach aufsuchen.

Offenbarung ist der Form nach eine Art von *Bekanntmachung,* und alles, was von dieser ihrer Gattung gilt, gilt auch
von ihr.

Der *inneren* Bedingungen aller Bekanntmachung sind zwei:

---

*) Sie haben sich nicht das Ansehen gegeben, etwas, das schon in uns
lag, zu entwickeln, sondern uns ganz etwas neues, unbekanntes zu sagen;
nicht für menschenfreundliche, weise Leiter, sondern für inspirirte Gesandten
der Gottheit gelten wollen; mit welchem Rechte, das werden wir erst weiter unten beantworten können, oder vielmehr, es wird sich selbst beantworten. (Zusatz der 1. Ausg.)

nemlich, etwas das bekannt gemacht wird, der *Stoff,* und
dann, die Art, wie es bekannt gemacht wird, die *Form* der
Bekanntmachung. *Aeussere* sind auch zwei: ein Bekanntmachender, und einer, dem bekannt gemacht wird. Wir gehen
von den innern aus.

Das Bekanntgemachte wird nur dadurch ein Bekannt-
gemachtes, dass ich es nicht schon vorher wusste. Wusste
ich es schon, so macht mir der andere nur das bekannt, dass
ers auch wusste; und der Stoff der Bekanntmachung ist dann
ein anderer. Dinge, die jeder nothwendig weiss, können nicht
bekannt gemacht werden. *A priori* mögliche oder philosophische Erkenntnisse werden entwickelt, der andere wird darauf
geleitet; ich *zeige* jemandem einen Fehler in seiner Schlussfolge,
oder die Gleichheit zweier Triangel, aber ich *mache* sie ihm
nicht *bekannt:* Erkenntnisse, die nur *a posteriori* möglich sind,
historische, werden bekannt gemacht, — aber nicht *bewiesen,*
weil man zuletzt doch auf etwas *a priori* nicht abzuleitendes,
auf das Zeugniss der empirischen Sinnlichkeit, stösst. Sie werden auf Autorität angenommen. Autorität ist das Zutrauen zu
unserer richtigen Beobachtungsgabe, und unserer Wahrhaftig-
keit. — Zwar können auch *a priori* mögliche Erkenntnisse auf
Autorität angenommen werden, wie z. B. der mechanische
Künstler so viele mathematische Sätze ohne Untersuchung und
Beweis auf das Zeugniss anderer, und seiner eigenen Erfahrung von der Anwendbarkeit derselben, annimmt. Eine solche
Erkenntniss nun ist zwar an sich, ihrem Stoffe nach, philosophisch; ihrer Form im Subjecte nach aber bloss historisch.
Sein Annehmen gründet sich zuletzt auf das Zeugniss des inneren Sinns desjenigen, der den Statz untersucht, und wahr
befunden hat.

Erste Folgerung. Nur historische Erkenntnisse, die es we-
          nigstens der Form, oder auch wohl der Materie nach
          sind — also nur Wahrnehmungen können bekannt ge-
          macht werden. — Werden weiterhin auf solche Wahr-
          nehmungen Schlüsse gebaut *(comparative),* allgemeine
          Wahrheiten davon abgeleitet, so wird von da an nichts
          weiter *bekannt gemacht,* sondern nur *gezeigt.*

Können, um zum zweiten inneren Merkmale der Bekanntmachung fortzugehen, nur in der Form historischer Erkenntnisse Wahrnehmungen bekannt gemacht werden, so, sind sie, insofern sie das werden, nicht selbst Form, sondern Stoff; sie müssen mithin der Receptivität gegeben werden. Dann aber, von der äusseren Bedingung eines Bekanntmachenden abgesehen, wäre unsere ganze empirische Erkenntniss bekannt gemacht, denn sie ist durchgängig gegeben. Verursacht uns aber jemand eine Sinnenempfindung unmittelbar, so sagen wir von der daher entstehenden Erkenntniss nicht, er mache sie uns bekannt, sondern wir erkennen dann selbst. Giebt uns z. B. jemand eine Rose zu riechen, so sagen wir nicht, er mache uns den Geruch der Rose bekannt, d. h. er macht uns ebensowenig bekannt, dass überhaupt *uns* die Rose angenehm rieche, noch in welchem Grade; das lässt sich nur durch unmittelbare Empfindung beurtheilen. Aber das dürften wir wohl sagen: er habe *uns mit* dem Geruche der Rose bekannt gemacht, d. h. er habe in unserer Vorstellung unser Subject mit der Vorstellung eines gewissen Experiments verbunden. Eigentliche Bekanntmachung findet nur dann statt, wenn in unserer Vorstellung nicht *unser* Subject, sondern ein gewisses anderes Subject mit dem Prädicate einer Wahrnehmung verknüpft wird. Diese Verknüpfung selbst nun geschieht freilich wieder zufolge einer subjectiven Wahrnehmung; aber nicht diese Wahrnehmung unseres Subjects, sondern eine andere Wahrnehmung eines anderen Subjects ist Stoff des Bekanntgemachten.

Zweite Folgerung. Die Wahrnehmung, welche bekannt gemacht wird, ist nicht unmittelbar, sondern sie wird durch
Wahrnehmung einer Vorstellung von ihr gegeben. —
Diese eigentlich bekannt gemachte Wahrnehmung nun
kann durch eine lange Reihe von Gliedern gehen; dann
wird sie durch *Tradition* fortgepflanzt. — Der Supernaturalist, der die Existenz Gottes nur durch Offenbarung erkennbar annimmt, nimmt an: Gott sage uns, er
selbst (Gott) nehme seine Existenz wahr; nun müsse
man doch seiner (Gottes) Versicherung trauen, mithin

u. s. w. — welches ohne Zweifel ein Cirkel im Beweisen ist.

Wir gehen jetzt zu den äusseren Bedingungen der Bekanntmachung über. — Zu jeder Bekanntmachung gehört ein
Bekannt*machender*. Wenn wir aus gewissen Wahrnehmungen
am andern selbst schliessen, er müsse eine gewisse Wahrnehmung gemacht haben, so macht er uns seine Wahrnehmung
nicht bekannt, sondern sie verräth sich uns — wir entdecken
sie selbst. Wir setzen also eine bekanntmachende Spontaneität
mit Willkür, folglich mit Bewusstseyn voraus, und nur hierdurch wird er bekanntmachend. — Er muss uns aber nicht
nur überhaupt etwas, — er muss uns eine gewisse bestimmte
Vorstellung bekannt machen wollen, die er nicht nur selbst
hat, sondern deren Hervorbringung in uns durch die Causalität seines Begriffs von dieser Hervorbringung er sich denkt.
So ein Begriff nun heisst ein Begriff vom Zwecke.

Dritte Folgerung. Jede Bekanntmachung setzt also im Bekanntmachenden einen Begriff von der hervorzubringenden Vorstellung, als Zwecke seiner Handlung voraus.
Mithin muss der Bekanntmachende ein intelligentes Wesen seyn, und seine Handlung, und die dadurch in dem
anderen erregte Vorstellung müssen sich verhalten, wie
moralischer Grund und *Folge.*

Zur Bekanntmachung gehört endlich einer, dem etwas bekannt wird. Wird ihm überhaupt nichts bekannt, oder wird
ihm nur das nicht bekannt, was der andere beabsichtigte, oder
wird es ihm vielleicht durch andere Mittel, nur nicht durch
die Mittheilung des anderen bekannt, so ist wenigstens die verlangte Bekanntmachung nicht geschehen.

Vierte Folgerung. Die Handlung des Bekanntmachenden muss
sich mithin zu der in dem anderen hervorgebrachten
Vorstellung verhalten, wie physische Ursache zur Wirkung. — Dass ein solches Verhältniss möglich sey, d. i.
dass ein intelligentes Wesen zufolge eines Zweckbegriffs
durch Freiheit physische Ursache werden könne, wird
zur Möglichkeit einer Bekanntmachung überhaupt postulirt, kann aber nicht theoretisch bewiesen werden.

Der Begriff der Offenbarung, als unter diesem Gattungs-
begriffe enthalten, muss alle die angezeigten Merkmale, aber
er kann ihrer noch mehrere haben, d. i. er kann gewisse auf
verschiedene Art bestimmbare Merkmale der Bekanntmachung
völlig bestimmen; und wir müssen uns hier, da wir ihn bis
jetzt als bloss empirisch behandeln, an den Sprachgebrauch
halten.

Gewöhnlich sagt man *offenbaren* in Absicht *der Materie*
nur von sehr wichtig geglaubten, oder von sehr tief verborgenen Erkenntnissen, die nicht jeder finden könne. Da dieses
Merkmal bloss relativ ist, indem die Wichtigkeit oder Unwich-
tigkeit, Schwierigkeit oder Leichtigkeit einer Erkenntniss bloss
von der Meinung des Subjects abhängt, so ist sogleich einleuchtend, dass diese Bestimmung für die Philosophie nicht
tauge.

Ebenso untauglich ist eine andere Bestimmung im Sprachgebrauche, die sich auf *den Bekanntmachenden* bezieht; da
man nemlich offenbaren vorzüglich nur von der Mittheilung
überirdischer Wesen, Dämonen, sagt. So waren alle heidnische
Orakel angebliche Offenbarungen. Dass der Offenbarende ein
freies und intelligentes Wesen seyn, also unter den Gattungs-
begriff gehören müsse, unter den auch die Dämonen gehören,
liegt schon im Begriffe der Bekanntmachung; wie aber Dämonen und z. B. Menschen der Art nach scharf zu unterscheiden
wären, möchte sich so leicht nicht ergeben. Alle Unterscheidungen würden nur relativ ausfallen.

Es bliebe uns demnach keine für die Philosophie taugliche
scharfe Bestimmung übrig, als die, dass in der Bekanntmachung
überhaupt jeder freie Geist, sey er endlich oder unendlich, in
der Offenbarung aber der Unendliche, Bekanntmachender sey:
eine Bedeutung, für welche man auch im gemeinen Sprachgebrauche die Wörter: Offenbarung, offenbaren u. s. f. aufsparen
möchte.

Die Bestimmungen der Bekanntmachung überhaupt bleiben
auch dem Offenbarungsbegriffe; mithin werden durch die dritte
und vierte Folgerung alle durch Betrachtung der Sinnenwelt,
als deren Urgrund wir Gott ansehen müssen, mögliche Beleh-

rungen und Erkenntnisse aus dem Begriffe der Offenbarung
ausgeschlossen. Es wird uns durch diese Betrachtung nichts
bekannt *gemacht*, sondern wir erkennen selbst, oder meinen
vielmehr daraus zu erkennen, was wir selbst erst unvermerkt
hineintrugen. Nemlich wir betrachten die Erscheinungen in
der Sinnenwelt theils als Zwecke an sich, theils als Mittel zu
ganz anderen Zwecken, als zu dem einer möglichen Belehrung. Insofern zwar dadurch *auch zugleich* eine Erkenntniss,
und insbesondere eine Erkenntniss Gottes, unserer Abhängigkeit von ihm, und unserer hieraus folgenden Pflichten möglich
wäre — insofern, weil sie möglich wäre, der Begriff von einer
solchen Erkenntniss in Gott versetzt, und ihm als Absicht bei
der Weltschöpfung untergelegt werden könnte, dürfte man
einen Augenblick glauben, das ganze System der Erscheinungen lasse sich als Offenbarung ansehen. Aber, hier davon
noch abgesehen, dass eine solche Erkenntniss des Uebersinnlichen von der Sinnenwelt aus ganz unmöglich ist, und dass
wir erst unvermerkt die auf einem ganz anderen Wege gegebenen geistigen Begriffe in die Sinnenwelt hineintragen, die
wir dann in ihr gefunden zu haben glauben — so wäre eine
solche Absicht Gottes doch nicht als die *letzte,* mithin nicht
als *Endzweck* der Schöpfung anzuerkennen. Erkenntniss ist
unfähig Endzweck zu seyn; denn immer bleibt noch die Frage
zu beantworten: warum soll ich denn nun Gott erkennen? Erkenntniss wäre nur Mittel zu einem höheren Zwecke, mithin
nicht letzte Absicht der Weltschöpfung, und zwischen letzterer
und der dabei beabsichtigt seynsollenden Erkenntniss fiele
das Verhältniss des Grundes zur Folge weg. — Ferner ist es
auch in jenem Systeme gar nicht nothwendig, durch die Betrachtung des Weltgebäudes jene Erkenntnisse zu erhalten; die
Erfahrung lehrt, dass sehr viele es nach ganz anderen Gesetzen beurtheilen, mithin fällt auch das Verhältniss der Ursache
zur Wirkung weg, und die Schöpfung ist keine Offenbarung.

Offenbarung ist, insoweit wir vor jetzt den Begriff bestimmt
haben, eine Wahrnehmung, die von Gott, gemäss dem Begriffe
irgend einer dadurch zu gebenden Belehrung (was auch immer
ihr Stoff seyn möge), als *Zwecke* derselben, in uns bewirkt

wird. — Man hat dies letztere Verhältniss, um welches es hier
eigentlich zu thun ist, auch durch das Wort *unmittelbar* bezeichnet; und wenn man damit nur nicht sagen will: unsere
Wahrnehmung solle *in der Reihe der wirkenden Ursachen zunächst* auf die Handlung Gottes folgen, sie solle schlechthin *B*
seyn, als worauf es hier gar nicht ankommt (wenn nur die
Handlung Gottes auch in dieser Reihe schlechthin *A* ist, so
mögen zwischen ihr und unserer Wahrnehmung der Mittelglie-
der so viele seyn, als ihrer wollen); sondern nur so viel: der
Begriff Gottes von der zu gebenden Belehrung solle in der
Reihe der *Endursachen A*, und unsere Belehrung solle *B* seyn,
so ist dies ganz richtig.

Ueber die logische Möglichkeit dieses Begriffs kann kein
Zweifel entstehen; denn wenn seine Bestimmungen sich wider-
sprächen, so würde dieser Widerspruch sich bald entdeckt
haben. Die physische Möglichkeit desselben gründet sich auf
das Postulat des Sittengesetzes, dass ein freies, intelligentes
Wesen einem Begriffe vom Zwecke gemäss Ursache in der
Sinnenwelt seyn könne; welches wir für Gott, um der Möglichkeit eines praktischen Gesetzes in sinnlichen Wesen willen,
annehmen mussten.

In der Anwendung dieses Begriffs auf ein Factum aber
thun sich grosse Schwierigkeiten hervor. — Wenn nemlich
bloss davon die Rede wäre, dass eine gewisse Wahrnehmung,
und eine dabei beabsichtigte Erkenntniss in uns wirklich würde,
ohne dass wir nöthig hätten auf den Grund der Erscheinung
zurückzugehen, so wäre unsere Untersuchung jetzt geschlossen.
Wir hätten bloss auf die Materie einer Offenbarung zu sehen,
die wir uns ruhig geben liessen. Aber es ist von der Materie
am allerwenigsten, sondern ganz vorzüglich von der Form der
Offenbarung die Rede: es soll uns nicht etwa nur überhaupt
etwas bekannt gemacht werden, sondern dieses Etwas wird
vorzüglich nur dadurch bekannt, dass wir es für offenbart anerkennen. Gott soll uns eine Erkenntniss mittheilen, die nur
dadurch Erkenntniss wird, weil der Mittheilende kein anderer
ist, als Gott. — Dies kommt daher, weil der Glaube an jede
Bekanntmachung, der Natur dieses Begriffs nach, sich auf nichts

anderes, als die Autorität des Bekanntmachenden gründen kann, wie oben gezeigt worden.

Die wichtigere Frage also, die noch zu beantworten ist, ist die: wie sollen wir erkennen, *dass* Gott, gemäss einem Begriffe vom Zwecke, eine gewisse Wahrnehmung in uns bewirkt habe?

Man dürfte etwa einen Augenblick meinen, das könne Stoff der durch die Wahrnehmung hervorgebrachten Vorstellung seyn; wenn z. B. jemand eine Erscheinung hätte, die sich ihm als Gott ankündigte, und als solcher ihn über manches belehrte. Aber davon ist eben die Frage, wie er erkennen solle, dass diese Erscheinung wirklich durch Gott gewirkt sey; dass weder er selbst sich, noch ein anderes Wesen ihn täusche; die Frage ist von einer Causalverbindung, und diese werden nicht *wahrgenommen,* es wird auf sie *geschlossen.* *)

Ein solcher Schluss könnte vorläufig auf zweierlei Art möglich scheinen; nemlich entweder *a posteriori,* durch das Aufsteigen von der gegebenen Wahrnehmung als Wirkung zu ihrer Ursache; oder *a priori,* durch das Herabsteigen von der bekannten Ursache zur Wirkung. Wir untersuchen die Möglichkeit des ersteren Schlusses, den man sich für die Theologie noch immer nicht will rauben lassen, ohnerachtet alles mögliche geschehen ist, um seine Unrichtigkeit in die Augen springend zu machen.

Es giebt zwei Wege, um von einer Wahrnehmung zur Erkenntniss ihrer, als solcher, nicht wahrgenommenen Ursache aufzusteigen; nemlich entweder in der Reihe der *wirkenden,* oder der *der Endursachen.* Im ersten Falle bestimme ich den Begriff der Ursache durch die wahrgenommene Wirkung. Es wird z. B. eine Last fortgerückt. Ich wende auf diese Wahrnehmung die Gesetze der Bewegung an, und schliesse: die Ursache sey eine physische Kraft, im Raume, wirke mit so oder so viel Kraft u. s. w. Die Wahrnehmung, die mich *a posteriori* auf den Begriff der Offenbarung bringen soll, muss nach phy-

---

*) Wer unwillig wird, dass ich das sagte, dem sagte ichs nicht. Ich kenne aber Leser, denen man es allerdings sagen muss.

sischen Gesetzen nicht erklärbar seyn, sonst würde ich ihre
Ursache auf dem Gebiete dieser Gesetze suchen, und finden,
und nicht nöthig haben, sie in den *freien* Urgrund aller Gesetze überzutragen. Das einzige vernunftmässige Prädicat dieser Ursache ist also *subjectiv* und *negativ: sie ist mir unbestimmbar* — ein Prädicat, wozu mich das Nichtbewusstseyn
meines Bestimmens derselben vollkommen berechtigt. Indem
ich aber dieses subjectiv unbestimmbare *A* sofort, und ohne
allen weiteren Grund (und es lässt sich kein anderer angeben,
als das Nichtbewusstseyn meines Bestimmens) zum absolut
und objectiv unbestimmbaren *A* mache, so folge ich freilich
dem Hange meines Geistes, sobald sichs thun lässt, zum
schlechthin unbedingten fortzuschreiten; aber die Unrechtmäs-
sigkeit dieses Verfahrens sollte doch wohl jetzt keiner weiteren Rüge bedürfen. — Wir sind freilich genöthigt, überhaupt
ein absolut erstes Glied in der Reihe anzunehmen; aber bei
keinem bestimmten Gliede dürfen wir sagen: *dies* ist das erste.
Denn die Reihe (ich rede von der der *wirkenden* Ursachen)
ist unendlich, und unser Aufsteigen in ihr ist nie vollendet.
Vollenden wir sie irgendwo, so nehmen wir ein unendliches
an, welches endlich ist; und das — *ist* ein Widerspruch.

Was wir in der Reihe der wirkenden Ursachen nicht können, lasst uns in der der Endursachen versuchen.

Wir machen eine Wahrnehmung, und auf sie zunächst in
der Zeit folgt die Wahrnehmung einer Erkenntniss in uns, die
wir vorher in uns nicht wahrgenommen haben. Wir sind
durch die Gesetze des Denkens genöthigt, beide Wahrnehmungen in Causalverbindung zu denken: die erstere ist Ursache
der zweiten, als ihrer Wirkung. Nun wollen wir auch umgekehrt die Erkenntniss als Ursache der sie selbst verursachen-
den Wahrnehmung denken, d. i. wir wollen annehmen, dass
diese Wahrnehmung nur durch den Begriff von der verursach-
ten Erkenntniss möglich gewesen. Sind wir zu dieser Annahme nicht durch Nothwendigkeit getrieben, so nehmen wir
etwas ganz willkürlich und ohne Grund an; — *wir meinen
nur so.* — Nothwendigkeit (ob subjective, oder objective, wird
sich gleich zeigen) treibt uns zu dieser Annahme nur dann,

wenn die Wahrnehmung und die dadurch ertheilte Belehrung
sich verhalten, wie Theile und Ganzes, und wenn weder ein
Theil ohne das Ganze, noch das Ganze ohne alle Theile denkbar ist. Ein solches Verhältniss ist nicht nur an sich
möglich, sondern auch in vielen Fällen der untersuchten Art
wirklich. *Ich* muss dann mir beide Dinge in Zweckverbindung
denken; *ich* kann die Wahrnehmung nicht erklären, wenn ich
nicht den Begriff der dadurch entstandenen Erkenntniss, die
in der *Zeitreihe,* mithin in der Reihe meiner Empfindungen
folgt, in *der Reihe meiner Beurtheilungen,* die durch Spontaneität geleitet wird, vorher setze. Bis dahin habe ich ganz
recht. Nun aber trage ich das subjective Gesetz der Möglichkeit meiner Beurtheilung auf die Möglichkeit des Dinges an
sich über, und schliesse: weil ich mir den Begriff der Wirkung vor der Ursache vorher *denken* muss, so musste er auch
vorher in irgend einem intelligenten Wesen *seyn:* ein Schluss,
zu dem der Hang, alles Subjective für objectiv gültig anzunehmen, mich zwar verleitet, aber nicht berechtigt. Auf eine solche offenbar erschlichene Schlussfolge lässt sich keine vernünftige Ueberzeugung gründen.

Aber, gesetzt wir liessen euch diesen Schluss gelten, so
hättet ihr nun zwar allerdings Grund, ein freies intelligentes
Wesen, als Ursache der untersuchten Erscheinung anzunehmen,
für welches das in der Reihe der wirkenden Ursachen euch
unbestimmbare *A* bestimmbar wäre; und das kann der erste
beste Mensch seyn, der ein wenig mehr weiss, als ihr: aber
was berechtigt euch denn eben das unendliche Wesen dafür
anzunehmen? Was *ich* nicht einsehen kann, kann nur der
unendliche Verstand einsehen: — dieser Schluss ist vermessen, wenn je einer es war. Weit bescheidener und consequenter urtheilten die heidnischen Theologen, die für Ursache
unerklärbarer Erscheinungen schlechthin Dämonen, nicht eben
den unendlichen Geist annahmen; und unter uns das Volk,
das sie für Wirkungen der Zauberer, Gespenster und Kobolde
erklärt.

A posteriori ist es also schlechthin unmöglich, eine Erscheinung für Offenbarung theoretisch anzuerkennen.

Ebenso unmöglich ist ein theoretischer Beweis *a priori*. Man hat nur die Erfordernisse eines solchen Beweises zu nennen, um seine Unmöglichkeit und seine Widersprüche zu zeigen. Es müsste nemlich aus dem *durch theoretische Naturphilosophie a priori* gegebenen Begriffe von Gott die Nothwendigkeit gezeigt werden, dass in Gott der Begriff einer gewissen *empirisch bestimmten* Offenbarung, und der Entschluss, ihn darzustellen, vorhanden sey.

Wir müssen demnach die Möglichkeit, von der Seite der Form in diesen Begriff einzudringen, und, wenn sich kein anderer Weg zeigen sollte, die reale Möglichkeit des Begriffes selbst aufgeben. — Aber wir kamen oben, von der Seite seiner Materie, von dem Begriffe der Religion aus, auf ihn. Wir haben also noch vermittelst einer materialen Erörterung zu versuchen, was uns durch eine formale nicht gelang.

Durch die gezeigte Unhaltbarkeit dieses Begriffs von Seiten seiner Form, wird zugleich alles, was nicht Religion betrifft, von welcher allein er noch seine Bestätigung erwartet, aus seinem Umfange ausgeschlossen, da zuvor über den möglichen Inhalt einer Offenbarung nichts zu bestimmen war. Wir fügen also diesem Begriffe noch das Merkmal hinzu, dass das in einer Offenbarung Bekanntgemachte religiösen Inhalts seyn müsse, und hiermit ist denn die Bestimmung dieses Begriffs vollendet.

§. 6.
Materiale Erörterung des Offenbarungsbegriffs.

Alle religiösen Begriffe lassen sich nur *a priori* von den Postulaten der praktischen Vernunft ableiten, wie oben §. 3 durch die wirkliche Deduction derselben gezeigt worden. Da nun der Offenbarungsbegriff eine gewisse Form solcher Begriffe zum Gegenstande haben soll, und nicht von Seiten seiner Form (nemlich als Begriff), mithin, wenn seine reale Möglichkeit sich soll sichern lassen, nur von Seiten seines Inhalts deducirt werden kann, so haben wir seinen Ursprung im Felde der reinen praktischen Vernunft aufzusuchen. Er muss sich *a priori* von Ideen dieser Vernunft deduciren lassen, wenn auch nicht ohne Voraussetzung aller Erfahrung, dennoch bloss

mit Voraussetzung einer Erfahrung überhaupt, und zwar ohne
etwas von ihr entlehnt oder gelernt zu haben, sondern um
einer gewissen Erfahrung — die aber nicht als Erfahrung nach
theoretischen, sondern als Moment der Willensbestimmung nach
praktischen Gesetzen beurtheilt wird, und bei der es nicht um
die Richtigkeit oder Unrichtigkeit der gemachten Beobachtung,
sondern um ihre praktischen Folgen zu thun ist — selbst das
Gesetz nach praktischen Grundsätzen vorzuschreiben. Es ist
hier nicht wie im Felde der Naturbegriffe, wo wir bei Deduction eines Begriffs *a priori* zeigen können und müssen, dass
ohne ihn entweder Erfahrung überhaupt, wenn er rein ist,
oder eine gewisse bestimmte Erfahrung, wenn er nicht rein
ist, gar nicht möglich sey: sondern, da wir im Felde der Vernunft sind, können und dürfen wir nur zeigen, dass ohne den
Ursprung eines gewissen Begriffs *a priori* keine *vernunftmässige Anerkennung* einer gewissen Erfahrung für das, für was
sie sich giebt, möglich sey. Dies ist hier um so nöthiger, da
dieser Begriff von einem Wege aus, der in dieser Rücksicht
schon verdächtig ist, uns wer weiss welche Erkenntnisse im
Felde des Uebersinnlichen verspricht, und aller Schwärmerei
Thor und Thüre zu öffnen droht, wenn er nicht *a priori* ist,
und wir ihm also Gesetze vorschreiben können, an welche wir
alle seine *a posteriori* möglichen Anmaassungen halten, und sie
nach denselben beschränken können. Es muss also gezeigt
werden, dass dieser Begriff *vernunftmässig* nur *a priori* möglich sey, und dass er also die Gesetze des Princips, durch
welches es möglich ist, anerkennen müsse; oder, wenn er
das nicht sey, und seine Befugnisse gänzlich und allein *a posteriori* zu erweisen Anspruch mache, gänzlich falsch und erschlichen sey, und dass von dieser Untersuchung sein ganzes
Schicksal abhange. Sie ist also der Hauptpunct dieser Kritik.

Gesetzt nun aber auch, die Möglichkeit seines Ursprungs
a priori, als einer Vernunftidee, liesse sich durch eine Deduction darthun; so bliebe immer noch auszumachen, ob er *a
priori gegeben,* oder *gemacht,* und *erkünstelt* sey; und wir gestehen, dass der sonderbare Weg, den er aus der Ideen- in
die Sinnenwelt, und aus dieser wieder in jene nimmt, ihn des

letzteren wenigstens sehr verdächtig mache. Sollte sich dies
bestätigen, so gäbe es freilich vors erste kein gutes Vorurtheil
für ihn; da es schon bekannt ist, dass die Vernunft im Felde
des Uebersinnlichen zwar ins Unermessliche schwärmen und
dichten; aber daraus, dass es ihr möglich war sich etwas zu
denken, noch nicht einmal die Möglichkeit folgern könne, dass
dieser Idee überhaupt etwas entspreche. Es bleibt aber doch
noch ein Weg übrig, diese Idee aus den leeren Träumen der
Vernunft herauszuheben, wenn sich nemlich in der Erfahrung,
und zwar — da hier von einem praktischen Begriffe die Rede
ist — ein empirisch gegebenes praktisches Bedürfniss zeigt,
welches jenen Begriff, der *a priori* freilich nicht gegeben war,
a posteriori zwar nicht giebt, aber doch *berechtigt.* Diese Erfahrung ergänzt dann, was zur Rechtmässigkeit dieses Begriffs
a priori fehlte; sie liefert das vermisste Datum. Daraus nun
folgt noch nicht, dass der Begriff selbst *a posteriori* sey, sondern nur, dass sich *a priori* nicht zeigen lasse, ob er nicht
überhaupt ganz leer sey.

Diese Einschränkung bestimmt denn auch die wahre Beschaffenheit der Deduction dieses Begriffs *a priori.* Es soll
nemlich durch dieselbe nicht dargethan werden, dass er *wirklich a priori* da sey, sondern nur, dass er *a priori möglich*
sey; nicht, dass jede Vernunft ihn nothwendig *a priori* haben
müsse, sondern dass sie ihn, wenn ihre Ideenreihe ohngefähr
nach dieser Richtung hingeht, haben *könne.* Das erstere wäre
nur möglich, wenn ein Datum der reinen Vernunft *a priori*
angezeigt werden könnte, wie z. B. bei der Idee von Gott,
vom absoluten Weltganzen u. s. w., die nothwendige Aufgabe
der Vernunft war, zu allem Bedingten das schlechthin Unbedingte zu suchen, welches die Vernunft nöthigte, auf diesen
Begriff zu kommen. Da aber ein solches Datum *a priori* sich
nicht vorfindet, so darf und kann die Deduction desselben nur
seine Möglichkeit als *Idee,* und insofern er das ist, zeigen. —
Keine historische *) Deduction also der Entstehung dieses Be-

---

*) Ueberhaupt haben alle, die durch historische, geographische, physi-
sche Deductionen die kritische Philosophie *widerlegen*, noch nicht den ersten
Satz der Philosophie gefasst, die sie widerlegen. (Anm. d. 2. Ausg.)

griffs unter der Menschheit, welche es auch noch so wahrscheinlich machte, dass er zuerst durch wirkliche Facta in der Sinnenwelt, die man aus Unwissenheit übernatürlichen Ursachen zugeschrieben, oder durch geflissentlichen Betrug, entstanden sey; selbst kein unwiderlegbarer Beweis, dass keine Vernunft ohne jenes empirisch gegebene Bedürfniss je auf diese Idee gekommen seyn würde, wenn ein solcher möglich wäre, würde dieser Deduction widersprechen. Denn im ersten Falle wäre der Begriff *in concreto* freilich ganz unrechtmässig entstanden, welches aber der Möglichkeit, sich einen rechtmässigen Ursprung desselben *in abstracto* zu denken, nicht den geringsten Eintrag thun kann: im zweiten wäre jenes empirische Datum zwar die *Gelegenheitsursache* gewesen, auf ihn zu kommen; wenn er aber durch den *Inhalt* der gemachten Erfahrung nur nicht bestimmt ist (und eine Deduction *a priori* muss die Unmöglichkeit hiervon zeigen), so wäre sie nicht sein Princip gewesen. Ein anderes ist die *Gültigkeit* dieses Begriffs, d. i. ob sich vernünftigerweise annehmen lasse, dass ihm etwas ausser uns correspondiren werde; diese kann freilich nur empirisch deducirt werden, und erstreckt sich mithin nicht weiter, als das Datum gilt, aus dem sie deducirt wird. Lasst uns dies durch ein Beispiel erläutern. — Der Begriff eines bösen Grundprincips neben einem guten ist offenbar ein Begriff *a priori*, denn er kann in keiner Erfahrung gegeben seyn; und zwar eine Vernunftidee; und sie muss sich mithin, ihrer Möglichkeit nach, deduciren lassen, wenn sie nicht etwa den Vernunftprincipien gar widerspricht. Diese Idee ist aber *a priori* nicht gegeben, sondern gemacht, denn es lässt sich kein Datum der reinen Vernunft für sie anführen. In der Erfahrung aber kommen mehrere Data vor, welche diesen Begriff zu berechtigen scheinen, und welche die Gelegenheitsursachen seiner Entstehung gewesen seyn können. Wenn nun nur diese Data ihn wirklich berechtigten; wenn man ihn nur für ein praktisches, wenngleich empirisch bedingtes Bedürfniss, und nicht lediglich zur theoretischen Naturerklärung hätte brauchen wollen; wenn er nur endlich der praktischen Vernunft nicht gar widerspräche: so hätte man ihn, ohngeachtet seine Gültigkeit sich nur auf empirische Data beruft, wenigstens für eine Idee, der etwas entsprechen *könnte,* wohl annehmen dürfen.

Durch die erstere Deduction der Möglichkeit des Begriffs der Offenbarung *a priori* scheint nun nicht viel ausgerichtet zu werden, und es ist nicht zu läugnen, dass sie eine sehr leere und unnütze Bemühung seyn würde, wenn nicht gezeigt werden könnte, dass dieser Begriff, wenn er nicht *a priori* möglich ist, überhaupt nicht vernunftmässig ist. Folglich hängt sein ganzer Werth von dieser Deduction ab.

§. 7.

Deduction des Begriffs der Offenbarung aus Principien der reinen Vernunft a priori.

Wenn endliche moralische Wesen, d. i. solche Wesen, welche ausser dem Moralgesetze noch unter Naturgesetzen stehen, als gegeben gedacht werden; so lässt sich, da das Moralgesetz nicht bloss in demjenigen Theile dieser Wesen, der unmittelbar und allein unter desselben Gesetzgebung steht (ihrem oberen Begehrungsvermögen), sondern auch in demjenigen, der zunächst unter den Naturgesetzen steht, seine Causalität ausüben soll, vermuthen, dass die Wirkungen dieser beiden Causalitäten, deren Gesetze gegenseitig ganz unabhängig von einander sind auf die Willensbestimmung solcher Wesen, in Widerstreit gerathen werden. Dieser Widerstreit des Naturgesetzes gegen das Sittengesetz kann nach Maassgabe der besonderen Beschaffenheit ihrer sinnlichen Natur der Stärke nach sehr verschieden seyn, und es lässt sich ein Grad dieser Stärke denken, bei welchem das Sittengesetz seine Causalität in ihrer sinnlichen Natur entweder auf immer, oder nur in gewissen Fällen, gänzlich verliert. Sollen nun solche Wesen in diesem Falle der Moralität nicht gänzlich unfähig werden, so muss ihre sinnliche Natur selbst durch sinnliche Antriebe bestimmt werden, sich durch das Moralgesetz bestimmen zu lassen. Soll dies kein Widerspruch seyn — und es ist an sich allerdings einer, *sinnliche* Antriebe als Bestimmungsgründe *reiner Moralität* gebrauchen zu wollen — so kann es nichts anderes heis-

sen, als dass rein moralische Antriebe auf dem Wege der Sinne
an sie gebracht werden sollen. Der einzige rein moralische
Antrieb ist die innere Heiligkeit des Rechts. Diese ist durch
ein Postulat der reinen praktischen Vernunft in Gott *in concreto* (folglich der Sinnlichkeit zugänglich), und er selbst als
moralischer Richter aller vernünftigen Wesen nach diesem ihm
durch *seine* Vernunft gegebenen Gesetze, mithin als Gesetzgeber jener Wesen, dargestellt worden. Diese Idee vom Willen
des Heiligsten als Sittengesetze für alle moralische Wesen ist
nun von der einen Seite völlig identisch mit dem Begriffe der
inneren Heiligkeit des Rechts, folglich jener einige rein moralische Antrieb, und von der andern des Vehiculums der Sinne
fähig. Sie allein also entspricht der zu lösenden Aufgabe. Nun
aber ist kein Wesen fähig, diese Idee auf dem Wege der sinnlichen Natur an sie gelangen zu lassen, oder, wenn sie schon
in ihnen mit Bewusstseyn vorhanden ist, sie auf demselben zu
bestätigen, als ein Gesetzgeber dieser Natur, welches denn
auch, laut der Postulate der praktischen Vernunft, jener moralische Gesetzgeber endlicher vernünftiger Wesen ist. Gott selbst
also müsste ihnen sich und seinen Willen, als gesetzlich für sie,
in der Sinnenwelt ankündigen. Nun aber ist in der Sinnenwelt überhaupt so wenig eine Ankündigung der gesetzgebenden Heiligkeit enthalten, dass wir vielmehr von ihr aus durch
die auf sie anwendbaren Begriffe auf gar nichts Uebernatür-
liches schliessen können; und ob wir gleich durch Verbindung
des Begriffs der Freiheit mit diesen Begriffen, und den dadurch
möglichen Begriff eines moralischen Endzwecks der Welt auf
diese Gesetzgebung schliessen können (§. 4): so setzt doch
dieser Schluss schon eine Causalität des Moralgesetzes in dem
so schliessenden Subjecte voraus, die nicht nur das völlige,
nur nach Naturgesetzen mögliche Bewusstseyn seines Gebots,
sondern auch den festen Willen, die Wirksamkeit desselben in
sich durch freie Aufsuchung und Gebrauch jedes Mittels zu
vermehren, bewirkt hat, welche aber in den vorausgesetzten
sinnlich bedingten Wesen nicht angenommen worden ist. Gott
müsste sich also durch eine besondere, ausdrücklich dazu und
für sie bestimmte Erscheinung in der Sinnenwelt ihnen als

Gesetzgeber ankündigen. Da Gott durch das Moralgesetz bestimmt ist, die höchstmögliche Moralität in allen vernünftigen Wesen durch alle moralischen Mittel zu befördern, so lässt sich erwarten, dass er, wenn dergleichen Wesen wirklich vorhanden seyn sollten, sich dieses Mittels bedienen werde, wenn es physisch möglich ist. *)

Diese Deduction leistet, was sie versprochen. Der deducirte Begriff ist wirklich der Begriff der *Offenbarung,* d. i. der Begriff von einer durch die Causalität Gottes in der Sinnenwelt bewirkten Erscheinung, wodurch er sich als moralischen Gesetzgeber ankündigt. Er ist aus lauter Begriffen *a priori* der reinen praktischen Vernunft deducirt; aus der schlechthin und ohne alle Bedingung geforderten Causalität des Moralgesetzes in allen vernünftigen Wesen, aus dem einzig reinen Motiv dieser Causalität, der inneren Heiligkeit des Rechts, aus dem für die Möglichkeit der geforderten Causalität als real anzunehmenden Begriffe Gottes, und seiner Bestimmungen. Aus dieser Deduction ergiebt sich unmittelbar die Befugniss, jede angebliche Offenbarung, d. i. jede Erscheinung in der Sinnenwelt, welche diesem Begriffe als correspondirend gedacht werden soll, einer Kritik der Vernunft zu unterwerfen. Denn wenn es schlechterdings nicht möglich ist, den Begriff derselben *a posteriori* durch die gegebene Erscheinung zu bekommen, sondern er selbst, als Begriff, *a priori* da ist, und nur eine ihm entsprechende Erscheinung erwartet, so ist es offenbar Sache der Vernunft, zu entscheiden, ob diese gegebene Erscheinung mit ihrem Begriffe von derselben übereinkomme, oder nicht; und sie erwartet demnach von ihr so wenig das Gesetz, dass sie vielmehr es ihr selbst vorschreibt. Aus ihr müssen sich ferner alle Bedingungen ergeben, unter denen eine Erscheinung als göttliche Offenbarung angenommen werden kann: nemlich, sie kann es

*) Dass dieser Deduction gar nicht eine *objective,* einen theoretischen Beweis *a priori* begründende, sondern bloss eine *subjective,* für den empirisch bedingten Glauben hinlängliche, Gültigkeit zugeschrieben werde, ist wohl für keinen Leser, der auch nur eine dunkle Ahnung von dem Gange und Ziele dieser Abhandlung hat, zu erinnern — auch sogar dann nicht, wenn jemand ihren Sinn vorsätzlich misdeuten sollte, um den Leser irre zu führen. (Anm. zur 2. Ausg.)

nur insofern, als sie mit diesem deducirten Begriffe übereinstimmt. Diese Bedingungen nennen wir Kriterien der Göttlichkeit einer Offenbarung. Alles also, was als ein dergleichen Kriterium aufgestellt wird, muss sich aus dieser Deduction ableiten lassen, und alles, was sich aus ihr ableiten lässt,
ist ein dergleichen Kriterium.

Sie leistet aber auch nicht mehr, als sie versprochen. Der
zu deducirende Begriff wurde bloss als eine Idee angekündigt;
sie hat mithin keine objective Gültigkeit desselben zu erweisen, mit welchem Erweise sie auch nicht sonderlich fortkommen dürfte. Alles, was von ihr gefordert wird, ist, zu zeigen,
dass der zu deducirende Begriff weder sich selbst, noch einem
der vorauszusetzenden Principien widerspreche. Er kündigte
sich ferner nicht als gegeben, sondern als gemacht an *(con-*
ceptus non datus, sed ratiocinatus); sie hat mithin kein Datum
der reinen Vernunft aufzuzeigen, wodurch er uns gegeben
würde, welches sie zu leisten auch nicht vorgegeben hat.
Aus diesen beiden Bestimmungen ergiebt sich denn vorläufig
die Folge, dass, wenn auch eine Erscheinung in der Sinnenwelt gegeben seyn sollte, welche mit ihm vollkommen über-
einstimmte (eine Offenbarung, welche alle Kriterien der Göttlichkeit hätte), dennoch weder eine objective, noch selbst für
alle vernünftige Wesen subjective Gültigkeit dieser Erscheinung
behauptet werden könnte, sondern die wirkliche Annehmung
derselben, als einer solchen, noch unter anderen Bedingungen
stehen müsste. Das von der reinen Vernunft aus vermisste,
nur in der Erfahrung mögliche Datum zu diesem Begriffe, dass
nemlich moralische Wesen gegeben seyen, welche ohne Offenbarung der Moralität unfähig seyn würden, wird als Hypothese
vorausgesetzt, und eine Deduction des Offenbarungsbegriffes
hat nicht die Wirklichkeit desselben darzuthun, welches sie
ohnehin als Deduction *a priori* für ein empirisches Datum
nicht leisten könnte, sondern es ist für sie völlig hinreichend,
wenn diese Voraussetzung sich nur nicht widerspricht, und
demnach nur vollkommen denkbar ist. Aber eben darum, weil
dieses Datum erst von der Erfahrung erwartet wird, ist dieser
Begriff nicht rein *a priori*. Die physische Möglichkeit einer

diesem Begriffe entsprechenden Erscheinung kann eine Deduction desselben, die nur aus Principien der praktischen,
nicht der theoretischen Vernunft geführt wird, nicht erweisen,
sondern muss sie voraussetzen. Ihre moralische Möglichkeit
wird zur Möglichkeit ihres Begriffes schlechterdings erfordert,
und folgt im Allgemeinen aus der Möglichkeit obiger Deduction.
Ob aber eine *in concreto* gegebene Offenbarung dieser Erfor-
derniss nicht widerspreche, ist das Geschäft einer angewandten
Kritik dieser gegebenen Offenbarung; und unter welchen Bedingungen sie ihr nicht widerspreche, das Geschäft einer
Kritik des Offenbarungsbegriffes überhaupt.

Aus allem bis jetzt gesagten ergiebt sich nun auch, welchen Weg unsere Untersuchung weiter zu nehmen habe. Die Möglichkeit dieses Begriffs, insofern er das ist, d. i. seine Gedenkbarkeit, ist gezeigt. Ob er aber nicht etwa überhaupt leer sey,
oder ob etwas ihm correspondirendes sich venrünftigerweise
erwarten lasse, hängt von der empirischen Möglichkeit (nicht
der blossen Gedenkbarkeit) des in ihm als Bedingung vorausgesetzten empirischen Datums ab. Diese also ist es, welche
vor allen Dingen dargethan werden muss. Eine Kritik aller
Offenbarung überhaupt hat aber in Rücksicht dieses Datums
auch weiter nichts darzuthun, als seine absolute Möglichkeit;
da hingegen die Kritik einer angeblichen Offenbarung *in concreto* die bestimmte Wirklichkeit des vorausgesetzten empirischen Bedürfnisses zu zeigen hätte, wie erst weiter unten bewiesen werden kann.

Dass eine durch Freiheit einem Begriffe vom Zwecke gemäss bewirkte Erscheinung in der Sinnenwelt überhaupt, folglich auch eine Offenbarung sich als physisch möglich denken
lasse, bedarf keines Beweises, indem es zum Behufe der Möglichkeit der schlechthin geforderten Causalität des Moralgesetzes
auf die Sinnenwelt schon angenommen worden ist. Dennoch
werden wir zur Erläuterung, nicht zum Beweise, und wegen
einiger daraus herfliessender wichtigen Folgen auf Berichtigung
des Offenbarungsbegriffs, einige Untersuchungen über diese
physische Möglichkeit anstellen.

Beim Schlusse dieser beiden Untersuchungen muss es

6*

völlig klar'seyn, ob sich vernünftigerweise etwas dem Offenbarungsbegriffe correspondirendes überhaupt erwarten lasse,
oder nicht. Zum Behufe der Möglichkeit aber, diesen Begriff
auf eine besondere *in concreto* gegebene Erscheinung anzuwenden, bedarf es noch einer genauern Zergliederung des
Offenbarungsbegriffs selbst, welcher angewendet werden soll.
Die Bedingungen, unter welchen eine solche Anwendung möglich ist, müssen alle im Begriffe liegen, und sich durch eine
Analysis desselben aus ihm entwickeln lassen. Sie heissen
Kriterien. Unser nächstes Geschäft nach jenen Untersuchungen
wrid also das seyn, diese Kriterien aufzustellen und zu beweisen.

Hierdurch wird nun nicht nur die Möglichkeit, für diesen
Begriff überhaupt etwas ihm correspondirendes zu erwarten,
sondern auch die, ihn auf eine wirklich gegebene Erscheinung
anzuwenden, völlig gesichert. Wenn aber eine solche Anwendung gleich völlig möglich ist, so lässt sich doch daraus noch
kein Grund erkennen, warum wir sie wirklich machen sollten.
Nur nach Aufzeigung eines solchen Grundes also ist die Kritik
aller Offenbarung geschlossen.

§. 8.

Von der Möglichkeit des im Begriffe der Offenbarung voraus-gesetzten empirischen Datums.

Die in der Deduction des Begriffs der Offenbarung von
praktischen Vernunftprincipien *a priori* vorausgesetzte Erfahrung ist die: es könne moralische Wesen geben, in welchen
das Moralgesetz seine Causalität *für immer,* oder nur *in gewissen Fällen* verliere. Das Moralgesetz fordert eine Causalität
auf das obere Begehrungsvermögen, um die Bestimmung des
Willens; es fordert vermittelst jenes eine auf das untere, um
die völlige Freiheit des moralischen Subjects vom Zwange der
Naturtriebe hervorzubringen. Ist die erstere Art der Causalität aufgehoben, so fehlt der *Wille,* überhaupt ein Gesetz anzuerkennen, und ihm Gehorsam zu leisten; ist nur die zweite
gehindert, so ist bei allem guten Willen der Mensch zu schwach,
das Gute, das er will, *wirklich auszuüben.* Dieser Hypothese

empirische Möglichkeit soll bewiesen werden, d. h. es soll, nicht aus der Einrichtung der menschlichen Natur überhaupt, insofern sie allgemein und *a priori* zu erkennen ist, sondern aus ihren empirischen Bestimmungen gezeigt werden, dass es möglich und wahrscheinlich sey, dass das Sittengesetz seine Causalität in ihnen verlieren könne; wodurch denn die Frage beantwortet wird: Warum war eine Offenbarung nöthig, und warum konnten die Menschen sich nicht mit der Naturreligion allein behelfen? Die Ursachen davon können nicht in der Einrichtung der menschlichen Natur überhaupt, insofern sie *a priori* zu erkennen ist, liegen; denn sonst müssten wir das Bedürfniss einer Offenbarung schon *a priori* zeigen können, es müsste sich ein Datum der reinen Vernunft dafür anführen lassen, und der Begriff von ihr wäre ein gegebener: sondern in zufälligen Bestimmungen derselben. Um aber die völlige Einsicht in die Grenzen, innerhalb welcher Vernunftreligion zulänglich ist, innerhalb welcher Naturreligion eintritt, und wo endlich geoffenbarte nöthig wird, zu eröffnen, wird es sehr dienlich seyn, das Verhältniss der menschlichen Natur zur Religion, sowohl überhaupt, als ihren besonderen Bestimmungen nach, zu untersuchen.

Der Mensch steht, als Theil der Sinnenwelt, unter Naturgesetzen. Er ist in Absicht seines Erkenntnissvermögens genöthigt, von Anschauungen, die unter den Gesetzen der Sinnlichkeit stehen, zu Begriffen fortzugehen; und in Absicht des untern Begehrungsvermögens sich durch sinnliche Antriebe bestimmen zu lassen. Als Wesen einer übersinnlichen Welt aber, seiner vernünftigen Natur nach, wird sein oberes Begehrungsvermögen durch ein ganz anderes Gesetz bestimmt, und dieses Gesetz eröffnet durch seine Anforderungen ihm Aussichten auf Erkenntnisse, die weder unter den Bedingungen der Anschauung, noch unter denen der Begriffe stehen. Da aber sein Erkenntnissvermögen schlechterdings an jene Bedingungen gebunden ist, und er ohne sie sich gar nichts denken kann, so ist er genöthigt, auch diese Gegenstände einer übernatürlichen Welt unter jene Bedingungen zu setzen, ob er gleich erkennt, dass eine solche Vorstellungsart nur subjectiv, nicht objectiv gültig sey, und dass sie ihn weder zu theoretischen, noch praktischen *Folgerungen* berechtige. Sein unteres, durch sinnliche Antriebe bestimmbares Begehrungsvermögen ist dem oberen untergeordnet, und es soll nie seinen Willen bestimmen, wo die Pflicht redet. Dies ist wesentliche Einrichtung der menschlichen Natur. So *soll* der Mensch seyn, und so *kann* er auch seyn, denn alles, was ihn verhindert, so zu seyn, ist seiner Natur nicht wesentlich, sondern zufällig, und kann also nicht nur weggedacht werden, sondern auch wirklich weg-seyn. In welchem Verhältnisse steht er nun in diesem Zu-stande gegen die Religion? bedarf er ihrer? welcher? und wozu?

Die nächste Folge dieser ursprünglichen Einrichtung der menschlichen Natur ist die, dass ihm das Moralgesetz als Ge-bot, und · nicht als Aussage erscheint, dass es zu ihm von Sollen redet, und nicht von Seyn; dass er sich bewusst ist, auch anders, als dieses Gesetz befiehlt, handeln zu *können;* dass er folglich, seiner Vorstellung nach, einen Werth und ein Verdienst erhält, wenn er so handelt. Dieser Werth, den er sich selbst giebt, berechtigt ihn, die demselben angemessene Glückseligkeit zu erwarten: aber diese kann er sich nicht selbst geben, so wie jenen; er erwartet sie also vom höchsten Exe-cutor des Gesetzes, der ihm durch dasselbe angekündigt wird. Dieses Wesen zieht seine ganze Verehrung auf sich, weil es einen unendlichen Werth hat, gegen welchen der seinige in Nichts verschwindet; und seine ganze Zuneigung, weil er alles von ihm erwartet, was er gutes zu erwarten hat. Er kann nicht gleichgültig gegen den stets gegenwärtigen Beobachter, Späher und Beurtheiler seiner geheimsten Gedanken, und den gerechtesten Vergelter derselben bleiben. Er muss wünschen, ihm seine Bewunderung und Verehrung zu bezeigen, und da ers durch nichts anderes kann, es durch pünctlichen *in Rück-sicht auf Ihn* geleisteten Gehorsam zu thun. — Dies ist reine Vernunftreligion. Religiosität von dieser Art erwartet nicht vom Gedanken des Gesetzgebers ein Moment zur Erleichte-rung der Willensbestimmung, sondern nur Befriedigung ihres Bedürfnisses, ihm ihre Zuneigung zu erkennen zu geben. Sie erwartet keine Anforderung von Gott, ihm zu gehorchen, son-

dern nur die Erlaubniss, bei ihrem willigen Gehorsame auf ihn
zu sehen.   Sie will nicht Gott eine Gunst erweisen, indem sie
ihm dient; sondern sie erwartet es von ihm als die höchste
Gnade, sich von ihr dienen zu lassen. — Dies ist die höchste
moralische Vollkommenheit des Menschen.   Sie setzt nicht nur
den festen Willen, immer sittlich gut zu handeln, sondern auch
völlige Freiheit voraus   Es ist *a priori* unmöglich zu bestimmen, ob *in concreto* irgend ein *Mensch* dieser moralischen
Vollkommenheit fähig sey, und es ist bei gegenwärtiger Lage
der Menschheit gar nicht wahrscheinlich.

Der zweite Grad der moralischen Güte setzt eben diesen
festen Willen, im Ganzen dem Moralgesetze zu gehorchen, aber
keine völlige Freiheit in einzelnen Fällen voraus.   Die sinnliche Neigung kämpft noch gegen das Pflichtgefühl, und ist ebenso oft Siegerin, als besiegt.   Die Ursachen dieser moralischen
Schwäche liegen nicht im Wesentlichen der menschlichen Natur, sondern sie sind zufällig: theils bei diesem und jenem
Subjecte eine körperliche Constitution, welche die grössere Heftigkeit, und die anhaltendere Dauer der Leidenschaften begün-
stigt; theils, und hauptsächlich die gegenwärtige Lage der
Menschheit, in welcher wir weit früher angewöhnt werden, nach Naturtrieben zu handeln, als nach moralischen
Gründen, und weit öfterer in den Fall kommen, uns durch die
ersteren bestimmen lassen zu müssen, als durch die letzteren,
so dass unsere Ausbildung als Naturmenschen meist immer
grosse Vorschritte vor unserer moralischen Bildung voraus hat.
Da in diesem Zustande der ernste Wille moralisch zu handeln,
mithin ein lebhaftes, thätiges, sittliches Gefühl vorausgesetzt
wird, so muss diese Schwäche dem Menschen sehr unangenehm seyn, und er muss begierig jedes Mittel aufsuchen und
ergreifen, um seine Bestimmung durchs Moralgesetz zu erleichtern.   Wenn es darum zu thun ist, der moralischen Neigung das Uebergewicht über die sinnliche zu verschaffen, so
kann dies auf zweierlei Art geschehen: theils indem man die
sinnliche Neigung schwächt, theils indem man den Antrieb des
Sittengesetzes, die Achtung für dasselbe, verstärkt.   Das erste
geschieht nach technisch-praktischen Regeln, die auf Natur-

principien beruhen, und über welche jeden sein eigenes Nachdenken, Erfahrung und empirische Selbstkenntniss belehren
muss. Sie liegen ausser dem Kreise unserer gegenwärtigen
Untersuchung. Der Antrieb des Moralgesetzes lässt sich, ohne
der Moralität Abbruch zu thun, nicht anders verstärken, als
durch lebhafte Vorstellung der innern Erhabenheit und Heiligkeit seiner Forderungen; durch ein dringenderes Gefühl des
Sollens und *Müssens.* Und wie kann dies dringender werden,
als wenn uns stets die Vorstellung eines ganz heiligen Wesens vorschwebt, das uns heilig zu seyn befiehlt? In ihm erblicken wir die Uebereinstimmung mit dem Gesetze nicht mehr
bloss als etwas, das seyn *soll,* sondern als etwas, das *ist;* in
ihm erblicken wir die Nothwendigkeit, so zu seyn, dargestellt.
Wie kann das sittliche Gefühl mehr verstärkt werden, als durch
die Vorstellung, dass bei unmoralischen Handlungen nicht bloss
wir selbst, die wir unvollkommene Wesen sind — nein, dass
die höchste Vollkommenheit uns verachten müsse? dass bei
Selbstüberwindung, und Aufopferung unserer liebsten Neigungen für die Pflicht, nicht nur wir selbst, sondern die wesentliche Heiligkeit uns ehren müsse? Wie können wir aufmerk-
samer auf die Stimme unseres Gewissens, und gelehriger gegen
sie werden, als wenn wir in ihr die Stimme des Heiligsten
hören, der unsichtbar uns immer begleitet, und die geheimsten
Gedanken unseres Herzens späht — *vor dem wir wandeln?*
Da die Neigung im Subjecte gegen dieses neue Moment des
Sittengesetzes, welches ihr Abbruch thut, streitet, so wird die
Vernunft suchen, dasselbe durch völlige Sicherung des Grundes, auf dem es beruht, zu befestigen; sie wird einen Beweis
für den Begriff Gottes als moralischen Gesetzgebers suchen,
und sie wird ihn im Begriffe desselben, als Weltschöpfers, finden. Dies ist der zweite Grad der sittlichen Vollkommenheit, der die Naturreligion begründet. — Diese Religion soll
allerdings Mittel der Willensbestimmung in einzelnen Fällen,
bei eintretendem Kampfe der Neigung gegen die Pflicht,
werden; aber sie setzt die erste, höchste Bestimmung des
Willens, dem Moralgesetze überhaupt zu gehorchen, als durch
dasselbe schon geschehen, voraus, denn sie bietet sich nicht

dar, sondern sie muss gesucht werden, und niemand kann sie suchen, der sie nicht wünscht.

Der tiefste Verfall vernünftiger Wesen in Rüksicht auf Sittlichkeit endlich ist es, wenn nicht einmal der Wille da ist, ein Moralgesetz anzuerkennen, und ihm zu gehorchen; wenn sinnliche Triebe die einzigen Bestimmungsgründe ihres Begehrungsvermögens sind. Es scheint wenigstens vor der Hand gar nichts für die Nothwendigkeit einer Offenbarung zu beweisen, wenn man auch in der Gesellschaft unter andern moralisch besseren Menschen noch so viele in diesem Grade verdorbene Subjecte sollte aufzeigen können: denn es muss den besseren möglich seyn, und es ist ihre Pflicht, — könnte man sagen, — in den schlechteren durch Belehrung und Bildung das moralische Gefühl zu entwickeln, und sie so bis zum Bedürfniss einer Religion zu führen. Ohne uns vor der Hand auf diese Untersuchung einzulassen, wollen wir die Frage nur so stellen, wie ihre Beantwortung für den Erweis eines empirischen Bedürfnisses der Offenbarung entscheidend wird: War es möglich, dass die ganze Menschheit, oder wenigstens ganze Völker- und Länderstriche in diesen tiefen moralischen Verfall gerathen konnten? Um sie beantworten zu können, müssen wir erst den Begriff der empirischen Sinnlichkeit etwas näher bestimmen.

Sinnlichkeit überhaupt, nemlich empirische, könnte man füglich als eine Unfähigkeit zur Vorstellung der Ideen beschreiben; um dadurch zugleich den theoretischen Fehler, sich dieselben entweder gar nicht, oder nicht anders, als unter den Bedingungen der empirischen Sinnlichkeit, denken zu können, und den praktischen, sich nicht durch dieselben bestimmen zu lassen, der aus dem ersteren nothwendig folgt, zu befassen. Man kann die empirische Sinnlichkeit, ebenso wie die reine, in zwei Gattungen eintheilen, in die *äussere* und *innere*. Die erstere besteht in theoretischer Rücksicht darin, wenn man sich alles unter die empirischen Bedingungen der äusseren Sinne, alles hörbar, fühlbar, sichtbar u. s. w. denkt, und auch alles wirklich sehen, hören, fühlen will, und damit ist immer eine gänzliche Unfähigkeit zum Nachdenken, zu Verfolgung

einer Reihe von Schlüssen, wenn es auch nur über Gegenstände der Natur ist, verbunden; und in praktischer, wenn
man sich nur durch die Lust des äusseren Sinnes bestimmen
lässt. Dieses ist derjenige Grad derselben, den man auch rohe
Sinnlichkeit nennt. Die zweite besteht in theoretischer Rücksicht darin, dass man sich alles wenigstens unter die empirischen Bedingungen unseres inneren Sinnes alles modificirbar
denkt, und es auch wirklich modificiren will; und in praktischer, wenn man sich durch nichts höheres bestimmen lässt,
als durch die Lust des inneren Sinnes. Dahin gehört die Lust
am Spiel, am Dichten, am Schönen (aber nicht am Erhabenen),
selbst am Nachdenken, am Gefühl seiner Kraft, und sogar das
Mitgefühl, ob es gleich der edelste aller sinnlichen Triebe ist.
Wenn diese Sinnlichkeit herrschend ist, d. i. wenn wir bloss
und lediglich durch ihren Antrieb und nie durch das Moralgesetz uns bestimmen lassen, so ist klar, dass sie allen Willen
gut zu seyn, und alle Moralität gänzlich ausschliesst. Aber bei
den meisten Menschen hat sie zwar bei weitem das Uebergе-
wicht, und sie werden in den meisten Fällen bloss durch sie
bestimmt; aber dennoch sind sie darum noch nicht überhaupt
aller reinmoralischen Handlungen unfähig, und haben wenigstens noch so viel moralisches Gefühl, um die Sträflichkeit und
Unanständigkeit ihrer Handlungsart in auffallenden Fällen oder
bei gewissen Veranlassungen zu fühlen, und sich deren zu
schämen. Gesetzt aber, sie wendeten das Moralgesetz auch
nie auf sich selbst an, und hätten nie Scham oder Reue über
ihre eigene Unvollkommenheit empfunden, so zeigt es sich doch
in ihrer Beurtheilung der Handlungen anderer, in ihrer oft
starken Misbilligung derselben aus richtigen moralischen Gründen, dass sie des moralischen Sinnes nicht gänzlich unfähig
sind. Auf Menschen von dieser Art, sollte man glauben, würde
man eben von der Seite aus, wo sie noch Empfänglichkeit für
Moralität zeigen, wirken, — man würde sich eben der Grundsätze, die sie auf andere anwenden, bedienen können, um
ihnen über ihren eigenen Zustand die Augen zu öffnen, sie so
allmählig zum guten Willen, und durch ihn endlich zur Religiosität zu führen. Es müsste also zum Behufe der Nothwen-

digkeit einer Offenbarung gezeigt werden können, dass Menschen, und ganze Menschengeschlechter möglich seyen, die durch herrschende Sinnlichkeit des Sinnes für Moralität entweder gänzlich, oder doch in einem so hohen Grade beraubt wären, dass man von diesem Wege aus gar nicht auf sie wirken könne; welche sich des Moralgesetzes in ihnen entweder gar nicht, oder doch so wenig bewusst seyen, dass man auf diesen Grund in ihnen gar nichts bauen könne. Es lässt sich *a priori* wohl denken, dass die Menschheit entweder von ihrem Ursprunge an, oder durch mancherlei Schicksale in so eine Lage habe kommen können, dass sie, in beständigem hartem Kampfe mit der Natur um ihre Subsistenz, genöthigt gewesen sey, alle ihre Gedanken stets auf das, was vor ihren Füssen lag, zu richten; auf nichts denken zu können, als auf das Gegenwärtige; und kein ander Gesetz hören zu können, als das der Noth. In so einer Lage ist es unmöglich, dass das moralische Gefühl erwache, und sittliche Begriffe sich entwickeln: aber die Menschheit wird nicht immer, sie wird ausser besonderen Fällen nicht lange in derselben bleiben: sie wird durch Hülfe der Erfahrung sich Regeln machen, und Maximen ihres Verhaltens abstrahiren. Diese Maximen, bloss durch Erfahrung in der Natur entstanden, werden auch bloss auf diese angewendet seyn, und möglichen moralischen Regeln oft widersprechen. Sie werden sich dennoch, durch ihre Anwendbarkeit und durch das allgemeine Beispiel bewährt, von Generation auf Generation fortpflanzen, und vermehrt werden; und nun werden sie es seyn, die die Möglichkeit der Moralität vernichten, nachdem jene dringende Noth, die vor ihnen es that, durch sie zum Theil gehoben ist. Denkt man an die Bewohner des Feuerlandes, welche ihr Leben in einem Zustande, der so nahe an die Thierheit grenzt, hinbringen, an die meisten Bewohner der Südsee-Inseln, welchen der Diebstahl etwas ganz gleichgültiges zu seyn, und welche sich desselben nicht im geringsten zu schämen scheinen, an jene Neger, welche ohne langes Bedenken ihre Frau, oder ihre Kinder gegen einen Trunk Branntwein in die Sklaverei verkaufen: so scheint man die erstere Bemerkung in der Erfahrung bestätigt zu finden; und

um sich von der Richtigkeit der zweiten zu überzeugen, hat
man nur die Sitten und Maximen policirter Völker zu studiren.

Wie soll nun die Menschheit aus diesem Zustande zur
Moralität, und durch sie zur Religion gelangen? Kann sie dieselbe nicht selbst finden? Um diese Frage bestimmter zu beantworten, müssen wir dasjenige, was hierzu vorausgesetzt
wird, mit ihrem Zustande vergleichen. Um zu entscheiden, ob
ein Volk der Sittlichkeit überhaupt in seinem gegenwärtigen
Zustande fähig sey, oder nicht, ist es nicht genug, ihr Verhalten zu betrachten, und der Schluss: ein gewisses Volk begeht
allgemein, und ohne Spur der geringsten Scham, Handlungen,
die gegen die ersten Grundsätze aller Moral streiten, also ist
es ohne alles moralisches Gefühl; ist übereilt. Man muss untersuchen, ob sich denn nicht einmal der Begriff von Pflicht
überhaupt, wenngleich noch so dunkel gedacht, bei ihnen
zeige, und wenn man dann da z. B. nur soviel findet, dass
sie auf die Beobachtung eines Vertrages, die sie nicht erzwingen können, auch in dem Falle, da es dem zweiten Theile
zuträglich wäre ihn nicht zu halten, trauen, und in diesem
Vertrauen sich wagen; dass sie im Fall der Verletzung desselben lebhafteren und bittereren Unwillen zeigen, als sie über den
ihnen dadurch zugefügten Schaden an sich zeigen würden:
so muss man ihnen den Begriff der Pflicht überhaupt zugestehen. Nun aber ist ohne dieses Vertrauen auf Beobachtung
der Verträge es auch nicht einmal möglich, sich zur Gesellschaft zu verbinden. Jedes Volk also, das nur in gesellschaft-
licher Vereinigung lebt, ist nicht ohne allen moralischen Sinn.
Aber leider ist es allgemeine Gewohnheit aller derer, bei denen
die Sinnlichkeit herrschend ist, sich dieses Gefühls nicht sowohl als Bestimmungsgrundes ihrer eigenen Handlungen, als
vielmehr bloss und lediglich als Beurtheilungsprincips der
Handlungen anderer zu bedienen. Ja, sie gehen wohl so weit,
besonders wenn die Sinnlichkeit schon in Maxime gebracht
ist, eine Aufopferung, eine Verläugnung des Eigennutzes für
die Pflicht, sich als lächerliche Thorheit anzurechnen, und sich
derselben zu schämen; sich also stets und immer als bloss
unter dem Naturbegriffe stehend zu betrachten; verfahren end-

lich auch wohl so consequent, es auch dem anderen für eben
das anzurechnen, wofern sie nicht etwa selbst persönlich dabei interessirt, und durch die Pflichtverletzung des anderen an
ihrem eigenen Vortheile gekränkt worden sind. Nur im letzteren Falle erinnern sie sich, dass es Pflichten giebt; und dies
macht denn die Entwickelung dieses Begriffes, wo wir ihn mit
herrschender Sinnlichkeit vereinigt antreffen, sehr verdächtig,
und berechtigt uns zu glauben, dass bloss das Princip der
letzteren, das des Eigennutzes, sie bewirkt habe. Mit herrschender Sinnlichkeit ist also sogar der Wille, moralisch gut
zu seyn, nicht zu vereinigen. Da aber dieser Wille unum-
gänglich nöthig ist, um eine Religion als Mittel einer stärkeren
Bestimmung durchs Moralgesetz zu *suchen,* so kann die Menschheit in diesem Zustande nie von selbst eine Religion finden,
denn sie kann sie nicht einmal suchen.

Und wenn sie dieselbe auch suchen könnte, so kann sie
sie nicht *finden.* Um sich auf die oben entwickelte Art zu
überzeugen, dass Gott es ist, der durchs Moralgesetz zu uns
redet, bedarf es vors erste des Begriffes einer Schöpfung der
Welt durch eine Ursache ausser ihr. Auf diesen Begriff wird
die Menschheit, selbst die noch sehr ungebildete Menschheit,
leicht kommen. Sie ist *a priori* genöthigt, sich absolute Totalität der Bedingungen zu denken; und sie schliesst die Reihe
derselben nur eher und schneller, je weniger sie gebildet, und
je unfähiger sie ist, eine lange Reihe zu verfolgen. Daher wird
unter rohsinnlichen Menschen alles voll von Glauben an übernatürliche Ursachen, an Dämonen ohne Zahl seyn. Eine ge-
bildetere Sinnlichkeit wird sich vielleicht zum Begriffe einer
einzigen ersten Ursache, eines kunstvollen Architekten der
Welt erheben. Aber zum Behuf einer Religion brauchen wir
nicht diesen, sondern den von einem *moralischen* Weltschöpfer,
und, um zu ihm zu gelangen, den Begriff eines moralischen
Endzwecks der Welt. Nun wird abermals die Sinnlichkeit
zwar leicht auf den Begriff von möglichen Zwecken in der
Welt kommen, weil sie selbst durch die Vorstellung von
Zwecken bei ihren Geschäften hienieden geleitet wird: aber
der Begriff eines moralischen *Endzwecks* der Schöpfung ist nur

dem gebildeten moralischen Gefühle möglich. Der bloss sinnliche Mensch wird also nie weder auf ihn, noch durch ihn auf das Princip einer Religion kommen.

Vors erste, wenn doch ein Mittel sollte ausfindig gemacht werden, Religion an ihn zu bringen, wozu bedarf er ihrer? Der beste moralische Mensch, der nicht nur den ernsten Willen hatte, dem Moralgesetze zu gehorchen, sondern auch die völlige Freiheit, bedurfte ihrer bloss dazu, um die Empfindung der Verehrung und Dankbarkeit gegen das höchste Wesen auf irgend eine Art zu befriedigen. Derjenige, der zwar eben den ernsten Willen, aber nicht völlige Freiheit hatte, bedurfte ihrer, um der Autorität des Moralgesetzes ein neues Moment hinzuzufügen, durch welches der Stärke der Neigung das Gegengewicht gehalten und die Freiheit hergestellt würde. Derjenige, der auch nicht den Willen hat, ein sittliches Gesetz anzuerkennen, und ihm zu gehorchen, bedarf ihrer, um nur erst diesen Willen, und dann durch ihn die Freiheit in sich hervorzubringen. Mit ihm hat also die Religion einen ganz andern Weg zu nehmen. Die reine Vernunftreligion sowohl, als die natürliche, gründeten sich auf Moralgefühl: die geoffenbarte hingegen soll selbst erst Moralgefühl begründen. Die erstere fand gar keinen Widerstand, sondern alle Neigungen im Subjecte bereit, sie anzunehmen; die zweite hatte nur in einzelnen Fällen die Neigungen zu bekämpfen, kam aber im Ganzen erwünscht und gesucht; die letztere hat nicht nur allen unmoralischen Neigungen, sondern sogar dem völligen Widerstreben, überhaupt ein Gesetz anzuerkennen, und der Abneigung gegen sie selbst, die sie das Gesetz gültig machen will, das Gegengewicht zu halten. Sie kann also und wird sich wichtigerer Momente bedienen, so viel es geschehen kann, ohne der Freiheit Abbruch zu thun, d. h. ohne gegen ihren eigenen Zweck zu handeln.

Durch welchen Weg nun kann diese Religion an die so beschaffene Menschheit gelangen? Natürlich auf eben dem, auf welchem alles an sie gelangt, was sie sich denkt, oder wodurch sie sich bestimmen lässt, auf dem der Sinnlichkeit. Gott muss sich ihnen unmittelbar durch die Sinne ankün-

digen, unmittelbar durch die Sinne Gehorsam von ihnen verlangen.

Aber hier sind noch zwei Fälle möglich: nemlich entweder
Gott entwickelt durch eine übernatürliche Wirkung in der
Sinnenwelt in dem Herzen eines oder mehrerer, die er zu
seinen Mittelspersonen an die Menschheit ausersehen hat, auf
dem Wege des Nachdenkens das moralische Gefühl, und bauet
auf eben dem Wege auf dasselbe das Princip aller Religion,
mit dem Befehle, an den übrigen Menschen eben das zu thun,
was er an ihnen gethan hat: oder er kündigt geradezu dieses
Princip an, und gründet es auf seine Autorität, als Herr. Im
ersteren Falle wären wir nicht einmal genöthigt, Gott als unmittelbare Ursache dieser übernatürlichen Wirkung anzunehmen, sondern, ob wir gleich ein allgemeines sittliches Verderben der Menschheit angenommen haben, so könnte doch recht
füglich eins der möglichen höheren moralischen Wesen Ursache
einer solchen Wirkung seyn. Finden wir aber anderweitige
Gründe, den Grund einer solchen Wirkung unmittelbar in Gott zu
setzen, so werden wir diese Gründe dadurch gar nicht ent-
kräften, wenn wir sagen, es sey Gott unanständig, den Päda-
gogen zu machen; denn nach unsrer Erkenntniss von Gott ist
nichts ihm unanständig, als was gegen das Moralgesetz ist.
In diesem Falle hätten wir denn auch, ununtersucht, welches
moralische Wesen die veranlassende Ursache dieser Entwickelung sey, keine Offenbarung, sondern eine auf einem übernatürlichen Wege an uns gebrachte Naturreligion. Wenn dieses
Mittel nur möglich und zur Erreichung des Zwecks hinlänglich
war, so war keine Offenbarung, d. i. keine *unmittelbar* auf
Gottes Autorität gegründete Ankündigung desselben, als Gesetzgebers, nöthig. Lasst uns einen Augenblick annehmen,
Gott wolle sich desselben bedienen. Er wird ohne Zweifel in
den Seelen derer, auf die er wirkt, die erwartete vernünftige
Ueberzeugung hervorbringen. Diese werden seinem Befehle,
und ihrem eigenen Gefühl der Verbindlichkeit, Moralität weiter
zu verbreiten, gemäss, sich an die übrige Menschheit wenden,
und eben diese Ueberzeugung auf eben dem Wege in ihnen
aufzubauen suchen, auf welchem sie in ihnen selbst aufgebaut

wurde. Es liegt weder in der menschlichen Natur überhaupt,
noch in der empirischen Beschaffenheit der angenommenen
Menschen insbesondere ein Grund, warum es diesen Abgeordneten unmöglich seyn sollte, ihren Zweck zu erreichen, wenn
sie nur Gehör finden, wenn sie sich nur Aufmerksamkeit verschaffen können. Aber wie wollen sie sich diese verschaffen
bei Menschen, die schon im voraus gegen das Resultat ihrer
Vorstellungen eingenommen seyn müssen? Was wollen sie diesen das Nachdenken scheuenden Menschen geben, damit sie
die Mühe desselben auf sich nehmen, um die Wahrheit einer
Religion erkennen zu müssen, welche ihre Neigungen einschränken und sie unter ein Gesetz bringen will? Es bleibt
also nur der letzte Fall übrig: sie müssen ihre Lehren unter
göttlicher Autorität, und als seine Gesandten an die Menschheit, ankündigen.

Auch dies scheint wieder auf zweierlei Art möglich zu
seyn, dass nemlich Gott entweder auch dieser seiner Gesandten
Glauben schlechthin auf Autorität gründe, oder dass er nur
wolle, und es von ihrer eigenen Einsicht erwarte, dass sie
dasjenige, was auf dem blossen Wege des Nachdenkens durch
irgend ein Mittel aus ihrem Herzen entwickelt worden, den
übrigen Menschen unter göttlicher Autorität ankündigen, insofern sie einsehen, dass kein anderes Mittel übrig ist, Religion
an sie zu bringen. Das letztere aber ist unmöglich; denn
dann hätte Gott gewollt, dass diese seine Abgeordneten, —
zwar in der wohlthätigsten Absicht, — aber doch, dass sie
lügen und betrügen sollten: Lügen und Betrug aber bleibt
immer, in welcher Absicht es auch geschehe, unrecht, weil das
nie Princip einer allgemeinen Gesetzgebung werden kann; und
Gott kann nie etwas unrechtes wollen.

Man könnte endlich sich drittens noch als möglich denken, Gott habe gewollt, dass sich diese angeblichen Inspirirten
täuschen, und eine auf Autorität gegründete Ankündigung der
göttlichen Moralgesetzgebung, die ganz natürlich, z. B. durch die
vom Wunsche darnach aufgeregte Phantasie in ihnen entstanden
wäre, einer übernatürlichen Ursache zuschreiben sollten. Da
jede kategorische Antwort auf diese Frage, die bejahende so-

wohl, als die verneinende, sich lediglich auf theoretische Principien gründen könnte, weil von Erklärung einer Naturerscheinung nach derselben Gesetzen die Rede ist; alle Naturphilosophie aber nicht so weit reicht, um zu beweisen, dass etwas
in der Sinnenwelt *nur* durch Gesetze der Natur, oder, dass
es durch sie *nicht* möglich sey; so kann diese Behauptung,
auf Erörterung einer Offenbarung *in concreto* angewandt, nie,
weder bewiesen, noch widerlegt werden; sie gehört aber
auch nicht in die Untersuchung vom möglichen Ursprunge
einer geoffenbarten Religion, als welche bloss aus praktischen
Principien angestellt wird. Allerdings könnte eine gewisse
Wirkung, als Naturerscheinung betrachtet, aus uns entdeck-
baren Naturgesetzen entstanden seyn, und dennoch könnte es
zugleich dem Begriffe eines vernünftigen Wesens sehr gemäss
seyn, dass wir sie, wenigstens bis zur Erreichung ihrer moralischen Absicht, einer übernatürlichen Ursache zuschrieben;
und jener disjunctive Satz: Gewisse angebliche Inspirirte
waren entweder wirklich inspirirt, oder sie waren Betrüger,
oder sie waren Schwärmer — richtiger und gelinder ausgedrückt, sie waren unvollkommene Naturforscher — reicht bei
weitem nicht hin, durch ihn die kategorischen Behauptungen,
auf welche er ausgeht, zu begründen. Denn erstens heben
die Begriffe, die als Glieder der Eintheilung neben einander
gestellt sind, sich nicht wechselseitig auf. Die Möglichkeit, den
letzteren anzunehmen, muss aus Naturbegriffen widerlegt, oder
bewiesen werden; die Möglichkeit der beiden ersteren aber
kann nur aus praktischen Principien dargethan werden: beide
Principien aber treffen sich nicht, und aus dem einen kann
sehr wohl bejaht werden, was das andere verneint. Der letzte
Fall also, und einer von den beiden ersteren, sind zugleich
möglich, nur die beiden ersteren widersprechen sich. Zweitens
ist die Unmöglichkeit des letzteren nie in einem gegebenen
Falle darzuthun. Aber dies alles wird erst in der Folge, wo
wir von der physischen Möglichkeit der erwarteten übernatürlichen Wirkung in der Sinnenwelt reden werden, seine völlige
Deutlichkeit erhalten.

Da also die Möglichkeit des letzteren Falles, die wir frei-

lich nicht wegräumen können, uns nicht irre machen darf, so
können wir nun aus allem bis jetzt bewiesenen sicher folgende Resultate ziehen: Die Menschheit kann so tief in moralischen Verfall gerathen, dass sie nicht anders zur Sittlichkeit
zurückzubringen ist, als durch die Religion, und zur Religion
nicht anders, als durch die Sinne: eine Religion, die auf solche
Menschen wirken soll, kann sich auf nichts anderes gründen,
als unmittelbar auf göttliche Autorität: da Gott nicht wollen
kann, dass irgend ein moralisches Wesen eine solche Autorität erdichte, so muss er selbst es seyn, der sie einer solchen
Religion beilegt.

Aber wozu soll nun diese Autorität? und worauf kann
Gott, wenn er es mit Menschen, die in diesem Grade sinnlich
sind, zu thun hat, sie gründen? Offenbar nicht auf eine Erhabenheit, für welche sie keinen Sinn und keine Ehrfurcht haben,
auf seine Heiligkeit, als welches das moralische Gefühl in ihnen
schon voraussetzen würde, das erst durch die Religion entwickelt werden soll; sondern auf diejenige, für deren Bewunderung sie aus Naturgründen empfänglich sind, auf seine Grösse
und Macht als Herr der Natur und als ihr Herr. Nun aber ist
es Heteronomie, und bewirkt keine Moralität, sondern erzwingt
höchstens Legalität, wenn wir nur darum uns dem Inhalte des
Moralgesetzes gemäss betragen, weil ein übermächtiges Wesen
es will; und eine auf diese Autorität gegründete Religion widerspräche folglich sich selbst. Aber diese Autorität soll denn
auch nicht Gehorsam, sie soll nur Aufmerksamkeit auf die
weiter vorzulegenden Motive des Gehorsams begründen. Aufmerksamkeit aber, als eine empirische Bestimmung unserer
Seele, ist durch natürliche Mittel zu erregen. Es würde zwar
offenbar widersprechend seyn, auch nur diese durch Furcht
vor angedrohten Strafen dieses mächtigen Wesens, oder wohl
gar durch physische Mittel erzwingen, oder durch verheissene
Belohnungen erschleichen zu wollen; widersprechend, weil
Furcht und Hoffnung die Aufmerksamkeit mehr zerstreuen, als
erregen, und höchstens nur ein mechanisches Nachsagen, aber
keine auf vernünftige Ueberlegung gegründete Ueberzeugung,
welche allein der Grund aller Moralität seyn muss, hervor-

bringen können; widersprechend, weil dies gleich anfangs das
Princip aller Religion verfälschen, und Gott als ein Wesen darstellen würde, dem man sich noch durch etwas anderes, als
durch moralische Gesinnungen, — hier durch unwilliges Anhören von Dingen, an denen man kein Interesse hat, und
durch ängstliches Nachplaudern derselben — gefällig machen
könnte. Aber die Vorstellung einer noch so grossen Macht
erregt auch, so lange wir uns nicht im Widerstreite gegen sie
denken, nicht Furcht, sondern Bewunderung und Verehrung,
die zwar nur auf pathologischen, und nicht moralischen, Gründen beruht, die aber unsere Aufmerksamkeit auf alles, was
von dem mächtigen Wesen herkommt, kräftig hinzieht. So
lange sich nun Gott noch nicht als moralischen Gesetzgeber,
sondern bloss als redende Person ankündigt, so denken wir
uns noch nicht im Widerstreite gegen ihn; und wenn er sich
als solchen ankündigt, so kündigt er uns zugleich seine Heiligkeit an, welche uns alle mögliche Furcht vor seiner Macht
benimmt, indem sie uns zusichert, dass er nie einen willkürlichen Gebrauch von derselben gegen uns machen, sondern
dass ihre Wirkungen auf uns gänzlich von uns selbst abhängen
werden. Die Anforderung Gottes also an uns in einer möglichen
Offenbarung, ihn *anzuhören*, gründet sich auf seine Allmacht
und unendliche Grösse, und kann sich auf nichts anderes
gründen, indem Wesen, die einer Offenbarung bedürfen, vors
erste keiner anderen Vorstellung von ihm fähig sind. Seine
Anforderung aber, ihm zu *gehorchen,* kann sich auf nichts anderes, als auf seine Heiligkeit gründen, weil sonst der Zweck
aller Offenbarung, reine Moralität zu befördern, nicht erreicht
würde; aber der Begriff der Heiligkeit sowohl, als die Verehrung gegen sie, muss schon vorher durch die Offenbarung
entwickelt worden seyn. — Wir haben einen erhabenen Ausspruch, der dies erläutert: Ihr sollt heilig seyn, denn ich bin
heilig, spricht der Herr. Der Herr redet als Herr, und fordert
dadurch alles zur Aufmerksamkeit auf. Aber die Forderung
der Heiligkeit gründet er nicht auf diese seine Herrschaft, sondern auf seine eigene Heiligkeit.

    Aber, wie wollen denn diese Menschen, ehe ihr sittliches

Gefühl noch geweckt ist, beurtheilen, ob es Gott seyn könne, welcher redet? wird noch gefragt; und hier kommen wir dann auf die Beantwortung eines Einwurfs, der schon seit langem vor der Seele jedes Lesers geschwebt haben muss. Wir haben im vorigen §. bewiesen, dass der Begriff der Offenbarung vernünftigerweise nur *a priori* möglich sey, und *a posteriori* gar nicht rechtmässig entstehen könne; und in diesem haben wir gezeigt, dass es einen Zustand geben könne, ja dass die ganze Menschheit in diesen Zustand verfallen könne, in welchem es ihr unmöglich ist, *a priori* auf den Begriff der Religion, und also auch der Offenbarung zu kommen. Dies sey ein förmlicher Widerspruch, kann man sagen; oder man kann uns das Dilemma vorlegen: Entweder fühlten die Menschen schon das sittliche Bedürfniss, das sie treiben konnte, eine Religion zu suchen, und hatten schon alle Moralbegriffe, die sie von den Wahrheiten derselben vernünftig überzeugen konnten; so bedurften sie keiner Offenbarung, sondern hatten schon *a priori* Religion: oder sie fühlten weder jenes Bedürfniss, noch hatten sie jene Begriffe; so konnten sie sich nie aus moralischen Gründen von der Göttlichkeit einer Religion überzeugen; aus theoretischen konnten sie es auch nicht; sie konnten es also überhaupt nicht, und eine Offenbarung ist folglich unmöglich. Aber es folgt nicht, dass Menschen, die sich des Moralgebots• in ihnen wenig bewusst waren, und durch dasselbe nicht zur Aufsuchung einer Religion getrieben werden konnten, also der Offenbarung bedurften, nicht nachher eben durch Hülfe dieser Offenbarung jenes Gefühl in sich entwickeln, und so geschickt werden konnten, eine Offenbarung zu prüfen, und so vernünftig zu untersuchen, ob sie göttlichen Ursprungs seyn könne, oder nicht. Es kündigte sich ihnen eine Lehre als göttlich an, und erregte dadurch wenigstens ihre Aufmerksamkeit. Entweder nahmen sie nun dieselbe sogleich für göttlich an; und da sie dies weder aus theoretischen Principien folgern, noch nach moralischen untersuchen konnten, weil noch bis jetzt ihr Moralgefühl unentwickelt war, nahmen sie etwas ganz ohne Grund an, und es war ein Glück für sie, wenn ihnen der Zufall nützlich wurde: oder sie verwarfen sie sogleich; so ver-

warfen sie wieder etwas ganz ohne Grund: oder endlich sie
liessen die Sache unentschieden, bis sie vernünftige Gründe
eines Urtheils finden würden, und in diesem einzigen Falle
handelten sie vernünftig. *Dass* Gott rede, oder *dass* er *nicht*
rede (als kategorische, aus theoretischen Gründen mögliche,
Behauptung), konnten sie nie beweisen; ob er geredet haben
könne, konnte nur aus dem Inhalte dessen erhellen, was in
seinem Namen gesagt ward; sie mussten es also vors erste
anhören. Wenn nun durch dieses Anhören ihr moralisches
Gefühl·entwickelt wurde, so wurde zugleich der Begriff einer
Religion, und des möglichen Inhalts derselben, sie komme nun
durch Offenbarung, oder ohne sie an uns, entwickelt; und
nun konnten und mussten sie, um zu einem vernünftigen Fürwahrhalten zu gelangen, die ihnen als göttlich angekündigte
Offenbarung mit ihrem nun entwickelten Begriffe einer Offenbarung *a priori* vergleichen, und nach der Uebereinstimmung
oder Nichtübereinstimmung mit demselben ein Urtheil über sie
fällen: und das löst dann den vermeinten Widerspruch völlig
auf. Ein vernünftiges Aufnehmen einer gegebenen Offenbarung,
als göttlich, ist nur aus Gründen *a priori* möglich, aber *a
posteriori* können, und müssen in gewissen Fällen, Gelegenheitsursachen gegeben werden, um diese Gründe zu entwickeln.

Alle diese Untersuchungen nun haben den eigentlichen
Fragepunct mehr vorbereitet, als bestimmt und entwickelt. Da
nemlich nach allem bisher gesagten kein vernünftiges Aufnehmen einer Offenbarung als göttlich eher, als nach völliger
Entwickelung des Moralgefühls in uns, stattfindet; da ferner
nur auf dieses Gefühl und den dadurch in uns begründeten
Willen, der Vernunft zu gehorchen, jeder Entschluss, einem
Gesetze Gottes zu gehorchen, sich gründen kann (§. 3.): so
scheint die göttliche Autorität, worauf eine gegebene Offenbarung sich gründen könnte, ihren ganzen Nutzen zu verlieren,
sobald es möglich wird, sie anzuerkennen. So lange nemlich
eine solche Offenbarung noch arbeitet, um den Menschen zur
Empfänglichkeit für Moralität zu bilden, ist es demselben völlig
problematisch, ob sie göttlichen Ursprungs auch nur seyn

könne, weil dies sich nur aus einer Beurtheilung derselben
nach Moralprincipien ergeben kann; sobald aber nach geschehener Entwickelung des Moralgefühls in ihm eine solche Beurtheilung möglich ist, so scheint dies Moralgefühl allein hinlänglich seyn zu können, um ihn zum Gehorsam gegen das Moralgesetz, bloss als solches, zu bestimmen. Und obgleich, wie
ebenfalls oben (§. 3.) gezeigt worden, auch bei dem festesten
Willen, dem Moralgesetze, bloss als Gesetze der Vernunft, zu
gehorchen, einzelne Fälle möglich sind, in denen dasselbe
einer Verstärkerung seiner Causalität durch die Vorstellung,
es sey Gottes Gesetz, bedarf: so ist doch in dem durch eine
geschehene Offenbarung zur Moralität gebildeten Subjecte die
Vorstellung dieser göttlichen Gesetzgebung sowohl ihrer Materie nach durch praktische Vernunftprincipien, als ihrer Form
nach durch Anwendung derselben auf den Begriff einer Welt,
völlig möglich, und es erscheint kein Grund, warum er sie
sich, als durch eine übernatürliche Wirkung in der Sinnenwelt gegeben, denken sollte. Es muss also ein Bedürfniss,
freilich nur ein empirisches, aufgezeigt werden, welchem nur
durch die bestimmte Vorstellung einer *durch eine Wirkung in
der Sinnenwelt geschehenen* Ankündigung Gottes als moralischen
Gesetzgebers abgeholfen werden kann, wenn diese ganze Vorstellung nicht vergeblich, und der Begriff einer Offenbarung
nicht leer seyn soll, indem ein Glaube an dieselbe allenfalls
nützlich seyn könnte, solange er nicht möglich ist, und sobald er möglich wird, seinen ganzen Nutzen verlöre: denn
unmöglich können wir die frommen Empfindungen über die
zu unserer Schwachheit sich herablassende Güte Gottes, und
dergl, die durch eine solche Vorstellung in uns entstehen müssen,
als den ganzen bleibenden Nutzen einer Offenbarung angeben.

Nun sind in obiger Deduction des Offenbarungsbegriffes
zum Behuf der realen Möglichkeit desselben nicht nur solche
vernünftige Wesen vorausgesetzt worden, in denen das Moralgesetz seine Causalität auf immer, sondern auch solche, bei
denen es dieselbe in einzelnen Fällen verloren habe. Wo
auch nicht der Wille, ein Sittengesetz anzuerkennen und ihm
zu gehorchen, vorhanden ist, ist das Moralgesetz ganz ohne

Causalität; wo hingegen zwar dieser, aber nicht die völlige
Freiheit da ist, verliert es seine Causalität in einzelnen Fällen.
Wie die Offenbarung die Wirksamkeit desselben im ersten
Falle wiederherstelle, ist jetzt gezeigt worden: ob sie auch
im zweiten einen ihr wesentlichen, nur durch sie möglichen
Einfluss habe, davon ist jetzt die Frage. Da im ersten Falle
die Offenbarung noch gar nicht als das, für was sie sich giebt,
vernünftigerweise anerkannt werden kann, so könnte man
diese ihre Function — die der Offenbarung *an sich*, insofern
sie von unserer Vorstellungsart ganz unabhängig ist, oder ihrer
Materie nach *(functio revelationis materialiter spectatae)* nennen; hingegen das, was sie im zweiten Falle zu leisten hätte,
die Function der Offenbarung, insofern wir sie dafür anerkennen, oder ihrer *Form* nach *(functio revelationis formaliter
spectatae)*, und, da Offenbarung eigentlich nur dadurch es
wird, dass wir sie dafür erkennen, der Offenbarung *im eigentlichsten Sinne.*

Wir haben oben bei Erörterung der Function einer Offenbarung ihrer Materie nach ganz richtig angenommen, dass dieselbe sich nur auf Subjecte beziehe, in denen auch nicht einmal der Wille, dem Vernunftgesetze zu gehorchen, vorhanden
sey, dass sie hingegen in dieser Function diejenigen, denen es
nicht an diesem Willen, wohl aber an völliger Freiheit, ihn zu
vollbringen, mangelt, nicht zu Objecten habe, sondern dass zu
Herstellung der Freiheit in dergleichen Subjecten die Naturreligion hinlänglich sey. Da nun durch die Offenbarung vermittelst ihrer ersten Function die Willensbestimmung durchs
Moralgesetz möglich gemacht, mithin alle vernünftige Wesen
zur zweiten Stufe der moralischen Vollkommenheit erhoben
werden sollen, so würde, wenn Wesen auf dieser zweiten
Stufe die Naturreligion stets genugthuend seyn könnte, gar
keine Function der Offenbarung ihrer Form nach, nemlich
keine Wirksamkeit derselben zu Herstellung der Freiheit stattfinden, und da dies die Function der Offenbarung im eigentlichsten Sinne ist, kein wahres Bedürfniss eines Glaubens an
Offenbarung gezeigt werden können; fände sie aber statt, so
scheint dies dem obigen Satze von der Hinlänglichkeit der

Naturreligion zur Herstellung der Freiheit zu widersprechen. Wir haben also vors erste zu untersuchen, ob sich ein Einfluss der Vorstellung von einer geschehenen Offenbarung auf das Gemüth zur Herstellung der gehemmten Freiheit des Willens denken lasse, und dann, wenn sich ein solcher Einfluss zeigen sollte, zu untersuchen, ob und inwiefern beide Behauptungen beisammenstehen können.

Es ist eine der Eigenthümlichkeiten des empirischen Charakters des Menschen, dass, so lange eine seiner Gemüthskräfte besonders aufgeregt, und in lebhafter Thätigkeit ist, andere, und das um desto mehr, je mehr sie sich von jener entfernen, unthätig, und gleichsam erschlafft sind: und dass diese ihre Erschlaffung grösser ist, je grösser die Thätigkeit jener. So vergeblich man sich bemühen würde, jemanden, der durch sinnlichen Reiz bestimmt, oder in einem heftigen Affecte ist, durch Vernunftgründe anders zu bestimmen; ebenso sicher ists, dass im Gegensatze eine Erhebung der Seele durch Ideen, oder eine Anstrengung derselben durch Nachdenken möglich ist, bei welcher sinnliche Eindrücke fast ihre ganze Kraft verlieren. Soll in solchen Fällen auf einen Menschen gewirkt werden, so kann es fast nicht anders geschehen, als vermittelst derjenigen Kraft, die eben jetzt in Thätigkeit ist, indem auf die übrigen kaum ein Eindruck zu machen ist, oder wenn er auch zu machen wäre, er nicht hinreichend seyn würde, den Willen des Menschen zu bestimmen.

Einige Gemüthskräfte haben eine nähere Verwandtschaft und einen grösseren wechselseitigen Einfluss auf einander, als andere. Denjenigen, der vom Sinnenreize fortgerissen ist, wird man durch Vernunftgründe vergeblich zurückhalten wollen, aber durch Darstellung eines anderen sinnlichen Eindrucks vermittelst der Einbildungskraft kann es sehr leicht, ohne Anwesenheit des sinnlichen Gegenstandes, also ohne unmittelbare Sinnenempfindung, gelingen. Alle durch empirische Sinnlichkeit bestimmbare Kräfte stehen in solcher Correspondenz.

Die der Pflicht widerstreitenden Bestimmungen werden alle durch Eindrücke auf diese Kräfte bewirkt; durch Sinnenempfindung, die entweder unmittelbar dem Gegenstande ausser

uns correspondirt, oder die durch die empirische Einbildungskraft reproducirt wird, durch Affecte, durch Leidenschaften.
Welches Gegengewicht soll nun der Mensch einer solchen Bestimmung entgegensetzen, wenn sie so stark ist, dass sie die
Stimme der Vernunft gänzlich unterdrückt? Offenbar muss dies
Gegengewicht durch eine Kraft des Gemüths an die Seele
gebracht werden, welche von der einen Seite sinnlich, und
also fähig ist einer Bestimmung der sinnlichen Natur des Menschen entgegenzuwirken, von der andern durch Freiheit bestimmbar ist, und Spontaneität hat: und diese Kraft des Gemüths ist die Einbildungskraft. Durch sie also muss das einzig mögliche Motiv einer Moralität, die Vorstellung der Gesetzgebung des Heiligen, an die Seele gebracht werden. Diese
Vorstellung nun gründet in der Naturreligion sich auf Vernunftprincipien; ist aber diese Vernunft, wie wir voraussetzen,
gänzlich unterdrückt, so erscheinen die Resultate derselben
dunkel, ungewiss, unzuverlässig. Auch die Principien dieser
Vorstellung also sollten durch die Einbildungskraft vorstellbar
seyn. Dergleichen Principien nun wären Facta in der Sinnenwelt, oder eine Offenbarung. — Gott ist, denn er hat geredet
und gehandelt, muss sich der Mensch in solchen Augenblicken
sagen können: er will, dass ich jetzt nicht so handle, denn er
hat es ausdrücklich, mit solchen Worten, unter solchen Umständen u. s. f., verboten; ich werde einst wegen der Entschliessung, die ich jetzt fassen werde, unter gewissen bestimmten Feierlichkeiten ihm Rechenschaft geben. — Sollen
solche Vorstellungen aber Eindruck auf ihn machen, so muss
er die denselben zum Grunde liegenden Facta als völlig wahr
und richtig annehmen können; sie müssen also nicht etwa
durch seine eigene Einbildungskraft erdichtet, sondern ihr gegeben werden. Dass durch eine solche Vorstellung der reinen
Moralität einer durch sie bewirkten Handlung kein Abbruch
gethan werde, folgt unmittelbar aus unserer Voraussetzung: das
durch die Einbildungskraft versinnlicht dargestellte Motiv solle
kein anderes als die Heiligkeit des Gesetzgebers, und nur das
Vehiculum derselben solle sinnlich seyn.

Ob inzwischen die Reinheit des Motivs nicht oft durch

die Sinnlichkeit des Vehiculums leide, und ob nicht oft Furcht
der Strafe, oder Hoffnung der Belohnung, auf einen durch die
Vorstellung der Offenbarung bewirkten Gehorsam weit mehr
Einfluss habe, als reine Achtung für die Heiligkeit des Gesetzgebers, hat eine allgemeine Kritik des Offenbarungsbegriffes
eigentlich nicht zu untersuchen; sondern nur zu erweisen, dass
dies *in abstracto* nicht nothwendig sey, und *in concreto* schlechterdings nicht geschehen dürfe, wenn die Religiosität ächt und
nicht bloss feinere Selbstsucht seyn solle. Da dies inzwischen
nur zu leicht geschehen kann; da sich ferner im Allgemeinen
nicht zeigen lässt, wann, inwieweit, und warum überhaupt
eine solche Verstärkung des Moralgesetzes durch Vorstellung
einer Offenbarung nöthig sey; da endlich es schlechterdings
nicht zu läugnen ist, dass nicht ein allgemeiner unbezweifelt
auf das Moralgesetz gegründeter Trieb in uns sey, ein vernünftiges Wesen mehr zu ehren, je weniger Verstärkung die Idee
des schlechthin Rechten in seinem Gemüthe bedarf, um ihn zu
bewegen, es hervorzubringen; so lässt sich auch nicht läugnen, dass es weit ehrenvoller für die Menschheit seyn würde,
wenn die Naturreligion stets hinlänglich wäre, sie in jedem
Falle zum Gehorsam gegen das Moralgesetz zu bestimmen: und
in diesem Sinne können denn beide Sätze wohl beisammenstehen, nemlich, dass sich *a priori* (vor der wirklich gemachten Erfahrung) nicht einsehen lasse, warum die Vorstellung
einer Offenbarung nöthig seyn sollte, um die gehemmte Freiheit herzustellen; dass aber die fast allgemeine Erfahrung in
uns und anderen uns fast täglich belehre, dass wir allerdings
schwach genug sind, einer dergleichen Vorstellung zu bedürfen.

§. 9.

Von der physischen Möglichkeit einer Offenbarung.

Der Begriff der Offenbarung *a priori*, wie er durch Aufzeigung eines Bedürfnisses der empirischen Sinnlichkeit *a posteriori* berechtigt ist, erwartet eine übernatürliche Wirkung in
der Sinnenwelt. Ist diese auch überhaupt möglich? ist es
überhaupt gedenkbar, dass etwas *ausser* der Natur eine Causalität *in* der Natur habe? könnte man dabei noch fragen: und
wir beantworten diese Frage, um theils in die noch immer

dunkele Lehre von der Möglichkeit des Beisammenstehens der
Nothwendigkeit nach Natur-, und der Freiheit nach Moralgesetzen, wenigstens für unsere gegenwärtige Absicht, wo möglich, etwas mehr Licht zu bringen; theils um aus ihrer Erörterung eine für die Berichtigung des Begriffes der Offenbarung
nicht unwichtige Folge herzuleiten.

Dass es überhaupt möglich seyn müsse, ist erstes Postulat,
das die praktische Vernunft *a priori* macht, indem sie das
Uebernatürliche in uns, unser oberes Begehrungsvermögen,
bestimmt, Ursache ausser sich in der Sinnenwelt, entweder
der in uns, oder der ausser uns zu werden, welches hier Eins ist.

Es ist aber vors erste zu erinnern, dass es ganz zweierlei ist, ob wir sagen: der Wille, als oberes Begehrungsvermögen, ist frei; denn wenn das letztere heisst, wie es denn das
heisst, er steht nicht unter Naturgesetzen, so ist dies sogleich
einleuchtend, weil er, als oberes Vermögen, gar kein Theil der
Natur, sondern etwas übersinnliches ist: — oder ob wir sagen:
eine solche Bestimmung des Willens wird Causalität in der
Sinnenwelt; wo wir allerdings fordern, dass etwas, das unter
Naturgesetzen steht, durch etwas, das kein Theil der Natur ist,
bestimmt werden soll, welches sich zu widersprechen und den
Begriff von der Naturnothwendigkeit aufzuheben scheint, der
doch den Begriff einer Natur überhaupt erst möglich macht.

Hierauf ist vors erste überhaupt zu erinnern, dass, so
lange die Rede von blosser Naturerklärung ist, es uns schlechterdings nicht erlaubt ist, eine Causalität durch Freiheit anzunehmen, weil die ganze Naturphilosophie von einer solchen
Causalität nichts weiss; und hinwiederum, so lange die Rede
von blosser Bestimmung des oberen Begehrungsvermögens ist,
es gar nicht nöthig ist, auf die Existenz einer Natur überhaupt
Rücksicht zu nehmen. Beide Causalitäten, die des Natur- und
die des Moralgesetzes, sind sowohl der Art ihrer Causalität,
als ihrer Objecte nach, unendlich verschieden. Das Naturgesetz gebietet mit absoluter Nothwendigkeit, das Moralgesetz
befiehlt der Freiheit; das erstere beherrscht die Natur, das
zweite die Geisterwelt. *Muss,* das Losungswort des ersten,
und *Soll,* das Losungswort des zweiten, reden von ganz ver-

schiedenen Dingen, und können sich, auch einander entgegengesetzt, nicht widersprechen, denn sie begegnen sich nicht.

Ihre Wirkungen in der Sinnenwelt aber begegnen sich,
und dürfen sich auch nicht widersprechen, wenn nicht entweder Naturerkenntniss von der einen, oder die durch die
praktische Vernunft geforderte Causalität der Freiheit in der
Sinnenwelt von der andern Seite unmöglich seyn soll. Die
Möglichkeit dieser Uebereinkunft zweier von einander selbst
gänzlich unabhängiger Gesetzgebungen lässt sich nun nicht anders denken, als durch ihre gemeinschaftliche Abhängigkeit von
einer oberen Gesetzgebung, welche beiden zum Grunde liegt,
die für uns aber gänzlich unzugänglich ist. Könnten wir das
Princip derselben einer Weltanschauung zum Grunde legen,
so würde nach ihm eine und ebendieselbe Wirkung, die uns
auf die Sinnenwelt bezogen nach dem Moralgesetze als *frei*,
und auf Causalität der Vernunft zurückgeführt, in der Natur
als *zufällig* erscheint, als völlig nothwendig erkannt werden.
Da wir aber dies nicht können, so folgt daraus offenbar, dass
wir, sobald wir auf eine Causalität durch Freiheit Rücksicht
nehmen, nicht alle Erscheinungen in der Sinnenwelt nach
blossen Naturgesetzen als nothwendig, sondern viele nur als
zufällig annehmen müssen; und dass wir sonach nicht alle *aus*
den Gesetzen der Natur, sondern manche bloss *nach* Naturgesetzen erklären dürfen. *Etwas bloss nach Naturgesetzen erklären* aber heisst: die Causalität der Materie der Wirkung ausser
der Natur, die Causalität der Form der Wirkung aber in der
Natur annehmen. *Nach* den Gesetzen der Natur müssen sich
alle Erscheinungen in der Sinnenwelt erklären lassen, denn sonst
könnten sie nie ein Gegenstand der Erkenntniss werden.

Lasst uns jetzt diese Grundsätze auf jene erwartete übernatürliche Einwirkung Gottes in die Sinnenwelt anwenden.
Gott ist, laut der Vernunftpostulate, als dasjenige Wesen zu
denken, welches die Natur dem Moralgesetze gemäss bestimmt.
In ihm also ist die Vereinigung beider Gesetzgebungen, und
seiner Weltanschauung liegt jenes Princip, von welchem sie
beide gemeinschaftlich abhängen, zum Grunde. Ihm ist also
nichts natürlich, und nichts übernatürlich, nichts nothwendig,

und nichts zufällig, nichts möglich, und nichts wirklich. Soviel
können wir negativ, durch die Gesetze *unseres* Denkens genöthigt, sicher behaupten; wenn wir aber positiv die Modalität
seines Verstandes bestimmen wollten, so würden wir transscendent. Es kann also die Frage gar nicht davon seyn, wie
Gott eine übernatürliche Wirkung in der Sinnenwelt sich als
möglich denken, und wie er sie wirklich machen könne; sondern wie *wir* uns eine Erscheinung als durch eine übernatürliche Causalität Gottes gewirkt denken können?

Wir sind durch unsere Vernunft genöthigt, das ganze System der Erscheinungen, die ganze Sinnenwelt zuletzt von einer Causalität durch Freiheit nach Vernunftgesetzen, und zwar
von der Causalität Gottes abzuleiten. Die ganze Welt ist für
uns übernatürliche Wirkung Gottes. Es liesse sich also wohl
denken, dass Gott die erste natürliche Ursache einer gewissen
Erscheinung, die einer seiner moralischen Absichten gemäss
war, gleich Anfangs (denn wir dürfen hier ganz menschlich
reden, da wir hier nicht objective Wahrheiten, sondern subjective Denkmöglichkeiten aufstellen) in den Plan des Ganzen
verflochten habe. Die Einwendung, die man dagegen gemacht
hat: das heisse durch einen Umweg thun, was man geradezu
thun könne; gründet sich auf eine grobe Anthropomorphose,
als ob Gott unter Zeitbedingungen stehe. In diesem Falle würde
die Erscheinung ganz und vollkommen aus den Gesetzen der
Natur, bis zum übernatürlichen Ursprunge der ganzen Natur
selbst, erklärt werden können, wenn wir dieselbe im Zusammenhange übersehen könnten; und dennoch wäre sie auch zugleich, als durch die Causalität eines göttlichen Begriffs vom
moralischen dadurch zu erreichenden Zwecke bewirkt, anzusehen.

Oder wir könnten fürs zweite annehmen, Gott habe wirklich in die schon angefangene, und nach Naturgesetzen fort-
laufende Reihe der Ursachen und Wirkungen einen Eingriff
gethan, und durch unmittelbare Causalität seines moralischen
Begriffs eine andere Wirkung hervorgebracht, als durch die
blosse Causalität der Naturwesen nach Naturgesetzen würde
erfolgt seyn; so haben wir hierdurch wieder nicht bestimmt,

bei *welchem* Gliede der Kette er eingreifen sollte, ob eben bei
dem der beabsichtigten Wirkung unmittelbar vorhergehenden,
oder ob er es nicht auch bei einem der Zeit und den Zwi-
schenwirkungen nach vielleicht sehr weit von ihr entfernten
thun konnte. Nehmen wir den zweiten Fall an, so werden wir,
wenn wir die Naturgesetze durchaus kennen, die Erscheinung,
von der die Rede ist, nach Naturgesetzen richtig aus der vorhergehenden, und diese wieder aus der vorhergehenden, und
so vielleicht ins Unendliche fort, erklären können, bis wir endlich freilich auf eine Wirkung stossen, die wir nicht mehr aus,
sondern bloss nach Naturgesetzen erklären können. Gesetzt
aber, wir könnten oder wollten dieser Reihe der natürlichen
Ursachen nur bis auf einen gewissen Punct nachspüren; so
wäre es sehr möglich, dass innerhalb dieser uns gesetzten
Grenzen jene nicht mehr natürlich zu erklärende Wirkung nicht
fiele: aber wir wären dadurch noch gar nicht berechtiget, zu
schliessen, dass die untersuchte Erscheinung überhaupt nicht
durch eine übernatürliche Causalität bewirkt seyn könnte. Nur
im ersten Falle also würden wir sogleich von der Erscheinung
aus auf eine aus Naturgesetzen nicht zu erklärende Causalität
stossen, die es uns theoretisch möglich machte, eine übernatürliche für sie anzunehmen.

Aber will Gott nicht, dass der sinnliche Mensch, gegen
welchen er sich durch diese Wirkung als Urheber der Offenbarung legitimirt, sie für übernatürlich anerkennen solle? Es
würde nicht anständig seyn, zu sagen, Gott wolle, dass wir
jenen falschen Schluss machen sollten, auf welchen eine *theoretische Anerkennung* einer Erscheinung in der Natur, als durch
eine Causalität ausser ihr bewirkt, sich nach obiger Erörterung
offenbar gründet. Aber da sie denn auch nicht Ueberzeugung,
welches sie nicht kann, sondern nur Aufmerksamkeit begründen soll, so ist es für diese Absicht völlig hinreichend, wenn
wir es indess, bis wir der moralischen Ueberzeugung fähig sind,
theoretisch nur für *möglich* annehmen, dass sie durch übernatürliche Causalität bewirkt worden seyn *könne*, und dazu (um
es *theoretisch* möglich zu denken, denn um es moralisch *möglich* zu finden, gehört laut obiger Erörterung auch nicht ein-

mal das) gehört weiter nichts, als dass *wir* keine natürliche
Ursachen dieser Erscheinung sehen. Denn es ist der Vernunft
ganz gemäss gedacht: wenn ich eine Begebenheit nicht aus Na-
turursachen erklären kann, so kommt dies entweder daher,
weil ich die Naturgesetze, nach denen sie möglich ist, nicht
kenne, oder daher, weil sie nach dergleichen Gesetzen überhaupt nicht möglich ist*). — Wen fasst nun hier dieses *Wir*
in sich? Offenbar diejenigen, und nur sie, welche in dem Plane
der zu erregenden Aufmerksamkeit befasst sind. Gesetzt also,
man könnte, nachdem dieser Zweck erreicht, und die Menschheit zur Fähigkeit eines moralischen Glaubens an die Göttlichkeit einer Offenbarung erhoben ist, durch erhöhte Einsicht in
die Gesetze der Natur zeigen, dass gewisse für übernatürlich
gehaltene Erscheinungen, auf welche diese Offenbarung sich
gründet, aus Naturgesetzen völlig erklärbar seyen; so würde
bloss hieraus, wenn nur diesem Irrthume nicht willkürlicher
geflissentlicher Betrug, sondern bloss unwillkürliche Täuschung
zum Grunde gelegen, gegen die mögliche Göttlichkeit einer solchen Offenbarung gar nichts gefolgert werden können: da eine
Wirkung, besonders wenn sie dem Urgrunde aller Naturgesetze zugeschrieben wird, gar wohl völlig natürlich, und doch

---

*) Ich sehe nicht ab, wie die Bewohner von Hispaniola, wenn Christoph
Colon, statt durch seine vorgebliche Verfinsterung des Mondes nur Lebens-
mittel von ihnen zu erzwingen, dieselbe als göttliche Beglaubigung einer Ge-
sandtschaft von ihm an sie in moralischen Absichten gebraucht hätte, ihm
vor der Hand vernünftigerweise ihre Aufmerksamkeit hätten versagen können, da der Erfolg dieser Naturbegebenheit nach seiner bestimmten Vorher-
verkündigung ihnen nach Naturgesetzen schlechterdings unerklärbar seyn
musste. Und wenn er denn auf diese Beglaubigung eine den Principien der
Vernunft völlig angemessene Religion gegründet hätte, so hätten sie nicht
nur auf keinen Fall etwas dabei verloren, sondern sie hätten auch diese Religion mit völliger Ueberzeugung so lange für unmittelbar göttlichen Ursprungs halten können, bis sie durch eigene Einsicht in die Naturgesetze,
und durch die historische Belehrung, dass Colon sie ebenso gut gekannt,
und dass er also nicht allerdings ehrlich mit ihnen umgegangen, diese Religion zwar nicht mehr für göttliche *Offenbarung* hätten halten können, aber
doch verbunden geblieben wären, sie wegen ihrer gänzlichen Uebereinstimmung mit dem Moralgesetze für göttliche *Religion* anzuerkennen.

zugleich übernatürlich, d. i. durch die Causalität seiner Freiheit, gemäss dem Begriffe einer moralischen Absicht, gewirkt seyn kann.

Das Resultat des hier gesagten ist, dass, sowenig es dem dogmatischen Vertheidiger des Offenbarungsbegriffs erlaubt werden dürfe, aus der Unerklärbarkeit einer gewissen Erscheinung aus Naturgesetzen auf eine übernatürliche Causalität, und wohl gar geradezu auf die Causalität Gottes zu schliessen; ebensowenig sey es dem dogmatischen Gegner desselben zu verstatten, aus der Erklärbarkeit eben dieser Erscheinungen aus Naturgesetzen zu schliessen, dass sie weder durch übernatürliche Causalität überhaupt, noch insbesondere durch Causalität Gottes möglich seyen. Die ganze Frage darf gar nicht dogmatisch, nach theoretischen Principien, sondern sie muss moralisch, nach Principien der praktischen Vernunft, erörtert werden, wie sich aus allem bisher gesagten zur Genüge ergiebt; wie dieses aber geschehen müsse, wird im Verfolge dieser Abhandlung gezeigt werden.

§. 10.
Kriterien der Göttlichkeit einer Offenbarung ihrer Form nach.

Um uns von der Möglichkeit, dass eine gegebene Offenbarung von Gott sey, vernünftig überzeugen zu können, müssen wir sichere Kriterien dieser Göttlichkeit haben. Da der Begriff einer Offenbarung *a priori* möglich ist, so ist es dieser Begriff selbst, an den wir eine *a posteriori* gegebene Offenbarung halten müssen, d. i. von diesem Begriffe müssen sich die Kriterien ihrer Göttlichkeit ableiten lassen.

Wir haben bisher den Begriff der Offenbarung, bloss ihrer Form nach, insofern diese religiös seyn muss, mit gänzlicher Abstraction vom möglichen Inhalte einer *in concreto* gegebenen Offenbarung, erörtert; wir haben also vor jetzt nur die Kriterien der Göttlichkeit einer Offenbarung in Absicht ihrer Form festzusetzen. An der Form einer Offenbarung aber, d. i. an einer blossen Ankündigung Gottes als moralischen Gesetzgebers durch eine übernatürliche Erscheinung in der Sinnenwelt, können wir zweierlei unterscheiden, nemlich das *äussere* derselben, d. i. die Umstände, unter welchen, und die Mittel, durch welche diese Ankündigung geschah, und dann das *innere*, d. i. die Ankündigung selbst.

Der Begriff der Offenbarung *a priori* setzt ein empirisch gegebenes moralisches Bedürfniss derselben voraus, ohne welches sich die Vernunft eine Veranstaltung der Gottheit, die dann überflüssig und gänzlich zwecklos war, nicht als moralisch möglich denken konnte, und die empirische Deduction der Bedingungen der Wirklichkeit dieses Begriffs entwickelte dieses Bedürfniss. Es muss also gezeigt werden können, dass zur Zeit der Entstehung einer Offenbarung, die auf einen göttlichen Ursprung Anspruch macht, dieses Bedürfniss wirklich da gewesen, und dass nicht schon eine andere, alle Kriterien der Göttlichkeit an sich tragende Religion unter eben den Menschen, denen sich diese bestimmte, vorhanden, oder ihnen leicht durch natürliche Mittel mitzutheilen war. *Eine Offenbarung, von der dies gezeigt werden kann, kann von Gott seyn: eine, von der das Gegentheil gezeigt werden kann, ist sicher nicht von Gott.* — Es ist nöthig, dieses Kriterium ausdrücklich festzusetzen, um aller Schwärmerei und allen möglichen unberufenen Inspirirten, jetziger oder künftiger Zeiten, Einhalt zu thun. Ist eine Offenbarung, ihrem Inhalte nach, verfälscht, so ist es Pflicht und Recht jedes tugendhaften Mannes, ihr ihre ursprünliche Reinigkeit wiederzugeben, aber dazu bedarf es keiner neuen göttlichen Autorität, sondern blosser Berufung auf die schon vorhandene, und Entwickelung der Wahrheit aus unserm moralischen Gefühle. Auch wird durch dieses Kriterium nicht schlechthin die Möglichkeit zweier zugleich existirenden göttlichen Offenbarungen geläugnet, wenn die Besitzer derselben nur nicht in der Lage sind, sie sich mitzutheilen.

Gott soll Ursache der Wirkungen seyn, durch welche die Offenbarung geschieht. Alles aber, was unmoralisch ist, widerspricht dem Begriffe von Gott. *Jede Offenbarung also, die sich durch unmoralische Mittel angekündigt, behauptet, fortgepflanzt hat, ist sicher nicht von Gott.* — Es ist allemal, die Absicht mag seyn, welche sie wolle, unmoralisch, zu betrügen.

Unterstützt also ein angeblich göttlicher Gesandter seine Autorität durch Betrug, so kann das Gott nicht gewollt haben. Ueberdies bedarf ein wirklich von Gott unterstützter · Prophet keines Betrugs. Er führt nicht seine Absicht, sondern die Absicht Gottes aus, und kann es also Gott völlig überlassen, inwieweit, und wie er diese Absicht unterstützen wolle. Aber, könnte man noch sagen, der Wille des göttlichen Gesandten ist frei, und er kann, vielleicht aus wohlmeinender Absicht, mehr thun wollen, als ihm aufgetragen ist, die Sache noch mehr beglaubigen wollen, als sie schon beglaubigt ist, und dadurch zum Betruge hingerissen werden; und dann ist nicht Gott, sondern der Mensch, dessen er sich bediente, Ursache dieses Betruges. — Wir dürfen nicht überhaupt läugnen, dass sich Gott nicht unmoralischer, oder moralisch schwacher Menschen zur Ausbreitung einer Offenbarung bedienen könne; denn wie, wenn keine andere da sind? und es werden, wo das höchste Bedürfniss der Offenbarung vorhanden ist, allerdings keine andere seyn. Aber er darf ihnen, wenigstens in Verrichtung seines Auftrags, den Gebrauch unmoralischer Mittel auch nicht zulassen; er müsste es durch seine Allmacht verhindern, wenn ihr freier Wille sich dahin lenkte. Denn wenn der Betrug entdeckt würde, — und jeder Betrug kann es, — so sind zwei Fälle möglich. Entweder die erregte Aufmerksamkeit verschwindet, und an ihre Stelle tritt der Verdruss, sich getäuscht zu sehen, und das Mistrauen gegen alles, was aus diesen oder ähnlichen Quellen kommt, welches dem bei dieser Anstalt überhaupt beabsichtigten Zwecke widerspricht: oder wenn die Lehre schon autorisirt genug ist, so wird dadurch auch der Betrug autorisirt; jeder hält sich für völlig erlaubt, was ein göttlicher Gesandter sich erlaubte; welches der Moralität, und dem Begriffe aller Religion widerspricht.

Der Endzweck jeder Offenbarung ist reine Moralität. Diese ist nur durch Freiheit möglich, und lässt sich also nicht erzwingen. Nicht nur sie aber, sondern auch die Aufmerksamkeit auf Vorstellungen, welche dahin abzwecken, das Gefühl

für sie zu entwickeln, und die Bestimmung des Willens beim
Widerstreite der Neigung zu erleichtern, lässt sich nicht erzwingen, sondern Zwang ist ihr vielmehr entgegen. Keine
göttliche Religion also muss durch Zwang oder Verfolgung sich
angekündigt oder ausgebreitet haben: denn Gott kann sich
keiner zweckwidrigen Mittel bedienen, oder den Gebrauch solcher Mittel bei Absichten, die die seinigen sind, auch nur zulassen, weil sie dadurch gerechtfertiget würden. Jede Offenbarung also, die durch Verfolgung sich angekündigt und befestigt hat, ist sicher nicht von Gott. *Diejenige Offenbarung aber,*
die sich keiner anderen, als moralischer Mittel, zu ihrer Ankün-
digung und Behauptung bedient hat, kann von Gott seyn. Dies
sind die Kriterien der Göttlichkeit einer Offenbarung in Rücksicht auf ihre äussere Form. Wir gehen zu denen der inneren fort.

Jede Offenbarung soll Religion begründen, und alle Religion gründet sich auf den Begriff Gottes, als moralischen Gesetzgebers. Eine Offenbarung also, die uns ihn als etwas anderes ankündigt, welche uns etwa theoretisch sein Wesen kennen lehren will, oder ihn als politischen Gesetzgeber aufstellt,
ist wenigstens das nicht, was wir suchen: sie ist nicht geoffenbarte *Religion. Jede Offenbarung also muss uns Gott als*
moralischen Gesetzgeber ankündigen, und nur von derjenigen,
deren Zweck das ist, können wir aus moralischen Gründen
glauben, dass sie von Gott sey.

Der Gehorsam gegen die moralischen Befehle Gottes kann
sich nur auf Verehrung, und Achtung für seine Heiligkeit gründen, weil er nur in diesem Falle rein moralisch ist. *Jede Of-*
fenbarung also, die uns durch andere Motive, z. B. durch an-
gedrohte Strafen, oder versprochene Belohnungen, zum Gehor-
sam bewegen will, kann nicht von Gott seyn, denn dergleichen
Motive widersprechen der reinen Moralität. — Es ist zwar
sicher, und wird weiter unten ausgeführt werden, dass eine
Offenbarung die Verheissungen des Moralgesetzes, als Verheissungen Gottes, entweder ausdrücklich enthalten, oder uns
auf ihre Aufsuchung in unserem eigenen Herzen hinleiten könne.

Aber sie müssen nur als Folgen, und nicht als Motive aufgestellt werden. *)

§. 11.

Kriterien der Göttlichkeit einer Offenbarung in Absicht ihres möglichen Inhalts (materiae revelationis).

Das Wesentliche der Offenbarung überhaupt ist Ankündigung Gottes als moralischen Gesetzgebers, durch eine übernatürliche Wirkung in der Sinnenwelt. Eine in *concreto* gegebene Offenbarung kann Erzählungen von dieser, oder diesen Wirkungen, Mitteln, Anstalten, Umständen u. s. w. enthalten. Alles, was dahin einschlägt, gehört zur äussern Form der Offenbarung, und steht unter derselben Kriterien. Wohin durch diese Ankündigung des Gesetzgebers das Gesetz selbst, seinem Inhalte nach, gesetzt werde, bleibt dadurch noch gänzlich unentschieden. Sie kann uns geradezu an unser Herz verweisen: oder sie kann auch das, was dieses uns sagen würde, noch besonders als Aussage Gottes aufstellen, und es nun uns selbst überlassen, das letztere mit dem ersteren zu vergleichen. Die Ankündigung Gottes als Gesetzgebers würde, in Worte verfasst, so heissen: Gott ist moralischer Gesetzgeber; und da wir sie in Worte verfassen müssen, so können wir auch dies einen *Inhalt*, nemlich den *der Ankündigung* an sich selbst, die *Bedeutung der Form der Offenbarung* nennen. Wird uns aber ausser diesem noch mehr gesagt, so ist dies der *Inhalt der Offenbarung.* Das erstere können wir *a priori* uns zwar denken, und wenn *a posteriori* uns das Bedürfniss gegeben wird,

---

*) Wenn es erwiesen werden könnte, dass ein vernünftiges Fürwahrhalten einer Offenbarung Gottes als politischen Gesetzgebers (etwa als Vorbereitung auf eine moralische Offenbarung) möglich wäre, als mit welcher Möglichkeit des Fürwahrhaltens zugleich die Möglichkeit der ganzen Sache steht und fällt (ein Erweis, der aus dem oben §. 5. gesagten als fast unmöglich erscheint); so wäre es klar, dass der Gehorsam gegen dergleichen Gesetze in einer solchen Offenbarung auf Furcht der Strafe, und Hoffnung der Belohnung, nicht nur gegründet werden könnte, sondern müsste, da der Endzweck politischer Gesetze blosse Legalität ist, und diese durch jene Triebfedern am sichersten bewirkt wird.

wünschen, und erwarten: aber nie selbst realisiren, sondern
die Realisirung dieses Begriffs muss durch ein Factum in der
Sinnenwelt geschehen; wir können also nie *a priori* wissen,
wie und auf welche Art die Offenbarung wird gegeben werden. Das zweite, dass nemlich eine Offenbarung überhaupt
einen Inhalt haben werde, können wir *a priori* nicht erwarten, denn es gehört nicht zum Wesen der Offenbarung; aber
dagegen können wir völlig *a priori* wissen, welches dieser
Inhalt seyn kann: und hiermit stehen wir denn sogleich bei
der Frage: Können wir von einer Offenbarung Belehrungen
und Aufklärungen erwarten, auf die unsre sich selbst überlassene, und durch keine übernatürliche Hülfe geleitete Vernunft
nicht etwa bloss unter den zufälligen Bedingungen, unter denen
sie sich befunden hat, und befindet, sondern überhaupt ihrer
Natur nach nie würde haben kommen können? und wir können desto ruhiger zu ihrer Beantwortung schreiten, da wir, im
Falle dass wir sie verneinen müssten, nach obiger Deduction,
laut welcher es uns eigentlich um die Form der Offenbarung
zu thun war, nicht mehr den Einwurf zu befürchten haben:
die Offenbarung sey überhaupt überflüssig, wenn sie uns nichts
neues habe lehren können.

Diese bloss aus übernatürlichen Quellen zu schöpfenden
Belehrungen könnten entweder Erweiterung unserer theoretischen Erkenntniss des Uebersinnlichen, oder nähere Bestimmung unserer Pflichten zum Gegenstande haben. Also, Erweiterung unserer theoretischen Erkenntniss könnten wir von einer
Offenbarung erwarten? Die Beantwortung dieser Frage gründet sich auf folgende zwei: ist eine solche Erweiterung *moralisch* möglich, d. i. streitet sie nicht gegen reine Moralität? und
dann, ist sie *physisch* möglich, widerspricht sie nicht etwa
der Natur der Dinge? und endlich, widerspricht sie nicht etwa
dem Begriffe der Offenbarung, und folglich sich selbst? —

Ist sie moralisch möglich? Die Ideen vom Uebersinnlichen,
die durch die praktische Vernunft realisirt werden, sind *Freiheit, Gott, Unsterblichkeit.* Dass wir, in Absicht unseres oberen
Begehrungsvermögens, frei sind, d. i. dass wir ein oberes von
Naturgesetzen unabhängiges Begehrungsvermögen haben, ist

unmittelbare *Thatsache.* Was wir in Absicht des Begriffs von Gott zur moralischen Willensbestimmung bedürfen, dass ein Gott *sey,* dass er der *alleinheilige,* der *alleingerechte,* der *allmächtige,* der *allwissende,* der oberste Gesetzgeber und Richter aller vernünftigen Wesen sey, ist unmittelbar durch unsre moralische Bestimmung, den Endzweck des Sittengesetzes zu wollen, uns zu glauben auferlegt. Dass wir *unsterblich* seyn müssen, folgt unmittelbar aus der Anforderung das höchste Gut zu realisiren, an unsre endliche Naturen, welche als solche nicht fähig sind dieser Forderung genugzuthun, aber dazu immer fähiger werden *sollen,* und es also *können* müssen. Was wollen wir über diese Ideen noch weiter wissen? Wollen wir die Verbindung des Naturgesetzes, und des für die Freiheit im übersinnlichen Substrat der Natur, erblicken? Wenn wir nicht zugleich die Kraft erhalten, die Gesetze der Natur durch unsere Freiheit zu beherrschen, so kann dies nicht den geringsten praktischen Nutzen für uns haben; wenn wir sie aber erhalten, so hören wir auf endliche Wesen zu seyn, und werden Götter. Wollen wir einen *bestimmten* Begriff von Gott haben; sein Wesen, wie es *an sich ist,* erkennen? Das wird reine Moralität nicht nur nicht befördern, sondern sie hindern. Ein unendliches Wesen, das wir erkennen, das in seiner ganzen Majestät vor unseren Augen schwebt, wird uns mit Gewalt treiben und drängen, seine Befehle zu erfüllen; die Freiheit wird aufgehoben werden, die sinnliche Neigung wird auf ewig verstummen, wir werden alles Verdienst, und alle Uebung, Stärkung, und Freude durch den Kampf, verlieren, und aus freien Wesen mit eingeschränkten Kenntnissen moralische Maschinen mit erweiterten Kenntnissen geworden seyn. Wollen wir endlich alle die Bestimmungen unserer künftigen Existenz schon jetzt durchdringen? Das wird uns theils aller Empfindungen der Glückseligkeit, die die allmählige Verbesserung unseres Zustandes uns geben kann, berauben; wir werden auf einmal verschwelgen, was uns für eine ewige Existenz bestimmt ist; theils werden die uns vorschwebenden Belohnungen uns wieder zu kräftig bestimmen, und uns Freiheit, Verdienst und Selbstachtung nehmen. Alle solche Kenntnisse werden unsere

Moralität nicht vermehren, sondern vermindern, und das kann Gott nicht wollen; es ist also moralisch unmöglich. Und ist es physisch möglich? Widerstreitet es nicht etwa gar den Gesetzen der Natur, d. i. *unserer* Natur, an welche diese Belehrungen gegeben werden sollen? Mögliche Belehrungen einer Offenbarung an uns über das Uebersinnliche müssen unserem Erkenntnissvermögen angemessen seyn, sie müssen unter den Gesetzen unseres Denkens stehen. Diese Gesetze sind die Kategorien, ohne welche uns keine bestimmte Vorstellung möglich ist. Wären sie demselben nicht angemessen, so wäre der ganze Unterricht für uns verloren, er wäre uns schlechterdings unverständlich und unbegreiflich, und es wäre völlig so gut, als ob wir ihn nicht hätten. Wären sie ihm angemessen, so würden die übersinnlichen Gegenstände in die sinnliche Welt herabgezogen, das Uebernatürliche würde zu einem Theile der Natur gemacht. Ich untersuche hier nicht, ob eine solche für objectiv gültig gegebene Versinnlichung nicht der praktischen Vernunft widerspreche, das wird weiter unten klar werden: aber das ist sogleich klar, dass wir dadurch eine Erkenntniss eines Uebersinnlichen bekämen, das kein Uebersinnliches wäre, dass wir also unseren Zweck, in die Welt der Geister eingeführt zu werden, nicht erreichten, sondern selbst diejenige richtige Einsicht in dieselbe, die uns von der praktischen Vernunft aus möglich ist, verlören. Widerspricht endlich eine solche Erwartung nicht etwa der Natur der Offenbarung? *) Da Belehrungen dieser Art an unsere durch das Moralgesetz bestimmte Vernunft gar nicht gehalten werden könnten, um sie an ihr zu versuchen, ob sie mit derselben übereinkämen,

---

*) Ich bitte jeden, dem die hier zu beweisende Behauptung noch anstössig vorkommt, auf das von hier an folgende besonders aufzumerken. *Entweder* die ganze Offenbarungskritik muss umgestossen, und die Möglichkeit einer theoretischen Ueberzeugung *a posteriori* von der Göttlichkeit einer gegebenen Offenbarung erhärtet werden (worüber man sich an §. 5 zu halten hat); *oder* man muss den Satz: dass eine Offenbarung unsre übersinnliche Erkenntniss nicht erweitern könne, unbedingt zugeben.

(Anm. zur 2. Ausg.)

oder nicht, indem sie auf *diese Principien* sich gar nicht gründeten (denn wenn sie sich darauf gründeten, so müsste unsere sich selbst überlassene Vernunft ohne alle fremde Beihülfe darauf haben kommen können); so könnte der Glaube an ihre Wahrheit sich auf nichts gründen, als etwa auf die göttliche *Autorität,* auf welche eine Offenbarung sich beruft. Nun aber findet für diese göttliche Autorität selbst kein anderer Glaubensgrund statt, als die *Vernunftmässigkeit* (die Uebereinstimmung nicht mit der vernünftelnden, sondern mit der moralischgläubigen Vernunft) der Lehren, die auf sie gegründet werden: mithin *kann diese göttliche Autorität nicht selbst wieder Beglaubigungsgrund dessen seyn, was erst der ihrige werden soll.* — Wenn ein anderer Weg gedenkbar wäre, zur vernünftigen Anerkennung der Göttlichkeit einer Offenbarung zu kommen, als dieser, wenn z. B. Wunder oder Weissagungen, d. h. wenn überhaupt die Unerklärbarkeit einer Begebenheit aus natürlichen Ursachen uns berechtigen könnte, ibren Ursprung der unmittelbaren Causalität Gottes zuzuschreiben, welcher Schluss aber, wie oben gezeigt ist, offenbar falsch seyn würde, so liesse sich denken, wie unsere dadurch begründete Ueberzeugung von der Göttlichkeit einer gegebenen Offenbarung überhaupt unseren Glauben an jede ihrer einzelnen Belehrungen begründen könnte. Da aber dieser Glaube an die Göttlichkeit einer Offenbarung überhaupt nur durch den Glauben an jede ihrer einzelnen Aussagen möglich ist, so kann keine Offenbarung, als solche, irgend einer Behauptung die Wahrheit versichern, die sich dieselbe nicht selbst versichern kann. An keine nur durch Offenbarung mögliche Belehrung ist also vernünftigerweise ein Glaube möglich; und jede Anforderung von dieser Art würde der Möglichkeit des Fürwahrhaltens, das bei einer Offenbarung statt hat, folglich dem Begriffe der Offenbarung an sich, widersprechen. Wir dürfen also das, was die Kritik uns von Seiten der sich selbst gelassenen theoretischen Vernunft vereitelte, einen Uebergang in die übersinnliche Welt, auch nicht von der Offenbarung erwarten; sondern wir müssen diese Hoffnung einer bestimmten Erkenntniss derselben für unsere gegenwärtige Natur ganz, und auf immer, und aus jeder Quelle aufgeben. *(

Oder können wir von einer Offenbarung vielleicht praktische Maximen, Moralvorschriften erwarten, die wir von dem Princip aller Moral, aus und durch unsere Vernunft nicht auch selbst ableiten konnten? Das Moralgesetz in uns ist die Stimme der reinen Vernunft, der Vernunft *in abstracto.* Vernunft kann sich nicht nur nicht widersprechen, sondern sie kann auch in verschiedenen Subjecten nichts verschiedenes aussagen, weil ihr Gebot die reinste Einheit ist, und also Verschiedenheit zugleich Widerspruch seyn würde. Wie die Vernunft zu *uns* redet, redet sie zu allen vernünftigen Wesen, redet sie zu Gott selbst. Er kann uns also weder ein anderes Princip, noch Vorschriften für besondere Fälle geben, die sich auf ein anderes Princip gründeten, denn Er selbst ist durch kein anderes bestimmt. Die besondere Regel, die durch Anwendung des Princips auf einen besonderen Fall entsteht, ist freilich nach den Fällen, in die das Subject seiner Natur nach kommen kann, verschieden, **) aber alle müssen sich durch eine und ebendieselbe Vernunft von einer und ebenderselben Vernunft ableiten lassen. Ein anderes ists, ob *in concreto* gegebene empirisch bestimmte Subjecte mit gleicher Richtigkeit und Leichtigkeit sie in besonderen Fällen ableiten werden, und ob sie dabei nicht einer fremden Hülfe bedürfen können, die es —

---

*) Zu Ablehnung übereilter Consequenzen und unstatthafter Anwendungen merken wir nochmals ausdrücklich an, dass hier nur von als *objectiv* gültig angekündigten Sätzen die Rede sey, und dass vieles, was als Erweiterung unserer Erkenntniss des Uebersinnlichen aussehe, versinnlichte Darstellung unmittelbarer, oder durch Anwendung dieser auf gewisse Erfahrungen entstandener Vernunftpostulate seyn könne; dass es mithin, wenn es erweislich das ist, durch dieses Kriterium nicht ausgeschlossen werde. Der Erweis davon gehört aber nicht hierher, sondern in die angewandte Kritik einer besonderen Offenbarung.

**) So ist es freilich eine richtige Regel: Fasse nie einen Entschluss in der Hitze des Affects; aber diese Regel, als empirisch bedingt, kann sogar nicht auf Menschen allgemeine Anwendung haben, denn es ist wohl möglich, und soll möglich seyn, sich von allen aufbrausenden Affecten gänzlich frei zu machen.

nicht für sie thue, und ihnen nun das Resultat auf ihre Autorität als richtig hingebe; dies würde, wenn die Regel auch
richtig abgeleitet wäre, doch nur Legalität und nicht Moralität
begründen; — sondern die sie bei ihrer eigenen Ableitung leite:
aber dazu bedarf es keiner Offenbarung, sondern das kann und
soll jeder weisere Mensch dem unweiseren leisten.

Es ist also weder moralisch noch theoretisch möglich, dass
eine Offenbarung uns Belehrungen gebe, auf die unsere Vernunft nicht ohne sie hätte kommen können und sollen; *und
keine Offenbarung kann für dergleichen Belehrungen Glauben
fordern;* denn einer Offenbarung um dieser einzigen Ursache
willen den göttlichen Ursprung gänzlich abläugnen, würde nicht
statthaben, da dergleichen vermeintliche Belehrungen, ob sie
gleich vom Gesetze der praktischen Vernunft sich nicht ableiten lassen, ihm dennoch auch nicht nothwendig widersprechen müssen.

Was kann sie aber denn enthalten, wenn sie nichts uns
unbekanntes enthalten soll? Ohne Zweifel eben das, worauf
uns die praktische Vernunft *a priori* leitet: ein Moralgesetz,
und die Postulate desselben.

In Absicht der durch eine Offenbarung möglichen Moral
ist schon oben die Unterscheidung gemacht worden, dass dieselbe Offenbarung uns entweder geradezu auf das Gesetz der
Vernunft in uns, als Gesetz Gottes, verweisen; oder, dass sie
sowohl das Princip derselben an sich, als in Anwendung auf
mögliche Fälle, unter göttlicher Autorität aufstellen könne.

Geschieht das erstere, so enthält eine solche Offenbarung
keine Moral, sondern unsere eigene Vernunft enthält die Moral derselben. Es ist also nur der zweite Fall, der hier in
Untersuchung kömmt. Die Offenbarung stellt theils das Princip aller Moral in Worte gebracht, theils besondere durch Anwendung desselben auf empirisch bedingte Fälle entstandene
Maximen als Gesetze Gottes auf. Dass das Princip der Moral
richtig angegeben, d. i. dem des Moralgesetzes in uns völlig
gemäss seyn müsse, und dass eine Religion, *deren Moralprincip diesem widerspricht, nicht von Gott seyn könne,* ist unmittelbar klar; so wie die Befugniss, dieses Princip als Gesetz

Gottes anzukündigen, schon zur Form einer Offenbarung gehört, und zugleich mit ihr deducirt ist. In Absicht der besonderen moralischen Vorschriften aber entsteht die Frage: soll
eine Offenbarung jede dieser besonderen Regeln von dem als
göttliches Gesetz angekündigten Moralprincip ableiten, oder
darf sie dieselben schlechthin, ohne weitern Beweis, auf die
göttliche Autorität gründen? — Wenn die göttliche Autorität
uns zu befehlen, nur bloss auf seine Heiligkeit gegründet ist,
welches schon die Form jeder Religion, die göttlich seyn soll,
erfordert, so ist Achtung für seinen Befehl, *weil* es sein Befehl
ist, auch in besonderen Fällen, nichts anderes, als Achtung für
das Moralgesetz selbst. Eine Offenbarung darf dergleichen Gebote folglich schlechthin als Befehle Gottes, ohne weitere Deduction vom Princip aufstellen. Eine andere Frage aber ists,
ob nicht jede dieser besonderen Vorschriften einer geoffenbarten Moral sich wenigstens hinterher vom Princip richtig deduciren lassen, und ob nicht jede Offenbarung am Ende uns
doch an dieses Princip verweisen müsse.

Da wir uns von der Möglichkeit des göttlichen Ursprungs
einer Offenbarung sowohl überhaupt, als jedes besonderen
Theils ihres Inhalts, nur durch die völlige Uebereinstimmung
desselben mit der praktischen Vernunft überzeugen können;
diese Ueberzeugung aber bei einer besonderen moralischen
Maxime nur durch ihre Ableitung vom Princip aller Moral möglich ist, so folgt daraus unmittelbar, dass jede in einer göttlichen Offenbarung als *moralisch* aufgestellte Maxime sich von
diesem Princip müsse ableiten lassen. Nun wird zwar eine
Maxime dadurch, dass sie sich nicht davon *ableiten* lässt, noch
nicht falsch, sondern es folgt daraus nur soviel, dass sie nicht
in das Feld der Moral gehöre; sie kann aber etwa in das Gebiet der Theorie gehören, politisch, technisch, praktisch, oder
dergl. seyn. So ist z. B. jener Ausspruch: Sollen wir böses
thun, dass gutes daraus komme? das sey ferne — allgemeines
moralisches Gebot, weil es sich vom Princip aller Moral deduciren lässt, und das Gegentheil ihm widersprechen würde: hingegen jene Maximen: So jemand mit dir rechten will um
deinen Rock, dem lass auch den Mantel, u. s. w., sind keine

Moralvorschriften, sondern nur in besonderen Fällen gültige Regeln der Politik, die als solche nicht länger gelten, als so lange sie mit keiner Moralvorschrift in Collision kommen, weil diesen alles untergeordnet werden muss. Wenn eine Offenbarung nun Regeln der letzteren Art enthält, so folgt daraus noch gar nicht, dass darum die ganze Offenbarung nicht göttlich sey, und ebensowenig, dass jene Regeln falsch seyen — das hängt von anderweitigen Beweisen aus den Principien, unter denen sie stehen, ab — sondern nur, dass diese Regeln nicht zum Inhalte einer geoffenbarten Religion, als solcher, gehören, sondern ihren Werth anderwärtsher ableiten müssen. Eine Offenbarung aber, die Maximen enthält, welche dem Princip aller Moral widersprechen, die z. B. frommen, oder nicht frommen Betrug, Unduldsamkeit gegen Andersdenkende, Verfolgungsgeist, die überhaupt andere Mittel zur Ausbreitung der Wahrheit, als Belehrung, autorisirt, ist sicher nicht von Gott, denn der Wille Gottes ist dem Moralgesetze gemäss, und was diesem widerspricht, kann er weder wollen, noch kann er zulassen, dass jemand es als seinen Willen ankündige, der ausserdem auf seinen Befehl handelt.

Da zweitens alle besondere Fälle, in denen Moralgesetze eintreten, durch einen endlichen Verstand unmöglich *a priori* vorherzusehen, noch durch einen unendlichen, der sie vorhersieht, endlichen Wesen mitzutheilen sind, folglich keine Offenbarung alle mögliche besondere Regeln der Moral enthalten kann: so muss sie uns doch noch zuletzt entweder an das Moralgesetz in uns, oder an ein von ihr als göttlich aufgestelltes allgemeines Princip desselben, welches mit jenem gleichlautend sey, verweisen. Dies gehört schon zur Form, und eine Offenbarung, die dies nicht thut, kommt mit ihrem eignen Begriffe nicht überein, und ist keine Offenbarung. Ob sie das erstere, oder das letztere, oder beides thun wolle, darüber ist *a priori* kein Gesetz der Vernunft vorhanden.

Das allgemeine Kriterium der Göttlichkeit einer Religion in Absicht ihres moralischen Inhalts, ist also folgendes: *Nur diejenige Offenbarung, welche ein Princip der Moral, welches mit dem Princip der praktischen Vernunft übereinkommt, und*

lauter solche moralische Maximen aufstellt, welche sich davon
ableiten lassen, kann von Gott seyn.

Der zweite Theil des möglichen Inhalts einer Religion sind
jene Sätze, welche als Postulate der Vernunft gewiss sind, und
welche die Möglichkeit des Endzwecks des Moralgesetzes in
sinnlich bedingbaren Wesen voraussetzt, welche also durch
unsere Willensbestimmung zugleich mit gegeben, und durch
welche hinwiederum gegenseitig unsere Willensbestimmung
erleichtert wird. Diesen Theil des Inhalts einer Religion nennt
man *Dogmatik*, und kann ihn ferner so nennen, wenn man
dabei nur auf die Materie desselben, und nicht auf die
Beweisart sieht, und sich nicht durch diese Benennung berechtigt glaubt zu *dogmatisiren,* d. i. diese Sätze als objectiv gültig
darzustellen. Dass eine Offenbarung uns über dieselben nichts
weiter lehren könne, als was aus den Principien der reinen
Vernunft folgt, ist schon oben erwiesen. Hier ist also bloss
noch die Frage zu erörtern: worauf kann eine Offenbarung
unsern Glauben an diese Wahrheiten gründen? Es sind nach
obigen Erörterungen noch folgende zwei Fälle möglich: Entweder die Offenbarung leitet sie von dem Moralgesetze in uns,
das sie als Gesetz Gottes aufstellt, ab, und giebt sie uns dadurch nur unmittelbar als Zusicherungen Gottes; oder sie stellt
sie unmittelbar als Entschliessungen der Gottheit, entweder
schlechthin als solche, oder als Entschliessungen seines durch
das Moralgesetz bestimmten Wesens auf, ohne sie noch besonders von diesem Gesetze abzuleiten. Die erste Art der Begründung unseres Glaubens ist dem Verfahren der Vernunft-
und Naturreligion ganz gemäss, und die Rechtmässigkeit desselben ist mithin ausser Zweifel. Bei der zweiten entstehen
folgende zwei Fragen: Thut es unserer Freiheit, und also unserer Moralität nicht Abbruch, wenn wir die bloss postulirten
Verheissungen des Moralgesetzes als Verheissungen eines unendlichen Wesens ansehen; und — müssen alle diese Zusicherungen sich nicht wenigstens hinterher vom Endzwecke
des Moralgesetzes ableiten lassen? Was die erste anbelangt,
so ist sogleich klar, dass, wenn eine Offenbarung uns Gott nur
als den Alleinheiligen, als den genauesten Abdruck des Moral-

gesetzes dargestellt hat, wie jede Offenbarung das soll, aller
Glaube an Gott Glaube an das *in concreto* dargestellte Moralgesetz ist. In Absicht des zweiten aber sind, wenn eine gewisse Lehre nicht vom Endzwecke des Moralgesetzes abzuleiten ist, wieder zwei Fälle möglich: entweder, sie lässt *sich
bloss nicht ableiten,* oder sie *widerspricht* demselben.

Widersprechen gewisse dogmatische Behauptungen dem
Endzwecke des Moralgesetzes, so widersprechen sie dem Begriffe von Gott, und dem Begriffe aller Religion; *und eine Offenbarung, die dergleichen enthält, kann nicht von Gott seyn.*
Gott kann zu dergleichen Behauptungen nicht nur nicht berechtigen, sondern er kann sie, bei einem Zwecke, der der
seinige ist, auch nicht einmal zulassen, weil sie seinem Zwecke
widersprechen. Lassen sich aber einige nur nicht davon ableiten, ohne ihnen gerade zu widersprechen, so ist daraus noch
nicht zu schliessen, dass die ganze Offenbarung nicht von
Gott seyn könne; denn Gott bedient sich des Dienstes von
Menschen, welche irren, welche sich selbst ein Hirngespinnst
erdichten können, um es, vielleicht in wohlmeinender Absicht, neben göttliche Belehrungen zu stellen, und nach ihrer
Meinung noch mehr Gutes zu stiften; und es ist ihm nicht
anständig ihre Freiheit einzuschränken, wenn sie nur nicht
einen seinem Zwecke geradezu entgegenstehenden Gebrauch
davon machen wollen: aber das folgt sicher, *dass alles von
dieser Art nicht Bestandtheil einer göttlichen Offenbarung,
sondern menschlicher Zusatz ist,* von welchem wir keine weitere Notiz zu nehmen haben, als insofern sein Werth aus anderen Gründen erhellet. Dergleichen Sätze können, da sie
einer moralischen Absicht ganz unfähig sind, meist nur theoretische Aufschlüsse versprechen: und wenn sie von übernatürlichen Dingen reden, werden sie meistens sich gar nicht
denken lassen, weil sie nicht unter den Bedingungen der Kategorien stehen können. Stünden sie, als objective Behauptungen, darunter, so würden sie sich nicht bloss nicht ableiten
lassen, sondern sie würden dem Moralgesetze sogar widersprechen, wie im folgenden §. dargethan werden wird.

Eine Offenbarung kann endlich gewisse, mit grösserer

oder geringerer Feierlichkeit verbundene, in Gesellschaft oder
für sich allein zu gebrauchende Aufmunterungs- und Beförderungsmittel zur Tugend vorschlagen. Da alle Religion Gott
nur als moralischen Gesetzgeber darstellt, so ist alles, was
nicht Gebot des Moralgesetzes in uns ist, auch nicht das seinige, und es ist kein Mittel ihm zu gefallen, als durch Beobachtung desselben: diese Beförderungsmittel der Tugend müssen
sich also nicht in die Tugend selbst, diese *Anempfehlungen*
derselben müssen sich nicht in *Gebote,* die uns eine Pflicht
auflegen, verwandeln, es muss nicht zweideutig gelassen werden, ob man etwa auch durch den Gebrauch dieser Mittel,
oder vielleicht *nur durch ihn,* sich den Beifall der Gottheit erwerben könne, sondern ihr Verhältniss zu dem wirklichen
Moralgesetze muss genau bestimmt werden. — Wenn ein weises Wesen den Zweck will, will es auch die Mittel, könnte
man sagen; aber es will sie nur, inwiefern sie wirklich Mittel
sind und werden, und, — da dieses in der Sinnenwelt anzu-
wendende Mittel sind, und wir mithin hier in den Bezirk des
Naturbegriffs kommen, — es kann sie nur wollen, inwiefern
sie in unserer Macht stehen. Es ist z. B. sehr wahr, und jeder
Beter erfährts, dass das Gebet, es sey nun anbetende Betrachtung Gottes, oder Bitte oder Dank, unsere Sinnlichkeit kräftig
verstummen macht, und unser Herz mächtig zum Gefühl, und
zur Liebe unserer Pflichten emporhebt. Aber, wie können wir
den kalten, keines Enthusiasmus fähigen Mann — und es ist
sehr möglich, dass es deren gebe — verbinden, seine Betrachtung bis zur Anbetung emporzuschwingen, und zu begeistern;
wie können wir ihn nöthigen, Ideen der Vernunft durch ihre
Darstellung vermittelst der Einbildungskraft zu beleben, wenn
subjective Ursachen ihn dieser Fähigkeit beraubten, da dieselbe
eine empirische Bestimmung ist; wie können wir ihn nöthigen,
irgend ein Bedürfniss so stark zu fühlen, so innig zu begehren,
dass er sich vergesse, dasselbe einem übernatürlichen Wesen
mitzutheilen, von dem er kalt denkend erkennt, dass ers ohne
ihn weiss, und dass ers ohne ihn geben wird, wenn ers
verdient und haben muss, und sein Bedürfniss keine Einbil-
dung ist? — Dergleichen Beförderungsmittel sind also nur dar-

zustellen als das, was sie sind, und nicht den durch das
Moralgesetz unbedingt gebotenen Handlungen gleichzusetzen;
sie sind nicht schlechthin zu gebieten, sondern dem, den sein
Bedürfniss zu ihnen treibt, bloss anzuempfehlen; sie sind weniger Befehl, als Erlaubniss. *Jede Offenbarung, die sie den
Moralgesetzen gleichsetzt, ist sicher nicht von Gott;* denn es
widerspricht dem Moralgesetze, irgend etwas in gleichen Rang
mit seinen Anforderungen zu setzen.

Welche Wirkungen aber auf unsere moralische Natur darf
eine Offenbarung von dergleichen Mitteln versprechen, bloss
natürliche, oder übernatürliche, d. i. solche, die nach den Gesetzen der Natur mit ihnen, als Wirkungen mit ihren Ursachen,
nicht nothwendig verbunden sind, sondern bei Gelegenheit des
Gebrauchs dieser Mittel, durch eine übernatürliche Ursache
ausser uns, gewirkt werden? Lasst uns einen Augenblick das
letztere annehmen, dass nemlich unser Wille durch eine übernatürliche Ursache ausser uns *dem Moralgesetze gemäss* bestimmt werde. Nun aber ist keine Bestimmung, die nicht
durch und mit Freiheit geschieht, dem Moralgesetze gemäss,
folglich widerspricht diese Annahme sich selbst, und jede durch
eine solche Bestimmung erfolgte Handlung wäre nicht moralisch;
könnte folglich weder das geringste Verdienst haben, noch auf
irgend eine Art eine Quelle von Achtung und Glückseligkeit
für uns werden; wir wären in diesem Falle Maschinen, und
nicht moralische Wesen, und eine dadurch hervorgebrachte
Handlung wäre in der Reihe unserer moralischen schlechterdings Null. — Wenn man aber dies auch zugeben müsste, wie
man es denn muss, so könnte man noch weiter sagen: eine
solche Bestimmung sollte, bei Gelegenheit des Gebrauchs jener
Mittel in uns hervorgebracht werden, nicht, um *unsere* Moralität zu erhöhen, welches freilich nicht möglich wäre, sondern
um durch die in uns übernatürlich hervorgebrachte Wirkung
eine Reihe in der Sinnenwelt hervorzubringen, die für die
Bestimmung *anderer* moralischen Wesen, nach Gesetzen der
Natur, Mittel würde, und wobei *wir* freilich blosse Maschinen
wären: dass aber Gott sich vielmehr unserer, als anderer, dazu
bediene, hange von der Bedingung des Gebrauchs jenes Mittels

ab. — Jetzt ununtersucht, was denn das für einen Werth für
uns haben könne, ob eben *wir* als Maschinen, oder ob andere Maschinen zur Beförderung des Guten gebracht würden;
kann auch in dieser Absicht keine Offenbarung allgemeingül-
tige Verheissungen von dieser Art geben, denn wenn jeder
die Bedingung derselben erfüllte, jeder dadurch eine fremde,
übernatürliche Causalität in sich veranlasste, so würden dadurch nicht nur alle Gesetze der Natur ausser uns, sondern
auch alle Moralität in uns aufgehoben. — Wir dürfen aber
nicht schlechthin läugnen, dass nicht in besonderen Fällen dergleichen Wirkungen in dem Plane der Gottheit gewesen seyn
könnten, ohne das Princip der Offenbarung überhaupt zu läugnen; wir dürfen ebensowenig läugnen, dass nicht einige dieser
Wirkungen an Bedingungen von Seiten der Werkzeuge könnten gebunden gewesen seyn, weil wir das nicht wissen können;
aber wenn in einer Offenbarung Erzählungen davon, Vorschriften und Verheissungen hierüber vorkommen, so gehören diese
zur äusseren Form der Offenbarung, und nicht zum allgemeinen Inhalte derselben. Bestimmung durch übernatürliche Ursachen ausser uns hebt die Moralität auf; *jede Religion also,
die unter irgend einer Bedingung dergleichen Bestimmungen
verspricht, widerspricht dem Moralgesetze, und ist folglich
sicher nicht von Gott.*

Es bleibt also der Offenbarung von dergleichen Mitteln
nichts übrig zu versprechen, als natürliche Wirkungen. — So
wie wir von Beförderungsmitteln der Tugend reden, sind wir
im Gebiete des Naturbegriffes. Das Mittel ist in der sinnlichen
Natur; das was dadurch bestimmt werden soll, ist die sinnliche Natur in uns; unsere unedlen Neigungen sollen geschwächt
und unterdrückt, unsere edleren sollen gestärkt und erhöht
werden; die moralische Bestimmung des Willens soll dadurch
nicht geschehen, sondern nur erleichtert werden. Alles also
muss nothwendig wie Ursache und Wirkung zusammenhängen,
und dieser Zusammenhang muss sich klar einsehen lassen. —
Es wird aber hierdurch nicht behauptet, dass die Offenbarung
in Anspruch genommen werden könne, diesen Zusammenhang
zu zeigen. Der Zweck der Offenbarung ist praktisch, eine

solche Deduction aber theoretisch, und kann demnach dem
eigenen Nachdenken eines jeden überlassen werden. Jene
kann sich begnügen, diese Mittel, bloss als von Gott anempfoh-
len, aufzustellen. Nur muss sich dieser Zusammenbang hinterher zeigen lassen; denn Gott, der unsere sinnliche Natur kennt,
kann ihr keine Mittel der Besserung anpreisen, die den Gesetzen derselben nicht gemäss sind. Jede Offenbarung also,
welche Mittel zur Beförderung der Tugend vorschlägt, von denen man nicht zeigen kann, wie sie natürlich dazu beitragen
können, ist, wenigstens *inwiefern sie dies thut*, nicht von Gott.
— Wir dürfen hier die Einschränkung hinzusetzen: denn wenn
solche Mittel nur nicht zu Pflichten gemacht werden; wenn
nur nicht übernatürliche Wirkungen von ihnen versprochen
werden: so ist ihre Anempfehlung nicht der Moral widersprechend, sie ist bloss leer und unnütz.*)

§. 12.

Kriterien der Göttlichkeit einer Offenbarung in Absicht der möglichen Darstellung dieses Inhalts.

Da die Offenbarung überhaupt schon ihrer Form nach für
das Bedürfniss der Sinnlichkeit da ist, so ist es sehr wahrscheinlich, dass sie sich auch in ihrer Darstellung zu derselben herablassen werde, wenn gezeigt werden sollte, dass die
Sinnlichkeit hierüber besondere Bedürfnisse habe. Doch ist
diese Darstellung so wenig das Wesentliche und Charakteristische einer Offenbarung, dass wir sogar, wie oben gezeigt
worden ist, *a priori* nicht einmal fordern können, dass sie
einen Inhalt habe, oder überhaupt irgend etwas mehr thue, als
dass sie Gott für den Urheber des Moralgesetzes ankündige.

---

*) Es folgt aber gar nicht, dass, weil ein gewisses Mittel für ein Subject,
oder auch für die meisten von keinem Nutzen sey, es darum für niemanden einigen Nutzen haben könne; und man ist in den neueren Zeiten in
Verwerfung vieler ascetischen Uebungen aus Hass gegen den in den älteren
damit getriebenen Misbrauch, zu weit gegangen, wie mirs scheint. Dass
es überhaupt gut und nützlich sey, seine Sinnlichkeit auch zuweilen da, wo
kein ausdrückliches Gesetz redet, zu unterdrücken, bloss um sie zu schwächen und immer freier zu werden, weiss jeder, der an sich gearbeitet hat.

Die Sinnlichkeit überhaupt ist, wegen des Widerstrebens der Neigung, nur zu bereit, die Erfüllung des Moralgesetzes für unmöglich zu halten, und das Gebot nicht, als für *sich* gegeben, anzuerkennen. Nun giebt zwar die Offenbarung dies Gesetz ausdrücklich an die Sinnlichkeit; aber doch redet in dem sinnlichen Menschen noch immer die Stimme der Pflicht, durch das Schreien der Begierde geschwächt, und durch die falschen Begriffe, die jene in Menge liefert, gedämpft, nur leise, wenn sie über seine eigenen Handlungen sprechen soll — wenn sie im eigentlichen Verstande *gebietend* ist. Aber auch der rohsinnlichste Mensch hört sie, wenn von Beurtheilung einer Handlung die Rede ist, bei welcher seine Neigung von keiner Seite mit ins Spiel gezogen wird. Und lernt er sie nur dadurch in sich unterscheiden, wird sie nur ·dadurch aus ihrer Unthätigkeit gezogen, und er mit ihr bekannter und vertrauter, so wird er endlich doch anfangen, auch an *sich* zu hassen, was er an anderen verabscheuet, und sich selbst so zu wünschen, wie er andere fordert. — Der Widersinn, alles um sich her gerecht haben, und nur allein ungerecht seyn zu wollen, ist zu auffallend, als dass irgend ein Mensch sich ihn gern gestehen wolle. Bringe man ihn dahin, dass, im Falle er ungerecht ist, er sich ihn gestehen müsse! Wie kann dieser Zweck erreicht werden? Durch Aufstellung moralischer Beispiele. Die Offenbarung kann also ihre Moral in Erzählungen einkleiden, und sie entspricht dem Bedürfniss des Menschen nur um so besser, wenn sie es thut. Sie kann ungerechte Handlungen zur Verachtung, gerechte, besonders mit grossen Aufopferungen und Anstrengungen durchgesetzte, zur Bewunderung und Nachahmung aufstellen. Ueber die Befugniss einer Offenbarung, ihre Sittenlehre so vorzutragen, kann keine Frage entstehen: und dass die von ihr als mustermässig aufgestellten Handlungen rein moralisch seyn müssen; dass sie nicht etwa zweideutige, oder wohl gar offenbar schlechte Handlungen als gute rühmen, und Leute, die dergleichen verrichtet haben, als Muster anpreisen dürfe, folgt aus dem Zwecke der Offenbarung. *Jede Offenbarung, die dieses thut, widerspricht dem*

9 *

Moralgesetze und dem Begriffe von Gott, und kann folglich nicht göttlichen Ursprungs seyn.

Eine Offenbarung hat die Vernunftideen, Freiheit, Gott, Unsterblichkeit darzustellen. — Dass der Mensch frei sey, lehrt jeden unmittelbar sein Selbstbewusstseyn; und er zweifelt um so weniger daran, je weniger er durch Vernünfteln sein natürliches Gefühl verfälscht hat. Die Möglichkeit aller Religion und aller Offenbarung setzt die Freiheit voraus. Die Darstellung dieser Idee für die sinnlich bedingte Vernunft ist also kein Geschäft für eine Offenbarung: und mit Auflösung der dialektischen Scheingründe dagegen hat keine Offenbarung es zu thun, als welche nicht vernünftelt, sondern gebietet, und sich nicht an vernünftelnde, sondern sinnliche Subjecte richtet. — Aber dagegen ist die Idee von Gott es desto mehr. Unter die Bedingungen der reinen Sinnlichkeit, Zeit und Raum, Gott sich zu denken, wenn er sich ihn denken will, ist jeder gedrungen, der Mensch ist. Wir mögen noch so sehr überzeugt seyn, noch so scharf erweisen können, dass sie auf ihn nicht passen, so überrascht uns doch dieser Fehler, indem wir ihn noch rügen. Wir wollen jetzt uns Gott als uns gegenwärtig denken, und wir könnens nicht verhindern, ihn an den Ort hinzudenken, wo wir sind: wir wollen jetzt Gott als den Vorherseher unserer künftigen Schicksale, unserer freien Entschliessungen denken, und wir denken ihn als in der Zeit, in der er jetzt ist, blickend in eine Zeit, in der er noch nicht ist. Solchen Vorstellungen muss die Darstellung einer Religion sich anpassen; denn sie redet mit Menschen, und kann keine andere, als der Menschen Sprache reden. — Aber die empirische Sinnlichkeit bedarf noch mehr. Der innere Sinn, das empirische Selbstbewusstseyn steht unter der Bedingung, ein Mannigfaltiges nach und nach, und allmählig aufzunehmen, und zu einander hinzuzusetzen; nichts aufnehmen zu können, was sich nicht von den vorherigen unterscheidet, also nur Veränderungen bemerken zu können. Seine Welt ist eine unaufhörliche Kette von Modificationen. Unter dieser Bedingung will er sich auch das Selbstbewusstseyn Gottes denken. — Er bedarf z. B. jetzt eines Zeugen der Reinigkeit seiner Gesinnun-

gen bei einer gewissen Entschliessung. Gott hat **bemerkt,** so
denkt er sichs, was in meiner Seele vorging. — Er ist jetzt
beschämt über eine unmoralische Handlung: sein Gewissen
erinnert ihn an die Heiligkeit des Gesetzgebers. Er hat sie,
er hat das ganze Verderben, das sich darin zeigt, **entdeckt,**
denkt er. Aber er bemerkt auch die Reue, die ich jetzt darüber empfinde, fährt er fort. — Er entschliesst sich jetzt recht
stark, hinführo aufmerksam an seiner Heiligung zu arbeiten.
Er fühlt, dass ihm die Kräfte dazu fehlen. Er ringt mit sich,
und zu schwach im Kampfe, sieht er sich nach fremder Hülfe
um, und betet zu Gott. Gott wird auf mein flehentliches, anhaltendes Bitten sich **entschliessen** mir beizustehen, denkt er;
— und denkt sich in allen diesen Fällen Gott als durch ihn
modificirbar. — Er denkt sich in Gott Affecte und Leidenschaften, damit er Theil nehmen könne an den seinigen; —
Mitleid, Bedauren, Erbarmen, Liebe, Vergnügen u. dgl. — Die
höchste oder tiefste Stufe der Sinnlichkeit, die alles unter die
empirischen Bedingungen des äusseren Sinnes setzt, verlangt
noch mehr. Sie will einen körperlichen Gott, der ihre Handlungen im eigentlichen Verstande **sieht**, ihre Worte **hört,** mit
dem sie reden könne, wie ein Freund mit seinem Freunde.
Ob eine Offenbarung sich zu diesen Bedürfnissen herablassen
könne, ist keine Frage: ob sie aber dürfe, und inwieweit sie
dürfe, muss eine Kritik der Offenbarung beantworten.

   Der Zweck aller dieser Belehrungen ist kein anderer, als
Beförderung reiner Moralität, und der versinnlichenden Darstellung derselben, insbesondere Beförderung reiner Moralität
in dem sinnlichen Menschen. Insofern nur diese Versinnlichung mit diesem Zwecke übereinkommt, kann die Offenbarung
göttlich seyn: wenn sie ihm aber widerspricht, ist sie gewiss
nicht göttlich.

   Die Versinnlichung des Begriffs von Gott kann den moralischen Eigenschaften Gottes, und mithin aller Moralität auf
zweierlei Art widersprechen: nemlich theils **unmittelbar,** wenn
Gott mit Leidenschaften dargestellt wird, die geradezu gegen
das Moralgesetz sind, wenn ihm z. B. Zorn und Rache aus
Eigenwillen, Vorliebe oder Vorhass, welche sich auf etwas

anderes als auf die Moralität der Objecte dieser Leidenschaften gründen, zugeschrieben wird. Ein solcher Gott würde
kein Muster unserer Nachahmung, und kein Wesen seyn, für
welches wir Achtung haben könnten, sondern ein Gegenstand
einer ängstlichen, zur Verzweiflung bringenden Furcht. Jedoch
widerspricht dieses schon der Form aller Offenbarung, welche
einen *heiligen* Gott als Gesetzgeber verlangt. Es würde aber
dem moralischen Begriffe von Gott gar nicht widersprechen,
wenn ihm z. B. lebhafter Unwille über das unmoralische Verhalten endlicher Wesen zugeschrieben würde; denn das ist
bloss sinnliche Darstellung einer nothwendigen Wirkung der
Heiligkeit Gottes, die wir, wie sie an sich in Gott ist, gar nicht
erkennen können; und wenn in einer Sprache, die zu den
feineren Modificationen der Affecte keine bestimmten Worte
hätte, dieser Unwille auch Zorn genannt würde, so widerspricht
auch dies, im Geiste der Menschen, die diese Sprache redeten, verstanden, dem Begriffe von Gott nicht. *Mittelbar* würde
jede sinnliche Darstellung von Gott der Moralität widersprechen, wenn sie als *objectiv gültig,* und nicht als blosse Herablassung zu unserm *subjectiven Bedürfniss* vorgestellt würde.
Denn alles, was vom Objecte an sich gilt, daraus kann ich
Schlüsse ziehen, und das Object dadurch weiter bestimmen.
Leiten wir aber aus irgend einer sinnlichen Bedingung Gottes,
als objectiv gültig, Schlüsse ab, so verwickeln wir uns mit
jedem Schritte tiefer in Widersprüche gegen seine moralischen
Eigenschaften. Sieht z. B. und hört Gott wirklich, so muss er
auch durch diese Sinne des Vergnügens theilhaftig seyn; so
ist es sehr möglich, dass wir ihm ein sinnliches Vergnügen
machen können, dass der Geruch der Brandopfer und Speis-
opfer ihm wirklich gefallen kann*), und wir haben folglich

---

*) Dass die Juden älterer Zeiten wirklich so schlossen, bezeugen die
Vorstellungen der Propheten gegen diesen Irrthum; dass sie in neueren
Zeiten nicht klüger sind, beweisen die lächerlich kindischen Vorstellungen
von Gott, die ihr Talmud enthält: ob durch Schuld ihrer Religion, oder ihre
eigene, bleibt hier ununtersucht. — Woher aber kömmt bei manchen Christen
mittlerer und neuerer Zeiten sogar der Wahn, dass gewisse Anrufungen, z. B.
Kyrie Eleison, Vater unseres Herrn Jesu Christi, und dergl. ihm besser gefallen, als andere?

Mittel ihm durch etwas anderes, als durch Moralität gefällig zu werden. Können wir Gott wirklich durch unsere Empfindungen bestimmen, ihn zum Mitleiden, zum Erbarmen, zur Freude bewegen, so ist er nicht der Unveränderliche, der Alleingenugsame, der Alleinselige, so ist er noch durch etwas anderes, als durch das Moralgesetz bestimmbar; so können wir auch wohl hoffen, ihn durch Winseln und Zerknirschung zu bewegen, dass er anders mit uns verfahre, als der Grad unserer Moralität es verdient hätte. Alle diese sinnlichen Darstellungen göttlicher Eigenschaften müssen also nicht als objectiv gültig angekündigt werden; es muss nicht zweideutig gelassen werden, ob Gott *an sich* so beschaffen sey, oder ob er uns nur zum Behuf unseres sinnlichen Bedürfnisses erlauben wolle, ihn so zu denken. — Ausser dieser Bedingung aber können wir keiner Offenbarung *a priori* Gesetze vorschreiben, wie weit sie mit der Versinnlichung des Begriffes von Gott gehen dürfe: sondern dies hängt gänzlich von dem empirisch gegebenen Bedürfnisse des Zeitalters ab, für welches sie zunächst bestimmt ist. Wenn z. B. irgend eine Offenbarung, um von einer Seite allen Bedürfnissen der rohesten Sinnlichkeit Genüge zu thun, und von der anderen Seite dem Begriffe von Gott seine völlige Reinheit zu sichern, uns irgend ein ganz sinnlich bedingtes Wesen, als einen Abdruck der moralischen Eigenschaften Gottes, insofern sie Beziehungen auf Menschen haben, eine verkörperte praktische Vernunft (λόγον) gleichsam als einen Gott der Menschen, darstellte: so wäre dies noch gar kein Grund, so einer Offenbarung überhaupt, oder auch nur dieser Darstellung derselben den göttlichen Ursprung abzusprechen; wenn nur dieses Wesen so vorgestellt wäre, dass es jener Absicht entsprechen könnte, und wenn nur diese Stellvertretung nicht als objectiv gültig behauptet, sondern bloss als Herablassung zur Sinnlichkeit, die derselben bedürfen könnte,*) vorgestellt, und, was daraus nothwendig folgt, jedem völlig freigestellt würde, sich dieser Vorstellung zu bedienen,

---

*) Wer mich siehet, siehet den Vater, — sagte Jesus nicht eher, bis Philippus von ihm verlangte, ihm den Vater zu zeigen.

oder nicht, jenachdem er es für sich moralisch nützlich fände. *Nur eine solche Offenbarung also kann göttlichen Ursprungs seyn, die einen anthropomorphosirten Gott nicht als objectiv, sondern bloss für subjectiv gültig giebt.*

Der Begriff der Unsterblichkeit der Seele gründet sich auf eine Abstraction, die die Sinnlichkeit, besonders der tiefste Grad der Sinnlichkeit, nicht macht. Seiner Persönlichkeit ist jeder unmittelbar durch das Selbstbewusstseyn sicher; das: Ich bin — bin selbstständiges Wesen, lässt er sich durch keine Vernünfteleien rauben. Aber welche von diesen Bestimmungen dieses seines Ich reine, oder empirische, welche für und durch den inneren oder äusseren Sinn, oder welche durch die reine Vernunft gegeben, welche wesentlich, und welche nur zufällig seyen, und nur von seiner gegenwärtigen Lage abhängen, sondert er nicht ab, und ist nicht fähig es zu thun. Er wird vielleicht nie auf den Begriff einer Seele, als eines reinen Geistes kommen; und giebt man ihm auch denselben, so wird man ihm oft nichts als ein Wort geben, das für ihn ohne Bedeutung ist. Er kann also Fortdauer seines Ich sich nicht anders denken, als unter der Gestalt der Fortdauer desselben mit allen seinen gegenwärtigen Bestimmungen. Wenn eine Offenbarung sich zu dieser Schwachheit herablassen will, — und sie wird es fast müssen, um verständlich zu werden, — so wird sie ihm jene Idee in die Gestalt kleiden, in der er allein fähig ist, sie zu denken, in die der Fortdauer alles dessen, was er gegenwärtig zu seinem Ich rechnet; und, da er den einstigen Untergang eines Theiles desselben offenbar vorhersieht, der Wiederauferstehung*); und die Hervorbringung

---

*) Dass z. B. Jesus sich Unsterblichkeit gedacht habe, wenn er von Auferstehung redete, und dass beide Begriffe damals für völlig gleich gegolten, erhellet, ausser seinen Reden beim Johannes über diesen Gegenstand, wo er die ununterbrochene Fortdauer seiner Anhänger in einigen Aussprüchen ganz rein ohne das Bild der Auferstehung, doch ohne sich auf den Unterschied zwischen Seele und Körper, und auf die vom körperlichen Tode mögliche Einwendung einzulassen, vorträgt; unter anderen ganz offenbar aus jenem Beweise κατ᾿ ἄνθρωπον gegen die Sadducäer. Der angezogene Ausspruch Gottes konnte, alles übrige als richtig zugestanden, nichts weiter

der völligen Congruenz zwischen Moralität und Glückseligkeit
in das Bild eines allgemeinen Verhörs und Gerichtstages, und
einer Austheilung von Strafen und Belohnungen. — Aber sie
darf diese Bilder nicht als objective Wahrheiten aufstellen. —

(Es ist zwar nicht zu zeigen, dass, wenn man auch diese
sinnlichen Darstellungen als objectiv gültig annähme, geradezu
Widersprüche gegen die Moral daraus folgen würden, wie sie
aus einer objectiven Anthropomorphose Gottes folgeten. Die
Ursache davon ist folgende. Gott ist ganz übersinnlich: der
Begriff von ihm entspringt rein und lediglich aus der reinen
Vernunft *a priori;* man kann ihn nicht verfälschen, ohne zu-
gleich die Principien dieser zu verfälschen.

Der Begriff der Unsterblichkeit ist aber nicht rein von ihr
abgeleitet, sondern setzt eine mögliche Erfahrung, dass es nemlich endliche vernünftige Wesen gebe, voraus, deren Wirklichkeit unmittelbar durch die reine Vernunft nicht gegeben ist.
Eine sinnliche Vorstellung der Unsterblichkeit könnte also ihre
objective Gültigkeit entweder aus der *Endlichkeit* der moralischen Wesen, oder aus ihrer *moralischen Natur* herzuleiten
Anspruch machen. Geschähe das erstere, so würde dies den
Principien der Moral nicht widersprechen, weil ein solcher
Beweis müsste aus theoretischen Principien geführt werden,
welche jenen nicht begegnen. — Geschähe das letztere, so
müsste der Beweis aus Eigenschaften geführt werden, welche
allen moralischen Naturen gemein wären, folglich auch Gotte:
Gott selbst würde also dadurch an die Gesetze der Sinnlichkeit
gebunden, woraus alle mögliche Widersprüche gegen die Moral
folgen würden. Es widerspricht der Moral zwar nicht, dass *ich,*
Mensch mit einem irdenen Körper, gar nicht anders fortdauern

---

als die fortdauernde Existenz Abrahams, Isaaks und Jacobs, zur Zeit Moses,
aber keine eigentliche Auferstehung des Fleisches beweisen. Dass auch die
Sadducäer es so verstanden, und nicht bloss die körperliche Auferstehung,
sondern Unsterblichkeit überhaupt, läugneten, folgt daraus, weil sie sich mit
diesem Beweise Jesu befriedigten.

Die Widersprüche, die aus einer zu groben Vorstellung dieser Lehre
folgen, nöthigten schon Paulus, sie etwas näher zu bestimmen.

könne, als mit einem solchen Körper, und zwar mit eben dem
Körper, den ich hier habe; dass dieser Körper, etwa um einer
in seiner Natur liegenden Ursache willen, erst eine Zeitlang
verwesen müsse, und dann erst wieder mit meiner Seele verbunden werden könne u. s. w. Aber es würde ihr widersprechen, zu sagen, dass Gott an diese Bedingung gebunden
sey, weil seine Natur dann durch etwas anderes bestimmt
würde, als durch das Moralgesetz. Da dieser Punct bei Behauptung einer objectiven Gültigkeit des Begriffes der Auferstehung sehr wohl unentschieden gelassen werden kann, so
folgt auch aus dieser Behauptung an sich nichts gegen die
Moral.

Aber eine solche objective Behauptung lässt sich durch
nichts rechtfertigen und beweisen. Nicht durch göttliche Autorität: denn eine Offenbarung gründet sich nur auf die Autorität Gottes, als des heiligen: aus seiner moralischen Natur
aber lässt sich eine solche Bedingung unserer Unsterblichkeit
nicht ableiten, weil sie sonst auch unmittelbar aus der reinen
Vernunft *a priori* sich müsste ableiten lassen. Mit theoretischen Beweisen hat eine Offenbarung es überhaupt nicht zu
thun, und sobald sie sich auf diese einlässt, ist sie nicht mehr
Religion, sondern Physik, — darf nicht mehr Glauben fordern,
sondern muss Ueberzeugung erzwingen; und diese gilt dann
nicht weiter, als die Beweise gehen. Für Auferstehung aber
ist kein theoretischer Beweis möglich, weil in diesem Begriffe
von etwas Sinnlichem auf ein Ueberirdisches geschlossen werden soll. — *Zusatz der ersten Ausgabe.)*

Nur eine solche Offenbarung also kann göttlich seyn,
welche eine versinnlichte Darstellung unserer Unsterblichkeit,
und des moralischen Gerichts Gottes über endliche Wesen,
nicht als objectiv, sondern nur als subjectiv (nemlich nicht für
Menschen überhaupt, sondern nur für diejenigen sinnlichen
Menschen, die einer solchen Darstellung bedürfen) gültig giebt.
Thut sie das erstere, so ist ihr zwar darum noch nicht die
Möglichkeit eines göttlichen Ursprunges überhaupt abzusprechen, denn eine solche Behauptung *widerspricht* der Moral
nicht, sie ist bloss *nicht* von ihren Principien *abzuleiten; aber*

*sie ist, wenigstens in Rücksicht dieser Behauptung, nicht
göttlich.*

Ob eine Offenbarung ihren versinnlichenden Vorstellungen reiner Vernunftideen objective, oder bloss subjective Gültigkeit beilege, ist, wenn sie es auch nicht ausdrücklich erinnert, welches jedoch zur Vermeidung alles möglichen Misverständnisses zu wünschen ist, daraus zu ersehen, ob sie auf dieselben Schlüsse bauet oder nicht. Thut sie das erstere, so ist offenbar, dass sie ihnen objective Gültigkeit beilegt.

Da endlich die empirische Sinnlichkeit sich, ihren besonderen Modificationen nach, bei verschiedenen Völkern, und in verschiedenen Zeitaltern verändert, und unter der Zucht einer guten Offenbarung sich immer mehr verringern soll; so ist es Kriterium, zwar nicht der Göttlichkeit einer Offenbarung, aber doch ihrer möglichen Bestimmung für viele Völker und Zeiten, wenn die Körper, in die sie den Geist kleidet, nicht zu fest, und zu haltbar, sondern von einem leichten Umrisse, und dem Geiste verschiedener Völker und Zeiten ohne Mühe anzupassen sind. — Eben dies gilt von den Aufmunterungs- und Beförderungsmitteln zur Moralität, die eine Offenbarung empfiehlt. Unter der Leitung einer weisen Offenbarung, die in weisen Händen ist, sollten die ersteren und letzteren immer mehr von ihrer Beimischung grober Sinnlichkeit ablegen, weil sie immer entbehrlicher werden sollte.

§. 13.
Systematische Ordnung dieser Kriterien.

Die jetzt aufgestellten Kriterien sind Bedingungen der Möglichkeit, unseren Begriff *a priori* von einer Offenbarung auf eine in der Sinnenwelt gegebene Erscheinung anzuwenden, und zu urtheilen, sie sey eine Offenbarung; nemlich nicht Bedingungen der Anwendung des Begriffes überhaupt, denn davon werden wir erst im folgenden §. reden, sondern seiner Anwendung auf die bestimmte gegebene Erfahrung. Um sicher zu seyn, dass wir diese Bedingungen alle erschöpft haben, und dass es ausser den angeführten keine mehr gebe (denn wenn wir etwa im Gegentheile welche aufgestellt hätten, die keine

sind, so müsste sich das sogleich daraus ergeben haben, dass
wir sie aus dem Offenbarungsbegriffe nicht hätten ableiten
können), müssen wir uns nach einem Leitfaden zur Entdek-
kung aller Bestimmungen dieses Begriffes umsehen; und ein
solcher ist bei allen möglichen Begriffen die Tafel der Kategorien.

Der Begriff einer Offenbarung ist nemlich ein Begriff von
einer Erscheinung in der Sinnenwelt, welche der *Qualität* nach
unmittelbar durch göttliche Causalität bewirkt seyn soll. Es
ist mithin Kriterium einer diesem Begriffe entsprechenden Erscheinung, dass sie durch keine Mittel gewirkt sey, die dem
Begriffe einer göttlichen Causalität widersprechen; und dieses
sind, da wir von Gott nur einen moralischen Begriff haben,
alle unmoralische. Diese Erscheinung soll der *subjectiven Quantität* nach (denn die *objective* giebt kein eigentliches Kriterium ab, sondern auf sie gründet sich bloss die Erinnerung,
dass mehrere Offenbarungen zu gleicher Zeit bei entfernten
Völkern nicht unmöglich sind) für alle sinnliche Menschen
gelten, die derselben bedürfen. Es ist mithin Bedingung jeder
in concreto gegebenen Offenbarung, dass Menschen mit einem
dergleichen Bedürfniss wirklich nachzuweisen seyen. — Dies
sind die Kriterien einer Offenbarung ihrer äusseren Form nach,
welche sich aus den mathematischen Bestimmungen ihres Begriffes ergeben, was denn der Natur der Sache nach so seyn
musste.

Diese Erscheinung wird in ihrem Begriffe der *Relation*
nach auf einen Zweck bezogen, nemlich den, reine Moralität
zu befördern: eine *in concreto* gegebene Offenbarung muss
folglich diesen Zweck erweislich beabsichtigen, — nicht eben
nothwendig erreichen, welches schon dem Begriffe moralischer,
d. i. freier Wesen, in welchen allein sich Moralität hervorbringen lässt, widersprechen würde. Dieses Zweckes Beförderung aber ist in sinnlichen Menschen nicht anders, als durch
Ankündigung Gottes, als moralischen Gesetzgebers, möglich;
und der Gehorsam gegen diesen Gesetzgeber ist nur dann
moralisch, wenn er sich auf die Vorstellung seiner Heiligkeit
gründet. Diese Ankündigung sowohl, als die Reinigkeit des

aufgestellten Motivs des geforderten Gehorsams ist mithin Kriterium jeder Offenbarung.

In Absicht der *Modalität* endlich wurde eine Offenbarung in ihrem Begriffe bloss als möglich angenommen, woraus, da es zu dem Begriffe an sich nichts hinzuthut, sondern nur das Verhältniss seines Gegenstandes zu unserem Verstande ausdrückt, keine Bedingung der Anwendung dieses Begriffes auf eine *in concreto* gegebene Erscheinung, d. i. kein Kriterium einer Offenbarung sich ergeben kann. Was aber daraus auf die Möglichkeit ihn überhaupt anzuwenden folge, das werden wir im folgenden §. sehen.

Dies sind nun die Kriterien einer Offenbarung ihrer Form nach, und, da das Wesen der Offenbarung eben in der besonderen Form einer schon *a priori* vorhandenen Materie besteht, die einzigen ihr wesentlichen: und es sind ausser den aufgestellten keine mehr möglich, weil in ihrem Begriffe keine Bestimmungen mehr sind.

Die Materie einer Offenbarung ist *a priori* durch die reine praktische Vernunft da, und steht an sich unter eben der Kritik, unter welcher letztere selbst steht: mithin ist, sofern sie als Materie einer Offenbarung betrachtet wird, sowohl dem Inhalte als der Darstellung nach, welche jenen modificirt, ihr einziges Kriterium, dass sie mit der Aussage der praktischen Vernunft völlig übereinstimme; der Qualität nach, dass sie eben das aussage; der Quantität nach, dass sie nicht mehr aussagen zu wollen vorgebe (denn dass weniger in ihr ausgesagt werde, ist unmöglich, da sie ein Princip aufzustellen hat, in welchem alles, was Inhalt einer Religion werden kann, wenn auch vielleicht unentwickelt, enthalten seyn muss); der Relation nach, als abzuleitend und untergeordnet unter das einzige Moralprincip, und der Modalität nach, nicht als objectiv, sondern bloss als subjectiv, allgemeingültig. — Nach dem jetztgesagten würde sich leicht eine Tafel aller Kriterien jeder möglichen Offenbarung nach der Ordnung der Kategorien entwerfen lassen.

§. 14.

Von der Möglichkeit, eine gegebene Erscheinung für göttliche Offenbarung aufzunehmen.

Bis jetzt ist eigentlich weiter nichts ausgemacht worden, als die völlige Gedenkbarkeit einer Offenbarung überhaupt, d. i. dass der Begriff einer dergleichen Offenbarung sich nicht selbst widerspreche; und da in demselben eine Erscheinung in der Sinnenwelt postulirt wird, haben die Bedingungen festgesetzt werden müssen, unter denen dieser Begriff auf eine Erscheinung anwendbar ist. Diese Bedingungen waren die durch eine Analysis gefundenen Bestimmungen des anzuwendenden Begriffes.

Was aber noch nicht geschehen ist, ja wozu noch gar keine Anstalten gemacht worden sind, ist das, diesem Begriffe eine Realität *ausser uns* zuzusichern, welches doch, der Natur dieses Begriffes nach, geschehen müsste. — Wenn nemlich ein Begriff *a priori*, als anwendbar in der Sinnenwelt, *gegeben* ist (wie etwa der der Causalität), so sichert schon der Erweis, dass er gegeben ist, ihm seine objective Gültigkeit; wenn er aber *a priori* auch nur *gemacht* ist, wie etwa der eines Dreiecks, oder auch der eines Pegasus, so versichert unmittelbar die Construction desselben im Raume ihm diese Realität, und das Urtheil: das ist ein Dreieck, oder, das ist ein Pegasus, heisst weiter nichts, als: das ist die Darstellung eines Begriffes, den ich mir gemacht habe. Es wird in einem solchen Urtheile vorausgesetzt, dass zur Realität des Begriffes weiter nichts gehöre, als der Begriff selbst; und dass er allein als zureichender Grund des ihm correspondirenden anzusehen sey. In dem *a priori* gemachten Begriffe der Offenbarung aber wird zur Realität desselben allerdings noch etwas ganz anderes vorausgesetzt, als unser Begriff von ihr, nemlich ein Begriff in Gott, der dem unsrigen ähnlich sey. Das kategorische Urtheil: das ist eine Offenbarung, heisst nicht etwa bloss: diese Erscheinung in der Sinnenwelt ist Darstellung eines *meiner* Begriffe, sondern: sie ist Darstellung eines *göttlichen* Begriffes, gemäss einem *meiner* Begriffe. Um ein solches kategorisches Ur-

theil zu berechtigen, d. i. um dem Offenbarungsbegriffe eine Realität ausser uns zuzusichern, müsste erwiesen werden können,
dass ein Begriff von derselben in Gott vorhanden gewesen sey,
und dass eine gewisse Erscheinung beabsichtigte Darstellung
desselben sey.

Ein solcher Beweis könnte entweder *a priori* geführt werden, nemlich so, dass aus dem Begriffe von Gott die Nothwendigkeit gezeigt werde, dass er diesen Begriff nicht nur habe,
sondern auch eine Darstellung desselben habe bewirken wollen;
etwa so, wie wir aus der Anforderung des Moralgesetzes an
Gott, endlichen Wesen die Ewigkeit zu geben, damit sie dem
ewiggültigen Gebote desselben Genüge leisten können, nothwendig schliessen müssen, dass der Begriff der unendlichen
Dauer endlicher moralischer Wesen nicht nur als Begriff in
Gott sey, sondern dass er ihn auch ausser sich realisiren müsse.
So ein Beweis, der, wie ohne alle Erinnerung sich versteht,
freilich nur subjectiv, aber dennoch allgemeingültig seyn würde,
würde sehr viel und mehr noch beweisen, als wir wollten,
indem er ganz unabhängig von aller Erfahrung in der Sinnenwelt uns berechtigte, die absolute Existenz einer Offenbarung
anzunehmen, es möchte eine dem Begriffe derselben entsprechende Erscheinung in der Sinnenwelt gegeben seyn oder
nicht. Dass ein solcher Beweis aber unmöglich sey, haben
wir schon oben gesehen. Wir haben nemlich von Gott nur
einen moralischen, durch die reine praktische Vernunft gegebenen Begriff. Fände in demselben sich ein Datum, das uns
berechtigte, Gott den Begriff der Offenbarung zuzuschreiben,
so wäre dieses Datum zugleich dasjenige, was den Offenbarungsbegriff selbst gäbe, und zwar *a priori* gäbe. Nach einem
solchen Datum der reinen Vernunft aber haben wir uns oben
vergeblich umgesehen, und daher von diesem Begriffe eingestanden, dass er ein bloss gemachter sey.

Oder dieser Beweis könnte *a posteriori* geführt werden,
nemlich so, dass man aus den Bestimmungen der in der Natur
gegebenen Erscheinung darthue, sie können nicht anders, als
unmittelbar durch göttliche Causalität, und durch diese wieder
nicht anders, als nach dem Begriffe der Offenbarung gewirkt

seyn. Dass ein solcher Beweis die Kräfte des menschlichen
Geistes unendlich übersteige, bedürfte eigentlich nicht dargethan zu werden, da man nur die Erfordernisse eines solchen
Beweises nennen darf, um ihn von Uebernehmung desselben
zurückzuschrecken; doch ist oben auch das zum Ueberflusse
geschehen.*)

Man könnte aber etwa noch, nachdem man auf die Hoffnung eines strengen Beweises Verzicht gethan, glauben, der
nicht erweisbare Satz werde sich wenigstens wahrscheinlich
machen lassen. Wahrscheinlichkeit nemlich entsteht, wenn
man in die Reihe von Gründen kommt, welche uns auf den
zureichenden Grund für einen gewissen Satz führen müsste,
doch ohne diesen zureichenden Grund selbst, oder auch den,
der sein zureichender ist, u. s. w., als gegeben aufzeigen zu
können, und je näher man diesem zureichenden Grunde ist,
desto höher ist der Grad der Wahrscheinlichkeit. Diesen zureichenden Grund könnte man nun entweder *a priori* (durchs
Herabsteigen von den Ursachen zu den Wirkungen), oder
a posteriori (durchs Heraufsteigen von den Wirkungen zu den

---

*) Inzwischen lässt sich nicht läugnen, dass nicht in der menschlichen
Natur ein allgemeiner, unwiderstehlicher Hang liege, aus der Unbegreiflich-
keit einer Begebenheit nach Naturgesetzen auf das Daseyn derselben durch
unmittelbare göttliche Causalität zu schliessen. Dieser Hang entsteht aus der
Aufgabe unserer Vernunft, bei allem Bedingten Totalität der Bedingungen aufzusuchen; und diese Totalität ist nun sogleich da, und wir haben mit Aufsuchung dieser Bedingungen weiter keine Bemühung, wenn wir, sobald es
mit dem Aufsuchen derselben nicht mehr recht fort will, sofort auf das Unbedingte (oder die erste Bedingung alles Bedingten) übergehen dürfen. Da
aber diese Eilfertigkeit, die unübersehbare Reihe der Bedingungen zu schliessen, jeder Schwärmerei und jedem Unsinne eine weite und immer offene
Thüre zeigt: so hat man bei jeder Gelegenheit ohne Nachsicht gegen sie zu
verfahren. Wenn aber schon vorläufig ausgemacht ist, dass die Erklärung
einer gewissen Begebenheit aus göttlicher Causalität keine nachtheiligen, sondern sogar vortheilhafte Folgen für die Moralität haben werde: — dürfte
man in diesem einzigen Falle nicht von der sonst so nöthigen Strenge gegen
unsere anmaassende Vernunft etwas nachlassen, und einem wohlthätigen
Glauben diesen einen Berührungspunct mehr im menschlichen Geiste überlassen, wenn er auch erweislich erschlichen ist?

(Anmerkung der ersten Ausgabe, nachher weggelassen.)

Ursachen) aufsuchen wollen. Im ersten Falle müsste man etwa
eine Eigenschaft in Gott aufzeigen, welche ihn, wenn etwa
noch ein Bestimmungsgrund, der sich nicht aufzeigen liesse,
dazu käme, bewegen müsste, den Begriff einer Offenbarung
nicht etwa *überhaupt* — denn eine solche Eigenschaft in Gott
fanden wir oben §. 7. allerdings an seiner Bestimmung durchs
Sittengesetz, Moralität ausser sich durch jedes mögliche Mittel
zu verbreiten — sondern *unter den empirisch gegebenen Bestimmungen* dieser besonderen Offenbarung zu realisiren; sowie man etwa von der Weisheit Gottes, nach der Analogie
ihrer Wirkungsart hienieden (also durch Verbindung dieses
Begriffes *a priori* mit einer Erfahrung) vermuthen, aber nicht
beweisen kann (weil Gründe dagegen seyn möchten, die wir
nicht wissen), dass endliche Wesen mit Körpern, aber immer
sich verfeinernden Körpern fortdauern werden. Abgerechnet,
dass unser Geist so eingerichtet ist, dass Wahrscheinlichkeitsgründe *a priori* nicht das geringste Fürwahrhalten in ihm begründen können; so wird man auch eine solche Bestimmung
in Gott nie auffinden. Oder im zweiten Falle müsste man alle
Möglichkeiten, dass eine gewisse Begebenheit anders als durch
göttliche Causalität bewirkt seyn könnte, bis etwa auf eine,
oder zwei, u. s. f. wegräumen. In diese Reihe der Gründe,
eine göttliche Causalität für gewisse Erscheinungen in der
Sinnenwelt anzunehmen, kommen wir denn nun allerdings.
Denn es ist, theoretisch betrachtet, allerdings der erste Grund
für den Ursprung einer gewissen Begebenheit durch unmittelbare Wirkung Gottes, wenn *wir* ihre Entstehung aus natürlichen Ursachen nicht zu erklären wissen. Aber dieses ist nur
das erste Glied einer Reihe, deren Ausdehnung wir gar nicht
wissen, und welche schon an sich aller Wahrscheinlichkeit
nach uns ungedenkbar ist, und es verschwindet folglich in
nichts vor der unendlichen Menge der möglichen übrigen.
Wir können mithin für die Befugniss eines kategorischen Urtheils, dass etwas eine Offenbarung sey, auch nicht einmal
Wahrscheinlichkeitsgründe anführen.

Es dürfte etwa jemand noch einen Augenblick glauben,
dass diese Wahrscheinlichkeit durch die gefundene Ueberein-

stimmung einer angeblichen Offenbarung mit den Kriterien derselben begründet werde; daher, und zuvörderst: wenn eine
angebliche Offenbarung vorhanden wäre, an der wir alle Kriterien der Wahrheit gefunden hätten, — welches Urtheil über
dieselbe würde dies berechtigen? Alle diese Kriterien sind die
moralischen Bedingungen, unter denen allein, und ausser welchen nicht, eine solche Erscheinung von Gott, dem Begriffe einer Offenbarung gemäss, bewirkt seyn könnte; aber gar nicht
umgekehrt, — die Bedingungen einer Wirkung, die bloss durch
Gott diesem Begriffe gemäss bewirkt seyn könnte. Wären sie
das letztere, so berechtigten sie durch Ausschliessung der Causalität aller übrigen Wesen zu dem Urtheile: das *ist* Offenbarung; da sie aber das nicht, sondern nur das erstere sind, so
berechtigen sie bloss zu dem Urtheile: das *kann* Offenbarung
seyn, d. h. wenn vorausgesetzt wird, dass in Gott der Begriff
einer Offenbarung vorhanden gewesen sey, und dass er ihn
habe darstellen wollen, so ist in der gegebenen Erscheinung
nichts, was der möglichen Annahme, sie sey eine dergleichen
Darstellung, widersprechen könnte. Es wird also durch eine
solche Prüfung nach den Kriterien bloss problematisch, dass irgend etwas eine Offenbarung seyn könne; dieses problematische Urtheil aber ist nun auch völlig sicher.

Es wird nemlich in demselben eigentlich zweierlei ausgesagt; zuerst: es ist überhaupt möglich, dass Gott den Begriff
einer Offenbarung gehabt habe, und dass er ihn habe darstellen wollen — und dies ist schon unmittelbar aus der Vernunftmässigkeit des Offenbarungsbegriffs, in welchem diese
Möglichkeit angenommen wird, klar; und dann: es ist möglich,
dass diese bestimmte angebliche Offenbarung eine Darstellung
desselben sey. Das letztere Urtheil kann nun, und muss der Billigkeit gemäss, vor aller Prüfung vorher von jeder als Offenbarung
angekündigten Erscheinung gefällt werden; in dem Sinne nemlich:
es sey möglich, dass sie die Kriterien einer Offenbarung an sich
haben könne. Hier nemlich (vor der Prüfung vorher) ist das
problematische Urtheil aus zwein problematischen zusammengesetzt. Wenn aber diese Prüfung vollendet, und die angekündigte Offenbarung in derselben bewährt gefunden ist, so

ist das erstere nicht ¦mehr problematisch, sondern völlig sicher;
die Erscheinung hat alle Kriterien einer Offenbarung an sich:
man kann daher nun mit völliger Sicherheit, ohne noch ein an-
derweitiges Datum zu erwarten, oder irgend woher einen Ein-
spruch zu befürchten, urtheilen, sie *könne* eine seyn. Aus der
Prüfung nach den Kriterien ergiebt sich also das, was sich aus
ihnen ergeben kann, nicht bloss als wahrscheinlich, sondern
als gewiss, ob sie nemlich göttlichen Ursprungs seyn *könne*;
ob sie es aber *wirklich sey*, — darüber ergiebt sich aus ihr
gar nichts, denn davon ist bei ihrer Uebernehmung gar nicht
die Frage gewesen.

Nach Vollendung dieser Prüfung kommt nun in Absicht
auf ein kategorisches Urtheil das Gemüth, oder sollte es wenigstens vernünftigerweise, in ein völliges Gleichgewicht zwischen dem Für und dem Wider; noch auf keine Seite geneigt,
aber bereit, bei dem ersten kleinsten Momente sich auf die
eine oder die andere hinzuneigen. Für ein verneinendes Urtheil ist kein der Vernunft nicht widersprechendes Moment
denkbar; weder ein strenger, noch ein zur wahrscheinlichen
Vermuthung hinreichender Beweis; denn der verneinende ist
eben so und aus eben den Gründen unmöglich, als der bejahende; noch eine Bestimmung des Begehrungsvermögens durchs
praktische Gesetz, weil die Annehmung einer alle Kriterien der
Göttlichkeit an sich habenden Offenbarung diesem Gesetze in
nichts widerspricht. (Es lässt sich zwar allerdings eine Bestimmung des untern Begehrungsvermögens durch die Neigung
denken, welche uns gegen die Anerkennung einer Offenbarung
einnehmen könnte, und man kann, ohne sich der Lieblosigkeit
schuldig zu machen, wohl annehmen, dass eine solche Bestimmung *bei manchem* der Grund sey, warum er keine Offenbarung annehmen wolle; aber eine solche Neigung widerspricht
offenbar der praktischen Vernunft.) Es muss sich also ein Moment für das bejahende Urtheil auffinden lassen, oder wir müssen in dieser Unentschiedenheit immer bleiben. Da auch dieses Moment weder ein strenger, noch ein zur wahrscheinlichen
Vermuthung hinreichender Beweis seyn kann, so muss es eine
Bestimmung des Begehrungsvermögens seyn.

Schon ehemals sind wir mit dem Begriffe von Gott in diesem Falle gewesen. Unsere bei allem Bedingten Totalität der Bedingungen suchende Vernunft führte uns in der Ontologie auf den Begriff des allerrealsten Wesens, in der Kosmologie auf eine erste Ursache, in der Teleologie auf ein verständiges Wesen, von dessen Begriffen wir die in der Welt für unsere Reflexion allenthalben nothwendig anzunehmende Zweckverbindung ableiten könnten; es zeigte sich schlechterdings keine Ursache, warum diesem Begriffe nicht etwas ausser uns correspondiren sollte, aber dennoch konnte unsere theoretische Vernunft ihm diese Realität durch nichts zusichern. Durch das Gesetz der praktischen Vernunft aber wurde uns zum Zwecke unserer Willensform ein Endzweck aufgestellt, dessen Möglichkeit für uns nur unter der Voraussetzung der Realität jenes Begriffs denkbar war; und da wir diesen Endzweck schlechterdings wollen, mithin auch theoretisch seine Möglichkeit annehmen mussten, so mussten wir auch zugleich die Bedingungen desselben, die Existenz Gottes, und die unendliche Dauer aller moralischen Wesen annehmen. Hier wurde also ein Begriff, dessen Gültigkeit vorher schlechterdings problematisch war, nicht durch theoretische Beweisgründe, sondern um einer Bestimmung des Begehrungsvermögens willen realisirt. — In Absicht der Aufgabe sind wir hier ganz in dem gleichen Falle. Es ist nemlich ein Begriff in unserm Gemüthe vorhanden, der bloss als solcher vollkommen denkbar ist, und nachdem eine alle Kriterien einer Offenbarung an sich habende Erscheinung in der Sinnenwelt gegeben ist, so ist schlechterdings nichts mehr möglich, was der Annahme seiner Gültigkeit widersprechen könnte; es lässt sich aber auch kein theoretischer Beweisgrund aufzeigen, der uns berechtigen könnte, diese Gültigkeit anzunehmen. Dieselbe ist also völlig problematisch. Dass man aber bei Auflösung dieser Aufgabe mit der der obigen nicht völlig gleichen Schritt halten könne, fällt bald in die Augen. Der Begriff von Gott nemlich war *a priori* durch unsere Vernunft gegeben, war als solcher uns schlechterdings nothwendig, und wir konnten mithin die Aufgabe unserer Vernunft, über seine Gültigkeit ausser uns etwas zu entscheiden,

nicht so nach Belieben ablehnen; für den einer Offenbarung
aber haben wir *a priori* kein dergleichen Datum anzuführen,
und es wäre mithin recht wohl möglich, diesen Begriff entweder überhaupt nicht zu haben, oder die Frage über seine Gültigkeit ausser uns als völlig unnütz von der Hand zu weisen.
Was hieraus, dass er *a priori* nicht gegeben ist, schon unmittelbar folgt, dass nemlich auch keine *a priori* geschehene Willensbestimmung sich werde aufzeigen lassen, die uns bestimme
seine Realität anzunehmen, weil ja dann diese Willensbestimmung das vermisste Datum *a priori* seyn würde, wird völlig
klar, wenn man sich erinnert, dass, um sich den uns *a priori*
aufgestellten Endzweck als möglich zu denken, nichts weiter
erfordert wird, als die Existenz Gottes, und die Fortdauer endlicher moralischer Wesen anzunehmen, um welche Sätze, ihrer
Materie nach, es im Begriffe einer Offenbarung gar nicht zu
thun ist, der sie vielmehr zum Behuf seiner eigenen Möglichkeit schon als angenommen voraussetzt; es ist vielmehr bloss
um die Annehmung einer gewissen Form der Bestätigung dieser Sätze zu thun. Aus der Bestimmung des oberen Begehrungsvermögens durch das Moralgesetz lässt mithin kein Moment, die Gültigkeit des Offenbarungsbegriffs anzunehmen, sich
ableiten. Vielleicht aber aus einer durch das obere dem Moralgesetze gemäss geschehene Bestimmung des unteren? —
Das Moralgesetz nemlich gebietet schlechthin, ohne Rücksicht
auf die Möglichkeit oder Unmöglichkeit, überhaupt, oder in einzelnen Fällen eine Causalität in der Sinnenwelt zu haben; und
durch die dadurch geschehene Bestimmung des oberen Begehrungsvermögens, das Gute schlechthin zu wollen, wird das untere auch durch Naturgesetze bestimmbare bestimmt, *die Mittel*
zu wollen, dasselbe wenigstens in sich (in seiner sinnlichen
Natur) hervorzubringen. Das obere Begehrungsvermögen will
schlechthin den Zweck, das untere will die Mittel dazu. Nun
ist es, laut der §. 8. geschehenen Entwickelung der formalen
Function der Offenbarung, welche zugleich die einzige ihr wesentliche ist, ein Mittel für sinnliche Menschen, im Kampfe der
Neigung gegen die Pflicht, der letztern die Oberhand über die
erstere zu verschaffen, wenn sie sich die Gesetzgebung des

Heiligsten unter sinnlichen Bedingungen vorstellen dürfen. Diese Vorstellung ist denn die einer Offenbarung. Das untere Begehrungsvermögen muss mithin unter obigen Bedingungen die Realität des Begriffs der Offenbarung nothwendig wollen, und, da gar kein vernünftiger Grund dagegen ist, so bestimmt dasselbe das Gemüth, ihn als wirklich realisirt anzunehmen, d. h. als bewiesen anzunehmen, eine gewisse Erscheinung sey wirklich durch göttliche Causalität bewirkte absichtliche Darstellung dieses Begriffs, und sie dieser Annahme gemäss zu brauchen.

Eine Bestimmung durchs untere Begehrungsvermögen die Realität einer Vorstellung zu wollen, deren Gegenstand man nicht selbst hervorbringen kann, ist, sie sey auch bewirkt durch was sie wolle, ein *Wunsch;* mithin liegt der Aufnahme einer gewissen Erscheinung als göttlicher Offenbarung, nichts mehr als ein Wunsch zum Grunde. Da nun ein solches Verfahren, etwas zu glauben, weil das Herz es wünscht, nicht wenig, und nicht mit Unrecht, verschrien ist, so müssen wir noch einige Worte, wenn auch nicht zur Deduction der Rechtmässigkeit, doch zur Ablehnung aller Einsprüche gegen dieses Verfahren im gegenwärtigen Falle hinzusetzen.

Wenn ein blosser Wunsch uns berechtigen soll, die Realität seines Objects anzunehmen, so muss derselbe sich auf die Bestimmung des oberen Begehrungsvermögens durchs Moralgesetz gründen, und durch dieselbe entstanden seyn; die Annahme der Wirklichkeit seines Objects muss uns die Ausübung unserer Pflichten, und zwar nicht etwa bloss dieser oder jener, sondern des pflichtmässigen Verhaltens überhaupt erleichtern, und von der Annahme des Gegentheils muss sich zeigen lassen, dass sie dieses pflichtmässige Verhalten in den wünschenden Subjecten erschweren würde; und dieses darum, weil wir nur bei einem Wunsche dieser Art einen Grund anführen können, warum wir über die Wirklichkeit seines Objects überhaupt etwas annehmen, und die Frage über dieselbe nicht gänzlich abweisen wollen. Dass beim Wunsche einer Offenbarung dieses der Fall sey, ist schon oben zur Genüge gezeigt.

Mit diesem Kriterio der Annehmbarkeit eines Gewünschten bloss um des Wunsches willen, muss sich nun auch das zweite

vereinigen, nemlich die völlige Sicherheit, dass wir nie eines
Irrthums bei dieser Annahme werden überführt werden können, in welchem Falle die Sache *für uns* völlig wahr, es für
uns ebenso gut ist, als ob dabei gar kein Irrthum möglich
wäre. Dies findet nun bei der Annahme einer alle Kriterien
der Göttlichkeit an sich habenden Offenbarung, d. i. bei der
Annahme, dass eine gewisse Erscheinung durch unmittelbare
göttliche Causalität dem Begriffe einer Offenbarung gemäss bewirkt sey, der höchsten Strenge nach statt. Der Irrthum dieser Annahme kann uns, und wenn wir Ewigkeiten hindurch
an Einsichten zunehmen, nie aus Gründen einleuchten, oder
dargethan werden; denn dann müsste, da vor der theoretischen Vernunft Richterstuhl diese Annahme schlechterdings
nicht gehört, gezeigt werden können, dass sie der praktischen
Vernunft, nemlich dem durch dieselbe gegebenen Begriffe von
Gott widerspräche, welcher Widerspruch aber, da das Moralgesetz für alle vernünftige Wesen auf jeder Stufe ihrer Existenz
das gleiche ist, schon jetzt erhellen müsste. Ebensowenig kann
ein solcher Irrthum, wie es bei andern menschlichen Wünschen, die meist auf die Zukunft gehen, so oft der Fall ist,
durch eine nachmalige Erfahrung dargethan werden; denn wie
sollte die Erfahrung wohl beschaffen seyn, die uns belehren
könnte, eine einem möglichen Begriffe in Gott völlig gemässe
Wirkung sey *nicht* durch die Causalität dieses Begriffs bewirkt?
welches eine offenbare Unmöglichkeit ist: oder auch nur die,
welche wir, im Falle dass sie es sey, machen müssten, und
aus deren Abwesenheit wir schliessen könnten, sie sey es
nicht? — Die Untersuchung ist bis zu einem Puncte getrieben,
von welchem aus sie für uns nicht weiter gehen kann: bis zur
Einsicht in die völlige Möglichkeit einer Offenbarung sowohl
überhaupt, als insbesondere durch eine bestimmt gegebene Erscheinung; sie ist *für uns* (alle endliche Wesen) völlig geschlossen; wir sehen am Endpuncte dieser Untersuchung mit
völliger Sicherheit, dass über die Wirklichkeit einer Offenbarung schlechterdings kein Beweis weder für sie, noch wider
sie stattfände, noch je stattfinden werde, und dass, wie es mit
der Sache an sich sey, nie irgend ein Wesen wissen werde,

als Gott allein. — Wollte man etwa noch zuletzt als den einzigen Weg, wie wir hierüber belehrt werden könnten, annehmen, Gott selbst könne es uns mittheilen, so wäre dies eine
neue Offenbarung, über deren objective Realität die vorige Unwissenheit entstehen würde, und bei der wir wieder da seyn
würden, wo wir vorher waren. — Da es aus allem gesagten
völlig sicher ist, dass über diesen Punct keine Ueberführung
des Irrthums, d. i. dass *für uns* überhaupt kein Irrthum darüber möglich sey, eine Bestimmung des Begehrungsvermögens
aber uns treibt, uns für das bejahende Urtheil zu erklären, so
können wir mit völliger Sicherheit dieser Bestimmung nach-
geben. *)

---

*) Lasset uns das hier über die Bedingungen der Erlaubniss etwas zu
glauben, weil das Herz es wünscht, gesagte, durch ein Beispiel vom Gegentheile klarer machen.   Man könnte nemlich etwa die Wiedererneuerung des
Umganges gewesener Freunde im künftigen Leben aus dem Verlangen guter,
zur Freundschaft gestimmter Menschen nach dieser Wiedererneuerung erweisen wollen.   Mit einem solchen Beweise aber würde man nicht wohl
fortkommen.   Denn ob man gleich etwa sagen könnte, die Vollbringung mancher schweren Pflicht werde dem, der einen geliebten Freund in der Ewigkeit weiss, durch den Gedanken erleichtert werden, dass er sich dadurch
des Genusses der Seligkeit mit seinem abgeschiedenen Freunde immer mehr
versichere: so würde, ganz abgerechnet, dass man wohl unzählige Motive
der Art würde aufweisen können, denen man aber darum die objective Realität zuzusprechen doch ein Bedenken tragen würde, dadurch doch gar nicht
reine Moralität, sondern bloss Legalität befördert werden, und es würde demnach eine vergebliche Bemühung seyn, diesen Wunsch von der Bestimmung
des oberen Begehrungsvermögens durch das Moralgesetz ableiten zu wollen.
Ueberhaupt sind wohl — der Wunsch, überhaupt Spuren der göttlichen moralischen Regierung in der ganzen Natur, und vorzüglich in unserem eigenen
Leben, und der, insbesondere eine Offenbarung annehmen zu dürfen, die
einzigen, die mit Recht auf eine so erhabene Abstammnng Anspruch machen
möchten.   Was die zweite Bedingung anbetrifft, so lassen sich schon hienieden der Analogie nach Gründe genug vermuthen, die eine solche Wiedervereinigung im künftigen Leben zweckwidrig machen könnten, als z. B. dass
etwa der Zweck einer vielseitigen Ausbildung uns den Umgang des ehemaligen Freundes, dessen Absicht für unsere Bildung erreicht ist, unnütz, oder
gar schädlich machen könnte, — dass desselben Gegenwart in anderen Verbindungen nöthiger, und für das Ganze nützlicher sey, — dass die unsrige
in anderen Verbindungen es sey u. dergl.   Bloss der letzten Bedingung ent-

Diese Annahme einer Offenbarung ist nun, da sie auf eine Bestimmung des Begehrungsvermögens rechtmässig sich gründet, ein *Glaube*, den wir zum Unterschiede vom *reinen Vernunftglauben* an Gott und Unsterblichkeit, der sich auf etwas *materielles* bezieht, den *formalen, empirisch bedingten Glauben* nennen wollen. Der Unterschied beider, und alles, was wir über den letzteren noch zu sagen haben, wird aus einer Vergleichung der Bestimmung des Gemüths bei einem oder dem andern nach Ordnung der Kategorientitel sich ergeben.

---

spricht die angenommene Realität dieses Wunsches; denn in einer Dauer ohne Ende kann diese Wiedervereinigung, wenn sie an keinen bestimmten Punct dieser Dauer gebunden wird, immer noch erwartet werden, und mithin die Erfahrung ihrer Wirklichkeit nie widersprechen. Aus diesem Grunde also ist kein Beweis der Befriedigung dieses Wunsches möglich; und wenn es keinen andern Beweis giebt (es giebt aber einen, der jedoch auch nur zur wahrscheinlichen Vermuthung hinreicht), so müsste das menschliche Gemüth sich über dieselbe auf *Hoffnung*, d. i. auf eine durch eine Bestimmung des Begehrungsvermögens motivirte Hinneigung des Urtheils auf *eine* Seite bei einem Gegenstande, der übrigens als problematisch erkannt wird, einschränken.

Uebrigens hat es in Absicht der Unwiderlegbarkeit mit den unmittelbaren Postulaten der praktischen Vernunft, der Existenz Gottes, und der ewigen Fortdauer moralischer Wesen die gleiche Bewandtniss. Unsere Fortdauer zwar ist Gegenstand unmittelbarer Erfahrung; der Glaube an die Fortdauer aber kann nie durch Erfahrung widerlegt werden; denn, wenn wir nicht existiren, so machen wir gar keine Erfahrung. So lange wir ferner als *wir*, d. i. als moralische Wesen, fortdauern, kann auch der Glaube an Gott weder durch Gründe, denn auf theoretische gründet er sich nicht, und das für die Ewigkeit gültige Gesetz der praktischen Vernunft unterstützt ihn, noch durch Erfahrung umgestossen werden; denn die Existenz Gottes kann nie Gegenstand der Erfahrung werden, mithin auch aus der Ermangelung einer solchen Erfahrung sich nie auf die Nichtexistenz desselben schliessen lassen. Aus eben diesen Gründen aber können diese Sätze auch nie, für irgend ein endliches Wesen, Gegenstände des *Wissens* werden, sondern müssen in alle Ewigkeit Gegenstände des *Glaubens* bleiben. Denn für die Existenz Gottes werden wir nie andere als moralische Gründe haben, da keine anderen möglich sind, und unserer eigenen Existenz werden wir zwar für jeden Punct derselben unmittelbar durch das Selbstbewusstseyn sicher seyn, für die Zukunft aber sie aus keinen anderen, als moralischen Gründen erwarten können.

Der *Qualität* nach nemlich ist der Glaube im ersten so wie im zweiten Falle eine freie durch keine Gründe erzwungene Annahme der Realität eines Begriffs, dem diese Realität durch keine Gründe zugesichert werden kann: im ersten Falle eines gegebenen, im zweiten eines gemachten, im ersten um einer negativen Bestimmung des unteren Begehrungsvermögens (§. 2.) durch das obere, im zweiten um einer positiven Bestimmung desselben willen vermittelst jener negativen. Dies sind Verschiedenheiten, welche schon angezeigt, und deren Folgen schon entwickelt worden. Aber es zeigt sich hier noch eine neue. Im reinen Vernunftglauben nemlich wird bloss angenommen, dass einem Begriffe, dem von Gott, überhaupt ein Gegenstand ausser uns correspondire (denn der Glaube an Unsterblichkeit lässt sich als von der Existenz Gottes bloss abgeleitet betrachten, und wir haben mithin hier keine besondere Rücksicht auf ihn zu nehmen): im Offenbarungsglauben aber nicht bloss das, sondern auch, dass ein gewisses gegebenes ein diesem Begriffe correspondirendes sey. Im letztern also scheint das Gemüth einen Schritt weiter zu gehen, und eine kühnere Anmaassung zu machen, die eine grössere Berechtigung für sich anzuführen haben sollte. Aber das liegt in der Natur beider Begriffe, und der Schritt ist wirklich im letteren Falle nicht kühner, als im ersteren. Der Begriff von Gott nemlich ist schon *a priori* völlig bestimmt gegeben, so weit er nemlich von uns bestimmt werden kann, und lässt durch keine Erfahrung, und ebensowenig durch Schlüsse aus der angenommenen Existenz sich weiter bestimmen. Eine Realisation desselben kann mithin gar nichts weiter thun, als die Existenz eines demselben correspondirenden Gegenstandes annehmen; sie kann weiter nichts zu ihm hinzusetzen, weil dieser Gegenstand nur auf diese eine *a priori* gegebene Art bestimmt seyn kann. Im Begriffe der Offenbarung aber wird eine zu gebende Erfahrung gedacht, die als solche, und inwiefern sie das ist, *a priori* gar nicht bestimmt werden kann, sondern als *a posteriori* auf mannigfaltige Art bestimmbar angenommen werden muss. Sie als realisirt annehmen, heisst nichts anderes, und kann nichts anderes heissen, als sie völlig bestimmt gegeben

zu denken; diese völlige Bestimmung muss aber durch die Erfahrung gegeben werden. Folglich findet gar keine Annahme
der Realität dieses Begriffs überhaupt *(in abstracto)* statt, sondern er kann nur durch Anwendung auf eine bestimmte Erscheinung *(in concreto)* realisirt werden, und durch diese Anwendung geschieht nichts anderes, als was im reinen Vernunftglauben geschieht: es wird angenommen, dass einem *a priori*
vorhandenen Begriffe etwas ausser ihm entspreche. Wenn von
der *Quantität* des Glaubens die Rede ist, so kann damit nur
eine *subjective* gemeint seyn, weil kein Glaube auf objective
Gültigkeit Anspruch macht, in' welchem Falle er kein Glaube
wäre. In dieser Rücksicht ist nun der reine Vernunftglaube
allgemeingültig für alle endliche vernünftige Wesen, weil er
sich auf eine *a priori* geschehene Bestimmung des Begehrungsvermögens durch das Moralgesetz, etwas nothwendig zu wollen, gründet, und auf einen *a priori* durch die reine Vernunft
gegebenen Begriff geht. Er lässt sich zwar niemandem aufdringen, weil er auf eine Bestimmung der Freiheit sich gründet, aber er lässt sich von jederman fordern, und ihm ansinnen. — Es leuchtet sogleich ein, dass der empirisch bedingte Glaube auf diese Allgemeingültigkeit nicht Anspruch
machen könne. Denn theils geht er auf einen nicht gegebenen, sondern gemachten Begriff, der mithin nicht nothwendig
im menschlichen Gemüthe ist. Wenn nun jemand auf diesen
Begriff überhaupt nicht käme, so könnte er auch keine Darstellung desselben annehmen, und wir würden mithin diese
Annahme vergeblich in ihm voraussetzen, da wir nicht einmal
den Begriff derselben in ihm mit Sicherheit voraussetzen können. Theils aber wird die Bestimmung des Gemüths, eine Darstellung dieses Begriffs anzunehmen, nur durch einen Wunsch,
der sich auf ein empirisches Bedürfniss gründet, bewirkt. Wenn
nun jemand dieses Bedürfniss *in sich* nicht fühlt, wenn er auch
historisch wissen sollte, dass es bei andern vorhanden sey,
so kann in demselben nimmermehr der Wunsch entstehen,
eine Offenbarung annehmen zu dürfen, mithin auch kein Glaube
an dieselbe. — Nur ein einziger Fall lässt sich denken, in
welchem auch ohne das Gefühl dieses Bedürfnisses in sich

selbst wenigstens ein vorübergehender Glaube · möglich ist:
wenn nemlich jemand in die Nothwendigkeit versetzt wird,
durch die Vorstellung einer Offenbarung, ohne ihrer eben für
sich selbst zu bedürfen, auf die Herzen anderer zu wirken,
die derselben bedürfen. Der lebhafte, seiner Pflicht, Moralität
nach seinen Kräften auch ausser sich zu verbreiten, gemässe
Wunsch, vereint mit der Ueberzeugung, dass dies bei den gegebenen Subjecten nur durch diese Vorstellung möglich sey,
wird ihn treiben, sie zu gebrauchen. Mit wahrer Energie kann
er sie nicht brauchen, ohne als ein selbst überzeugter und
glaubender zu reden. Diesen Glauben zu heucheln, wäre gegen die Wahrheit und Lauterkeit des Gemüths, und folglich
moralisch unmöglich. Das dadurch entstehende dringende Gefühl eines Bedürfnisses des Offenbarungsglaubens in dieser
Lage wird, wenigstens so lange dieses Gefühl dauert, den Glauben selbst in ihm hervorbringen, wenn er auch etwa, nachdem er kälter geworden ist, diese Vorstellungen allmählig wieder bei Seite legen sollte. *)

Es folgt also aus dem gesagten, dass der Glaube an Offenbarung sich nicht nur nicht aufdringen, sondern auch nicht
einmal von jederman fordern, oder ihm ansinnen lasse.

So wie der Glaube an Offenbarung nur unter zwei Bedingungen möglich ist, dass man nemlich theils gut seyn wolle,
theils der Vorstellung einer geschehenen Offenbarung als eines
Mittels bedürfe, um das Gute in sich hervorzubringen,**) so

---

*) Dass dies nicht eine leere Vernünftelei sey, sondern sich auch in der
Erfahrung, besonders beim Halten öffentlicher Reden an das Volk, bestätige,
wird uns vielleicht jeder Religionslehrer, der etwa sich für seine Person der
aus der Offenbarung hergenommenen Vorstellungen nicht bedient, übrigens aber
lebhaftes Gefühl seiner Bestimmung mit Ehrlichkeit (welches nicht wenig gesagt ist) vereinigt, wenn auch nicht öffentlich, doch wenigstens in seinem
Herzen zugestehen. — Es geschieht vermittelst der Begeisterung durch die
Einbildungskraft; und dieser Umstand darf die Sache niemandem verdächtig
machen, da ja die Offenbarung überhaupt nur durch dieses Vehiculum wirken
kann, und soll.

**) Dies waren auch die Maximen Jesu. In Absicht des ersteren: So
jemand *will* den Willen thun des der mich gesandt hat, der wird inne wer-

kann auch der Unglaube in Rücksicht auf sie zweierlei Ursachen haben: dass man nemlich entweder gar keinen guten Willen habe, und mithin alles, was uns zum Guten antreiben, und unsere Neigungen einschränken zu wollen das Ansehen hat, hasse, und von der Hand weise; oder dass man bei dem besten Willen nur der Unterstützung einer Offenbarung nicht bedürfe, um ihn ins Werk setzen zu können. Die erstere Verfassung der Seele ist tiefes moralisches Verderben: die letztere ist, wenn sie sich nur etwa nicht auf die natürliche Schwäche unserer Neigungen, oder auf eine dieselben tödtende Lebensart, sondern auf wirksame Hochachtung des Guten, um sein selbst willen, gründet, wirkliche Stärke; und man darf, ohne Furcht, der Würde der Offenbarung dadurch etwas zu benehmen, das sagen, weil bei wirklich vorherrschender Liebe des Guten, ohne welche überhaupt kein Glaube möglich ist, nicht zu befürchten steht, dass jemand sie von der Hand weisen werde, so lange er noch irgend eine gute Wirkung derselben an sich verspürt. Aus welchen Ursachen von beiden der Unglaube bei einem bestimmten Subjecte entstanden sey, können nur die Früchte lehren.

Zur Ablehnung einer übereilten Folgerung hieraus aber müssen wir schon hier anmerken, dass, wenngleich nicht der Glaube an Offenbarung, dennoch die Kritik ihres Begriffs auf Allgemeingültigkeit Anspruch mache. Denn letztere hat nichts zu begründen, als die absolute Möglichkeit einer Offenbarung, sowohl in ihrem Begriffe, als dass etwas demselben correspondirendes angenommen werden könne; und dies thut sie aus Principien *a priori*, mithin allgemeingültig. Jedem also wird durch sie angemuthet, zuzugestehen, dass nicht nur überhaupt eine Offenbarung möglich sey, sondern auch, dass eine in der Sinnenwelt wirklich gegebene Erscheinung, die alle Kriterien

---

den, ob diese Lehre von Gott sey; und im Gegensatze: Wer Arges thut, hasset das Licht, und kommt nicht an das Licht. In Absicht des letzteren: Die Starken bedürfen des Arztes nicht, sondern die Kranken; ich bin kommen die Sünder zur Busse zu rufen, und nicht die Gerechten — welche Aussprüche ich nicht für Ironie halte.

derselben an sich hat, eine seyn *könne.* Hierbei aber muss sie es bewenden lassen, und hierbei kann und muss es vernünftigerweise jeder, der kein Bedürfniss derselben zum Gebrauche weder an sich, noch an andern fühlt, bewenden lassen; ist aber durch die Kritik genöthigt, denen, die an sie glauben, die Vernunftmässigkeit ihres Glaubens zuzugestehen, und sie in völlig ruhigem und ungestörtem Besitze und Gebrauche desselben zu lassen.

In Absicht der *Relation* bezieht sich der reine Vernunftglaube auf etwas materielles, der Offenbarungsglaube aber bloss auf eine bestimmte Form dieses *a priori* gegebenen, und schon als angenommen vorausgesetzten Materiellen. Dieser Unterschied, der aus allem bisher gesagten zur Genüge klar ist, veranlasst uns bloss hier noch die Anmerkung zu machen: dass derjenige, der diese bestimmte Form einer Offenbarung nicht annimmt, darum das Materielle, Gott und Unsterblichkeit, nicht nur nicht nothwendig läugne, sondern dass er auch dem Glauben an dieselben in sich nicht nothwendig Abbruch thue, wenn er sie sich ausser dieser Form ebenso gut denken, und sie zur Willensbestimmung brauchen kann.

In Absicht der *Modalität* endlich drückt sich der reine Vernunftglaube, nach Voraussetzung der Möglichkeit des Endzwecks des Moralgesetzes, apodiktisch aus; es ist nemlich, einmal angenommen, dass das absolute Recht möglich sey, für uns schlechterdings nothwendig zu denken, dass ein Gott sey, und dass moralische Wesen ewig dauern. Der Glaube an Offenbarung aber kann sich nur kategorisch ausdrücken: eine gewisse Erscheinung *ist* Offenbarung; nicht: sie muss nothwendig Offenbarung seyn, weil, so sicher es auch ist, dass uns kein Irrthum in diesem Urtheile gezeigt werden kann, das Gegentheil an sich doch immer möglich bleibt.

§. 15.
Allgemeine Uebersicht dieser Kritik.

Ehe irgend eine Untersuchung über den Offenbarungsbegriff möglich war, musste dieser Begriff wenigstens vorläufig bestimmt werden; und da es uns hier nicht so gut ward, wie

bei gegebenen Begriffen in der reinen Philosophie, denen wir
bis zu ihrer ersten Entstehung nachspüren, und sie gleichsam
werden sehen, da hingegen dieser sich bloss als ein empiri-
scher ankündiget, und wenigstens, wenn auch bei näherer Untersuchung seine Möglichkeit *a priori* sich ergiebt, nicht das
Ansehen hat, ein Datum *a priori* für sich anführen zu können:
so hatten wir *vor der Hand* darüber nur den Sprachgebrauch
abzuhören. Dies geschah §. 5. Da aber dieser Begriff, wie
schon vorläufig zu vermuthen, §. 5. aber vollkommen erweis-
bar war, nur in Beziehung auf Religion vernunftmässig ist, so
musste eine Deduction der Religion überhaupt zum Behuf der
Ableitung des zu untersuchenden Begriffs aus seinem höheren
vorausgeschickt werden (§. 2. 3. 4.).

(Der erste Gegenstand bei Untersuchung dieser Kritik ist
also der, ob der Begriff der Offenbarung dem Sprachgebrauche
aller Zeiten und aller Völker, die sich einer Offenbarung rühm-
ten und rühmen, gemäss bestimmt sey; und das darum, weil
er kein gegebener, sondern gemachter Begriff ist. Denn wenn
sich das Gegentheil zeigen sollte, so wäre, — der von uns wider den Sprachgebrauch aufgestellte und selbsterdichtete Begriff möchte noch so richtig und gründlich untersucht seyn, —
diese ganze Arbeit doch nur ein Spiel, ein vernünftelndes
Exercitium, aber von keinem wesentlichen Nutzen. Weiter
aber, als über die vorläufige Bestimmung des Begriffs, d. i. über
die Angebung seines Genus und seiner specifischen Differenz,
ist der Sprachgebrauch auch nicht zu hören; denn sonst wäre
die Möglichkeit jeder Kritik aufgehoben und der Irrthum geheiligt und verewigt. — *Zusatz der ersten Ausgabe.*)

Nach dieser vorläufigen Bestimmung des Begriffs war zu
untersuchen, ob er überhaupt einer philosophischen Kritik zu
unterwerfen, und vor welchem Richterstuhle seine Sache an-
hängig zu machen sey. Das erste hing davon ab, ob er *a
priori* möglich sey, und das zweite musste sich durch eine
wirkliche Deduction *a priori* aus den Principien, von welchen
er sich ableiten liess, ergeben; indem offenbar jeder Begriff
unter das Gebiet desjenigen Princips gehört, von welchem er
abgeleitet ist. Diese Deduction wurde §. 5. 6. 7. wirklich ge-

geben, und aus ihr erhellte, dass dieser Begriff vor den Richterstuhl der praktischen Vernunft gehöre. Der zweite Punct, der einer strengen Prüfung unterworfen werden muss, ist mithin diese Deduction *a priori*, weil mit ihrer Möglichkeit die Möglichkeit jeder Kritik dieses Begriffs überhaupt, und die Richtigkeit der gegebenen, zugleich aber auch die Vernunftmässigkeit des kritisirten Begriffs selbst steht oder fällt.

Da sich bei dieser Deduction fand, dass der in Untersuchung befindliche Begriff kein Datum *a priori* aufzuweisen habe, sondern dasselbe *a posteriori* erwarte, so musste die Möglichkeit dieses verlangten Datums in der Erfahrung, aber auch nur seine Möglichkeit, gezeigt werden. Dies geschah §. 8. Es kommt also bei Prüfung dieses §. bloss darauf an, ob ein empirisches Bedürfniss einer Offenbarung, welches das verlangte Datum ist, nicht etwa wirklich aufgezeigt, sondern nur richtig angezeigt worden, und ob aus den empirischen Bestimmungen der Menschheit die Möglichkeit abgeleitet worden, dass ein solches Bedürfniss eintreten könne.

Mehr um den Satz, dass die Untersuchung der Möglichkeit einer Offenbarung schlechterdings nicht vor das Forum der theoretischen Vernunft gehöre, welcher schon aus der Deduction ihres Begriffs erhellet, noch einleuchtender zu machen, als um einer systematischen Nothwendigkeit willen, wurde §. 9. noch die physische Möglichkeit einer Offenbarung, über welche an sich gar keine Frage entstehen konnte, gezeigt.

Nach Beendigung dieser Untersuchungen muss es völlig klar seyn, dass der Begriff der Offenbarung überhaupt nicht nur an sich denkbar sey, sondern dass auch, im Falle des eintretenden empirischen Bedürfnisses sich etwas ihm correspondirendes ausser ihm erwarten lasse. Da aber dieses correspondirende eine Erscheinung in der Sinnenwelt seyn soll, welche *gegeben* werden muss (nicht *gemacht* werden kann), so kann nun der menschliche Geist hierbei nichts weiter thun, als diesen Begriff auf eine dergleichen Erscheinung anwenden, und die Kritik weiter nichts, als ihn dabei leiten, d. i. die Bedingungen festsetzen, unter denen eine solche Anwendung möglich ist. Diese Bedingungen sind §. 10. 11. 12. entwickelt wor den. Da dieselben nichts weiter, als die durch eine Analysis sich ergebenden Bestimmungen des Offenbarungsbegriffs selbst sind, so kommt es bei ihrer Prüfung nur darauf an, ob sie aus diesem Begriffe wirklich herfliessen, und ob sie alle angegeben sind. Die Prüfung des letzteren Punctes sucht §. 13. zu erleichtern.

Da aber aus der Art dieses Begriffs sich offenbar ergeben hat, dass seine wirkliche Anwendung auf eine gegebene Erfahrung immer nur willkürlich ist, und sich auf keine Zunöthigung der Vernunft gründet, so hat §. 14. noch gezeigt werden müssen, worauf diese Anwendung überhaupt sich gründe, und inwiefern sie vernunftmässig sey. Auch diese Deduction der Vernunftmässigkeit dieses Verfahrens mit dem Offenbarungsbegriffe bedarf einer besonderen Prüfung.

Aus dieser kurzen Uebersicht erhellet, dass die Kritik der Offenbarung aus Principien *a priori* geführt werde — denn bei Untersuchung des empirischen Datums für den Offenbarungsbegriff ist sie bloss gehalten die Möglichkeit desselben zu zeigen; dass sie mithin, wenn in keinem der angezeigten Puncte ihr ein Fehler nachzuweisen ist, auf allgemeine Gültigkeit rechtmässigen Anspruch mache. Sollten aber in gegenwärtiger Bearbeitung dieser Kritik dergleichen Fehler gemacht worden seyn, wie wohl zu erwarten steht; so müsste es, wenn nur der Weg einer möglichen Kritik richtig angegeben ist, welches sich bald zeigen muss, besonders durch gemeinschaftliche Bemühungen, leicht seyn, ihnen abzuhelfen, und eine allgemeingeltende Kritik aller Offenbarung aufzustellen.

Durch diese Kritik wird nun die Möglichkeit einer Offenbarung an sich, und die Möglichkeit eines Glaubens an eine bestimmte gegebene insbesondere, wenn dieselbe nur vorher vor dem Richterstuhle ihrer besonderen Kritik bewährt gefunden, völlig gesichert, alle Einwendungen dagegen auf immer zur Ruhe verwiesen, und aller Streit darüber auf ewige Zeiten beigelegt. *) Durch sie wird alle Kritik jeder besonderen ge-

---

*) Dieser Streit gründet sich auf eine Antinomie des Offenbarungsbegriffs, und ist völlig dialektisch. Anerkennung einer Offenbarung ist nicht

gebenen Offenbarung begründet, indem sie die allgemeinen Grundsätze jeder dergleichen Kritik an den Kriterien aller Offenbarung aufstellt. Es wird, nach vorher ausgemachter historischer Frage, *was* eine gegebene Offenbarung eigentlich lehre — welche in einzelnen Fällen leicht die schwerste seyn dürfte, möglich, mit völliger Sicherheit zu entscheiden, ob eine Offenbarung göttlichen Ursprungs seyn könne, oder nicht, und im ersten Falle ohne alle Furcht irgend einer Störung an sie zu glauben.

---

möglich, sagt der eine Theil; Anerkennung einer Offenbarung ist möglich, sagt der zweite: und so ausgedrückt widersprechen sich beide Sätze geradezu. Wenn aber der erste so bestimmt wird: Anerkennung einer Offenbarung aus theoretischen Gründen ist unmöglich; und der zweite: Anerkennung einer Offenbarung um einer Bestimmung des Begehrungsvermögens willen, d. i. ein Glaube an Offenbarung, ist möglich; so widersprechen sie sich nicht, sondern können beide wahr seyn, und sind es beide, laut unserer Kritik.

Schlussanmerkung.

Es ist eine sehr allgemeine Bemerkung, dass alles, was Speculation ist, oder so aussieht, sehr wenig Eindruck auf das menschliche Gemüth mache. Man wird allenfalls angenehm dadurch beschäftiget; man lässt sich das Resultat gefallen, weil man nichts dagegen einwenden kann, würde aber auch nichts arges daraus haben, wenn es anders ausgefallen wäre; denkt und handelt übrigens in praktischer Rücksicht wie vorher, so dass der auf Speculation gegründete Satz wie ein todtes Capital ohne alle Zinsen in der Seele zu liegen scheint, und dass man seine Anwesenheit durch nichts gewahr wird. So ging es von jeher mit den Speculationen der Idealisten und Skeptiker. Sie dachten, wie niemand, und handelten, wie alle.

Dass gegenwärtige Speculation, wenn sie auch etwa nicht nothwendig praktische Folgen aufs Leben hat (wie sie doch, wenn sie sich behauptet, haben möchte), dennoch in Absicht des Interesse nicht so kalt und gleichgültig werde aufgenommen werden, dafür bürgt ihr wohl der Gegenstand, den sie behandelt. Es ist nemlich in der menschlichen Seele ein nothwendiges Interesse für alles, was auf Religion Bezug hat, und das ist denn ganz natürlich daraus zu erklären, weil nur durch Bestimmung des Begehrungsvermögens Religion möglich geworden ist; dass also diese Theorie durch die allgemeine Erfahrung bestätigt wird, und dass man sich fast wundern sollte, warum man nicht längst selbst von dieser Erfahrung aus auf

11*

sie kam. Wenn jemand etwa einen anderen unmittelbar gewissen Satz, z. B. dass zwischen zwei Puncten nur Eine gerade
Linie möglich sey, läugnen würde, so würden wir ihn vielmehr
verlachen und bedauern, als uns über ihn erzürnen; und wenn
ja etwa der Mathematiker sich dabei ereifern sollte, so könnte
dies nur entweder aus Misvergnügen über sich selbst herkommen, dass er ihn seines Irrthums nicht sogleich überführen
könne, oder aus der Vermuthung, dass bei diesem hartnäckigen Abläugnen der böse Wille, ihn zu ärgern (mithin doch
auch etwas unmoralisches), zum Grunde liege: aber dieser Unwille würde doch ein ganz anderer seyn, als derjenige, der
jeden, und den unausgebildetsten Menschen eben am meisten
angreift, wenn jemand das Daseyn Gottes, oder die Unsterblichkeit der Seele abläugnet; welcher mit Furcht und Abscheu
vermischt ist, zum deutlichen Zeichen, dass wir diesen Glauben als einen theuren Besitz, und denjenigen als unsern persönlichen Feind ansehen, der Miene macht, uns in diesem Besitze stören zu wollen. Dieses Interesse verbreitet sich denn
verhältnissmässig weiter, je mehrere Ideen wir auf die Religion beziehen, und mit ihr in Verbindung bringen können;
und wir würden daher uns sehr bedenken, zu entscheiden,
ob vorherrschende Toleranz in einer Seele, in welcher sie sich
nicht auf langes anhaltendes Nachdenken gründen kann, ein
sehr achtungswerther Zug sey. Aus eben diesem Interesse
lässt sich auch im Gegentheile die empfindliche Abneigung erklären, mit der wir gegen Vorstellungen eingenommen werden,
die wir etwa ehedem für heilig hielten, von denen wir aber
bei zunehmender Reife uns überzeugt oder überredet haben,
dass sie es nicht sind. Wir erinnern uns ja anderer Träume
unserer früheren Jahre, wie etwa des von einer uneigennützigen Hülfsbereitwilligkeit der Menschen, von einer arkadischen
Schäferunschuld u. dergl. mit einem wehmüthig frohen Andenken der Jahre, wo wir noch so angenehm träumen konnten;
ohnerachtet das Gegentheil und die Erfahrungen, wodurch wir
etwa darüber belehrt worden sind, uns doch an sich unmöglich angenehm seyn können. Der Täuschungen von oben an-

gezeigter Art aber erinnern wir uns lange mit Verdruss, und
es gehört viel Zeit und Nachdenken dazu, um auch darüber
kalt zu werden; ein Phänomen, welches man gar nicht der
dunkelen Vorstellung des durch dergleichen Ideen entstehenden Schadens (indem wir ja den offenbaren Schaden selbst
mit mehr Gleichmuth erblicken), sondern bloss daraus zu erklären hat, dass das Heilige uns theuer ist, und dass wir jede
Beimischung eines fremdartigen Zusatzes als Entweihung desselben ansehen.   Dieses Interesse zeigt sich endlich sogar
darin, dass wir mit keinerlei Art Kenntnissen uns so breit
machen, als mit vermeinten besseren Religionseinsichten, als
ob hierin die grösste Ehre liege, und dass wir sie — wenn
nicht etwa der gute Ton dergleichen Unterhaltungen verbannt
hat, wiewohl eben das, dass er sie verbannen musste, eine
allgemeine Neigung zu denselben anzuzeigen scheint, — so
gern andern mittheilen mögen, in der sicheren Voraussetzung,
dass dies ein allgemein interessanter Gegenstand sey.

So sicher wir also von dieser Seite seyn dürften, dass gegenwärtige Untersuchung nicht ganz ohne Interesse werde aufgenommen werden, so haben wir eben von diesem Interesse
zu befürchten, dass es sich gegen uns kehren, und den Leser
in der ruhigen Betrachtung und Abwägung der Gründe stören
könne, wenn er etwa voraussehen, oder wirklich finden sollte,
dass das Resultat nicht ganz seiner vorgefassten Meinung gemäss ausfalle.   Es scheint also eine nicht ganz vergebliche Arbeit zu seyn, hier noch, ganz ohne Rücksicht auf die Begründung des Resultats, und gleich als ob wir nicht einen *a priori*
vorgeschriebenen Weg gegangen wären, der uns nothwendig
auf dasselbe hätte führen müssen, sondern, als ob es gänzlich
von uns abgehangen hätte, wie dasselbe ausfallen solle, zu untersuchen, ob wir Ursache gehabt hätten, ein günstigeres zu
wünschen, oder ob gegenwärtiges etwa überhaupt das vortheil-
hafteste sey, das wir uns versprechen durften; kurz, dasselbe,
ganz ohne Rücksicht auf seine Wahrheit, bloss von Seiten seiner Nützlichkeit zu untersuchen.

Aber hier stossen wir denn zuerst auf diejenigen, welche

in der besten Meinung von der Welt sagen werden, bei einer
Untersuchung der Art könne überhaupt nichts kluges herauskommen, und es würde besser gewesen seyn, gegenwärtige
ganz zu unterlassen; die alles, was mit der Offenbarung in
Verbindung steht, überhaupt nicht auf Principien zurückgeführt
wissen wollen; die jede Prüfung derselben scheuen, fürchten,
von sich ablehnen. Diese werden denn doch, wenn sie aufrichtig seyn wollen, zugestehen, dass sie selbst eine schlechte
Meinung von ihrem Glauben haben, und mögen selbst entscheiden, ob ihnen die Achtung und Schonung derjenigen besser
gefällt, welche die Sache der Offenbarung schon für völlig ab-
geurthelt und in allen Instanzen verloren ansehen, und meinen, ein Mann, der auf seine Ehre halte, könne einmal mit ihr
sich nicht mehr befassen, es sey sogar ein schlechtes Helden-
stück, sie vollends zu Grunde zu richten, und möge man ja
auch wohl aus mitleidiger Schonung denen, die nun einmal
ihr Herz daran gehängt haben, dies im Grunde unschuldige
Spielwerk wohl gönnen. Doch haben wir mit diesen es eigentlich hier nicht zu thun, denn von ihnen wird wahrscheinlich keiner diese Schrift lesen; sondern nur mit solchen, die
eine Prüfung der Offenbarung verstatten.

Gegenwärtige sollte unserer Absicht nach die strengste
seyn, welche möglich ist. Was haben wir nun durch dieselbe
verloren? was gewonnen? wo ist das Uebergewicht?

Verloren haben wir alle unsere Aussichten auf Eroberun-
gen, sowohl objective, als subjective. Wir können nicht mehr
hoffen durch Hülfe einer Offenbarung in das Reich des Uebersinnlichen einzudringen, und von da, wer weiss welche Aus-
beute zurückzubringen, sondern müssen uns bescheiden, uns
mit dem, was uns mit einemmale zu unserer völligen Ausstat-
tung gegeben war, zu begnügen. Ebensowenig dürfen wir
weiter hoffen andere zu unterjochen, und sie zu zwingen ihren Antheil an dem gemeinschaftlichen Erbe, oder an dieser
neuen vermeinten Acquisition von uns zu Lehn zu nehmen, sondern müssen, jeder für sich, uns auf unsere eigenen Geschäfte
einschränken.

Gewonnen haben wir völlige Ruhe, und Sicherheit in unserem Eigenthume; Sicherheit vor den zudringlichen Wohlthätern, die uns ihre Gaben aufnöthigen, ohne dass wir etwas damit anzufangen wissen; Sicherheit vor Friedensstörern anderer Art, die uns das verleiden möchten, was sie selbst nicht zu gebrauchen wissen. Wir haben beide nur an ihre Armuth zu erinnern, die sie mit uns gemein haben, und in Absicht welcher wir nur darin von ihnen verschieden sind, dass wir sie wissen, und unseren Aufwand darnach einrichten.

Haben wir nun mehr verloren, oder mehr gewonnen? — Freilich scheint der Verlust der gehofften Einsichten in das Uebersinnliche ein wesentlicher, ein nicht zu ersetzender, noch zu verschmerzender Verlust; wenn es sich aber bei näherer Untersuchung ergeben sollte, dass wir dergleichen Einsichten zu gar nichts brauchen, ja dass wir nicht einmal sicher seyn können, ob wir sie wirklich besitzen, oder ob wir auch sogar hierüber uns täuschen, so möchte es leichter werden, sich darüber zu trösten.

Dass von der Realität aller Ideen vom Uebersinnlichen keine objective Gewissheit, sondern nur ein Glaube an sie stattfinde, ist nun zur Genüge erwiesen. Aller bisher entwickelte Glaube gründet sich auf eine Bestimmung des Begehrungsvermögens (bei der Existenz Gottes und der Seelen Unsterblichkeit auf eine des oberen, bei dem Vorsehungs- und Offenbarungsbegriffe auf eine durch das obere geschehene Bestimmung des unteren), und erleichtert gegenseitig wieder diese Bestimmung. Dass weiter keine Ideen möglich sind, an deren Realität zu glauben eine unmittelbare oder mittelbare Bestimmung durch das praktische Gesetz uns bewege, ist klärlich gezeigt. Es fragt sich also hier nur noch, ob nicht ein Glaube möglich sey, der *nicht* durch eine dergleichen Bestimmung entsteht, und sie *nicht* wieder erleichtert. Im ersten Falle muss es leicht auszumachen seyn, ob der Glaube *in concreto* wirklich da ist; das muss sich nemlich aus den praktischen Folgen ergeben, die er, als die Willensbestimmung erleichternd, nothwendig hervorbringen muss. Im letzteren Falle aber, wo keine dergleichen praktische Folgen möglich sind, scheint es, da der

Glaube etwas bloss subjectives ist, schwer, hierüber etwas festes zu bestimmen, und es hat völlig das Ansehen, dass uns nichts übrig bleibt, als jedem ehrlichen Manne auf sein Wort zu glauben, wenn er uns sagt: ich glaube das, oder ich glaube jenes. Dennoch ist es vielleicht möglich, auch hierüber etwas auszumitteln. Es ist nemlich an sich gar nicht zu läugnen, dass man oft andere, und ebenso oft sich selbst überredet, man glaube etwas, wenn man bloss nichts dagegen hat, und es ruhig an seinen Ort gestellt seyn lässt. Von dieser Art ist fast aller historische Glaube, wenn er sich nicht etwa auf eine Bestimmung des Begehrungsvermögens gründet, wie der an das Historische in einer Offenbarung, oder der eines Geschichts-forschers von Profession, der von der Achtung für sein Ge-schäft, und von der Wichtigkeit, die er in seine mühsamen Untersuchungen schlechterdings setzen muss, unzertrennlich ist; oder der einer Nation an eine Begebenheit, die ihren Na-tionalstolz unterstützt. Das Lesen der Begebenheiten und Hand-lungen von Wesen, die gleiche Begriffe und gleiche Leiden-schaften mit uns haben, beschäftigt uns auf eine angenehme Art, und es trägt zur Vermehrung unseres Vergnügens etwas bei, wenn wir annehmen dürfen, dass dergleichen Menschen wirklich lebten, und wir nehmen dies um so fester an, je mehr die Geschichte uns interessirt, je mehr sie Aehnlichkeit mit unseren Begebenheiten oder unserer Denkungsart hat; wir würden aber, besonders in manchen Fällen, auch nicht viel dagegen haben, wenn alles blosse Erdichtung wäre. Ists auch nicht wahr, so ist es gut erfunden, möchten wir denken. Wie soll man nun hierüber zu einiger Gewissheit über sich selbst kommen? — Die einzige wahre Probe, ob man etwas wirk-lich annehme, ist die, ob man darnach handelt, oder, im vor-kommenden Falle der Anwendung, darnach handeln würde. Ueber Meinungen, die an sich keine praktische Anwendung haben, noch haben können, findet dennoch zu jeder Zeit ein Experiment statt, dass man sich nemlich aufs Gewissen frage, ob man wohl für die Richtigkeit einer gewissen Meinung einen Theil seines Vermögens, oder das ganze, oder sein Leben, oder

seine Freiheit verwetten wolle, wenn etwas gewisses darüber
auszumachen seyn sollte. Man giebt dann einer Meinung, die
an sich keine praktischen Folgen hat, durch Kunst eine praktische Anwendung. Wenn man auf diese Art jemandem eine
Wette um sein ganzes Vermögen antrüge, dass kein Alexander
der Grosse gelebt habe, so könnte er vielleicht diese Wette
ohne Bedenken annehmen, weil er bei völliger Redlichkeit
dennoch ganz dunkel denken möchte, dass diejenige Erfahrung, welche dies entscheiden könnte, schlechterdings nicht
mehr möglich sey; wenn man aber etwa ebendemselben die
gleiche Wette darauf antrüge, dass kein Dalai Lama existire,
mit dem Erbieten, die Sache an Ort und Stelle durch die unmittelbare Erfahrung zu verificiren, so möchte er vielleicht be-
denklicher dabei werden, und sich dadurch verrathen, dass er
mit seinem Glauben über diesen Punct nicht völlig in Richtigkeit sey. Wenn man nun über den Glauben an übersinnliche
Dinge, deren Begriff durch die reine praktische Vernunft
a priori nicht gegeben ist, die mithin an sich gar keine praktischen Folgen haben können, sich eben so eine beträchtliche
Wette antrüge, so wäre es sehr leicht möglich, dass man dadurch, dass man sie von der Hand wiese, entdeckte, man habe
bisher den Glauben an sie nicht gehabt, sondern sich nur
überredet, ihn zu haben; wenn man aber diese Wette auch
wirklich annähme, so könnte man noch immer nicht sicher
seyn, ob sich nicht das Gemüth ganz dunkel besonnen habe,
es habe hier noch gar nicht nöthig, sich auf seiner Schalkheit
ertappen zu lassen, da bei einer solchen Wette gar nichts zu
wagen sey, weil die Sache (bei dergleichen Ideen) in Ewigkeit nicht, weder durch Gründe, noch durch Erfahrungen auszumachen sey. Wenn also auch nicht darzuthun seyn sollte,
dass an die Realität von dergleichen Ideen gar kein Glaube
möglich sey, so ergiebt sich hieraus doch leicht soviel, dass es
nie möglich sey, auch nur mit sich selbst ins Reine zu kommen, ob man diesen Glauben überhaupt habe, welches eben
soviel ist, als ob er überhaupt und an sich nicht möglich wäre.
Es ist hieraus zu beurtheilen, ob wir Ursache haben, über den

Verlust unserer Hoffnung durch eine Offenbarung erweiterte
Aussichten in die übersinnliche Welt zu bekommen, sehr verlegen zu seyn.

In Absicht des zweiten Verlustes bitten wir jeden, sich
vor seinem Gewissen die Frage zu beantworten, zu welcher
Absicht er eigentlich eine Religion haben wolle; ob dazu, um
sich über andere zu erheben, und sich vor ihnen aufzublähen,
zur Befriedigung seines Stolzes, seiner Herrschsucht über die
Gewissen, welche weit ärger ist, als die Herrschsucht über die
Körper; oder dazu, um sich selbst zum besseren Menschen zu
bilden. — Inzwischen bedürfen wir sie auch mit für andere,
theils um reine Moralität unter ihnen zu verbreiten; aber da
darf nur dargethan seyn, dass dies auf keinem anderen Wege,
als dem angezeigten, geschehen könne, so werden wir ja gern,
wenn dies wirklich unser Ernst ist, jeden anderen vermeiden;
theils, wenn wir das nicht können sollten, uns wenigstens der
Legalität von ihnen zu versichern, — ein Wunsch, der an sich
völlig rechtmässig ist. Und in Absicht der Möglichkeit ihn dadurch zu erreichen, ist denn ganz sicher nichts leichter, als
den Menschen, der sich im Dunkeln überhaupt fürchtet, zu
schrecken, ihn dadurch zu leiten, wohin man will, und ihn zu
bewegen, in Hoffnung des Paradieses seinen sterblichen Leib
brennen zu lassen, so sehr man will; wenn aber gezeigt ist,
dass durch eine solche Behandlung der Religion die Moralität
nothwendig gänzlich vernichtet werde, so wird man ja gar
gern eine Gewalt aufgeben, zu der man kein Recht hat; da
zumal diese Legalität weit sicherer, und wenigstens ohne
schädliche Folgen für die Moralität, durch andere Mittel erreicht wird.

Dies wäre denn die Berechnung unseres Verlustes. Lasst
uns nun den Gewinn dagegen halten!

Wir gewinnen völlige Sicherheit in unserem Eigenthume.
Wir dürfen ohne Furcht, dass unser Glaube uns durch irgend
eine Vernünftelei geraubt werde, ohne Besorgniss, dass man
ihn lächerlich machen könne, ohne Scheu vor der Bezüchtigung des Blödsinnes und der Geistesschwäche, ihn zu unserer

Verbesserung brauchen. Jede Widerlegung muss falsch seyn, das können wir *a priori* wissen; jeder Spott muss auf den Urheber zurückfallen.

Wir gewinnen völlige Gewissensfreiheit, nicht vom Gewissenszwange durch physische Mittel, welcher eigentlich nicht stattfindet; denn äusserer Zwang kann uns zwar nöthigen mit dem Munde zu bekennen, was er will, aber nie, im Herzen etwas dem ähnliches zu denken; sondern von dem unendlich härteren Geisteszwange durch moralische Bedrückungen und Vexationen, durch Zureden, Zunöthigungen, Drohungen, wer weiss welcher schlimmen Uebel, die man unserem Gemüthe anlegt. Dadurch wird nothwendig die Seele in eine ängstliche Furcht versetzt, und quält sich so lange, bis sie es endlich so weit bringt, sich selbst zu belügen, und den Glauben in sich zu erheucheln; eine Heuchelei, welche weit schrecklicher ist, als der völlige Unglaube, weil der letztere den Charakter nur so lange, als er dauert, verderbet, die erstere aber ihn ohne Hoffnung jemaliger Besserung zu Grunde richtet: so dass ein solcher Mensch nie wieder die geringste Achtung oder das geringste Zutrauen zu sich fassen kann. Dies ist die Folge, welche das Verfahren, den Glauben auf Furcht und Schrecken, und auf diesen erpressten Glauben erst die Moralität (eine Nebensache, die wohl ganz gut seyn mag, wenn sie zu haben ist, in Ermangelung deren aber auch wohl der Glaube allein uns durchhelfen kann), gründen zu wollen, nothwendig haben muss, und welche er auch allemal gehabt haben würde, wenn man immer consequent zu Werke gegangen, und die menschliche Natur von ihrem Schöpfer nicht zu gut eingerichtet wäre, als dass sie sich so sollte verdrehen lassen.

Nach Maassgabe dieser Grundsätze würde der einzige Weg — ein Weg, den offenbar auch das Christenthum vorschreibt — den Glauben in den Herzen der Menschen hervorzubringen, der seyn: ihnen durch Entwickelung des Moralgefühls das Gute erst recht lieb und werth zu machen, und dadurch den Entschluss, gute Menschen zu werden, in ihnen zu erwecken; dann sie ihre Schwäche allenthalben fühlen zu

lassen, und nun erst ihnen die Aussicht auf die Unterstützung
einer Offenbarung zu geben, und sie würden glauben, ehe man
ihnen zugerufen hätte: glaubet!

Und jetzt darf die Entscheidung, wo das Uebergewicht
sey, ob auf der Seite des Gewinns, oder der des Verlustes,
dem Herzen eines jeden Lesers überlassen werden, mit Zu-
sicherung des beiläufigen Vortheils, dass ein jeder dieses Herz
selbst aus dem Urtheile, das es hierüber fället, näher wird
kennen lernen.

Inhalt.

Ueber

den Grund unseres Glaubens

an eine göttliche Weltregierung.

———

Phil. Journal Bd. VIII. S. 1—20.

1798.

(Philosophisches Journal Bd. VIII. S. 1—20.)

Der Verfasser dieses Aufsatzes erkannte es schon längst
für seine Pflicht, die Resultate seines Philosophirens über den
oben angezeigten Gegenstand, welche er bisher in seinem
Hörsaale vortrug, auch dem grösseren philosophischen Publicum zur Prüfung und gemeinschaftlichen Berathung vorzulegen.
Er wollte dies mit derjenigen Bestimmtheit und Genauigkeit
thun, zu welcher die Heiligkeit der Materie für so viele ehrwürdige Gemüther jeden Schriftsteller verbindet; indessen war
seine Zeit durch andere Arbeiten ausgefüllt, und die Ausführung seines Entschlusses verzog sich von einer Zeit zur
anderen.

Indem er gegenwärtig, als Mitherausgeber dieses Journals,
den folgenden Aufsatz eines trefflichen philosophischen Schriftstellers*) mit vor das Publicum zu bringen hat, findet er von
der einen Seite eine Erleichterung; da dieser Aufsatz in vielen
Rücksichten mit seiner eigenen Ueberzeugung übereinkommt,
er auf ihn sich berufen, und dem Verfasser desselben es überlassen kann, auch mit in seinem Namen zu reden; von einer
anderen Seite aber eine dringende Aufforderung sich zu erklären, indem derselbe Aufsatz in manchen anderen Rücksich-

---

*) Forberg: „Entwickelung des Begriffes der Religion.“
(Anmerkung des Herausgebers.)

ten seiner Ueberzeugung nicht sowohl entgegen ist, als nur dieselbe nicht erreicht; und es ihm doch wichtig scheint, dass die Denkart über diese Materie, welche aus seiner Ansicht der Philosophie hervorgeht, gleich anfangs vollständig vor das Publicum gebracht werde. Er muss sich jedoch vor jetzt begnügen, nur den Grundriss seiner Gedankenfolge anzugeben, und behält sich die weitere Ausführung auf eine andere Zeit vor.

Was den Gesichtspunct bisher fast allgemein verrückt hat, und vielleicht noch lange fortfahren wird, ihn zu verrücken, ist dies: dass man den sogenannten moralischen, oder irgend einen philosophischen Beweis einer göttlichen Weltregierung für einen eigentlichen *Beweis* gehalten; dass man anzunehmen geschienen, durch jene Demonstrationen solle der Glaube an Gott erst in die Menschheit hineingebracht, und ihr andemonstrirt werden. Arme Philosophie! Wenn es nicht schon im Menschen ist, so möchte ich wenigstens nur das wissen, woher denn deine Repräsentanten, die doch wohl auch nur Menschen sind, selbst nehmen, was sie durch die Kraft ihrer Beweise uns geben wollen; oder, wenn diese Repräsentanten in der That Wesen` von einer höheren Natur sind, wie sie darauf rechnen können, Eingang bei uns anderen zu finden, und uns verständlich zu werden, ohne etwas ihrem Glauben analoges in 'uns vorauszusetzen? — So ist es nicht. Die Philosophie kann nur Facta *erklären*, keinesweges selbst welche hervorbringen, ausser dass sie sich selbst, als Thatsache, hervorbringt. So wenig es dem Philosophen einfallen wird, die Menschen zu bereden, dass sie doch hinführo die Objecte ordentlich als Materie im Raume, und die Veränderungen derselben ordentlich als in der Zeit aufeinanderfolgend denken möchten; so wenig lasse er sich einfallen, sie dazu bereden zu wollen, dass sie doch an eine göttliche Weltregierung glauben. Beides geschieht wohl ohne sein Zuthun; er setzt es als Thatsache voraus; und Er ist lediglich dazu da, diese Thatsachen, als solche, aus dem nothwendigen Verfahren jedes vernünftigen Wesens abzuleiten. Also — wir wollen unser Räsonnement keinesweges für eine Ueberführung des Ungläubigen, sondern für eine Ableitung der Ueberzeugung des Gläubigen gehalten wissen.

Wir haben nichts zu thun, als die Causalfrage zu beantworten: wie kommt der Mensch zu jenem Glauben?

Der entscheidende Punct, auf den es bei dieser Beantwortung ankommt, ist der, dass jener Glaube durch dieselbe nicht etwa vorgestellt werde als eine willkürliche Annahme, die der Mensch machen könne oder auch nicht, nachdem es ihm beliebe, als ein freier Entschluss, für wahr zu halten, was das Herz wünscht, weil es dasselbe wünscht, als eine Ergänzung oder Ersetzung der zureichenden*) Ueberzeugungsgründe durch die Hoffnung. Was in der Vernunft gegründet ist, ist schlechthin nothwendig; und was nicht nothwendig ist, ist ebendarum vernunftwidrig. Das Fürwahrhalten desselben ist Wahn und Traum, so fromm auch etwa geträumt werden möge.

Wo wird nun der Philosoph, der jenen Glauben voraussetzt, den nothwendigen Grund desselben, den er zu Tage fördern soll, aufsuchen? Etwa in einer vermeinten Nothwendigkeit, von der Existenz oder der Beschaffenheit der Sinnenwelt auf einen vernünftigen Urheber derselben zu schliessen? Keinesweges; denn er weiss zu gut, dass zwar eine verirrte Philosophie, in der Verlegenheit etwas erklären zu wollen, dessen Daseyn sie nicht läugnen kann, dessen wahrer Grund ihr aber verborgen ist, nimmermehr aber der unter der Vormundschaft der Vernunft und unter der Leitung ihres Mechanismus stehende ursprüngliche Verstand, eines solchen Schlusses fähig ist. Entweder erblickt man die Sinnenwelt aus dem Standpuncte des gemeinen Bewusstseyns, den man auch den der Naturwissenschaft nennen kann, oder vom transscendentalen Gesichtspuncte aus. Im ersten Falle ist die Vernunft genöthigt, bei dem Seyn der Welt, als einem Absoluten, stehen zu bleiben; die Welt ist, schlechthin weil sie ist, und sie ist so, schlechthin weil sie so ist. Auf diesem Standpuncte wird von einem absoluten Seyn ausgegangen, und dieses absolute Seyn ist eben die Welt; beide Begriffe sind identisch. Die Welt wird ein sich selbst begründendes, in sich selbst vollendetes, und eben darum ein organisirtes und organisirendes

---

*) unzureichenden (?)

Ganzes, das den Grund aller in ihm vorkommenden Phänomen in sich selbst, und in seinen immanenten Gesetzen enthält. Eine Erklärung der Welt und ihrer Formen aus Zwecken einer Intelligenz, ist, inwiefern nur wirklich die *Welt und ihre Formen* erklärt werden sollen, und wir uns sonach auf dem Gebiete der reinen — ich sage der *reinen* Naturwissenschaft befinden, totaler Unsinn. Ueberdies hilft uns der Satz: eine Intelligenz ist Urheber der Sinnenwelt, nicht das geringste, und bringt uns um keine Linie weiter; denn er hat nicht die mindeste Verständlichkeit, und giebt uns ein paar leere Worte, statt einer Antwort auf die Frage, die wir nicht hätten aufwerfen sollen. Die Bestimmungen einer Intelligenz sind doch ohne Zweifel Begriffe; wie nun diese entweder in Materie sich verwandeln mögen, in dem ungeheuren Systeme einer Schöpfung aus nichts, oder die schon vorhandene Materie modificiren mögen, in dem nicht viel vernünftigeren Systeme der blossen Bearbeitung einer selbstständigen ewigen Materie, — darüber ist noch immer das erste verständliche Wort vorzubringen.

Erblickt man die Sinnenwelt vom transscendentalen Gesichtspuncte aus, so verschwinden freilich alle diese Schwierigkeiten; es ist dann keine für sich bestehende Welt: in allem, was wir erblicken, erblicken wir bloss den Wiederschein unserer eigenen inneren Thätigkeit. Aber was nicht ist, nach dessen Grunde kann nicht gefragt werden; es kann nichts ausser ihm angenommen werden, um dasselbe zu erklären.*)

---

*) Man müsste denn nach dem Grunde des Ich selbst fragen. Unter den allerdings originellen Fragen, welche an die Wissenschaftslehre ergingen, blieb jedoch diese dem neuesten Göttingischen Metaphysiker allein vorbehalten, welcher sie in seiner Rec. der W. L. in den Göttingischen gelehrten Anzeigen wirklich erhebt. Mit was für Leuten man nicht zu thun bekommt, wenn man sich in unserem philosophischen Jahrhunderte mit Philosophiren beschäftigt! Kann denn das Ich sich selbst erklären, sich selbst erklären auch nur wollen, ohne aus sich herauszugehen, und aufzuhören, Ich zu seyn? Wobei nach einer Erklärung auch nur gefragt werden kann, das ist sicher nicht das reine (absolut freie, und selbstständige) Ich; denn *alle Erklärung macht abhängig.*

Von derselben Art ist, und aus demselben Geiste geht hervor der Vorwurf desselben Rec.: die W. L. habe ihren *Grundsatz* — sprich ihren

Von der Sinnenwelt aus giebt es sonach keinen möglichen Weg, um zur Annahme einer moralischen Weltordnung aufzusteigen; wenn man nur die Sinnenwelt rein denkt, und nicht etwa, wie dies durch jene Philosophen geschah, eine moralische Ordnung derselben unvermerkt schon voraussetzt.

Durch unseren Begriff einer übersinnlichen Welt sonach müsste jener Glaube begründet werden.

Es giebt einen solchen Begriff. Ich finde mich frei von allem Einflusse der Sinnenwelt, absolut thätig in mir selbst, und durch mich selbst; sonach, als eine über alles Sinnliche erhabene Macht. Diese Freiheit aber ist nicht unbestimmt; sie hat ihren Zweck: nur erhält sie denselben nicht von aussen her, sondern sie setzt sich ihn durch sich selbst. Ich selbst und mein nothwendiger Zweck sind das Uebersinnliche.

An dieser Freiheit und dieser Bestimmung derselben kann ich nicht zweifeln, ohne mich selbst aufzugeben.

Grundsatz — nicht — *erwiesen.* — Wenn der Satz, von welchem sie ausgeht, bewiesen werden könnte, so wäre er ebendarum nicht Grundsatz; sondern der höchste Satz, aus dem er bewiesen würde, wäre es, und von diesem sonach würde ausgegangen. Aller Beweis setzt etwas schlechthin Unbeweisbares voraus. — Dasjenige, wovon die W. L. ausgeht, lässt sich nicht begreifen, noch durch Begriffe mittheilen, sondern nur unmittelbar anschauen. Wer diese Anschauung nicht hat, für den bleibt die W. L. nothwendig grundlos und lediglich formal; und mit ihm kann dieses System schlechterdings nichts anfangen. Dieses freimüthige Geständniss wird hier nicht zum erstenmale abgelegt, aber es ist nun einmal Sitte, dass, nachdem man eine Erinnerung im Allgemeinen vorgebracht, man sie noch jedem neuen einzelnen Gegner insbesondere mittheilen muss, und dass man darüber nicht im mindesten verdrüsslich werden soll: und ich will hierdurch mit aller Freundlichkeit dieser meiner Pflicht gegen jenen Gegner mich erledigt haben. Das $\pi\varrho\tilde{\omega}\tau o\nu\ \psi\varepsilon\tilde{\upsilon}\delta o\varsigma$ desselben ist dies: dass ihm noch nicht gehörig klar geworden, dass, wenn überhaupt Wahrheit, und insbesondere mittelbare (durch Folgerung vermittelte) Wahrheit sey, es ein *unmittelbar* Wahres geben müsse. Sobald er dies eingesehen haben wird, suche er nach diesem Unmittelbaren so lange, bis er es findet. Dann erst wird er fähig seyn, das System der W. L. zu beurtheilen; denn erst dann wird er es verstehen, welches bis jetzt, unerachtet seiner mehrmaligen Versicherungen, der Fall nicht ist; wie dies nun beim kalten Erwägen der obigen Erinnerungen vielleicht ihm selbst wahrscheinlich werden wird.

Ich kann nicht zweifeln, sage ich, kann auch nicht einmal die Möglichkeit, dass es nicht so sey, dass jene innere Stimme täusche, dass sie erst anderwärtsher autorisirt und begründet werden müsse, mir denken; ich kann sonach hierüber gar nicht weiter vernünfteln, deuteln und erklären. Jener Ausdruck ist das absolut Positive und Kategorische.

Ich kann nicht weiter, wenn ich nicht mein Inneres zerstören will; ich kann nur darum nicht weiter gehen, weil ich weiter gehen nicht *wollen* kann. Hier liegt dasjenige, was dem sonst ungezähmten Fluge des Räsonnements seine Grenze setzt, was den Geist bindet, weil es das Herz bindet; hier der Punct, der Denken und Wollen in Eins vereiniget, und Harmonie in mein Wesen bringt. Ich könnte an und für sich wohl weiter, wenn ich mich in Widerspruch mit mir selbst versetzen wollte; denn es giebt für das Räsonnement keine immanente Grenze in ihm selbst, es geht frei hinaus ins Unendliche, und muss es können; denn ich bin frei in allen meinen Aeusserungen, und nur ich selbst kann mir eine Grenze setzen durch den Willen. Die Ueberzeugung von unserer moralischen Bestimmung geht sonach selbst schon aus moralischer Stimmung hervor, und ist *Glaube*; und man sagt insofern ganz richtig: das Element aller Gewissheit ist Glaube. — So musste es seyn; denn die Moralität, so gewiss sie das ist, kann schlechterdings nur durch sich selbst, keinesweges etwa durch einen logischen Denkzwang constituirt werden.

Ich könnte weiter, wenn ich auch selbst in bloss theoretischer Hinsicht mich in das unbegrenzte Bodenlose stürzen, absolut Verzicht leisten wollte auf irgend einen festen Standpunct, mich bescheiden wollte, selbst diejenige Gewissheit, welche alles mein Denken begleitet, und ohne deren tiefes Gefühl ich nicht einmal auf das Speculiren ausgehen könnte, schlechterdings unerklärbar zu finden. Denn es giebt keinen festen Standpunct, als den angezeigten, nicht durch die Logik, — sondern durch die moralische Stimmung begründeten; und wenn unser Räsonnement bis zu diesem entweder nicht fortgeht, oder über ihn hinausgeht, so ist es ein grenzenloser

Ocean, in welchem jede Woge durch eine andere fortgetrieben wird.

Indem ich jenen mir durch mein eignes Wesen gesetzten Zweck ergreife, und ihn zu dem meines wirklichen Handelns mache, setze ich zugleich die Ausführung desselben durch wirkliches Handeln als möglich. Beide Sätze sind identisch; denn, „ich setze mir etwas als Zweck vor" heisst: „ich setze es in irgend einer zukünftigen Zeit als wirklich;" in der Wirklichkeit aber wird die Möglichkeit nothwendig mit gesetzt. Ich muss, wenn ich nicht mein eignes Wesen verläugnen will, das erste, die Ausführung jenes Zwecks mir vorsetzen; ich muss sonach auch das zweite, seine Ausführbarkeit annehmen: ja es ist hier nicht eigentlich ein erstes und ein zweites, sondern es ist absolut Eins; beides sind in der That nicht zwei Acte, sondern ein und ebenderselbe untheilbare Act des Gemüths.

Man bemerke hierbei theils die absolute Nothwendigkeit des Vermittelten; wenn man mir noch einen Augenblick erlauben will, die Ausführbarkeit des sittlichen Endzwecks als ein Vermitteltes zu betrachten. Es ist hier nicht ein Wunsch, eine Hoffnung, eine Ueberlegung und Erwägung von Gründen für und wider, ein freier Entschluss, etwas anzunehmen, dessen Gegentheil man wohl auch für möglich hält. Jene Annahme ist unter Voraussetzung des Entschlusses, dem Gesetze in seinem Innern zu gehorchen, schlechthin nothwendig; sie ist unmittelbar in diesem Entschlusse enthalten, sie selbst ist dieser Entschluss.

Dann bemerke man die Ordnung des Gedankenganges. Nicht von der Möglichkeit wird auf die Wirklichkeit fortgeschlossen, sondern umgekehrt. Es heisst nicht: ich soll, denn ich kann; sondern: ich kann, denn ich soll. Dass ich soll, und was ich soll, ist das erste, unmittelbarste. Dies bedarf keiner weiteren Erklärung, Rechtfertigung, Autorisation; es ist für sich bekannt, und für sich wahr. Es wird durch keine andere Wahrheit begründet und bestimmt; sondern alle andere Wahrheit wird vielmehr durch diese bestimmt. — Diese Folge der Gedanken ist sehr häufig übersehen worden. Wer da sagt: ich muss doch erst wissen, ob ich kann, ehe ich be-

urtheilen kann, ob ich soll, der hebt entweder den Primat des
Sittengesetzes, und dadurch das Sittengesetz selbst auf, wenn
er praktisch, oder er verkennt gänzlich den ursprünglichen
Gang der Vernunft, wenn er speculirend so urtheilt.

Ich muss schlechthin den Zweck der Moralität mir vorsetzen, seine Ausführung ist möglich, sie ist durch mich möglich, heisst, zufolge der blossen Analyse: jede der Handlungen
die ich vollbringen soll, und meine Zustände, die jene Handlungen bedingen, verhalten sich, wie Mittel zu dem mir vorge-
setzten Zwecke. Meine ganze Existenz, die Existenz aller moralischen Wesen, die Sinnenwelt, als unser gemeinschaftlicher
Schauplatz, erhalten nun eine Beziehung auf Moralität; und es
tritt eine ganz neue Ordnung ein, von welcher die Sinnenwelt,
mit allen ihren immanenten Gesetzen, nur die ruhende Grundlage ist. Jene Welt geht ihren Gang ruhig fort, nach ihren
ewigen Gesetzen, um der Freiheit eine Sphäre zu bilden; aber
sie hat nicht den mindesten Einfluss auf Sittlichkeit oder Unsittlichkeit, nicht die geringste Gewalt über das freie Wesen.
Selbstständig und unabhängig schwebt dieses über aller Natur.
Dass der Vernunftzweck wirklich werde, kann nur durch das
Wirken des freien Wesens erreicht werden; aber es wird dadurch auch ganz sicher erreicht, zufolge eines höheren Gesetzes.
Rechtthun ist möglich, und jede Lage ist durch jenes höhere
Gesetz darauf berechnet; die sittliche That gelingt, zufolge der-
selben Einrichtung, unfehlbar, und die unsittliche mislingt un-
fehlbar. Die ganze Welt hat für uns eine völlig veränderte
Ansicht erhalten.

Diese Veränderung der Ansicht wird noch deutlicher erhellen, wenn wir uns in den transscendentalen Gesichtspunct
erheben. Die Welt ist nichts weiter, als die nach begreiflichen
Vernunftgesetzen versinnlichte Ansicht unsers eigenen inneren
Handelns, als blosser Intelligenz, innerhalb unbegreiflicher
Schranken, in die wir nun einmal eingeschlossen sind, — sagt
die transscendentale Theorie; und es ist dem Menschen nicht
zu verargen, wenn ihm bei dieser gänzlichen Verschwindung
des Bodens unter ihm unheimlich wird. Jene Schranken sind
ihrer Entstehung nach allerdings unbegreiflich; aber was ver-

schlägt dir auch dies? — sagt die praktische Philosophie; die *Bedeutung* derselben ist das klarste und gewisseste, was es giebt, sie sind deine bestimmte Stelle in der moralischen Ord nung der Dinge. Was du zufolge ihrer wahrnimmst, hat Rea lität, die einzige, die dich angeht, und die es für dich giebt; es ist die fortwährende Deutung des Pflichtgebots, der lebendige Ausdruck dessen, *was* du sollst, da du ja sollst. Unsere Welt ist das versinnlichte Materiale unserer Pflicht; dies ist das eigentliche Reelle in den Dingen, der wahre Grundstoff aller Erscheinung. Der Zwang, mit welchem der Glaube an die Realität derselben sich uns aufdringt, ist ein moralischer Zwang; der einzige, welcher für das freie Wesen möglich ist. Niemand kann ohne Vernichtung seine moralische Bestimmung so weit aufgeben, dass sie ihn nicht wenigstens noch in diesen Schranken für die künftige höhere Veredlung aufbewahre. — So, als das Resultat einer moralischen Weltordnung angesehen, kann man das Princip dieses Glaubens an die Realität der Sinnenwelt gar wohl Offenbarung nennen. Unsere Pflicht ists, die in ihr sich offenbart.

Dies ist der wahre Glaube; diese moralische Ordnung ist das *Göttliche,* das wir annehmen. Er wird construirt durch das Rechtthun. Dieses ist das einzig mögliche Glaubensbekenntniss: fröhlich und unbefangen vollbringen, was jedesmal die Pflicht gebeut, ohne Zweifeln und Klügeln über die Folgen. Dadurch wird dieses Göttliche uns lebendig und wirklich; jede unserer Handlungen wird in der Voraussetzung desselben vollzogen, und alle Folgen derselben werden nur in ihm aufbehalten.

Der wahre Atheismus, der eigentliche Unglaube und Gottlosigkeit besteht darin, dass man über die Folgen seiner Handlungen klügelt, der Stimme seines Gewissens nicht eher gehorchen will, bis man den guten Erfolg vorherzusehen glaubt, so seinen eigenen Rath über den Rath Gottes erhebt, und sich selbst zum Gotte macht. Wer Böses thun will, damit Gutes daraus komme, ist ein Gottloser. In einer moralischen Weltregierung kann aus dem Bösen nie Gutes folgen, und so gewiss du an die erstere glaubst, ist es dir unmöglich, das letztere zu denken. — Du darfst nicht lügen, und wenn die Welt

darüber in Trümmer zerfallen sollte. Aber dies ist nur eine
Redensart; wenn du im Ernste glauben dürftest, dass sie zerfallen würde, so wäre wenigstens dein Wesen schlechthin widersprechend und sich selbst vernichtend. Aber dies glaubst
du eben nicht, noch kannst, noch darfst du es glauben; du
weisst, dass in dem Plane ihrer Erhaltung sicherlich nicht
auf eine Lüge gerechnet ist.

Der eben abgeleitete Glaube ist aber auch der Glaube
ganz und vollständig. Jene lebendige und wirkende moralische
Ordnung ist selbst Gott; wir bedürfen keines anderen Gottes,
und können keinen anderen fassen. Es liegt kein Grund in
der Vernunft, aus jener moralischen Weltordnung herauszugehen, und vermittelst eines Schlusses vom Begründeten auf den
Grund noch ein besonderes Wesen, als die Ursache desselben,
anzunehmen; der ursprüngliche Verstand macht sonach diesen
Schluss sicher nicht, und kennt kein solches besonderes Wesen;
nur eine sich selbst misverstehende Philosophie macht ihn.
Ist denn jene Ordnung ein Zufälliges, welches seyn könnte,
oder auch nicht, *so* seyn könnte, wie es ist, oder auch anders;
dass ihr ihre Existenz und Beschaffenheit erst aus einem Grunde
erklären, erst vermittelst Aufzeigung dieses Grundes den Glauben an dieselbe legitimiren müsstet? Wenn ihr nicht mehr
auf die Forderungen eines nichtigen Systems hören, sondern
euer eigenes Inneres befragen werdet, werdet ihr finden, dass
jene Weltordnung das absolut Erste aller objectiven Erkenntniss ist, gleichwie eure Freiheit und moralische Bestimmung
das absolut erste aller subjectiven; dass alle übrige objective
Erkenntniss durch sie begründet und bestimmt werden muss,
sie aber schlechthin durch kein anderes bestimmt werden kann,
weil es über sie hinaus nichts giebt. Ihr könnt jene Erklärung
gar nicht versuchen, ohne in euch selbst dem Range jener
Annahme Abbruch zu thun, und sie wankend zu machen. Ihr
Rang ist der, dass sie absolut durch sich gewiss ist, und keine
Klügelei duldet. Ihr macht sie abhängig von Klügelei.

Und dieses Klügeln, wie gelingt es euch denn? Nachdem
ihr die unmittelbare Ueberzeugung wankend gemacht habt,
wodurch befestigt ihr sie denn? O, es steht mislich um euren

Glauben, wenn ihr ihn nur mit der Behauptung jenes Grundes, den ihr aufstellt, zugleich behaupten könnt, und mit dem Hinfallen desselben hinfallen lassen müsst.

Denn wenn man euch nun auch erlauben wollte, jenen Schluss zu machen, und vermittelst desselben ein besonderes Wesen, als die Ursache jener moralischen Weltordnung anzunehmen, was habt ihr denn nun eigentlich angenommen? Dieses Wesen soll von euch und der Welt unterschieden seyn, es soll in der letzteren nach Begriffen wirken, es soll sonach der Begriffe fähig seyn, Persönlichkeit haben und Bewusstseyn. Was nennt ihr denn nun Persönlichkeit und Bewusstseyn? doch wohl dasjenige, was ihr in euch selbst gefunden, an euch selbst kennen gelernt, und mit diesem Namen bezeichnet habt? Dass ihr aber dieses ohne Beschränkung und Endlichkeit schlechterdings nicht denkt, noch denken könnt, kann euch die geringste Aufmerksamkeit auf eure Construction dieses Begriffs lehren. Ihr macht sonach dieses Wesen durch die Beilegung jenes Prädicats zu einem endlichen, zu einem Wesen eures Gleichen, und ihr habt nicht, wie ihr wolltet, Gott gedacht, sondern nur euch selbst im Denken vervielfältigt. Ihr könnt aus diesem Wesen die moralische Weltordnung ebensowenig erklären, als ihr sie aus euch selbst erklären könnt; sie bleibt unerklärt und absolut wie zuvor; und ihr habt in der That, indem ihr dergleichen Worte vorbringt, gar nicht gedacht, sondern bloss mit einem leeren Schalle die Luft erschüttert. Dass es euch so ergehen werde, konntet ihr ohne Mühe voraussehen. Ihr seyd endlich; und wie könnte das Endliche die Unendlichkeit umfassen und begreifen?

So bleibt der Glaube bei dem unmittelbar Gegebenen, und steht unerschütterlich fest; wird er abhängig gemacht vom Begriffe, so wird er wankend, denn der Begriff ist unmöglich, und voller Widersprüche.

Es ist daher ein Misverständniss, zu sagen: es sey zweifelhaft, ob ein Gott sey, oder nicht. *) Es ist gar nicht zwei-

---

*) Dies ist auf eine nachfolgende Aeusserung in der Abhandlung Forbergs zu beziehen: Phil. Journal Bd. VIII. S. 41. Vergl. Fichte's „Verantwortungsschrift etc." S. 42. 43. (alte Ausg.)

(Anm. d. Herausgebers.)

felhaft, sondern das Gewisseste, was es giebt, ja der Grund
aller anderen Gewissheit, das einzige absolut gültige Objective,
dass es eine moralische Weltordnung giebt, dass jedem vernünftigen Individuum seine bestimmte Stelle in dieser Ordnung angewiesen, und auf seine Arbeit gerechnet ist; dass
jedes seiner Schicksale, inwiefern es nicht etwa durch sein
eigenes Betragen verursacht ist, Resultat ist von diesem Plane;
dass ohne ihn kein Haar fällt von seinem Haupte, und in seiner Wirkungssphäre kein Sperling vom Dache; dass jede wahrhaft gute Handlung gelingt, jede böse sicher mislingt, und
dass denen, die nur das Gute recht lieben, alle Dinge zum
Besten dienen müssen. Es kann ebensowenig von der anderen
Seite dem, der nur einen Augenblick nachdenken, und das
Resultat dieses Nachdenkens sich redlich gestehen will, zweifelhaft bleiben, dass der Begriff von Gott, als einer besondern
Substanz, unmöglich und widersprechend ist: und es ist erlaubt, dies aufrichtig zu sagen, und das Schulgeschwätz niederzuschlagen, damit die wahre Religion des freudigen Rechtthuns sich erhebe.

   Zwei vortreffliche Dichter haben dieses Glaubensbekenntniss des verständigen und guten Menschen unnachahmlich
schön ausgedrückt. „Wer darf sagen, lässt der eine eine
seiner Personen reden,

       wer darf sagen,
   Ich glaub' an Gott?
   Wer darf ihn *nennen* (Begriff und Wort für ihn suchen)
   Und *bekennen*,
   Ich glaub' ihn?
   Wer empfinden,
   Und sich unterwinden
   Zu sagen, ich glaub' ihn nicht?
   Der Allumfasser, (nachdem man ihn nemlich erst durch
           moralischen Sinn, nicht etwa durch theore-
           tische Speculation ergriffen hat, und die Welt
           schon als den Schauplatz moralischer Wesen
           betrachtet.)
   Der Allerhalter,

Fasst und erhält er nicht
Dich, mich, sich selbst?
Wölbt sich der Himmel nicht da droben?
Liegt die Erde nicht hier unten fest?
Und steigen freundlich blickend
Ewige Sterne nicht hier auf?
Schau ich nicht Aug' in Auge dir,
Und dringt nicht alles
Nach Haupt und Herzen dir,
Und webt in ewigem Geheimniss
Unsichtbar sichtbar neben dir?
Erfüll' davon dein Herz, so gross es ist,
Und wenn du ganz in dem Gefühle selig bist,
Nenn es dann, wie du willst,
Nenns Glück! Herz! Liebe! Gott!
Ich habe keinen Namen
Dafür. Gefühl ist alles,
Name ist Schall und Rauch,
Umnebelnd Himmelsgluth."

Und der zweite singt:

    „ein heiliger *Wille* lebt,
Wie auch der menschliche wanke;
Hoch über der Zeit und dem Raume webt
Lebendig der höchste *Gedanke*;
Und ob alles in ewigem Wechsel kreist,
Es beharret im Wechsel ein ruhiger Geist."

J. G. Fichte's

d. Phil. Doctors und ordentlichen Professors zu Jena

Appellation an das Publicum

über die

durch ein Churf. Sächs. Confiscationsrescript ihm beigemessenen

atheistischen Aeusserungen.

Eine Schrift, die man erst zu lesen bittet, ehe man
sie confiscirt.

Erste Auflage: Jena und Leipzig, bei Christian Ernst Gabler;
                    Tübingen, in der J. G. Cottaschen Buchhandlung. 1799.
Zweite Auflage: Ebendaselbst. 1799.

Aus der Nationalzeitung von 1798 St. 51.

Chursachsen.

Folgendes Churfürstl. sächs. Rescript ist an die beiden Universitäten Leipzig und Wittenberg ergangen:

Von Gottes Gnaden, Friedrich August, Churfürst u. s. w. Würdige, Hochgelahrte, Liebe, Andächtige und Getreue. Wir haben, wegen der in dem ersten und zweiten Aufsatze des ersten Heftes des von den Professoren zu Jena, Fichte und Niethammer herausgegebenen Philosophischen Journals *p. ao.* 1798 enthaltenen *atheistischen* Aeusserungen die Confiscation dieser Schrift angeordnet. Und da wir zu den Lehrern unserer Universitäten das gegründete Vertrauen hegen, dass sie jede Gelegenheit, welche ihnen ihr Amt, und ihr Einfluss auf die Jugend und das Publicum überhaupt an die Hand giebt, dazu benutzen werden, die *angegriffene Religion* mit Nachdruck, Eifer und Würde in Schutz zu nehmen, und dafür zu sorgen, dass vernünftiger Glaube an Gott, und lebendige Ueberzeugung von der Wahrheit des Christenthums überall gegründet, verbreitet, und befestiget werde. So lassen wir Euch solches hierdurch unverhalten seyn. *Datum* Dresden am 19. Nov. 1798.

Heinrich Ferdinand v. Zedtwitz.
Carl Gottlieb Kühn.

Der erste Aufsatz in dem genannten ersten Hefte des genannten Journals ist von mir; ich habe in demselben den Grund
unsers Glaubens an Gott untersucht; ich habe Sätze aufgestellt,
welche von einer gewissen abgöttischen und atheistischen Partei unter uns atheistisch genannt werden; jene Beschuldigung
des Atheismus geht also auf mich.

Möchte man doch immer in Chursachsen die von mir ver-
fassten oder nur herausgegebenen Schriften verbieten. Sie haben da schon so manches Buch verboten, und werden noch
so manches verbieten; und es ist keine Schmähung, in dieser
Reihe mit aufgeführt zu werden. Ich schreibe und gebe heraus nur für diejenigen, die unsere Schriften lesen wollen; ich
begehre keinen zu zwingen; und ob die einzelnen selbst, oder
ob in ihrer aller Namen die Regierung versichert, dass sie
meine Schriften nicht mögen, ist mir ganz einerlei. Sind etwa
die einzelnen nicht gleicher Meinung mit ihrer Regierung, so
mögen sie das mit ihr ausmachen; es ist nicht meine Sache.

Also — vom Verbote ist gar nicht die Rede, sondern von
dem Grunde desselben. Sie geben mich für einen Atheisten
aus. Dies ist meine Sache: dagegen muss eine Vertheidigung
erfolgen, und ich selbst muss diese Vertheidigung übernehmen.

Die Beschuldigung der Gottlosigkeit ruhig ertragen, ist selbst
eine der ärgsten Gottlosigkeiten. Wer mir sagt, du glaubst
keinen Gott, sagt mir: du bist zu dem, was die Menschheit eigentlich auszeichnet, und ihren wahren Unterscheidungs - Charakter bildet, unfähig; du bist nicht mehr als ein Thier. Ich
lasse ihn bei diesem Gedanken; und sage ihm dadurch: du
bist unfähig über dergleichen Gegenstände zu urtheilen, und
unwürdig, dass man dich darüber urtheilen lehre; dergleichen
Gegenstände sind für dich gar nicht vorhanden; und ich mache
ihn dadurch zum blossen Thiere. — Ich konnte, nachdem man
wissen muss, dass diese Beschuldigung zu meinen Ohren gelangt, nicht stilleschweigen, ohne eine Verachtung gegen mein
Zeitalter zur Schau auszulegen, die ich nicht empfinde, und
welche zu empfinden, mir mein Gewissen verbieten würde.

Ich konnte nicht stillschweigen, ohne meinen ganzen Wir-

kungskreis aufzugeben. Ich bin Professor an der Landesuni-
versität mehrerer Herzogthümer, deren Akademie auch von Aus-
ländern zahlreich besucht wird; ich bin philosophischer Schriftsteller, der einige neue Ideen in das Publicum bringen zu können glaubt. Es müsste in Deutschland alle Achtung für das Heilige völlig verloschen, und unsere Nation müsste wirklich seyn,
wessen jene mich zeihen, wenn nicht die christlichen Fürsten,
welche die Hoffnung ihrer Länder, die Väter und Mütter, welche ihre Söhne auf dieser Akademie wissen, alle, welche angefangen meine Philosophie zu studiren, ohne sie auf den Grund
zu kennen, in ihrem Innern erbebten; wenn von nun an meine
Person und meine Schriften nicht geflohen würden, wie ver-
pestete. Wer mir sagt, du bist ein Atheist, lähmt und vernichtet mich unwiederbringlich, wenn er Glauben findet. Ich
bin jenen Erschrockenen Beruhigung, ich bin mir selbst Vertheidigung meines Wirkungskreises schuldig. Geduldig mich
lähmen zu lassen, verbietet mir die Pflicht.

Ich konnte zu dieser Beschuldigung nicht stillschweigen,
ohne mich politischen Folgen, ohne mich der sichtbarsten Gefahr für meine bürgerliche Existenz, für meine Freiheit, vielleicht für mein Leben, auszusetzen. Jenes Verbot ist nicht wie
so manches andere Verbot durch das Ungefähr aus einem
Loostopfe herausgezogen worden; es ist die Folge eines durchdachten, und langsam und bedächtig ausgeführten Plans. Von
geheimen Intriguen und Stadtgeschwätz zwar nimmt der rechtliche Mann keine Notiz; nachdem sie aber eine öffentliche Begebenheit veranlasst haben, ist es Zeit, auch sie selbst der Pu-
blicität zu übergeben, damit jedes Ereigniss in seinem Zusammenhange erscheine. Also — es ist mir sehr wohl bekannt
gewesen, dass schon seit einem Vierteljahre und darüber die
Partei, welche es für Gottesdienst halten würde, mich zu verfolgen, in demjenigen ihrer berühmten Sitze, der mir am nächsten liegt, über jenen Aufsatz berathschlagt, gemurmelt, gescholten, gepoltert hat; anfangs weniger laut, dann, durch die
in Geheim angeworbene Beistimmung dreistgemacht, lauter
und entscheidender. Für aufgeklärt, für wohldenkend bekannte

Theologen-haben geäussert: dass sie nicht wissen würden, was
sie von meiner Landesobrigkeit ferner zu denken hätten, wenn
ich *dasmal* nicht abgesetzt würde. Andere haben, auf den Fall,
dass sie in dieser Hoffnung doch sich täuschten, vom Reichsfiscal und Reichstage gesprochen. Der erste Schritt, den sie
auf ihrem Wege zu thun hatten, ist gelungen; sie haben ein
öffentliches Verbot jenes Journals, eine öffentliche Rüge jenes
Aufsatzes, als eines atheistischen, sich zu verschaffen gewusst.
Ich darf nicht hoffen, dass diese Helden mit dem ersten Siege
sich begnügen, und auf dem errungenen Lorbeer ruhen werden. Ich müsste sie nicht kennen, oder sie werden, so man
sie nicht bei Zeiten entkräftet, alle die angekündigten Schritte
thun, so wie sie den ersten gethan haben, und nicht ruhen,
bis ihr Ziel erreicht ist. Sie haben ihren ganzen Grimm und
allen Schimpf, den sie vor der Hand, mit jenem Verbote aus-
gerüstet, mir anthun konnten, erschöpft: sie haben ihn übertrieben, und ein Verbot, das nur auf das *erste* Heft des
Journals geht, auch auf das *zweite* öffentlich, und durch geheime Intriguen *auf das ganze Journal* ausgedehnt. — Vanini
zog aus dem Scheiterhaufen, auf welchem er soeben als Atheist
verbrannt werden sollte, einen Strohhalm, und sagte: wär' ich
so unglücklich, an dem Daseyn Gottes zu zweifeln, so würde
dieser Strohhalm mich überzeugen. Armer Vanini, dass du
nicht laut reden konntest, ehe du an diesen Platz kamest! Ich
will es thun, noch ehe mein Scheiterhaufen gebaut ist; ich will,
so lange ich mir noch Gehör zu verschaffen hoffen kann, so
laut, so warm, so kräftig sprechen, als ich es vermag. Dies
zu thun, gebietet mir die Pflicht. Ich will ruhig erwarten,
welche Wirkung es haben wird. Diese Ruhe giebt mir mein
Glaube.

Der Erfolg für meine Person ist mir ganz gleichgültig. Ich
weiss es, und fühle es mit herzerhebender Gewalt, meine
Sache ist die gute Sache, aber an meiner Person ist nichts gelegen. Unterliege ich in diesem Kampfe, so bin ich zu frühe
gekommen, und es ist der Wille Gottes, dass ich unterliegen
sollte; Er hat der Diener mehrere, und er wird, wenn seine

Zeit kommt, die Sache, die seine eigene Sache ist, ohne allen
Zweifel siegen lassen. Wann er dies thun wird, und ob durch
mich oder einen andern, davon weiss ich nichts und soll ich
nichts wissen: nur so viel weiss ich, dass ich auch meine Person vertheidigen muss, so lange ich kann, indem *für mich* der
Sieg der guten Sache allerdings auch an die Thätigkeit dieser
Person mit geknüpft ist. Aber selbst, wenn ich gewiss wissen
könnte, dass ich bestimmt sey, die unzähligen Opfer, welche
schon für die Wahrheit fielen, um Eines zu vermehren, so
müsste ich doch noch meine letzte Kraft aufbieten, um Grundsätze in das Publicum bringen zu helfen, welche wenigstens
diejenigen sichern und retten könnten, die nach mir dieselbe
Sache vertheidigen werden. Unter den Ruinen der Wahrheits-
märtyrer hat von jeher höhere Freiheit und Sicherheit für die
Wahrheit gekeimt. In einem jeden Zeitalter ist die grössere
Menge unwissend, verblendet und gegen neue Belehrungen
verstockt. Jedes Zeitalter würde das Verfahren der vorhergehenden gegen diejenigen, welche alte Irrthümer bestreiten, in
allen Stücken nachahmen; wenn man sich doch nicht zuweilen schämte, selbst zu thun, was man nur soeben an den Vor-
fahren laut gemisbilligt hat. Die Zeitgenossen Jesu errichte-
ten den Propheten Denkmäler, und sagten: wären sie in unseren Tagen gekommen, wir hätten sie nicht getödtet; und so
thut bis auf diesen Augenblick jedes Zeitalter an den Märty-
rern der vorhergehenden. Jedes hat darin ganz recht, dass
es *dieselben* Personen, wenn sie wiederkämen, nicht verfolgen würde, indem diese ja nun grösstentheils ihre untrüglichen
Heiligen geworden sind; sie verfolgen jetzt nur die, welche
jene nicht für untrüglich anerkennen wollen: aber darin muss
man ihnen Gerechtigkeit widerfahren lassen, dass sie es doch
allmählig mit mehrerer Bedenklichkeit und mit besserem An-
stande thun lernen.

War es je nothwendig, dergleichen Grundsätze zur Vertheidigung der Glaubens- und Gewissensfreiheit in das Publicum zu bringen, so ist es gegenwärtig dringende Nothwendigkeit. Vertheidigen wir nicht jetzt, nicht auf der Stelle unsere

Geistesfreiheit, so möchte es gar bald zu spät seyn. Man unterdrückt den freien Forschungstrieb nicht etwa mehr, wie es
ehemals geschah, hier und da, so wie es die augenblickliche
Laune gebietet; man thut es aus Grundsätzen, und verfährt
systematisch. Welcher ist unter meinen Lesern, der nicht den
durch das Unglück der Zeiten herbeigeführten Grundsatz behaupten, predigen, einschärfen gehört habe: Freiheit der eigenen Untersuchung gefährdet die Sicherheit der Staaten; Selbst-
denken ist die Quelle aller bürgerlichen Unruhen; hier, hier
ist die Stelle, wo man das Uebel mit der Wurzel ausrotten
kann? Die einzige untrügliche Wahrheit, über die kein menschlicher Geist hinauskann, die keiner weitern Prüfung, Erläuterung oder Auseinandersetzung bedarf, ist schon längst fertig;
sie liegt aufbewahrt in gewissen Glaubensbekenntnissen; das
Geschäft des Selbstdenkens ist schon längst für das Menschengeschlecht geschlossen: — so muss man sprechen. Diese
Wahrheit auswendig zu lernen, sie unverändert zu wiederholen, und immer zu wiederholen, darauf muss man alle Geistes-
beschäftigung einschränken; dann stehen die Throne fest, die
Altäre wanken nicht, und kein Heller geht an den Stolgebüh-
ren verloren. — Diesen Grundsatz auszuführen, schicken sie
sich jetzt ernstlicher als je an. Für den Anfang musste, um
die Laulichkeit des Zeitalters aufzuschrecken, ein grosses, die
Ohren gehörig füllendes Wort, das des Atheismus gewählt, und
dem Publicum das selten zu erlebende Schauspiel einiger Gottesläugner gegeben werden. Wie gerufen fiel gerade ich mit
meinem Aufsatze ihnen unter die Hände. Man lasse sie nur
erst mit mir fertig seyn, sie werden dann allmählig schon weiter schreiten; und vor dem Ende eines Jahrzehends wird über
die geringste Abweichung von der geringsten Phrase in der
Concordienformel kein kleineres Aufheben gemacht werden,
als jetzt über meinen vermeinten Atheismus.

Es könnten daher zwar wohlmeinende, aber mit dem
menschlichen Herzen und ihrem Zeitalter sicherlich unbekannte,
oder leichtsinnige und eines ernsthaften Nachdenkens unfähige
Leser seyn, welche mit dem Einwurf meine Schrift in die Hand
nähmen, mit dem Einwurfe sie fortläsen dass ich einer gering-

fügigen Sache eine zu grosse Wichtigkeit gäbe, und viel Lär-
mens erhöbe über wenig oder nichts. Abgerechnet, dass ohne
alle Rücksicht auf die Umstände die Beschuldigung der Gottlosigkeit schlechterdings nicht für geringfügig aufgenommen
werden darf, sind diesesmal die Umstände in der That so,
dass meine ganze fernere Wirksamkeit, dass meine bürgerliche
Sicherheit, dass die allgemeine Gewissensfreiheit sich in Gefahr befindet. Schon jetzt, — ich schreibe dies einige und
zwanzig Tage nach der Ausfertigung des Verbots — hat sich
ohne mein Zuthun und Mitwissen eine misbilligende Stimme
gegen meine Ankläger hören lassen; es würden, wenn ich auch
beharrlich schwiege, deren mehrere sich vernehmen lassen;
denn die öffentliche, feierliche, aus einem hohen Regierungs-
collegio ausgehende Beschuldigung des Atheismus ist zu unerhört, zu ungeheuer; die Veranlassung dazu ist so offenbar und
so gänzlich ohne Grund, und es sind denn doch noch nicht alle
Exemplare meines Aufsatzes weggenommen, dass kein Mensch
in ganz Deutschland mehr denselben mit dem deswegen er-
gangenen Rescripte vergleichen könnte. Meine Gegner werden
sonach in kurzem zu ihrer eigenen Vertheidigung genöthiget
seyn, fort zu intriguiren und zu kabaliren, ihre Partei gegen
mich in Geheim zu verstärken, die Mächtigen gegen mich zu
verhetzen, meine Worte so lange zu verdrehen, bis sie sagen,
was sie wünschten, dass ich gesagt hätte, Lügen auf mich zu
erdichten und herumzubieten; kurz mich völlig schwarz zu
machen, damit sie neben mir ein wenig weisser erscheinen.
Oder, wenn auch möglich wäre, was ich zur Ehre meines
Zeitalters für unmöglich halte, dass keiner unter allen freien
Denkern ein Wort zu meinem Besten sagte, und auf diese
Weise meine Gegner von aussen nicht weiter gereizt würden;
wenn möglich wäre, was ich für noch unmöglicher halte, dass
sie selbst durch ihren Feuereifer von innen nicht weiter gereizt würden, und sich für diese Sache mit dem erhaltenen
Triumphe begnügten: welches soll denn für die Zukunft unser
beiderseitiges Verhältniss werden? — Ich habe in jenem Aufsatze, der meine Gegner gegen mich so erbittert hat, meine
Grundsätze über Religion bloss angedeutet; es war ein Gele-

genheitsaufsatz, welchen ich der gleich nach ihm abgedruckten
Schrift eines anderen philosophischen Schriftstellers zur Begleitung mitgeben zu müssen glaubte; ich muss meine Grundsätze noch weiter auseinandersetzen, noch tiefer begründen,
noch eingreifender anwenden. Können sie ohne ihre vorhergehenden Lügen laut zu bekennen, zu diesem Unternehmen
stillschweigen? müssen sie nicht, nachdem ich durch die gegenwärtig getroffene mildere Maassregel, wie sie sie nennen
mögen, mich nicht warnen, ihr gelinderes Zuchtmittel nicht an
mir anschlagen lassen; — müssen sie nicht nothwendig, um
consequent zu erscheinen, zu härteren greifen, und alle jene
Schritte, die sie schon so bestimmt angekündigt, einen nach
dem andern, thun? Also, ich müsste über dergleichen Gegenstände in offenem Drucke ganz schweigen, wenn ich vor ihnen
Friede haben sollte. — Aber nur über dergleichen Gegenstände?
man würde sich sehr irren, wenn man glaubte, dass sie es
nur mit meinem vermeinten Atheismus zu thun hätten: mit
meiner ganzen Philosophie, mit aller neueren Philosophie haben sie es zu thun, und daran haben sie ganz recht, und zeigen, dass sie ihren wahren Feind wohl kennen; jener vorgebliche Atheismus ist nur Vorwand. Sie haben in der Freude
des Herzens ihr Geheimniss verrathen, indem sie frohlockend
ausgerufen: nun sähe man doch Gottlob endlich klar, worauf
die neuere Philosophie hinauslaufe, auf puren Atheismus. Meine
Philosophie, meine ganze Denkart ist durch sie nun einmal in
allen ihren Theilen für eine Lehre erklärt, die nothwendig zum
Atheismus führt, und sie können consequenterweise keinen
einzigen Zweig derselben anders aufnehmen, als alle übrigen;
was ich auch nur vorbringen mag, sind sie durch ihre Lage
genöthigt zu verfolgen. Ich müsste sonach überhaupt nichts
mehr drucken lassen, wenn ich vor ihnen Frieden haben sollte.
— Aber ist denn der Druck der einzige Weg, auf welchem
ich meine Ueberzeugung mittheile? Bin ich nicht auch akademischer Docent? O sie haben sich das nicht entgehen lassen,
denn noch gellen mir die Ohren von der oft gehörten Litanei
es ist kläglich, wie viele junge Leute dieser Verführer in den
Abgrund des Verderbens mit sich hineinzieht! Nachdem einmal

bekannt ist, dass sie es wissen, ich sey akademischer Docent, können sie nun, so gewiss man bei meiner Verfolgung sie vom Eifer für die Ehre Gottes und für die Wohlfahrt des Nächsten getrieben glauben soll — sie können nicht ruhen, bis meine Stimme ebenso auf dem Katheder, als in öffentlichen Schriften verstummt ist. — Aber man bleibt doch in der Gesellschaft; man kann doch durch Unterredungeu zwar nicht mehr ganze Haufen von Seelen, aber denn doch immer Seelen verführen, und ihr Wächteramt erstreckt sich auf die Erhaltung aller. Sie müssen sonach nothwendig, wenn sie consequent sind, mich sogar aus der menschlichen Gesellschaft vertreiben; und nun erst könnten sie nach ihren Grundsätzen vernünftigerweise ruhen. Also, wenn auch der unerwartetste Zusammenfluss von Umständen, und eine noch weniger zu erwartende Milde meiner Gegner es ihnen möglich machte, das Vergangene zu verzeihen, so ist doch ihre Ehre, ihre Würde, ihr ganzes äusserliches Ansehen, die Möglichkeit ihrer inneren Selbsttäuschung, unauflöslich daran gebunden, mir nur auf diese Bedingung zu verzeihen, dass ich vom literarischen Schauplatze und dem der Gesellschaft gänzlich verschwinde. In dieses Verhältniss mit einer zahlreichen, kühnen, politisch geltenden Partei gekommen zu seyn, — wer möchte dieses für geringfügig, und für eine Begebenheit halten, bei der man ruhig seyn und zusehen könnte?

Wer möchte meine Vorhersagung und Befürchtung für übertrieben halten, wenn er sich nur einen Augenblick an die Erfahrung der vorigen Zeiten erinnert? Auch da hob man nicht, weder in den älteren Zeiten beim Verbrennen, noch in den neueren bei der Vertreibung vom Amt, Haus und Hof durch den Reichsfiscal, an. Das erste waren immer Confiscationsbefehle, und selten so geschärfte, als gegen unser Journal ergangen; dass die Schrift *atheistisch* genannt worden, dass man den Debit derselben bei Geld- und Gefängniss- — ich sage Gefängnissstrafe, verboten hätte. Hätten die unglücklichen Opfer der Wahrheit die ersten Angriffe ihrer Gegner nicht so gleichgültig behandelt, hätten sie nicht von ihnen erwartet, was man von Feinden der Wahrheit nie erwarten muss,

Menschlichkeit und Vernunft — es wäre wohl mit den wenigsten so weit gekommen, als es kam. Bahrdt, auch im übrigen
wenig werth, für die Wahrheit zu leiden, verdarb sich durch
seinen Leichtsinn; Lessing widerstand unter dem Schutze eines
grossmüthigen und aufgeklärten Fürsten kräftig seinem unbarmherzigen Ankläger Göz, der auch vom Reichsfiscal redete,
und seine Gegner schämten sich und verstummten.

Also — vertheidigen muss ich mich, jetzt da es noch Zeit
ist, und ich will mich vertheidigen.

I.

Meine Lehre ist atheistisch, sagen sie. Was enthält denn
nun eigentlich diese atheistische Lehre, und was wird insbesondere in jenem verschrienen Aufsatze über Religion und
Glauben an Gott behauptet?

Ich hätte der Strenge nach zu meiner Vertheidigung nichts
weiter zu thun, als jenen Aufsatz noch einmal abdrucken zu
lassen, und um ein nicht unaufmerksames Lesen desselben zu
bitten. Er enthält seine Vertheidigung ganz in sich selbst, und
ich kann auch jetzt nichts neues hinzusetzen. Ich will das
dort gesagte bloss auf eine andere Art sagen, weil ich in jenem Journale für ein philosophisches, hier für ein gemischtes
Publicum rede.

Was ist wahr; was ist gut? — Die Beantwortung dieser
Fragen, die jedes philosophische System beabsichtigen muss,
ist auch das Ziel des meinigen. Dieses System behauptet zuvörderst gegen diejenigen, welche alles Gewisse in der menschlichen Erkenntniss läugnen, dass es etwas absolut wahres und
gutes gebe. Es zeigt gegen diejenigen, welche unsere gesammte Erkenntniss aus der Beschaffenheit unabhängig von
uns vorhandener Dinge erklären wollen, dass es nur insofern
Dinge für uns giebt, als wir uns derselben bewusst sind, und
wir sonach mit unserer Erklärung des Bewusstseyns zu den
von uns unabhängig vorhandenen Dingen nie gelangen können. Es behauptet — und darin besteht sein Wesen, — dass
durch den Grundcharakter und die ursprüngliche Anlage der
Menschheit überhaupt eine bestimmte Denkart festgesetzt sey,

die zwar nicht nothwendig bei jedem einzelnen in der Wirklichkeit sich finde, auch sich ihm nicht andemonstriren lasse,
wohl aber einem jeden schlechterdings angemuthet werden
könne. Es gebe etwas den freien Flug des Denkens anhaltendes und bindendes, bei welchem jeder Mensch sich beruhigen
müsse; welches in unserer eigenen Natur, aber freilich ausserhalb des Denkens selbst, liege; indem, was das letztere betrifft,
dem Skepticismus die absolute Unaufhaltsamkeit der Speculation
durch ihre eigenen Gesetze vollkommen zuzugeben sey. Es
ist in dieser Rücksicht in jenem verrufenen Aufsatze (Seite 182.)
gesagt worden: „Hier (bei dem Bewusstseyn meiner moralischen Bestimmung) liegt dasjenige, was dem sonst ungezähmten Fluge des Räsonnements seine Grenzen setzt, was den
Geist bindet, weil es das Herz bindet; hier der Punct, der
Denken und Wollen in Eins vereinigt, und Harmonie in mein
Wesen bringt. Ich könnte an und für sich wohl weiter,
wenn ich mich in Widerspruch mit mir selbst versetzen wollte;
denn es giebt für das Räsonnement keine immanente Grenze
in ihm selbst, es geht frei heraus ins Unendliche, und muss
es können, denn ich bin frei in allen meinen Aeusserungen, und nur ich selbst kann mir eine Grenze setzen durch
den Willen.‟
       Jenes, unser freies Denken Bindende, unsere Vorstellung
in eine Erkenntniss Verwandelnde, und durch das ganze Gebiet unsers Bewusstseyns Gewissheit Verbreitende sucht unsere Philosophie, und findet hierüber folgendes:
       Es drängt sich öfters unter den Geschäften und Freuden
des Lebens aus der Brust eines jeden nur nicht ganz unedlen
Menschen der Seufzer: unmöglich kann ein solches Leben meine
wahre Bestimmung seyn, es muss, o es muss noch einen ganz
andern Zustand für mich geben! Ein heiliger Mann sagt dies
mit besonderer Stärke: sogar die Creatur möchte sich sehnen
mit uns, und seufzen immerdar, dass sie frei werde vom Dienste
der Eitelkeit, dem sie unterworfen ist wider ihren Willen.
Sage man es, wie man wolle, dieser Ueberdruss an dem Vergänglichen, dieses Sehnen nach einem Höheren, Besseren und
Unvergänglichen liegt unaustilgbar im Gemüthe des Menschen.

Ebenso unaustilgbar ertönt iu ihm die Stimme, dass etwas
Pflicht sey und Schuldigkeit, und lediglich darum, weil es
Schuldigkeit ist, gethan werden müsse. Ergehe es mir auch,
wie es immer wolle, sagt dann der in sich zurückgetriebene
Mensch, ich will meine Pflicht thun, um mir nichts vorzuwerfen zu haben. Durch diese Ansicht allein wird ihm das an
sich zum Ekel gewordene menschliche Thun und Treiben wieder erträglich. Die Pflicht gebeut nun einmal, sagt er sich,
dass ich dieses Leben fortführe, und in ihm frisch und fröhlich
vollbringe, was mir vor die Hand kommt; und so wenig Werth
auch dieses Leben um sein selbst willen für mich hat, so soll
es mir doch um der Pflicht willen heilig seyn.

Die Stimmung bei dem Bewusstseyn des Vorsatzes, unsere
Schuldigkeit zu thun, weil es Schuldigkeit ist, deutet uns jenes wunderbare Sehnen. Indem man die Pflicht schlechthin
um ihrer selbst willen erfüllt, erhebt man sich über alle sinnliche Antriebe, Absichten und Endzwecke; man thut etwas,
nicht damit dies oder jenes in der Welt erfolge, sondern bloss
und lediglich, damit es selbst geschehe, und der Stimme in
unserm Innern Gehorsam geleistet werde. Durch dieses Bewusstseyn wird nun zwar jenes Sehnen nicht befriedigt, aber
doch das schmerzhafte Gefühl, mit welchem es sich äusserte,
gehoben; man erhält nicht Ausfüllung seines Strebens, aber
doch Ruhe und inneren Frieden. Jenes Sehnen heischt Befreiung von den Banden der Sinnlichkeit überhaupt, in unserem
ganzen Zustande, von dem uns die Vollbringung der Pflicht in
Rücksicht unseres *Handelns* wirklich befreiet. Durch jene Anlage in unserm Wesen eröffnet sich uns eine ganz neue Welt.
Ohne dieselbe geht alles Dichten und Trachten des menschlichen Herzens lediglich auf sinnlichen Genuss, höchstens auf
Herrschaft unseres unbedingten Eigenwillens; sonach immer auf
etwas in der äusseren Erfahrung gegebenes, und vom Zufalle
abhängendes. Durch sie erhalten wir eine höhere Existenz,
die von der ganzen Natur unabhängig und lediglich in uns
selbst gegründet ist; durch sie kommen wir in eine Reihe
hinein, die sehr schicklich eine übersinnliche genannt wird.

An jenes Bewusstseyn nun, unsere Pflicht um ihrer selbst

willen gethan zu haben, knüpft unmittelbar sich ein neues an: die unerschütterliche Zuversicht, dass man durch Befreiung seines *Willens* von der Sinnlichkeit der Befreiung von derselben in Absicht seines *ganzen Zustandes* wenigstens würdig werde, und dass, nachdem man nur gethan hat, was von uns abhing, das, was nicht in unserer Gewalt steht, von selbst sich allmählig einfinden werde.

Dieses Bewusstseyn einer höheren, über alle Sinnlichkeit erhabenen Bestimmung, eines absolut pflichtmässigen, eines nothwendigen Zusammenhanges der Erfüllung des letzteren mit der Würdigkeit und der allmähligen Erreichung der ersteren, welches jeder gebildete Mensch in sich finden wird, kann aus keiner Erfahrung hervorgehen; denn es erhebt uns ja über alle Erfahrung. Wir müssen es in unserem eigenen von aller Erfahrung unabhängigen Wesen finden; wir müssen es unmittelbar dadurch wissen, dass wir von uns selbst wissen. Es ist so gewiss, als unser eigenes Daseyn, und von nichts abhängig als von diesem Daseyn selbst.

Dieses Bewusstseyn, welches in der Selbstbeobachtung gleichsam abgebrochen, jedes der genannten Stücke einzeln als ein besonderes Factum in uns vorkommt, wird durch mein System in einen nothwendigen Zusammenhang gesetzt. Es ist, zeigt dieses System, der zwar zu keiner Zeit zu erreichende, jedoch unaufhörlich zu befördernde Zweck unseres ganzen Daseyns und alles unseres Handelns, dass das Vernunftwesen absolut und ganz frei, selbstständig und unabhängig werde von allem, das nicht selbst Vernunft ist. Die Vernunft soll ihr selbst genügen. Diese unsere Bestimmung kündigt sich uns eben an durch jenes Sehnen, das durch kein endliches Gut zu befriedigen ist. Diesen Zweck sollen wir schlechthin, müssen wir schlechthin, wenn wir uns selbst treu bleiben wollen, uns setzen. Was wir unseres Orts zu thun haben, um denselben zu befördern, und inwieweit seine Erreichung von uns abhängt, lehrt uns gleichfalls die unmittelbar gebietende, unaustilgbare und untrügliche innere Stimme des Gewissens. Das Gewissen ist es, das in jeder Lage des Lebens, wenn wir nur dasselbe befragen, uns entscheidend sagt, was in dieser Lage

unsere Pflicht sey, das heisst, was wir in derselben zur Beförderung jenes Zweckes aller Vernunft beizutragen haben.
Wir müssen schlechthin jenen Zweck wollen, dies ist die einige
unabänderliche Bestimmung unseres Willens; — die besondere,
durch Zeit und Lage bestimmte Pflicht, ohnerachtet sie im gemeinen Bewusstseyn als etwas unmittelbares erscheint, wollen
wir doch nur, wie sich bei einer gründlichen philosophischen
Untersuchung des gesammten Bewusstseyns ergiebt, als Theil
und als Mittel jenes Endzwecks. — Hieraus erklärt sich auch
die unerschütterliche Zuversicht dessen, der um des Gewissens
willen recht thut, dass er der Erfüllung seines Zweckes sich
annähere. Er fühlt unwiderstehlich, wenn er es sich auch
nicht bis zum deutlichen Denken entwickeln sollte, dass jene
Gesinnung eben die Bedingung und das Mittel sey zu seiner
Befriedigung und Befreiung, und dass er durch dieselbe schon
eintrete in die Reihe, die sein unaustilgbares Sehnen fordert.
— Ich will jene absolute Selbstgenügsamkeit der Vernunft, jene
gänzliche Befreiung von aller Abhängigkeit, *Seligkeit* nennen;
unter welchem Worte ich ausdrücklich das Beschriebene, und
schlechterdings nicht irgend einen Genuss, von welcher Art er
auch sey, verstanden wissen will.

Und nun lässt der behauptete Zusammenhang sich so beschreiben: Ich will nothwendig meine Seligkeit, nicht als einen
Zustand des Genusses, sondern als den der mir zukommenden Würde; nicht weil ich die Seligkeit begehre, sondern weil
sie dem vernünftigen Wesen schlechterdings gebühret; und ich
kann diese Forderung nicht aufgeben, ohne mich selbst, ohne
mein wahres Seyn aufzugeben, und mich für einen leeren
Schein und für ein Truggebilde zu halten. Als das einzige,
aber untrügliche Mittel der Seligkeit zeigt mir mein Gewissen
die Erfüllung der Pflicht; nicht, dass nur überhaupt das Pflichtmässige geschehe, sondern dass es lediglich um der Pflicht
willen geschehe. An dieser unmittelbar in meinem Innern
aufgestellten Heilsordnung kann ich abermals nicht zweifeln,
ohne mich selbst aufzugeben; ohnerachtet ich freilich nicht
begreife, auch nicht zu begreifen bedarf, wie und auf welche
Weise jene pflichtmässige Gesinnung mich zu meinem noth-

wendigen Zwecke führen möge. Kurz, es ist so, es ist schlechthin so, es ist ohne allen Beweis so; ich weiss es unmittelbar,
so gewiss als ich irgend etwas weiss, und so gewiss als ich
von mir selbst weiss. Es dringt sich mir auf der unerschütterliche Glaube, dass es eine Regel und feste Ordnung gebe —
ich Sterblicher bin wohl genöthiget, das Uebersinnliche durch
Begriffe, die von der Sinnenwelt hergenommen sind, zu denken — dass es eine feste Ordung gebe, nach welcher nothwendig die reine moralische Denkart selig mache, sowie die
sinnliche und fleischliche unausbleiblich um alle Seligkeit bringe;
eine Ordnung, welche mir unerklärlich ist, und der mir allein
bekannten Ordnung in der Sinnenwelt geradezu entgegen, —
indem in der letzten der Erfolg davon abhängt, *was* geschieht,
in der ersteren davon, *aus welcher Gesinnung* es geschieht;
eine Ordnung, in welcher alle sinnliche Wesen begriffen, auf
die Moralität aller, und vermittelst derselben auf aller Seligkeit gerechnet ist; eine Ordnung, deren Glied ich selbst bin,
und aus welcher hervorgeht, dass ich gerade an dieser Stelle
in dem Systeme des Ganzen stehe, gerade in die Lage komme,
in welcher es Pflicht wird, so oder so zu handeln, ohne Klügelei über die Folgen, indem gar nicht auf Folgen in der sichtbaren, sondern in der unsichtbaren und ewigen Welt gerechnet ist, welche, vermittelst jener Ordnung, zufolge des untrüglichen Ausspruchs in meinem Innern, nicht anders als selig
seyn können. „Indem ich jenen durch mein eigenes Wesen
mir gesetzten Zweck (der Seligkeit) ergreife, — sage ich darüber in dem verrufenen Aufsatze (Seite 183.) — und ihn zu
dem meines wirklichen Handelns mache, setze ich zugleich
die Ausführung desselben durch wirkliches Handeln als möglich. Beide Sätze sind identisch; denn, ich setze mir etwas
als Zweck vor, heisst: ich setze es in irgend einer zukünftigen Zeit als wirklich; in der Wirklichkeit aber wird die Möglichkeit nothwendig mitgesetzt. Ich muss, wenn ich nicht
mein eigenes Wesen verläugnen will, das erste, die Ausführung jenes Zweckes mir vorsetzen; ich muss sonach auch
das zweite, seine Ausführbarkeit annehmen: ja es ist eigentlich hier nicht ein erstes, und ein zweites, sondern es ist

absolut Eins; beides sind in der That nicht zwei Acte, sondern ein und ebenderselbe untheilbare Act des Gemüths."

Dass der Mensch, der die Würde seiner Vernunft behauptet, auf den Glauben an diese Ordnung einer moralischen
Welt, dieses Uebersinnliche, über alles Vergängliche unendlich
erhabene Göttliche, sich stütze, jede seiner Pflichten betrachte
als eine Verfügung jener Ordnung, jede Folge derselben für
gut, d. i. für seligmachend halte, und freudig sich ihr unterwerfe, ist absolut nothwendig und das wesentliche der Religion. Dass er die verschiedenen Beziehungen jener Ordnung
auf sich und sein Handeln, wenn er mit anderen davon zu
reden hat, in dem Begriffe eines existirenden Wesens zusammenfasse und fixire, dass er vielleicht Gott nennt, ist die Folge
der Endlichkeit seines Verstandes; aber unschädlich, wenn er
jenen Begriff nur zu weiter nichts benutzt, als eben zu diesem
Zusammenfassen der unmittelbar in seinem Innern sich offenbarenden Verhältnisse einer übersinnlichen Welt zu ihm. Er
thut dann nichts anderes, als was wir alle thun, indem wir
gewisse Bestimmungen unseres Gefühls in dem Begriffe einer
ausser uns vorhandenen Kälte oder Wärme zusammenfassen;
ohnerachtet wohl kein Vernünftiger behaupten wird, dass für
ihn eine solche Wärme und Kälte unabhängig von diesen Beziehungen auf sein Gefühl vorhanden sey. Die Beziehung jener
Gedanken-Dinge auf unser sinnliches, — die Beziehung einer
übernatürlichen Weltordnung auf unser sittliches Gefühl, ist das
erste schlechthin unmittelbare; der Begriff entsteht später und
ist durch das erste vermittelt. Es ist im ersten Falle Schwäche
des Kopfes, es ist im zweiten Falle Schwäche des Herzens, das
Verhältniss zu ändern, und das Gefühl vom Begriffe abhängig
machen zu wollen. Wer nicht eher glauben wollte, dass er
friere oder erwarme, bis man ihm ein Stück reine substantielle
Kälte oder Wärme zum Zerlegen in die Hände geben könnte,
über diesen würde ohne Zweifel jeder Vernünftige lächeln;
wer aber einen auch nur im mindesten ohne Beziehung auf
unsere moralische Natur entworfenen, und von ihr im kleinsten Stücke unabhängigen Begriff vom Wesen Gottes verlangt,
der hat Gott nie erkannt, und ist entfremdet von dem Leben,

das aus ihm ist. Ich werde diese letztere Behauptung tiefer unten, sonnenklar, wie ich hoffe, erweisen.

Moralität und Religion sind absolut Eins; beides ein Ergreifen des Uebersinnlichen, das erste durch Thun, das zweite durch Glauben. Hat es irgendwo der Menschheit geschadet, eine durch die Philosophie gemachte Distinction der Ansicht für eine wirkliche Unterscheidung der Sachen zu halten, so war es hier. Religion ohne Moralität ist Aberglaube, die den Unglückseligen mit einer falschen Hoffnung betrügt, und ihn zu aller Besserung unfähig macht. Vorgebliche Moralität ohne Religion mag wohl ein äusserer ehrbarer Lebenswandel seyn, da man das, was recht ist, thut, und das Böse meidet, aus Furcht vor den Folgen in der Sinnenwelt; nimmermehr aber das Gute liebt, und es um sein selbst willen vollzieht. Aber sobald man sich zum Wollen der Pflicht, schlechthin weil sie Pflicht ist, erhebt, zu einem Wollen, das keine sinnliche Triebfedern hat, sondern nur das Uebersinnliche des Gedankens, und dem es schlechthin nicht um das Object der That, sondern um das Uebersinnliche der Gesinnung zu thun ist, — also durch seine Denkart sich selbst in eine andere Welt versetzt; dringt sich uns sogleich unwiderstehlich der Geist und die Gewissheit dieser anderen Welt auf; die Befreiung des Willens, welche wir uns selbst verschaffen, wird uns Mittel und Unterpfand einer Befreiung unseres ganzen Seyns, welche wir uns selbst nicht verschaffen können. — Diejenigen, welche sagen: die Pflicht muss schlechthin, ohne Rücksicht auf irgend einen Zweck geschehen, drücken sich nicht genau aus. Abgerechnet, dass sie in ihren Philosophien nimmermehr werden erklären können, woher denn dem bloss formalen Sittengebote ein materieller Inhalt entstehe — welches, als eine Schwierigkeit des Systems, nur für innige Kenner der Philosophie angemerkt wird; — dies abgerechnet, verkennen sie gänzlich die Denkart des endlichen Wesens. Es ist schlechthin unmöglich, dass der Mensch ohne Aussicht auf einen Zweck handele. Indem er sich zum Handeln bestimmt, entsteht ihm der Begriff eines Zukünftigen, das aus seinem Handeln folgen werde, und dies eben ist der Zweckbegriff. Jener durch die

pflichtmässige Gesinnung zu erreichende Zweck ist nur kein
Genuss, — das wollen sie sagen, und darin haben sie recht;
er ist die Behauptung der der Vernunft gebührenden Würde.
Welche sagen: selbst wenn jemand an Gott und Unsterblichkeit verzweifelte, müsste er dennoch seine Pflicht thun, setzen
absolut unvereinbare Dinge zusammen. Erzeuge nur in dir
die pflichtmässige Gesinnung, und du wirst Gott erkennen,
und während du uns anderen noch in der Sinnenwelt er-
scheinst, für dich selbst schon hienieden im ewigen Leben
dich befinden. Darin aber haben sie abermals recht, dass die
pflichtmässige Gesinnung sich nicht auf den Glauben an Gott
und Unsterblichkeit, sondern dass umgekehrt der Glaube an
Gott und Unsterblichkeit auf die pflichtmässige Gesinnung
sich gründet.

Man kann jedem, welcher nur der wahren Speculation
und einer anhaltenden Aufmerksamkeit fähig ist, leicht und
klärlich darthun, dass unsere gesammte Erfahrung nichts ist,
als das Product unseres Vorstellens. Consequente Idealisten
haben dies von jeher angenommen, und bis diesen Augenblick
gründet der sich selbst verstehende und durchgeführte Skepticismus sich auf die sehr wahre Behauptung, dass es nichts
Bindendes für das freie Vorstellen gebe. Was ist es denn nun,
das, zufolge des gemeinen Bewusstseyns uns dennoch bindet;
das da macht, dass wir unsere eigenen Producte für von uns
unabhängige Dinge halten, unsere eigenen Geschöpfe fürchten,
bewundern, begehren, und unser Schicksal von einem Schein
abhängig glauben, den ein einziger Hauch des freien Wesens
zerstören sollte? Das Uebersinnliche, dessen Wiederschein in
uns unsere Sinnenwelt ist, — dieses ist es, welches uns hält
und zwingt, auch seinem Wiederscheine Realität beizumessen:
dies ist das wahre „*Ansich*", das aller Erscheinung zum Grunde
liegt; und nicht auf die Erscheinung, sondern nur auf ihren
übersinnlichen Grund geht unser Glaube. Meine sittliche Bestimmung, und was mit dem Bewusstseyn derselben verknüpft
ist, ist das einzige unmittelbar Gewisse, das mir gegeben wird,
sowie ich mir selbst gegeben werde, das einzige, welches mir
selbst für mich Realität giebt. Auch wenn ich mir jener hohen

Bestimmung nicht deutlich bewusst würde, und noch weniger
sie zu erreichen arbeitete, so dauert denn doch die Anforderung, sie anzuerkennen, fort, und diese Anforderung allein ist
es, die mir noch Leben und Daseyn giebt. Der gleichfalls unmittelbare Ausspruch meines Gewissens, *was* meine Pflicht sey,
auch wenn ich nicht auf ihn höre, bestimmt mir mein Verhältniss in der Reihe anderer sittlicher Wesen; und dieses
Verhältniss allein ist es, welches meinem sinnlichen Auge nach
nachzuweisenden Gesetzen sich in eine Körperwelt verwandelt. Es giebt keine Gewissheit, als die moralische; und alles,
was gewiss ist, ist es nur insofern, inwiefern es unser moralisches Verhältniss andeutet. — Ich sage hierüber in dem verrufenen Aufsatze (S. 184. 85.): „die ursprünglichen Schranken meines Wesens sind ihrer Entstehung nach allerdings unbegreiflich; aber was verschlägt dir auch dies? — sagt die praktische Philosophie; die Bedeutung derselben ist das klarste
und gewisseste, was es giebt, sie sind deine bestimmte Stelle
in der moralischen Ordnung der Dinge. Was du zufolge
ihrer wahrnimmst, hat Realität, die einzige, die dich angeht,
und die es für dich giebt; es ist die fortwährende Deutung
des Pflichtgebots, der lebendige Ausdruck dessen, was du
sollst, da du ja sollst. Unsere Welt ist das versinnlichte Materiale unserer Pflicht; dies ist das eigentlich Reelle in den
Dingen, der wahre Grundstoff aller Erscheinung. Der Zwang, mit
welchem der Glaube an die Realität derselben sich uns aufdringt, ist ein moralischer Zwang; der einzige, welcher für
das freie Wesen möglich ist. Niemand kann ohne Vernichtung seine moralische Bestimmung so weit aufgeben, dass sie
ihn nicht wenigstens noch in diesen Schranken für die künftige höhere Veredlung aufbewahre."

Weit entfernt sonach, dass das Uebersinnliche ungewiss
seyn sollte, ist es das einige gewisse, und alles andere ist nur
um seinetwillen gewiss; weit entfernt, dass die Gewissheit des
Uebersinnlichen aus der des Sinnlichen folgen sollte, folgt
vielmehr umgekehrt die theoretische Nothwendigkeit, das letztere für existirend zu halten, und die moralische Verbindlichkeit, dasselbe als Mittel zu ehren, aus dem ersteren. Die über-

sinnliche Welt ist unser Geburtsort, und unser einziger fester
Standpunct; die sinnliche ist nur der Wiederschein der ersteren.
Du glaubst nicht an Gott, weil du an die Welt glaubst, du er-
blickst vielmehr eine Welt, lediglich darum, weil du an Gott
zu glauben bestimmt bist.

Nach allem ist meiner Lehre zufolge der Charakter des
wahren Religiösen der: es ist nur Ein Wunsch, der seine
Brust hebt und sein Leben begeistert, die Seligkeit aller vernünftigen Wesen. Dein Reich komme, ist sein Gebet. Ausser
diesem Einen hat nicht das geringste für ihn Reiz; er ist der
Möglichkeit, noch etwas anderes zu begehren, abgestorben.
Er kennt nur Ein Mittel, jenen Zweck zu befördern, das, der
Stimme seines Gewissens in allen seinen Handlungen unverrückt, ohne Furcht und Klügeln zu folgen. Das verknüpft ihn
wiederum mit der Welt, nicht als einem Gegenstande des Genusses, sondern als mit der, durch sein Gewissen ihm angewiesenen Sphäre seines pflichtmässigen Wirkens; er liebt die
Welt nicht, aber er ehrt sie, um des Gewissens willen. *Zweck*
wird sie ihm nie, *in ihr* hat er nie etwas zu beabsichtigen
oder hervorzubringen, sondern nur *durch sie,* nach einem ihm
unbegreiflichen und ihn nicht kümmernden Zusammenhange.
Seine Absicht geht immer auf *das Ewige,* welches nie erscheint, das aber der untrüglichen Zusage in seinem Inneren
zufolge sicherlich erreicht wird. Darum sind ihm auch die
Folgen seiner pflichtmässigen Handlungen in der Welt ·der Erscheinungen völlig gleichgültig; wie sie auch scheinen mögen,
an sich sind sie sicherlich gut; denn wo die Pflicht geübt
wird, da geschieht der Wille des Ewigen, und dieser ist nothwendig gut. Nicht mein Wille, sondern Seiner geschehe, nicht
mein Rath, sondern der Seinige gehe von statten, ist der
Wunsch seines Lebens; und so verbreitet sich unerschütterliche Freudigkeit über sein ganzes Daseyn.

Dieser jedem Menschen anzumuthende Charakter kann
nun, meinen Grundsätzen zufolge, nur dadurch entwickelt werden, dass man den Menschen vors erste nicht zur äusseren
Ehrbarkeit, sondern zur inneren Rechtschaffenheit führe. Mit
der letzteren, wenn sie nur wirkliche *innere* Rechtschaffenheit

ist, findet der wahre Glaube und die äussere Ehrbarkeit sich
von selbst; ohne sie ist die äussere Ehrbarkeit eine innere
Verkehrtheit, und die Religion ein verderblicher und den Menschen völlig zu Grunde richtender Aberglaube.

II.

Diese hier im Zusammenhange dargestellte, auch in meinen anderen Schriften, z. B. in meiner Sittenlehre enthaltene,
in jenem verrufenen Aufsatze zwar nicht in derselben Sprache,
der ich mich hier bediene, aber doch demselben Inhalte nach
klar und vollständig vorgetragene Lehre — dieselbe und keine
andere ist es, welche jene Atheismus nennen, deren Verbreitung sie bei Gefängnissstrafe verbieten, um deren willen sie
mir Absetzung, und Vertreibung durch den Reichsfiscal drohen.

Ehe ich weiter gehe, frage ich jeden Leser, frage ich selbst
meine unbarmherzigen Verfolger auf ihr Gewissen, ob sie im
Ernste für gefährlich halten würden, dass alle Menschen in
der Welt dem soeben aufgestellten Bilde meines Religiösen
glichen; ob sie im Ernste glauben, dass sie sich werden entbrechen können, einen Menschen dieses Charakters zu verehren; — ich frage sie auf ihr Gewissen, ob sie nicht selbst
dieser Mensch seyn möchten, wenn sie es durch ein plötzli-
ches Wunder werden könnten? Ich frage jeden, der nur einige-
male in das neue Testament geblickt hat, ob er da nichts von
einer gänzlichen Wiedergeburt, als der ausschliessenden Bedingung unseres Heils, gefunden; nichts von einer Ertödtung
des Fleisches, und einem Absterben der Welt, nichts von
einem Leben im Himmel, ohnerachtet man sich noch in diesem
Leibe befinde; ich frage ihn, ob diese Worte wohl einen Sinn
haben, und welches dieser Sinn seyn möge?

Jedoch, so ist nun einmal die Sache, sie haben festgesetzt, dass diese Lehre atheistisch sey. Sie mögen ihre guten
Gründe dafür haben. Ich mag sehen, wie ich diese Gründe
entdecke.

O ich kenne die Partei, welche ein solches Verbot veranlassen konnte, und ihre Denkart zu wohl, als dass mir
schwerfallen könnte, ihre Gründe zu errathen.

Diese Gründe sind soeben in der gegebenen Darstellung enthalten. *Nach mir* ist die *Beziehung* der Gottheit auf uns, als sittliche Wesen, das unmittelbar gegebene; ein besonderes Seyn dieser Gottheit wird gedacht lediglich zufolge unseres endlichen Vorstellens, und in diesem Seyn liegt schlechthin nichts anderes, als jene unmittelbar gegebenen Beziehungen; nur dass sie darin in die Einheit des Begriffs zusammengefasst sind. *Nach meinen Gegnern* sollen jene Beziehungen der Gottheit auf uns erst gefolgert und abgeleitet seyn aus einer, unabhängig von diesen Beziehungen stattfindenden Erkenntniss des Wesens Gottes an und für sich; und in dieser Erkenntniss soll überdies noch, nach einigen mehr, nach anderen weniger, liegen, das gar keine Beziehung auf uns hat. Ich bekenne von Wärme oder Kälte nur dadurch zu wissen, dass ich wirklich erwarme oder friere; *sie* kennen, ohne je in ihrem Leben eine Empfindung von dieser Art gehabt zu haben, die Wärme und Kälte, als Dinge an sich, und bringen erst nun, zufolge dieser Erkenntniss, Frost oder Hitze in sich hervor durch die Kraft ihrer Syllogismen. Mein Unvermögen, dergleichen Syllogismen zu machen, ist es, was sie meinen Atheismus nennen.

Um zu dieser Erkenntniss des göttlichen Wesens, welche sie selbst keinesweges für eine unmittelbare Erkenntniss ausgeben, unabhängig von den Beziehungen der Gottheit auf uns, welche sie erst davon ableiten wollen, zu gelangen, müssen sie nothwendig Erkenntnissquellen haben, die mir verschlossen sind. So ist es; aus der Existenz und Beschaffenheit einer Sinnenwelt schliessen sie auf das Daseyn und die Eigenschaften Gottes. Eben indem man ihnen eine solche Existenz der Sinnenwelt, als unabhängig von unserer Vorstellung, und diese Vorstellung, als unabhängig von unserer sittlichen Bestimmung, geradezu abläugnet, machen sie diesen Schluss; beweisen sie *aus* dieser Existenz, anstatt, wie nun Noth thäte, *sie selbst* erst zu beweisen; und zur wohlverdienten Strafe ihrer Beweise im Cirkel bringen sie bei dieser Gelegenheit sehr unverständliche Lehren vor. Sie lassen entweder aus Nichts nicht nur Etwas und Viel, sondern Alles entstehen; oder sie lassen durch die blossen Begriffe einer reinen Intelligenz einen unabhängig

von denselben vorhandenen Stoff an sich geformt werden;
fassen den Unendlichen in einen endlichen Begriff; und bewundern die Weisheit Gottes, dass er alles gerade so eingerichtet hat, wie sie selbst es auch gemacht hätten. Da ich
hier nicht in die Tiefen der Speculation hinabzusteigen, sondern lediglich auf den unaustilgbaren sittlichen Sinn in jeder
menschlichen Brust mich zu stützen habe, so will ich in diesem Aufsatze über eine solche Beweisart weiter kein Wort
verlieren. — — Bloss folgender Wunsch an meine Gegner!
Möchte es ihnen doch gefallen haben, bei dieser Gelegenheit
das von mir erbetene erste *verständliche* Wort darüber vorzubringen, was das doch eigentlich heissen möge: Gott habe die
Welt erschaffen, und *wie* man sich eine solche Schöpfung zu
denken habe? — inwiefern nur von der wirklichen *Welt,* von
der Sinnenwelt, nicht aber etwa von der sittlichen Ordnung
der reinen geistigen Intelligenzen die Rede ist. Möge es ihnen
noch gefallen; möchten sie auf dieses erste verständliche Wort
Preise aussetzen, doppelte, zehnfache Preise! So lange aber
dieses einige Wort nicht vorgebracht wird, habe ich das Recht,
dafür zu halten, dass man seinen gesunden Verstand verlieren
müsse, um wie sie an Gott zu glauben; und dass mein Atheismus lediglich darin besteht, dass ich meinen Verstand gern
behalten möchte.

Jedoch verhalte sich auch dies, wie es immer wolle, und
mögen darin meine Gegner recht haben oder ich, so haben
sie doch *darin* sicherlich unrecht, dass sie deshalb das Verbot meiner Schrift auswirkten. Ist es der einige Zweck
der Religion, jenen rein religiösen Charakter zu bilden, den
wir oben beschrieben haben, so ist alles, was auf diese Bildung keinen Einfluss hat, für gleichgültig zu achten. Aber
es hat sicherlich darauf keinen Einfluss, wie man sich die
lediglich philosophische Frage über den Entstehungsgrund
dieses Glaubens im menschlichen Geiste beantworte. Der gemeine Verstand bleibt bei der Thatsache stehen, und überlässt
das Erklären dem Philosophen. Es hat auf dieselbe sicherlich
keinen Einfluss, ob man in seinem Begriffe Merkmale von Gott
mit aufnehme oder nicht, von denen ausdrücklich zugestanden

wird, dass sie keine Beziehung auf unsere sittliche Bestimmung haben. —

Sonach hätten meine Gegner gar nicht als Wächter über die Volksreligion, und als selbst Religiöse, sondern sie hätten lediglich als Philosophen, als meine philosophische Gegenpartei, das Verbot meiner Schrift ausgewirkt. Ueberlegen sie selbst, ob es für die Güte ihrer Sache und für ihren Muth ein günstiges Vorurtheil errege, dass sie lieber verbieten mögen, als widerlegen.

So steht die Sache, wenn sie mir nur zugeben, dass die von mir auseinandergesetzte moralische Ueberzeugung von einer göttlichen Weltregierung — möglich sey, und hinreichend für die Bildung einer ächtreligiösen Gesinnung. Geben sie mir dies nicht zu; behaupten sie vielmehr, dass der von ihnen angegebene Weg der Ueberzeugung nicht nur möglich, sondern auch der einzig mögliche sey, und dass ich ihnen mit ihrem unhaltbaren Beweise zugleich die Gottheit selbst geraubt habe, dann steht freilich unsere Sache anders: dann läugne ich ihren Gott in der That, dann bin ich wirklich für sie ein erklärter Atheist. — Ich kenne das System meiner Gegner von Grund aus; ich kenne es besser, als es viele unter ihnen selbst kennen, und weiss nur zu wohl, dass das letztere unser Fall ist; und dies nöthigt mich, noch ein wenig länger bei ihnen zu verweilen.

Ich sage (Seite 188 jenes Aufsatzes), dass der Begriff von Gott, als einer besonderen *Substanz*, ein unmöglicher und widersprechender Begriff sey. (Substanz nemlich bedeutet nothwendig ein im Raum und der Zeit sinnlich existirendes Wesen, aus Gründen, deren Anführung ich hier mich überheben kann; es ist für meinen gegenwärtigen Zweck genug, dass ich meinen philosophischen Sprachgebrauch erkläre.) Ich sage, dass der Beweis des Daseyns Gottes aus dem Daseyn einer Sinnenwelt unmöglich und widersprechend ist. Ich läugne sonach allerdings *einen substantiellen, aus der Sinnenwelt abzuleitenden* Gott. Dadurch nun, dass ich dies läugne, werde ich ihnen, ohnerachtet alles anderen, was ich über einen übersinnlichen Gott und über den moralischen Glaubensgrund bejahe, zum

Gottesläugner überhaupt. Was ich bejahe, ist sonach für sie nichts, absolut nichts: es giebt für sie überhaupt nichts anderes, als substantielles und sinnliches, sonach auch nur einen substantiellen und aus der Sinnenwelt abzuleitenden Gott. Zuförderst nun: warum giebt es für sie nichts anderes, und warum ist ihnen denn das Uebersinnliche nichts, für sie gar nicht, auch nicht seiner Möglichkeit nach, vorhanden? Das kann ich ihnen sagen. Die Sphäre unserer Erkenntniss wird bestimmt durch unser Herz; nur durch unser Streben umfassen wir, was je für uns daseyn wird. Jene bleiben mit ihrem Verstande bei dem sinnlichen Seyn stehen, weil ihr Herz durch dasselbe befriedigt wird; sie kennen nichts über dasselbe hinaus Liegendes, weil ihr Trieb nicht darüber hinausgeht. Sie sind Eudämonisten in der Sittenlehre, müssen sonach wohl Dogmatiker werden in der Speculation. Eudämonismus und Dogmatismus sind, wenn man nur consequent ist, nothwendig bei einander, ebenso wie Moralismus und Idealismus.

Dieser ihr substantieller und um der Sinnenwelt willen angenommener Gott, was ist er denn nun für ein Wesen? Dass die fromme Einfalt Gott als eine ungeheure Ausdehnung durch den unendlichen Raum, oder die noch einfältigere ihn so, wie er vor dem alten Dresdner Gesangbuche abgemalt ist, als einen alten Mann, einen jungen Mann und eine Taube, sich bilde; — wenn dieser Gott nur sonst ein moralisches Wesen ist, und mit reinem Herzen an ihn geglaubt wird — das kann der Weise gutmüthig belächeln; aber dass man denjenigen, der die Gottheit unter dieser Form sich nicht vorstellen will, einen Atheisten nenne, seine Schriften verbiete, und ihn vor den Ohren der Nation verschreie, ist um vieles ernsthafter zu nehmen. Und dieses ist ohne Zweifel hier der Fall. Der Hauptgrund dieser Bezüchtigung ist ohne Zweifel der, dass ich Gott als eine besondere Substanz läugne. Ein substantieller Gott aber ist nothwendig ein im Raume ausgedehnter Körper, welche Umrisse man übrigens auch seiner Gestalt gebe.

Ich gehe zum zweiten Gliede ihrer Rüge, bei welchem ich mich noch verständlicher machen kann. Wie fällt denn ein Gott, der um der Sinnenwelt willen angenommen wird, und von einem Herzen, das über dieselbe sich nicht zu erheben vermag, — nothwendig aus?

Ihr Endzweck ist immer Genuss, ob sie denselben nun grob begehren, oder noch so fein ihn geläutert haben, Genuss in diesem Leben, und wenn sie eine Fortdauer über den irdischen Tod hinaus sich gedenken, auch dort Genuss: — sie kennen nichts anderes, als Genuss. Dass nun der Erfolg ihres Ringens nach diesem Genusse von etwas unbekanntem, das sie Schicksal nennen, abhänge, können sie sich nicht verhehlen. Dieses Schicksal personificiren sie — *und dies ist ihr Gott.* Ihr Gott ist der Geber alles Genusses, der Austheiler alles Glücks und Unglücks an die endlichen Wesen: dies ist sein Grundcharakter.

Auf dem angezeigten Wege des unausfüllbaren Sehnens nach Genusse sind sie zu diesem Gotte gekommen; und sie irren sich sonach und thun ihrem eigenen Glauben Unrecht, wenn sie ihn für mittelbar, für eine Folge von anderen Erkenntnissen halten. Er ist ebenso unmittelbar wie der unsrige; er geht, so wie dieser, vom Herzen aus, und nicht vom Verstande. Dass sie die Sinnenwelt, welche den letzten Zweck auch von ihrem Daseyn in sich enthält, für an sich existirend, für etwas wirkliches halten; und ihrem Gotte, der in derselben Glück und Unglück austheilen soll, die absolute Herrschaft über dieselbe zuschreiben, so dass er auch ihr Schöpfer seyn muss, indem sie sonst nicht gänzlich von ihm abhinge, ist ganz consequent und in ihrem Systeme nothwendig. Nur irren sie sich über die Weise, wie sie zu dieser Annahme kommen. Sie wissen es in der That unmittelbar und haben es nicht durch Schlüsse. Was sie für Demonstrationen ausgeben, sind blosse Wiederholungen dessen, was ihr Herz unabhängig von allen Demonstrationen glaubt.

Dass ihr Gott den oben angegebenen Grundcharakter wirklich trage, dass er der Herr des Schicksals und der Geber der Glückseligkeit sey, dass es bei Schöpfung der Welt sein Plan gewesen sey, die höchstmögliche Summe des Genusses hervorzubringen; dessen haben sie gar kein Hehl; es geht durch ihr ganzes System hindurch, sie erschöpfen ihre Bered-

samkeit, um es als etwas sehr sublimes einzuschärfen, sie sind
darüber so unbefangen, dass ich es im Geiste mit ansehe, mit
welchem Beifalle die mehrsten von dieser Denkart die von mir
soeben gegebene Beschreibung ihres Gottes lesen, sich freuen,
dass ich die Sache so wohl darstelle, und ihnen Gerechtigkeit
widerfahren lasse, und wie weit entfernt sie sind, sich einfallen zu lassen, dass man dagegen etwas haben könne.

Und dadurch legen sie denn ihre radicale Blindheit über
geistliche Dinge, ihre gänzliche Entfremdung von dem Leben,
das aus Gott ist, völlig an den Tag. Wer da Genuss will, ist
ein sinnlicher, fleischlicher Mensch, der keine Religion hat und
keiner Religion fähig ist; die erste wahrhaft religiöse Empfindung ertödtet in uns auf immer die Begierde. Wer Glücks-
ligkeit erwartet, ist ein mit sich selbst und seiner ganzen Anlage unbekannter Thor; es giebt keine Glückseligkeit, es ist
keine Glückseligkeit möglich; die Erwartung derselben, und
ein Gott, den man ihr zufolge annimmt, sind Hirngespinnste.
Ein Gott, der der Begier dienen soll, ist ein verächtliches Wesen; er leistet einen Dienst, der selbst jedem erträglichen Menschen ekelt. Ein solcher Gott ist ein böses Wesen; denn er
unterstützt und verewigt das menschliche Verderben, und die
Herabwürdigung der Vernunft. Ein solcher Gott ist ganz
eigentlich „*der Fürst der Welt,*" der schon längst durch den
Mund der Wahrheit, welchem sie die Worte verdrehen, gerichtet und verurtheilt ist. Ihr Dienst ist Dienst dieses Fürsten.
Sie sind die wahren Atheisten, sie sind gänzlich ohne Gott,
und haben sich einen heillosen Götzen geschaffen. Dass ich
diesen ihren Götzen nicht statt des wahren Gottes will gelten
lassen, dies ist, was sie Atheismus nennen; dies ists, dem sie
Verfolgung geschworen haben.

Das System, in welchem von einem übermächtigen Wesen
Glückseligkeit erwartet wird, ist das System der Abgötterei
und des Götzendienstes, welches so alt ist, als das menschliche Verderben, und mit dem Fortgange der Zeit bloss seine
äussere Gestalt verändert hat. Sey dieses übermächtige Wesen ein Knochen, eine Vogelfeder, oder sey es ein allmächti-
ger, allgegenwärtiger, allkluger Schöpfer Himmels und der

Erde; — wenn von ihm Glückseligkeit erwartet wird, so ist
es ein Götze. Der Unterschied beider Systeme liegt bloss in
der besseren Wahl der Ausdrücke; das Wesen des Irrthums
ist in beiden dasselbe, und bei beiden bleibt das Herz gleich
verkehrt.

Hier sonach ist der wahre Sitz meines Streites mit ihnen.
Was *sie* Gott nennen, ist *mir* ein Götze. Mir ist Gott ein von
aller Sinnlichkeit und allem sinnlichen Zusatze gänzlich be-
freietes Wesen, welchem ich daher nicht einmal den mir allein
möglichen *sinnlichen* Begriff der Existenz zuschreiben kann.
Mir ist Gott bloss und lediglich Regent der übersinnlichen
Welt. Ihren Gott läugne ich und warne vor ihm, als vor einer
Ausgeburt des menschlichen Verderbens, und werde dadurch
keinesweges zum Gottesläugner, sondern zum Vertheidiger der
Religion. Meinen Gott kennen sie nicht und vermögen sich
nicht zu dessen Begriffe zu erheben. Er ist für sie gar nicht
da, sie können ihn sonach auch nicht läugnen, und sind in
dieser Rücksicht nicht Atheisten. Aber sie sind *ohne Gott;*
und sind in dieser Rücksicht Atheisten. — Aber es ist fern
von meinem Herzen, sie auf eine gehässige Weise mit dieser
Benennung zu bezeichnen. Meine Religion lehrt mich vielmehr,
sie zu bedauern, dass sie das höchste und edelste gegen das
geringfügigste aufgeben. Diese Religion lehrt mich hoffen, dass
sie über kurz oder lang ihren bejammernswürdigen Zustand
entdecken, und alle Tage ihres Lebens für verloren betrachten
werden, gegen das ganz neue und herrliche Daseyn, welches
ihnen dann aufgehen wird.

Jetzt, um sie mit sich selbst noch näher bekannt zu machen, prüfen wir noch ferner ihren Götzen — der heilige
Name Gottes kommt ihm nun einmal nicht mit Recht zu. —
Eigenwillig, wie sie selbst es sind, nach deren Bilde er geformt ist, knüpft er die von ihm zu erwartende Glückseligkeit
an die Erfüllung gewisser Bedingungen, schlechthin weil er
nun einmal diese Bedingungen will. Je unbegreiflicher dieser
Wille, desto glaubwürdiger ist es, dass es sein Wille sey;
denn dadurch wird er umsomehr ein unerforschlicher, d. i.
ein eigensinniger Gott, dem seine Uebermacht statt alles Rechts

gilt. Erfüllung gewisser Ceremonien, Hersagen gewisser Formulare, Glauben an unverständliche Sätze, wird das Mittel, bei ihm sich einzuschmeicheln, und seiner Segnungen theilhaftig zu werden. Geht die Sache noch am erträglichsten, so wird die Tugend dieses Mittel; es versteht sich, die blosse äussere Ehrbarkeit: denn die wahre Moralität besteht darin, dass die Pflicht schlechthin um ihrer selbst willen geübt werde, und wo Genuss als Belohnung beabsichtigt wird, da ist die Sittlichkeit schon aufgegeben und unwiederbringlich vertilgt. In dieser Function hat jener Gott wenigstens das Verdienst, mangelhaften Polizeianstalten nachzuhelfen.

In diesem Systeme wird Gott ohne Unterlass gelobt und gepriesen, wie kein rechtlicher Mensch sich selbst möchte preisen lassen. Da ist nur immer die Rede von seiner Güte, und wieder von seiner Güte, und sie können nicht müde werden, dieser Güte zu gedenken, ohne auch nur einmal seiner Gerechtigkeit zu erwähnen. Da ist ihm alles einerlei; er lässt sich alles gefallen, und muss sich alles gefallen lassen; und was die Menschen auch thun mögen, er ist mit seinem Segen immer hinterdrein. Und, was noch das Heilloseste dabei ist, sie glauben es selbst nicht, indem sie es sagen, sondern meinen nur, dass das ihr Gott gern höre, und wollen ihm nach dem Munde reden.

.Da hört man erbauliche Gedanken, wie folgende: wie gütig ist doch Gott; er hat uns nicht nur Nahrung gegeben, um unser Leben· zu erhalten, sondern derselben noch einen besonderen Wohlgeschmack mitgetheilt. Nun so schmecke doch recht hin, andächtige Seele, wie süss diese Traube, wie würzhaft dieser Apfel sey, damit du die Güte Gottes recht schätzen lernst. Armer, vielleicht wohlmeinender, aber blinder Schwätzer: alle auch durch deine sinnliche Existenz verbreiteten Annehmlichkeiten sind nicht dazu da, dass du über denselben andächtig brütest, sondern dass deine Kraft gestärkt, belebt, erhöhet werde, das Werk des Herrn auf der Erde freudig zu thun. *So* lehre sie die Sache ansehen; und dann werden sie auch über dergleichen Dinge Gott preisen, wie er gepriesen seyn will.

Dieses System ists, in dessen Munde die erhabenste und heiligste Lehre, die je unter Menschen kam, die des Christenthums, allen ihren Geist und Kraft verloren, und sich in eine entnervende Glückseligkeitslehre verwandelt hat. — Ich will sie nicht beschuldigen, dass sie diese Lehre muthwillig verdrehen: aber so wie dieselbe nur in ihre Sphäre gelangt, verliert sie ihren erhabenen Sinn. Jene sehen in ihr absolut nichts; und deuten und drehen nun so lange an ihr, bis ein Sinn herauskommt, den sie fassen können. Durch ihren Mund redet der, der die Leiden erduldete, da er Freuden hätte haben können, wie ein feiner Epikuräer. „Kreuziget euer Fleisch, sammt den Lüsten und Begierden" — das sind bei ihnen orientalische Bilder und Redensarten, welche nach unserer Denkart ohngefähr so viel heissen: sparet und vertheilet weislich eure Genüsse, damit ihr desto mehr geniessen könnt; esst nicht zu viel, damit ihr nicht Bauchgrimmen bekommt, betrinkt euch nicht, damit ihr nicht des anderen Tags Kopfschmerzen bekommt. „Werdet wiedergeboren, werdet aus dem Geiste geboren, werdet eine neue Creatur" — heisst nach ihnen in unserer Sprache ungefähr soviel: werdet von Tage zu Tage verständiger und klüger auf eure wahren Vortheile. „Unser Wandel ist im Himmel; ich lebe, doch nicht ich, sondern ein neuer Mensch lebt in mir" — ist nach ihnen blosses Bild, das in unserer Sprache gar nichts bedeutet.

Wer weiss dies alles besser, wer könnte es besser wissen, als mehrere ehrwürdige Mitglieder der chursächsischen höheren Regierungscollegien? Sie, die in einer gewissen Gemeine, deren Sprache ich zwar nicht gebrauchen würde, welche aber allerdings das hohe Verdienst hat, das Uebersinnliche und Ewige nicht zu verkennen — die in dieser Gemeine, oder vielleicht auf anderen Wegen, vor jener entnervenden Lehre verwahrt, die Anpreisung der Religion Jesu, als einer Glückseligkeitslehre, von chursächsischen Kanzeln und in Kinderlehren gewiss oft, und gewiss nicht ohne innigen Widerwillen gehört haben. Wer könnte es besser wissen, als sie; — von deren Einzelnen mir bekannt ist, dass sie sogar die wahre Quelle dieses Uebels sehr wohl kennen, — die eudämonistische, oberflächliche, schöngeisterische, süssschwatzende Philosophie, welche bei ihren Studirenden so viel Beifall gefunden; und dass sie gewünscht haben, diese seichte Philosophie durch das Studium einer allerdings gründlicheren und kräftigeren, der Crusiussischen, zu verdrängen. Möchten doch diese die neuere Philosophie kennen; möchten sie, nicht zufrieden mit einseitigen Berichten anderer, sie mit eigenen Augen kennen lernen wollen! Allerdings liess sich das Studium derselben damals, als sie in ihren Hauptquellen noch äusserst unverständlich war, und Ausleger erhielt, welche selbst von ihr nichts verstanden, anderwärts beschäftigten Männern nicht füglich anmuthen. Diese Zeit ist vorbei; gegenwärtig lässt sich diese Philosophie wohldenkenden und unbefangenen auf die leichteste Weise beibringen. — Möchten jene Männer wenigstens die gegenwärtige Schrift eines aufmerksamen Lesens würdigen; und sie würden schon aus ihr die eigentliche Tendenz dieses Systems ersehen können. Dass ich es mit wenigen Worten sage: in Absicht der Religionslehre ist ihr einiger Zweck der, dem Menschen alle Stützen seiner Trägheit, und alle Beschönigungsgründe seines Verderbens zu entreissen, alle Quellen seines falschen Trostes zu verstopfen; und weder seinem Verstande noch seinem Herzen irgend einen Standpunct übrig zu lassen, als den der reinen Pflicht und des Glaubens an die übersinnliche Welt. Daher auch in ihrem theoretischen Theile die Behauptung der absoluten Idealität alles sinnlichen Seyns, gegen den Dogmatiker; dessen Kopf dem letzteren für sich bestehende Realität beimisst, weil sein Herz sich mit demselben begnügt. — Unsere Philosophie läugnet nicht alle Realität; sie läugnet nur die Realität des Zeitlichen und Vergänglichen, um die des Ewigen und Unvergänglichen in seine ganze Würde einzusetzen. Es ist sonderbar, diese Philosophie der Abläugnung der Gottheit zu bezüchtigen, da sie vielmehr die Existenz der Welt, in dem Sinne, wie sie vom Dogmatismus behauptet wird, abläugnet. Welch ein Gott wäre dies, der mit der Welt zugleich verloren ginge? Unsere Philosophie läugnet die Existenz eines sinnlichen Gottes, und eines Dieners der Begier; aber der übersinnliche Gott ist ihr Alles in Allem; er ist ihr derjenige, welcher allein *ist;* und wir anderen vernünftigen Geister alle leben und weben nur in Ihm. — Das Christenthum ist kein philosophisches System; es wendet sich nicht an die Speculation, sondern an den moralischen Sinn des Menschen; es kann daher nicht so sprechen und nicht so articulirt seyn, wie ein philosophisches Lehrgebäude. Aber wenn nicht neun Zehntheile desselben aufgegeben werden sollen, als absolut ohne Sinn; und in der Erklärung des noch übrigbleibenden Zehntheils die oben angeführten Auslegungen die einzig richtigen seyn sollen: so hat es denselben Zweck, als unsere Philosophie. Diesen Zweck des Christenthums nun kennen jene würdigen Männer sehr wohl; möchten sie nur auch den der neueren Philosophie kennen lernen wollen! Sie würden sich dann nicht mehr durch andere, welche weder Christenthum noch Philosophie kennen, verleiten lassen, Aufsätze im Geiste dieser Philosophie als atheistisch zu verbieten; und der Name eines verehrungswürdigen Fürsten, welcher wohl wahrhaft religiös seyn muss, da er so gut und gerecht ist, würde nicht an der Spitze von Rescripten stehen, in denen Vertheidigungen der wahren Religion Angriffe auf dieselbe genannt werden.

Selbst vor denjenigen Staatsmännern, die um Religion sich nun eben nicht kümmern, denen aber gründliches Studium, und der Fortgang der Wissenschaften am Herzen liegt, kann ich meine Sache mit dem höchsten Vortheile führen. Alle Kraft des Menschen wird erworben durch Kampf mit sich selbst, und Ueberwindung seiner selbst; und die Geisteskraft insbesondere durch Kampf mit den uns angebornen, und in unserer sinnlichen Natur begründeten Vorurtheilen, und durch Ueberwindung des blinden Hanges der Ideenassociation. Wer nur treibt, wozu er eben Lust hat, nie mit eigentlicher Selbstthätigkeit, d. i. einem Hange zuwider, producirt, sondern sich nur durch den Strom seiner Einfälle forttreiben lässt, der ist und bleibt, so glücklich auch zuweilen diese Einfälle, und so fliessend ihr Strom seyn mag, ein seichter Kopf, unwürdig des Namens eines Gelehrten. Nur derjenige, der mit Willkür und Vorsatz seine Aufgabe, von welcher Art sie auch sey, übernimmt, mit Abhaltung aller fremden Gedanken systematisch

seinen Weg verfolgt; nicht ruht, bis er Grund gefunden, oder
wenigstens weiss, wie weit der Grund geht, und wo keiner
weiter zu suchen ist, der nicht glaubt, etwas gethan zu haben,
so lange noch etwas zu thun übrig ist, — nur derjenige ist ein
gründlicher Gelehrter. Dieses Vermögen erhält man nur dadurch, dass man mit Mühe und Anstrengung Grundsätze verstehen und wahrfinden lernt, die sich uns nicht von selbst
darbieten, sondern der gewöhnlichen ersten Ansicht des Menschen zuwider sind. Dieser einzig möglichen Methode der Geistesbildung ist nichts entgegengesetzter, es giebt nichts, das
den Jüngling so von Grund aus verseichte, und um allen Geist
bringe, als jenes eudämonistische System. Hier bleibt der
Mensch so ganz in seinem Geleise, in welches ihn die Natur
stellte, und hat keine Mühe ein neues einzuschlagen; denn jenes System ist uns allen angeboren, und es bedarf keiner
Anstrengung, um den Zweck unseres Daseyns in Genuss zu
setzen. Der nur um des Genusses willen studirende Jüngling
fasst mit Widerwillen auf der Oberfläche seines Gedächtnisses,
wessen er doch schlechterdings bedarf, um durch die, leider!
verordneten Prüfungen zu kommen, und treibt übrigens in
geistlosen Gedichten und Romanen die Jagd ästhetischer Flos-
keln, damit er den Menschen einst ihre Lüsternheit recht rüh-
rend an das Herz legen könne. Selbst denken, seine Gedanken ordnen, über die Ordnung derselben Rechenschaft ablegen,
ist ihm eine harte, unbillige, unerhörte Zumuthung. — Ich fordere jeden, der die Welt kennt und zu beobachten Gelegenheit hat, auf, mir zu sagen, ob er nicht diese eudämonistisch
Gesinnten überall und in allen Fächern, in welche sie gerathen,
als Schwätzer und seichte Nachbeter befunden habe. — Ich
maasse mir nicht an, zu entscheiden, sondern überlasse den
Pflegern der Wissenschaft in dem Lande, von dessen Grenzen
man die neuere Philosophie so sorgfältig abhält, selbst zu untersuchen, inwiefern diese Schilderung auf den wissenschaftlichen Zustand dieses Landes passe.

Selbst vor denjenigen Staatsmännern, die weder um Religion noch Wissenschaft sich kümmern, sondern die lediglich
die Erhaltung der bürgerlichen Ruhe und Ordnung beabsich-

tigen, kann ich meine Sache mit dem höchsten Vortheile führen.
Wenn es wahr ist, — was ich hier weder behaupten noch
läugnen will — wenn es wahr ist, dass in unserem Zeitalter
ungezähmtere Lüsternheit und Willkür, und Abneigung gegen
das Gesetz, ein vermessenes Klügeln über Dinge, die man nur
von einem höheren Standpuncte aus beurtheilen kann, ein leb-
hafteres Drängen vieler, ihren angewiesenen Platz in der
Ordnung der Dinge zu verlassen, und auf einen höheren zu
treten, ein zügelloseres Streben, sich neue Quellen der Genüsse
zu eröffnen, nachdem die alten versiegt sind, häufiger und un-
verholener sein Haupt emporhebt, als in den vorigen Zeitaltern:
so höre man doch ja auf, die neuere Philosophie darüber anzuklagen. In die Denkart des grossen Haufens greift eine
verderbliche Philosophie nicht eher ein, als bis sie eine Zeitlang ausschliessend die Schule beherrscht, in dieser Ruhe
durch ihre Bearbeiter, die keine auswärtigen Kriege zu führen
hatten, popularisirt worden, in die einige Philosophie des Volks,
in seine Religion, und zu seinen einigen Lehrern, den Geistlichen, herabgekommen ist; bis sie das Sträuben des gesunden
Menschensinnes in dem Zeitalter, dem sie zuerst vorgetragen
worden, überwunden, und sich schon vom Katechismusunter-
richt aus ihre Generation selbst gebildet hat. Ihr selbst wisst
nur zu wohl, dass die neuere Philosophie, ihr inneres Wesen
jetzt ganz bei Seite gesetzt, in diese äussere Lage noch nicht
gekommen, und noch weit entfernt ist, darein zu kommen.
Ihr selbst, Aufseher der Nationen, wisst höchstens, dass so
etwas herumgehe, aber nicht, was es eigentlich sey; was eure
Prediger etwa hier und da aus dieser Philosophie vorgebracht
haben, sind Formeln, die ihnen selbst, so wie den andern allen, unverständlich sind, und die weder schaden noch helfen
können. Soll der Unfug von einem philosophischen Systeme
abgeleitet werden, so müsst ihr weiter zurückgehen, zu demjenigen, welches vor dem neueren das herrschende war; und
da findet ihr denn abermals jenen Eudämonismus. Dass nach
diesem die Religion Jesu umgeschaffen, dass dieser den Unmündigen aus der Seele abgefragt, und den Mündigen von der
Kanzel gepredigt werde, daran habe ich euch schon oben er-

innert. Und ihr könnt noch fragen, woher das Verderben des Zeitalters entstehe? Predigt nur dem Menschen, und predigt ihm immer wieder, der einige Zweck seines Daseyns, der Zweck der ganzen Schöpfung, der wahre Wille Gottes, sey seine Glückseligkeit; schon durch sich selbst geneigt, wird er euch ohne Zweifel glauben; wird er, da unstreitig er selbst der beste Richter ist, was ihn für seine Person glücklich mache, dieses sein Glück auf alle Weise zu befördern streben; in der Erringung dieses höchsten Zwecks seines Daseyns durch keinen nur untergeordneten Zweck sich irremachen lassen, und, nach der Lehre, die ihr ihm beigebracht habt, daran nichts weiter zu thun glauben, als was der Wille Gottes ist. Nachdem ihr durch jene Formel ihn des wahren Bandes, das ihn halten sollte, der Moralität, entledigt habt, werdet ihr vergebens durch eine andere — aber dies ist nicht dein *wahres* Glück, — ihn wieder zu binden suchen. Er lacht eurer, denn was sein Glück erfordere, müsse er selbst wohl besser wissen, als ihr, denkt er, und denkt daran recht. Ihr mögt das wohl nur so sagen, denkt er, weil auch ihr euer Glück zu befördern strebt, und er gegenwärtig anfängt, demselben im Wege zu stehen. Ihr werdet ihn nimmermehr überreden, dass es sein Glück sey, sich abzuarbeiten, damit ihr, wie es ihm scheint, und vielleicht in der That ist, müssiggehen könnt; dass er des nothwendigsten entbehre, damit ihr, wie es ihm scheint, und vielleicht in der That ist, euch gütlich thun könnt; dass er gehorche, damit ihr herrschen könnt. — Hättet ihr ihm dagegen beigebracht, von Jugend auf ihm eingeprägt, zu einem Bestandtheile seines Selbst gemacht jenen erhebenden Gedanken: diese Welt ist nicht meine Heimath, und nichts, was sie zu geben vermag, kann mich befriedigen; mein wahres Seyn hängt nicht von der Rolle ab, die ich unter den Erscheinungen spiele, sondern von der Art, *wie* ich sie spiele. Da ich an diesem Platze stehe, so ist es der Wille Gottes, dass ich an ihm stehe, und freudig und muthig vollbringe, was an diesem Platze sich gehört. So unscheinbar mein Geschäft sey, es geschieht um Gottes und der Pflicht willen, und dadurch erhält es Würde. Nachzusehen, ob auch andere auf ihren Plätzen thun, was dort sich

gehört, ist nicht meine Sache: ich habe mit mir selbst vollauf
zu thun. Thun sie es nicht, so sündigen sie auf eigene Gefahr: Gott aber wird ohne Zweifel alle Unordnungen, die daraus entstehen, zu seiner Zeit in die schönste Harmonie auf-
lösen. — Hättet ihr ihm diesen Gedanken beigebracht; den
Grundgedanken des Christenthums, wie ich glaube, und meiner Philosophie — der Heldensinn, und die unaussprechliche
Ruhe, welche derselbe über sein Leben verbreiten müsste,
würde ihn ohne allen Zweifel zum nützlichen und ruhigen Bürger gemacht haben.

*   *
*

Dass ich alles zusammenfasse: —

Der Mittelpunct des Streits zwischen mir und den Gegnern
ist der: dass wir in zwei verschiedenen Welten stehen, und
von zwei verschiedenen Welten reden, — sie von der Sinnenwelt, ich von der übersinnlichen; dass sie alles auf Genuss
beziehen, welche Gestalt nun auch dieser Genuss haben möge,
ich alles auf reine Pflicht.

Durch diese absolute Entgegensetzung der Principien wird
nun, inwieweit wir beide consequent sind, nothwendig unser
ganzes Denksystem, unsere Philosophie und unsere Religion,
entgegengesetzt. Was *mir* das allein Wahre und Absolute ist,
ist *für sie* gar nicht vorhanden, ist für sie Chimäre und Hirngespinnst: was *sie* für das Wahre und Absolute halten, ist nach
mir blosse Erscheinung, ohne alle wahre Realität.

Zu diesen Principien alles unseres Denkens sind wir nun
beide nicht durch das Denken selbst gelangt, sondern durch
etwas, das höher liegt, als alles Denken, und das ich hier füglich das *Herz* nennen kann. Aber was wir selbst nicht auf
dem Wege des Räsonnements erlangt haben, können wir auf
diesem Wege auch keinem anderen mittheilen; wir können
also gegenseitig uns unsere Principien nicht erweisen. Was
wir uns auch demonstriren mögen, demonstriren wir doch im-

mer aus jenen Prämissen, und unsere Folgerungen gelten uns
gegenseitig nur, wenn wir uns die Prämissen zugeben; diese
aber läugnen wir uns ja von beiden Seiten entschieden ab.
Es ist also schlechthin unmöglich, dass wir uns gegenseitig
widerlegen, überzeugen, belehren. Ich müsste ihre Gesinnung
annehmen, um ihre Wahrheit anzuerkennen; und dieses ist,
nachdem ich nun einmal da bin, wo ich bin, unmöglich. Oder
sie müssten meine Gesinnung annehmen, um meine Wahrheit
anzuerkennen; und dies halte ich von meiner Seite allerdings
für möglich; ja ich bin im Gewissen verbunden, zu glauben,
dass sie dieselbe dereinst noch annehmen werden, aber nöthigen kann ich sie dazu auf keine Weise.

Ich habe mich wohl zuweilen noch eines anderen Vortheils
über sie gerühmt; aber derselbe verschwindet, wenn die Sache
schärfer angesehen wird, beinahe in Nichts. Sie können, habe
ich zuweilen geäussert, nicht erklären, was sie zu erklären
unternehmen, und bringen, statt der gehofften Erklärungen,
leere und unverständliche Worte vor; und dieses wenigstens
sollte man ihnen ja nachweisen können. Aber selbst dies kann
man ihnen so schwer nachweisen, indem sie in derjenigen
Höhe der Speculation, in welcher die Unverständlichkeit ihrer
Behauptungen erhellet, grösstentheils selbst nichts mehr verstehen.

Was ist nun bei dieser Lage der Sachen zu thun?

Zuvörderst: was könnte etwa zunächst den Gegnern einfallen, zu thun?

Wollen erbitzte, feindliche Gemüther — ach, dass das edle
Ringen um Wahrheit in persönliche Gehässigkeit ausarten kann!
— wollen diese auch über *diese* Schrift herfallen, wie sie es
bisher mit so vielen meiner Schriften gethan haben, Stellen
aus ihrem Zusammenhange gerissen, oder wirklich verfälscht
anführen, um dem Verf. einen Sinn anzudichten, den sein Herz
verabscheut, und ihn leidenschaftlich zu verschmähen und zu
verunglimpfen; so sey ihnen dies vergönnt! Ich hatte gehofft,
man werde in meinen bisherigen Antworten auf dergleichen
Begegnungen den guten Muth und die fröhliche Laune nicht
verkennen, noch sie selbst für leidenschaftliche Hitze nehmen;

man hat sie verkannt, und sich daran geärgert, und so gebe
ich denn dem Publicum bei dieser Gelegenheit auf immer das
Wort, auf keine leidenschaftliche Aeusserung gegen mich weiter
Rücksicht zu nehmen.

Wollen andere ganz unleidenschaftlich auch jetzt mir abermals erzählen, was wir schon so oft gehört haben, dass es
nun einmal nicht im Menschen liege, auf allen Genuss Verzicht
zu leisten; so erinnere ich dieselben bloss, dass darin eben
der Sitz unseres Streits ist, dass sie mir da eben das Princip
anführen, um meinen Aufsatz zu widerlegen, welches ich im
ganzen Aufsatze durchaus abgeläugnet habe; und dass sie
wohl wissen werden, wie dieser Fehler im Beweisen in der
Logik genannt wird. Das können sie gegen andere vorbringen,
die es ihnen glauben; nur nicht gegen mich.

Will eine dritte Partei, — und ich fürchte, dass diese sehr
zahlreich seyn werde — sagen: der Fehler liege nur darin, dass
man jene Stützen zu plötzlich wegreissen wolle; man solle doch
gemach gehen, durch jene Lockungen und Schreckmittel des
Aberglaubens die Menschen nur erst zur Legalität bringen, um
sie von da aus zur Moralität zu erheben; so erinnere ich dieselben, dass sie da nur die gewöhnliche Ausrede der Schwäche und der Halbheit vorbringen, welche die Wahrheit einsieht,
ohne den Muth zu haben, sie anzuerkennen, und zu befolgen;
und dass sie sich in einem sehr gefährlichen Irrthume befinden.
Es giebt von der Sinnlichkeit zur Sittlichkeit keinen stätigen
Uebergang, der etwa durch die äussere Ehrbarkeit hindurch-
gehe; die Umänderung muss durch einen Sprung geschehen, und nicht blosse Ausbesserung, sondern gänzliche Umschaffung, sie muss Wiedergeburt seyn.

Da wir sonach, wie die Sache gegenwärtig steht, weder
an-, noch auseinander kommen können, so erlauben sie mir
einen Vorschlag zur Güte:

Dass ich bei ihnen unrecht habe, das versteht sich, und
hierüber eben will ich vor der Hand nicht weiter mit ihnen
rechten. Aber es wird doch wohl auch bei ihnen einen Unterschied in meiner Schuld machen, ob meine Behauptungen
nur so frech und kühn, und gleichsam ihnen zum Trotze hin-

geworfen worden; oder ob sich Gründe dafür und einiges scheinbare zu ihrem Vortheile anführen lässt. Sie werden denn doch hoffentlich, nachdem sie diese Schrift bis zu Ende gelesen, das letztere nicht ganz abläugnen wollen. — Ferner müssen sie mir doch wohl zugestehen, dass diese Lehre in ihren Folgen nicht gefährlich ist. Wenn sie recht haben, und ich unrecht, so ist die schlimmste Folge die, dass die Anhänger und praktischen Befolger dieser Lehre gutmüthige Schwärmer werden, die sich selbst um den Genuss des Lebens bringen: aber was schadet dies *ihnen?* Wenn sie in ihrer Denkart consequent sind, so müssen sie sich vielmehr freuen, und von ihrer Seite alles mögliche beizutragen suchen, um auf diese Weise recht vieler Mitringer und Mitbewerber um ihre Glückseligkeit entledigt zu werden. Schon diese ihre Inconsequenz, diese ihre Begierde, andere ebenso klug und so glückselig zu machen, als sie selbst es sind, ohne dass ihnen daraus der geringste Vortheil erwächst, könnte sie bedenklich machen: ob denn nicht doch sogar ihrem eigenen Verfahren ein erhabeneres Princip zu Grunde liege, als sie zugestehen wollen. — Endlich regt sich doch — ich weiss das sicher, und kann es wissen — selbst in ihrem eigenen Innern in Geheim der Zweifel, ob ich nicht doch recht haben dürfte; und sie mögen — ich weiss das sicher — nicht ihr ganzes Glück in Zeit und Ewigkeit daransetzen, dass ich gewiss unrecht habe: eigentlich, wenn sie sich recht prüfen, werden sie finden, dass sie nur eine gelegnere Zeit abwarten wollen, um die Sache zu überlegen. Nun so erwarten sie diese gelegnere Zeit! — Wenn ich ganz allein so etwas behauptete, als ich behaupte, so dürfte ihnen allenfalls noch eher geglaubt werden, dass ich ein Schwärmer, und meiner Vernunft nicht mächtig sey; aber stehe ich denn auch so ganz allein? Welchen durch keinen Parteinamen bezeichneten ganz unverdächtigen Theologen nenne ich doch, als meinen Gewährsmann? Möchtest du, ehrwürdiger Vater Spalding, dessen Bestimmung des Menschen es war, die den ersten Keim der höheren Speculation in meine jugendliche Seele warf, und dessen Schriften alle, sowie die genannte, das Streben nach dem Uebersinnlichen und Unvergänglichen so trefflich charakterisiren, — möchtest du in meiner Sache stimmen können und wollen! Und der Herr Oberhofprediger Reinhard, der im chursächsischen Kirchenrathe unter den Richtern über meinen Atheismus, und über meine Angriffe auf die Religion gesessen haben muss — ich habe keine seiner neuesten Schriften bei der Hand, aber ich finde in einer gelehrten Zeitung eine Anzeige seiner neuesten Predigtsammlungen; — was kann er in Predigten *„über den frohen menschenfreundlichen Glauben, dass es immer besser auf Erden werden müsse, — dass man ohne einen gewissen Grad edler Begeisterung kein wahrer Christ seyn könne, — von dem Gefühle der Unvergänglichkeit, mit welchem Christen die Hinfälligkeit alles Irdischen betrachten sollen,"* — was kann der geistvolle und gründliche Mann in dergleichen Predigten anderes sagen, als was auch ich in jenem verbotenen Aufsatze, und in diesem gesagt habe, und was jeder sagen muss, dem wahre innere Religion am Herzen liegt? Und unter den Philosophen du, edler Jacobi, dessen Hand ich zutrauungsvoller fasse; so verschieden wir auch über die blosse Theorie denken mögen, das, worauf es hier ankommt, hast du schon längst, gerade so, wie ich es denke, gesagt, mit einer Kraft und Wärme gesagt, mit welcher ich es nie sagen kann, *) hast es zur Seele deines Philosophirens gemacht: *„durch ein göttliches Leben wird man Gottes inne."*

Also, da dieses alles sich so verhält, mein Vorschlag zur Güte! — Haben wir beide lieber von nun an unmittelbar gar nichts mehr mit einander zu thun. Wenden sie sich lieber an diejenigen, bei denen sie noch hoffen können, Eingang für ihre Lehre zu finden; und ich will dasselbe von meiner Seite thun. Jede Partei thue für sich alles, was sie vermag, um Einstimmigkeit mit sich ausser sich hervorzubringen. Nur thue darin keine der anderen Eintrag; nur sey unser Wetteifer redlich, und keiner bediene sich unerlaubter Waffen. So wie ich ihre

---

*) Besonders: *Briefe über die Lehre des Spinoza*, S. 234 ff. 2. Ausgabe, in *seiner Vertheidigung gegen* Mendelssohn; und so in allen seinen Schriften.

Schriften sicher nicht verbieten und confisciren, die Besuchung
der Universitäten, auf denen sie ihren Sitz haben, und ihrer
Vorlesungen, gewiss nicht untersagen und verschreien würde,
auch wenn ichs vermöchte; so thun auch sie von ihrer Seite
nicht. Erwarten sie, dass zwischen uns die Zeit richte. Nur
eine kurze Frist erbitte ich mir. Wenn nicht nach einem Jahr-
zehend die grössere Menge der guten Köpfe und Herzen auf
meiner Seite seyn werden, wenn dann nicht selbst viele, die
jetzt gegen mich eifern, ganz meiner Meinung, und die anderen
wenigstens gemässigter seyn werden; — dann will ich kein Wort
weiter sagen; sie mögen dann gegen mich verfahren, wie sie können.

Den chursächsischen Kirchenrath, oder welches Collegium
es war, das den Confiscationsbefehl und die Beschuldigung
des Atheismus aussprach, rechne ich, nicht nur wegen der
Ungleichheit des Verhältnisses, sondern überhaupt nicht unter
meine Gegner. Geschäftsmänner haben weder Zeit noch Beruf,
dergleichen Gegenstände zu ergründen; sie müssen sich darüber an die Berichte ihrer Gelehrten halten. Aber werden
denn nun diese Geschäftsmänner auch *meinen* Bericht vernehmen und beherzigen? Werden sie einsehen, was das zu bedeuten habe, öffentlich, vor den Ohren der deutschen Nation,
als Atheisten und Feind aller Religion einen Mann anzukündigen, von welchem — denn jetzt will ich als das äusserste
ihnen die Denkart meiner Gegner zuschreiben, und annehmen,
dass sie mir nichts weiter zugestehen müssen, als diese zugestehen; — von welchem es denn doch nicht unmöglich ist,
dass er recht habe, und dass seine Schrift vielmehr eine Vertheidigung der Religion, als ein Angriff auf dieselbe sey? Werden sie den Muth haben, sich zu gestehen, welches die aller
mindeste Genugthuung sey, die sie meinem, so viel an ihnen
war, verunglimpften guten Namen, meinem, soviel an ihnen
war, angegriffenen Wirkungskreise schuldig sind; und den daraus folgenden Muth, diese Genugthuung zu geben? Alles dies
sey lediglich ihnen selbst überlassen, und kann um destomehr
ihnen überlassen werden, nachdem gar nicht mehr mein Interesse, sondern lediglich das ihrige — wenn sie ein solches Interesse haben — in diese Angelegenheit verwickelt ist. Mir

konnte ihre Beschuldigung nur durch die Wirkung derselben auf das deutsche Publicum bedeutend werden. Ich habe jetzt die Sache unmittelbar an dieses Publicum gebracht, und eine grosse Stimmenmehrheit wird, wie ich hoffe, schon jetzt, oder, wie ich nicht hoffe, sondern gewiss weiss, nach Verlauf einiger Jahre, *für mich* entscheiden. Es kann nunmehr nur noch ihnen nachtheilig seyn — denn dass sie sagen sollten: ei, wer kann uns etwas schaden, wir sitzen viel zu hoch, was machen wir uns daraus? erwarte ich nicht — es kann, sage ich, nun nur noch ihnen nachtheilig seyn, jene harte Beschuldigung ausgesprochen und sie nicht zurückgenommen zu haben; so wie es nur noch ihnen Ehre, Zutrauen der Nation in ihre Urtheile, und Einfluss auf die gesammte Literatur des deutschen Vaterlandes bringen kann, wenn sie freimüthig erklären: wir sind infallibel in bürgerlicher Gesetzgebung und Richterspruch, und verlangen da unbedingte Unterwerfung; aber in unseren Urtheilen über literarische Angelegenheiten können wir uns irren, denn wir sind Menschen; hier haben wir uns geirrt, und nehmen frei und offen unseren Irrthum zurück. — Ich traue ihnen diese Grossmuth zu; und die Erfahrung mag lehren, ob ich ihnen zu viel zutraute.

Ich gebe ihnen durch diese Schrift eine Veranlassung, dies auf eine schickliche Weise zu thun. Ihre Leipziger Büchercommission hat nebst dem ersten durch das churfürstl. Rescript confiscirten Hefte, auch noch das zweite, aus eigener Machtvollkommenheit, confiscirt.*) Ich klage sie dessen hierdurch öffentlich an. Befehle der chursächsische Kirchenrath, dass dieses zweite Heft zurückgegeben werde; gebe er bei dieser Gelegenheit auch den Verkauf des ersteren frei, *auf die*

---

*) Nunmehr zwar scheinen sie dies bemänteln zu wollen. In einem, Namens dieser Commission ausgestellten, von dem Bücherinspector Herrn Mechau unterschriebenen Atteslate, das sich in meinen Händen befindet, wird gesagt: dass man *den ersten und zweiten Aufsatz* (die doch nur noch mit einem dritten *zusammengeheftet*, und nirgend *einzeln* vorhanden waren) des ersten Heftes in den Buchhandlungen aufgesucht. — Nach demselben Attestate steht in dem Rescripte der Ausdruck: dass jene beiden Aufsätze die *gröbsten* atheistischen Aeusserungen enthalten.

Bedingung, dass mein gegenwärtiger Aufsatz mit ihm zugleich
verkauft werde, indem dieser letztere zur Erklärung mehrerer
bedenklichen und leicht miszuverstehenden Aeusserungen in den
beiden ersten Aufsätzen des ersteren diene; oder welchen Mittelweg sonst ihnen ihre Weisheit eingiebt; behandle man diesen Befehl nicht, wie gewöhnlich geschieht, als ein Geheimniss,
sondern lasse ihn öffentlich bekannt werden; und ich werde
diese Grossmuth dankbar verehren.

Ich wende mich an die unbefangenen Leser, welche in
dieser Angelegenheit weder gehandelt, noch für oder wider
die Meinungen, welche hier streitig geworden sind, schon Partei genommen haben. Es war die Absicht meiner Schrift, diese
Unbefangenen zu einem Publicum für diese Angelegenheit zu
erheben, und sie zu meinem Richter zu machen. Nur die Unbefangenen: — denn so wenig meine Gegner eine Stimme fordern können, ebensowenig verlange ich, dass die Freunde der
neuesten, und selbst der neueren Philosophie gehört werden;
welche letzten, so wenig sie auch meinen Schlüssen folgen mögen, dennoch mehr oder minder mit meinem Princip, dem des
reinen Moralismus, einverstanden sind.

Ich habe die Lehre meiner Gegner, zufolge welcher die
meinige ihnen als Atheismus erscheinen muss, und die meinige, zufolge welcher die ihrige mir als abgöttisch und götzen-
dienstlich erscheinen muss, treu und klar dargestellt. Es ist
jetzt an diesen Unbefangenen, vorerst bei sich selbst, und dann
auch, wenn sie wollen, vor anderen zu entscheiden, ob ihnen
denn die Lehre meiner Gegner so vortrefflich, die meinige so
heillos erscheine; zu entscheiden, nach welcher von beiden
sie ihren eigenen geistigen Charakter lieber gebildet sä-
hen; zu entscheiden, welche selbst in der Schilderung ihrem
Herzen wohlthätiger ist. Sie erlauben mir nur noch *eine* solche Beziehung auf ihr Herz; und dann überlasse ich sie rubig
ihrer eigenen Ueberlegung.

Durch jene Lehre machen sie euch lüstern, durch eure
Lüsternheit bedürftig, durch eure Bedürftigkeit abhängig, klein
und niedrig. Der Anfang eurer Erscheinung für euch ist zwar
allerdings nicht glänzend; ihr findet euch zuerst als Product

der Sinnenwelt, durch euren Mangel an dieselbe gekettet, ein
unsterbliches Wesen, bedürftig dessen, was nur Staub und
Asche ist. Von diesem Zustande euch zu erlösen, giebt es nur
Einen Weg, die Erhebung zur reinen Sittlichkeit; und ihr seyd
bestimmt, und berufen, diesen Weg zu gehen. Von dem Augenblicke an, da ihr ihn einschlagt, wird eure bisherige Gebiete-
rin, die Natur, euch unterworfen, und verwandelt sich in euer
folgsames leidendes Instrument. — Jene aber wollen das Denk-
mal eures anscheinenden Ursprungs aus der Eitelkeit eurem
unsterblichen Geiste unauslöschlich einbrennen, indem sie es
billigen und heiligen. Indem sie die Begier in euch nicht ausrotten lassen, sondern sie pflegen und zu Ehren erheben, und einen
Gott mit derselben beschäftigen, verewigen sie eure Bedürftigkeit.

Die andere Lehre will alles, was ihr zu bewundern, zu
begehren, zu fürchten pflegt, vor eurem Auge in Nichts verwandeln, indem sie auf ewig eure Brust der Verwunderung,
der Begier, der Furcht verschliesst. Ihr sollt euch nur zum
Bewusstseyn eures reinen sittlichen Charakters erheben; und
ihr werdet, verspricht sie euch, ihr werdet finden, wer Ihr
selbst seyd; und werdet finden, dass dieser Erdball mit allen
den Herrlichkeiten, welcher zu bedürfen ihr in kindischer Einfalt wähntet, dass diese Sonne, und die tausendmaltausend Sonnen,
die sie umgeben, dass alle die Erden, die ihr um jede der tausendmaltausend Sonnen ahnet, und die in keine Zahl zu fassenden Gegenstände alle, die ihr auf jedem dieser Weltkörper ahnet, wie ihr
auf eurer Erde sie findet, dass dieses ganze unermessliche All, vor
dessen blossem Gedanken eure sinnliche Seele bebt, und in
ihren Grundfesten erzittert — dass es nichts ist, als in sterbliche Augen ein matter Abglanz eures eigenen, in euch verschlossenen und in alle Ewigkeiten hinaus zu entwickelnden
ewigen Daseyns. Ihr werdet, verspricht sie euch, bloss selbst-
thätiges Princip, und allein durch euer pflichtmässiges Handeln
bestehend — den Genuss nicht entbehren, sondern verschmähen, alles was da Ding ist, die Herrlichkeiten eurer Erde, und
jener tausendmaltausend Weltkörper, und des ganzen unermesslichen All, vor dessen blossem Gedanken eure sinnliche
Seele erbebt, tief unter eurer eigenen geistigen Natur finden,

und die Liebe und die Berührung damit für Befleckung und
Entweihung eures höheren Ranges halten. Ihr werdet, verspricht sie euch, kühn eure Unendlichkeit dem unermesslichen
All, vor dessen blossem Gedanken eure sinnliche Seele erbebt,
gegenüberstellen und sagen: wie könnte ich deine Macht fürchten, die sich nur gegen das richtet, was dir gleich ist, und nie
bis zu mir reicht. *Du* bist wandelbar, nicht *ich;* alle deine
Verwandlungen sind nur mein Schauspiel, und ich werde stets
unversehrt über den Trümmern deiner Gestalten schweben.
Dass die Kräfte schon jetzt in Wirksamkeit sind, welche die
innere Sphäre meiner Thätigkeit, die ich meinen Leib nenne,
zerstören sollen, befremdet mich nicht; dieser Leib gehört zu
dir, und ist vergänglich, wie alles, was zu dir gehört, aber
dieser Leib ist nicht Ich. Ich selbst werde über seinen Trümmern schweben, und seine Auflösung wird mein Schauspiel
seyn. Dass die Kräfte schon in Wirksamkeit sind, welche
meine äussere Sphäre, die erst jetzt angefangen hat, es in den
nächsten Puncten zu werden; — welche euch, ihr leuchtenden
Sonnen alle, und die tausendmaltausend Weltkörper, die euch
umrollen, zerstören werden, kann mich nicht befremden; ihr
seyd durch eure Geburt dem Tode geweiht. Aber wenn unter
den Millionen Sonnen, die über meinem Haupte leuchten, die
jüngstgeborne ihren letzten Lichtfunken längst wird ausgeströmt
haben, dann werde ich noch unversehrt und unverwandelt
derselbe seyn, der ich jetzt bin; und wenn aus euren Trümmern so vielemale neue Sonnensysteme werden zusammenge-
strömt seyn, als eurer alle sind, ihr über meinem Haupte leuch-
tende Sonnen, und die jüngste unter allen ihren letzten Lichtfunken längst wird ausgeströmt haben, dann werde ich noch
seyn, unversehrt und unverwandelt, derselbe, der ich heute
bin; werde noch wollen, was ich heute will, meine Pflicht;
und die Folgen meines Thuns und Leidens werden noch seyn,
aufbehalten in der Seligkeit aller. Ihr sollt, verspricht sie euch,
auch in eurem mütterlichen Lande, der übersinnlichen Welt,
und Gott gegenüber, frei und aufgerichtet dastehen. Ihr seyd
nicht seine Sklaven, sondern freie Mitbürger seines Reichs.
Dasselbe Gesetz, das euch verbindet, macht sein Seyn aus,

so wie es euren Willen ausmacht. Selbst ihm gegenüber seyd
ihr nicht bedürftig, denn ihr begehrt nichts, als was er ohne
euer Begehr thut; selbst von ihm seyd ihr nicht abhängig, denn
ihr sondert euren Willen nicht ab von dem seinigen. „Ihr
nehmt die Gottheit auf in euren Willen, und sie steigt für
euch von ihrem Weltenthrone herab."

Und jetzt habt ihr, noch uneingenommene und unbefangene
Leser, bei euch selbst zu entscheiden, nach welcher von diesen beiden Lehren ihr gebildet zu seyn wünscht: ob nach der,
die euch erniedrigt, oder nach der, die euch unaussprechlich
zu erheben verspricht? Wie die erstere auf ein menschliches
Gemüth wirke, werdet ihr ohne Zweifel an euch selbst empfunden haben; wir haben es alle empfunden, denn wir sind
bisjetzt noch alle genöthigt, durch diese Denkart hindurch zu
gehen. Ob die zweite ihre grossen Versprechungen halte,
könnt ihr zwar allerdings durch Einbildungskraft und Nachdenken, wenn beides nicht in ganz gemeinem Grade euch zu
Gebote steht, zum Theil ermessen; aber wahrhaft zur Ueberzeugung darüber kommen, könnt ihr nur dadurch, dass ihr
wirklich thut, was sie von euch fordert. Möchten diese Schil-
derungen recht viele unter euch reizen, den Versuch an ihrem
eigenen Herzen zu machen! Macht ihr ihn recht, und findet
euch getäuscht; nun dann verdammt mich, wozu ihr wollt.

Und hiermit lege ich denn die Feder nieder, mit der Ruhe,
mit welcher ich einst mein ganzes irdisches Tagewerk nieder-
zulegen und in die Ewigkeit hinüberzutreten hoffe. Das noch
zu sagen, was ich hier gesagt habe, war meine Sache; was
nun weiter geschehen soll, ist Sache eines Anderen.

Der Herausgeber des philosophischen Journals

gerichtliche

Verantwortungsschriften

gegen die Anklage des Atheismus.

Herausgegeben

von

J. G. Fichte.

Erste Ausgabe:
Gedruckt auf Kosten des Herausgebers, und in Commission bei
Christian Ernst Gabler zu Jena. 1799.

Vorerinnerung.

Ich hatte den Vorsatz, in dieser Vorerinnerung mancherlei zu sagen, wodurch ich unrichtigen Beurtheilungen der folgenden Verantwortungsschriften vorzubeugen hoffte. Nachdem mein Verhältniss zum Publicum verändert, oder, genauer gesprochen, vernichtet ist, liegt mir an jenem Zwecke weit weniger, und er ist schwerer zu erreichen. Ich erwarte den Richterspruch der Zeit, und schweige.

Sogar dieser Abdruck, der unter anderen Erwartungen angefangen und beinahe vollendet worden, würde noch lange liegen geblieben seyn, wo er bisher lag, wenn nicht laut gesagt würde, dass man von einer anderen Seite einen Abdruck dieser Schriften veranstalte, durch den sie ohnedies in das Publicum kommen, und ich die Kosten der schon gemachten Auflage verlieren würde. Ich habe keinen Grund, diesen Verlust mir gefallen zu lassen, und publicire daher schon jetzt, was auch ohne mich schon jetzt publicirt worden wäre, — für jedes beliebige Urtheil.

Fichte.

J. G. Fichte's

als Verfassers des ersten angeklagten Aufsatzes und Mitherausgebers des
phil. Journals

Verantwortungsschrift.

———

Magnifice Academiae Prorector,

Unsere Vertheidigung gegen die Anklage, atheistische Aufsätze theils verfasst, theils herausgegeben zu haben, haben wir,
die Herausgeber des philosophischen Journals, und einestheils
der Verfasser eines der angeklagten Aufsätze, so unter uns
getheilt, dass ich, der Endesunterschriebene, den Inhalt jener
Aufsätze selbst vertrete, und den Beweis führe, dass sie in
keiner Rücksicht atheistisch genannt werden können: der
zweite Herausgeber erzähle, mit welcher Sorgfalt wir als Herausgeber verfahren. Wir bitten um die Erlaubniss, dass jeder
seinen übernommenen Theil der Verantwortung besonders
vortrage. Der Inhalt gelte für beide; seinen Vortrag verant-
wortet jeder selbst.

Es versteht sich nemlich von selbst, und es wäre eine
Vergehung gegen die durchlauchtigsten Erhalter der Universität Jena, das Gegentheil vorauszusetzen — es versteht sich
von selbst, dass irgend jemand auf diese unsere Verantwortung
Rücksicht nehmen werde, und dieselbe für die Möglichkeit
eines Urtheilsspruchs erwarte: so sehr dies auch mit dem chursächs. Requisitionsschreiben im Widerspruche zu stehen scheint,
in welchem über den begangenen Frevel und über die hohe

Schuld kurz und gut abgesprochen und entschieden, und hierüber kein Zweifel übrig gelassen, keine entfernte Ahnung gezeigt wird, dass wir denn doch zu unserer Vertheidigung und
zu Abwendung des harten Bescheides, womit die Sache anhebt, einiges dürften vorbringen können; nach welchem Schreiben von dem Befinden der Sache nur noch die Wahl unter
den „ernstlichen Bestrafungen“ abzuhängen scheint. Zum Glück
dürfen wir zu unserer Obrigkeit die durch Deroselben ganz
gerechte und aller Gewaltthätigkeit abgeneigte Regierung be-
stätigte Zuversicht fassen, dass Sie durch das Gewicht einer
so gewaltigen, unter einem so ehrwürdigen und so wichtigen
Namen vollzogenen Anklage nicht zwei wehrlose Individuen
werden erdrücken lassen; nachdem Sie selbst durch Abforde-
rung einer Verantwortung unseren Gründen den Weg zu Ihren hohen Personen eröffnet haben.   Wer schon entschlossen ist, fremde Gewalt schalten zu lassen, der würde des
Armen, dessen Gründe er erst anzuhören verspricht, nur
spotten.

Es sind in dieser Angelegenheit zwei Hauptfragen, von
welchen die Untersuchung anheben muss: über die *Thatsache:*
haben wir jene Aufsätze wirklich verfasst und herausgegeben?
über das *Recht:* thaten wir Unrecht daran, sie zu verfassen
und herauszugeben?

Man hat nicht für nöthig gefunden, die erste Frage auch
nur aufzuwerfen; und es war allerdings nicht nöthig. Wir begehren nicht zu läugnen:

*Ich, der Professor Fichte, erkläre hierdurch, dass ich den
ersten Aufsatz des ersten Hefts im philosophischen Journale
v. J. 1798, überschrieben: über den Grund unseres Glaubens an
eine moralische Weltregierung, bei ungestörten Gemüths- und
Leibeskräften, überlegter- und bedachtsamerweise abgefasst
und zum Druck befördert. — Und wir beide, Endesunterschriebene, erklären: dass wir den zweiten Aufsatz desselben Hefts,
nachdem wir ihn beide mehreremale bedächtig durchgelesen,
und mit dem Verfasser darüber correspondirt, zum Abdrucke*

16*

*in dem von uns herausgegebenen philosophischen Journale be-
fördert haben.*

Bleibt allein die zweite Frage, *vom Rechte,* übrig, als der
erste Punct unserer ernstlichen Untersuchung. Auch diese zerfällt wieder in zwei untergeordnete Fragen. Die erste: *dürfen
unter keiner Bedingung irreligiöse, gegen die christliche, selbst
gegen die natürliche Religion streitende, sogar atheistische
Schriften gedruckt werden?* Die zweite: *streiten denn nun die
beiden angeklagten Aufsätze wirklich gegen irgend eine (wahre
und vernünftige) Religion, und sind sie insbesondere atheistisch
zu nennen?*

Gehen wir siegend aus dieser Untersuchung hervor, so
wird es *zweitens* nicht überflüssig seyn, die Verwunderung
unserer Richter, wie man uns so gänzlich ohne Grund und ohne
allen Schein eines Grundes habe beschuldigen können, *durch
die Anzeige der wahren Quelle dieser Beschuldigung,* zu heben.

Findet sich diese Quelle über allen Ausdruck verächtlich,
so wird es *drittens* dringende Nothwendigkeit, zu zeigen, wie
es dennoch möglich war, *dass ernsthafte Gelehrte, und sogar
eine weise Regierung verleitet werden konnten, derselben eine
so hohe Bedeutung beizulegen, um sich dadurch zu solchen
Maassregeln verleiten zu lassen.*

I.

Also:

1) muss denn alles Gedruckte mit der christlichen Religion, und überhaupt mit der Religion übereinstimmen; und
ist es denn schlechthin und unter jeder Bedingung unerlaubt,
gegen dieselbe zu schreiben?

Aus welchen Principien sollen wir diese Frage beantworten? Aus Vernunftgründen, und der beständigen, fast einstim-
migen Meinung aller Gelehrten; oder nach einem positiven
Gesetze?

a. Soll sie aus Vernunftgründen beantwortet werden, so
wird in derselben vielleicht *vorausgesetzt, dass ausgemacht
sey: worin die allein wahre, unveränderliche, vollendete Religion bestehe, und sonach auch, was gegen dieselbe laufe.* Und

selbst unter dieser Voraussetzung: wie soll dem Unglücklichen, der in Irrthümer gerathen ist, und Gründe gegen die Wahrheit jener festgesetzten Religion zu haben vermeint, je geholfen werden, wenn es ihm nicht erlaubt ist, seine Irrthümer öffentlich vorzutragen, um zu sehen, ob nicht unter Allen sich Einer finde, der sie heben könne? Wollen wir seine Seele unwiederbringlich hinopfern, damit nicht einer der Schwachen geärgert werde? „*Avolent, quantum volent, paleae levis fidei quocunque afflatu tentationum:*" sagt Tertullian. „Aergerniss hin, Aergerniss her, sagt Luther; Noth bricht Eisen, und hat kein Aergerniss. Ich soll der schwachen Gewissen schonen, sofern es ohne Gefahr meiner Seelen geschehen mag. Wo nicht, so soll ich meiner Seelen rathen; es ärgere sich dann die ganze oder halbe Welt."

Traut man denn seiner allein wahren, unveränderlichen, vollendeten Religion so wenig innere Kraft zu, dass sie sich nicht selbst schützen könne? dass ihr durch eine völlig ausser ihr liegende Gewalt nachgeholfen werden müsse, wenn sie sich erhalten solle?

Aber — *lässt sich denn auch die oben angegebene Voraussetzung machen?* Ist denn die allein wahre Religion irgendwo niedergelegt, und *wo* ist sie es doch? Sage man mir es, damit ich gehe und sie suche. Antwortet man etwa: da ist sie, wo Gott *geredet* hat; so ist das recht gut, wenn man nur erst darüber einig wäre, was er eigentlich *gesagt* habe. Das Requisitionsschreiben gegen uns ist ohne Zweifel von evangelisch-lutherischen Ministern vorgeschlagen, und von einem katholischen Landesherrn unterschrieben. Beide sind darüber einig, *dass* Gott geredet habe, aber sehr verschiedener Meinung darüber, *was* er geredet habe; wir können nicht *für* die Religion des einen schreiben, ohne *gegen* die des anderen zu schreiben. So verhält es sich mit allen dreien im römischen Reiche privilegirten Kirchenparteien. Also, es ist noch immer auszumitteln, was Gott, — sey es durch Schrift oder Vernunft, welches für die gegenwärtige Untersuchung ganz gleichgültig ist, — eigentlich geredet habe, worin die reine Wahrheit bestehe; und so lange dies noch auszumitteln und die Einmüthigkeit nur noch hervorzubringen ist, kann es nicht fehlen, dass nicht einer sage, wovon der andere finde, es sey gegen die Religion, — gegen die *seinige,* versteht sich. Jesus lehrte zu seiner Zeit auch gegen die Religion — gegen die seiner Zeitgenossen, versteht sich — und wurde gekreuzigt; und das fanden seine Gegner ganz recht; heutzutage, nachdem seine Religion unter uns herrschend geworden, findet man es unrecht. Luther lehrte, und schrie, und schrieb ohne Zweifel gar stark gegen die Religion — es versteht sich immer gegen die seiner Zeitgenossen — und wurde nicht gekreuziget, weil die hohen Ahnherrn unserer durchlauchtigsten Erhalter ihn beschützten: und das finden wir Protestanten ganz recht, ohnerachtet es unter der entgegengesetzten Partei vielleicht noch bis diese Stunde Individuen geben mag, die es sehr unrecht finden, dass er nicht zum wenigsten verbrannt wurde. Ueberhaupt, wo ist irgend ein kräftiger Mensch in der Weltgeschichte, durch welchen die Menschheit für ihre wahre Bestimmung gewonnen habe, der nicht gegen die Religion — gewisser Menschen, versteht sich, und des bei weitem grössten Theils seiner Zeitgenossen kann man hinzusetzen — gestritten habe? Was auch irgend *über* die Religion vorgebracht werden mag, ist sicher zugleich *gegen* irgend jemandes Religion; und das *Gegen* lässt sich schlechterdings nicht aufheben, ohne das *Ueber* auszurotten. — Oder soll etwa auch hier ein Unterschied in den Menschen gemacht werden, so dass nur gegen die Religion gewisser Personen, der mächtigen, der begünstigten, nicht geschrieben werden dürfe, und es im eigentlichen Sinne des Worts *privilegirte* Religionen gebe; dagegen etwa die Religion anderer, der Gelehrten, der denkenden Köpfe ohne politisches Gewicht, *vogelfrei* wäre, — und diejenigen, welche einen Vorrang in der Sinnenwelt haben, denselben auch in der Geisterwelt begehrten?

So sind denn auch von jeher alle Gelehrte der Meinung zugethan gewesen, dass alles, selbst das heilloseste, ketzerischste, atheistische vor das gelehrte Publicum gebracht werden dürfe, und sogar solle. Ich verweise jeden, der dies bezweifelt, an Lessings Anti-Goeze, in welchem die Gründe dafür in das

hellste Licht gesetzt, und Autoritäten der bewährtesten Kirchenväter und Gottesgelehrten aller Zeiten aufgestellt sind.
Ich führe hier nur Eine Autorität an, welche aber in dieser
Sache entscheidet. Nemlich selbst Goeze war der Meinung:
es müsse erlaubt bleiben, Einwürfe gegen die Religion mit
Bescheidenheit vorzubringen. „Es werde dies, sagt er, nöthig
„seyn, um die Lehrer in Athem zu erhalten." Wenn man
Goeze hört, sollte man meinen, dass nur Lehrer, die es ver-
driesst, in Athem erhalten zu werden, diese Erlaubniss aufgehoben wünschten.

Ich kann mich nicht entbrechen, ein Argument, das sich
mir bei dieser Gelegenheit darbietet, zu unserer Vertheidigung
anzuführen. — Dieser Lessing nemlich, dessen Namen jeder
gelehrte Deutsche mit Ehrfurcht nennt, und auf welchen besonders Chursachsen stolz seyn könnte, welches ihn erzeugt
und ihm seine erste Bildung gegeben, ohnerachtet es freilich
späterhin ihn ebensowenig, als Leibnitz u. a. besessen: —
dieser Lessing hatte Schriften herausgegeben, welche *wirklich*,
wie er auch selbst nicht im geringsten läugnete, die *christliche
Religion angriffen*, und er ist darüber nicht ernstlich bestraft,
er ist, soviel mir bekannt ist, darüber nicht einmal gerichtlich belangt worden. Jener Anti-Goeze, in welchem er sein
Recht zu dieser Herausgabe gründlich erweist, ist, soviel mir
bekannt, selbst in Chursachsen nicht confiscirt worden; wenigstens wurde, als ich noch in Leipzig studirte, das Buch in
den Buchläden frei verkauft. Wenn die chursächsische Regierung einmal nach einer Regel schädliche Bücher um ihrer
Schädlichkeit willen confiscirt, so muss sie *alle* schädlichen
Bücher confisciren, und was sie nicht confiscirt, ist anzusehen,
als von ihr für unschädlich geachtet und gebilligt. Wenn die
chursächsische Regierung einmal die Aufsicht über die Rechtgläubigkeit der Beamten anderer Reichsstände übernimmt, so
muss sie consequenterweise dieselbe ohne Ausnahme üben;
und sie hätte den Bibliothekar des Herzogs von Braunschweig
bei demselben ebensowohl anklagen sollen, als sie jetzt die
Professoren der Herzoge zu Sachsen bei Ihnen anklagt; denn
der Schutz und das Gewicht unserer durchlauchtigsten Herzoge

ist doch wohl ohne Zweifel nicht unbedeutender, als das anderer deutscher Herzoge. Die chursächsische Regierung hat Lessing nicht angeklagt; es ist sonach anzunehmen, dass sie durch Lessings Gründe überzeugt worden. Aber der Schutz, den diese Gründe gewähren, reicht weit über uns hinaus. Er war geständig, Schriften gegen die Religion herausgegeben zu haben; und dies sind wir keinesweges geständig.

Verhalte dies sich, wie es wolle, und habe die chursächsiche Regierung Lessings Gründe anerkannt oder nicht, so sind wir durch sein Beispiel in jedem Falle sattsam gedeckt. Dieses Beispiel war uns, als Gelehrten, bekannt, wie sich versteht. Durfte Lessing, ohne Ahndung von Chursachsen, das Grössere thun, so dürfen wir ohne Zweifel, ohne Ahndung von Chursachsen zu befürchten, das Mindere thun; so mussten wir nothwendig schliessen, wenn wir voraussetzen durften, dass der Deutsche nach *Gesetzen* regiert werde, und nicht nach blinder Willkür. Dort sprach kein Gesetz; woher soll denn jetzt ein Gesetz kommen? Seit jenem Falle in Lessings Sache kann Chursachsen keinen Beamten eines fremden Reichsstandes — mit seinen eignen Unterthanen ist es ein anderes, diese stehen unter den Landesgesetzen — es kann keinen Beamten eines fremden Reichsstandes wegen Schriften gegen die Religion belangen, und seine Bestrafung fordern, wenn es nicht vorher durch das deutsche Reich ein Gesetz hat ausgehen lassen, dass dieser Hof über dergleichen Vergehungen die Aufsicht führen werde, und dass er die und die bestimmte Strafe auf dieselben setze; und wenn nicht dieses Gesetz diesen Beamten fremder Reichsstände durch ihre eigene Obrigkeit promulgirt wird. Dann kann jeder sich darnach achten; und wer in Verantwortung und Strafe fällt, kann nicht sagen: das habe ich nicht gewusst, das habe ich nicht wissen, darauf habe ich nicht rechnen können. Wir aber sagen so mit Recht.

b. Aber vielleicht ist schon ein anderes Gesetz vorhanden? — denn wir stehen hier vor den *Gerichten,* wo nur positive Gesetze gelten. Wenn auch das, was wir soeben über das Recht gesagt haben, seine abweichenden Ueberzeugungen von jeder Art, und wenn sie auch wirklich alle Religion

aufhöben, durch den Druck vor das gelehrte Publicum zu bringen, völlig unrichtig wäre; wenn alle Kirchenväter und Gottes-
gelehrte, von der Entstehung eines gelehrten Publicums im
Schoosse der christlichen Kirche an bis auf diesen Tag, die
ebenso dachten, geirrt hätten, wenn man uns dieses Irrthums
einleuchtend überführte, dass wir kein vernünftiges Wort weiter zur Vertheidigung desselben vorbringen könnten; — nun,
so hätten wir allerdings unrecht, aber es fehlte viel, dass wir
dadurch dem Gerichte verfallen wären. Auf Mangel an Logik
steht keine bürgerliche Strafe. Diese kann nur durch ein positives, vor dem Vergehen vorhandenes, und jedem bekanntes
Gesetz ausgesprochen werden. Und wo steht es denn, dieses
Gesetz, auf welches wir, selbst auf den Fall, dass unsere
Schriften wirklich irreligiös und atheistisch wären, angeklagt
sind; und das die ernstliche Bestrafung bestimmt, die an uns
soll ausgeübt werden? In der That, welcher Rechtsgelehrte
sagt uns, welche Strafe auf der Abfassung und dem Drucke
atheistischer Schriften nach deutschen Gesetzen stehe? Dass
im Falle dieser Anklage oft gesetzlose Gewalt ausgeübt worden, wobei man bestehende Gesetze verdrehte und deutete,
wie sie nimmermehr zu deuten sind, ist uns bekannt. Ist es
etwa diese gesetzlose Gewalt, welche durch das chursächsische
Requisitionsschreiben den durchlauchtigsten Erhaltern der Akademie angesonnen wird? Sollen wir etwa *nach der gesunden
Vernunft und dem Naturgesetze* — unserer Ankläger versteht
sich — gerichtet werden? O, man wird sich erinnern, welcher ungeheure Richterspruch in der Zeitgeschichte auch —
nach der gesunden Vernunft und dem Naturgesetze, der Ankläger versteht sich, gefällt wurde! Ich meine, die deutschen
Regierungen verabscheuen diese That. Wollen sie dieselbe
durch eigene Anwendung des Princips, nach welchem sie ver-
übt wurde, rechtfertigen? *Discite justitiam moniti.*

Zwar ist es Gesetz in allen Staaten, nichts gegen die Religion laufendes drucken zu lassen; aber — dieses Gesetz ist
offenbar kein Gesetz für den *Schriftsteller,* sondern für die
Staatsverwaltung selbst; es ist kein Civil-, sondern ein *Con-
stitutions*-Gesetz. — Ist denn nun das, was ich geschrieben

habe, gegen die Religion, oder nicht? — über diese Frage
kann der Schriftsteller sehr ruhig seyn, *so gewiss eine Censur
eingeführt ist.* Die Druckerpresse steht unter der Aufsicht des
Staats, und es kann gegen dessen Willen gar nichts gedruckt
werden. Der Censor ists, welcher jene Frage, ganz auf seine
eigene Verantwortlichkeit, zu entscheiden hat.

Dies ist klar. Wenn das Gesetz dem Schriftsteller vertraute, so unterwürfe es ihn nicht der Censur; es unterwirft
ihn derselben, vertraut ihm sonach jene Entscheidung nicht
an, macht ihn sonach nicht verantwortlich über das, was ihm
nicht anvertraut ist. Es ist klar, der Schriftsteller, der der
Censur unterworfen ist, ist nur dafür verantwortlich, dass er
diese nicht umgehe, und losgesprochen, wenn er sie nicht um-
gangen hat. Für den Inhalt seiner Schrift ist sein Censor verantwortlich. So ist z. B. gegen unseren Mitarbeiter, Herrn Forberg, auch nicht einmal eine Klage zu erheben. Er hat seinen
Aufsatz zum Drucke nach Jena geschickt. In Jena ist, wie er
von seinem ehemaligen Aufenthalte allhier wohl wissen muss,
die Censur eingeführt, und er, wie er gleichfalls wohl wissen
muss, steht unter derselben. Wir aber haben für unsere und
die unter unserem Namen herausgegebenen Schriften die Cen-
surfreiheit; wir waren also seine Censoren. *Wir* haben den
Aufsatz abdrucken lassen, und *er* ist mit dem Gesetze abge-
funden.

Dieses ist nun unser Fall nicht. Die durchlauchtigsten
Erhalter anerkennen jeden, den sie eines öffentlichen Lehram-
tes in ihrer blühenden, berühmten, besuchten, geachteten Universität würdigen, für mündig, der Zucht entwachsen und
selbst verantwortlich für seine Schriften, wie für seine Thaten.
Sie und ihre hohen Collegien scheinen nach ihrer Weisheit
und Grossmuth zu sagen: „nur da geht es wohl her, wo jeder treibt, was er versteht. *Wir* haben gelernt, Land und
Leute zu schützen und zu mehren, den Flor der Staaten zu
erhöhen, Recht und Gerechtigkeit allen gleich zu handhaben,
und dieses üben wir. *Ihr* habt eure Kraft und euer Leben
der Untersuchung der Wahrheit gewidmet; wir wollen euch
vertrauen, dass ihr gelernt habt, was ihr wissen müsst, und

über die zu euren Fächern gehörigen Gegenstände so viel versteht, als irgend ein anderer: so wie auch ihr uns vertraut
habt, dass *wir* unser Geschäft verstünden und unsere Rechte
kennten; und in diesem Zutrauen und durch den Ruf der bei
uns blühenden Geistesfreiheit bewogen, — grossentheils Ausländer, eure Personen und eure ganze Sicherheit unserem Schutze
übergeben habt. Wir wollen auch eurem Willen vertrauen,
wie ihr dem unsrigen vertraut: und wie unser Zutrauen zu
euch uns nie getäuscht hat." — Und wehe auch dem, der
dieses Zutrauen schöner Seelen täuschen, und den von ihren
grossen Ahnherren auf sie fortgeerbten freien Geist ihres hohen
Hauses trüben könnte!

Durch dieses Zutrauen erhalten wir mehr Würde, aber es
fällt auf uns auch mehr Verantwortlichkeit; obgleich wir für
unsere Personen nach unserer Denkart lieber die letzte tragen, als der ersteren entbehren mögen; ja nur unter dieser
Bedingung unsere Lage schätzen und lieben können. Als *Censoren* unserer eigenen und der von uns herausgegebenen
Schriften sonach, nicht als *Schriftsteller* konnten die durchlauchtigsten Erhalter der Universität uns zur Verantwortung
ziehen, und haben uns zur Verantwortung gezogen; und indem sie uns durch Ertheilung eines öffentlichen Lehramts die
Censur über uns selbst übertrugen, haben sie erklärt, dass
wir keiner Aufsicht bedürften, dass wir selbst am besten wissen müssten, was in diesen Fächern vorgetragen werden könne
und solle, und von nun an bloss unserem eigenen Gewissen,
dem gelehrten Publicum und der Menschheit verantwortlich
seyn sollten.

Die durchlauchtigsten Erhalter würden aus eigenem Be-
triebe diese Abweichung von ihren eigenen Grundsätzen nie
gemacht haben. Jenes Heft unseres Journals ist gegen ein
halbes Jahr in ihren Ländern frei verkauft und gelesen worden; es ist noch mehr geschehen, welches die Bescheidenheit
uns hier in Erinnerung zu bringen verbietet, wir haben jenes
Heft keinem Auge verborgen: niemand hat uns zur Verantwortung gezogen; es ist sogar nicht ein leiser freundschaft-
licher Verweis oder Erinnerung an uns gelangt. Jetzt werden

sie durch einen benachbarten Hof, der hierüber ganz andere Grundsätze hegt und befolgt, und seine Gelehrten ganz anders behandelt, aufgefordert. In dieser Aufforderung liegt der zwar nicht in Worte gebrachte, aber denn doch sehr vernehmliche Tadel ihrer eigenen Regierungsmaximen, ihrer eigenen religiösen Grundsätze, oder, aufs gelindeste angesehen, ihrer Unaufmerksamkeit auf höchst bedenkliche Dinge, die unter ihren Augen getrieben werden. Die durchlauchtigsten Erhalter wollen stillschweigend diesen Tadel widerlegen. Sie wollen sich diese Gelegenheit nicht entgehen lassen, um an einem lebendigen Beispiel zu zeigen: welche Bedachtsamkeit, welche Ueberlegung, welche — wenn es bei der Selbstvertheidigung erlaubt ist, alles zu sagen — welche feste Gründlichkeit ihr Zutrauen erzeugt. Sie haben uns zur Verantwortung gezogen, lediglich, um uns Gelegenheit zu geben, über diese Gegenstände uns hören zu lassen. Wir erkennen diese weise, grossmüthige Absicht; und gehen mit stillem Danke und mit der freiesten Verehrung an die Untersuchung der zweiten untergeordneten Frage, als den eigentlichen Sitz unserer Vertheidigung, wie an ein heiliges Geschäft, in welchem wir nicht nur unsere Personen, was fürs Ganze wenig ist, sondern, was unaussprechlich viel ist, die Grundsätze zu vertheidigen haben, nach welchen erhabene Regierungen der noch vor kurzem beinahe über die ganze Oberfläche von Europa unterdrückten Geistesfreiheit einen Zufluchtsort eröffneten, und dadurch um die Vervollkommnung der Menschheit sich ewig dauernde Verdienste erwarben.

Aber wir können dies nicht, ohne in einer zweiten Vorrede erst ein Hinderniss zu entfernen, das uns in einer kräftigen und muthigen Vertheidigung stören könnte.

Die Anklage gegen uns ist durch Se. Durchlaucht, den Churfürsten von Sachsen, eigenhändig unterschrieben. Wird nicht der fürstliche, jedem Deutschen durch seine Verfassung zu verehren gebotene Name; wird nicht, was mehr ist, *dieser* Name, den jeder biedere Deutsche ohne Gebot, durch Herzensantrieb, als den Namen der Legalität, der Treue, der Unsträflichkeit auf einem Fürstenstuhl verehrt, der in dem Augen-

blick, da ich dieses schreibe, an ein ganz neuerliches hohes
Verdienst um sein Land erinnert, — wird nicht dieser Name
uns schrecken? Wird nicht die gebotene und die herzliche
Verehrung unseren Händen die Waffen unserer Vertheidigung
entwinden, oder sie abstumpfen, damit sie nicht eine verehrte
Brust treffen?

Es wäre sehr übel, wenn unsere Verehrung dies müsste.
Wir sind um keine Kleinigkeit angeklagt. Eine Menge Unglücklicher haben auf dieselbe Anklage, die gegen uns geführt
wird, ihr Leben in den Flammen geendet; und bei aller Milde,
die man an unserem Zeitalter rühmt, sehe ich nicht ab, welche
mindere Strafe, als die der ewigen Gefangenschaft, oder der
schimpflichsten Landesverweisung man *Frevlern* zudenken möge,
von denen man im Tone dieses Requisitionsschreibens zu sprechen sich berechtigt glaubt; — sofern wir die geringste Schuld
auf uns kommen lassen, und man das Gesetz gegen diese
Schuld selbst erst hinterher machen will.

O! es ist ein hartes Schicksal, dass gegen uns ein Fürst
— was kein Fürst je sollte — als Ankläger, dass *dieser* Fürst
gegen uns als Ankläger aufzutreten scheint. Es wäre ein hartes Schicksal, wenn dasjenige, was sonst selbst dem Verbre-
cher Gnade, und dem Entehrten Wiedereinsetzung in seine
Ehre verschafft, die persönliche Dazwischenkunft eines Fürsten,
uns in unserer Vertheidigung die Hände binden sollte. Es
wäre hart, jemandem anzumuthen, dass er, auf die Anrede
des Mächtigern: du hast Gott gelästert, und bist des Todes
schuldig, — aus purem Respect, um nicht zu widersprechen,
nicht anders antworten solle, als: ich muss Gott wohl gelästert haben, da du nach deiner Weisheit es so findest, und
mir geschehe, was du nach deiner Güte über mich beschlossen hast.

Es wäre übel, wenn unsere Verehrung die Stärke unserer
Vertheidigung schwächen müsste, da wir nicht lediglich uns,
sondern das Verfahren erhabener deutscher Fürsten, und beinahe den letzten Zufluchtsort der freien Untersuchung, beinahe
die letzte Erlaubniss für den menschlichen Geist, weiter fort-
zurücken, zu vertheidigen haben.

Aber muss sie es denn auch, und kann diese Verehrung nicht mit der muthigsten, `entschlossensten, aller ihrer Vortheile sich bedienenden Vertheidigung verbunden werden?

Es ist die Frage — welche freilich nicht ohne besondere, in meiner gegenwärtigen Lage durch mich nicht einzuziehende Erkundigungen beantwortet werden kann — es ist die Frage, ob nicht im chursächs. geheimen Rathe diese Angelegenheit, als zu den evangelischen Kirchensachen gehörig, behandelt worden, in denen das protestantische Geheimerathscollegium, oder der Kirchenrath, ohne Dazwischenkunft des katholischen Landesherrn, selbst in höchster Instanz decretirt, und den Beschluss dem Churfürsten zur Unterschrift bloss vorlegt: dass sonach die höchste Autorität, von welcher diese Anklage ausginge, gar nicht des Churfürsten durchlauchtigste Person selbst, sondern irgend ein Minister oder Kirchenrath wäre; welche zu kennen, von welchen zu wissen, ob ihr persönlicher Charakter der Anklage das für uns, unserer Denkart und der Denkart des Publicums nach, furchtbarste Gewicht gebe, der Ausländer nicht verbunden ist. Es ist die Frage, wenn diese Sache wirklich so behandelt worden, ob sie ihrer *Natur nach*, da man uns ja nicht der Abweichung von einer positiven Religionspartei, sondern der vollkommenen Irreligiosität bezüchtigt, so hätte behandelt werden sollen; oder, wenn sie nicht so behandelt worden, ob sie es nicht doch hätte sollen, da ja die Religion überhaupt, und besonders die Frage über die Denk- und Lehrfreiheit in der Religion gar sehr mit der besonderen Confession, zu der sich jemand bekennt, zusammenhängt; ob sonach nicht nach einer in der Landesverfassung selbst liegenden unauflöslichen Frage über diese Angelegenheit jeder Schritt hätte unterlassen werden müssen.

Jedoch, diese Frage entscheide, wem es zukommt; unserer Vertheidigung ist sie fremd, und wir berühren sie nur im Vorbeigehen. Gehe die Anklage aus von der Person des Churfürsten, oder nicht, so geht sie doch immer von einem Theilhaber an der obrigkeitlichen Gewalt aus, und dieser sind wir Respect schuldig. Aber diese obrigkeitliche Gewalt hat sich denn doch, wie es auch zu Anfange des Requisitionsschrei-

bens heisst, *anzeigen* lassen. Wir halten uns an den *Anzeiger*
und an die *Anzeiger des Anzeigers*, bis wir zuletzt bis zur ersten Quelle kommen, welches uns auch nicht fehlen soll.

Ueberhaupt — die Souveränität gilt nur für die Verwal-
tung der äusseren Macht, keinesweges aber für das Räsonnement. Es giebt ebensowenig eine souveräne Logik, als es, wie
jener Cäsar erfahren musste, eine souveräne Grammatik giebt.
So lange noch ein logisches Geschäft abzuthun ist, tritt die
Souveränität gar nicht ein, indem sie ja dadurch die ihr nothwendig zukommende *Infallibilität* in Gefahr setzen würde.
Dieses logische Geschäft machen die Advocaten mit einander
ab, welche sich vollkommen gleich sind, und sich gegenseitig
nicht im geringsten zu respectiren haben. Erst da, wo diese
fertig sind, schliesst sich der Ausspruch der Souveränität an.

So verhält es sich auch in unserer Angelegenheit. *Wenn*
die Angeklagten atheistische Aufsätze verfasst und zum Drucke
befördert haben, so sollen sie gestraft werden: — so viel, nur
so viel und nicht mehr sagt der fremde *Staat*, der an unsere
Obrigkeit schreibt; nur so viel und nicht mehr kann er *als
Staat* sagen. Wir könnten auch dagegen manches vorbringen;
aber wir sind nur Privatpersonen, und unterwerfen uns mit
Ehrfurcht dem geheiligten Ausspruche. *Dass* die Angeklagten
atheistische Aeusserungen vorgetragen haben, sagt nicht der
Staat; dies kann der Staat nicht sagen: dieser Satz ist *Resultat eines Räsonnements,* aber der Staat *räsonnirt* nie, er *decretirt.* Dies sagt irgend ein Verstand, der räsonniren zu können glaubt, und dem wir keine andere Achtung schuldig sind,
als die er sich durch seine Gründe zu erwerben weiss. Wir
sind auch ein Verstand, der räsonniren zu können glaubt, und
insofern eine geistige Macht, die der uns gegenüberstehenden
geistigen Macht vollkommen gleich ist. Wer es besser kann,
das wird sich zeigen, und *dadurch* allein wird die Obermacht
bestimmt werden, welche hier stattfindet.

Wir haben es sonach in Beantwortung der zweiten Frage,
ob die von uns als Censoren zum Drucke zugelassenen Aufsätze wirklich atheistisch seyen, und in Widerlegung der Anklage, *dass* sie es seyen, gar nicht mit der Oberherrlichkeit zu

thun: *wir versichern hierdurch dieser feierlichst unsere höchste Ehrfurcht, wir declariren hierdurch ausdrücklich und feierlichst, dass wir es hier mit derselben nicht zu thun haben, noch zu thun zu haben glauben, oder wollen; dass kein Tadel, der etwa unsern Gegner — so wollen wir von nun an den von aller Person abgesonderten Verstand nennen, welcher gedacht hat, was in dem chursächsischen Requisitionsschreiben steht — der, sage ich, unseren Gegner trifft, die Heiligkeit des Staats treffe, treffen könne, treffen solle; dass wir jede Deutung dieser Art verabscheuen, ihr widersprechen, und ihr immer widersprechen werden; wir declariren dieses hierdurch für einmal auf immer, und bitten, an diese Declaration allenthalben in der Folge zu denken, wo sie nöthig scheinen könnte.* Wir verhüllen hiermit feierlich das heilige Haupt der Majestät, und wenden uns an den gegnerischen Verstand.

Also:

2) *sind denn nun die von uns zum Drucke beförderten Aufsätze wirklich atheistisch, wie der Gegner vorgiebt?*

A. Was mag dem Gegner Atheismus heissen? Er hat vergessen, einen Begriff des Atheismus ausdrücklich aufzustellen; aus dem Zusammenhange aber, aus der Art der Anklage, aus den zum Beweise unseres Atheismus ausgehobenen Stellen können wir diesen seinen Begriff unmöglich errathen; dürfen wir es nicht wagen, ihn zu errathen, ohne zu fürchten, dass wir ihm unrecht thun möchten. So ist z. B. in der Beilage zum Requisitionsschreiben die Stelle S. 185. in meiner Abhandlung, als Beweisstück des Atheismus ausgehoben, folgende Stelle:

„Der wahre Atheismus, der eigentliche Unglaube und Gottlosigkeit besteht darin, dass man über die Folgen seiner Handlungen klügelt, der Stimme seines Gewissens nicht eher gehorchen will, bis man den guten Erfolg vorherzusehen glaubt, so seinen eigenen Rath über den Rath Gottes erhebt, und sich selbst zum Gotte macht. Wer Böses thun will, damit Gutes daraus komme, ist ein Gottloser. In einer moralischen Weltregierung kann aus dem Bösen nie Gutes folgen, und so gewiss du an die erstere glaubst, ist es dir unmöglich, das letztere zu denken. — Du darfst nicht lügen, und wenn die Welt

darüber in Trümmer zerfallen sollte. Aber dies ist nur eine
Redensart; wenn du im Ernste glauben dürftest, dass sie zerfallen würde, so wäre wenigstens dein Wesen schlechthin widersprechend und sich selbst vernichtend. Aber dies glaubst
du eben nicht, noch kannst, noch darfst du es glauben; du
weisst, dass in dem Plane ihrer Erhaltung sicherlich nicht auf
eine Lüge gerechnet ist."

Also sollte wohl, nach dem Gegner, ein wahrer rechtgläu-
biger Bekenner Gottes sich so ausdrücken:

„Der rechte Glaube, die wahre Gottseligkeit besteht darin,
dass man über die Folgen seiner Handlungen klügle, und der
Stimme seines Gewissens nicht eher gehorche, bis man den
guten Erfolg sicher vorhersieht; so seinen eigenen Rath zum
Rathe Gottes erhebe, und sich selbst zum Gotte mache. Wer
Böses thun will, damit Gutes daraus komme, der ist der wahre
Gottselige. In einer moralischen Weltregierung folgt aus dem
Bösen (dem *moralisch*-Bösen, wie der Zusammenhang zeigt,
dem Laster) Gutes, und so gewiss du an die erstere glaubst,
ist es dir schlechthin nothwendig, das letztere zu denken. Du
musst immer lügen, und wenn die Welt darüber in Trümmer
zerfallen sollte. Aber dies ist nur eine Redensart. Wenn du
im Ernste glauben dürftest, dass sie zerfallen würde, so wäre
wenigstens dein Wesen schlechthin widersprechend und sich
selbst vernichtend. Aber dies glaubst du eben nicht, noch kannst,
noch darfst du es glauben; du weisst, dass in dem Plane der
Welterhaltung sicherlich auf kein wahres Wort gerechnet ist."

Dürfen, sollen wir etwa dies für die wahre Meinung des
Gegners halten? Und wenn nicht, was sollen wir aus der Anklage machen, und wie können wir uns auf sie einlassen?

Der Gegner mag in der That über den Begriff des Atheismus mit uns so uneinig seyn, dass gerade dasjenige, was er
für die wahre Religion hält, uns als Atheismus und Götzen-
lehre, und das, was er für Atheismus hält, uns als die einig
wahre Religion erscheint. Ist unsere Lehre ihm weder mit der
natürlichen noch christlichen Religion übereinstimmend, so ist
dagegen die seinige für uns Verdrehung und Herabwürdigung
der christlichen Religion. Die Gründe dieser Meinung habe ich

in der beigelegten Schrift (Fichte's Appellation an das Publicum u. s. w. Beilage A., besonders S. 213. und S. 222. ff.)
aufgestellt.

Wer von uns beiden hat denn nun in seiner Meinung von
dem andern recht, und wo ist der dritte, der zwischen uns
entscheide? Wir können keiner.des andern Richter seyn, denn
wir sind ja selbst die Parteien.

Ich kann hier mit dem Gegner nicht in das Innere der
Sache hineingehen, weil er keinen Begriff des Atheismus aufgestellt hat, und wir schlechterdings nicht wissen können, was
er an unserer Lehre zu tadeln findet. Wir versichern aber
hierdurch feierlich, dass, wenn irgend ein Gelehrter mit Gründen, und logisch sich als Vertheidiger jener Anschuldigung unserer Lehre darstellen wird, wir ihm ganz sicher Rede stehen
werden. Vor jetzt vermögen wir nichts weiter, als

B. den äusseren Beweis zu führen, dass aus unserer Lehre
mit keinem Grunde sich auf Atheismus schliessen lasse.

Wir führen diesen Beweis so, dass wir von einigen logischen Axiomen ausgehen, in der Hoffnung, dass der Gegner
diese verstehen und zugeben werde.

Erstes logisches Axiom.

*Wer gewisse Bestimmungen einer Sache (in einem Be-
griffe) läugnet, hebt dadurch nicht nothwendig die Sache
(den Begriff) selbst auf.*

Nun werden in jenen Aufsätzen allerdings gewisse Bestimmungen im Begriffe der Gottheit geläugnet.

Daraus aber folgt nach keiner Logik, dass dadurch die
Gottheit selbst aufgeboben werde, und sonach jene Aufsätze
atheistisch seyen.

Bloss den Untersatz unsers Syllogismus haben wir zu erörtern. Es wird nemlich in jenen Aufsätzen geläugnet:

I. die *Ausgedehntheit Gottes im Raume,* oder seine *Körperlichkeit.* — Dass in einigen Stellen, die dem Gegner aufge-
fallen sind, *nur* diese geläugnet sey, und aus welchen Gründen sie geläugnet werden müsse, kann ich nicht darthun, ohne

ein wenig in das Innere der Transscendental-Philosophie hin-
einzugehen. Ich werde mich dabei der höchsten Klarheit und
der strengsten Präcision befleissigen. Sollte dennoch dem gegnerischen Verstande dadurch nichts klar werden, weil es ihm
etwa gänzlich an Vorkenntnissen fehlt, so wird wenigstens andern die Sache dadurch klarer werden. Er, der Gegner, sey
nur so billig, aus dem, was er nicht versteht, mir nicht neue
Ketzereien zu machen, sondern sich zu bescheiden, dass ers
nicht verstehe, und dabei anzuerkennen, dass er von einer
Sache Notiz genommen, die ihn nichts angehen kann, da er
davon nichts versteht.

Ich werde die ausgemachten und anderwärts von mir
streng erwiesenen, obgleich bis jetzt den wenigsten Philosophen bekannten, und von ihnen anerkannten Wahrheiten, aus
denen unsere Abläugnung der Körperlichkeit Gottes hervorgeht, in einzelnen Sätzen aufstellen.

1) Alles unser Denken ist ein *Schematisiren,* d. h. ein
Construiren, ein Beschränken und Bilden einer für unser Gemüth beim Denken vorauszusetzenden Grundlage (Schema).

In der Geometrie z. B. wird durch die Entwerfung eines
Triangels, eines Cirkels, u. dergl. der leere Raum auf eine gewisse Weise eingeschränkt; und dies ist allenfalls allgemeiner
bekannt, und zugestanden. Aber diese Construction des Objects *a priori* gilt nicht etwa nur für die Geometrie; sie gilt
für alles unser Denken, auch dasjenige, was wir Erfahrung
nennen. Der Unterschied ist bloss der, dass wir im ersten
Falle des *Acts* dieses Construirens uns unmittelbar *bewusst
werden* können; im zweiten aber erst vermittelst einer Transscendental-Philosophie darauf *schliessen.*

2) Dergleichen Schemate giebt es zwei: — *Handeln* (reines, selbstständiges, schlechthin anfangendes, lediglich in sich
selbst gegründetes Handeln) und *ausgedehnter Stoff.* (Die *Zeit*
liegt zwischen beiden, ist das Vermittelnde von beiden, und
die Erörterung derselben gehört nicht hierher.)

3) Das erstere Schema wird uns gegeben durch das Pflichtgebot; durch den absoluten, in keinem andern Denken oder
Seyn begründeten Gedanken, dass wir schlechthin etwas *thun*

17*

sollen. Dieser Gedanke, und das durch ihn gegebene Schema Handeln, ist die Basis unsers Wesens; ist das, wodurch allein wir sind, und worin einzig unser wahres Seyn besteht.

4) Das zweite Schema entsteht uns *vermittelst der Auffassung des ersteren durch unser sinnliches Vorstellungsvermögen:* Einbildungskraft genannt. *Was* wir erblicken, ist immer das erste; das Instrument, gleichsam das gefärbte Glas, durch welches hindurch wir unter gewissen Bedingungen es allein erblicken können, ist die Einbildungskraft; und in diesem gefärbten Glase verändert es seine Gestalt, und wird zum zweiten.

5) Ich nenne das erstere das *übersinnliche,* das zweite das *sinnliche:* die Art, des ersten unmittelbar sich bewusst zu werden, *intellectuelle,* die Art, des zweiten unmittelbar sich bewusst zu werden, *sinnliche* Anschauung.

6) Es giebt eine Region des Bewusstseyns, in welcher die *sinnliche Ansicht* des einigen wahren Stoffes alles unseres Bewusstseyns, des Uebersinnlichen, begleitet von einem Gefühle (dem Sinnengefühle, dem Eindrucke), sich uns schlechterdings aufdringt; in welcher Region sonach, ohne die Erörterungen und Ableitungen einer Transscendental-Philosophie, das sinnliche als erstes, ursprüngliches, für sich existirendes erscheint. Diese Region ist die gesammte *äussere Erfahrung.* Nur demjenigen, was in dieser Region liegt, kommen diejenigen Bestimmungen in unserem Denken zu, die wir in der Sprache durch das Prädicat des *Seyns* (Beharrens und Bestehens) bezeichnen; nur ihm die weiteren Bestimmungen dieses Seyns, Substantialität, Causalität, u. s. w. — Nur der Gegenstand der Erfahrung *ist,* und es *ist* nichts, ausser der Erfahrung (welches schlechtweg gebrauchte *ist* freilich etwas ganz anderes bedeutet, als die logische Copula: *ist.* In dieser Bedeutung bedienen wir uns in der Philosophie, für Philosophen, dieses Ausdrucks; und es ist nicht unsere Schuld, wenn Leute, die unseren Sprachgebrauch nicht gelernt haben, doch unsere Schriften lesen und beurtheilen).

In dieser Region ist der Begriff *Erkenntniss;* und man nennt diesen Boden den *theoretischen.*

7) Neben dieser versinnlichten Ansicht des einigen wahren Urstoffes alles unseres Bewusstseyns, des Uebersinnlichen, und mit derselben unzertrennlich vereinigt, giebt es noch eine andere Ansicht desselben, die *durch das blosse reine Denken.* Diese Ansicht giebt das unmittelbare Bewusstseyn unserer moralischen Bestimmung. Was in dieser Form, d. h. nicht durch Sinneneindruck gegeben wird, ist, den Vernunftgesetzen gemäss, nicht als Stoff im Raume nach dem zweiten Schema zu construiren, und wer es so construirt, denkt vernunftwidrig; es ist als ein Handeln zu construiren, nach dem ersten Schema; und es kommt ihm kein mögliches sinnliches Prädicat, nicht das des Seyns, der Substantialität u. s. f. zu. Wer ihm ein solches Prädicat beilegt, verfährt vernunftwidrig. In Rücksicht des Einen Theils dessen, was in dieser Sphäre liegt, anerkennt man jene Bemerkung als allgemein. Niemand hat sich noch die Tugend als eine Kugel, oder als eine Pyramide gedacht; man denkt sie als eine Handelsweise.

Aber der andere Theil dieser Sphäre ist das, was wir *Gott* nennen. Nur in dieser Sphäre entsteht uns die Idee des wahren Gottes. Entsteht sie in der Sphäre der sinnlichen Erfahrung, so ist sie ein Product des Aberglaubens und der Unsittlichkeit. Sonach ist diese Idee gleichfalls zu beschreiben nach dem ersten Schema; und Gott ist zu denken als eine *Ordnung von Begebenheiten,* keinesweges aber als eine *Form der Ausdehnung.* Man kann von ihm nicht sagen: er ist *Substanz,* oder dess etwas: denn dies heisst nach unserem Systeme, und nach dem nothwendigen Sprachgebrauche desselben, sagen: er ist eine ausgedehnte Materie, und lässt sich sehen, hören, fühlen u. s. w.

Rein philosophisch müsste man von Gott so reden: Er ist (die logische Copula) kein Seyn, sondern ein *reines Handeln* (Leben und Princip einer übersinnlichen Weltordnung), gleichwie auch ich, endliche Intelligenz, kein Seyn, sondern ein reines Handeln bin: — pflichtmässiges Handeln, als *Glied* jener übersinnlichen Weltordnung.

Aus diesem Zusammenhange des Denkens ist die S. 188. meines Aufsatzes befindliche Stelle: *der Begriff von Gott, als*

einer besonderen Substanz, sey unmöglich und widersprechend,
zu erklären. Sie heisst in der Sprache des Gegners soviel
als: der Begriff von Gott, als einem *materiellen Dinge* sey unmöglich und widersprechend. Möchte wohl der gegnerische
Verstand das Gegentheil behaupten?

Aus ihm ist die Forbergische Stelle zu erklären: — „*Ist
ein Gott?* Antw. Es ist und bleibt ungewiss, denn diese Frage
ist (ich nemlich, der ich als Verf. der beste Ausleger meiner
Worte seyn muss, verstehe sie in dieser Stelle so, und will
sie hier so verstanden wissen), sie ist aus speculativer Neugierde (auf dem Gebiete der *theoretischen* Philosophie, sonach
auch in der Bedeutung der Wörter, welche dieselben auf diesem Gebiete nothwendig haben) aufgeworfen.“ Herr Forberg
ist vorsichtig genug, für den Kenner hinlänglich seinen Sprachgebrauch zu bestimmen. Seine Worte bedeuten in der Terminologie des Gegners soviel, als: Ist Gott Materie im Raume?
Und da hat denn, meines Erachtens, Forberg philosophisch unrecht, und neigt sich viel zu sehr auf die Seite des Gegners,
indem er dieselbe bloss mit einem: es ist ungewiss, beantwortet. Aber atheistisch ist denn doch wohl dieser sein Skepticismus nicht; und es kommt am wenigsten dem Gegner zu,
Herrn Forberg darüber anzuklagen, dass er die Körperlichkeit
Gottes halb und halb zugiebt, indem er mich *darüber* anklagt,
dass ich sie entschieden abläugne. — Ich verfasste die S. 187.
meines Aufsatzes befindliche, und als Beweis meines Atheismus ausgehobene Stelle: „Es ist ein Misverständniss“ u. s. w.
lediglich in der Absicht, um jene Forbergische Aeusserung zu
berichtigen, zu welcher Berichtigung ja nach S. 177. mein Aufsatz überhaupt bestimmt war; und diese Stelle würde, wenn
ich bei meinem ersten Entschlusse geblieben, und nicht der
Bitte Forbergs, seinen Aufsatz nicht mit Noten zu versehen,
nachgegeben hätte, *als Note unter der erwähnten Forbergischen Stelle stehen,* wo vielleicht der Gegner ihre Tendenz besser bemerkt haben würde. Ich hatte jene Forbergische Aeusserung zu berichtigen in doppelter Rücksicht: theils darin, dass
die Frage: ist ein Gott? auch noch in einem anderen, als in
dem von Forberg angenommenen Sinne aufgeworfen werden

könne; und darauf gehen die Worte: „Es ist gar nicht zweifelhaft" u. s. w. theils darin, dass sie in dem von Forberg angenommenen Sinne schlechthin verneint werden müsse; und
darauf gehen die Worte: „Es kann ebensowenig von der anderen Seite" u. s. w.

Ebenso ist die im Auszuge folgende Forbergische Stelle
anzusehen.

In diesem Sinne ist die S. 186. meines Aufsatzes befindliche Stelle zu erklären: „Es liegt kein Grund in der Vernunft,
aus jener moralischen Weltordnung herauszugehen, und vermittelst eines Schlusses vom Begründeten auf den Grund noch
ein besonderes Wesen als die Ursache desselben anzuerkennen." — Dieser Schluss vom Begründeten auf den Grund wird
durch den ursprünglichen Verstand gemacht lediglich auf dem
Gebiete der sinnlichen Erfahrung, um das fliessende Phänomen an ein bestehendes Substrat anzuknüpfen, welches stets
körperlich ist. Hier soll bei dem Fliessenden, dem reinen Handeln, stehen geblieben werden; denn dies ist selbst das unmittelbare, ist das hier allein gültige Schema, und wer jenen
Schluss macht, sucht und erhält unvermeidlich ein bestehendes, körperliches Substrat für das reine Handeln der Gottheit.

Ist es denn nun in allem Ernste die wahre Meinung des
gegnerischen Verstandes, dass die Verfasser der beiden angeklagten Aufsätze unrecht gehabt haben, das angezeigte zu behaupten? Ist es sein wahrer Ernst, dass sie durch die Abläugnung der Körperlichkeit Gottes Gottesläugner überhaupt werden; so muss er nicht nur behaupten, dass Gott unter andern
auch ausgedehnt sey, sondern, da nach ihm durch die Aufhebung *dieses* Prädicats die ganze Existenz Gottes aufgehoben
seyn soll, dass ihm nur diese Art der Existenz, und schlechthin keine andere zukomme, und *dass er nichts, als Materie
sey.* Soll ichs ihm mit klaren Worten sagen, worein er seinen Gott verwandelt? Und ist denn nun dies der orthodoxe,
mit natürlicher und christlicher Religion übereinstimmende
Glaube über Gott?

8) Nun wird es jedoch, wenn von jenem reinen Handeln
besonders geredet, und ihm, als *logischem Subjecte,* ich sage,

als *logischem* Subjecte, gewisse Prädicate beigelegt werden
sollen (welches alles man, meiner Meinung nach, schicklicher
unterlässt, indem es zur Erbauung nichts beiträgt, und denn
doch gar zu leicht theoretische Irrthümer und Aberglauben herbeiführen kann) — es wird, sage ich, dann durch die Sinnlichkeit unsers Vorstellungsvermögens nothwendig, selbst jenes reine Handeln auf etwas, zwar nicht im *Raume*, aber doch
in der *Zeit* ausgedehntes *(auf eine fixirte Zeitlinie)* zu übertragen, um das, auch nur durch die Sinnlichkeit unsers Vorstellungsvermögens entstandene *Mannigfaltige* des Handelns
darin, als *in seiner Einheit*, zu fixiren. Dieses lediglich durch
die Zeit ausgedehnte, diese fixirte Zeitlinie nennt die Sprache
einen Geist. Auf diesem Wege entsteht uns der Begriff unserer eigenen *Seele*, als eines Geistes; in demselben Zusammenhange des Denkens sagt man: Gott sey ein Geist.

Nun *ist* ein Geist nicht, in der oben erklärten Bedeutung
des Worts; er ist kein *Ding*, aber nur das Ding ist. Ein Geist
ist ein blosser auf dem soeben beschriebenen Wege entstandener *Begriff*. Er ist ein Nothbehelf unserer Schwäche, die,
nachdem sie alles eigentlich existirende weggedacht hat, doch
in die leere Stelle des logischen Subjects, von dem sie spricht
(und weit klüger nicht davon spräche) etwas hineinsetzt, das
nicht eigentlich seyn soll, und denn doch seyn soll.

Der Satz: Gott ist ein Geist, hat bloss als negativer Satz,
als Negation der Körperlichkeit, seinen guten, triftigen Sinn.
Insofern unterschreibe ich ihn, und setze ihn meinem Gegner
entgegen, so wie ihn Jesus den Juden entgegengesetzt, welche
gleichfalls Gott eine körperliche Gegenwart im Tempel zu Je-
rusalem beimaassen. In dem angeklagten Aufsatze auf diese
Bestimmung im Begriffe der Gottheit mich einzulassen, gehörte
nicht zur Sache, indem ich, wie ich in der Einleitung ausdrücklich sagte, die Materie nicht erschöpfen, sondern lediglich den Aufsatz, dessen Mitherausgeber ich war, in einigen
Puncten berichtigen wollte. Hier gehört es zur Sache: indem
ich dem Gegner keine vernünftige Einwendung gegen uns übrig
lassen will.

Derselbe Satz, als positiver, zur Bestimmung des göttlichen

Wesens dienender Satz ist ganz unbrauchbar; denn wir wissen ebensowenig, worin das Wesen eines Geistes, als wir wissen, worin das Wesen Gottes bestehe.

II. Es wird in jenen Aufsätzen geläugnet die *Begreiflichkeit* Gottes.

Auch zur Erläuterung dieses Punctes muss ich einiges, auf die Gefahr auch hier misverstanden zu werden, aus dem Innern meines Systems beibringen.

1) Alles unser Denken ist ein Beschränken, sagte ich oben: und eben in dieser Rücksicht heisst es *begreifen;* zusammengreifen etwas aus einer Masse von *bestimmbarem;* so dass immer ausserhalb der gezogenen Grenze noch etwas bleibe, das nicht mit hineingegriffen ist, und also dem Begriffenen nicht zukommt. Ich fordere jeden, der dies liest, auf, zu versuchen, ob er auf andere Weise begreifen könne. Alle Realität, die wir fassen, ist nur endlich, und sie wird es dadurch, dass wir sie fassen. Alles, was für uns *Etwas* ist, ist es nur, inwiefern es etwas anderes auch *nicht* ist; alle Position ist nur möglich durch Negation; wie denn das Wort *bestimmen* selbst nichts anderes bedeutet, als *beschränken.*

2) Es ist sonach klar, dass, sobald man Gott zum Objecte eines Begriffs macht, er eben dadurch aufhört Gott, d. h. unendlich zu seyn, und in Schranken eingeschlossen wird.

Das lehrt denn auch der Augenschein an allen Begriffen, die man von jeher von Gott aufgestellt hat. Jener *ausserweltliche* Gott, den ich vielleicht dem gegnerischen Verstande zufolge hätte lehren sollen, ist doch wohl die Welt *nicht*, da er ja ausser der Welt ist. Sein Begriff ist sonach durch Negation bestimmt, und er ist nicht unendlich, sonach nicht Gott.

Was sie darauf antworten, ist mir wohl bekannt. Die Welt sey selbst nur eine Negation, welche eben deswegen aus dem Begriffe des allerrealsten Wesens weggelassen werden müsse. Im Ernste, ist ihnen denn die Welt blosse Negation, und halten sie dieselbe in irgend einer anderen Stelle ihres Systems dafür, ausser in dieser Verlegenheit?

Soll denn nun Gott — dürfte im Vorbeigehen jemand fragen, und ich will im Vorbeigehen diese Frage beantworten —

soll denn nun Gott gedacht werden, als Eins mit der Welt?
— Ich antworte: weder als Eins mit ihr, noch als verschieden
von ihr; er soll überhaupt nicht mit ihr (der Sinnenwelt) zu-
sammengedacht, und überhaupt gar nicht gedacht werden, weil
dies unmöglich ist. Wie ich über die Welt denke, wird sich
bald zeigen.

3) Auf diese entschiedene Abläugnung der Begreiflichkeit
Gottes gründet sich dasjenige, was ich in jenem Aufsatze über
die Unmöglichkeit, Gott *Persönlichkeit* zuzuschreiben, und *Be-*
wusstseyn, beigebracht habe. Man übersehe ja nicht den Grund,
aus welchem ich diese Möglichkeit läugnete. Ich rede (S. 187.)
von *unserem eigenen begreiflichen Bewusstseyn,* zeige, dass der
Begriff desselben nothwendig Schranken bei sich führt, und
sonach dieser Begriff des Bewusstseyns nicht für Gott gelten kann.

Nur in dieser Rücksicht, nur in Rücksicht der Schranken,
und der dadurch bedingten Begreiflichkeit habe ich das Bewusstseyn Gottes geläugnet. Der Materie nach — dass ich
mich bemühe, das unbegreifliche auszudrücken, so gut ich
kann! — der Materie nach ist die Gottheit lauter Bewusstseyn,
sie ist Intelligenz, reine Intelligenz, geistiges Leben und Thätigkeit. Dieses Intelligente aber in einen Begriff zu fassen, und
zu beschreiben wie es von sich selbst und andern wisse, ist
schlechthin unmöglich.

Auf ebendieselbe Wahrheit gründet sich die Stelle im
Forbergischen Aufsatze (S. 22.) „Die Religion kann ebensogut
mit dem Polytheismus, als mit dem Monotheismus, ebensogut
mit dem Anthropomorphismus, als mit dem Spiritualismus zusammen bestehen." Wenn Religion hier gleichbedeutend ist
mit Religiosität, wie es dem Zusammenhange zufolge unstreitig ist, so unterschreibe ich die ganze Stelle. Zwar ist sie philosophisch nicht streng richtig: Gott ist weder Einer, noch
Viele, weder ein Mensch, noch ein Geist: alle diese Prädicate passen nur für endliche Wesen, nicht aber für den Unbegreiflichen, Unendlichen. Schreibt man ihm aber einmal
Eins von jenen Prädicaten zu, so ist es gleichviel, welches;
der Irrthum ist bei allen derselbe, dass man den Unbegreifli-

chen begreifen will. Es ist jedoch nur ein theoretischer Irrthum, der mit der Rechtgläubigkeit des Herzens sehr füglich
beisammen bestehen kann.

In Summa: dadurch, dass etwas begriffen wird, hört es
auf Gott zu seyn; und jeder vorgebliche Begriff von Gott ist
nothwendig der eines Abgottes. Wer da sagt: du sollst dir
keinen Begriff von Gott machen, sagt mit anderen Worten: du
sollst dir keinen Götzen machen, und sein Gebot bedeutet geistig dasselbe, was das uralte Mosaische sinnlich: Du sollst dir
kein Bildniss machen, noch irgend ein Gleichniss u. s. w., bete
sie nicht an, und diene ihnen nicht.

Und nun — ist es denn Atheismus, ist es denn eine Hete-
rodoxie, ist es denn auch nur eine neue, ungewöhnliche Behauptung, dass Gott unbegreiflich sey? Sagt nicht die Bibel,
dass Gott ein Licht sey, zu dem niemand kommen könne, dass
ihn noch nie jemand erkannt habe u. dergl.; steht es nicht fast
in allen Katechismen mit unseren eigenen Worten, dass Gott
unbegreiflich sey; weiss dies der Gegner nicht so wohl, als
wir, und sagt er es nicht vielleicht selbst bei anderen Gelegenheiten? Aber freilich, die Worte und das Verfahren der
Gegenpartei stehen nicht selten im Widerspruch; und indem
sie noch sagen, Gott sey unbegreiflich, stellen sie einen sehr
genau bestimmten Begriff desselben auf, und bezüchtigen des
Atheismus jeden, der consequenter ist, denn sie.

Zweites logisches Axiom.

*Wer gewisse Beweise für eine Sache läugnet, läugnet
darum nicht nothwendig die Sache selbst.*

Nun läugnen wir allerdings gewisse Beweise für das Daseyn Gottes.

Daraus aber folgt nicht, dass wir das Daseyn Gottes selbst
läugnen.

Wir legen Rechenschaft ab über den Untersatz unseres
Syllogismus.

1) Ein Beweis überhaupt ist die Aufzeigung des Grundes,
irgend etwas anzunehmen. Sonach bedürfen der Beweise, und

sind der Beweise fähig lediglich *vermittelte* Erkenntnisse, — lediglich dasjenige, was man nur um einer andern Erkenntniss willen annimmt, keineswegs aber *unmittelbare,* die man weiss dadurch, dass man überhaupt weiss, und so, wie man auch nur von sich selbst weiss.

Der Glaube an eine übersinnliche Welt gehört nach unserer Philosophie unter die unmittelbaren Wahrheiten; ja er ist das Unmittelbare selbst vorzugsweise; er ist sonach *gar keines* Beweises, gar keiner Vermittelung durch andere Wahrheiten, und aus anderen Wahrheiten fähig. Dadurch verliert er nun nicht etwa an seiner Gewissheit und Zuverlässigkeit; er würde gewinnen, wenn es verschiedene Grade der Gewissheit geben könnte. Aber er erhält dadurch eine ganz eigene Dignität und Würde. —

Führen wir doch einmal diese, die alles beweisen wollen, recht ordentlich, wie man soll, durch Verknüpfung der Begriffe, den Beweis, dass der Gegenstand da, den sie etwa roth erblicken, wirklich roth, dass jener Gegenstand, den sie etwa süss schmecken, wirklich süss ist. Ich denke, sie werden es unterlassen müssen, ohne dass sie darum weniger an diese Aussagen ihres äusseren Sinnes glaubten. Aber die übersinnliche Welt wird dem moralischen Menschen gegeben durch den inneren Sinn, dem er sogar mehr glaubt, als dem äussern, indem der letztere doch nur Erscheinungen, der erstere aber das einzig mögliche „An sich" liefert.

2) Im Beweise von Gottes Daseyn soll eine Existenz bewiesen werden. Aber alle Schlüsse auf Existenz gründen sich auf die Anknüpfung eines bestehenden und ruhenden an ein zufälliges und fliessendes. — Nun giebt mir entweder der Gegner das absolute Postulat einer übersinnlichen Weltordnung, als ein unmittelbares, zu: und fordert bloss das von mir, dass ich von dieser übersinnlichen Ordnung aus auf einen selbstständigen Urheber derselben schliessen soll, wie es einige Freunde der neuen Philosophie gethan haben. Aber, wie könnte ich dies, da ich ja wahrhaftig jene übersinnliche Ordnung keineswegs für ein zufälliges und fliessendes, einer Erklärung durch ein anderes bedürfendes, sondern für das abso-

lut durch sich selbst bestimmte halte. Oder er giebt mir jenes Postulat nicht zu, und muthet mir sonach auch jenen
Schluss nicht an; und ich bin sehr überzeugt, dass das letztere sein Fall ist. Einen andern Schluss mag er mir wohl anmuthen: den von der Existenz der Sinnenwelt auf einen vernünftigen Urheber derselben.

Er entschuldige mich; ich bin unfähig einen solchen Schluss
zu machen; indem ich sogar dasjenige, wovon dieser Schluss
ausgeht, schlechthin nicht annehme, die selbstständige Existenz
einer Sinnenwelt. Ich habe dies in dem angeklagten Aufsatze
sehr freimüthig erklärt. Ich habe sonach keinen Causalschluss
zu machen, um eine Existenz zu erklären, die nach mir gar
nicht stattfindet. Auch über die Gründe dieser Behauptung
habe ich soeben unter Nr. I. des ersten Axioms dem Verständigen genug gesagt. Ist es dem Gegner nicht genug, so kann
ich ihm nicht helfen. Halte er nach einem solchen Bekenntnisse mich immer für gestört; dies soll ihm frei stehen: denke
er auf eine neue Benennung, nenne er mich etwa einen *Akos-*
misten, nur nenne er mich nicht einen *Atheisten:* das, was ich
läugne, liegt ganz wo anders, als er denkt.

Will nun der Gegner nicht zugeben, dass ich durch das
gesagte mich gegen die Beschuldigung des Atheismus gerechtfertiget habe, so muss er auch das zweite oben aufgestellte
Axiom läugnen; und es wird dadurch klar, dass es ihm nicht
um die Ehre Gottes zu thun ist, sondern lediglich um die Ehre
der Beweise, die er zu führen pflegt.

C. Soviel zu unserer Rechtfertigung gegen die directe Beschuldigung des Atheismus. Man hat noch andere Beschuldigungen vorgebracht. Unsere Grundsätze gingen überhaupt auf
die Ausrottung der religiösen Denkart, sie stritten insbesondere gegen die christliche Religion; sie seyen der Sicherheit
der Staaten gefährlich.

Wahrheit und Unwahrheit der streitig gewordenen Behauptungen gegenwärtig abgerechnet, kennt auch wohl der
Gegner den Geist und das Bedürfniss des Zeitalters? Doch
was frage ich erst; ich weiss, dass er es nicht kennt, noch
kennen kann; diejenigen allein kennen es, welche Gelegenheit

haben, die Geistestendenz derer zu erfahren, welche das Zeitalter machen werden. Und da kann ich denn indessen versichern, und bitte indessen dem, ders wissen kann, zu glauben, dass in den denkenden Köpfen unter unseren Jünglingen,
ohne alles äussere Zuthun der Lehrer, der entschiedenste und
freieste Prüfungsgeist über diesen Gegenstand des Nachdenkens rege ist. Möchten doch diejenigen, die mir es etwa ver-
übeln könnten, dass ich mit der Sprache so frei herausgegan-
gen, dass ich nicht politisch klug verdeckt und bemäntelt habe;
möchten sie doch einmal in mein Conversatorium treten, wenn
die Rede auf diesen Gegenstand kommt. Ich kann sagen, dass
ich mit den Deductionen, die man nun so gedruckt liest, in
sehr gründlich seyn sollenden Schriften gedruckt liest, in meiner Schule schlechtes Glück machen würde; im nächsten Con-
versatorio würde der dialektische Schein gar klar an den Tag
kommen. Ich, der ich meine guten Gründe hatte, mein Philosophiren zu allerletzt über die Religionswissenschaft zu verbreiten (meine erste Schrift hatte ich längst aufgegeben), kann
sagen, dass ich nur durch das lebhafte Interesse meiner Zuhörer getrieben worden, auch auf diesen Punct mein Nachdenken zu richten; kann sagen, dass ich nur durch ihre gegründeten Einwendungen sobald über alle Lücken und Er-
schleichungen der gewöhnlichen Deductionen hinweg, zu einem Resultate getrieben worden, bei welchem es wohl sein
Bewenden haben wird. Auch andere meiner Herren Collegen,
die sich über diesen Gegenstand auf Räsonnement einlassen,
und ihren Zuhörern erlauben, Einwendungen vorzubringen,
werden erfahren haben, wie schwer es heutzutage sey, über
diesen Punct zu befriedigen. Niederschlagen durch Autorität,
Seichtigkeit, oder absichtliche Bemäntelung über diesen Punct
des Nachdenkens duldet das Zeitalter schlechterdings nicht
mehr, und dadurch würde das Uebel, wenn freie Prüfung ein
Uebel ist, nur ärger, und eine Sache, die durch dergleichen
Mittel sich halten müsste, nur verdächtiger werden. Es bleibt
nichts übrig, als Gründlichkeit und Offenheit.

Was den Inhalt der genannten Beschuldigungen selbst betrifft, habe ich in der beigelegten Appellation u. s. w. (Beil. A.)

einleuchtend, wie ich hoffe, dargethan, dass es gerade die
Grundsätze unserer Ankläger sind, die da offenbar auf Vertilgung alles Sinnes für das Ueberirdische, und auf allgemeine
Verbreitung fleischlicher Denkart, thierischer Lüsternheit, Rohheit und Zügellosigkeit abzielen; und dass nichts, als unsere
Grundsätze, den allerdings in Verfall gerathenen religiösen
Sinn unter den Menschen wieder herstellen können. Ich hoffe
dargethan zu haben, dass es gerade unsere Ankläger sind,
welche die erhabene Lehre des Christenthums verunedelt und
erniedrigt, sie um ihren wahren Sinn, ihren eigenthümlichen
Charakter, alle ihre Kraft gebracht haben; und dass es nur die
Grundsätze unserer Philosophie sind, die das innere Wesen
dieser Lehre wieder an das Licht bringen können. Ich hoffe
dargethan zu haben, dass es gerade die Grundsätze unserer
Ankläger sind, welche, indem sie den fleischlichen Sinn auto-
risiren und heiligen, und alles Gefühl für etwas höheres unter
den Menschen ausrotten, zugleich die heilige Idee des Rechts
und der Unterwürfigkeit unter ein Gesetz vertilgen, und an
die Stelle derselben blinde Willkür in allen Ständen setzen;
Gewaltthätigkeit, Störrigkeit, unbelehrbaren Sinn, und den
Wahn, dass jedes Amt im Staate, das sie übertragen, ein Al-
mosen von ihrer persönlichen Milde sey, bei den Mächtigen;
Niederträchtigkeit, Ränkesucht, Angeberei, und die ganze elende
Denkart des rechtlosen Sklaven bei dem Untergebenen, vereint
mit dem Drängen, sich an einen Platz emporzuarbeiten, wo er
andere ebenso drücken könne, als er jetzt selbst gedrückt
wird; welches alles nur mit der allgemeinen Verzweiflung sich
enden kann: — dass es also gerade diese Grundsätze sind,
welche nicht die Sicherheit der Staaten, sondern die Möglichkeit, dass überall einer sey, aufheben, indem sie alle Gesetzmässigkeit aufheben, und die Nation in eine Kaste von Herren, und in einen Haufen von Sklaven theilen.

Unsere Lehre macht jedem Menschen sein eigenes Geschäft
heilig, durch die erhabene Idee der Pflicht, und lehrt ihn für
dieses sorgen, ohne um andere sich zu kümmern. Sie lehrt
ihn Verzicht thun auf allen Genuss, verschmähen das Ringen
um die vermeinten Güter, Freuden und Ehren anderer; und

macht ihn sonach sicher zum nützlichen, ruhigen, zuverlässigen Bürger.

Ich habe in der beigelegten Schrift gezeigt, noch ehe ich eine solche Anklage voraussehen konnte, dass wir von der Lehre des Gegners nicht im mindesten besser denken, als er von der unsrigen. Ich habe für die Verwerflichkeit derselben Gründe aufgestellt, welche sie ohne Zweifel unbeantwortet werden lassen müssen, während sie gegen uns auch noch nicht einen winzigen Scheingrund vorgebracht haben; nur *gesagt* und *versichert* haben, wir hätten unrecht, und sie recht. Ihr gegenwärtiger Vortheil gründet sich sonach nur darauf, dass sie das Glück haben, einer äusseren Macht *anzuzeigen,* und wir uns nur *vertheidigen.* Wie, wenn die Rollen verwechselt würden, und auch wir unsererseits etwa einmal zur *Anzeige* bei einer bestehenden Staatsgewalt gelangten? Wenn nicht zugleich auch unsere Gesinnung der des Gegners ebenso entgegengesetzt wäre, als unsere Lehre der seinigen, und wir uns einfallen lassen könnten, zur Vertheidigung der Wahrheit ein anderes Mittel zu gebrauchen, als ruhige Belehrung: so würden dann wir *mit* Gründen, wie sie *ohne* Gründe *ihre* Schriften confisciren lassen müssen, als atheistisch, abgöttisch, gotteslästerlich, verführerisch, und vom Grund aus verderblich; so würden dann wir *mit* Gründen, wie sie *ohne* Gründe in Requisitionsschreiben, zu denen wir ihre eigenen fast wörtlich brauchen könnten, auf die „ernstliche Bestrafung ihres Frevels" zu dringen haben.

Kurz, nach dem gesagten ist die wahre Schuld unserer Lehre die, dass sie die Lehre der schwächeren Partei ist, wie es ihnen scheint — denn auf mögliche geistige Stärke rechnen sie gar nicht, sie rechnen nur auf Fäuste — dass sie durch keine bewaffnete Macht unterstützt wird. Nach demselben Argumente war ehemals auch die protestantische Lehre, zu welcher Partei unsere Verfolger sich rechnen, falsch; sie ist wahr geworden, seitdem sie dieses Argument auf ihre Seite zu ziehen gewusst hat. Will man denn dieselben Ausschweifungen der menschlichen Vernunft stets wiederholen, und wird denn das Menschengeschlecht auch nicht einmal durch Erfahrung klüger?

Nur Eine neue in jener Appellation noch nicht gehobene, für den Zweck derselben auch gar nicht gehörige Befürchtung ist auf Veranlassung dieser Anklage geäussert worden, auf welche ich hier mit wenigem Rücksicht nehmen will. Man befürchtet nemlich von unseren Aeusserungen Nachtheil für die Ehre und den guten Ruf unserer lieben Universität Jena. Ich untersuche die Gründe dieser Befürchtung.

Es hat von jeher gegeben, und wird, so lange Menschen seyn werden, fortdauernd geben zwei Hauptparteien: solche, die an dem Hergebrachten festhangen, nicht das mindeste daran verrückt wissen wollen, ja wohl gar bemüht sind, wieder rückwärts zu kommen; und solche, die vorwärts zu schreiten, und die menschlichen Erkenntnisse und Verhältnisse zu vervollkommnen streben. Man nennt die ersteren neuerlich *Obscuranten,* und ich werde um der Kürze willen mich hier dieses Namens bedienen; besonders da die Partei, wie sie hier zum Vorschein kommt, diesen, bei manchen anderen Gelegenheiten unbilligen Namen bei der gegenwärtigen nicht wohl verbitten kann: die letzteren mögen *Freunde des Lichts* heissen. Der Krieg dieser Parteien ist ewig, sowie sie selbst, aber es giebt in diesem Kriege Epochen, da er sich mit grösserer Hitze entzündet: dann, wenn mit der Liebe der Finsterniss, welche, wenn sie rein ist, nicht mit dem höchsten Muthe begeistert, noch die Liebe mancher anderer brauchbaren Dinge sich zu verknüpfen scheint. Eine dieser Epochen war z. B. die Zeit der Reformation; und die gegenwärtige Zeit, welche überhaupt mit jener grosse Aehnlichkeit hat, ist gleichfalls eine dieser Epochen. Der gegenwärtige Politiker würde, meines Erachtens, wohlthun, wenn er aus der Geschichte jener Zeit in bedenklichen Fällen Verhaltungsregeln abstrahirte; und hätte man dies eher und häufiger und allgemeiner gethan, so würden, wie es mir scheint, gewisse bedenkliche Fälle gar nicht eingetreten seyn.

Da die beiden erwähnten Parteien von ganz entgegengesetzter Denkart sind, so widersprechen sie sich nothwendig

auch in ihren Begriffen über die Ehre. Was der einen guter
Ruf und Ruhm heisst, ist der anderen sehr schlimmer Ruf und
Schande; und so umgekehrt. So ist es, und so muss es blei-
ben; denn es ist nothwendig so.

Die schlimmste Politik, die jemand dabei ergreifen könnte,
wäre zu allen Zeiten, ganz besonders aber in einer Epoche,
da der Krieg heftiger entbrannt ist, die, einen Mittelweg gehen,
es beiden Parteien recht machen, und bei beiden Ehre einle-
gen zu wollen. Man verdirbt es dann sicher bei beiden, wird
von beiden gescholten, und von keiner gelobt, und geräth in
den allerschlimmsten Ruf. — Jede Aussöhnung, jede Annäherung beider Parteien, als Resultat einer Unterhandlung (nicht
etwa als von selbst kommendes Resultat der Zeit), ist unmöglich, und der ist ein Kind an Erfahrung, der sie erwartet.
Gehe nur, gutmüthiger Freund des Lichts, und demonstrire
dem Obscuranten sein Unrecht, das dir so leicht zu demonstriren scheint. Er giebt dir vielleicht deine ganze Demonstration zu; aber schon darin, eben darin, *dass du demonstrirst
und räsonnirst,* liegt dein Unrecht; die Waffen sogar, mit denen du streitest, sind verboten. Du sollst *glauben und gehorchen.* Weisst du denn nicht, dass diese Vernunft selbst, auf
welche du fussest, verderbt und vergiftet ist, und dass du die
übernatürliche Regel, wie du des natürlichen Lichts dich zu
bedienen habest, erst aus ihren Händen erhalten musst? (So
weiss ich z. B. sehr gewiss, dass ich durch diese meine Vertheidigung bei meinem eigentlichen Ankläger nichts ausrichte.
Wenn er sie zu Ende gelesen haben wird, falls er dies ja
thut, wird er sagen: Fichte soll nicht räsonniren, sondern sich
unterwerfen. Für ihn schreibe ich sie auch nicht; sondern um
denjenigen, die mich vor seiner Gewaltthätigkeit schützen können, zu zeigen, dass ich dieses Schutzes werth bin.)

Das einzige Mittel, wohl durchzukommen, und auf einer
Seite Ehre und guten Ruf zu haben, ist dies: dass man sich
für eine Partei von beiden entschieden erkläre, und mit dieser
es fest und unverrückt halte.

Wenn nun in der Wahl dieser Partei bloss und lediglich
auf Ehre und guten Ruf gesehen würde, und man nur dies

sich zum Zwecke machte, den ausgebreitetsten, und besonders den dauerndsten Ruhm zu erwerben, so ist unstreitig,
dass man sich an die Freunde des Lichts anschliessen müsse.

Auf dieser Seite ist der ausgebreitetste gute Ruf. — Ich
will zwar nicht behaupten, dass es der Zahl nach mehr Freunde
des Lichts gebe, als Obscuranten; aber die ersteren übertreffen an Gewicht. Auf ihrer Seite ist in der Regel das Talent,
die Beredsamkeit, die guten und gründlichen Kenntnisse; auf
der anderen Seite ist in der Regel Unbehülflichkeit in Wort
und Sache, Weitschweifigkeit und Plattheit, Unwissenheit oder
unnütze Kenntnisse. Die ersteren vermögen auszusprechen,
was sie denken, und einen Ruf zu machen; die letzteren haben
grösstentheils keinen Vortrag, und können nur innerlich schmä-
hen und verwünschen, wo sie nicht einmal die Gelegenheit
ersehen, ein Confiscationsrescript, oder ein Requisitionsschreiben schleichend zu veranlassen, dessen beabsichtigter Success
doch immer sehr zweifelhaft bleibt.

Auf dieser Seite ist ewigdauernder guter Ruf. Die Obscuranten haben die Freunde des Lichts ihrer Zeit und aller folgenden Zeitalter gegen sich. Ihre Schande stirbt nie, und
wird im Fortgange der Zeiten nur grösser. Wer kennt jetzt
Joachim Lange anders, denn als einen ketzermacherischen
Verfolger; und wer wird nur in der künftigen Generation
Goeze anders kennen? — Was mehr ist; die Obscuranten
haben sogar die Obscuranten der künftigen Zeitalter gegen
sich: sie überleben gemeiniglich ihren guten Ruf sogar bei ihrer
Partei, und verlieren ihn sicherlich auch bei dieser nach ihrem
Tode. Die Obscuranten jeder künftigen Generation nennen die
der vorhergehenden bei ihrem wahren Namen; denn auch sie
sind durch den Fortgang der Zeiten mit fortgerissen worden.
Es giebt sicherlich keinen einzigen Obscuranten, der nicht
diese Benennung sich verbäte, und sich denn doch auch für
aufgeklärt hielte. Aufklärung soll, nach ihnen, denn wohl seyn,
nur gehen die Gegner darin zu weit. Wie aber ist es doch
möglich, dass sich diese für aufgeklärt halten? Nicht anders,
als so, indem sie wieder höher stehen, als andere: und diese
anderen, diese sind nun für sie Obscuranten. Im Gegentheil

18*

dauert das Verdienst und der Ruhm, in irgend einem Zeitalter das Menschengeschlecht auf eine höhere Stufe gebracht zu haben, durch alle Zeiten; wenn auch die Nachwelt wiederum viel weiter vorgerückt wäre. Ohne Zweifel war die Universität Wittenberg, als sie Luther und Melanchthon zu Lehrern hatte, bei den Päpsten und ihrem Anhange, und bei dem Albertinischen Herzoge Georg in sehr üblem Rufe; dafür war sie bei den verständigen und aufgeklärten Männern der damaligen Zeit in gutem Rufe; und noch lebt ihr Ruhm unter uns, und wird von Jahrhundert zu Jahrhundert fortleben. Dieses sah ohne Zweifel der Ernestinische Churfürst Friedrich der Weise, der schon dadurch seinen Beinamen und seinen unsterblichen Ruhm verdiente; war stark genug, jenen übeln Ruf zu verachten, und hinterliess seinen durchlauchtigsten Urenkeln ein Beispiel der wahren Ehre.

Unsere gute Universität Jena hat ihren Ruhm bei den Freunden des Lichts; der gute Name ist ihr zugefallen, und sie wird, wie mir es scheint, nichts zu thun haben, als zu arbeiten, dass sie hinter ihrem Ruhme nicht zurückbleibe. Begnügen sich doch gewisse andere Universitäten, die uns in Vormundschaft nehmen zu wollen scheinen, mit dem ihrigen bei der entgegengesetzten Partei. Diese Partei könnte mit ihnen vollkommen zufrieden seyn, wenn sie nur ein wenig billig wäre. — Unsere gute Universität kann nunmehr gar keinen anderen Weg mehr zum Ruhme einschlagen, als den sie bisher gegangen; wenn auch ihre Lehrer oder ihre durchlauchtigsten Erhalter dies wollen könnten. Eben in ihrem guten Rufe besteht ihr eigentliches Verbrechen; und dieses mag auch wohl jetzt einen beträchtlichen Theil von der Schuld der Beklagten ausmachen. Es ist nur Eine Bedingung, unter welcher die Gegenpartei sich mit unserer Universität aussöhnen könnte; die, dass sie in dieselbe Obscurität und denselben übeln Ruf versinke, durch den gewisse andere Universitäten bedeckt sind, und, was in ihrer Lage aus dem ersten erfolgen muss, völlig zu Grunde gehe. Die Maassregeln, die sie vorgeschlagen haben, sind der sichere Weg, zu diesem Ziele zu gelangen.

II.

Wenn man denn nun meine Vertheidigung bis hieher gelesen, wenn man die beigelegte Appellation durchgelesen, und findet, dass, wie ich die Sache vorstelle, jene Bezüchtigung des Atheismus denn doch so durchaus ohne allen Grund, dass unsere Lehre vielmehr höchst religiös sey; so muss man sich ·wundern, wie es denn nur möglich gewesen, so ganz aus Nichts jene Beschuldigung zu ziehen, man muss bedenklich werden, es muss der Verdacht entstehen, dass ich wohl durch allerlei Künste den wahren Gesichtspunkt verrückt, und eine ganz andere Materie untergeschoben. Ich habe nicht gründlich geantwortet, wenn ich nicht auch historisch die eigentliche Quelle dieser Beschuldigung aufsuche, und mit der wahren Beschaffenheit dieser Quelle bekannt mache: hingegen ist mein Triumph und die vollkommene Beschämung meiner Gegner entschieden, wenn ich es thue. Ich bin mir und den Mitangeklagten schuldig, es zu thun.

Es ist vor mehreren Monaten eine Schrift erschienen, die ich (Beilage C.) zu den Acten lege: *Schreiben eines Vaters an seinen Sohn über den Fichteschen und Forbergschen Atheismus.* Diese Schrift zeigt die innigste *Animosität* gegen die Person des Verf. des ersten Aufsatzes: durch das *Motto;* durch die zweimal wiederholte, nicht einmal durch den eigenen Witz des Sendschreibers, sondern durch den Buchhändler Fr. Nicolai ausgedachte Schmähung: „ich hielte mich für den Aufseher des Menschengeschlechts;" durch die S. 5. vorgebrachte Verdrehung, und darauf gegründete abscheuliche Beschuldigung. (Es ist eine *Verdrehung,* sage ich; denn ich habe nie gesagt, dass ich den dort gemeinten achtungswerthen Mann annihiliren *wolle,* in der Zukunft, welches in der Studentensprache allenfalls heissen könnte, dass ich ihn um seinen akademischen Applausus bringen wolle; sondern ich habe es auf der Stelle gethan, und erklärt, dass ich es auf der Stelle thue; d. h. ich habe geurtheilt, dass derselbe kein ächt originell speculativer Kopf sey; in Ermangelung dessen man doch andere unstreitige Verdienste und treffliche Kenntnisse haben, und der stu-

direnden Jugend grosse Vortheile gewähren kann, welches alles
ich dem verdienten Manne nie habe absprechen wollen.) Sie
zeigt Animosität noch durch eine Menge anderer Schmähungen
und Beschimpfungen, die ich hier nicht weiter auszeichnen mag,
die aber jeder, der sich überwinden kann, diese Blätter durch-
zulesen, ohnstreitig bemerken wird. Schon deswegen musste
das Zeugniss dieses Schriftstellers nichts gelten.

Diese Schrift zeigt ferner die auffallendste *Ignoranz:* —
über das *Wesen* der Speculation sogar, indem sie mich (S. 14.)
aus der *Geschichte* der Philosophie belehren will, wie ich hätte
räsonniren sollen; über die *neueste Geschichte* derselben, indem sich der Verf. über einige meiner Aeusserungen, als über
das absolute Seyn der Welt von dem Gesichtspuncte der Naturphilosophie aus, über eine Ordnung, ohne einen Urheber
derselben, und dergleichen gar nicht sattsam verwundern kann;
welche Sätze doch jedem, der nur einige Blicke in die gemeine
kritische Philosophie gethan hat, geläufig genug sind; indem
er die Behauptung, dass die Welt durch sich sey, der, dass ein
Palast sich selbst gebaut habe, gleichstellt — eine Parallele,
die einen Unmündigen täuschen mag, aber übel steht in einer
Schrift gegen einen kritischen Philosophen, welche bekanntlich zwischen Natur- und Kunstproducten einen sehr wesentlichen Unterschied machen.

Sie zeigt den mitleidswürdigsten Unverstand, Seichtigkeit
und Unüberlegtheit; indem der Schreiber, wenn es nun an die
Widerlegung gehen soll, statt dieser Widerlegung die Klage
vorbringt, dass er den Verf. nicht verstehe, dass es der Mühe
nicht lohne, sich mit seinen Philosophemen den Kopf zu zer-
brechen, dass er, wie sein Ferdinand bezeugen werde, nicht
Zeit habe und dergl.; indem er bei dem wichtigen Einwurfe:
aus Nichts wird Nichts, sich auf eine Beantwortung dieses
Ferdinand, die derselbe schon in der Schule gegeben habe,
beruft, welche wir aber leider nicht erfahren, da sie doch von
der höchsten Wichtigkeit seyn würde, indem noch kein Philosoph eine solche Antwort gefunden, und durch dieselbe die
ganze Gestalt der Philosophie geändert werden würde; indem
er auf folgende Weise (S. 24.) widerlegt: — „damit die wahre

Religion des freudigen Rechtthuns sich erhebe," hatte der Verf.
gesagt — „er wollte vielleicht, setzt der Schreiber hinzu, sagen: damit allen Lastern Thor und Thür geöffnet werde;" indem er die Verdrehungen und den scurrilischen Aberwitz des
Sempronius Gundibert wirklich für bedeutend zu halten scheint,
und ein Buch, das nur dem niedrigsten Pöbel der Lesewelt
erträglich seyn kann, unter wirklich Studirenden zu verbreiten bittet.

Sie trägt auch schon im äusseren das Gepräge eines Scri-
blers an sich: sie ist in einer unbestimmten (z. B. philosophische Geschichte, sagt er, statt Geschichte der Philosophie),
wässerigen, platten, gedehnten Sprache geschrieben.

Sie ist ein Product, das das Licht scheut; weder der Verfasser, noch sogar der Verleger haben es gewagt, sich namentlich zu ihr zu bekennen.

Diese so beschaffene Schrift haben Leipziger Gelehrte für
ein Werk des berühmten und verdienten Theologen, Herrn Dr.
Gabler zu Altdorf, — ich weiss nicht, ob wirklich gehalten,
oder nur ausgegeben; — diese Alternative ist mir erlaubt, da
für Gelehrte das erste fast noch nachtheiliger ist, als das
zweite. „Man hat dieselbe, sagt Hr. Dr. Gabler in der ge-
druckten Erklärung (Beilage B.), auf welche ich sogleich mich
weiter beziehen werde — in Chursachsen mit Mühe in Umlauf gebracht. Man hat zugleich sorgfältig verbreitet, ich (der
Dr. Gabler) sey der Verf. dieser Schrift." In einer hier zu
Jena censirten, und soeben unter der Presse befindlichen
Druckschrift: *Apologetischer Versuch* etc. wird gesagt, dass
man zu Leipzig Exemplare jenes Schreibens unentgeltlich ver-
theilt; immer mit der Versicherung, dass Dr. Gabler der Verf.
desselben sey, und dass sie auf seinen Auftrag ausgetheilt
würden. Manchen, die diese Nachricht über den Verfasser be-
zweifelten, hat man eigenhändige Briefe des Dr. Gabler vorzuzeigen versprochen, die seine Autorschaft beweisen sollten;
welches letztere *ich* durch Briefe beweisen kann. Man hat
dieselbe Schrift nach Dresden geschickt, ohne Zweifel gleichfalls mit der Versicherung, dass jener auswärtige Theolog sie
verfasst habe; denn weiter gehen meine Nachrichten nicht

über diese geheimen Machinationen. Wenigstens hat der Concipient des Requisitionsschreibens offenbar sie vor sich gehabt, denn dieselben Stellen, die der schreibende Vater angeführt, hat auch der Concipient ausgehoben.

Diese lichtscheue und so beschaffene Schrift also ist es, welche die Gelehrten einiger Universitäten, welche die höchsten Regierunscollegien von fünf angesehenen Ländern, welche, seitdem die hannöversche Regierung unsere Namen, als Namen von Menschen, die gefährliche, höchstanstössige und allgemeinschädliche Grundsätze hegen, öffentlich angeschlagen, das sechste und seitdem auch der preussische Hof requirirt worden, an der Verfolgung gegen uns theilzunehmen, das siebente, in Bewegung gesetzt; sie ist es, die durch die nächsten Folgen, welche man ihr gegeben, noch unabsehbare, und nicht zu berechnende weitere Folgen haben kann. O! durch welche Geringfügigkeiten werden die menschlichen Schicksale bestimmt!

Herr Dr. Gabler protestirt im Intelligenzblatt der A. L. Z. N. B. (Beilage B) ernstlich gegen das Gerücht, dass er der Verf. dieser Schrift sey, erklärt dieses Gerücht für eine grobe Verleumdung, überlässt die Verbreiter dieser Verleumdung ihrer eigenen Scham und Schande; und urtheilt über die Schrift ohngefähr so, wie ich soeben auch über sie geurtheilt habe.

Wer hat sie denn also geschrieben? Vielleicht, dass die äusseren Verhältnisse des Verfassers, sein Charakter, seine persönlichen Beziehungen ein neues Licht über das Gewicht, das ihr zuzuschreiben sey, verbreiten. Nichts hält mich ab, meine Ueberzeugung, welcher lediglich die juridische Erweisbarkeit abgeht, auch darüber zu sagen.

Es lebt ganz in meiner Nähe ein unglücklicher Mann, der, ich weiss nicht, ob zur Strafe für etwas schon vorher verübtes, oder durch ein unseliges Verhängniss, sich mit Schande und mit dem allgemeinen Hasse bedeckt hat, und welchem seitdem, sowie dem Orest, die Furie zum steten Geleit gegeben ist. Da die Schande sein eigenes Element ist, und er doch nicht immer auf dem Katheder stehen kann, auf welchem der unsaubere Geist aus ihm Possen reisst, und Zoten aus-

stösst, wendet er seine übrige Zeit dazu an, in seiner Schande
zu wühlen, um andere zu bespritzen, damit er sich doch in
der menschlichen Gesellschaft nicht mehr so gar sehr zu schämen habe. Es ist in seinem Umkreise wohl kaum Ein Mann,
oder eine Frau, die sich nicht schon über ihn zu beklagen
gehabt, gegen welche er nicht schon schmutzige Verleumdungen ausgestossen habe. Er ist schon häufig in Injurienprocesse, er ist in Untersuchung wegen einer auf dem Katheder
ausgestossenen Blasphemie verwickelt gewesen, hat sich aber,
sagt man mir, jedesmal durchgelogen. Er hat, indem ich dieses schreibe, zwei Injurienprocesse, deren einen, den activen,
er ebenso plump und pöbelhaft führt, als er den zweiten, den
passiven, veranlasst hat. Sein böser Geist treibt ihn, jeden
Menschen, der nur ein wenig bemerkt wird, anzufeinden:
komme er mit demselben in Collision, oder nicht, habe derselbe ihn beleidigt oder nicht, sey es demselben auch nur
möglich, ihm zu schaden oder nicht; wie denn z. B. *ich* mit
demselben weder in schriftstellerischer, noch akademischer
Rücksicht in Collision kommen kann, indem wir ganz verschiedene Fächer bearbeiten, und ich sein Angesicht noch nie gesehen habe, noch er, so viel mir bekannt ist, das meinige. Er
gab ehemals alljährlich unter seinem Namen Angriffe auf ehr-
liche Männer heraus. Dies Institut kam ins Stocken, und seitdem hat er das Lästern im Intelligenzbl. der N. deutschen
Bibliothek getrieben: dort hat er mehrere Pasquille auf unseren verehrungswürdigen Dr. Paulus, den er ganz besonders
anfeindet, eins auf HR. Schnaubert, auf BR. Scherer, u. a.,
so viel mir nur in dem kurzen Zeitraume bekannt worden, den
ich hier lebe, einrücken lassen. Gewiss hat er dergleichen
Thaten in Menge ausgeübt, die mir nur nicht bekannt worden;
vielleicht giebt es hier keinen namhaften Gelehrten, den er
nicht einmal auf diese Weise angegriffen.

Dieser Mann hat seit meiner Anstellung in Jena ganz besonders mich zum Ziele seiner literarischen Lästerungen ersehen; welches mir zur Ehre gereicht, da ich darin gewissermaassen in die Stelle des ehrwürdigen Dr. Paulus trete, mit
welchem gleiche Feinde zu haben, ich für Ruhm halte. Er

hat, als jenes jährliche Lästerungsinstitut noch bestand, kein
Jahr vergehen lassen, ohne mich, genannt und ungenannt, auf
die in unserem Zeitalter gefährlichste Weise, als Feind der
Religion und der Staaten zu verschreien. Er hat seitdem,
zu verschiedenen Malen, die gröbsten, ihm selbst als solche
bekannten Unwahrheiten über mich in das Intg. Bl. der N. D. B.
einrücken lassen. Dem Verleger dieser Pasquille ist es durch
einen anderen Verleumdeten in einem Privatbriefe, und da
dieses nicht half, von mir öffentlich verwiesen worden; seitdem wird nichts mehr von diesem Manne Herkommendes in
jenem I. Bl. aufgenommen, und es bleibt ihm nichts übrig, als
namenlose, lichtscheue Broschüren in das Publicum zu werfen.

Er hat insbesondere gleich nach meiner Ankunft in Jena,
nachdem er den nichtverstandenen Satz meiner Philosophie:
alles im Ich, und ausser dem Ich nichts, irgendwoher er-
lauscht, sogleich gemerkt, was sich daraus gelegentlich machen
liesse, und gegen eine Person, aus deren Munde ich es habe,
geäussert: o, mit diesem wird es hier nicht lange währen;
seine Principien müssen ihn auf den Atheismus führen, und
dann wird ihn kein Fürst im Lande dulden. Er mag seit diesen fünf Jahren sorgsam geharrt haben, ob denn nicht endlich eine Aeusserung erscheine, die sich für eine Erfüllung
jener Weissagung ausgeben liesse. Er hat endlich geglaubt,
sie in jenem Aufsatze meines Journals gefunden zu haben,
und freudig die Gelegenheit ergriffen.

Wie wäre es, wenn — dieser Mann der Verfasser jenes
Schreibens wäre? — der Mann von diesem allgemein bekannten
Charakter, von dieser gleichfalls allgemein bekannten Feindschaft
gegen mich, dieser Ignorant der ersten Klasse, als welchen er sich
in jener Schrift darstellt. (Er hat zwar in seinem Fache eine ausgebreitete Celebrität, und es mag seyn, dass er eine Menge
Büchertitel und andere Dinge, die sich auswendig lernen lassen,
auswendig weiss; aber Beurtheilung und wahre Geschicklich-
keit und Verstand kann ein Mann, dem es an Verstande fehlt,
einzusehen, wovon er nichts verstehe, in keinem einzigen
Fache haben, wenn nicht die Vernunft selbst eine Lügnerin ist.)

Alles vereinigt sich, auf die Vermuthung zu führen, dass

dieser Mann der Verfasser sey. Seine Denkart, sein Stil, ganz besonders seine Logik, und einige charakteristische Eigenheiten, z. B. seine unaufhörliche Klage über Unverständlichkeit alles desjenigen, was er nicht schon mit diesen Worten auswendig gelernt hat, sind einzig im gelehrten Deutschlande. Diese Schrift so schreiben, konnte, wie ich im Herzen überzeugt bin, kein anderer Mensch. Ich brauchte nur wenige Seiten durchzulaufen, um ihn sogleich zu erkennen. Ich mache mich anheischig, wenn es irgend jemandem die Mühe lohnen könnte, den Beweis dieser Behauptung nach den Regeln der höheren Kritik so zu führen, wie nach diesen Regeln noch kein Beweis geführt worden.

Einen vor Gerichte gültigen Beweis habe ich nicht, und darum schreibe ich den Namen des Mannes nicht her, und darum äussere ich hier meine Ueberzeugung nur als Vermuthung. Jedoch kann ich, wenn jemand eine gerichtliche Untersuchung veranlassen wollte, einen Anfangspunct derselben anweisen. Die Felsseckersche Buchhandlung zu Nürnberg hat den Debit dieser Schrift; und von ihr ist das Exemplar, welches ich zu den Acten lege, nebst andern, an die Gablersche Buchhandlung allhier gesendet worden. — Untersuche man nur recht und gründlich; und ich zweifle keinen Augenblick, dass meine Vermuthung sich nicht vollkommen bestätigen werde. Wenn man *recht* untersucht, habe ich gesagt. Denn dass die Mittelspersonen, dass jener Mann selbst läugne, dass ein anderer für den Verfasser ausgegeben werde, dass etwa ein anderer sogar sich wirklich dazu bekennt, würde mich meines Irrthums nicht überführen. Selbst der letzte Fall ist in unserem Zeitalter dagewesen. Zu der Schrift: *Bahrdt mit der eisernen Stirn,* bekannte sich ein gewisser Schlegel namentlich; der doch, nach dem später erfolgten eigenen Geständnisse des wahren Verfassers, sie keinesweges geschrieben hatte.

Ein solcher Mann also konnte es seyn, ein solcher Mann *war* es wahrscheinlich, der durch ein solches Mittel sechs Regierungen gegen mich in Bewegung setzte. Man kann nicht vermeiden, bei diesem Anblicke gerührt zu werden, und das Schicksal der Hohen zu beklagen. Es bedarf eines kleinen

Zufalls, und der erste beste verächtliche Mensch macht sie zum Werkzeuge seiner niedrigsten Leidenschaft, seines pöbelhaftesten Muthwillens!

III.

Nun wussten freilich diese Regierungen nicht, und ebensowenig, wie ich zu ihrer Ehre glauben will, die ersten Anstifter und Veranlasser, was ich soeben über den Verfasser jener Schrift gesagt habe. Aber das wenigstens wussten die letzteren, wenn sie auch nur gelehrte Zeitungen lasen, dass ich schon oft verleumdet worden, und mich auf eine den Verleumdern unmöglich angenehme Weise vertheidigt, dass so mancher literarische Angriff auf mich geschehen, den ich gleichfalls rüstig abgewehrt. Sie konnten sonach erachten, dass es mir an literarischen Gegnern und persönlichen Feinden nicht fehlen könne. Wie in aller Welt ging es doch zu, dass sie auch nicht auf eine entfernte Ahnung geriethen, ob nicht diese Schrift aus solch einer unreinen Quelle fliessen möge; besonders, als sie die durch Scheu vor einem politisch ohnmächtigen Professor gar nicht zu erklärende Verheimlichung des Verfassers, und sogar des Verlegers, bemerkten? Sie, die als Gelehrte denn doch etwas wissen sollten, wie kam es, dass sie die Seichtigkeit und die Ignoranz des schreibenden Vaters so wenig bemerkten, dass sie sogar seine Meinungen zu den ihrigen; seine Art zu argumentiren, seinen Geschmack, seine Lieblingsschriften zu den ihrigen machten? — indem unter andern ein, übrigens um seiner *Aufgeklärtheit* willen dem chursächsischen Kirchenrathe verdächtiger Theolog (so sagen gedruckte Schriften) das kleine Verdienst, welches (S. 5.) dem Ferdinand des Schriftstellers angetragen wird, sich wirklich gemacht, und Zuhörern von mir, die ihn auf einer Reise besucht, den Sempronius Gundibert als ein treffliches Buch empfohlen. Wie kommt es, dass sie, die denn doch wenigstens das theologische Journal von Dr. Gabler lesen, und den schriftstellerischen Charakter dieses Mannes ein wenig kennen sollten, jene Arbeit für die seinige halten konnten? Haben sie wirklich so wenig Kritik, oder liess sie nur für diesmal ihre

Leidenschaft dieselbe nicht gebrauchen? In der That, soll ich den Stützen und Repräsentanten der Wissenschaften in einem der ersten Staaten des protestantischen Deutschlands eine Seichtigkeit und eine Ignoranz zutrauen, die noch sehr tief unter der des Briefstellers stehen musste, den sie zu ihrer Autorität gemacht; oder soll ich vielmehr glauben, dass sie durch Leidenschaft geblendet, ihren sonstigen Scharfsinn nur diesmal nicht anwenden konnten? Sie gewinnen bei der letzteren Voraussetzung. Wie kam es doch, dass sie Mittel gebrauchten, deren sich an keinem andern Orte der Welt Gelehrte bedienen würden: der hartnäckigen Versicherung, jedem Widerspruche zu Trotz, dass Dr. Gabler der Verfasser jener Schrift sey, welches sie denn doch, wie nun die Erfahrung lehrt, so gewiss nicht wissen konnten; der unentgeltlichen Vertheilung jener Schrift, als ob Dr. G. sie veranstaltet hätte; des Anerbietens, ein Schreiben von ihm vorzuzeigen, das seine Autorschaft ausser Zweifel setzte; welches entweder eine Lüge, oder die Vorbereitung zu einem Falsum war? Dadurch ist ja ihr persönlicher Hass gegen mich klar erwiesen.

Und wodurch habe ich sie beleidigt? Ich habe mit manchem Schriftsteller gelehrte Streitigkeiten gehabt; nicht, dass ichs wüsste, mit einem unter ihnen. Man müsste es künstlich anfangen, um gegen sie zu schreiben. Ich darf nicht sagen: es ist gelehrte Eifersucht, literarischer Neid überhaupt, ohne mir eine Wichtigkeit anzumaassen zu scheinen, die ich vielleicht sogar bei ihnen nicht habe. Aber was ist es? Mögen dies andere ermessen; dieser Punct ist überhaupt nicht von Bedeutung.

Aber — und dieser Punct ist von Bedeutung — wie ist denn dies zugegangen, dass diese so höchst verdächtigen Insinuationen solche Schritte der chursächsischen Regierung veranlassen konnten? — ich nenne nur *diese* Regierung; denn das später erfolgte Verbot der hannöverschen Regierung ist ohne Zweifel auf das Ansuchen der ersteren ergangen, wie dieselbe um ein ähnliches Verbot an dem preussischen Hofe angesucht. Was wäre es doch, das die Weisheit dieser Regierung hätte verblenden können; da jene Triebfedern lediglich in gelehrten Gemüthern stattfinden?

Hier bedarf es keiner Muthmaassungen und keines Rathens. Die Triebfeder ist klar; sie ist notorisch; nur dass keiner den Namen des Dinges aussprechen will. Ich bin überhaupt nicht gemacht, um hinter dem Berge zu halten; und ich will es besonders hier nicht; indem ich dieser Angriffe nunmehr müde bin, *und für diesesmal entweder mir Ruhe verschaffen will für mein ganzes übriges Leben, oder muthig zu Grunde gehen.* Ich also will es seyn, der den Namen dieses Dinges ausspricht. *Ich bin ihnen ein Demokrat, ein Jacobiner;* dies ists. Von einem solchen glaubt man jeden Gräuel ohne weitere Prüfung. Gegen einen solchen kann man gar keine Ungerechtigkeit begehen. Hat er auch diesesmal nicht verdient, was ihm widerfährt, so hat er es ein andermal verdient. Recht geschieht ihm auf jeden Fall; und es ist politisch, die das wenigste Aufsehen erregende, die *populärste* Anklage zu ergreifen, um seiner habhaft zu werden.

Dass ich ihnen *das* bin, dieser sträfliche Demokrat und Jacobiner, und dass ich ihnen deswegen unaussprechlich verhasst bin, ist notorisch. Es bedarf nicht der Indiscretion, welche in dieser gerechtesten Selbstvertheidigung doch keine Indiscretion seyn würde, an gewisse Aeusserungen zu erinnern, welche gegen verehrungswürdige Männer geschehen, die diese Schrift als meine Richter lesen werden, die selbst gegen diese Aeusserungen mich vertheidigt haben, die sich derselben bei dieser Stelle meiner Verantwortung ohne Zweifel erinnern werden. Es bedarf dieser Erinnerung an vergangene Dinge nicht; denn es ist mir ein bei der gegenwärtigen Gelegenheit geschriebener Brief eines chursächsischen Ministers bekannt, in welchem von unserem vermeinten Atheismus geradezu gesprochen wird, *als von einer neu erfundenen Maassregel dieser Demokraten.*

Also — das Resultat alles bisher gesagten — diese Anklage ist erfunden durch den charakterlosen unruhigen Muthwillen eines an seiner Ehre gekränkten Mannes; fortgepflanzt durch literarische Eifersucht; ergriffen und gebraucht von dem

Hasse gegen meinen vermeinten Demokratismus, um mich zu
verderben. Es ist nicht mein Atheismus, den sie gerichtlich
verfolgen, es ist mein Demokratismus. Der erstere hat nur
die Veranlassung hergegeben. Vertheidige ich mich nur gegen
das, was man wirklich hören lässt, so ist das Verfahren gegen
mich nur aufgeschoben; man fährt fort, mich zu hassen und
zu verwünschen, und ergreift die nächste Gelegenheit, um
mich noch fester zu fassen. Ich muss, wenn ich auch für die
Zukunft mir Ruhe erfechten will, geradezu auf den wahren
Sitz der Anklage losgehen; ich muss mich vorzüglich vertheidigen gegen das, was sie bloss im Herzen denken.

Ich bin also ein Demokrat. Was ist denn nun dies, ein
Demokrat? Etwa ein solcher, der die demokratische Regie-
rungsverfassung als die einzig rechtmässige aufstellt, und deren Einführung empfiehlt? Ich sollte meinen, wenn er dies,
selbst unter einer monarchischen Regierung, bloss in gelehrten Schriften thut, so könnte man die Widerlegung dieser Meinung, wenn sie unrecht ist, andern Gelehrten überlassen. So
lange er nicht eine *äussere Handlung* vollzieht, um die bestehenden Regierungsverfassungen wirklich zu stürzen, und die
ihm gefällige an die Stelle derselben zu setzen, sehe ich nicht
ein, wie seine *Meinung* vor den Richterstuhl der Regierung
auch nur gelangen könne, vor welchen nur *Thaten* gehören.
Jedoch ich weiss, dass über diesen Punct die Gegner anders
denken, denn ich. Denken sie, wie sie wollen; passt denn
jene Anklage auf mich, und bin ich denn ein Demokrat, im
oben angegebenen Sinne des Wortes? Sie mögen freilich, seitdem sie ihren Begriff von mir festsetzten, und über mein Bild
in ihrer Phantasie Demokrat schrieben, nichts mehr von mir
gehört oder gelesen haben. Nun, so lassen sie sich jetzt einen Auszug aus meiner *Grundlage des Naturrechts* Bd. III.
S. 158. ff. geben. Man wird ihnen keinen Schriftsteller nennen
können, der sich entscheidender und mit stärkeren Gründen
gegen die demokratische Regierungsform, als eine absolut
rechtswidrige Verfassung, erklärt habe. Lassen sie sich überhaupt einen ehrlichen Auszug aus jenem Buche machen. Sie
werden finden, dass ich eine Unterwürfigkeit unter das Gesetz,

und eine Aufsicht desselben über die Handlungen der Bürger
fordere, wie sie noch von keinem ihrer Staatsrechtslehrer gedacht, in keiner ihrer Verfassungen zu realisiren versucht
worden. Die meisten Klagen, die ich gegen dieses System
gehört, waren darüber, dass es der Freiheit (der Ungebunden-
heit und Gesetzlosigkeit) der Menschen so grossen Abbruch
thäte. Ich bin sonach weit entfernt Anarchie zu predigen.

Doch, es ist wohl weit gefehlt, dass sie mit diesem Worte
einen bestimmten Sinn, und den wissenschaftlich richtigen
Sinn verknüpfen sollten. Es wäre mir vielleicht möglich, wenn
alle die Gelegenheiten, bei denen sie sich dieses Ausdrucks
bedienen, zusammengenommen würden, zu sagen, welchen
Begriff sie eigentlich damit verbinden; und es ist sehr möglich,
dass ich in diesem Sinne ein sehr entschiedener Demokrat bin;
es ist wenigstens soviel gewiss, dass ich lieber gar nicht seyn
möchte, als der Laune unterworfen seyn, und nicht dem Gesetze. — Jedoch, es bedarf dieser Erörterung nicht; ich kann
mich wohl ohne dieselbe vertheidigen.

Wenn denn nun auch ein junger Mensch, der sein Vater-
land aufgegeben hatte, und an keinem Staate hing, und damals als Gast in einer kleinen nordischen Republik lebte, von
welcher aus er in den Tagen, da sie verschlungen wurde,
nach einer südlichen Republik abreiste; wenn dieser junge
Mensch, von Unwillen hingerissen über die Uebertreibungen,
die sich damals die Vertheidiger der gesetzlosen Willkür der
Mächtigen erlaubten, gleichfalls von seiner Seite ein wenig
übertrieben hätte, um das Gleichgewicht herzustellen; wenn
sogar dies noch unausgemacht wäre, ob er wirklich übertrieben, und ob selbst diese scheinbaren Uebertreibungen seine
damaligen wahren Meinungen gewesen, indem er nur ein Fragment geliefert, nur einen Theil der Einen Seite gezeigt, und
man ihn zur Erörterung der zweiten Seite auf seinem damaligen Wege nie fortgehen lassen; wenn derselbe, seitdem zum
Manne geworden, in einer reiferen durchdachten Schrift über
denselben Gegenstand alle Einseitigkeit vermieden, und hoffentlich jeden Politiker zufrieden gestellt, *der nur laut sagen
darf, was er möchte:* — wäre es dann billig und gerecht,

jenen jugendlichen und unvollendeten Versuch des Jünglings noch immer zum Maassstabe der politischen Grundsätze des Mannes zu gebrauchen? — wenn ja zugegeben werden müsste, dass der Gelehrte, als Bürger, dem Staate für seine theoretischen Meinungen verantwortlich sey, welches kein wahrer Gelehrter je zugeben wird.

Dieser verhasste Demokrat, was hat er denn sogar damals, als er jene literarische Sünde begangen haben soll, als er allenthalben nur Gast, keine Verbindlichkeit als die des Gastes gegen irgend einen Staat hatte, was hat er denn auch 'damals gethan, um seine vermeinten demokratischen Grundsätze zu realisiren? Wen es interessirt, noch jetzt die peinlichste genaueste Untersuchung darüber anzustellen, dem will ich selbst mit den bestimmtesten Nachrichten, wo, und mit wem ich zu jeder Zeit gelebt habe, an die Hand gehen; und findet sich die geringste Schuld an mir, wird mir auch nur Ein verdächtiger Schritt in meiner Lebensgeschichte nachgewiesen, so will ich mich aller Sünden schuldig geben, deren meine ärgsten Feinde mich nur beschuldigen können. Was es ist in meinem Charakter, das sie an mir nicht kennen, welches über allen Verdacht mich absolut wegsetzen muss, und mich in die Lage setzt, sie kühn zur strengsten Prüfung meines ganzen Lebens aufzufordern, werde ich tiefer unten noch bestimmter bezeichnen: es ist *meine entschiedene Liebe zu einem speculativen Leben.*

·· Seit fünf Jahren habe ich unverrückt an Einem Orte gelebt. Ich bin daselbst dem Anblicke des Publicums ausgesetzter; und ohne Zweifel hat man mich genau beobachtet, indem es das Interesse des Hasses und der Erbitterung vieler erforderte, mich zu beobachten. Man hat mich auf allerlei Weise versucht: was hat man denn nun an mir gefunden?

Ich habe mich selbst zu vertheidigen; es wird sonach nöthig seyn, von mir selbst zu reden. Die Noth entschuldige mich, wenn ich unbescheiden scheine.

Habe ich in meinem Wirkungskreise Unruhe, Unordnung, Gesetzwidrigkeit je gebilligt, unterstützt, erregt? Ich habe vielmehr, wie den durchlauchtigsten Erhaltern der Universität und

dem ganzen Publicum der herzoglich sächsischen Lande bekannt ist, mich selbst aufgeopfert, um die Hauptquelle aller
Gesetzlosigkeit auf dieser Akademie zu verstopfen. Es ist mir
freilich nicht gelungen, und ich hatte in der That unrecht, es
zu unternehmen. Ich sollte von einer Seite wissen, dass ich
in dieser kurzen Zeit das Vorurtheil der beleidigten Partei gegen mich nicht habe ausrotten können, dass diese von mir
nichts gutes erwarte, und dass es ihr hinlänglich sey, zu wissen, dass ein Plan von mir herkomme, um ihn zu hintertrei-
ben; ich sollte von der andern wissen, dass Obere den Plan
des Niedern nie unverändert befolgen werden. Leider lernt
man gewisse Wahrheiten nur durch Erfahrung; dann aber behält sie denn auch der nicht ganz Unverständige für sein ganzes Leben. Genug, darüber ist bei den Unterrichteten jetzt
nur Eine Stimme, dass ich es gut gemeint hatte.

Hat man mich je wegen irgend einer Vergehung gegen die
Gesetze zur Verantwortung zu ziehen gehabt? Es ist wahr,
ich bin einmal angeklagt gewesen, aber zu meiner Ehre und
nicht zur Ehre der Ankläger losgesprochen worden; mit dem
allgemeinen Beifalle des Publicums, nachdem es durch den
ohne mein Zuthun geschehenen Abdruck der Acten über die
wahre Beschaffenheit der Sache unterrichtet worden.

Es ist wahr, ich bin auf mannigfaltige Weise verleumdet
worden, über Aeusserungen, die ich auf dem Katheder gemacht
haben solle. Ich trage nichts auf dem Katheder vor, dessen
Inhalt nicht gedruckt vor dem Publicum liege. Ich habe besonders diejenigen Vorlesungen (über die Bestimmung des Gelehrten), welche diese Verleumdung am heftigsten traf, durch
den Druck bekannt gemacht; und die mir Schuld gegebenen
Aeusserungen haben sich in denselben nicht gefunden. Es ist
keine Kunst, hinter dem Rücken zu verleumden; und in der
That nicht freundschaftlich, diese heimlichen Verleumdungen
dem zu verbergen, den sie treffen. Sey man unbesorgt für
mich; ich stehe dafür, ich werde jede Verleumdung widerlegen, wenn sie mir nur bekannt wird; denn ich werde sicherlich nie etwas unrechtes thun.

Im Innern sonach hat man keine Schuld an mir gefunden;

aber vielleicht führe ich verdächtige auswärtige Correspondenz? — Das sollte ja bekannt worden seyn; denn man hat in den ersten Jahren meines hiesigen Aufenthalts nicht ermangelt, Briefe von mir und an mich zu unterschlagen, oder erbrochen ankommen zu lassen. Seit geraumer Zeit finde ich nicht mehr, dass man sich diese vergebliche Mühe nimmt. Und man hat recht daran; denn meine Briefe sind für den Dritten gewöhnlich der Mühe des Oeffnens nicht werth.

Oder habe ich seit meinem hiesigen Aufenthalte bedenkliche anonyme Schriften geschrieben? Es ist hierüber auch nicht einmal ein leiser Verdacht auf mich gefallen. Ich kann sagen, was ich nur bei dieser Gelegenheit sagen darf, dass ich Zeugen dafür habe, unüberlegte Schriften, die mir zur Beförderung für den Druck zugesandt worden, unterdrückt zu haben; bis man nun endlich auch darüber meine Grundsätze zu wissen scheint, und diese vergebliche Mühe sich nicht mehr macht.

Ist denn endlich mein persönlicher und bürgerlicher Charakter, ist meine Lage von der Art, dass mit einem Anschein von Vernunft der Wunsch einer Staatsumwälzung bei mir vorauszusetzen wäre? Nur diejenigen pflegen eine Revolution zu wünschen, die von einer steten Unruhe umgetrieben werden, die kein Geschäft oder kein Wohlgefallen an ihrem Geschäfte haben, die mit ihren Mitbürgern in Hass und Streit verflochten sind; die im Hause Unfrieden und Mangel, ausser dem Hause Unehre und Schulden haben; die das Ihrige durchbringen, und darum das Fremde begehren, welche, da sie nichts zu verlieren haben, bei Unruhen nur gewinnen können, unruhige Bürger, schlechte Wirthschafter, üble Gatten und Hausväter. Diejenigen, welche mich kennen, unter denen ich seit fünf Jahren lebe, mögen antworten, ob in jenem Bilde Ein Zug ist, der auf mich passt. Der akademische Senat hat schon vor vier Jahren mir ein rühmliches Zeugniss der Unbescholtenheit gegeben; ich bin sehr sicher, dass er es gegenwärtig nicht zurücknehmen würde. — Ich kann mit Freude sagen, dass ich in diesen fünf Jahren den grössten Theil meiner Feinde in meinem näch-

sten Umkreise mit mir versöhnt habe: lasse man mich noch
fünf Jahre unter ihnen leben, und sie werden mich lieben.

Aber, ich bin denn doch nun einmal *Gelehrter;* und nach
der Meinung angesehener Politiker sllen, ausser dem eigen-
thumslosen und rechtlosen Pöbel, mehrere unter diesen, un-
zufrieden damit, dass sie nicht selbst die ersten Stellen im
Staate bekleiden — diese nebst dem Pöbel allein sollen es
seyn, die eine Revolution in den bestehenden Staatsverfassun-
gen wünschen. — Ich weiss nicht, und kann nicht wissen, ob
es überhaupt dergleichen Gelehrte, wie sie dieselben beschreiben, giebt oder nicht; aber jene Politiker erlauben mir ihnen
ein untrügliches Kriterium anzugeben, welche Individuen *nicht*
zu dieser Klasse gehören. *Es sind diejenigen, welche ihre Wis-*
senschaft lieben, und zeigen, dass sich dieselbe ihres ganzen
Geistes bemächtigt hat. Die Liebe der Wissenschaft, und ganz
besonders die der Speculation, wenn sie den Menschen einmal ergriffen hat, nimmt ihn so ein, dass er keinen anderen
Wunsch übrig behält, als den, sich in Ruhe mit ihr zu beschäftigen. Von aussen bedarf er nur der Stille, darum sind
revolutionäre Zeiten gerade gegen seinen Wunsch; den inneren Frieden trägt er in sich selbst.

Diejenigen, welche meine Lebensweise und die Anwendung meiner Zeit kennen, mögen urtheilen, ob ich mir einen
Platz unter der letzteren Klasse nicht mit Recht anmaassen
dürfte; und selbst das grosse Publicum, vor welchem meine
Arbeiten der letzten fünf Jahre liegen, vor welchem sie denn
doch bei weitem noch nicht alle liegen, und ebensowenig die
Zeit, die ich auf meine Vorlesungen wendete, — mag mit urtheilen! Wer mich und meine Lage näher kennt, ermesse, wen
ich wohl beneiden möge, was es wohl seyn möge, das ich
lieber zu seyn wünschen könnte, als das, was ich bin, was
es wohl seyn möge, das ich durch eine Staatsveränderung gewinnen könne? Meinen Unterhalt giebt mir das Publicum;
noch nie haben meine Wünsche sich weiter erstreckt, als die
Mittel, sie zu befriedigen; und ich beneide hierüber keinen,
und weiche keinem. Wollte ich herrschen, so treibt mich
meine Neigung weit mehr, es im Reiche der Begriffe zu thun,

diesen zu gebieten, sich aufzuklären, und sich in Reihe und Glieder zu stellen, was ich verstehe; als eigenwilligen, schwer zu lenkenden und so selten der Vernunft sich fügenden Menschen zu befehlen, was ich nie gelernt, noch geübt habe. Könnte mich der Ruhm reizen — o ich lebe unter einer Nation, und in einem Zeitalter, in welchem der Name eines seine Wissenschaft nicht unglücklich bearbeitenden Gelehrten wohl so oft genannt wird, als anderer Namen.

Ich kann keine Revolution wünschen, denn meine Wünsche sind befriedigt. Ich kann keine Revolution herbeiführen und unterstützen wollen, denn ich habe dazu nicht Zeit; meine Zeit ist für ganz andere Dinge, die der Ruhe bedürfen, bestimmt. Es wäre etwas völlig neues und unerhörtes in der Menschengeschichte, dass der Urheber eines neuen ganz speculativen Systems sich auch an die Spitze einer politischen Revolution stellte. — Es ist denn doch wohl zu erwarten, dass ein nicht ganz Unverständiger sich, so wie er nur aus dem Jünglingsalter heraustritt, einen Plan für sein Leben entwirft. Einen solchen Plan habe ich längst entworfen. Zuvörderst habe ich mein philosophisches System deutlich darzustellen und zu vollenden; und es ist darüber noch sehr viel zu thun. Von ihm aus bieten sich mir andere neue Entdeckungen dar, welchen ich dann nachgehen werde. Es zeigt sich mir ein Uebergang zu anderen Wissenschaften, und eine gänzliche Umschaffung mehrerer, welches mir nach Vollendung jener Aufgaben Arbeit geben wird. Und sähe ich ein Leben von Jahrhunderten vor mir, ich wüsste dieselben schon jetzt ganz meiner Neigung gemäss so einzutheilen, dass mir nicht eine Stunde zum Revolutioniren übrig bleiben würde.

Schon der literarische Gang eines Mannes enthüllt seinen Charakter. Wer mit einer unruhigen Thätigkeit heute in diese Wissenschaft, morgen in eine andere sich wirft, allenthalben sich umtreibt, und nirgends etwas endet, sorgsam in jedem Fache dasjenige aufsucht, was unmittelbar Aufsehen erregt, in die Augen fällt, und glänzet, wer an die Grossen und Bedeutenden sich hängt, und ihnen schmeichelt, — auf den könnte allenfalls ein Verdacht revolutionärer Absichten fallen. Auf mich

wohl nicht, der ich von allem diesem das gerade Gegentheil
thue. Dass ich früher, als ich erwartete, einem grossen Theile
des Publicums bekannt worden, haben ganz allein meine Gegner durch ihre Angriffe und durch die Art derselben bewirkt.
Mein Ich und Nicht-Ich hatte nicht das Ansehen, die Aufmerksamkeit anderer Personen, als die wenigen vertrauten Kenner
der Speculation, an sich zu ziehen; und sogar diese nur spät.
— So viel wird jeder, der mich kennt, gestehen müssen, dass,
wenn ich ehrgeizige Absichten hätte, ich mich sehr verkehrt
benehme, um sie auszuführen.

Wenn denn nun dies alles notorisch ist, was beabsichtigt
man denn durch jenen Ausruf: „er ist ein Demokrat," durch
jenen unauslöschlichen Verdacht, durch jenen bittern Hass,
mit welchem man, — denn ich bin müde, von mir allein zu
reden — eine Menge verdienter Gelehrten und Schriftsteller
in Deutschland verfolgt, an denen man ebensowenig Schuld
finden wird, als an mir? Was beabsichtigt man durch jenes
terroristische Verleumdungssystem, welches man mit so viel
Wohlgefallen aufnimmt, so kräftig unterstützt, so fürstlich be-
lohnt? Wenn es denn wirklich wahr wäre, dass einige dieser
Schriftsteller einigen der bestehenden Regierungen nicht gute
Absichten zugetraut, dass sie sie im Verdachte der Illegalität
und der Gewaltthätigkeit gehabt hätten, werden dieselben denn
nun dadurch widerlegt, dass man gegen sie wirklich gewalt-
thätig verfährt — und mit den Waffen, deren sich sonst nur
die Niedrigsten im Volke bedienen, mit den Waffen der Verleumdung? Wenn es wahr wäre, dass einige unter diesen
Schriftstellern den bestehenden Regierungen abgeneigt wären;
werden sie ihnen denn dadurch versöhnt werden, dass diese
Regierungen sie in beständigem Schrecken erhalten, und jede
Gelegenheit ergreifen, sie zu verderben? Jedoch, das will man
auch wohl nicht, sie aussöhnen; denn dass in der Brust des
Menschen auch eine Macht ruhe, die sich durch keinen Mechanismus fesseln und durch keinen Mechanismus ersetzen lasse,
und dass das Talent ein nicht zu verachtender Alliirter sey,
will man noch nicht anerkennen. Will man sonach etwa nur
Rache nehmen? Dieser Zweck wäre zu klein für Regierungen;

nur beleidigte Subalternen können ihn haben: aber die Regierungen werden leider oft unwissentlich zu Werkzeugen dieser niederen Leidenschaften gemacht.

Ich erkläre hierdurch mit der entschiedensten Freimüthigkeit, dass gegenwärtig kein anderes Land in Europa ist, in welchem ich lieber leben möchte, als Deutschland; und keine Lage, die ich mehr wünsche, als die, in welcher ich wirklich mich befinde. Ich bedarf nur der Ruhe um mich herum und persönlicher Sicherheit; alles übrige will ich mir selbst verschaffen. Jene beiden Güter haben bisjetzt die deutschen Gesetze mir gewährt. Aber, wenn es denn nunmehr wirklich dahin kommen sollte, und der Plan gemacht wäre, und seine Ausführung bei uns anheben sollte, dass in Deutschland keine Ruhe und bürgerliche Sicherheit mehr für den Schriftsteller wäre, dass alle durch das Gesetz geschützt würden, nur er nicht: so bleibt ja nichts übrig, als zu gehen, wohin man uns ausstösst. Wo darauf zu rechnen ist, dass nur Gewalt gelte, da kann man ja hoffen, selbst einen Theil derselben an sich zu ziehen, um sich dadurch zu schützen. Ganz unleidlich ist nur der Zustand, da uns das Gesetz beschränkt, aber nicht beschützt. Und so werden hoffentlich noch mehrere rechtliche Deutsche denken.

Ich übertreibe nicht; ich male nicht ins schwarze. Meine Regierungen wollen nicht, dass ich klage, dass ich Verfolgung befürchte; edle Mitglieder derselben sind schon durch das, was ich in meiner (nicht gegen die *Anklage,* die mir damals noch gar nicht bekannt war, sondern gegen die Beschuldigung des Atheismus *im Confiscationsrescripte* gerichteten) Appellation gesagt, verwundet worden. Sie wollen, dass ich mich dem Schutze ihres gerechten, ihres aufgeklärten, ihres grossmüthigen Regiments ruhig überlasse, mir nicht selbst helfe, mich so gelind vertheidige, als möglich. Gott behüte meinen Verstand vor der Verwirrung, dass ich diesen Regierungen nicht vertraute! Durch diese ganze Vertheidigungsschrift weht ja der Geist des reinsten Vertrauens. Sie werden mich sicher schützen, wogegen sie schützen *können,* und wogegen sie zu schützen *haben.*

Sie werden meinen Leib schützen; in den Ernestinischen
Landen wird mir denn wohl nicht, wie dem Vanini, der Scheiterhaufen gebaut. Sie werden mich nicht mit Schimpf meines
Amtes entsetzen, mich nicht des Landes verweisen; mir auch
wohl nicht eine, als Ausnahme und in diesem Zusammenhange
strafende und entehrende Beschränkung meiner Lehr- und
Schreibefreiheit zufügen; mir auch wohl keinen gerichtlichen
Verweis geben lassen, thätig nichts gegen meine Ehre und guten Namen, die ich höher schätze, als das Leben, vornehmen.

Aber können sie, kann irgend eine Macht der Erde, wieder gut machen, was mir *schon wirklich zugefügt ist?* Können
sie das Brandmal auswaschen, das man vor den Augen der
Nation auf meine Stirn gedrückt hat?

Dem Gelehrten, besonders dem akademischen, der nicht
von einem engen Kreise, sondern von der ganzen Nation abhängt, geht Ehre, guter Ruf und Zutrauen der Nation über alles; denn diese sind die ausschliessende Bedingung aller seiner
Wirksamkeit, er besteht nur durch sie; und ich insbesondere
kann hinzusetzen, — was für mich das *allerletzte* ist, worauf aber
wahrscheinlich meine Richter Rücksicht nehmen werden, – dass
ich auch kein Brot mehr habe, wenn ich keine Ehre mehr
habe. Diese Ehre aber kann durch nichts unwiederbringlicher
angegriffen werden, als gerade durch die gegen mich vorgebrachte Beschuldigung des Atheismus. Diese Beschuldigung
ists, welche unmittelbar verpestet und vergiftet. Diese muss
ich selbst von mir abwehren, so weit ich kann. Aber ganz
abwehren werde ich sie nie können. Es giebt Hunderte in
Deutschland, und dies nicht in niedrigen Ständen, die sich auf
die Vertheidigung gar nicht einlassen; die, indem man ihnen
noch beweist, und zehnmal bewiesen hat, dass man Gott und
Religion schlechterdings nicht läugne, sondern vielmehr drin-
gend einschärfe, zum alten Spruche zurückkehren: aber man
muss dem Volke (der wirkliche Unglaube ist eine Auszeich-
nung für sie) Gott nicht nehmen; es giebt Tausende, die die
Beschuldigung gar wohl verstehen, aber nicht die Vertheidigung; es giebt viele Tausende, denen die Beschuldigung bekannt wird, aber in ihrem ganzen Leben kein Wort davon,

dass auch nur eine Vertheidigung erfolgt sey. In den Seelen
dieser aller bleibt der ihnen eingeprägte Abscheu unerschüttert.
Und auf welche mannigfaltige Weise können doch sie alle Einfluss haben auf meine Wirksamkeit! Es giebt z. B. unter ihnen
ganz gewiss mehrere Lehrer der Jugend, die ihren Abscheu
vor meinem Namen in die zarten Gemüther unauslöschlich ein-
prägen werden; in Gemüther, deren Denkart inskünftige Folgen für mich haben kann, mit denen ich, dem Laufe der Natur
gemäss, noch werde zu leben haben, unter denen künftige
Vorgesetzte, Collegen, Untergebene von mir seyn können; aus
denen ich Schüler, Leser, Freunde hätte machen können. Ich
erinnere mich aus meiner frühesten Jugend die Namen Vol-
taire und Rousseau zuerst dadurch kennen gelernt zu haben,
dass ein übrigens verdienter Lehrer in der Schulstunde die
göttliche Barmherzigkeit um die Bekehrung dieser bösen Menschen anflehte. Ich habe erst spät den Abscheu überwinden
gelernt, der mich seitdem bei Nennung dieser Männer, aus
deren Schriften ich doch nachher sehr viel gutes gelernt habe,
zu ergreifen pflegte; und ich bin überzeugt, dass noch eine
Menge Personen leben, die den ihnen durch diese feierliche
Anrufung eingepflanzten Hass noch nicht überwunden haben
und nie überwinden werden. Wer weiss, welcher Zelot, indem ich dieses schreibe, vor seinen Schülern gleichfalls die
göttliche Barmherzigkeit um meine Bekehrung anfleht, und dadurch meinen Namen der Verabscheuung der nächstkommenden
Generation übergiebt? — Kurz, was ich auch thun mag, und
was andere thun mögen; — und wenn die chursächsische Regierung selbst einen feierlichen Widerruf ihrer Beschuldigung und
ein Belobungsschreiben für mich durch das ganze deutsche
Reich an allen öffentlichen Orten affigiren liesse, — das meiner Ehre und meinem guten Namen zugefügte Brandmal ist
nie völlig auszulöschen, so lange ich lebe. Nur auf die Nachwelt werde ich es nicht mitnehmen; mit meinem Tode wird
es auf die Urheber und Verbreiter dieser Beschuldigung, die
so gern auch eine persönliche Verfolgung gegen mich erregt
hätten, fallen, und ihre Namen neben den Namen der Alba
und der Joachim Lange der unsterblichen Schande überliefern,

wenn sie nicht noch bei Zeiten widerrufen, und alles thun, was sie vermögen, um den mir zugefügten Schaden wieder gut zu machen.

Dieser unersetzliche Angriff auf meinen guten Namen ist denn doch wohl offenbar eine ungerechte Gewaltthätigkeit gegen einen Unschuldigen. Jederman soll in einem wohleingerichteten Staate aller Ehre und alles guten Namens theilhaftig bleiben, den er sich zu erwerben weiss, und den er nicht selbst durch seine Thaten verwirkt. Ich habe einleuchtend bewiesen, dass ich nichts gethan habe, um der Nation als ein Gottloser angekündigt zu werden. Die chursächsische Regierung hat inzwischen dieses gethan und die hannöversche hat es nachgeahmt.

Man wird nicht widerrufen; so urtheilt jederman. Nun wohlan, so muss ich ertragen, was eine Macht, mit der ich nicht rechten kann, mir zufügt. Aber lasse man mich wenigstens etwas dadurch gewinnen: will man nicht gerecht seyn, so sey man wenigstens billig. Ich hatte ihnen misfallen; man glaubte dafür Rache nehmen zu müssen. Man hat sie genommen, mehr als hinlänglich; ich bin sattsam gestraft; ich bin verschrien für mein übriges Leben: lasse man sich an dieser Rache genügen.

Unterzeichne man von Stund an eine allgemeine Amnestie. Ich und meines gleichen wollen nimmermehr wieder die bekannten Puncte berühren, deren Berührung sie so sehr scheuen. Wir haben durch unseren Schaden gelernt, dass gegenwärtig nicht der Zeitpunct der ruhigen Discussion ist, da man für Gründe Gehör und allenfalls Gegengründe erwarten dürfte, dass die Leidenschaft, die irrigerweise glaubt, jeder ihr misfällige Satz solle alsbald im Leben realisirt werden, auf der Stelle Antheil am Dispüt nimmt. Lassen sie uns dagegen Ruhe bei unseren anderen Geschäften, die ihnen schlechterdings nichts verschlagen können, bei unseren Untersuchungen über die Substanz, über die Anwendbarkeit des Satzes der Causalität, über den gegebenen oder nicht gegebenen Stoff, und dergleichen; lassen sie sich, wenn sie wollen, von Nicolai und Consorten über diese Untersuchungen einen Spass machen, denn

dieses dürfte wohl der einzige Gebrauch seyn, den dieselben
für sie haben können; nur verbieten sie diese Untersuchungen
nicht unter Androhung einer ernstlichen Bestrafung. Sie haben auch noch einen anderen Gebrauch, ausser dem zum
Spasse.

Gewähren sie uns, wenn wir sonst als ruhige ordentliche
Bürger leben, bürgerliche Sicherheit; und lassen sie uns die
Ehre und den guten Namen, den jeder sich erwerben kann,
ungekränkt. Begünstigen sie nicht ferner die Verleumdung der
Hofmänner, der Eudämonien, und dergleichen gegen uns; lassen sie noch weniger sich selbst verleiten, ehrenrührige Edicte
gegen uns ergehen, in allen Zeitungen abdrucken, an allen öffentlichen Orten affigiren zu lassen. Gewähren sie uns diese
billige Bitte, und wir geben ihnen unser Wort, dass wir sie
nie mit einer anderen Bitte beschweren werden.

Legen Eure Magnificenz diese unsere Vertheidigung, diese
unsere Wünsche und Hoffnungen, worauf die Ruhe unseres
Lebens beruht, nebst der Bezeugung unserer tiefsten Ehrfurcht,
zu den Füssen, oder eigentlicher an den weisen Verstand und
das edle grossmüthige Herz der durchlauchtigsten Herzoge,
welche die göttliche Vorsehung, da sie die Verfolgungen und
Bitterkeiten unseres Lebens bestimmte, als Entschädigung dafür uns zu Obrigkeiten gab; vor denen wir alle jene Klagen
lautwerden lassen dürfen, da keine derselben sie trifft, und
die wir mit freier freudiger Verehrung zu verehren vermögen.

Nachschrift.

I.

Nachdem ich diese Verantwortungsschrift schon geschlossen, erscheint die Beilage D. Sie ist einer der einleuchtend-
sten Belege zu der oben geschehenen Aeusserung, dass man
es gar nicht mit meinem vorgeblichen Atheismus, sondern mit
meinem vermeinten Demokratismus zu thun habe.

Diese Schrift kommt, der Aussage der Buchhändler zufolge, aus Chursachsen; und sie hat allem Ansehen nach einen dortigen Geschäftsmann zum Urheber. Sie verbindet zuvörderst Suffisance mit derber Ignoranz; besonders in der neuesten Geschichte der Philosophie. Nach ihr soll es in der angestrichenen Stelle (S. 4) gegen die Grammatik laufen, zu sagen, dass man *von* Wärme und Kälte *wisse;* man müsse sagen: von ihnen *etwas* wissen. Aber es läuft nach ihm nicht gegen allen gesunden Menschenverstand (S. 3), von dem räsonnirenden Beweise des Daseyns Gottes aus dem Daseyn der Welt in unseren Tagen noch zu sprechen, als ob gegen denselben nie etwas eingewendet worden; zu thun, als ob es nichts weiter bedürfe, als einen Professor der Philosophie an ihn nur *erinnern* (S. 4); zu thun, als ob der transscendentale Idealismus die Substantialität der Seele nicht läugne, sondern an dieselbe nur erinnert werden müsse, da er doch notorisch sie läugnet; ebendaselbst zu thun, als ob von diesem Systeme aus man in den Materialismus zurückfallen könnte, da doch ebenso notorisch das Fürsichbestehen der Materie geläugnet wird; kurz in seiner Widerlegung von lauter solchen Sätzen auszugehen, welche notorisch der Gegner ihm nicht zugiebt. Ferner ist der Verf. in der französischen Literatur wohl bewandert; macht aber in den drei Blättern zwei derbe Verstösse gegen die neueste deutsche Literaturgeschichte; indem er (S. 5) Herrn Forberg, der um Jahre früher philosophischer Schriftsteller gewesen, denn ich, zu meinem *ehemaligen Schüler,* und (S. 8) Herrn Friedrich Schlegel zu Berlin zu einem Jenaischen Literator macht.

Er selbst giebt seiner Schrift ein halbofficielles Ansehen, sowie dies gleichfalls die höchstelende hannöversche thut, deren er auf der Rückseite des Titels erwähnt; indem er S. 6 in der unterstrichenen Stelle so wohl weiss, was die chursächsische Regierung eigentlich beabsichtige, welches wir andern bisjetzt noch nicht haben errathen können, auch aus der Forderung einer ernstlichen Bestrafung kaum so errathen haben würden; indem er S. 8 sich gar eines *Wir* bedient, um diese Zwecke anzukündigen.

Wie nun in dieser halbofficiellen Schrift die Sache angesehen werde, erhellet aus der S. 8 angestrichenen Stelle.

Die ganze Schrift ist zugleich ein Beleg zu der hämischen,
tückischen Verleumdungs-, Verketzerungs- und Verdrehungs-
sucht, über welche ich oben geklagt habe.

II.

Die Schrift, auf die ich mich oben berufen habe, in Absicht des zu Leipzig verbreiteten Gerüchts, dass Herr Dr. Gabler Exemplare des Schreibens eines Vaters zur unentgeltlichen Vertheilung in die genannte Stadt gesendet habe, ist
indess erschienen (Beilage E). Die Stelle, in welcher diese
Nachricht gegeben wird, ist auf der letzten Seite befindlich,
und daselbst angestrichen.

Beilage B.*)

Nothgedrungene Protestation gegen ein falsches Gerücht.

Ich eile, einer groben Verleumdung zu begegnen. — Seit etlichen Monaten ist, wie ich höre, eine, wo nicht eigentlich delatorische, doch leidenschaftliche und polemische Broschüre: *Schreiben eines Vaters an seinen studirenden Sohn über den Fichteschen und Forbergschen Atheismus,* 1798. in *Chursachsen* mit Mühe in Umlauf gebracht worden, und soll sogar eine Klage gegen Fichte und Forberg an den *sächsischen Höfen* (!!) veranlasst haben. Da nun diese Flugschrift mit G... unterzeichnet ist, und von *Nürnberg* aus debitirt wird: so hat man zugleich sorgfältig das Gerücht verbreitet: *ich sey der Verfasser dieser anonymen Broschüre.* — Ich eile umsomehr dieser Verleumdung zu widersprechen, da sie leicht in meinem *Vorberichte* zum gegenwärtigen Jahrgang des theologischen Journals neue Nahrung finden könnte. — Es kränkt mich in der That nicht wenig, dass man einem so elenden Gerüchte

---

*) Beilage A. bestand in der, vorstehender Verantwortungsschrift angefügten „Appellation an das Publicum."

(Anmerk. d. Herausgebers.)

Glauben beimessen kann. Wenn es mir auch möglich wäre, eine solche Flugschrift, worin man mit gewöhnlicher Popularphilosophie die feinen kritischen Philosopheme eines Fichte widerlegen will, und nicht einmal den *dogmatischen* und den *kritischen* Idealismus und Atheismus gehörig unterscheidet, zu fabriciren: so hätte mich sicher schon meine dankbare Achtung gegen die Jenaische Akademie, die mich sechs Jahre lang so treulich gepfleget und gebildet hat, abgehalten, *so etwas* zu schreiben, wodurch diese berühmte Universität in übeln Ruf kommen könnte. Und man halte doch nur den, zwar geraden und offenen, Ton meines Vorberichts gegen die *beleidigende* Sprache dieser Broschüre! In einer *solchen* Sprache kann ich gegen einen so scharfsinnigen Philosophen und originellen Denker, als ich in Herrn Prof. Fichte schätze und verehre, unmöglich schreiben, wenn ich mich gleich von der Wahrheit seiner, das *objective* Daseyn Gottes betreffenden Urtheile nicht überzeugen kann, und auch seine und Herrn Forbergs Sprache im philosophischen Journal etwas *milder* und *vorsichtiger* wünschte. Ich freue mich vielmehr, dass auch diese wichtige Materie vom objectiven Daseyn Gottes durch die scharfsinnigen Speculationen der Herrn Fichte, Niethammer und Forberg mehr zur Sprache kommt; denn *nur so kann die Wahrheit gewinnen*, nicht durch blinden Glauben. Und ich würde es sehr bedauern, wenn diese denkenden Männer durch äussere Umstände gehindert würden, ihre Urtheile frei und offen darzulegen; denn *dies wäre wahrer Verlust für die Wahrheit, die nur durch Untersuchungsfreiheit gedeihen kann. Die Theologie würde dann erst recht verdächtig, wenn sie zu ihrer Erhaltung fürstlicher Hülfe bedürfte: sie muss sich durch einleuchtende Gründe selbst schützen können, oder sie ist nichts werth.* — Bei solchen Gesinnungen darf ich wohl nicht erst feierlich versichern, *dass ich der Verfasser der genannten Schrift nicht sey — nicht seyn könne.* Wer der wirkliche Verfasser sey, weiss ich nicht; und ich würde auch die Broschüre selbst nicht kennen, wenn sie mir nicht vor einigen Monaten zugeschickt worden wäre. — Die Verbreiter einer solchen Verleumdung, dass *ich* der Verfasser sey, überlasse ich nun *ihrer eigenen Scham und Schande. —*

Altdorf, den 15. Januar 1799.

Dr. Gabler.

Beilage C.

Schreiben eines Vaters an seinen studirenden Sohn
über
den Fichteschen und Forbergschen Atheismus.

Da sie sich für Weise hielten, sind sie zu Narren worden. Röm. 1, 22.

1 7 9 8.

Mit nicht geringer Betrübniss habe ich vor einigen Tagen in einem philosophischen Journal zwei Aufsätze gelesen, worinnen Grundsätze aufgestellt werden, deren Verbreitung ganz gewiss den nachtheiligsten Einfluss auf Religion und Moralität haben würde, wenn sie Beifall finden sollten. Von Christenthum könnte alsdann die Rede nicht mehr seyn. Es könnte nach diesen Grundsätzen gar keine Religion mehr stattfinden, und der Glaube an eine Gottheit, an ein von der Welt unterschiedenes höchstes Wesen wäre barer Unsinn. Ich halte es daher für nöthig, mein lieber Ferdinand, dir meine Gedanken hierüber schriftlich zu eröffnen, und dich zum eigenen Nachdenken über einen Gegenstand zu veranlassen, der jedem vernünftigen Menschen äusserst wichtig seyn muss, und der am allerwenigsten einem jetzigen oder künftigen Religionslehrer gleichgültig seyn kann.

Die Aufsätze, die ich meine, stehen in dem *philosophischen Journal einer Gesellschaft deutscher Gelehrten. Herausgegeben von Joh. Gottlieb Fichte und Friedrich Immanuel Niethammer,* der Philosophie Doctoren und Professoren zu Jena. (Jahrgang 1798. Erstes Heft.) Der erste dieser Aufsätze hat den Prof. Fichte zum Verfasser, und führt die Aufschrift: *Ueber den Grund unseres Glaubens an eine göttliche Weltregierung.* Der zweite: *Entwickelung des Begriffs der Religion*, ist vom Rector Forberg.

Es ist hart, jemanden des Atheismus zu beschuldigen, und man hat ehedem sogar gezweifelt, ob es wirklich *theoretische* Atheisten gebe. Aber Herr Fichte und Forberg sagen es laut, dass sie keinen Gott glauben, und erklären den Glauben an eine Gottheit in dem gewöhnlichen Verstande für Unsinn (S. 5.16.18. — 41.ff. oben S. 180.186.). Herr Fichte sagt gleich im Anfange seiner Abhandlung, er habe diese Grundsätze bisher in seinem Hörsaale vorgetragen, und halte es für seine Pflicht, sie nun auch dem grösseren philosophischen Publicum zur Prüfung und gemeinschaftlichen Berathung vorzulegen. — Dass der gröbste Atheismus auf einer christlichen Universität öffentlich gelehrt wird, ist doch gewiss unerhört. Und gleichwohl hat Fichte, wie man sagt, so grossen Beifall, dass es ihm wirklich gelungen seyn soll, einen seiner Collegen, den er als seinen Nebenbuhler betrachtete, zu *annihiliren*, wie er öffentlich gedroht hatte (nach dem Princip der reinen Sittlichkeit). Das ist wirklich eine traurige Erscheinung, ein Beweis, dass manche Studirende, ohne alle Beurtheilungskraft, gerade das am liebsten hören, und am meisten bewundern, was nicht verstanden werden kann, und was neu klingt, wenn auch gar kein gesunder Menschenverstand darinnen liegt. Die Ungereimtheiten und Lächerlichkeiten der Fichteschen sogenannten Philosophie sind sehr einleuchtend dargestellt in einem Buche, welches ich dir, lieber Ferdinand, zum Lesen empfehlen will. Es führt den Titel: *Leben und Meinungen Sempronius Gundiberts, eines deutschen Philosophen.* Berlin und Stettin 1798. Du wirst dir ein kleines Verdienst erwerben, wenn du deine Freunde auf dieses Buch, nachdem du es selbst gelesen und geprüft hast, aufmerksam machst. Vielleicht werden doch manche dadurch abgehalten, die edle und gemeiniglich kurze Zeit, die sie auf Universitäten zubringen, mit leeren Grillenfängereien zu verderben, und sich zu künftigen Aemtern unbrauchbar zu machen. Uebrigens könnte man Herrn Fichte seine Freude gönnen, wenn er seine obscure Weisheit für sich behielte. Dass er aber sogar seine *atheistischen* Grundsätze jungen Leuten beibringt, die sich zu den wichtigsten Aemtern im Staate und in der Kirche vorbereiten wollen, das ist unverzeihlich, und das kann keinem Freunde der Religion und der Tugend gleichgültig seyn.

Ich traue zwar deinem Verstande und guten Herzen zu, dass du dich durch die Sophisterien der neuen Philosophie, und von leichtsinnigen Jünglingen, die so gerne Proselyten machen, nicht leicht wirst verführen lassen. Aber vielleicht wird es dir dennoch angenehm seyn, wenn ich dir einige Winke gebe, die du weiter benutzen kannst. Ich will zu dem Ende zuerst die auffallendsten Stellen aus dem Fichteschen Aufsatze ausheben, und dir meine Bemerkungen darüber mittheilen. Was Fichte hier vorträgt, nennt er (S. 1. oben S. 177.) die Resultate *seines* Philosophirens. Er hätte sagen sollen, die schon oft vorgetragenen, und ebenso oft widerlegten Einfälle alter und neuer Skeptiker, nur in einer kauderwelschern Sprache. Er will jetzt nur den Grundriss seiner Gedanken angeben (S. 2. oben S. 178.), und behält sich die weitere Ausführung auf eine andere Zeit vor. — Diese Mühe könnte er sich ersparen; denn er wird doch weiter nichts sagen können, als was schon hundert Mal auf eine andere Manier gesagt worden ist.

Herr Fichte will untersuchen, wie der Mensch zum Glauben an eine göttliche Weltregierung komme? „Wo wird nun der Philosoph (heisst es S. 5. oben S. 179.), der jenen Glauben voraussetzt, den nothwendigen Grund desselben, den er zu Tage fördern soll, aufsuchen? Etwa in einer vermeinten Nothwendigkeit, von der Existenz oder der Beschaffenheit der Sinnenwelt auf einen vernünftigen Urheber derselben zu schliessen? Keinesweges; denn er weiss zu gut, dass zwar eine verirrte Philosophie, in der Verlegenheit etwas erklären zu wollen, dessen Daseyn sie nicht läugnen kann, dessen wahrer Grund ihr aber verborgen ist, nimmermehr aber der unter der Vormundschaft der Vernunft und unter der Leitung ihres Mechanismus stehende ur-

sprüngliche Verstand, eines solchen Schlusses fähig ist." —
Also, nur eine *verirrte* Philosophie kann von der Existenz
oder der Beschaffenheit der Sinnenwelt auf einen vernünftigen
Urheber derselben schliessen, und diesen Schluss macht sie
in der Verlegenheit etwas erklären zu wollen, dessen Daseyn
sie nicht läugnen kann. — *Was* soll sie denn erklären? Die
Sinnenwelt? Das heisst nichts gesagt. Die Philosophie, und
selbst der gesunde Menschenverstand (worauf aber unsere
sublimen Philosophen gar nichts halten), fragt: *Woher* diese
Sinnenwelt? Ist sie von sich selbst, durch ein blindes Ohngefähr entstanden? oder hat sie einen Urheber? Diese Frage ist
doch gewiss nicht unvernünftig. Sie dringt sich jedem denkenden Menschen von selbst auf, wenn er auch in seinem ganzen Leben nichts von Philosophie gehört hat. Aber nach Fichte's Behauptung soll nur eine *verirrte Philosophie* solche Fragen
aufzuwerfen fähig seyn. Nun weiter (S.5. oben S.179.): „Entweder
erblickt man die Sinnenwelt aus dem Standpuncte des gemeinen Bewusstseyns, den man auch den der Naturwissenschaft
nennen kann, oder vom transscendentalen Gesichtspuncte aus.
Im ersten Falle ist die Vernunft genöthigt (?), bei dem Seyn
der Welt, als einem Absoluten, stehen zu bleiben; die Welt ist,
schlechthin weil sie ist, und sie ist so, schlechthin weil sie so
ist." Schön! so muss ich also auch von einzelnen Theilen
der Welt sagen: Sie sind, weil sie sind. Die Sonne ist, weil
sie ist, und sie ist so, weil sie so ist. Ich darf nun weiter
nicht fragen: Wozu ist sie vorhanden? Welchen Einfluss hat
sie auf unsern Erdboden, und auf andere Planeten? Ich muss
bei dem Seyn der Sonne, als bei einem Absoluten, stehen bleiben. Das heisst Philosophiren!

„Auf diesem Standpunct wird von einem absoluten Seyn
ausgegangen, und dieses absolute Seyn ist die Welt; beide Begriffe sind identisch. Die Welt wird ein sich selbst begründendes, in sich selbst vollendetes, und eben darum ein organisirtes und organisirendes Ganzes, das den Grund aller in
ihm vorkommenden Phänomene in sich selbst, und in seinen
immanenten Gesetzen enthält." — Das soll ohne Zweifel, in
verständliches Deutsch übersetzt, heissen: Die Welt hat sich

20 *

selbst ihr Daseyn gegeben; sie ist zwar ein *organisirtes* Ganze; aber sie hat sich selbst organisirt, und regiert sich selbst nach immanenten Gesetzen. Ist ebenso klug, als wenn ich sagte: Der prächtige Palast, den ich hier vor mir sehe, hat sich selbst erbauet; hat selbst die darinnen befindlichen Zimmer angelegt, Meubles verfertiget und in Ordnung gestellt, und alles so eingerichtet, wie es die Bewohner wünschen mögen. Diese Uhr ist von keinem Künstler verfertiget; sie hat selbst ihre Räder gemacht, zusammengesetzt, und sich so eingerichtet, dass sie nun Stunden und Minuten zeigen kann. Es würde zwar Herrn Fichte wenig Ehre bringen, wenn das wirklich Resultate seines Philosophirens wären, wie er uns im Anfange seines Aufsatzes versichert. Wer aber des bekannten David Hume *Dialogues concerning natural religion* gelesen hat, wird ihm schwerlich glauben, dass er selbst auf den witzigen Einfall gerathen sey, der Welt ein absolutes Seyn beizulegen.

„Eine Erklärung der Welt und ihrer Formen aus Zwecken einer Intelligenz, inwiefern nur wirklich *die Welt und ihre Formen* erklärt werden sollen, und wir uns sonach auf dem Gebiete der reinen — ich sage der *reinen* Naturwissenschaft befinden, ist totaler Unsinn." — Ich weiss nicht, was der Verf. unter der *reinen* Naturwissenschaft versteht (wonach es doch auch eine *unreine* Naturwissenschaft geben müsste), aber soviel sehe ich wohl ein, dass er behauptet: es sey *totaler Unsinn*, zu glauben, dass die Welt von einem verständigen, denkenden Wesen hervorgebracht worden sey. Hume war doch noch bescheiden. Er gesteht selbst am Ende (*Dialogues p.* 111. 130. 135.), dass seine Einwürfe gegen eine selbstständige, mit Zweck und Absicht wirkende Grundursache nur aus einer Neigung zum Sonderbaren entsprungen, und eigentlich blosse Schikanen oder Sophistereien wären (*mere cavils and sophisms*), oder auf einen Wortstreit hinausliefen. Aber Herr Fichte versteht keinen Scherz. Er ist seiner Sache vollkommen gewiss, und nennt die gewöhnliche, vernünftige Lehre von Gott totalen Unsinn. — Von einem Aufseher des menschlichen Geschlechtes, wie der Philosoph Fichte seyn will, muss man es sich schon gefallen lassen, wenn er in seinem Eifer bisweilen

etwas zu weit geht, und uns statt wichtiger Gründe Schimpf-
worte giebt.

„Ueberdies hilft uns der Satz: eine Intelligenz ist Urheber der Sinnenwelt, nicht das geringste, und bringt uns um
keine Linie weiter; denn er hat nicht die mindeste Verständlichkeit, und giebt uns ein paar leere Worte statt einer Antwort auf die Frage, die wir nicht hätten aufwerfen sollen. Die
Bestimmungen einer Intelligenz sind doch ohne Zweifel Begriffe; wie nun diese entweder in Materie sich verwandeln mögen, in dem ungeheuern System einer Schöpfung aus nichts,
oder die schon vorhandene Materie modificiren mögen, in dem
nicht viel vernünftigeren Systeme der blossen Bearbeitung einer selbstständigen ewigen Materie, — darüber ist noch immer
das erste verständliche Wort vorzubringen.“ — Ob uns der Satz:
eine Intelligenz ist Urheber der Sinnenwelt, etwas helfe, oder
nicht, das wollen wir weiter unten untersuchen, wenn wir auf
Herrn Forberg kommen. So wie Herr Fichte den Satz erklärt,
hat er auch wirklich keine Verständlichkeit; er soll aber auch
nicht verständlich seyn, weil es Fichte nicht will. *Die Bestimmungen einer Intelligenz* (spricht er) *sind doch ohne Zweifel
Begriffe.* Was soll das heissen? Vermuthlich, eine Intelligenz
bestehet bloss aus Begriffen, hat keine andere Kraft, als sich
Begriffe zu machen. Diese Begriffe (das sollen vermuthlich die
folgenden Worte sagen) können sich weder in Materie verwandeln, wie diejenigen glauben, welche eine Schöpfung aus
nichts annehmen, noch eine schon vorhandene Materie modificiren, wie sich diejenigen vorstellen, die sich unter der
Schöpfung blosse Bearbeitung einer selbstständigen, ewigen
Materie denken. — Ganz richtig, Herr Philosoph! Wer den
Satz: eine Intelligenz ist Urheber der Sinnenwelt, so versteht,
der giebt uns leere Worte. Aber welcher vernünftige Mensch
hat ihn so verstanden? Das ist mit Erlaubniss zu sagen, So-
phisterei, und heisst die Begriffe verwirren. Wenn wir Gott
eine Intelligenz nennen, so denken wir uns ein selbstständiges, von der Welt unterschiedenes, alles vermögendes, mit
Zweck und Absicht wirkendes Wesen. Das hast du, lieber
Ferdinand, schon in der Schule gelernt. Ich habe dir auch,

wie du dich noch erinnern wirst, bei einer gewissen Gelegenheit erklärt, wie es zu verstehen sey, wenn man sagt: Gott
habe die Welt aus nichts erschaffen; nemlich ohne vorhandene
Materie und Werkzeuge durch seinen allmächtigen Willen. Nach
dieser Erklärung hast du mir den Einwurf: *Aus nichts wird
nichts,* selbst beantwortet.

„Erblickt man die Sinnenwelt vom transscendentalen Gesichtspuncte aus, so verschwinden freilich alle diese Schwierigkeiten; es ist dann keine für sich bestehende Welt: in allem,
was wir erblicken, erblicken wir bloss den Wiederschein unserer eigenen inneren Thätigkeit. Aber was nicht ist, nach
dessen Grunde kann nicht gefragt werden; es kann nichts
ausser ihm angenommen werden, um dasselbe zu erklären.“ —
Der Schluss ist nicht ganz richtig. Herr Fichte muss noch
nicht weit in der philosophischen Geschichte gekommen seyn;
sonst würde er auf den *Idealismus* des Berkeley einige Rücksicht genommen haben, der in den *Gesprächen zwischen Hylas
und Philonous,* in welchen er seine Ideen am deutlichsten entwickelt hat, schon auf dem Titelblatt erklärte, dass sie abgefasst seyen, *um die Wirklichkeit und die Vollkommenheit der
menschlichen Erkenntniss, die unkörperliche Natur der Seele,
und die unmittelbare Vorsehung der Gottheit gegen Skeptiker
und Atheisten klar zu erweisen.* Jedoch, Herr Fichte vermuthet
(S. 6. oben S. 180.), man könnte vielleicht nach dem Grunde des
Ich fragen. Hieran erinnerten ihn die Göttingischen gelehrten
Anzeigen in der Recension seiner Wissenschaftslehre. Er antwortet ganz kurz: *Mit was für Leuten man nicht zu thun hat,
wenn man sich in unserem philosophischen Jahrhundert mit
Philosophiren beschäftiget! Kann denn das Ich sich selbst erklären, sich selbst erklären auch nur wollen, ohne aus sich
herauszugehen, und aufzuhören, Ich zu seyn?* — *Capiat, qui
capere potest!*

Nun wirst du vielleicht begierig seyn zu erfahren, mein
lieber Ferdinand, ob denn Herr Fichte nicht dennoch eine Art
von Gottheit annehme? Allerdings. Er glaubt an eine *lebendige und wirkende moralische Weltordnung;* und diese Weltordnung ist sein Gott. Seine verworrene Deduction kannst du

S. 8. oben S. 181. ff. selbst lesen, wenn du Lust hast, sie genauer kennen zu lernen. Mir fehlt es an Zeit und Lust, sie zu zergliedern, und mich in eine Widerlegung seiner Sophistereien einzulassen. Nur einige Bemerkungen über die Hauptstelle in seinem Räsonnement mögen hier stehen.

„Jene lebendige und wirkende moralische Ordnung (heisst es S. 15. oben S. 186.) *ist selbst Gott; wir bedürfen keines anderen Gottes, und können keinen anderen fassen.* Es liegt kein Grund in der Vernunft, aus jener moralischen Weltordnung herauszugeben, und vermittelst eines Schlusses vom Begründeten auf den Grund noch ein besonderes Wesen, als die Ursache desselben anzunehmen; der ursprüngliche Verstand macht sonach diesen Schluss sicher nicht, und kennt kein solches besonderes Wesen; nur eine sich selbst misverstehende Philosophie macht ihn. Ist denn jene Ordnung ein Zufälliges, welches seyn könnte, oder auch nicht, *so* seyn könnte. wie es ist, oder auch anders; dass ihre ihr (ihr ihre) Existenz und Beschaffenheit erst aus einem Grunde erklären, erst vermittelst Aufzeigung dieses Grundes den Glauben an dieselbe legitimiren müsstet? Wenn ihr nicht mehr auf die Forderungen eines nichtigen Systems hören, sondern euer Inneres befragen werdet. werdet ihr finden, dass jene Weltordnung das absolut Erste aller objectiven Erkenntniss ist u. s. w."

Dieses Räsonnement ist so verwirrt, dass man kaum errathen kann, was der Verf. haben will. Soviel merkt man wohl, dass er eine Ordnung annimmt, ohne einen Urheber dieser Ordnung; ein moralisches Gesetz in dem Menschen, ohne einen Gesetzgeber. Die moralische Ordnung ist das absolut Erste aller *Erkenntniss.* Gesetzt, das wäre richtig, wogegen doch die Erfahrung streitet; ist sie denn auch das Erste alles *Seyns?* Es ist nicht der Mühe werth, dass irgend ein Mensch, der den Werth der edeln Zeit zu schätzen weiss, sich mit den unnützen scholastischen Grillen beschäftige, die jetzt das Lieblingsstudium müssiger Köpfe ausmachen. Indessen scheint mir für diejenigen, die etwas Verständliches hierüber zu lesen wünschen, folgendes Buch brauchbar zu seyn: *Ueber die Lehre von den Gründen und Ursachen der Dinge. Von Adam Weishaupt. Regensb.* 1794. Ich bin nicht durchgängig der Mei-

nung des Verfassers, aber in seinem Buche ist gesunder Menschenverstand, worauf ich noch immer viel halte, so sehr er
auch von unsern übervernünftigen Philosophen verschrien wird,
und man kann ihm auch folgen, wenn er zu den steilen und
schwindelnden Höhen der Metaphysik emporklimmt. Jedoch
wollte ich dir nicht rathen, schon jetzt dergleichen Schriften
zu lesen, damit du dir nicht die Zeit zu dem Studium wichtigerer Wissenschaften hinwegnimmst.

　　Noch einen abgedroschenen Einwurf gegen unsere Erkenntniss von Gott wiederholt unser Philosoph, als Resultat seines
Philosophirens; und hier wird er beredt, welches seine Art sonst
nicht ist. „Wenn man euch nun auch erlauben wollte (heisst
es S. 16.17. oben S. 187.), jenen Schluss zu machen, und vermittelst
desselben ein besonderes Wesen, als die Ursache jener moralischen Weltordnung anzunehmen, was habt ihr denn nun eigentlich angenommen? Dieses Wesen soll von euch und der
Welt unterschieden seyn; es soll in der letzteren nach Begriffen wirken, es soll sonach der Begriffe fähig seyn, Persönlichkeit haben und Bewusstseyn. Was nennt ihr denn nun Persönlichkeit und Bewusstseyn? doch wohl dasjenige, was ihr
in euch selbst gefunden, an euch selbst kennen gelernt, und
mit diesem Namen bezeichnet habt? Dass ihr aber dieses ohne
Beschränkung und Endlichkeit schlechterdings nicht denkt, noch
denken könnt, kann euch die geringste Aufmerksamkeit auf
euere Construction dieses Begriffes lehren. Ihr macht sonach
dieses Wesen durch die Beilegung jenes Prädicates zu einem
endlichen, zu einem Wesen euresgleichen, und ihr habt nicht,
wie ihr wolltet, Gott gedacht, sondern nur euch selbst im Denken vervielfältiget. Ihr könnt aus diesem Wesen die moralische
Weltordnung ebensowenig erklären, als ihr sie aus euch selbst
erklären könnt; sie bleibt unerklärt und absolut wie zuvor;
und ihr habt in der That, indem ihr dergleichen Worte vorbringt, gar nicht gedacht, sondern bloss mit einem leeren
Schalle die Luft erschüttert. Dass es euch so ergehen werde,
konntet ihr ohne Mühe voraussehen. Ihr seyd endlich; und
wie könnte das Endliche die Unendlichkeit umfassen und begreifen?"

Mehrere Skeptiker haben behauptet, eine Erkenntniss der göttlichen Eigenschaften sey uns Menschen unmöglich, ohne zu läugnen, dass ein Gott, und dass er von der Welt unterschieden sey. Auch ist bekannt, dass die kritischen Philosophen einmüthig behaupten, unsere Erkenntniss von Gott habe keine *objective* Gültigkeit. Bolingbroke sagte, durch Uebertragung unserer Begriffe von *moralischen* Eigenschaften auf Gott, werde der Mensch zum Original, und Gott zur Copie, oder zu einem unendlichen Menschen gemacht. Was also Herr Fichte hier sagt, ist gar nicht neu. Die Frage ist nur, ob es richtig geschlossen sey: Weil wir das Wesen und die Eigenschaften Gottes nicht begreifen können, so ist kein Gott? Dass alle unsere Erkenntniss von Gott nur analogisch ist, das haben wir längst gewusst. Anstatt der Eigenschaften, die wir Bewusstseyn, Verstand, Wille, Weisheit, Gerechtigkeit u. s. w. nennen, ist in Gott etwas unendlich vollkommeneres. Aber daraus folgt nicht, dass diese und andere dergleichen Eigenschaften, insofern sie Gott beigelegt werden, bloss in unserer Phantasie gegründet wären. Wir wissen nun einmal keine anderen, als die gewöhnlichen Namen, um sie zu bezeichnen. Weisheit bleibt Weisheit, sie mag sich in einem höheren oder in einem geringeren Grade äussern. Güte bleibt Güte, sie mag sich auf wenige einschränken, oder sich auf alles ausdehnen. Der Begriff von Macht muss doch auch selbst bei der Vorstellung von Allmacht zum Grunde liegen, so gross auch der Abstand zwischen der Macht schwacher Menschen und zwischen Allmacht ist. Sey es immer unmöglich, zu erkennen, was Gott *in sich ist;* genug, wenn wir erkennen, was er für uns ist, und was wir von ihm erwarten dürfen; und das können wir zuverlässig wissen und erfahren, wenn wir unsere Vernunft recht gebrauchen wollen.

Dreist genug beschliesst Herr Fichte seinen Aufsatz mit folgender Stelle. „Es ist daher ein Misverständniss, zu sagen: es sey zweifelhaft, ob ein Gott sey, oder nicht. Es ist gar nicht zweifelhaft, sondern das Gewisseste, was es giebt, ja der Grund aller andern Gewissheit, das einzige absolut Objective, dass es eine moralische Weltordnung giebt, dass jedem vernünftigen Individuum seine bestimmte Stelle in dieser Ordnung angewiesen, und auf seine Arbeit gerechnet ist; dass jedes seiner Schicksale, inwiefern es nicht etwa durch sein eigenes Betragen verursacht ist, Resultat ist von diesem Plane; dass ohne ihn kein Haar fällt von seinem Haupte, und in seiner Wirkungssphäre kein Sperling vom Dache; dass jede wahrhaft gute Handlung gelingt, jede böse sicher mislingt, und dass denen, die nur das Gute recht lieben, alle Dinge zum Besten dienen müssen. Es kann ebensowenig von der anderen Seite dem, der nur einen Augenblick nachdenken, und das Resultat dieses Nachdenkens sich redlich gestehen will, zweifelhaft bleiben, *dass der Begriff von Gott, als einer besonderen Substanz, unmöglich und widersprechend ist: und es ist erlaubt, dies aufrichtig zu sagen, und das Schulgeschwätz niederzuschlagen, damit die wahre Religion des freudigen Rechtthuns (???) sich erhebe.*"

Wenn diese Stelle in verständliches Deutsch übersetzt wird, so möchte sie etwa folgenden Sinn enthalten: Bisher haben die kritischen Philosophen gesagt, es sey zweifelhaft, ob ein Gott sey, oder nicht. Aber sie haben sich geirrt. Sie hätten sagen sollen: Es ist kein Gott. Es giebt aber eine moralische Weltordnung, und diese ist der Grund aller andern Gewissheit, das einzige absolut gültige u. s. w. — Hier scheint sich Herr Fichte selbst nicht zu verstehen, oder seinen Lesern Sand in die Augen streuen zu wollen. Wir fragen, ob ein Gott sey, ein von der Welt unterschiedenes höchstes Wesen, der Urheber, Erhalter und Regierer aller Dinge? und Er spricht von einer Weltordnung, *als dem Grund aller anderen Gewissheit, als dem einzigen absolut gültigen Objectiven. In dieser Ordnung ist jedem vernünftigen Individuum seine Stelle angewiesen.* Wer oder was hat ihm denn seine Stelle angewiesen? Die Ordnung selbst? oder ein Ohngefähr? oder eine blinde Nothwendigkeit? oder Fichte, der sich eine Aufsicht über das Menschengeschlecht anmaassen will? — *Jedes seiner* (eines jeden Individuums) *Schicksale, inwiefern es nicht etwa durch sein eigenes Betragen verursacht ist, ist Resultat von diesem Plan, und ohne ihn* (diesen Plan) *fällt kein Haar von seinem Haupte, und in seiner* (wessen? des Individuums oder des

Plans?) *Wirkungssphäre kein Sperling vom Dache.* Die Weltordnung, der Plan ist also selbst *lebend* und *wirkend*, wie sich
der Verf. oben S. 15. (oben S. 186) ausgedrückt hatte. Ein lebender
und selbst wirkender Plan, den kein verständiges Wesen entwirft
und ausführt, ist uns andern armen Sterblichen freilich etwas
unbegreifliches und undenkbares. Wir müssen daher diese
hohe Weisheit dem Herrn Fichte und seinen gläubigen Jüngern allein überlassen. *Jede wahrhaft gute Handlung gelingt,*
und jede böse mislingt sicher; denen die nur das Gute recht
lieben, müssen alle Dinge zum Besten dienen. Das soll vermuthlich heissen: Jede gute Handlung hat gute, und jede böse
Handlung hat böse Folgen; denn diesen Sinn erfordern die
Worte: *denen die nur das Gute u. s. w.* Ganz richtig! Nur
müssen *wir* auch gewiss versichert seyn, dass unsere Handlungen wirklich gut sind. Aber den Atheismus predigen, und
unerfahrenen jungen Leuten die vornehmste Stütze der Tugend,
den Glauben an Gott, Unsterblichkeit und Vergeltung entreissen, ist wahrlich keine gute Handlung. Dies thut Herr Fichte,
und *erklärt den Begriff von Gott, als einer besonderen Sub-*
stanz, nochmals mit dürren Worten für unmöglich und wider-
sprechend, nennt die richtige Lehre von Gott *Schulgeschwätz,*
welches niederzuschlagen er für seine Pflicht hält, *damit,* wie
er sagt, *die wahre Religion des freudigen Rechtthuns sich er-*
hebe; er wollte vielleicht sagen: damit allen Lastern Thür und
Thor geöffnet werde. Und von Schulgeschwätz sollte ein junger Mann gar nicht reden, dessen ganze sogenannte Philosophie durchaus unverständliches, verworrenes Schulgeschwätz
ist. Uebrigens möchte ich doch Herrn Fichte fragen, ob es
mit Moralität bestehen könne, Jünglingen, die zum Theil zum
Lehramte in Kirchen und Schulen bestimmt sind, offenbar
atheistische Grundsätze beizubringen? Eine christliche Obrigkeit wird doch sicher keine Atheisten zu geistlichen Aemtern
befördern wollen. Solche Prediger und Schullehrer werden
also doch zum Schein lehren müssen, es sey ein Gott. Nach
ihren Grundsätzen wäre dies aber eine Lüge, und Fichte giebt
die Regel (S. 14. oben S. 185.): *Du darfst nicht lügen, und wenn die*
Welt darüber in Trümmer zerfallen sollte. — Er lenkt aber gleich

wieder ein, und sagt: „Aber dies ist nur eine Redensart; wenn du im Ernste glauben dürftest, dass sie zerfallen würde, so wäre wenigstens dein Wesen schlechthin widersprechend und sich selbst vernichtend. Aber dies glaubst du eben nicht, noch darfst du es glauben; du weisst, dass in dem Plane ihrer Erhaltung sicherlich nicht auf eine Lüge gerechnet ist." Schön und gründlich! Aber auch witzig!

Nun will ich dir, lieber Ferdinand, doch auch einige Bemerkungen über den Aufsatz des Herrn Rector Forberg mittheilen. Da aber meine Zeit, wie du weisst, sehr eingeschränkt ist, so muss ich mich kurz fassen. Der Aufsatz ist überschrieben: *Entwickelung des Begriffes der Religion,* und kann gewissermaassen als Fortsetzung und weitere Ausführung der Fichteschen Abhandlung angesehen werden. Wenigstens sagt Fichte selbst (S. 2. ob. S. 177.) dieser Forbergsche Aufsatz komme in vielen Rücksichten mit seinen Ueberzeugungen überein, und er könne sich auf ihn berufen. In manchen Stücken ist auch die Uebereinstimmung offenbar. Herr Forberg spricht, wie Herr Fichte, von einer moralischen Weltregierung, und sonst gleich anfangs: *Religion* ist nichts anderes, *als ein praktischer Glaube an eine moralische Weltregierung.* Er erklärt uns auch, was er unter einer moralischen Weltregierung verstehe, welches Herr Fichte nicht gethan hat. Wenn es nemlich (S. 21. 22.) in der Welt so zugehet, dass auf das endliche Gelingen des Guten gerechnet ist, so giebt es eine moralische Weltregierung. Ist hingegen Tugend und Laster dem Schicksal völlig gleichgültig, so giebt es keine moralische Weltregierung. — Es giebt eine solche Regierung, sagt er S. 22. f., und eine *Gottheit,* die die Welt nach moralischen Gesetzen regiert. Das lautet ganz gut. Aber Herr Forberg hat, wie sein Meister, seine eigene, obgleich eine ganz andere Gottheit, wie du gleich erfahren wirst; und er erklärt gleich anfangs (S. 22.) die speculativen Begriffe von Gott, als dem allerrealsten, unendlichen, absolut nothwendigen Wesen, wenigstens für gleichgültig. Die Religion kann nach seiner Meinung ebensogut mit dem Polytheismus, als mit dem Monotheismus, ebensogut mit dem Anthropomorphismus, als mit dem Spiritualismus zusammen bestehen. Die Hauptabsicht die-

ses Aufsatzes ist, zu zeigen, *worauf sich der Glaube an eine
moralische Weltregierung gründe?*

, Hier gerathen freilich unsere beiden Philosophen in einen
kleinen Widerspruch, der zwar unbefangene Leser etwas befremden wird, der aber der Uebereinstimmung dieser Herren
keinen Eintrag thut. Denn nach ihrer Philosophie kann etwas
zu gleicher Zeit und in dem nemlichen Sinne wahr und nicht
wahr, möglich und unmöglich seyn. Nach Fichte ist die moralische Weltordnung selbst Gott, folglich etwas sehr reelles,
das Höchste, was sich die menschliche Vernunft denken kann;
aber nach Herrn Forberg giebt es gar keine moralische Weltregierung: sie ist ein *Non-ens.* Denn dass er erst sagte: Es
giebt eine moralische Weltregierung, das war nur sein Scherz;
wiewohl es auch nichts zu bedeuten hat, wenn sich ein subli-
mer Philosoph in einem Odem im völligen Ernste widerspricht.
Er bleibt deswegen doch ein Philosoph. Dass es aber keine
moralische Weltregierung giebt, beweiset Herr Forberg aus folgenden Gründen. Es giebt nur drei Quellen, woraus wir alle
unsere Ueberzeugung am Ende schöpfen müssen: *Erfahrung,
Speculation* und *Gewissen.*

Die *Erfahrung* kann hier gar nicht in Betrachtung kommen; denn aus ihr liesse sich eher folgern (S. 23.), dass die
Welt nicht moralisch regiert werde, oder dass wenigstens ein
böser Genius mit einem guten um die Herrschaft der Welt
streite, und bisweilen der gute, gemeiniglich aber der böse die
Oberhand behalte. Wer die Gottheit *ausser sich,* im Laufe der
Dinge sucht, der wird sie niemals finden. (Herr Forberg er-
kennet also gar keine Gottheit ausser sich: er hat sie bloss *in*
sich, ist seine eigene Gottheit.) *Werke des Teufels werden ihm
auf allen Seiten begegnen, aber nur selten, und immer schüch-
tern und zweifelnd wird er sagen können: Hier ist Gottes Fin-
ger.* Auch die *Speculation* kann keine Gottheit finden, folglich
auch keine moralische Weltregierung. Hier gedenkt er der gewöhnlichen Argumente für die Existenz Gottes, und fertigt sie
auf etlichen Seiten (S. 23—26.) ab. Sie taugen alle nichts.
Warum? Weil sie nichts taugen *sollen.* Es bleibt folglich nichts
übrig, als das *Gewissen,* um auf die Aussprüche desselben eine

Religion, d. h. den Glauben an eine moralische Weltregierung zu gründen. Hier scheint es, als ob Herr Forberg wieder in völligem Ernste eine moralische Weltregierung behaupten wolle, und wirft die Frage auf (S. 27.): *wie und auf welchem Wege in dem Herzen eines moralisch guten Menschen Religion,* d. h. nach seiner vorhergehenden Erklärung, Glaube an eine moralische Weltregierung *entstehe?* Er antwortet mit zwei Worten: *Religion entsteht einzig und allein aus dem Wunsche des guten Herzens, dass das Gute in der Welt die Oberhand über das Böse erhalten möge.* — Das soll doch wohl so viel heissen: der gute Mensch glaubt darum eine moralische Weltregierung, weil er wünscht, dass eine seyn möge. Darüber wird denn S. 27—38. ein Langes und Breites gefaselt, und zuletzt kömmt es heraus, dass es auch mit diesem Glauben äusserst mislich steht. Weil der gute Mensch *wünscht* (S. 36. 37.), dass das Gute überall auf Erden herrschen möge, so muss er auch alles thun, was er kann, um diesen Zweck bewirken zu helfen. Dass dieser Zweck möglich sey, *weiss* er zwar *nicht;* er *glaubt* es aber. Warum? Weil er es glauben *will;* wiewohl ihm auch dies frei stehet. Denn was sollte einem Philosophen nicht frei stehen? „Es ist *nicht Pflicht* (heisst es S. 38.), zu *glauben,* dass eine moralische Weltregierung, oder ein Gott, als moralischer Weltregent, existirt, sondern es ist bloss und allein dies Pflicht, *zu handeln, als ob man es glaubte.* In den Augenblicken des Nachdenkens oder des Disputirens kann man es halten, wie man will; man kann sich für den Theismus oder Atheismus erklären, jenachdem man es vor dem Forum der speculativen Vernunft verantworten zu können meint. — Nur im wirklichen Leben, wo gehandelt werden soll, ist es Pflicht, *nicht* so zu handeln, als setzte man voraus, es sey ohnehin vergeblich, sich mit Beförderung des Guten in der Welt viel Mühe zu machen u. s. w." Und doch heisst es wieder S. 40.: *Die Religion* ist nichts anderes als *Glaube* an das Gelingen der guten Sache. Wer kann das zusammenreimen? Dass aber des Herrn Forberg Glaube an eine moralische Weltregierung (die einzig wahre Gottheit des Herrn Fichte), sehr schwach und schwankend ist, das beweisen die Fragen, die er S. 45. aufwirft, nebst seinen Antworten. Fr. *Wird jemals ein Reich Gottes, als ein Reich der Wahrheit und des Rechts auf Erden erscheinen?* Antw. *Es ist ungewiss, und,* wenn man auf die bisherige Erfahrung bauen darf, die jedoch im Vergleiche mit der unendlichen Zukunft eigentlich wie nichts zu rechnen seyn möchte, *sogar unwahrscheinlich.* Fr. *Könnte nicht statt eines Reiches Gottes auch wohl ein Reich Satans erscheinen?* Antw. *Das eine ist so gewiss und so ungewiss als das andere.* — Dennoch versichert Herr Fichte, der Herr Rector stimme mit ihm überein. Solche Widersprüche können wir arme Nichtphilosophen freilich nicht heben. Aber einer sogenannten Philosophie, die aus Widersprüchen und Ungereimtheiten zusammengesetzt ist, würde auch mit einer solchen Hülfe nichts gedient seyn.

Der Herr Rector wirft zuletzt (S. 41. folg.) noch einige Fragen auf, die er *verfänglich* nennt, und beantwortet sie nach seiner Art. Es verlohnt sich nicht der Mühe, ihrer zu erwähnen. Du kannst sie ohne Bedenken lesen; denn so viel Zutrauen habe ich zu deinem Verstande, dass du ihren Werth oder vielmehr Unwerth selbst wirst beurtheilen können. Nur bei der *ersten* Frage will ich noch einige Augenblicke verweilen, weil sie mir Veranlassung giebt, dir einige wichtige Wahrheiten in das Gedächtniss zurückzurufen, die in unseren Zeiten nicht oft genug wiederholt, und nicht ernstlich genug überlegt werden können.

Ist ein Gott? fragt Herr Forberg (S. 41.) und antwortet: Es ist und bleibt ungewiss. *Denn* (?) diese Frage ist bloss aus speculativer Neugierde aufgeworfen, und es geschiehet dem Neugierigen ganz recht, wenn er bisweilen abgewiesen wird.

Also würde die Frage, ob ein Gott sey oder nicht, aus blosser speculativer Neugierde aufgeworfen? Und das kann ein Rector behaupten, der jungen Leuten einen gründlichen Religionsunterricht ertheilen soll? Freilich sieht man aus allen seinen und seines Meisters Fichte Urtheilen, dass diese Herren die Kraft der Religion in ihrem Leben nicht empfunden haben, und sich von ihrem Einflusse auf Tugend und Rechtschaffenheit gar keine Begriffe machen können. Aber woher wissen

sie denn, dass alle andere Menschen in der Welt ebenso denken und empfinden wie sie: dass sie alle aus *blosser Neugierde,* ohne ein Interesse dabei zu haben, die erwähnte, und
andere damit verbundene Fragen aufwerfen? Mit solchen Behauptungen beweisen diese Herren ganz deutlich, dass sie mit
den Bedürfnissen der Menschheit noch ganz unbekannt sind;
und das wäre ihnen als jungen, unerfahrenen Männern so sehr
nicht zu verdenken, wenn sie sich nicht bei aller ihrer Unwissenheit zu Reformatoren aufwerfen wollten. Jedoch, es scheint
wenigstens dem Herrn Rector Forberg mit seinen Behauptungen
nicht einmal Ernst zu seyn. Denn zuletzt wirft er die Frage
auf: *Ist nicht der Begriff eines praktischen Glaubens mehr ein
spielender, als ein ernsthafter philosophischer Begriff?* Die
Antwort, setzt er hinzu, die Antwort auf diese verfängliche
Frage überlässt man billig dem geneigten Leser, und damit zugleich das Urtheil, ob der Verfasser des gegenwärtigen Aufsatzes am Ende auch wohl mit ihm nur habe spielen wollen!
— Welch ein Witz! Jungen Leuten den Glauben an Gott verdächtig machen, und den Saamen der Immoralität ausstreuen,
ist wahrlich kein erlaubtes Spiel, es ist Grausamkeit.

Da dieser Gegenstand so wichtig ist, so will ich dich doch
noch mit wenigem an einige der vornehmsten Gründe erinnern, aus welchen die *Wichtigkeit* der Religion, oder des lebendigen Glaubens an einen höchst vollkommenen, moralischen
Weltregierer in seiner Beziehung auf uns Menschen dargethan
werden kann. Es ist jetzt nicht die Rede von dem Grunde
oder Ungrunde dieses Glaubens (denn ich hoffe, dass du ohnehin von der Existenz eines höchsten Wesens aus Gründen überzeugt seyn wirst), sondern bloss von der *Wichtigkeit* dieses
Glaubens.

Bedarf der Mensch der Religion zu seiner sittlichen Vervollkommnung? Kann durch einen lebendigen Glauben an Gott,
Vorsehung und Unsterblichkeit unser Tugendgefühl erweckt
und gestärkt, unsere Beruhigung und Zufriedenheit befördert
werden? Kant, der durch seine Schrift: *Die Religion innerhalb der Grenzen der blossen Vernunft* — die Köpfe so vieler
Theologen verwirrt hat, behauptet unter anderen gleich im An-

fange der Vorrede zu erwähntem Buche, „die Moral, sofern sie
auf dem Begriffe des Menschen, als eines freien, eben darum
aber auch sich selbst durch seine Vernunft an unbedingte Gesetze bindenden Wesens, gegründet ist, bedürfe weder der
Idee eines anderen Wesens über ihm, um seine Pflicht zu *erkennen,* noch einer anderen *Triebfeder,* als des Gesetzes selbst,
sie zu beobachten. — Die Moral bedürfe zum Behufe ihrer selbst
(sowohl objectiv was das Wollen, als subjectiv was das Können betrifft) keinesweges der Religion, sondern vermöge der
praktischen Vernunft sey sie sich selbst genug." Und S. 215.
(der ersten Ausgabe) heisst es in der Anmerkung: „Zu dem,
was jedem Menschen zur Pflicht gemacht werden kann, müsse
das *Minimum* der Erkenntniss (es *ist* möglich, dass ein Gott
sey) subjectiv schon hinreichend seyn." — Wenn man diese
und ähnliche Stellen liest, so sollte man denken, Kant müsse
sich einen überaus hohen Begriff von den Kräften des Menschen zum Guten machen. Denn ein Wesen, welches durch
seine eigene Kraft einen so hohen Grad moralischer Vollkommenheit erreichen kann, dass es gar keiner weiteren Triebfeder, als der blossen Erkenntniss des Gesetzes, dass es keiner
Religion bedarf, muss von Natur gut, wenigstens weit geneigter zum Guten als zum Bösen seyn. So sollte man denken.
Gleichwohl wird S. 24 ff. in einem besonderen Abschnitte behauptet, *der Mensch sey von Natur böse,* fast ganz verdorben,
man möge ihn nun in dem sogenannten Naturzustande, oder
im gesitteten Zustande betrachten, und die lange melancholische
Litanei von Anklagen der Menschheit, wird als vollkommen
wahr gebilliget. Nun ist die Frage, wie ein Mensch, der weiter nichts braucht dem Gesetze gemäss zu handeln, als die
blosse Erkenntniss des Gesetzes, der gar keiner Triebfeder zur
Erfüllung seiner Pflicht bedarf, zu gleicher Zeit so äusserst böse
von Natur seyn kann, und wie ein so äusserst verdorbener
Mensch sich bessern könne? Das weiss Kant freilich nicht;
er hält es aber doch für möglich, ob er gleich die Möglichkeit
nicht begreifen kann. Hier haben wir also ein grosses Geheimniss. „Wie es nun möglich sey (heisst es S. 46 ff.), dass
ein natürlicherweise böser Mensch sich selbst zum guten Men-

schen mache, *das übersteigt alle unsere Begriffe; denn wie
kann ein böser Baum gute Früchte bringen?* Da aber doch —
ein ursprünglich (der Anlage nach) guter Baum arge Früchte
hervorgebracht hat, und der Verfall vom Guten ins Böse (wenn
man wohl bedenkt, dass dieses aus der Freiheit entspringt)
nicht begreiflicher ist, als das Wiederaufstehen aus dem Bösen
zum Guten: so kann die Möglichkeit des letzteren nicht bestrit-
ten werden. Denn ungeachtet jenes Abfalles, erschallt doch
das Gebot: Wir *sollen* bessere Menschen werden, unvermindert
in unserer Seele; folglich müssen wir es auch können, sollte
auch das, was wir thun können, für sich allein unzureichend
seyn, und *wir uns dadurch nur eines für uns unerforschlichen
höheren Beistandes empfänglich machen.*" — Ich will die Gründlichkeit oder Ungründlichkeit dieses Räsonnements nicht untersuchen; nur das scheint mir doch merkwürdig zu seyn, dass
der Stifter der kritischen Philosophie selbst eingesteht, ein höherer Beistand zum Guten sey wünschenswürdig. Diesen Beistand leistet uns die Religion, wie schon viel Tausend und Millionen Menschen zu ihrer Freude erfahren haben. Warum verachtet er denn dieses Hülfsmittel, und hält es für ganz ent-
behrlich?

Jedoch in einer anderen Schrift (*Kritik der reinen Vernunft,* S. 840 f.) sagt er, der Mensch bedürfe allerdings der
Religion zur Sittlichkeit. An solche Widersprüche muss man
sich nun einmal bei der kritischen Philosophie gewöhnen. Folgende Stelle ist, wie mir dünkt, deutlich: „Ohne einen Gott
und eine für uns jetzt nicht sichtbare, aber gehoffte Welt, sind
die herrlichen Ideen der Sittlichkeit zwar Gegenstände des Bei-
falls und der Bewunderung, *aber nicht Triebfedern des Vorsatzes und der Ausübung,* weil sie nicht den ganzen Grad, der
einem vernünftigen Wesen natürlich, und durch ebendieselbe
Vernunft *a priori* bestimmt und nothwendig ist, erfüllen." Selbst
in dem oben angeführten Buche (Religion innerhalb der Grenzen der Vernunft) kommt eine vortreffliche Stelle vor, in welcher der Betrachtung der Werke Gottes eine grosse Kraft zur
Beförderung guter moralischer Gesinnungen zugestanden wird.
„Die Betrachtung (S. 289.) der tiefen Weisheit *der göttlichen*

Schöpfung an den kleinsten Dingen, und ihrer Majestät am
Grossen — hat eine solche Kraft, das Gemüth nicht allein in
diejenige dahinsinkende, den Menschen gleichsam in seinen eigenen Augen vernichtende Stimmung (die man *Anbetung* nennt)
zu versetzen, sondern es ist auch, *in Rücksicht auf seine eigene
moralische Bestimmung darin eine so seelenerhebende Kraft,*
dass dagegen Worte, wenn sie auch die des königlichen Beters
David wären, wie leerer Schall verschwinden müssen, weil
das Gefühl aus einer solchen Anschauung unaussprechlich ist."
Hier gedenkt Herr Kant sogar einer *göttlichen Schöpfung*, die
er sonst zu bezweifeln scheint, und giebt uns gewissermaassen
wieder, was er uns vorher nehmen wollte. Er bekennt, dass
die Betrachtung der Weisheit und Güte Gottes in seinen Werken einen starken Einfluss *auf die moralische* Bestimmung des
Menschen habe; und darin wird ihm kein Vernünftiger seinen
Beifall versagen.

Der Mensch hat Anlagen zum Guten und zum Bösen; er
ist ein vernünftiges, aber auch ein sinnliches Geschöpf. Eine
innere Stimme ruft ihm unaufhörlich zu: du sollst recht, und
nicht unrecht thun; er hat vielleicht auch den guten Willen,
die Forderungen des Sittengesetzes zu erfüllen; aber durch
die Heftigkeit seiner sinnlichen Triebe wird er immer zum Gegentheile hingerissen, und seine besten Vorsätze werden ver-
eitelt, wenn er kein Mittel weiss, der Vernunft die Herrschaft
über die Gewalt seiner Begierden zu verschaffen. Immer wird
er sich das Geständniss ablegen müssen: *Video meliora, probo-
que; deteriora sequor.* Glaubt er nun keinen Gott, keinen höheren Richter, der in das Verborgene siehet, keinen Zustand
der Vergeltung, wo das Böse, welches hier ungeahndet bleibt,
bestraft werden wird; so wird er nur so viel Gutes thun, als
ihm nöthig zu seyn scheint mit Ehren durch die Welt zu kommen; er wird sich aber nicht das geringste Bedenken daraus
machen, alles zu thun, was ihn gelüstet, und was ihm zeitlichen Vortheil bringt, wenn er nur mit einiger Wahrscheinlichkeit hoffen kann, dass es nicht an das Tageslicht kommen
werde, dass er weder Beschimpfung noch Strafe zu befürchten
habe. Sein moralisches Gefühl wird zwar bisweilen erwachen,

er wird es sich nicht verbergen können, dass er wegen seiner
freventlichen Uebertretungen des Sittengesetzes Ursache habe,
sich vor sich selbst zu schämen. Aber die Stimme seiner sinnlichen Begierden und heftigen Leidenschaften wird die Stimme
der Vernunft und des Gewissens bald wiederum übertäuben;
er wird immer der böse Mensch bleiben, der er von jeher gewesen ist. Bei einer solchen Gemüthsstimmung wird ihm der
Gedanke: es ist kein Gott, kein anderes Leben; du hast nach
dem Tode ebensowenig etwas zu fürchten, als zu hoffen —
sehr willkommen seyn. Er wird sich immermehr in seinen
Bosheiten verhärten, und das für die grösste Weisheit halten,
seine Ungerechtigkeiten und schlechten Handlungen so heim-
lich zu begehen, dass er seinen Credit und den Namen eines
ehrlichen Mannes nicht verliert. Er wird seinen Lastern einen
Anstrich der Tugend zu geben wissen, und im Herzen diejenigen verlachen, die sich von ihm hintergehen lassen. Werden seine Schandthaten entdeckt, oder muss er die Folgen seiner Vergehungen in einem so hohen Grade empfinden, dass
er sich nicht mehr zu rathen und zu helfen weiss, so wird ein
Dolch sein letzter Trost, seine letzte Zuflucht seyn. Dies ist
die Geschichte vieler *praktischen* Atheisten, deren es leider
auch unter den Bekennern des Christenthums nicht wenige
giebt. Nun bilden aber Herr Professor Fichte und Herr Rector
Forberg auch *theoretische* Atheisten, die dann nicht unterlassen
werden, ihre Theorie in Ausübung zu bringen. Und wenn nun
dereinst ansehnliche Aemter im Staate, in Kirchen und Schulen mit Atheisten besetzt werden, wie wird es um die Nach-
kommenschaft aussehen?

Wie gut würde es hingegen um die menschliche Gesellschaft stehen, wenn alle, oder nur die meisten Menschen Religion hätten! Ein Mensch, der wirklich Religion hat, von den
Lehren derselben überzeugt ist, und sich bestrebt, sie auf sein
Herz und Leben anzuwenden, wird sich nicht bloss von groben Lastern enthalten, die der Welt in die Augen fallen, deren Begehung bürgerliche Schande und Strafe nach sich zieht,
wenn sie bekannt werden. Er wird nie mit Vorsatz und Wissen seine Pflicht übertreten, sich keine schlechte Handlung er-

lauben, wenn er auch mit Gewissheit vorhersehen könnte, dass
sie der Welt auf immer verborgen, folglich ungestraft bleiben
würde. Die lebhafte Erinnerung an Gott, den Urheber seiner
Natur, den stets gegenwärtigen Zeugen aller seiner Handlungen, Wünsche und Vorsätze, seinen höchsten Wohlthäter, aber
auch seinen höchsten Gesetzgeber und Richter, dem er Dank,
Liebe und Gehorsam schuldig ist, und von dessen Wohlgefallen
oder Misfallen sein ewiges Wohl oder Wehe abhängt, diese lebhafte Erinnerung wird sein moralisches Gefühl verstärken, und
ihm Kraft verleihen, die stärksten Reizungen zum Bösen zu be-
siegen; und wenn er sich auch bisweilen von dem Wege der
Tugend verirrt, oder aus Uebereilung gefehlt hat, so wird er
bald wieder zu seiner Pflicht zurückkehren. Er wird sich aber
auch mit dem redlichsten Eifer bestreben, seine Pflichten mit
der strengsten Gewissenhaftigkeit nach seinem besten Vermögen zu beobachten, aus dankbarer Liebe gegen Gott, seinen
höchsten Wohlthäter, dem er sein Daseyn, seine Kräfte, sein
fühlendes Herz, und alles Gute, was er je genossen hat, und
noch geniesst, zu danken hat. Er wird sich freuen, dass ihm
sein Schöpfer einen so hohen Rang in der Reihe lebender Wesen angewiesen hat, seine Würde behaupten, und darin
seine grösste Ehre suchen, dem Heiligsten, dem Vollkommensten an guten Gesinnungen, an Liebe und Wohlthun so ähnlich zu werden, als es ihm möglich ist. Er wird sinnliches
Vergnügen, Beifall der Menschen, zeitliche Vortheile willig aufopfern, sobald es die Pflicht gebeut; denn die Ruhe seines Gewissens und der Beifall des Ewigen wird ihm unendlich mehr
werth seyn, als alle Güter und Schätze der Erden, und die
gewisse Hoffnung, dass er in einer besseren Welt die Früchte
seiner edelen Bemühungen einernten werde, wird ihn im Guten
nie müde werden lassen. Leiden und Widerwärtigkeiten werden seinen Muth nie ganz darniederschlagen. Er wird sich in
trüben Stunden bald wieder mit dem Gedanken aufrichten,
dass seine Schicksale unter der Leitung einer höchstweisen und
gütigen Vorsehung stehen, dass denen, die Gott lieben und
recht thun, alle Dinge zum Besten dienen müssen, dass hier

nur Anfang, dort Vollendung seyn, und Tugend und Glückseligkeit in erwünschte Harmonie gebracht werden wird.

Jedoch, ich will diese Gedanken nicht weiter ausführen.
Ich will dir dafür, lieber Ferdinand, ein kleines Buch empfehlen, welches alle junge Leute in Händen haben, lesen und wieder lesen, und dessen Inhalt sie auf das Bedachtsamste erwägen sollten. Es führt den Titel: *Religion, eine Angelegenheit
des Menschen, von J. J. Spalding.* Zweite vermehrte Auflage.
Berlin 1798. Was aber das Theoretische betrifft, so empfehle
ich dir *Jerusalems Betrachtungen über die vornehmsten Wahrheiten der Religion u. s. w., erster Theil,* und *Herrn Sam. Rei-
marus Abhandlungen von den vornehmsten Wahrheiten der natürlichen Religion.*

In diesen drei Schriften wirst du mehr gründliche Belehrungen über diese Gegenstände finden, als in allen Kantschen
und Fichteschen Schriften. Ueberhaupt wollte ich dir nicht
rathen, dich in das Studium der kritischen, am allerwenigsten
der Fichteschen sogenannten Philosophie einzulassen. Du kannst
deine Zeit viel nützlicher anwenden, und dir den Verdruss ersparen, dich durch obscure, nichtsbedeutende Sophistereien hin-
durchzuarbeiten, ohne den geringsten Gewinn für Aufklärung
deines Verstandes und Veredlung deines Herzens. Ich muss
dir aufrichtig bekennen, dass ich der kritischen Philosophie
gleich anfangs keine lange Dauer prophezeiet hatte. Meine Vermuthung ist zum Theil schon eingetroffen. Denn die verschiedenen Parteien, die mit Heftigkeit gegeneinander zu Felde ziehen, drohen einander zu zerstören, und werden nach des grossen Fichte Beispiel einander annihiliren, sobald es ihnen möglich seyn wird. Zuletzt werden die meisten aus ihrem Lande
Utopia wieder in das Land der gesunden Vernunft und des
Menschenverstandes zurückkehren, und dann wird es nach und
nach besser werden. Dies wünschet von Herzen

Dein

treuer Vater
G.....

Beilage D.

Ueber des Herrn Professor Fichte
Appellation an das Publicum.

Eine Anmerkung
aus der deutschen Uebersetzung des ersten Bandes von Saint-
Lamberts Tugendkunst besonders abgedruckt.

Nachdem der folgende Aufsatz bereits in der Druckerei
war, erhielt ich aus Hannover:

Appellation an den gesunden Menschenverstand, in einigen
Aphorismen über des Herrn Professor Fichte Appellation
an das Publicum, wegen ihm beigemessener atheistischer
Aeusserungen. 47 Octavseiten.

Möchte diese kleine herrliche Schrift doch recht viel Eingang
finden! Am Schlusse derselben heisst es: „Wenn das Volk und
der gedankenlose Theil der Menschen hört oder liest: der
Gott der Christen ist ein Götze, ein Hirngespinnst, es giebt
keinen allmächtigen Gott Himmels und der Erden; so werden
sie dies ergreifen, das Ideal, das Herr Fichte dagegen aufstellt, nicht sehen oder nicht achten, und fürchterliche Atheisten
werden. — Und so möchte Herr Fichte sich nicht beschweren
dürfen, wenn Regenten und Staatsmänner dies durch Verbote
seiner Schrift zu verhüten suchen. Herr Fichte möchte in der
Appellation ans Publicum verlieren, und die Dikasterien möchten wohl recht gesprochen haben."

In der vor wenig Tagen herausgekommenen *Appellation
gegen die Anklage des Atheismus* vergleicht Herr Professor Fichte
S. 39 u. S. 53. (o. S. 208. 214.) den Begriff von *Gott* mit den Begriffen

von *Kälte* und *Wärme*, und meint, dass so wie kein Vernünftiger behaupten werde, es gebe eine Wärme und Kälte unabhängig von seinem Gefühl, so sey es auch ungereimt, Gott als
ein existirendes Wesen zu betrachten. Alle Vergleichungen,
pflegt man zu sagen, hinken; aber diese philosophisch seyn
sollende Vergleichung hinkt nicht bloss, sondern hat gar keinen Standpunct. Kommen denn die Begriffe von Kälte, Wärme
und der Gottheit auf gleiche Weise in die Seele? Jene erhalte
ich ja durch den Sinn der Betastung, diesen durchs Nachdenken über mich selbst und die Schöpfung; sie gehören also
nicht zu Einer Klasse, und können also auch keine Aehnlichkeit mit einander haben. Kälte und Wärme sind Qualitäten,
Eigenschaftsbegriffe; der Begriff von Gott hingegen eine Realität, ein Wirklichkeitsbegriff. Muss man dies erst einem Professor der Philosophie sagen? Herr Fichte hat sich so in diesen Vergleich verliebt, dass er nicht nur mehrmalen darauf
zurückkömmt, sondern auch von ihm nicht wegkommen kann.
S. 40 (oben S. 208.) führt er ihn folgendermaassen aus: „Wer nicht
eher glauben wollte, dass er friere oder erwarme, bis man ihm ein
Stück reine substantielle Kälte oder Wärme zum Zerlegen in
die Hände geben könnte, über diesen würde ohne Zweifel
jeder Vernünftige lächeln; wer aber einen auch im mindesten
ohne Beziehung auf unsere moralische Natur entworfenen, und
von ihr im kleinsten Stücke unabhängigen Begriff vom Wesen
Gottes verlangt, der hat Gott nie erkannt, und ist entfremdet
von dem Leben, das aus ihm ist." Der Schall der letzteren
Worte klingt sehr erbaulich; ich fürchte aber, der zum Grunde
liegende Gedanke dürfte es so wenig seyn, als ich in der ganzen Wendung Witz finden kann; denn hat Herr Prof. Fichte
recht, so war Christus entfremdet von dem Leben, das aus
Gott ist; weil Christus doch wohl seinen himmlischen Vater
nicht als ein Gedankending, sondern als den Schöpfer Himmels und der Erden, und folglich als eine Substanz betrachtete. Ihn so zu betrachten, soll aber, nach Herrn Fichte,
durchaus nicht angehen, wenn man philosophisch denken will. Er
will dies seinen Gegnern dadurch begreiflich machen, dass er S. 53
(oben S. 214.) zum drittenmal auf die Vergleichung zwischen Kälte,

Wärme und der Gottheit zurückkommt; wo es heisst: „Ich bekenne von Wärme oder Kälte nur dadurch zu wissen, dass
ich wirklich erwarme oder friere; *sie* kennen, ohne je in ihrem
Leben eine Empfindung von dieser Art gehabt zu haben, die
Wärme und Kälte, als Dinge an sich, und bringen erst nun,
zufolge dieser Erkenntniss, Frost oder Hitze in sich hervor
durch die Kraft ihrer Syllogismen." Welcher frostige Spass!
Oder welche Albernheit, die nicht einmal sprachrichtig ausgedrückt ist; denn die Grammatik verlangt: „nur dadurch *etwas*
zu wissen;" aber über Grammatik und Logik ist freilich ein Fichte
erhaben. Er fordert S. 56 (oben S. 215) seine Gegner auf, ihm zu
sagen: *wie* Gott die Welt erschaffen habe; und wenn sie das
nicht zu thun im Stande sind, so sollen sie unrecht und er
recht haben. Aber kann denn Herr Fichte erklären: wie die
Seele denkt? Ist Gott keine Substanz, so kann ja die Seele
auch keine Substanz seyn. Kommen wir sonach, über den
jähen Sandberg des Idealismus, nicht wieder in das dumpfige
Thal des Materialismus, und zu der Schreckenshöhle des Atheismus? Die Herrnhuther und die Crusianer, denen Herr Fichte
in seiner Schrift höfelt, um seinen Gegnern wehe zu thun,
möchten ihn also doch wohl sich zum Führer verbitten. Und
was soll man dazu sagen, dass er kirchliche Ausdrücke mis-
braucht, um Principien zu verstecken, die den Sturz aller positiven Religion beabsichtigen? Verfährt so der ächte Freund
der Wahrheit? Verfuhr so Lessing? Erlaubte er sich absicht-
lich einen schwankenden Wortgebrauch?

Seite 67 (oben S. 219) heisst es: „das System, in welchem von
einem übermächtigen Wesen Glückseligkeit erwartet wird, ist das
System der Abgötterei und des Götzendienstes." Also giebt
es keine göttliche Vorsehung? — So schnöde, so wegwerfend
spricht Herr Fichte vom Christenthum; und will doch für keinen Widersacher der christlichen Religion gelten! Wenn der
arme Wezel, wie uns Herr Becker erzählt, sich für einen Gott
hält, so entfährt uns ein wehmüthiges: Ah! Und wir wollten
dieses Ah! bewundernsvoll aussprechen, wenn ein Professor
den Jenaischen Studenten vordemonstrirt: sie seyen sich selbst

genug, einzig von der Denkkraft, die allen Dingen erst Form und Gestalt gebe, abhängig, reine Intelligenzen, mithin Götter; weil er methodisch faselt? Wir wollten mit seinen Auditoren aufschreien: Und du bist unser Gott! Was soll aber aus einer Welt werden, in welcher die angestellten Schullehrer darauf hinarbeiten, das Vertrauen auf Gottes Güte, Fürsehung und Allmacht zu vertilgen? Will man diese trostlose, bodenlose, für die Staatsruhe äusserst gefährliche Lehre in ihrer ganzen gräulichen Gestalt erblicken; so lese man den Aufsatz des Herrn Rector Forberg, eines ehemaligen Schülers von Fichte, den dieser in seinem sogenannten *philosophischen Journal* mit der Aeusserung hatte abdrucken lassen: er habe immer gelehrt, unbedeutende Abweichungen abgerechnet, was Herr Forberg in diesem Aufsatze sage. Sehr pfiffig erwähnt er dieses Aufsatzes in seiner *Appellation* mit keiner Sylbe, obschon er zu dem sächsischen und hannöverschen Verbot dieses Journals und zu der obrigkeitlichen Untersuchung über seine Lehre, die er dem Publicum als den gewaltsamsten und widerrechtlichsten Streit denuncirt, die Hauptveranlassung gegeben hat. Er vergleicht sich mit Lessing und — Bahrdt! Er nennt sich einen *Märtyrer der Wahrheit.* Kann jemand ohne Vermessenheit selbst bestimmen, seine Lehre sey Wahrheit? und weshalb ist er denn ein *Märtyrer?* Sollte man nicht glauben, es sey der Antrag geschehen, ihn wo nicht zu verbrennen, so doch nach Cayenne zu deportiren? *Man wünscht ja aber bloss, dass die Herren Fichte und Forberg eine Weisung höheren Orts bekommen mögen,* sich zu erinnern, dass sie Lehrer an christlichen Schulen sind, und dass, auch ganz abgesehen vom christlichen Religionssystem, ein Jugendlehrer in seinen Ausdrücken behutsam seyn müsse. Zum Beispiel; ein Rector sage zu den Schulknaben mit einer noch so feierlichen Amtsmiene: „Gott ist ein Gedankending,“ so werden die Schuljungen lachen, und mit diesem Lachen ist ihre Ehrfurcht für Gott vertilgt. Man sage ihnen dagegen: „Gott ist Zeuge und Richter eurer Gedanken;“ das wird, und das allein kann ihr Gewissen bilden. Der Lehrer ist also verpflichtet, so zu ihnen zu sprechen: „Wenn man sich überzeugen will (sagt La Harpe in der *Refutation du livre de l'Esprit, p.* 95), was für Schaden solche Sophismen, die anfangs nur Irrthümer der Speculation zu seyn schienen, und die man unter diesem Vorwand zu entschuldigen versucht hat, durch ihre Anwendung hervorbringen können, so erinnere man sich der Menge von Revolutionsgeistern, die durch einige Phrasen der *Meister**)* hinlänglich belehrt, nicht nur alle individuelle Verbrechen gegen Natur, Menschlichkeit, Gerechtigkeit, Eigenthum, durch das grosse Wort *Allgemeine Wohlfahrt* rechtfertigten, sondern sogar heiligten. Man müsste einen dicken Band schreiben, um die unvermeidliche Verkettung der Sophismen mit den Verbrechen und die zerstörende Gewalt zu entwickeln, die diese abscheulichen Systeme erlangen mussten, die unser Jahrhundert mit frecher Stirn *Philosophie* nennt. Der gesunde Menschenverstand empört sich, wenn man sieht, wie, vermittelst eines schwankenden Gebrauchs der Worte,**) man ein neues philosophisches System erfunden zu haben wähnt, während man nichts weiter that, als tagelang träumen, und seinen Traum dem Publicum erzählen." — Wie passend und wie anwendbar auf den vorliegenden Fall ist auch, was der brave Dusaulx in der Schrift: Ueber mein Verhältniss mit Jean Jacques Rousseau, S. 22 sagt: „Nicht die Wahrheit; nur das, was man, dem Menschenverstande zum Trotz, dafür ausgiebt, macht heutiges Tages einen Menschen zum Abgott und zum Genie." *Popu-*

---

*) *Les Maîtres.* Diderot, Helvetius, Rousseau, Mably. So wenig ihre Ideen harmoniren, so hat man sie doch in der Anwendung zusammengeknetet; auch strotzten alle vier von Stolz und Eigendünkel, und waren vom Paradoxirteufel besessen, der ihnen Sophismen eingab. Rousseau, der an den Grafen von Saint-Germain schrieb: „Ich beneide den Ruhm der Märtyrer!" hatte jedoch die meiste Gutmüthigkeit, Diderot war ein Feuerkopf ohne Herz, Helvetius sein Sprachrohr, Mably ein Querkopf; daher seine Schriften auch die vornehmste Rüstkammer der Revolutionärs geworden sind.

**) Im zweiten Stück der *Propyläen* ist dies, in Absicht auf Diderots *Paradoxien* über die Malerei, meisterhaft auseinandergesetzt worden; wahrscheinlich von dem Herrn von Goethe.

*lar*philosophie werden die kritischen Philosophisten schreien.
Aber jede ächte Philosophie, dünkt mich, sey *Popular*philosophie; die *Schul*philosophie aber ein Spinnengewebe: die arme
Fliege, die es umstrickt, verliert Blut und Leben. Und dies
ist nicht ein Einfall von mir, sondern ein Ausspruch des So-
krates.

Nicht freimüthige Aeusserungen wollen wir unterdrücken;
nicht philosophische Untersuchungen wollen wir hemmen: aber
wir danken es unserer Obrigkeit, dass sie über den Vortrag
der Schullehrer wacht und die Entstehung einer Sophisten-
brut zu verhindern sucht, die, gleich der Encyclopädistenbrut,
darauf bedacht seyn könnte, das Eigenthum wie ein Gedankending zu behandeln; wozu eine, vor einigen Jahren zu Dan-
zig bei Troschel herausgekommene *Berichtigung* der Urtheile
über die französische Revolution, deren Verfasser dem sich
selbst setzenden Ich des Herrn Prof. Fichte nicht unbekannt
seyn kann, junge Leute leicht verleiten könnte; sowie diese
Schrift den Zusammenhang des Idealismus mit der Revolutio-
nirsucht beurkundet. Hat nicht bereits ein anderer *Jenaischer*
Literator Fichte's Wissenschaftslehre und die französische
Revolution zusammengestellt und gesagt: sie seyen die zwei
grössten *Tendenzen* des achtzehnten Jahrhunderts? (Man sehe
Schlegels Athenäum das 2te Stück.)

Kann es dem Staate gleichgültig seyn, was für philosophische Theoreme seine künftigen Religionslehrer und Justitia-
rien auf einer Universität einsaugen? *Dies ist die Frage.*

Beilage E.

**Etwas zur Antwort auf das Schreiben eines Vaters etc.,
Jena und Leipzig bei Chr. E. Gabler, auf der letzten Seite
in einer Nacherinnerung.**

„Da die *in Leipzig verbreitete Nachricht,* Herr Prof. Gabler
in Altdorf sey Verfasser des berüchtigten Sendschreibens, und
habe selbst mehrere Exemplare davon zur unentgeltlichen
Vertheilung an einen ehrwürdigen Mann in L. gesendet, wahrscheinlich so ungegründet ist, als ich es wünsche u. s. w.“

Rückerinnerungen, Antworten, Fragen.

Eine Schrift, die den Streitpunct genau anzugeben bestimmt ist, und auf welche jeder, der in dem neulich entstandenen Streite über die Lehre von Gott mitsprechen will, sich einzulassen hat, oder ausserdem abzuweisen ist.

— — — — — —

> „Das Wort sie sollen lassen stah'n,
> Und kein'n Dank dazu haben."
>   Luther.

(Ungedruckt, aus dem Anfange des Jahres 1799.)

——————

Rückerinnerungen, Antworten, Fragen.

1.

Declaration.

Wer meine Religionslehre bis zum Vermögen eines Urtheils verstehen will, der muss das System des transscendentalen Idealismus, und den damit unzertrennlich verknüpften reinen Moralismus genau kennen und, wie ich glaube, besitzen.

Ich sage: er muss es *besitzen,* d. h. des transscendentalen Standpuncts überhaupt fähig seyn. So viel ich nemlich absehen kann, und bisher in der Erfahrung an anderen bemerkt habe — aber ich enthalte mich, darüber definitiv zu entscheiden — reicht die bloss historische Kenntniss jenes Systemes nicht hin, deswegen, weil man sie, wenn es zur einzelnen Anwendung kommt, immer wieder vergisst, auf den realistischen Standpunct herabgezogen wird, und so herumschwankt und nur schwankende Resultate erhalten kann.

Wer sie bis *zum Vermögen eines Urtheils verstehen will,* — sagte ich. Man kann an allen Theilen des transscendentalen Idealismus sich üben, von jedem aus in den Gesichtspunct desselben einzudringen suchen: hat man aber nicht die vollständige Reihe der Gründe erkannt, den ganzen Umfang desselben geschlossen; so versteht man es wohl halb oder historisch, findet sich etwa dadurch angezogen, findet es nicht ganz uneben u. dergl.; aber ein entschiedenes Urtheil dafür oder dagegen ist in diesem Zustande nicht möglich.

2.

Dazu kommen noch die verschiedenen philosophischen Voraussetzungen, von denen jeder Beurtheilende ausgeht. Der Akritiker muss sich zuerst über die Principien mit uns verständigen; dann mag er streiten. Der Kritiker, der über jene mit uns einig ist, kann hier erst einen Kampfplatz haben, inwiefern er über die Folgerungen streitet.

Erst, wenn dies gehörig auseinandergehalten wird, kann ein wissenschaftlicher Streit beginnen: sonst fasst uns die Klinge des Gegners nie, sondern kämpft statt unserer mit einem selbstgemachten Gespenste, weil er nicht weiss, wo er uns zu treffen hat.

3.

Bedurfte es nun dies ausdrücklich zu sagen, oder versteht es sich von selbst, wo von einem Theile des philosophischen Systems die Rede ist, welchen man nicht ohne das Ganze beurtheilen kann? Ist es vernünftig, über diesen aus dem Zusammenhang gerissenen Theil abzuurtheilen, ohne die Sätze, die diesem Theile zu Prämissen dienen, ohne den Sprachgebrauch, der im Ganzen herrscht, ohne den Zweck, der nur durch das Ganze bestimmt wird, im Geringsten zu kennen? Ist es vernünftig, diesen Theil in ein ganz anderes, gerade entgegengesetztes System zu setzen, seine Ausdrücke im Sinne dieses entgegengesetzten Systems zu deuten und nun — zu urtheilen? Oder über leidige Unbestimmtheit, absichtliches Sichverstecken zu klagen, weil man den einfachen Sinn, aus Unbekanntschaft mit dem Ganzen, nicht finden kann?

Ist es wahr oder nicht, dass die ersten Anstifter des Handels nur diesen Aufsatz, und vorher in ihrem Leben vielleicht gar nichts von mir gelesen, vielweniger studirt hatten, dass sie grossentheils ganz andere Systeme zur Beurtheilung desselben mit hinzubrachten? Ist nun das Grundmisverständniss,

das ihn betroffen — wie gross dies sey, wird sich zeigen —
noch zu verwundern? Aber wessen ist die Schuld? —

Rückerinnerungen.

4.

Was offenbar keiner, der in dieser Sache gegen mich geschrieben, besessen hat, und was denn doch allein entscheidet,
ist die Kenntniss des wahren Wesens und der Tendenz der
kritischen oder der Transscendentalphilosophie. (Beide Ausdrücke bedeuten hier ganz dasselbe; indem in diesem Puncte
Kant und die besseren Kantianer unstreitig mit mir Eins sind.)
Ich muss an diese Tendenz der Transscendentalphilosophie
wieder erinnern, und ersuche das philosophische Publicum,
diese Erinnerung die letzte seyn zu lassen.

5. *)

Es giebt zwei sehr verschiedene Standpuncte des Denkens:
den des natürlichen und gemeinen, da man *unmittelbar Objecte
denkt,* und den des vorzugsweise so genannten künstlichen,
da man mit Absicht und Bewusstseyn *sein Denken selbst denkt.*
Auf dem ersten steht das gemeine Leben und die Wissenschaft
(materialiter sic dicta); auf dem zweiten die Transscendentalphilosophie, die ich eben deswegen Wissenschafts*lehre*, Theorie und Wissenschaft alles Wissens — keinesweges aber selbst
ein reelles und objectives Wissen — genannt habe.

Die philosophischen Systeme vor Kant erkannten grossentheils ihren Standpunct nicht recht, und schwankten hin und
her zwischen den beiden soeben angegebenen. Das unmittelbar vor Kant herrschende Wolffisch-Baumgartensche stellte sich
mit seinem guten Bewusstseyn in den Standpunct des gemeinen Denkens, und hatte nichts Geringeres zur Absicht, als die

---

*) Der folgende Abschnitt (von §. 5—8) wurde von Fichte, mit Abkür-
zungen, einem Privatschreiben an Jacobi einverleibt, und ist als solches bereits in seinem „Leben und literarischen Briefwechsel" Bd. II. S. 181—191
abgedruckt worden.

Sphäre desselben zu erweitern, und durch die Kraft seiner Syllogismen neue Objecte des natürlichen Denkens zu erschaffen. (Dies System wird mir wenigstens nicht vorrücken können, dass ich es misdeute; denn es ist, gleichsam wie aus den Vollendeten, unter denen es schon hier lebte, hinter dem Vorhange hervor ganz neuerlich gegen mich auf den Kampfplatz getreten, hat sich über diesen Punct sehr entscheidend erklärt, und mir es ernstlich verwiesen, dass ich von den Erkenntnissen, welche es hervorgebracht hat, so geringschätzig spreche. *))

6.

Diesem Systeme ist das unsrige darin gerade entgegengesetzt, dass es die Möglichkeit, ein für das Leben und die (materielle) Wissenschaft gültiges Object durch das blosse Denken hervorzubringen, gänzlich abläugnet, und nichts für reell gelten lässt, *das sich nicht auf eine innere oder äussere Wahrnehmung gründet.* In dieser Rücksicht, inwiefern die Metaphysik das System reeller, durch das blosse Denken hervorgebrachter Erkenntnisse seyn soll, läugnet z. B. Kant, und ich mit ihm, die Möglichkeit der Metaphysik gänzlich; er rühmt sich, dieselbe mit der Wurzel ausgerottet zu haben, und es wird, da noch kein verständiges und verständliches Wort vorgebracht worden, um dieselbe zu retten, dabei ohne Zweifel auf ewige Zeiten sein Bewenden haben.

Unser System, indem es die Erweiterungen anderer zurückweist, lässt sich ebensowenig einfallen, selbst an seinem Theile das gemeine und allein reelle Denken erweitern zu wol-

---

*) Eberhard „über Fichte's Gott" (Halle bei Hemmerde und Schwetschke, 1799), S. 20 ff., besonders S. 23: „*Didicisse fideliter artes, emollit mores, nec sinit esse feros!* Der entgegengesetzte Gang führt zu — dumpfer Schwärmerei und zu einer Verachtung der Wissenschaft" (*scil.* die sich erräsonniren lässt), „die allen Schwärmern gemein und der vornehmste Bestandtheil ihres Charakters ist." Ich hatte im Gegentheil bisher geglaubt, die Schwärmerei bestehe darin, seinen Erdichtungen Wahrheit beizulegen, während der gesunde Verstand nur das für wirklich hält, was sich auf innere oder äussere Wahrnehmung bezieht.

len: sondern es will dasselbe lediglich erschöpfend umfassen
und darstellen. — Unser philosophisches *Denken* bedeutet
nichts, und hat nicht den mindesten Gehalt; nur das in diesem Denken *gedachte* Denken bedeutet und hat Gehalt. Unser
philosophisches Denken ist lediglich das Instrument, durch
welches wir unser Werk zusammensetzen. Ist das Werk fertig, so wird das Instrument als unnütz weggeworfen.

Wir setzen vor den Augen der Zuschauer das Modell
eines Körpers aus den Modellen seiner einzelnen Theile zusammen. Ihr überfallt uns mitten in der Arbeit und ruft: seht
da das nackte Gerippe; soll nur dies ein Körper seyn? —
Nein, gute Leute, es soll kein Körper seyn, sondern nur sein
Gerippp. — Nur dadurch wird unser Unterricht verständlich,
dass wir einzeln Theil an Theil, einen nach dem anderen, an-
fügen; und deswegen allein haben wir die Arbeit unternommen. Wartet ein wenig, so werden wir dieses Gerippe mit
Adern und Muskeln und Haut bekleiden.

Wir sind jetzt fertig, und ihr ruft: nun so lasst doch diesen Körper sich bewegen, sprechen, das Blut in seinen Adern
circuliren; mit einem Worte: lasst ihn leben! Ihr habt abermals unrecht. Wir haben nie vorgegeben, dies zu vermögen.
Leben giebt nur die *Natur,* nicht die *Kunst;* das wissen wir
sehr wohl, und glauben gerade dadurch vor gewissen anderen
Philosophien zu unserem Vortheile uns auszuzeichnen, dass
wir es wissen. — Wenn wir irgend einen Theil anders bilden, als er in der wirklichen Natur ist, irgend einen hinzu-
thun, irgend einen mangeln lassen, dann haben wir unrecht;
und darauf müsst ihr sehen, wenn ihr uns einen verständigen
Tadel oder Lob ertheilen wollt.

7.

Der lebendige Körper, den wir nachbilden, ist das *gemeine
reelle Bewusstseyn.* Das allmählige Zusammenfügen seiner Theile
sind unsere *Deductionen,* die nur Schritt für Schritt fortrücken
können. Ehe nicht das ganze System vollendet dasteht, ist
alles, was wir vortragen können, nur ein Theil. Die Theile,
auf welche dieser letztere sich stützt, müssen freilich schon

vor euch liegen; sonst haben wir keine Methode; aber es ist
nicht nothwendig, dass sie in derselben Schrift vor euch liegen, die ihr jetzt eben leset; wir setzen euch als bekannt mit
unseren vorherigen Schriften voraus; wir können nicht alles
auf einmal sagen. — Was aber auf den jetzt eben euch vor-
gelegten Theil *folge,* das habt ihr zu erwarten; falls ihr nicht
etwa es selbst zu finden versteht.

   Wenn wir aber auch, und *wo* wir vollendet haben, und
bis zum *vollständigen reellen und gemeinen Denken* fortgerückt
sind (wir haben es in mehreren Regionen des Bewusstseyns,
nur noch nicht in der Religionsphilosophie), ist dasselbe, *so
wie es in unserer Philosophie vorkommt,* doch selbst kein
reelles Denken, sondern nur eine *Beschreibung* und *Darstellung*
des reellen Denkens.

   Ausdrücklich und ganz bestimmt durch das *Nichtphiloso-
phiren,* d. h. dadurch, dass man zur philosophischen Abstraction sich entweder nie erhoben hat, oder von der Höhe derselben sich wieder in den Mechanismus des Lebens herablässt,
entsteht uns alle Realität; und umgekehrt, sowie man sich zur
reinen Speculation erhebt, *verschwindet diese Realität nothwendig,* weil man sich von dem, worauf sie sich gründet, dem
Mechanismus des Denkens, befreit hat. Nun ist das *Leben*
Zweck, keinesweges das Speculiren; das letztere ist nur Mittel. Und es ist nicht einmal Mittel, das Leben zu *bilden,*
denn es liegt in einer ganz anderen Welt, und was auf das
Leben Einfluss haben soll, muss selbst aus dem Leben
hervorgegangen seyn. Es ist nur Mittel, das Leben zu *erkennen.*

8.

   Worin man befangen ist, was man selbst ist, das kann
man nicht erkennen. Man muss aus ihm herausgehen, auf
einen Standpunct ausserhalb desselben sich versetzen. Dieses
Herausgehen aus dem wirklichen Leben, dieser Standpunct
ausserhalb desselben ist die Speculation. Nur inwiefern es
diese zwei verschiedene Standpuncte gab, diesen höheren über
das Leben neben dem des Lebens, ist es dem Menschen mög-

lich, sich selbst zu erkennen. Man kann leben, und vielleicht
ganz gemäss der Vernunft leben, ohne zu speculiren; denn
man kann leben, ohne das Leben zu erkennen; aber man kann
nicht das Leben erkennen, ohne zu speculiren.

Kurz — die durch das ganze Vernunftsystem hindurchge-
hende, auf die ursprüngliche Duplicität des Subject-Object
sich gründende Duplicität ist hier auf ihrer höchsten Stufe.
Das *Leben* ist die *Totalität* des *objectiven Vernunftwesens;*
die *Speculation* die *Totalität* des *subjectiven.* Eins ist nicht
möglich ohne das andere: das *Leben,* als thätiges Hingeben in
den Mechanismus, nicht ohne die *Thätigkeit* und *Freiheit* (sonst
Speculation), *die sich hingiebt;* kommt sie auch gleich nicht bei
jedem Individuo zum deutlichen Bewusstseyn; — die *Speculation*
nicht ohne das *Leben, von welchem* sie abstrahirt. Beide, Leben und Speculation, sind nur durch einander bestimmbar.
Leben ist ganz eigentlich *Nicht-Philosophiren; Philosophiren*
ist ganz eigentlich *Nicht-Leben;* und ich kenne keine treffen-
dere Bestimmung beider Begriffe, als diese. Es ist hier eine
vollkommene Antithesis, und ein Vereinigungspunct ist ebenso
unmöglich, als das Auffassen des X, das dem Subject-Object,
Ich, zu Grunde liegt; ausser dem Bewusstseyn des wirklichen
Philosophen, dass es für ihn beide Standpuncte gebe.

9.

Also — kein Satz einer Philosophie, die sich selbst kennt,
ist in dieser Gestalt ein *Satz für das wirkliche Leben,* sondern
er ist entweder Hülfssatz für das System, um von ihm aus
weiter fortzuschreiten, oder, wenn die Speculation über einen
Punct des Nachdenkens geschlossen ist, ein Satz, zu dem erst
die Empfindung und Wahrnehmung hinzukommen muss, als
in ihm *begriffene,* um im Leben brauchbar zu seyn. Die Philosophie, selbst vollendet, kann die Empfindung nicht geben,
noch ersetzen; diese ist das einige wahre, innere Lebensprin-
cip. Dies hat ihnen schon Kant gesagt, und es ist der Begriff
und innige Geist seiner Philosophie, ist das, worauf er immer
zurückkommt. Dies hat Jacobi ganz unabhängig von ihm und
glaubend, dass er mit ihm uneins sey, dass diese Philosophie

gleichfalls Lebensweisheit seyn wolle, gesagt im Streite gegen
Mendelssohn, der auch ein Parteiführer dieser erschaffenden
Philosophie war. Dies habe endlich ich gesagt, so vernehm-
lich als möglich, schon seit den ersten Erklärungen über den
Begriff meines Systems.

Gehört müssen sies daher wohl haben; aber sie können
es sich nicht angewöhnen. Historischer Satz mag es ihnen
geworden seyn, Regulativ ihrer Beurtheilung aber nicht; denn
wenn sie es anwenden sollen auf das Verständniss des Einzelnen, so ist es vergessen. Sie kommen von einer Philosophie her, die sich neue Wahrheiten erräsonnirt; sie können
daher keinen philosophischen Satz hören, ohne ihn darauf anzusehen, was etwa durch ihn Neues erräsonnirt seyn solle,
um ihn darnach zu beurtheilen.

So sind alle verfahren, die als meine Gegner aufgetre-
ten sind.

10.

Was soll denn nun die Philosophie und wozu bedarf es
der spitzfindigen Zurüstungen derselben, wenn sie gesteht,
dass sie für das Leben nichts Neues sagen, ja dasselbe nicht
einmal als Instrument bilden kann, dass sie nur Wissenslehre,
keinesweges Weisheitsschule ist?

Zunächst wäre es genug, dass sie ein möglicher Zweig
der Geistesbildung ist, um sie zu üben, gesetzt auch, dass
schlechthin kein anderer Werth in ihr liege. Es genügt, dass
sie möglich ist, um sie auch zu verwirklichen, denn der Mensch
soll den ganzen Umfang seiner Vernunft und seines Bewusstseyns vollziehen.

Ihr Hauptnutzen dagegen, wie oft schon erinnert, ist negativ und kritisch. In dem, was man gewöhnlich für Lebensweisheit hält, liegt es nicht daran, dass sie zu wenig, sondern
dass sie zu viel enthält. Man hat eben die erräsonnirten
Schätze der oben beschriebenen erschaffenden Metaphysik hin-
eingetragen in jene allgemeine Denkweise und Bildung; diese
sollen von ihr wieder abgesondert werden. Die Transscendentalphilosophie hat die Bestimmung, die allgemeine Erkennt-

niss von dieser fremden Zuthat zu reinigen, sie wieder zurückzuführen auf ihren wahrhaft menschlichen, darum nothwendigen und unvertilgbaren Bestand. Auch Kant wollte nichts
Anderes.

Mittelbar, d. i. inwiefern ihre Kenntniss mit der Kenntniss
des Lebens sich vereinigt, hat sie aber auch einen positiven
Nutzen: sie ist für das unmittelbar Praktische *pädagogisch* in
weitester Bedeutung dieses Worts. Sie zeigt aus den höchsten
Gründen, eben weil sie den ganzen Menschen begreifen lehrt,
wie man die Menschen bilden müsse, um moralische und religiöse Gesinnungen auf die Dauer in ihnen zu bilden und nach
und nach allgemein zu machen. Für die theoretische Betrachtung, Erkenntniss der Sinnenwelt, Naturwissenschaft ist sie
regulativ: sie zeigt, was man von der Natur erfragen, und wie
man sie fragen müsse. — Ihr Einfluss auf die Gesinnung des
Menschengeschlechts überhaupt aber ist darin zu finden, dass
sie ihm Kraft, Muth und Selbstvertrauen beibringt, indem sie
zeigt, dass es und sein ganzes Schicksal lediglich von ihm
selbst abhange, — indem sie den Menschen auf seine eigenen
Füsse stellt.

11.

So ist Philosophie über die Religion nicht die Religionslehre, noch weniger soll sie an die Stelle des religiösen Sinnes treten; sie ist allein die Theorie desselben. Ihr Zweck
ist auch hier kritisch und pädagogisch. Sie ist bestimmt, unverständliche, unnütze, verwirrende, eben dadurch aber der
Irreligiosität Blössen darbietende Lehren über Gott wegzuschaf-
fen, indem sie eben zeigt, dass sie nichts sind, und dass
schlechterdings nichts davon in des Menschen Hirn passt. Sie
muss zeigen, wie in des Menschen Herzen der religiöse Sinn
sich erzeuge, ausbilde und verstärke, und wie sonach die
Menschheit zu demselben zu bilden sey — nicht vermittelst der
Philosophie, diese bildet nicht das Leben, sondern lehrt nur
es einsehen, sondern durch Erweckung der wahren übersinnlichen Triebfedern des Lebens.

Die Tendenz eines philosophischen Systems über Religion

lässt sich daher nicht eher genügend beurtheilen, bis es nicht
vollendet, erschöpfendes Bild ist des ganzen Umfangs der
menschlichen Vernunft. Erst dann kann es auch pädagogisch
werden.

12.

Ich habe Philosophie über Religion vorgetragen in dem
oben angegebenen Sinne des Wortes, wie theils aus meinen
zur Genüge über Philosophie aufgestellten Begriffen, theils aus
der Ankündigung meines Vorhabens selbst hervorgehen musste,
dass die Philosophie nur die Causal-Frage zu beantworten habe:
woher der religiöse Sinn unter den Menschen komme? *) Hätten denn die Censoren, Verbieter, Lästerer jenes Aufsatzes,
wenn sie ihn wirklich lasen, ehe sie ihn verboten, nicht wenigstens durch diese Stelle sich warnen lassen sollen? Fiel
ihnen nicht ein, dass, da ich hier den Begriff der Philosophie
völlig anders bestimmte, denn sie, ich wohl von etwas ihnen
Unbekanntem reden möchte? Es ist zu fürchten, dass sie nicht
einmal diesen Anfang gelesen!

Ausserdem habe ich die Religionsphilosophie mit ihm nicht
vollendet, sondern nur den Grundstein derselben gelegt, wie
ich gleichfalls sagte. — Wer alle oben (1.) angegebenen Eigenschaften besitzt, der kann diesen Grundstein beurtheilen; die
Folgen und Anwendungen noch nicht so ohne Weiteres; er
müsste denn des Princips selbstständig mächtig seyn und richtig aus ihm folgern. Wo ist einer unter meinen Gegnern mit
diesen Eigenschaften?

Nach ihrem populären Werthe, in Absicht ihres Einflusses
auf Erbauung und Religiosität kann sie vollends nicht beurtheilt werden, bis sie vollendet ist. Dies ist jetzt mein ange-
legentlichstes Geschäft, und ich hoffe mit der nächsten Messe
das Publicum befriedigen zu können.

13.

Die Transscendentalphilosophie hat die Bestimmung, sagte

---

*) Ueber den Grund unseres Glaubens etc. S. 3. u. 4. (alte Ausgabe).

ich oben, das wirkliche, allgemeine Wissen systematisch aufzustellen; aber sie lässt nichts für wirkliches, allgemeines gelten, was sich nicht auf eine *Wahrnehmung* gründet: — sie
verschmäht alles Erräsonnirte. Die Realität eines solchen
schöpft sie daher immer aus dieser; aber sie hat es in seiner
Nothwendigkeit zu begreifen und abzuleiten; darin beruft sie
sich nicht auf Facta, denn damit hörte sie auf, Transscendentalphilosophie zu seyn.

Sie ist daher nimmer im Streite und kann nicht in Streit
gerathen mit dem gemeinen, natürlichen Bewusstseyn; sie berührt dasselbe gar nicht, denn sie befindet sich in einer anderen Welt. Sie ist nur im Streite mit einer, neue Thatsachen
erdenkenden Philosophie, und alles, dem sie widerspricht, ist
gerade dadurch, dass sie ihm widerspricht, indem sich zeigt,
dass es nicht im Systeme der allgemeinen Vernunft sich findet, als Theil einer solchen Philosophie erwiesen.

14.

Meine Religionsphilosophie ist nun im Streite mit jener
Philosophie theils über den Ursprung der Religion: nach jener liegt er in einer Empfindung; nach dieser wird er erräsonnirt: — theils über den Inhalt und Umfang derselben, was
gleichfalls in der ersten Frage liegt. Nach ihnen gehören zur
Religion Kenntnisse und Lehren: nach mir nichts dergleichen.

Ein grosser Theil unserer *Theologie* ist solche Philosophie,
und ein grosser Theil unserer Bücher für den religiösen Volksunterricht, Katechismen, Gesangbücher u. dergl., ist *Theologie.*
Ich bin sonach mit ihnen, insofern sie dies sind, im Streite,
nicht, soweit sie Religion sind; — über jenen theoretischen
Inhalt eben, auf dessen Deduction sie übrigens in der Regel
sich nicht einlassen; und dies wenigstens ist, bei den übrigen
Unzweckmässigkeiten, ein zweckmässiges Verhalten derselben.

Meine Religionsphilosophie kann sonach auch nicht im
Streite liegen mit dem religiösen Sinne des Menschen im Leben; denn sie steht auf einem ganz anderen Felde. Allein die
pädagogischen *Resultate* derselben (11. 12.) könnten mit ihm
in Widerstreit gerathen: dies hätte man abzuwarten; denn bis

jetzt sind sie noch gar nicht vollständig und systematisch gezogen.   Was ich in meiner Appellation darüber gesagt, war
bloss bestimmt, um vorläufig den, durch die öffentliche Beschuldigung, dass meine Lehre atheistisch sey, erschreckten
Sinn guter Menschen zu beruhigen, nicht um die Theologen
zu befriedigen.

Es ist daher absolut vernunftwidrig, mein System als Lebensweisheit zu beurtheilen und mit Lebensweisheit zu bestreiten, die sich auf die beleuchteten Prämissen gründet. Aber
die meisten meiner Gegner haben dies gethan.

15.

Dahin gehört das Gerede von einem Fichteschen Gotte,
oder einem Jacobischen, einem Spinozischen u. dgl. Fichte,
Jacobi, Spinoza, sind etwas Anderes, als ihre Philosophie. Der
Philosoph hat gar keinen Gott und kann keinen haben; er hat
nur einen Begriff vom Begriffe oder, von der Idee Gottes. Gott
und Religion giebt es nur im Leben: aber der Philosoph, als
solcher, ist nicht der ganze vollständige Mensch, sondern im
Zustande der Abstraction, und es ist unmöglich, dass jemand
nur Philosoph sey. Was durch die Vernunft gesetzt ist, ist
schlechthin bei allen vernünftigen Wesen ganz dasselbe. Die
Religion und der Glaube an Gott ist durch sie gesetzt, sonach
in gleicher Weise gesetzt. Es giebt in dieser Rücksicht nicht
mehrere Religionen, noch mehrere Götter; es ist schlechterdings
nur *Ein* Gott. Nur dasjenige im Begriffe Gottes, worüber alle
übereinstimmen und übereinstimmen müssen, ist das Wahre:
dasjenige in ihrem Begriffe von Gott (nicht etwa in dem Begriffe vom Begriffe), worüber sie streiten, — darüber haben
nothwendig *alle* unrecht, eben darum, weil sie darüber streiten können. Das, worüber dergestalt gestritten werden kann,
ist nur durch eine falsche Philosophie erräsonnirt, oder aus
einem auf falsche Philosophie gegründeten Katechismus auswendig gelernt: die wahre Religiosität enthält gar nichts darüber; hier ist für sie eine leere Stelle; denn sonst könnte nicht
gestritten werden.

16.

Ebenso gehört dahin, dass man meine Philosophie dem
Christenthum gegenübersetzen und das eine aus dem andern
widerlegen will. Freilich ist es von jeher so gehalten worden, dass der Philosoph das Christenthum mit seiner Philosophie in Uebereinstimmung setzen, der Christ seinen Glauben mit dem philosophischen Denken in Eintracht hat bringen wollen; aber es beweist weiter nichts, als dass die,
welche dergleichen unternahmen, weder Philosophie, noch
Christenthum kannten. Unserer Philosophie fällt dies gar nicht
ein. Das Christenthum ist Lebensweisheit, im wahren und
höchsten Sinne Popular-Philosophie; es kann gar nichts anderes seyn wollen, ohne seinen Rang zu verlieren und in das
Gebiet des Räsonnements, des nicht mehr Ursprünglichen, her-
abzusinken, damit zugleich aber der Forderung sich auszusetzen, dass es Demonstrationen gebe, wodurch es dem Streite
der philosophischen Systeme sich preisgäbe. Mit ihm, in solcher Ursprünglichkeit gefasst, kann unsere Philosophie nicht
in Streit gerathen, denn sie soll nur Theorie der Lebensweisheit seyn, nicht an ihre Stelle treten. — Nur die Resultate unserer Philosophie und das Christenthum könnten, wie gezeigt
(14.), streitig werden: aber wo sind denn diese Resultate, und
— könnte ich hinzusetzen — wo ist denn das wahre Christenthum? Ist es nicht überall, wo es an uns gelangt, schon hindurchgegangen durch jenen räsonnirenden Verstand? Dahin gehören auch voreilige Erinnerungen *der* Art: Gott solle nicht
Schöpfer, nicht Regierer und Erhalter der Welt seyn nach diesem Systeme, keine göttliche Vorsehung bleibe in ihm übrig! —
Ihr lieben, guten Unphilosophen! Für euch ist die ganze Distinction, der gesammte Gegensatz nicht vorhanden, nach welchem von Gott nach der Einen philosophischen Ansicht dies
Alles gilt, nach der andern schlechthin nicht gelten kann.
Wenn ihr wirklich gut und religiös seyd, so nehmt ihr es immer in dem Sinne, in welchem es wahr ist. Ich hatte es bisher gar nicht mit Euch, sondern mit Philosophen zu thun, denen diese Distinction anzumuthen ist, und die jene Sätze auch

in dem Sinne nehmen, in welchem sie nicht gelten. Bisher habe
ich nur diesen widersprochen und sie wenigstens hätten mich
verstehen sollen.   Wartet noch eine kurze Zeit, so werde ich
zur andern Seite der Tafel kommen, die rein religiöse Bedeutung jener Lehren zeigen und euch, mit denen ich nie im
Streite war, gerade recht geben.

17.

Dahin gehört es endlich, wenn man den Einfluss dieser
Philosophie auf das Herz und die Gesinnung der Menschen
beurtheilen und vorausprophezeien will. Eigentliche Philosopheme einer transscendentalen Theorie sind an sich todt und
haben gar keinen Einfluss in das Leben, weder guten, noch
bösen, ebensowenig als ein Gemälde lebt und sich bewegen
kann. Auch ist es ganz gegen den Zweck dieser Philosophie,
sich den Menschen, als solchen, mitzutheilen. Der Gelehrte,
als Erzieher und Führer des Volks, besonders der Volkslehrer,
soll sie allerdings besitzen, als pädagogisches Regulativ, und
nur in ihm wird sie insofern praktisch. Wenn er aber sie
selbst mittheilen wollte, — was die Menge weder verstehen
noch richtig beurtheilen könnte, — so würde er dadurch nur
beweisen, dass er selber ihren Geist gar nicht verstanden habe.
Dass er sie aber mit Eifer und Treue anwende, dieser gute
Wille wird schon vorausgesetzt, nicht etwa durch sie erst hervorgebracht, ebenso wie bei dem Philosophen von Profession
Unparteilichkeit, Wahrheitsliebe, Fleiss schon vorausgesetzt,
nicht aber durch sein Philosophiren erzeugt wird.

18.

Eine solche gänzliche Vermischung zweier Sphären haben
sich, mehr oder minder, alle zu Schulden kommen lassen, die
gegen mich geschrieben: durchaus aber thut es ein ungenann-
ter Appellant an den gesunden Menschenverstand. *) Der gesunde Menschenverstand, an den er appellirt, ist das Christen-

---

*) „Appellation an den gesunden Menschenverstand" u. s. w. Hannover
bei Hahn. 1799.

thum mit jener Verbrämung (15.), oder noch eigentlicher, der
hannöversche Katechismus. Auf ihn kann man nicht zürnen,
oder ihn widerlegen wollen; denn er ist offenbar ein Unphi-
losoph und Ungelehrter, wahrscheinlich nicht einmal ein Stu-
dirter im gewöhnlichen Sinne des Wortes, sondern etwa ein
Canzellist, den man höheren Ortes veranlasst hat, das Verbot
der hannöverschen Regierung gegen mein Journal durch Widerlegung der Appellation bei dem gläubigen hannöverschen
Publicum zu rechtfertigen. Die Widerlegung meiner Philosopheme für Gelehrte wird schon einem anderen und rüstigeren
Streiter übertragen werden.

19.

In Summa: Meine Religionsphilosophie lässt sich nur aus
dem transscendentalen Gesichtspuncte beurtheilen, bestreiten
oder bestätigen. Dem Leser, welcher trotz Allem, was ich soeben darüber beigebracht habe, nicht einmal versteht, was der
transscendentale Gesichtspunct selber sey, werde klar, dass er
zur Theilnahme an diesem Streite nicht berufen sey!

Religion zwar ist Angelegenheit aller Menschen, und jeder
redet da mit Recht hinein und streitet: es ist Bestimmung des
Menschen, Anlage und Wunsch, um hierüber allmählig Uebereinstimmung, den grossen Zweck der Vernunft, hervorzubringen. Aber Religionsphilosophie ist nicht Religion, und nicht
für alle und aller Urtheil: die Religion ist wirkend und kräftig,
die Theorie ist todt an ihr selber; die Religion erfüllt mit Gefühlen und Empfindung, die Theorie spricht nur von ihnen;
sie zerstört sie weder, noch sucht sie neue zu erzeugen.

20.

Der wahre Sitz des Widerstreites meiner Philosophie und
der entgegengesetzten Lehren, welche letztere sich dieses
Umstandes mehr oder weniger deutlich bewusst sind, ist
über das Verhältniss der (blossen, auf Objecte gehenden) Erkenntniss zum wirklichen Leben (zum Gefühle, Begehrungsvermögen und Handeln). Die entgegengesetzten Systeme machen
die Erkenntniss zum Principe des Lebens: sie glauben, durch

freies, willkürliches Denken gewisse Erkenntnisse und Begriffe
erzeugen und dem Menschen durch Räsonnement einpflanzen
zu können, durch welche Gefühle hervorgebracht, das Begehrungsvermögen afficirt und so endlich das Handeln des Menschen bestimmt werde. Ihnen also ist das Erkennen das
Obere, das Leben das Niedere und durchaus von jenem Ab-
hängende (Eberhard a. a. O. S. 20—26.).

Unsere Philosophie macht umgekehrt das Leben, das System
der Gefühle und des Begehrens zum Höchsten und lässt der
Erkenntniss überall nur das Zusehen. Dies System der Gefühle ist durchaus bestimmt im Bewusstseyn, und es enthält
eine *unmittelbare,* nicht durch Folgerungen erschlossene, durch
freies, auch zu unterlassendes Räsonnement erzeugte Erkenntniss. Nur diese unmittelbare Erkenntniss hat Realität, ist daher auch, und ist allein, als aus dem Leben stammend, ein
das Leben Bewegendes. Wenn daher durch Philosophie oder
Räsonnement die Realität einer Erkenntniss erwiesen werden soll, so muss ein *Gefühl* — so will ich es vorläufig
nennen und werde über den Gebrauch dieses Wortes sogleich bestimmtere Rechenschaft ablegen — aufgezeigt werden,
an welches diese Erkenntniss unmittelbar sich anschliesst. Das
freie Räsonnement kann den Inhalt desselben nur durchdringen, läutern, das Mannigfaltige desselben trennen und
verknüpfen, und den Gebrauch desselben sich erleichtern, es
in die Gewalt des Bewusstseyns bringen; aber sie kann es
nicht vermehren, seinen Stoff vergrössern oder anders machen.
Unsere Erkenntniss ist uns mit Einem Male, für alle Ewigkeit
gegeben, wir können daher in alle Ewigkeit sie nur weiter
entwickeln, wie sie *ist.* — Nur das Unmittelbare ist daher
wahr, das Vermittelte nur, insofern es sich auf jenes gründet;
darüber hinaus liegt das Gebiet der Chimären und Hirngespinnste.

21.

Was sagt nun darüber der neueste Vertheidiger des entgegengesetzten Systemes, Herr Eberhard? Er sagt: „Ist das
sittliche *Gefühl* von der Bildung der Vernunft nicht abhängig?"
Als ob darüber nur *eine* Antwort sich verstände, und ich diese
Antwort gutwillig nur in seinem Sinne geben könnte! Ueber-

haupt bedürfte es eines ausführlicheren Werkes, als ich hier
zu schreiben vorhabe, um alle die Verirrungen, die in jenem
scheinbar so einfachen und plausibeln Satze enthalten sind,
hinreichend aufzuklären. — Was heisst überhaupt, das Gefühl
von Begriffen abhängig machen? Es heisst, sich jenes *Unmit-*
bare (20) erräsonniren, was man ursprünglich nicht fühlt,
noch besitzt, sich und andern durch Syllogismen aufnöthigen
wollen. Dann mag man auch sich einbilden, durch Vernunft-
beweise sich und andere zum Lachen oder Weinen bringen
zu können!

Ich antworte sonach ohne Weiteres auf jene Frage in dem
Sinne, wie *er* die Begriffe nimmt: Keinesweges: die Vernunft,
von der er hier redet, ist die theoretische, des Erkenntnissvermögens. Diese sagt aus nur, dass und wie etwas *sey;*
von einem Handeln, und einem Handeln-*Sollen,* von einem
Postulate liegt in ihr schlechterdings nichts, und ich möchte
den Künstler sehen, der mir so etwas herausanalysirte, wenn
er es nicht hineingelegt oder gefunden hat.

22.

Herr Eberhard fährt fort: „Warum ist das sittliche Gefühl
in dem ungebildeten Menschen roh, und in dem gebildeten
und aufgeklärten richtig, frei und weitumfassend? Ist es nicht,
weil der erstere an Begriffen leer, und der letztere an richtigen, hellen, wirksamen Begriffen reich ist?“

Was heisst: das Gefühl ist *roh*? Herr Eberhard verzeihe mir!
Nach meinen Begriffen von Gefühl weiss ich dies Beiwort nirgends unterzubringen, und bitte um die Erlaubniss, bis zu einer
näheren Erklärung mich darauf nicht einlassen zu dürfen. —

„Es ist bei dem Gebildeten *richtig.*“ Hier kann ich doch
errathen, was Herr E. meine. Das *Urtheil* über einen Gegenstand der Sittlichkeit nemlich kann richtig seyn, oder unrichtig, — nie das Gefühl, welches ein absolut einfaches, gar keine
Beziehung ausdrückendes ist. Aber was ist denn das Kriterium der Richtigkeit dieses Urtheils? Etwa wiederum ein logisches, aus früheren Prämissen folgerndes? Kann seyn, dass
Herr E. es so meint. Was ist dann aber hier die erste ur-

sprüngliche Prämisse? Auch nur eine logische? Ich habe nicht
Zeit, die Sache hier auseinanderzuwirren, und verweise ihn
an meine Sittenlehre.

Sein Gefühl ist ferner „*fein.*“ — Man kann allenfalls in
populärer Sprache, wo es auf Bestimmtheit der Begriffe nicht
so sehr ankommt, sagen: der moralische Tact ist fein, d. i. der
Mensch hat sich durch Uebung eine Fertigkeit erworben, über
sittliche Gegenstände schnell und richtig zu urtheilen; aber
nimmermehr: das ursprüngliche, eigentlich sittliche Gefühl, das
ein absolutes, keiner Vermehrung oder Verminderung fähiges
ist, das allemal positiv aussagt: dies soll seyn, dies soll nicht
seyn — könne sich verfeinern. Aber jene Fertigkeit, wird
sie erworben durch das Leben oder durch müssiges Speculiren, und ist das Kriterium, an welches sie zu halten sich
gewöhnt hat, ein theoretischer, durch Räsonniren erst gefun-
dener Satz? Herr Eberhard würde wohl ohne Bedenken mit
Ja antworten; ich aber sage nicht Ja, aus Gründen, die bei
mir am eben angeführten Orte nachzulesen sind, und auf die
man sich einlassen sollte.

Das Gefühl soll ferner *weitumfassend* seyn. Das sittliche
Gefühl ist alle Menschen *gleich* umfassend, und geht auf alle
Objecte des freien Handelns. Der theoretisch Gebildete —
denn von einer solchen Bildung kann nach dem ganzen Zusammenhange hier nur die Rede seyn, nicht von der praktischen Bildung durch Uebung der Tugend — ist von dem in
dieser Hinsicht Ungebildeten nur durch die Ausbreitung des
Wirkungskreises verschieden, nicht aber, *als solcher,* an Inten-
sität des Gefühls oder Stärke des sittlichen Willens. Herr
Eberhard müsste sonst erweisen, dass theoretische Cultur den
guten Willen hervorzubringen und zu erhöhen vermöge. Freilich liegt dies in seiner Consequenz; dennoch nehmen wir Anstand, ihm diese Behauptung zuzutrauen, bis er nicht sich
ausdrücklich zu ihr bekennt.

23.

„Warum haben die Gräuel des Aberglaubens die Sitten-
lehre verunstaltet?“ fährt Herr Eberhard fort. Hat er wirk-

lich so schreiben wollen, so sagt seine Frage so viel als:
warum ergeben sich doch aus unrichtigen Vordersätzen, wenn
man consequent folgert, unrichtige Folgesätze? Hat er aber
schreiben wollen: *Sittlichkeit,* wirkliche Moralität; so frage ich
zurück: Warum hat doch der Aberglaube den Begriff von Gott
verdunkelt und verunreinigt, was auf das sittliche *Urtheil* —
nicht auf das ursprüngliche Gefühl — nicht anders als mitbe-
stimmend wirken konnte? Doch wohl bloss ein falsches theo-
retisches Räsonnement über jenen Begriff!

Wenn daher ein schwachsinniger, dumpfer Andächtler
einen Ketzer verbrennen hälfe und sich dabei auf sein Gefühl
beriefe, würde man ihm nicht richtigere *Begriffe* geben müssen, nicht ein anderes, oder richtigeres sittliches Gefühl? Dies
letztere *ist* das richtige, es kann, so gewiss es nur in seiner
Reinheit gelassen, nicht durch falsches Räsonnement irre gemacht wird, gar nicht anders als richtig, *ursprünglich* seyn. —
Oder glaubt Herr Eberhard im Ernste, dass es mehrere sittliche Gefühle für besondere Individuen gebe, wie er allerdings
S. 64, 4. insinuirt, wo denn etwa *ein* sittliches Gefühl die Ketzer-
verbrennerei bestätigen würde?

Herr Eberhard argumentirt aus gleichen Voraussetzungen
weiter, und schärft ein und treibt sich fort in demselben Cirkel. Wir haben das falsche Princip aufgedeckt; es wäre ver-
lorene Mühe, den Irrthum an allen Folgerungen daraus nachzuweisen.

24.

Welches ist nun das Gefühl, worauf unser Glaube an die
Gottheit sich gründet, und wodurch derselbe als reell bewährt wird?

Zuvörderst über einen doppelten Sinn des Wortes: Gefühl,
der auch Herrn Eberhard meiner Meinung nach irre gemacht
hat. Das Gefühl ist entweder *sinnlich* — des Bittern, Rothen,
Harten, Kalten u. s. w., — oder *intellectuell.* Herr Eberhard,
und mit ihm alle Philosophen seiner Schule, scheint die letztere Art ganz zu ignoriren, nicht zu beachten, dass auch die

letztere Gattung angenommen werden muss, um das Bewusstseyn begreiflich zu machen.

Ich habe es hier mit dem ersteren nicht zu thun, sondern
nur mit dem letzteren. Es ist das unmittelbare Gefühl der
Gewissheit und Nothwendigkeit eines Denkens. — Wahrheit
ist Gewissheit: und woher glauben nun die Philosophen der
entgegengesetzten Schule in einem bestimmten Falle zu wissen,
dass sie gewiss sind? — Etwa durch die allgemeine theoretische Einsicht, dass ihr Denken mit den logischen Gesetzen
übereinstimmt? Aber diese theoretische Einsicht ist selbst nur
eine Gewissheit in höherer Potenz: wie sind sie sicher, dass
sie sich in der Gewissheit über jene Uebereinstimmung nicht
abermals irren? Etwa durch eine andere, noch höhere theoretische Einsicht? Aber woher deren Gewissheit? Kurz, sie
werden ins Unendliche getrieben. Auf diesem Wege ist Gewissheit zu erreichen ebenso unmöglich, als eben auch das
Gefühl der Gewissheit zu erklären unmöglich ist. Ueberdies
— ist denn jene Gewissheit ein Objectives, oder ein subjectiver
Zustand? Und wie kann ich solchen wahrnehmen, ausser
durch ein schlechthin ursprüngliches, durch nichts Anderes vermitteltes *Gefühl?*

Aber was ist dies? Es ist klar, dass dieses Gefühl nur
mein Denken *begleitet* und nicht eintritt ohne dieses und einen
besonderen Inhalt desselben. Dass es aus sich selbst einen
solchen Inhalt oder eine Wahrheit haben sollte, ist unmöglich
und würde keinen klaren Sinn zulassen. Das Gefühl der Gewissheit oder Wahrheit *begleitet* nur, wie gesagt, ein gewisses
Denken und dessen Inhalt.

Es ist offenbar, dass, wenn das Gefühl der Gewissheit von
einem gewissen Denken und seinem Inhalte unabtrennlich ist,
wenn daher dies Denken die Bedingung aller mittelbaren Gewissheit oder Vernünftigkeit in sich enthält, alle Menschen über
dieses Gefühl übereinkommen müssen, und es jedem anzumuthen ist, wenn es ihm auch nur zum Bewusstseyn zu bringen,
nicht anzudemonstriren wäre, welches in Absicht des Unmittelbaren überhaupt nicht möglich ist.

Es ist daher dies Gefühl nicht nur intellectuelles über-

haupt, sondern das erste und ursprünglichste intellectuelle Gefühl, Grund aller Gewissheit, aller Realität und Objectivität.

25.

Es begleitet das Denken, dass zu der Realisation des durch
unsere moralische Natur uns schlechthin gesetzten Zweckes,
der absoluten Selbstständigkeit der Vernunft, stete Annäherung
möglich sey, und dass die Bedingung derselben in der absoluten Erfüllung unserer Pflicht in jeder Lage, lediglich um der
Pflicht willen, beruhe. Es begleitet dies Denken *nothwendig*,
indem es einen integrirenden Theil jenes Zwecksetzens selber
ausmacht, davon, dass man jenen Zweck schlechthin sich setzen
muss, unabtrennlich, und eigentlich nur der unmittelbare Ausdruck dieses Bewusstseyns ist.

Wir analysiren näher, was darin enthalten.

Ich denke: es ist möglich, dass die Vernunft stets ihrem
Zwecke entgegengehe und sich ihm annähere. Dies möchte
etwa als ein willkürliches Denken, ein bloss problematisches
Setzen, das weiter nichts für sich hat, als die blosse Denk-
möglichkeit, erscheinen. So ist es nun nicht: sondern es zeigt
sich in einem gewissen Zusammenhange, als ein nothwendiges,
im Bewusstseyn unabweisbares. — Ebenso nothwendig und
unabweisbar wäre daher auch, was zufolge der logischen
Nothwendigkeit des Denkens (vermittelt) in ihm liegt.

Setze ich nun einen Zweck in meinem Handeln, so setze
ich ihn in irgend einer zukünftigen Zeit auch als verwirklicht.
Dies ist eine nothwendige logische Folge. Aber ich kann, die
Sache bloss in ihrer logischen Consequenz betrachtet, beide
Sätze, wie es scheint, ebenso gut auch in das umgekehrte Verhältniss bringen. Ich soll und kann mir den Zweck der Sitt-
lickeit nicht vorsetzen, wenn ich nicht schon von seiner Ausführbarkeit überzeugt bin, hat man schon häufig gesagt, und
so das Erste vom Letzteren abhängig gemacht. — Ich kann
ihn nicht für ausführbar halten und werde es nicht, wenn ich
mir ihn nicht schlechthin setze, kann man ebensowohl sagen.
Warum soll ich ihn mir aber überhaupt setzen?

Kurz, im blossen logischen Verhältnisse ist beides nur

unter Bedingung gewiss, an sich keinesweges; wir werden
von jedem Gliede aufs andere verwiesen: die ursprüngliche
Gewissheit jenes Bewusstseyns ist nicht erklärt.

Diese kann daher nur liegen in der Unmittelbarkeit eines
Gefühls, und in diesem sind auch jene beiden Glieder ursprünglich Eins. Ich soll schlechthin den sittlichen Zweck mir
setzen, und ihn schlechthin für ausführbar halten: ich soll ihn
für ausführbar halten und darum ihn setzen. Keines ist in
Wahrheit die Folge vom anderen, sondern beides ist Eins; es
ist Ein Gedanke, nicht zwei; und es ist wahr und gewiss,
nicht zufolge jenes erschliessenden Denkens, sondern einer
Nothwendigkeit, die ich nur fühle.

26.

Da es nur unmittelbare, nur fühlbare Gewissheit ist, so
kann man sie keinem andemonstriren, aber bei jedem sicher
voraussetzen, indem diejenigen, die sie haben, und die ausserdem über den Zusammenhang des menschlichen Wissens nachdenken, erkennen müssen, dass jedes andere Wissen sich nur
darauf gründet, und dass jeder, der etwas mit Gewissheit
weiss, unvermerkt und ihm selbst vielleicht unbewusst, von
jenem Wissen ausgegangen ist. Es lässt sich jedem anmuthen,
dass er sich — was freilich von seiner Freiheit abhängt —
mit sich selbst gehörig bekannt mache, und in sich einkehre,
wo er es dann ohne Zweifel also in sich finden wird.

Man bemerke: es wird ihm nicht angemuthet, es in sich
zu *erzeugen*, sondern nur, es in sich zu finden. Jede vermittelte Gewissheit setzt eine ursprüngliche voraus: in Jedes
Bewusstseyn, der überhaupt von irgend etwas überzeugt ist,
ist auch jene Gewissheit, und er kann sich von jedem Wissen
aus, das nur bedingt und vermittelt ist, zu ihr erheben.

27.

Hier kann ich eines Misverständnisses erwähnen, das mir
in eben jener „Appellation an den Menschenverstand" vorge-
kommen ist. Unter mehreren völlig unverständigen Dingen
behauptet der Verfasser: nach mir finde Gott nur für den mo-

ralischen Menschen, nicht für den unmoralischen, statt. —
Richtig: nur für den Menschen, inwiefern er überhaupt moralisch ist, ist der Glaube richtig und wahr; aber nicht gerade
nur für denjenigen, der moralisch ist, ist solcher Glaube über
haupt vorhanden. Ich sehe hier wieder nur eine Folge jener
trennenden Classificationen. Wo ist denn die personificirte,
absolute Unmoralität? Sie ist nicht möglich. Der Mensch besteht überhaupt nur und kann nur seiner bewusst seyn, indem er auf dem Boden der Vernunft steht. Ohne alle Moralität ist er auch in seinem theoretischen Wissen nur Thier, nur
Organisationsproduct.

28.
Resultat.

Die absolute Gewissheit und Ueberzeugung — (nicht blosse
Meinung, Dafürhalten, Wünschen) — von der Möglichkeit, —
nicht sich selbst, d. i. seinen Willen, durch den Begriff der
Pflicht zu bestimmen, denn dies erkennen wir als möglich dadurch, dass wir es wirklich thun, — sondern durch diese
pflichtmässige Bestimmung unseres Willens den Zweck der
Vernunft auch *ausser unserem Willen* zu befördern, ist das Unmittelbare der Religion und ist auf die angeführte Weise im
Gemüthe des Menschen begründet.

29.

Hier muss ich nun sogleich eine Bemerkung über den
Sprachgebrauch einschalten, die ich nicht länger verschieben
kann, ohne undeutlich zu werden und alte Einwürfe von Neuem
zu befahren.

Das Wort *Seyn* bedeutet unmittelbar immer ein Object
des Denkens, ein Gedachtes. Nun kommt ihm entweder auch
eine Existenz, ein *Bestehen* und *Dauern,* ausser dem Denken
zu, in der sinnlichen Wahrnehmung: dann ist ein reelles Seyn
bezeichnet, und man kann vom Gegenstande sagen: er *ist.*
Oder es kommt ihm ausser dem Denken kein anderes Seyn
zu; dann ist die Bedeutung des Seyns bloss die logische.
Dann bezeichnet das Wort „ist" nur die logische Copula, in

welcher das Mannigfaltige der Prädicate in einer Einheit des logischen Subjects durch das Denken fixirt wird: man kann sodann nicht sagen: das Object ist, sondern es ist als dieses oder jenes zu denken. Hier sind wieder mehrere Fälle zu unterscheiden, von denen ich tiefer unten reden werde.

Ebenso werden andere, mit dem Ausdrucke des Seyns verwandte Worte in diesen zwei verschiedenen Bedeutungen gebraucht. „Princip" — ein Ausdruck, dessen ich mich auch hier bedient habe — ist im Systeme des reellen Seyns ein Erstes, daraus ich ein Zweites und Drittes u. s. f., auch ohne wirkliche Wahrnehmung, vorausberechnen, der Erfahrung anticipiren kann, mit kategorischer Gewissheit, wodurch ich in der That also etwas als reell erkenne. In dieser Bedeutung des Wortes ist das intelligible Princip, die Freiheit, nie Princip einer realen Erkenntniss, Erklärungs- und Anticipationsgrund: d. h. es lässt sich nicht voraussehen, *was* durch sie werde wirklich werden. Nur durch die Wahrnehmung wissen wir, was wirklich ist; und eben weil wir das Product der Freiheit schlechthin nicht als das Glied einer begreiflichen Kette von Ursachen und Wirkungen anerkennen, weil es ein absolut erstes ist, und nur factisch erkennbar wird in der Wahrnehmung: eben darum sagen wir, die Freiheit sey Princip, aber nicht in realem Sinne, als Grund einer unmittelbaren und nothwendigen factischen Bestimmtheit, sondern in logischer Bedeutung, als Princip von Möglichkeiten; aber eben darum sind wir genöthigt, sie *also* zu denken. — Auf ähnliche Weise verhält es sich mit dem Worte: *Gesetz* für die Welt der Vernunft und Freiheit. In der Sinnenwelt bedeutet es eben die Bestimmung der Kraft, aus welcher, als dem Principe, die Folgen auf die eben beschriebene Weise abgeleitet werden können. Von den *endlichen*, schon als frei in der empirischen Bedeutung des Wortes, als lediglich bestimmbar, aber nicht bestimmt, gedachten Wesen gebraucht, bedeutet es allein ein *Sollen*, d. h. eine Bestimmtheit der Freiheit durch Freiheit, die eben darum keine mechanische unmittelbare Bestimmtheit ist. Von dem Unendlichen oder von der Vernunft $\varkappa\alpha\tau'\ \dot{\varepsilon}\xi o\chi\dot{\eta}\nu$ gedacht, welcher die empirische Freiheit, als selbst Resultat der

Endlichkeit, nicht zugeschrieben werden kann, bedeutet „Gesetz" lediglich die Nothwendigkeit, ein, nicht *materialiter* — denn insofern ist es uns schlechthin unbekannt, und *a priori* unableitbar, — sondern *formaliter*, durch seinen Zweck, den Endzweck der Vernunft, Bestimmtes stets von ihr zu erwarten einen unendlichen, nie zu erschöpfenden Freiheitsinhalt für die vernünftigen Individuen, ohngeachtet man dafür keine daliegende Bestimmtheit, aus welcher es mechanisch erfolgte, annehmen kann, da man sich hier ja nicht in der Sphäre des Objectiven befindet, sondern an der schlechthin ideellen Quelle des Geistes steht. Das Wort *Gesetz* hat daher hier ebenso keine *reelle* Bedeutung, aus welcher man äussere und nothwendige Erfolge ableiten könnte, sondern nur logische, indem es jenen unendlichen Freiheitsinhalt in *einen* Begriff zusammenfasst.

Ebenso verhält es sich mit dem Gebrauche des Wortes: *Welt.* In der reellen Bedeutung ist es ein geschlossenes Ganzes von daseyenden Objecten, die in Wechselbestimmung ihres Seyns stehen, wo jedes ist, wie es ist, weil alle andere das sind, was sie sind, und umgekehrt, und wo man bei vollkommner Kenntniss der Weltgesetze aus der Natur eines jeden auf die aller übrigen würde schliessen können. 'Von vernünftigen Wesen gebraucht, bedeutet jenes Wort gleichfalls eine Gesammtheit, einen Einfluss aller auf jeden, und eines jeden auf alle, dessen Art und Weise aber nicht, wie bei den Naturgesetzen, errathen und vorausbestimmt werden kann, weil er in der Freiheit aller seinen Grund hat, weshalb der Ausdruck: *Welt* hier gleichfalls nur eine *logische*, keinesweges *reelle* Bedeutung hat.

Man hat auch — und ich selbst habe mich oft dieses Ausdrucks bedient, — von der *Ordnung* einer übersinnlichen Welt gesprochen. Man versteht dies unrichtig — und freilich kann man nicht allen Misverständnissen vorbauen, — wie wenn die übersinnliche Welt sey, ehe sie geordnet worden, und wie wenn „Ordnung" erst ein Accidens derselben sey. Nein: sie selbst wird *Welt* nur dadurch, dass sie geordnet wird.

Wenn man sonach von dem lediglich Intelligibeln redet,

ist der Gebrauch dieser und aller verwandten Begriffe, d. h.
aller, die vom Seyn herkommen und dasselbe weiter bestimmen,
nur der *logische,* nicht der *reelle.*

Dies wird erinnert, um dem schon oft mir gemachten Vorwurfe ein Ende zu machen, dass ich mich derselben Worte
bediene, deren Gebrauch ich bei Anderen misbillige. Aber ich
muss mich derselben wohl bedienen, um überhaupt nur sprechen zu können, und muss sie aus der Sprache aufnehmen in
ihrer gegebenen Bedeutung. Aber ich bediene mich derselben
in anderem Sinne, als meine Gegner, wie aus der Ableitung
der mit ihnen bezeichneten Begriffe selber klar seyn sollte. Hier
habe ich den Gegensatz auf eine allgemeinere Unterscheidung
zurückgebracht: wer sich ihrer bedient, um durch Folgerung
eine reelle Existenz zu behaupten oder dieselbe näher zu bestimmen, bedient sich ihrer *reell;* wer nur bei einer allgemeinen Begriffsverbindung stehen bleibt, bedient sich ihrer *ideell.*

30.

In jener aufgestellten allgemeinen Formel (28.) fasst die
Religion nur der Philosoph — hier nicht gerade als transscen-
dentaler Philosoph, sondern überhaupt als abstracter Denker,
ebenso wie auch nur er den Pflichtbegriff, den der reinen
Moralität u. dergl. in seiner Abstraction fasst. Dem Menschen
im wirklichen Leben (und wie sich versteht, auch dem, der
Philosophie treibt, inwiefern er handelt) kann das Pflichtgebot
nie überhaupt, sondern immer nur in concreter Willensbestimmung erscheinen. Insofern er nun wirklich und jedesmal seinen Willen also bestimmt, handelt und ist er moralisch.

Ebensowenig erscheint ihm die Religion jemals überhaupt,
sondern nur inwiefern er in jedem bestimmten Falle seines
Handelns fest überzeugt ist (und diese Ueberzeugung findet
sich eben durch die moralische Willensbestimmung), dass das
von ihm Gewollte und Gehandelte auch ausser seinem Willen
der absolute Zweck der Vernunft sey, dass es seyn und geschehen solle schlechthin um deswillen, und dass der eigene
Wille nur Werkzeug jenes absoluten Zweckes sey: so glaubt
er religiös. Wer daher in allen Lagen seines Lebens unver-

rückt und ohne Ausnahme so handelte und dächte, wenn er
sich auch nie weiter, als bis zu dem einfachen Gedanken erhöbe: dadurch befördere ich, was schlechthin seyn soll — ohne
das Mannigfaltige dessen, was da seyn soll, zu combiniren und
in der Einheit der absoluten Vernunft zusammenzufassen, der
wäre ein vollkommen Tugendhafter und Religiöser; denn er
besässe das Wesen dieses Begriffes.

31.

Aber schon das gewöhnliche Handeln des Lebens nöthigt
die Menschen, das Gemeinschaftliche in ihrer Erfahrung zusammenzufassen und aus allgemeinen Begriffen allgemeine Regeln
sich zu bilden. Sobald dies in irgend einer Region der Erkenntniss geschieht, geschieht es in allen, und wenn dem Menschen Moralität und Religion am Herzen liegt, daher gewiss
vorzugsweise in Sachen der Religion und Moralität.

Aber es ist nicht nothwendig, dass er sich zur höchsten
Abstraction erhebe, zu einem Begriffe, der alle übrigen dieser
Art in sich fasse, und aus dessen Einheit sie erschöpfend abzuleiten wären, wozu ein nach den höchsten Principien gelei-
tetes, systematisch philosophisches Denken gehören würde: —
sondern er begnügt sich, das Mannigfaltige etwa auf *mehrere*
Formeln und Grundbegriffe zurückzuführen.

Die Basis des religiösen Glaubens war die Ueberzeugung
einer Ordnung oder eines Gesetzes (über den Gebrauch dieser Worte, die nur in unvollkommenem Maasse passen, später!),
nach welchem aus der pflichtmässigen Gesinnung auch wirklich der absolute Vernunftzweck hervorgeht, wonach in der
That erreicht und verwirklicht wird, was der Einzelne in seinem pflichtmässigen Handeln bloss erstreben kann.

32.

In diesem Gedanken ist nun eine Mannigfaltigkeit von
Gliedern, und zwar zuerst: dasjenige, was schlechthin und allein von mir abhängt, die pflichtmässige Bestimmung meines
Willens; sodann etwas, das meinem religiösen Glauben zufolge aus dieser Willensbestimmung folgen soll, was über

den Bereich des eigenen sittlichen Willens hinausliegt, dennoch
aber schlechthin angenommen werden muss, um ihm selber
nur Zweck und Bedeutung zu geben. Es ist der religiöse
Glaube, der das Zweite an das Erste anknüpft: die moralische
Gesinnung ist durch das Erste vollendet; aber sie kann zum
vernunftmässigen, vertrauensvollen Wirken nur kommen durch
das *Zweite,* wie sich bald zeigen wird; und in diesem Zweiten beruht die Religion. Es ist sonach ein ungerechter, aus
der Luft gegriffener Vorwurf, wenn man unserer Theorie vorgerückt hat, dass sie die Religion ganz aufhebe und nur ihren
Namen stehen lasse, während bloss Sittlichkeit übrig bleibe,
mithin wenigstens heuchle, bemäntle, hinter dem Berge halte.

Ich kann überhaupt nicht *wollen,* ohne, zufolge des Gesetzes meiner Endlichkeit, etwas Bestimmtes, Begrenztes zu
wollen, d. h. mein an sich unendliches Vermögen in eine Reihe
endlicher Willensbestimmungen zu zerlegen (dies ist in der
Sittenlehre aus der allgemeinen Form des Wollens, wie ich
glaube, mit hinreichender Klarheit abgeleitet worden). In der
Forderung, pflichtmässig zu wollen, liegt sonach zugleich die
Forderung, etwas Bestimmtes also zu wollen. Dass dieses Be-
stimmtwerden des Willens durch die Stimme des Gewissens
(nicht durch Räsonnement über die Folgen — auch darüber
sehe man meine Sittenlehre) untrüglich sey, wird *geglaubt:* —
abermals nicht aus Räsonnement oder irgend welchen allgemeinen Begriffen, sondern ursprünglich und unmittelbar. Es
tritt schon hier Religion ein; oder eigentlicher, hier ist das
erste Verbindungsglied zwischen reiner Moral und Religion.

Nun erfolgt jedoch ferner aus jener Willensbestimmung
eine Handlung: aus dieser entspringen andere, mir selbst unübersehbare Folgen in der Welt der vernünftigen Wesen (denn
auf diese allein sehe ich, und die Sinnenwelt ist mir überall
nur Mittel). Diese Folgen kann ich nicht berechnen; sie stehen schlechthin nicht mehr in meiner Gewalt: dennoch glaube
ich, dass sie gut sind und dem Vernunftzwecke gemäss, glaube
es mit derselben *ursprünglichen* Gewissheit, die mich zum ersten Handeln veranlasste, könnte sogar nicht handeln, wenn
mich nicht auch dieser Glaube überall begleitete. Dies ist nun

Religion. Ich glaube, wenn ich es mir auch nicht so deutlich und nicht in dieser begriffsmässigen Formel denke, an ein Princip, zufolge dessen aus jeder pflichtmässigen Willensbestimmung die Beförderung des Vernunftzweckes im allgemeinen Zusammenhange der Dinge sicher erfolgt. Aber dies Princip ist schlechthin unbegreiflich der Art und Weise seines Wirkens nach: doch wird es seinem Vorhandenseyn nach (auch hier fehlen Sprach- und Begriffsbestimmungen) absolut gesetzt, mit derselben Ursprünglichkeit des Glaubens, wie an die Stimme des Gewissens geglaubt wird. Beides ist nicht eins, aber schlechthin unabtrennlich von einander.

33.

Wir analysiren weiter, was darin enthalten ist. — Die Willensbestimmung ist stets nur das Gegenwärtige und enthält, was allein von uns abhängt. Aber es wird, für ihre eigene Möglichkeit in dieser Bestimmtheit, etwas Weiteres vorausgesetzt: es wird mit ihr zugleich gedacht etwas Vergangenes, und dass aus ihr etwas durch sie modificirtes Zukünftiges erfolgen werde, wird postulirt.

Es wird in ihr Etwas *vorausgesetzt*. — Nicht, dass ich überhaupt Pflicht habe und nach ihr meinen Willen bestimmen soll — denn dies ist Resultat der Vernunft an sich, der reinen Vernunft, — sondern dass gerade dieses Bestimmte meine Pflicht ist, ist Resultat meiner Lage in der gesammten Vernunftwelt. Wäre ich überhaupt nicht da, oder wäre ich — was der Strenge nach freilich nichts gesagt ist — ein Anderer, oder wäre ich in einer anderen Gemeine vernünftiger Wesen, so träte eine solche Pflicht gar nicht ein; ebenso wie eine gewisse Bestimmung der Natur nicht einträte, wenn nicht dies bestimmte Individuum auch sinnlich dawäre. Ich soll in dieser Lage schlechthin nur nach Maassgabe des Ausspruchs meines Gewissens handeln; aber ich kann dies nicht (§. 32.), ohne zugleich anzunehmen, dass gerade diese Lage auf den Vernunftzweck berechnet, Resultat von der Wirkung jenes absoluten Princips sey. Daher liegt in jenem Glauben ferner, dass die dem freien Handeln jedes Individuums vorauszusetzende Ver-

nunftwelt durch jenes Princip hervorgebracht und geordnet
sey. Populär oder den Analogien unseres endlichen Bewusstseyns angenähert, kann dies nur heissen: sie ist erschaffen,
wird erhalten und regiert durch das absolute Princip.

Es wird in derselben etwas Zukünftiges *postulirt:* — die
fortgesetzte Causalität unserer Willensbestimmung zur Beförderung des Vernunftzweckes; daher die Erhaltung und gleich-
mässige Entwickelung aller vernünftigen Wesen in der Identität ihres Selbstbewusstseyns; stetes Fortschreiten aller zum
Endzwecke der Vernunft: — also Erhaltung der Vernunftwesen in ewiger Fortdauer, Leitung der Schicksale derselben
zu ihrer Beseligung, d. i. zu ihrer Befreiung durch reine Moralität.

34.

Man sieht, dass hier nur Acte, nur Begebenheiten, etwas
Fortfliessendes, kein Seyn und starres Bestehen gedacht wird:
ein Schaffen, Erhalten, Regieren, keinesweges ein Schöpfer, Erhalter, Regierer. Aber jener Glaube erörtert nicht solche theoretischen Fragen: kurz es *ist* so; es lässt sich darauf mit der
vollsten Sicherheit rechnen. Auf diesem Puncte steht die
Ueberzeugung fest, und aus ihm herauszugehen ist, um der
Sicherheit und Gewissheit willen, nicht der mindeste Grund.

Das Glaubensbekenntniss heisst nun: Ich und alle vernünftigen Wesen und unsere Verhältnisse zu einander — inwiefern wir uns unterscheiden, und soweit nur erhebt sich
der gemeine Verstand, — sind durch ein freies, intelligentes
Princip erschaffen, werden durch dasselbe erhalten und unserem Vernunftzwecke entgegengeführt, und Alles, was nicht
von uns abhängt, um jenen höchsten Zweck zu erreichen, geschieht, ohne all unser weiteres Zuthun, durch die weltregie-
rende Macht desselben ohne allen Zweifel.

35.

Das Princip, auf welches jene mannigfaltigen Prädicate bezogen werden, soll denn doch nur Eins seyn. Ich kann —
dies liegt in meinem Denken — von dem einen Prädicate zu

dem andern nicht fortgehen, sie nicht zu einander zählen und
in sich zusammenfassen, ohne etwas Dauerndes, dem diese Prädicate insgesammt zukommen, vorauszusetzen, es eben, gerade
durch dieses Denken, zu erzeugen: ob ich gleich, eben weil
ich es den Gesetzen und dem Zusammenhange des Denkens
nach *mit Nothwendigkeit* erzeuge, nicht für mein Product ansehe. Jenes, die Mannigfaltigkeit und den Unterschied der Prädicate zusammenfassende Denken des Einen Princips dieser
Prädicate ist selbst das Fortdauernde und Bestehende, und es
sind in diesem Acte eigentlich zwei Bestimmungen zu unterscheiden, die *als* entgegengesetzte neben einander herlaufen,
beide aber nur durch einander sind und in ihrem Gegensatze
eben den Denkact ausmachen: ein gleichförmiges Denken, das
der Einheit des Princips, — ein fliessendes und veränderliches,
das Fortgehen von Prädicat zu Prädicat jenes Einen Principes.
Die Prädicate sind mir unmittelbar mit meinem moralischen
Entschlusse und mit der ursprünglichen Gewissheit, die ihn
begleitet (§. 32. 33.), entstanden. Die *Einheit* des Princips entsteht mir erst dadurch, dass ich, mit Abstraction von jenem
moralischen Bedürfnisse, welchem an der Gewissheit jener Prädicate genügt, und das überhaupt nicht theoretisirt, auf sie in
ihrer Absonderung von jener moralischen Beziehung (theoretisch und dogmatisch) reflectire.

Man übersehe nicht jenes *unmittelbar* und dieses *vermittelst:* es kommt darauf eben Alles an.

36.

Das einzige passende und im Systeme zunächst liegende
Beispiel zu jenem unmittelbaren und vermittelnden Denken liefert das Denken unserer Seele (unseres Geistes, oder wie man
will). Mein Fühlen, Begehren, Denken, Wollen u. s. w. erkenne
ich unmittelbar, indem ich jene Acte vollziehe. Durch keinen
Act von Vermittelung, sondern nur dadurch, dass ich in ihnen bin, sie setze, kommen sie mir zum Bewusstseyn: sie sind
das Unmittelbare $\varkappa \alpha \tau' \dot{\varepsilon} \xi o \chi \eta \nu$. So lange ich in diesem Bewusstseyn stehen bleibe, ganz praktisch, d. i. ganz Leben und
That bin, weiss ich nur *mein* Fühlen, Begehren, Wollen u. dgl.,

in ihrem sich ablösenden Wechsel, aber ich weiss nicht *mich*
ausdrücklich als die Einheit und als das Princip dieser verschiedenen Bestimmungen. Erst wenn ich über die *Wirklich-*
keit dieser unterschiedenen Acte mich erhebe, und, mit Abstraction von ihrer Verschiedenheit, sie überhaupt nur als gemeinsame in mir zusammenfasse, entsteht das Bewusstseyn der
Einheit, als des Princips jener mannigfaltigen Bestimmungen
überhaupt: und dies Product unseres abstrahirenden und zu-
sammenfassenden Denkens ist es, was wir *unsere Seele, Geist*
u. dergl. nennen.

37.

Jenes Eine Princip kann nun, wenn ich nur überhaupt zu
jener Abstraction reif war, d. i. wenn sie aus mir selbst unternommen worden ist, und ich sie nicht durch blosse Tradition überliefert erhalten habe, lediglich als ein für sich Bestehendes und Wirkendes, nicht selbst nur als Eigenschaft oder
Prädicat, welches irgend einem Substrate inhärirt, gedacht
werden. Es fällt nicht aus als Geistigkeit, welche einer Substanz beigelegt wird, die, als selbst nicht geistig, nur unter der
Bestimmung der Materie gedacht werden könnte, sondern als
reiner Geist; nicht als eine substantiirte Weltseele, sondern
als ein für sich bestehendes, lauteres Wesen, nicht als ein
Schaffen, Erhalten, Regieren überhaupt, sondern als *Schöpfer,*
Erhalter, Regent. Und dies ganz mit Recht und den Gesetzen
unseres Denkens gemäss, wenn man sich einmal über die Unmittelbarkeit des Lebens und Handelns in das Gebiet der theoretischen Abstraction erhoben hat.

Man vergesse nicht: beide Begriffe (§. 35. 36) sind nur
durch Denken, und zwar durch ein an sich nicht nothwendiges, nicht concretes, sondern abstractes Denken entstanden:
sie beziehen sich deswegen auch nicht auf die Wahrnehmung,
sie sind daher nur *logisches Subject*, keinesweges *reelles*, in
der Wahrnehmung zu belegendes, oder Substanz (§. 29).

Nur die Prädicate beider kommen in der Wahrnehmung
vor, enthalten daher ein nothwendiges, *reelles* Denken, nicht
aber die Subjecte: d. i. in der sinnlichen Wahrnehmung kom-

men mehrere Prädicate vereinigt vor in einer sinnlichen, objectiven Verbindung. In dieser Hinsicht ist zu sagen, dass auch
das Subject oder Substrat jener sinnlichen Prädicate in den
Bereich des reellen Denkens fällt. Nicht so mit jenen übersinnlichen Subjecten, der Seele, und des schöpferischen geistigen Princips.

38.

Was kann nun in diesen Begriffen liegen? Offenbar nichts
anderes, als die Prädicate der Wahrnehmung, aus welcher sie
durch abstrahirendes Denken entstanden sind (§. 35.). Deine
Seele ist nichts, als dein Denken, Begehren, Fühlen selbst.
Gott ist nichts, als das nothwendig anzunehmende Schaffen,
Erhalten, Regieren selbst.

Aus dem Begriffe der reellen Substanz lässt sich schliessen,
aus dem des logischen Subjectes nimmer. Durch das erstere
lässt sich die Erkenntniss erweitern, durch das letztere nicht.
Ist etwas reelle Substanz, so fällt es unter die Bedingungen
der sinnlichen Wahrnehmung, ist irgendwo und irgendwann,
ist mit sinnlichen Prädicaten versehen. Keine dieser Bestimmungen kann auf jene Begriffe angewendet werden.

Auch der Begriff des reinen Geistes (§. 37.) vermöchte
nicht zu solchen weiteren Folgerungen zu verhelfen. Selbst
die von unserer Seele entlehnten Bestimmungen passen nicht
für jenen Begriff. Unserer Seele werden sie zugeschrieben,
nicht durch Folgerung, sondern durch unmittelbares Bewusstseyn. Ueber Gott sagt das unmittelbare (sittliche) Bewusstseyn
nur das oben Angegebene aus. Schlüsse aber daraus zu machen über den bezeichneten Inhalt hinaus, dazu fehlt der Grund
und schlechterdings auch die Möglichkeit.

39.

Das bisher Gesagte ist Transscendentalphilosophie, nicht
Lebensphilosophie. Aus ihr sollen erst die Regulative hervorgehen, um eine Lebensweisheit zu bilden. — Nur was aus
dem Leben hervorgeht, wirkt in das Leben, in Denkart, Gesinnung und Handelsweise zurück. Aus dem Leben hervor

geht nur jener unmittelbare Glaube (§. 38.), nicht aber jenes
logische Subject, und die Weise, wie man sich es etwa, stets
irrig, weiter bestimmt.

Dieser also ist vorzüglich auszubilden und für die Hauptsache zu halten. Das Logische findet sich wohl von selbst,
und ist richtig und angemessen, unschädlich, *nur inwiefern es
sich von selbst bildet.* Er ist nicht zu bilden durch Räsonnement, sondern durch Uebung im Leben und durch Erziehung
zur Moralität, — wo dann auf das sicher zu rechnen ist, was
in unserem Innern von jenen ursprünglichen, moralischen und
religiösen Wahrheiten ohne alles weitere theoretische Bemühen
sich einfinden wird.

40.

Auf dem angezeigten Wege, und nur auf ihm, kommen
alle Menschen zum religiösen Glauben, wenn sie es auch nicht
wissen sollten; denn nur jenes ist sein wahrer und gemein-
gültiger Ursprung, was freilich erst die Untersuchungen einer
gründlichen Transscendentalphilosophie zeigen können.

Andere Ableitungen, welche die Philosophie, überhaupt
die reflectirende Wissenschaft macht, sind zwar richtig in Absicht des Gegenstandes selbst, welchen sie schon auf jenem
Wege erlangt haben, nicht aber in Absicht des Grundes der
Annahme. — Mit ihnen ist der Streit nicht über die Sache
selbst, sondern über die Ableitung und, wenn man von Anwendungen absieht, die sie davon auch für die Bildung im
Leben machen wollen, rein philosophisch.

41.

Die pädagogischen Regeln zur religiösen Volkserziehung,
die daraus hervorgehen, sind folgende:

Die religiöse Bildung kann nicht angehoben werden vom
Unterrichte in der Religion, welcher ohne Moralität ganz unverständlich ist, und da doch ein Sinn ihm untergelegt werden muss, unvermeidlich in Aberglauben ausartet, sondern von
der Bildung des Herzens zur reinen Tugend und Sittlichkeit.

Durch tugendhafte Gesinnung erzeugt sich die Religion

von selbst, und man hat eben nur die Aufmerksamkeit auf
diesen nothwendigen, das moralische Bewusstseyn begleitenden
Glauben hinzuleiten, der keines Beweises bedarf und keines
fähig ist, weil er als das Ursprünglichste sich ankündigt, und
das darin Enthaltene zu entwickeln. Man hat die religiöse Bildung überhaupt nicht zu betrachten, als etwas, das in den Menschen hineingebracht werden solle, — denn was in ihn hineingebracht wird von solchen Dingen, ist sicher falsch — sondern
das schon in ihm liegt, und was nur entwickelt, woran er nur
erinnert werden soll, was nur in ihm zu verklären und zu
beleben ist.

Es soll daher überhaupt kein *Unterricht* in der Religion,
sondern nur eine Entwickelung jenes ursprünglichen religiösen
Bewusstseyns stattfinden.

Am allerwenigsten aber kann dieser Unterricht mit vermeinten Lehren vom *Daseyn* Gottes angehoben werden. Seine
Beziehungen zu uns sind es, die sich unmittelbar ergeben und
von diesen muss angefangen werden. Das „Daseyn" findet
sich dann ganz von selbst, und nur inwiefern es sich von
selbst auf jenem Wege uns entwickelt hat, wird es *wirklich*
geglaubt.

Ebensowenig ist das Seyn Gottes zu bestimmen, zu charakterisiren, die specifische Art seines Daseyns anzugeben:
denn dies kann unser Denken nicht, wie sattsam nachgewiesen: sondern es ist nur von seinen Thaten zu reden, und der
Glaube an diese zu beleben, zu stärken, im stets gegenwärtigen Bewusstseyn zu erhalten. Der Begriff Gottes lässt sich
überhaupt nicht durch Existentialsätze, sondern nur durch Prädicate eines Handelns bestimmen.

42.

Dies ist nun ganz genau meine Lehre, in ihrer Ausdehnung und in ihren Folgen. Staatsmänner und die Kirche haben es nur mit den Folgen zu thun: — nicht die gelehrten
Theologen, welche sich übrigens in dieser Angelegenheit zu
ihrer Ehre betragen, und den Vorwurf ausgelöscht haben, der
seit langer Zeit über ihnen geschwebt hat. — Jene haben sich

24*

sonach nur an §. 41. zu halten und zu untersuchen, ob sie meinen, mit gutem Gewissen meinen können, dass ein solcher Volksunterricht von schädlichen Folgen begleitet seyn werde.

.   Um diese Frage ganz zu entscheiden, bitte ich sie, zuvörderst selbst zu untersuchen, und dann auch öffentlich zu sagen: welche Bedeutung dogmatische Kenntnisse über das Wesen Gottes an sich, wenn sie auch möglich wären, zur Befestigung des sittlich-religiösen Glaubens haben dürften?

Auf alles dieses hat sich noch Niemand eingelassen; darauf aber muss man sich einlassen, um mit mir auch nur in Streit zu gerathen. Bisjetzt kämpft man mit einem selbstgeschaffenen Phantom, nicht mit mir. — —

Man hat mir den Vorwurf der Unbestimmtheit gemacht: es ist eigentlich der, nicht das Ganze haben geben zu können. — Man erinnert mich oft daran: *nonum prematur in annum,* und hat mir Kants Beispiel vorgehalten. Man sollte mirs danken, dass ich anders verfahre. Dadurch wird die Philosophie sogleich Product des Zeitalters, nicht eines einzelnen Kopfs: ich werde dadurch höchstens das Organ, durch welches das Publicum in sich selbst zurückkehrt. Und so verhält es sich schon wirklich: — man wird es mit der Zeit wohl erkennen. —

Dass mein *Ton* die Gegner so beleidigt, kommt eben daher, dass sie so beschränkt und unverständig sind, um nicht einsehen zu können, in welchem Grade sie es sind. Die Beschränktheit kann sich nicht selbst controliren, die Finsterniss nicht selbst sich durchleuchten. Lessing redete wohl noch anders, als ich; und es hat, trotz des Geifers der Göze und ihres Anhanges, ihm nichts geschadet. — So tief vielleicht die Nachwelt mich unter diesen grossen Mann setzen wird, so darf ich doch in Rücksicht des Hasses gegen Seichtigkeit, Halbheit, Wahrheitsscheu kühn an seine Seite treten. — Sie haben mich der Intoleranz beschuldigt, wie ihn.

Heisst dies aber Intoleranz, wenn man sich des jedem

zugestandenen Rechtes bedient, sich für *seine* Ansicht Platz zu machen, wenn diese zufällig auch nicht den Beifall der Mehrheit hat? Dies ist mein Fall von Anfang an gewesen, und Gott weiss es, dass ich, auch den Angriff erwiedernd, meinen Gegnern gewöhnlich neun Zehntheile ihrer Thaten erlassen habe.

Derselbe Tadel, dem ich schon in meiner Appellation zu begegnen suchte, dass ich einer an sich geringfügigen Sache zu grosse Wichtigkeit beilege, oder, um mich des Ausdrucks eines witzigen Schriftstellers zu bedienen: dass ich eine Fliege mit einer Batterie groben Geschützes mir abwehre, wird, wie ich voraussehe, auch diese Verantwortungsschrift treffen. Diejenigen, welche so urtheilen, die auch bei anderen, rein literarischen Angelegenheiten so geurtheilt haben, erlauben mir ihnen zu bemerken, dass ich dies für das grösste Lob erachte, das sie jemand ertheilen können. Ein gründlich widerlegter Irrthum erscheint nach der Widerlegung allemal als ein Nichts und so muss es seyn, denn nur dann ist er widerlegt. Aber daraus folgt nicht, dass er vor der Widerlegung in Aller Augen auch nur ein Nichts gewesen wäre; und ich kann mich der Vermuthung nicht erwehren, dass selbst Manchen, die sich jetzt also vernehmen lassen, die Fliege als ein Elephant, wenigstens als eine stattliche Waffe gegen mich, erschienen wäre, wenn ich mich nicht geregt hätte. *)

(Die Schrift ist unvollendet geblieben.)

---

*) Die letzten Absätze dieses Fragments sind dem Concept einer Vorrede entlehnt, mit welcher der Verfasser, nach Vollendung der ganzen Schrift, dieselbe ins Publicum einführen wollte.

(Anmerk. d. Herausgebers.)

Aus einem Privatschreiben.

(Im Jänner 1800.)

Philosophisches Journal. Bd. IX. S. 358—390.
1800.

(Philosophisches Journal. Bd. IX. S. 358—390.)

Warum ich den Verdrehungen, die man auf eine wahrhaft beispiellose Weise mit meiner Religionstheorie vornimmt, so ruhig zusehe: fragen Sie mich. Ich antworte: Gewaltige haben ja erklärt, dass meine Lehre Atheismus sey. Diese müssen recht behalten in ihren Worten, und jene Erklärer müssen sowohl ihren eigenen Eifer für Rechtgläubigkeit, als ihre unbegrenzte Devotion gegen die Gewaltigen bezeugen. Daher deuten *sie* -- vor denen mein Aufsatz gegen ein halbes Jahr lang lag, ohne dass sie das mindeste vom Atheismus witterten, — seit der Zeit meine Worte so, dass doch auch ein merklicher Atheismus aus ihnen hervorgehe.

„Diese Schrift also ist eine atheistische Schrift;" war der erste Satz, von dem sie ausgingen, und über dessen Richtigkeit ihnen nicht der geringste Zweifel entstand; „sie muss mithin so verstanden und erklärt werden, dass sie atheistisch sey;" war der sehr natürliche Schluss, den sie machten. Es ist ihnen nach Wunsch gelungen. Was sie als meine Lehre herumbieten, ist allerdings, meinem eigenen Geständnisse nach, der entschiedenste Atheismus, — und überdies seichtes, grundloses und unvernünftiges Gewäsch.

Ich will sie in diesem ihnen so angelegenen Geschäfte vor der Hand nicht stören. Ich habe für mich die allgewaltige Zeit. *Sie* werden zuletzt finden, dass sie nun völlige Genüge geleistet haben. *Ich* werde späterhin dasselbe, was ich wirklich vorgetragen habe, mit anderen Ausdrücken, und in anderen

Wendungen wieder vortragen; wie ich dies mit allen meinen
Philosophemen so gehalten habe, und es so fort halten werde.
Man wird endlich kühn genug werden, dem gefürchteten Dinge
in die Augen zu sehen, und es beiweitem so arg nicht finden,
als man erst gedacht hatte. Dem einen wird es in dieser, dem
anderen in einer anderen Wendung eingehen; und allmählig
wird jederman es sich recht wohl gefallen lassen. Dann wird
von meinen werthen Mitbrüdern in der Literatur der eine Theil
rufen: ist es nichts weiter denn das? Was hat der Mann für
ein Wesen erhoben! Das haben wir längst gewusst — ohne
uns jemals das geringste davon merken zu lassen. Wir haben
— Kant nie anders verstanden! Ein anderer Theil: seht, das
ist doch noch ein Mann, der folgt, den die Kritik bessert. Seht,
wie er, durch uns belehrt, seine alten Irrthümer zurücknimmt!
Das ist freilich nicht recht von ihm, dass er es so zu thun
sucht, dass es niemand merken soll, und dass er uns die gebührende Ehre zu entziehen denkt. Aber siehe, wir ehren uns
selbst. Ehemals war er ein Atheist, und wir behalten recht in
unseren Worten. Jetzt aber haben wir ihn glücklich bekehrt!
— Ich habe noch nichts darüber beschlossen, mein Freund, ob
ich nicht den guten Leuten diese fromme Freude gönnen, und
ihnen den Staar ungestochen lassen werde.

Aber man müsse diese Prophezeiung ja nicht im voraus
verlauten lassen, werden Sie sagen: denn dann komme es nicht
so. — O, mein Freund, ich habe es da mit Leuten zu thun, denen man sehr unbefangen voraussagen kann, wie sie handeln
werden: die sich dann mächtig ereifern, dass man so arges von
ihnen denkt in seinem Herzen; und von Stund an hingehen,
und thun, wie man gesagt hat. So habe ich in meiner *Appellation* ausführlich auseinandergesetzt, wie man mir mitspielen
werde. Es war nur Ein Geschrei, dass ich übertrieben, dass
ich in das Grelle und Schwarze gemalt hätte: aber ehe ein
Jahr verging, war alles buchstäblich erfüllt, durch dieselben,
die jenes Geschrei erhoben hatten. Das wäre sonach nun aus
dem Gröbsten überstanden, und jetzt lebe ich in Hoffnung bes-
serer Zeiten.

Ich war bei meinen ersten und bis jetzt einzigen Verthei-

digungen gegen die Anschuldigung des Atheismus in der That
übel daran; und es wundert mich hinterher nicht im geringsten, dass die Mehrsten behaupten: ich habe durch dieselben
mich nur noch mehr angeschuldigt, keinesweges aber vertheidigt. Es wurde mir nur so schlechtweg zugerufen: Du bist
ein Atheist; in dieser Stelle, und in dieser, und in dieser hast
du den Atheismus gelehrt; ohne dass irgend jemand mir an-
gab, *wie* er denn nun aus diesen Stellen einen Atheismus her-
ausbrächte. Ich war in das Blaue hin angeklagt, ich konnte mich
nur in das Blaue hin vertheidigen, indem ich selbst herum-
sänne, worin wohl das Misverständniss beruhen möchte. Liegt
es etwa in dem Begriffe der Persönlichkeit, oder in dem der
Substanz, des Daseyns u. dergl.? dachte ich, und brachte dabei nur noch neue Puncte zur Sprache, die vor ihnen wohl
Ruhe gehabt hätten. Ich war weit davon entfernt, das rechte
zu treffen. — O, mein Freund, es fehlt mir ganz am Geschick,
die Inconsequenzen und Widersprüche, die sich in den Köpfen
unserer Halbdenker unaufhörlich herumtummeln und unter einander geduldig vertragen, zu wittern, und es mir stets gegenwärtig zu erhalten, dass man durch keine allgemeine Erinnerung bei ihnen etwas ausrichtet, wenn man nicht in jedem einzelnen Falle ihrer Anwendung sie abermals wiederholt, und
vor ihren Augen die Anwendung davon macht. Es fehlt mir
an diesem Geschick, und ich befürchte, dass ich es durch keine
Erfahrung erhalten, und immer fortfahren werde, mit dem Publicum zu sprechen, als ob es einige Consequenz hätte, und aus
allgemeinen Sätzen einige Folgerungen selbst abzuleiten vermöchte. Nach der That weiss ich immer recht gut, wie ich
diesem Misverständnisse hätte vorbeugen können, — welche andere man nun auf die Bahn bringen wird, muss ich den guten
Göttern überlassen, — wer mir es aber *vor* der That sagt, und
wer überhaupt die Kunst entdeckt, so zu schreiben, dass man
wirklich etwas sage, und dennoch gar nicht misverstanden werden könne, der soll mir der grosse Apollo seyn!

Jetzt habe ich freilich gehörige Auskunft erhalten. Der
erste *Gelehrten*-Tadel, der mir über jenen verrufenen Aufsatz
(im ersten Hefte des laufenden Jahrganges dieses Journals) zu

Gesichte kam, war der eines Recensenten in der oberdeutschen
Literaturzeitung. Der rechtliche Verfasser — unerachtet man
in jenem gelehrten Blatte zuweilen auf derbe Verstösse trifft,
wie in anderen gelehrten Tageblättern gleichfalls, so herrscht
doch in demselben im Ganzen ein Ton der Rechtlichkeit, der
Wahrheitsliebe und der Unbefangenheit, den man in anderen
Blättern häufig vermisst — der rechtliche Verfasser, sage ich,
äussert: wenn die moralische Weltordnung, von welcher ich
rede, nicht nur *in* und *an* den endlichen moralischen Wesen,
sondern *ausser* ihnen seyn solle, so sey mein System gegen
den Vorwurf des Atheismus zu vertheidigen; und er fordert
mich auf, mich über diesen Punct nur recht laut zu erklären.
Ehrlicher Mann, dachte ich, du liesest wohl etwa meinen Aufsatz noch einmal, und du wirst dann keine weitere Erklärung
nöthig finden über einen Punct, der meines Wissens klarer
dargelegt ist, denn der Tag. Wer weiss, wie sauer man dir
es in irgend einer einsamen Zelle gemacht hat, zu *dem* Lichte
durchzudringen, das du dir doch wirklich erworben hast, und
dir den Gebrauch der gewöhnlichsten literarischen Hülfsmittel,
die dich darüber belehren würden, zu verschaffen. Wie *Du*
mich misverstanden hast, misversteht mich wohl nicht leicht
ein Zweiter! — So dachte ich noch nicht ganz vor einem Jahre.
Ich denke so nicht mehr, und thue jetzt in meinem Herzen
jenem Manne Ehrenerklärung. Wie er mich misverstanden, bin
ich nun beinahe allgemein misverstanden worden. Ich konnte
aus dem mancherlei verworrenen Zeuge, das gegen mich geschrieben wurde, wenig oder nichts klares herauslesen; bis
ich endlich — *in mündlichen Unterredungen* — *durch Frage
und Antwort* von wackeren Männern, denen man freilich Be-
kanntschaft mit der neueren Speculation nicht anmuthen darf
— bis ich von diesen Männern soviel herausgebracht:

„Meine Lehre sey, — wenn man auch aus Toleranz mich mit
dem gehässigen Ausdrucke *Atheismus* verschonen wolle —
denn doch wenigstens *Pantheismus.* Nach mir (S. 15. ob. S. 186.)
sey die *moralische Weltordnung selbst Gott, und wir bedürfen
keines anderen Gottes.* Nun seyen ja *sie* und *ich* und *wir
alle,* die diese moralische Welt constituirenden Glieder, und

unser Verhältniss zueinander (ob das ohne unser Zuthun vorhandene, oder das durch unsere Sittlichkeit hervorzubringende, möge indessen unausgemacht bleiben) sey die *Ordnung* dieser Welt; mithin *seyen* wir entweder selbst, oder *machen* wir selbst alle Tage — Gott, und es bleibe überall nichts einem Gotte ähnliches übrig, denn — wir selbst." — So berichtet, wurde es mir auch leichter, aus obenerwähntem verworrenem Zeuge ohngefähr dasselbe herauszulesen, und es wundert mich seitdem nicht im mindesten mehr, nicht nur bei den geringsten unter den philosophischen Recensenten und Gelegenheitsschriftstellern, sondern sogar bei Männern, die unstreitig in die innersten Tiefen der Speculation eingedrungen sind, zu lesen, dass ich — einen *lebendigen, kräftigen* und *thätigen* Gott läugne (unerachtet meine Worte S. 15. ausdrücklich lauten: Jene *lebendige* und *wirkende* moralische Ordnung ist Gott); dass mein Gott *durch-und-durch-Begriff* sey, u. dergl.

Mit diesem Misverständnisse verhält es sich nun so. Jene haben zum nächsten Gegenstande ihres Philosophirens nichts denn *Begriffe,* fertig vorhandene und in sich todte Begriffe; und was sie Philosophiren nennen, ist, wenn es hoch kommt, ein Entwickeln dieser Begriffe. Sie hören das Wort *Ordnung* nennen. — Nun — diesen Ausdruck verstehen sie wohl. Er bedeutet ein *gemachtes,* schon fertiges — bestimmtes Nebeneinander*seyn* und Nacheinander*seyn* eines Mannigfaltigen, wie z. B. der Hausrath in ihrem Zimmer in einer gewissen Ordnung steht (*ordo ordinatus*). Dass dieses Wort noch eine höhere Bedeutung haben könne, fällt ihnen nicht bei, denn für diese höhere Bedeutung mangelt es ihnen gänzlich am Organ. Hören sie nun sagen: Gott sey die moralische Weltordnung, so ist das oben aufgestellte Räsonnement fertig; und es ist *für sie* richtig, unausweichbar und unwiderlegbar. Sie *können* aus ihren Vordersätzen nicht anders schliessen, denn auf diese Weise.

Dagegen kann nun in den Umkreis dessen, was *ich* Philosophie nenne, etwas stehendes, ruhendes und todtes gar nicht eintreten. In ihr ist alles That, Bewegung und Leben; sie findet nichts, sondern sie lässt alles unter ihrem Auge entstehen:

und das geht so weit, dass ich jenem Umgehen mit todten Begriffen den Namen des Philosophirens ganz abspreche. Das ist, nach mir, blosses Räsonniren für das *wirkliche Leben,* dessen Geschäfte der Speculation gerade entgegengesetzt sind: man geht durch Begriffe hindurch, um sich den Weg zu verkürzen, und schneller beim Ziele anzugelangen, welches letztere denn doch wieder irgend ein Handeln seyn muss, sofern nicht unser ganzes Denken ein leeres Spiel gewesen seyn soll. Wenn ich sonach in Rede und Schrift, die ich für *philosophisch* ausgebe, des Ausdruckes *Ordnung* mich bediene, so ist ohne weiteres klar, und soll ohne weiteres klar seyn, dass ich darunter nur ein *thätiges Ordnen (ordo ordinans)* verstehe. In diesem Sprachgebrauche bin ich so befestigt, dass ich kein auf *ung* endendes Wort anders nehme, und z. B. unter *Wirkung* stets den Act des Wirkens selbst, nie aber, wie es wohl bei anderen Philosophen geschieht, den Effect verstehe, für welchen letzteren ich das *Bewirkte* sage. Ich bin darin so befestigt, dass, wenn ich unbefangen fortphilosophire, jene andere Bedeutung mir gar nicht in die Gedanken kommt; und dass man mir vielleicht noch zehn Jahre lang hätte vorschreien können: Du bist ein Atheist, ohne dass ich von selbst darauf gefällen wäre, dass der Grund des Misverständnisses wohl hier liegen möge.

Habe ich denn aber ein Recht, zu fordern, dass man diesen meinen Sprachgebrauch kenne? Ohne Zweifel; denn ich habe sie jener Eigenschaft meiner Philosophie, dass sie nur mit Lebendigem und keinesweges mit Todtem umgehe, laut und sattsam, auch in demselben philosophischen Journale, bedeutet; die geringe Folgerung aber, dass, da es sich mit allen meinen Philosophemen so verhalte, es auch wohl mit dem über eine moralische Weltordnung derselbe Fall seyn werde, lässt sich vernünftigen Lesern ohne Zweifel anmuthen. Aber, da lesen und urtheilen und richten, und schreiben über einen einzelnen Aufsatz eines systematischen Philosophen — Männer, die übrigens keine Zeile von ihm gelesen haben, und die sich dessen wohl gar noch rühmen!

Aber warum bleibe ich nicht bei dem gewöhnlichen Sprach-

gebrauche? Ich wünschte, mein Freund, dass Sie Gelegenheit
fänden, denen, die so fragen, zu sagen, dass ich für meine Person diese Rede für eine der „formalen Unvernunften" unseres
Zeitalters ansehe, welche hoffentlich nur einer dem anderen
nachsagt, jeder auf die Verantwortung seines Vordermannes,
ohne dass ein Einziger bedenkt, was er redet. Dem Denker,
der wirklich etwas Neues auf die Bahn zu bringen meint, gebieten, dass er bei dem gewöhnlichen Sprachgebrauche bleibe,
ist — lediglich die Hyperbel abgerechnet, — ganz dasselbe,
als ob man einem geböte, den Pescherähs europäische Künste,
Wissenschaften und Sitten beizubringen, jedoch in den Worten und Wortbedeutungen ihrer bisherigen Sprache. Erzeuge
ich in mir einen neuen Begriff, so bedeutet freilich das Zeichen, wodurch ich ihn für *euch* bezeichne (denn für mich selbst
bedürfte es überall keines Zeichens), für euch etwas neues,
das Wort erhält eine neue Bedeutung, da ihr bisher das Bezeichnete gar nicht besessen habet. Wenn jemand sagt: ihr
habt bisher noch gar keine rechte Philosophie gehabt; ich will
sie euch machen: so sagt dieser ohne Zweifel zugleich mit: ihr
habt auch noch keinen rechten philosophischen Sprachgebrauch
gehabt; ich muss schon nebenbei euch auch diesen machen.
Solltet ihr Händel an ihm suchen, so rathe ich euch wohlmei-
nend, nur geradezu seine Philosophie, nicht aber seinen Sprachgebrauch anzugreifen. Gelingt es euch, über die erstere den
Sieg davon zu tragen, so geht der Sprachgebrauch derselben
ohne weiteres mit zu Grunde. Könnt ihr aber der ersteren
nichts anhaben, so werdet ihr ihren Sprachgebrauch vielmehr
lernen müssen, um in sie selbst einzudringen. — Ihr sollt bei
dem gewöhnlichen Sprachgebrauche bleiben, heisst im Grunde:
ihr sollt bei der gewöhnlichen *Denkart* bleiben, und keine Neue-
rungen auf die Bahn bringen. Wohl möglich, dass einige, die
diese Rede vorbringen, sie wirklich auf diese Weise verstehen:
dann aber könnten sie ihre wahre Meinung weit directer ausdrücken.*)

---

*) Zu diesen formalen Unvernunften gehört auch der Spott und die Ver-
hetzungen gegen die *Allein-Philosophen,* welche man noch bis diesen Au-

Ich hatte das Recht zu fordern, sagte ich, dass man mich nicht beurtheile, ohne meinen Sprachgebrauch zu kennen: dann aber, und dies ist bei weitem die Hauptsache, sollte man aus dem Zusammenhange ersehen, was bei mir der Begriff einer moralischen Weltordnung bedeute. Sie, mein Freund, haben Gelegenheit, mit Gegnern von mir zusammenzutreffen. Legen Sie ihnen doch den Zusammenhang und die Uebersicht meines Räsonnements in jenem verrufenen Aufsatze vor, welche ich in dieser Absicht jetzt Ihnen selbst vorlegen will.

Zuvörderst betheuerte ich ja — und dass man mich über diesen Haupt- und charakteristischen Punct meines Systems noch nicht vernimmt, ist in der That seltsam — ich betheuerte,

---

genblick vernehmen muss. — Sage mir, du ehrlicher Mann, mit dem ich mich darüber ins Gespräch setzen will, — wenn du unaufgerufen hintrittst vor alles Volk, und eine Behauptung machst, in welchem Sinne thust du dies? Etwa in dem Sinne, dass du *für deine Person,* — du *Cajus,* dieser unmaassgeblichen Meinung bist? Dann hättest du nur schweigen können, denn es ist unter allem Uninteressanten das Alleruninteressanteste, welcher unmaassgeblichen Meinung irgend ein Einzelner sey, und es ist von deiner Seite eine Arroganz ohne ihres gleichen, vorauszusetzen, dass wir begierig gewesen wären, zu vernehmen, welcher Meinung du seyst, du Cajus. Wer bist du denn, du Cajus? Wenn du die Ehre haben sollst, zu reden, so musst du einen Ausspruch der allgemeinen Vernunft vorzutragen meinen, nicht aber den deinigen; und du musst mit deiner ganzen inneren Würde und Moralität dafür stehen können, dass in der Stunde, da du redest, du von der absoluten Allgemeingültigkeit deiner Behauptung innigst überzeugt bist. So lange du dies nicht kannst, zwingt dich ja nichts, den Mund zu öffnen. So gewiss du aber das erstere annimmst, so gewiss musst du auch annehmen, — es ist da kein Ausweg — du musst annehmen, dass alle, die von Anbeginn der Welt an etwas anderes behauptet haben, als du, und alle, die bis an das Ende der Welt etwas anderes behaupten werden, schlechthin unrecht haben, und dass du, und die, welche mit dir übereinstimmen, *allein* recht haben: und das soll und muss alles Fleisch sich gefallen lassen, so lange, bis sie dich widerlegt haben. — Du musst nur, *indem du redest,* schlechthin nicht anders wissen, als dass du *allein* recht habest, ausserdem hättest du nicht reden dürfen. Das bleibt dir unbenommen, dass eigenes reiferes Nachdenken, oder die Zurechtweisung anderer *in der Zukunft* dich eines Besseren belehre. Sollte dies erfolgen, so wirst du dann deine erste Behauptung zurücknehmen, und so ehrlich seyn, als zuvor.

Nicht nur die Philosophie, sondern alle Wissenschaft ist ihrem Wesen nach *Allein*-Wissenschaft: ein jeder Philosoph ist nothwendig ein *Allein*-

dass meine Religionsphilosophie ebensowenig, als irgend ein Theil meiner Philosophie, etwas neues in die Gemüther der Menschen bringen wolle. (Sie will dieselben vielmehr von allen den unnützen Bereicherungen, mit denen sie durch andere Systeme beladen werden, befreien.) Für den Unphilosophen — und im Leben sind wir nothwendig alle Unphilosophen, — ist etwas da, und bleibt da, und dringt sich ihm unwiderstehlich auf, und er kann es durch keine Mühe wegbringen. Dies genügt ihm für sein Geschäft. Der Philosoph aber hat die Verbindlichkeit, dieses Etwas aus dem gesammten Systeme unseres Denkens abzuleiten, und zu verknüpfen; den *Ort* desselben in jenem nothwendigen Systeme aufzuzeigen. Es bleibt

---

Philosoph, denn wenn er dies nicht ist, so hat er unrecht, und ist *gar kein* Philosoph, und wo das *Allein* ein Ende hat, da hat auch die *Philosophie* und alle Wissenschaft ein Ende, und da hebt an Dünkel, Wahn und loses Geschwätz. — Warum spottet man denn nicht der *Allein-Mathematiker*, dieser — intolerantesten unter den Gelehrten? Gehe nur hin, und äussere einem: es sey doch vermessen, zu behaupten, dass nicht irgendeinmal ein geradliniger Triangel gefunden werden solle, dessen Winkelsumme grösser oder kleiner sey, denn zwei rechte Winkel; du wirst sehen, wie er sich herumdrehen und dich stehen lassen wird.

Ich frage hierdurch diese Tadler ernstlich: was wir denn nun thun sollen, um ihrem Tadel zu entgehen? Sollen wir wirklich mit unseren auf gut Glück gewagten Einfällen, ohne Untersuchung noch Ueberzeugung über die objective Gültigkeit derselben, zu Markte eilen? Oder sollen wir bei wirklicher innerer Ueberzeugung von der Allgemeingültigkeit unserer Behauptungen nur äusserlich thun, als ob wir meinten zu *meinen,* was wir doch meinen zu *wissen;* dadurch vor uns selbst zu Lügnern und Heuchlern werden, und vor der menschlichen Gesellschaft uns als lächerliche Gecken preisgeben, die sich einbilden, ihre individuelle Meinung bedeute etwas: — und dies alles, damit es nicht scheine, wir wollten rechtlicher seyn, als die Unrechtlichen? Sollten sie mir auf diese Frage nichts vernünftiges antworten können, so ersuche ich sie, jener Aeusserung sich hinführo gänzlich zu enthalten.

Wohl ist eine grosse Verschiedenheit unter den Menschen! So verwundert sich neuerlich der Buchhändler Dyk — *auch* deutscher Philosoph, und Gegner der Wissenschaftslehre — in einem fliegenden Blatte wider mich: wie doch irgend ein Mensch von seiner eigenen Lehre sagen könne, sie sey wahr. Ich hingegen würde mich wundern, wenn jemand lehrte, wovon er glaubte und sagte, es sey *nicht* wahr.

(Beim Abdruck hinzuges. Anmerk. des Verf.)

in diesem Geschäfte, wie es ist, jenes Etwas, und wird nicht verändert. Müsste es der Philosoph verändern, um es ableiten zu können, so wäre dies ein Beweis, dass er sein Handwerk nicht verstände, und dass seine Philosophie falsch wäre. — (Dies sagte ich S. 2-4. [o. S. 178. 79.] „Was den Gesichtspunct — wie kommt der Mensch zu diesem Glauben?") Also — und sagen Sie doch das meinen Gegnern recht laut — an der *Religion,* wie sie vom Anfange der Welt an in den Herzen aller gutgesinnten Menschen gewohnt hat, und fortwohnen wird bis an das Ende der Tage, wird durch meine Philosophie nichts verändert; und so gewiss durch sie etwas geändert würde, wäre meine Philosophie falsch. Ich habe ein Geschäft, das in seiner ganzen Bestimmtheit keiner vor mir übernommen hat, und das insofern etwas neues ist: ich habe es mit der *Ableitung* (Deduction) *jener Religion aus dem Wesen der Vernunft* zu thun; und zwar keinesweges, um den Menschen dadurch die Religion beizubringen, sondern nur bloss und lediglich in *wissenschaftlicher* Absicht; über welche Absicht keiner mit mir disputiren kann, der nicht schon in das Innere meiner Philosophie eingedrungen ist. In der *Theologie* aber (inwiefern dieses Wort nicht die *Religionslehre,* die Lehre *von den Beziehungen Gottes auf endliche Wesen,* sondern, wie es eigentlich soll, die Lehre *von dem Wesen Gottes an und für ihn selbst, ohne Beziehung auf endliche Wesen* bedeutet)*) soll durch diese Philosophie etwas

---

*) Herr Eberhard sagt: aber um die Beziehungen eines Dinges auf mich zu erkennen, muss ich doch erst einen Begriff (vermuthlich von dem inneren Wesen dieses Dinges) haben. Es scheint sonach, dass nach ihm die Beziehungen lediglich *erschlossen,* also nur *gedacht,* keinesweges aber *empfunden* werden, und da ersuche ich ihn denn, das von ihm selbst gegen mich angeführte Beispiel noch einmal zu bedenken.

Ich sage: umgekehrt, erst durch die Erkenntniss der Beziehungen auf mich erhalte ich einen Begriff; und der letztere ist überall nichts anderes, als *die durchs Denken zusammengefassten,* aber ganz anders als durch ein blosses Denken *erkannten* Beziehungen selbst. — Es mag wohl geschehen, dass ich diesen nun einmal in mir erzeugten Begriff auf irgend eine Veranlassung in meinem Bewusstseyn *erneuere* (in *diesem Acte* sonach ihn schon fertig vorfinde), ihn *entwickele, ein* Merkmal besonders, *diesmal* durch blosses Denken, ohne wirkliche unmittelbare Wahrnehmung, hervorhebe u. s. w.;

verändert, — ja, sagen Sie ihnen nur gerade heraus — diese Theologie soll gänzlich vernichtet werden, als ein alle endliche Fassungskraft übersteigendes Hirngespinnst.

Jener *Ort* des religiösen Glaubens nun — welcher Ort dem gemeinen Religiosen nicht nur füglich verborgen bleiben kann, sondern beinahe verborgen bleiben muss, dem Volkslehrer aber bekannt seyn soll, damit er darnach seinen Plan der religiösen Leitung einrichten könne, — jener Ort, — jenes Etwas im Systeme des nothwendigen Denkens, an welches der religiöse Glaube sich anschliesst, und daraus hervorgeht, — ist nach meiner Philosophie *der nothwendige Zweck des Menschen bei seinem Gehorsam gegen das Pflichtgebot.*

S. 8. (o. S. 181.) wird der Begriff des Uebersinnlichen so aufgestellt: 1) „Ich finde mich frei von allem Einflusse der Sinnenwelt, absolut thätig in mir selbst, und durch mich selbst. 2) Diese Freiheit ist nicht unbestimmt (in Rücksicht eines Zwekkes), sie hat ihren Zweck."

Fragen Sie nun den Gegner — denn dies ist der entscheidende Punct, den man bei jenem Misverständnisse gänzlich übersehen hat, — fragen Sie ihn, ob denn nun jene Freiheit (N. 1.) und dieser Zweck der Freiheit (N. 2.) Ein Stück sey, oder ob es zwei Stücke seyen? Machen Sie ihm dies durch ein sinnliches Beispiel klar, wenn Sie nemlich von ihm zu erhalten sich getrauen, dass er dieses Beispiel nicht über den Vergleichungspunct ausdehne, welcher hier lediglich die Ver-

---

und allein auf dieses Geschäft der Analyse scheint die Philosophie des Herrn Eberhard zu reflectiren, und ich gebe ihm für diesen Act alles zu. Nur giebt mit diesem Acte meine Philosophie sich überall nicht ab, sondern thut die höhere Frage: wie ist denn nun jener Begriff selbst, den du vorfindest, erst entstanden, und wie ist denn das Merkmal, das du gegenwärtig aus ihm herausentwickelst, erst in ihn hineingekommen? — Und auf diese *ursprüngliche Genesis* des Begriffes muss Herr Eberhard sich einlassen. Sagen: er sey (als Begriff) angeboren, heisst meines Erachtens bloss *behaupten*, um der ungelegenen Frage zu entgehen: keinesweges aber *erklären*, und noch weniger *beweisen*. Wie *nach mir* der Begriff von Gott ursprünglich erzeugt werde, darüber hoffe ich durch das oben folgende mich ihm deutlicher zu machen, als es mir bis jetzt gelungen ist.

(Beim Abdruck hinzuges. Anmerk. des Verf.)

schiedenheit der Handlung und des ausser der Handlung liegenden Zweckes derselben betrifft. — Sagen Sie ihm: du gehst
etwa und säest deinen Saamen, und dies mag indessen für deine
Handlung gelten. Nun säest du aber ohne Zweifel nicht bloss
um zu säen, sondern damit dein Saame aufgehe und Früchte
trage. Das letztere, die künftige Ernte, ist nicht mehr deine Handlung, sondern der Zweck deiner Handlung, und du wirst ohne
Zweifel einsehen, dass dies nicht Einerlei sey, sondern Zweierlei.

Nun fragen Sie ihn weiter: enthält denn nun dein Säen,
dein Hinwerfen des Saamens in die Erde, den *letzten zureichenden Grund* des Aufgehens und Früchtetragens? — So
viel ist freilich klar, dass wenn du diesen Acker nicht besäet,
und nicht mit dieser Getreideart besäet hättest, du auf demselben nimmermehr diese Getreideart ernten würdest; und sonach ist dein Säen allerdings die *ausschliessende Bedingung* der
künftigen Ernte. Gäbe es aber nicht ausser deinem Säen, und
unabhängig von ihm, eine befruchtende Kraft in der Natur, so
würde dein Saame nie Früchte bringen: diese befruchtende Kraft
ist der *letzte zureichende* Grund der Ernte, keinesweges dein
Aussäen. Auf diese Kraft, auf diese Ordnung der Natur, nach
welcher du nicht ernten kannst, wenn du nicht gesäet hast,
in dem ordentlichen Wege der Natur aber von deiner Aussaat
dir allerdings eine Ernte versprechen darfst, rechnest du bei
deinem Säen; durch diese Rechnung allein wird dein Ver-
streuen des Saatkorns zu einem zweckmässigen Geschäfte, welches ausserdem entweder ein zweckloses Spiel, oder ein zweck-
widriges Wegwerfen einer sehr brauchbaren Sache wäre; du
rechnest auf diese Ordnung so sicher, dass du im Glauben an
sie wirklich die Körner, die du, wie sie sind, zu deiner Nahrung brauchen könntest, daran wagst.

Sollte er Sie noch nicht begreifen, so tragen Sie es ihm
ein wenig strenger und begriffsmässiger vor; etwa so: beides,
Saat und Ernte, ist in deinem Begriffe verknüpft, und wird
beides von dir beabsichtiget, das zweite als die *Folge* vom ersten, und das erste nur um des zweiten willen. Wo liegt denn
nun das *Verknüpfende,* das die Ernte, als Folge, mit der Saat,
als Vorausgehendem, Vermittelnde? Liegt es in deiner Hand-

lung des Säens, in dem, *was du bei dem Säen thust,* oder setzest du es ausser dasselbe? Ich denke ja doch, wenn du nur meine Unterscheidung wirklich gemacht hast, dass du es ausser dich setzest. Das *ausser dir* aber wird nur angeregt, und in die Bedingung seiner Thätigkeit gesetzt durch etwas *in dir,* durch deine freie That.

So rechnest du also bei deinem Säen, aus dem eine Ernte folgen soll, auf ein *Doppeltes;* auf ein Erstes, das ganz rein und lediglich dein Product ist, und auf ein Zweites, das ganz und gar unabhängig von dir vorhanden ist und wirkt, und dir bloss — *bekannt* ist, auf eine ewige Naturordnung; *und so thust du bei allen deinen sinnlichen Handlungen.* Du kannst nicht Hand noch Fuss bewegen, ohne dieses Doppelte, vielleicht ohne dein Bewusstseyn, vorauszusetzen: dein absolut von dir abhangendes, reines und leeres Wollen, dass die Hand sich bewege, und die *Gesetze der Organisation und Articulation deines Körpers,* nach welchen aus jenem Wollen die wirkliche Bewegung der Hand erfolgt; und nicht mehr erfolgen wird, sobald jene Articulation verletzt und etwa deine Hand gelähmt werden wird.

Können Sie dem Gegner über diesen Punct begreiflich werden, so haben wir gewonnen; und es kann von jener verworrenen, bis zum Ueberdrusse wiederholten Aeusserung, *dass die moralische Ordnung durch das blosse Sittengesetz sattsam garantirt sey,* nicht weiter die Rede seyn. In welchem Sinne bedient man sich denn da des Ausdruckes *Sittengesetz?* Für das Gesetz, das selbst Gottes Wirksamkeit bestimmt? Dann kann von diesem Satze kein Gebrauch gegen meine Theorie gemacht werden. Oder für die Stimme des Gewissens in dem endlichen Wesen? Von der moralischen Ordnung, die dadurch begründet (nicht garantirt) werden kann, ist wohl in einer Sittenlehre, keinesweges aber in einer Religionstheorie die Rede. Ich redete von etwas anderem. — *Können* Sie hierüber begreiflich werden, sagte ich; aber ich befürchte, dass Sie es den wenigsten werden; denn hier gerade ist für die Begriffe so vieler der Schlagbaum gezogen. Ich wenigstens habe mehrere getroffen, die es, und wenn man sie im Mörsel zerstiesse, nicht anders wissen noch begreifen können, als dass *sie,* sie ganz

allein durch ihre eigene Kraft, ohne alles fremde Zuthun, Ordnung oder Gesetz, allerdings ihre Zunge, und ihre Hand und
ihren Fuss bewegen; und welche vermuthlich auch durch ihr
blosses Hinwerfen des Saatkorns das Auswachsen und Frucht-
tragen desselben hinreichend zu begründen meinen. Mit diesen lässt sich nun nichts weiter anfangen; ausser dass man
sie mit aller Höflichkeit bitte, nicht länger mitzusprechen über
das, wovon sie sichtbar nichts verstehen, und diese höfliche
Bitte nicht übel zu nehmen. — Der Grund ihres Unvermögens
ist der, dass sie dasjenige, was da wirklich und in der That
in ihrer Gewalt steht, und ihr einziges wahres Selbst ausmacht, ihren Willen, überall nicht bemerken; sonach freilich
keine *zwei Stücke* zählen, kein A und kein B unterscheiden
können, wo *für sie* in der That nur Ein Stück da ist, und Eines, das A, gänzlich mangelt. Sie sind nunmehr freilich genöthigt, *ihre Persönlichkeit,* die ihnen doch nicht verloren gehen kann, in das B, in das, was uns (in diesem Standpuncte)
Natur ist, zu versetzen, und *müssen* fest und steif glauben, und
durch das innigste Bewusstseyn *wahrnehmen,* und gar nicht
anders wissen, als dass *sie selbst* thun, wovon wir andern
sehr wohl wissen, dass wir es nicht selbst, sondern dass die
Natur es thue. Mit diesen ist nicht zu disputiren; man muss
sie cultiviren, wenn sie noch jung genug sind, oder wenn sie
dies nicht sind, sie in ihrem Irrthume wegsterben lassen.

Nachdem schon in dieser ersten Probe neun Zehntheile
der Gegner nicht bestanden, und von Rechtswegen zu einem
ewigen Stillschweigen verurtheilt seyn werden, fragen Sie das
übrige Zehntheil folgendermaassen:

Was ist es denn, das in Absicht der Moralität rein und
lediglich in eurer Gewalt steht, wie es denn auch ganz allein
euch geboten ist, und ihr nur dafür verantwortlich seyd? Sie
müssen, wenn sie nur Ihre Frage verstehen, antworten: das
blosse *Wollen,* als innere Bestimmung meiner Gesinnung, und
schlechthin nichts weiter; wie es sich bei der sinnlichen Handlung gleichfalls verhält: jedoch mit dem Unterschiede, dass bei
der letztern ein materieller, ausser dem Wollen liegender Zweck,
bei der erstern aber die innere Reinheit und Rechtschaffenheit

des Wollens selbst beabsichtiget wird. — In jedem sinnlichen
Geschäfte ist das Wollen lediglich Mittel für irgend einen gewollten Zweck; bloss erstes bewegendes und aufregendes, was
nun die Naturkraft fortsetzt; und die Willensbestimmung würde
nicht beschlossen, wenn nicht jener Zweck gewollt würde. In
der sittlichen Bestimmung ist der Wille selbst letzter Zweck
des Wollens; er soll in einer gewissen Verfassung seyn,
schlechterdings damit er in derselben sey.

Nun fragen Sie weiter, nachdem Sie um verdoppelte Aufmerksamkeit gebeten haben: könnte denn nun, unerachtet der
sittliche Wille selbst als solcher der letzte Zweck *unseres* Wollens seyn muss, nicht doch etwa auch aus ihm, freilich nicht
durch unsere Wirksamkeit, *etwas erfolgen* sollen? D. h. der
gute Wille ist freilich das einzige, was in unserer Gewalt steht,
und wofür *wir* unseres Theils zu sorgen haben, und was *für
uns* das letzte Glied seyn muss; es könnte aber doch wohl
seyn, dass er *überhaupt* (für irgend einen anderen Willen)
nicht das letzte Glied sey, sondern dass auf ihn noch ein weiteres folgen sollen, freilich ohne unser Zuthun. — So soll aus
dem Wollen, dass meine Hand sich bewege, allerdings die
wirkliche Bewegung der Hand erfolgen, und dies zwar nicht
durch die blosse Kraft meines Willens, rein und an sich gedacht, sondern durch eine Natureinrichtung, *welcher zufolge*
erst aus jenem Wollen die Bewegung erfolgt. Aber ich brächte
jenes Wollen in mir gar nicht hervor, wenn ich nicht auf diese
Natureinrichtung rechnete, nach der es diese Folge hat; ich
will diesmal nur um der Folge willen. Meine Pflicht hingegen
will ich nicht um irgend einer Folge, sondern um ihrer selbst
willen; und nur inwiefern ich so will, will ich wirklich die
Pflicht.

Es könnte aber doch seyn, dass sie, gleichfalls nach irgend
einer Ordnung, Folgen hätte; *um deren willen* ich sie freilich
nicht wollen kann; denn wollte ich sie um derselben willen,
so wollte ich überhaupt nicht die Pflicht, und die Folgen könnten nun nicht eintreten. Die Folge der Moralität endlicher Wesen ist nothwendig von der Art, dass sie nur unter der Be-

Bedingung eintritt, dass sie nicht eigentlich *gewollt* (obwohl *postulirt*) werde, d. i. dass sie kein Motiv des Wollens abgebe.

Wenn es sich nun etwa so verhielte — ich hatte das behauptet, und werde sogleich von den Gründen dieser Behauptung reden — wie weit ginge denn nun *meine* Kraft, und die Kraft *aller endlichen Wesen*, und wo höbe denn das Gebiet einer fremden, ausserhalb aller endlichen Wesen liegenden Kraft an? Die erstere ginge doch ohne Zweifel nur bis zur Willensbestimmung = A, und dasjenige, wodurch an diese Willensbestimmung sich eine Folge derselben = B nothwendig anknüpfte, wäre *nicht* meine Kraft, läge ausserhalb meiner Kraft und meines Wesens. Wenn nun jemand das Gesetz, nach welchem B auf A nothwendig folgt, eine *Ordnung,* — und zum Unterschiede von der Naturordnung, eine moralische oder intelligible Ordnung nennte, wodurch ein moralischer oder intelligibler *Zusammenhang,* oder *System,* oder *Welt* erwüchse: so setzte dieser doch ohne Zweifel die moralische Ordnung nicht innerhalb der endlichen moralischen Wesen selbst, sondern ausserhalb derselben, und nähme sonach ohne Zweifel noch etwas ausser diesen Wesen an.

Diese Beurtheiler haben doch grösstentheils die Kantische Religionstheorie vernommen, und diesen Philosophen des Atheismus nicht bezüchtiget. Er lehrt, dass aus der Moralität eine derselben angemessene Glückseligkeit erfolgen müsse: und ihm ist der Grund dieser Folge, das die letztere mit der ersteren Vermittelnde, Gott. Warum haben sie denn hier das, was den endlichen Wesen, und das, was einer fremden Kraft *ausserhalb* der endlichen Wesen zugeschrieben wird, sehr wohl unterscheiden können, und können es nun nicht mehr, nachdem ich rede?

Nachdem Sie, mein Freund, auf diese Weise jenen Beurtheilern die Scheu benommen und ihnen Muth gemacht haben werden, dem gefürchteten Dinge unter die Augen zu sehen, so erheben Sie das bis hierher nur Vorausgesetzte zur Gewissheit. Sagen Sie Ihrem Manne: Wenn du bloss und lediglich *Wille* wärest und so etwas sich denken liesse, so möchtest du etwa sittlich wollen, und damit wäre alles zu Ende, und dein Wesen beschlossen: und auf diese Weise sollst du auch wirklich die Pflicht *wollen.* Nun bist du zugleich *Erkenntniss;* du betrachtest und beobachtest dich selbst, und hier insbesondere dein sittliches Wollen. Dadurch fällt dir dasselbe unter die *Gesetze* deines objectivirenden und discursiven Denkens; es wird dir zu einer *Begebenheit* und kommt in *einer Reihe* zu stehen. Nicht dass es *vor* demselben ein vorderes Glied gäbe, weder theoretisch begründend, noch praktisch motivirend: denn im ersten Falle wärest du nicht frei, im zweiten Falle wäre dein Entschluss nicht moralisch gut; dein Wille ist schlechthin erstes, anhebendes Glied der Reihe: sondern dass es *nach* demselben ein zweites Glied gebe — dass dein guter Wille Folgen habe. Diese nothwendig hinzuzudenkende Folge heisst hier *Zweck;* nicht als den Entschluss motivirend, aber wohl als die Erkenntniss befriedigend. Gehorchen sollst du schlechthin, ohne Rücksicht auf irgend einen Zweck, inwiefern ich dich als *wollend* setze. Wenn du nun aber dieses dein Wollen *betrachtest,* so wird es dir als vernunftwidrig erscheinen, wenn es dir als zwecklos und folgenlos erscheint, und zugleich wird das Gebot dieses Wollens dir als vernunftwidrig erscheinen. So erscheint es dir vielleicht auch wirklich, und du läugnest es darum ab, und suchst als Eudämonist empirische Bestimmungsgründe eines materiellen Wollens; dann aber hast du weder Theil noch Anhalt an diesem Worte, und es ist weder von dir noch mit dir die Rede; du bist entlassen. So gewiss du aber diesem Gebote glaubst und dich entschliessest ihm zu gehorchen, so gewiss hältst du es nicht für vernunftwidrig, d. i. den Gehorsam nicht für zweck- und folgenlos: du denkst, freilich ohne willkürlichen Entschluss, durch die blossen Gesetze des Denkens genöthigt, eine Folge zur Moralität hinzu — *und so thut schlechthin jeder Mensch,* der sich nur zur Moralität der Gesinnung erhebt, vielleicht ohne sich desselben je bewusst zu werden, noch über den Zusammenhang seines Denkens sich Rechenschaft abzulegen. Wer aber dem Gebote nicht glaubt, weil er ihm zu gehorchen nicht entschlossen ist, der glaubt auch nicht was aus demselben folgt, sondern plaudert etwa gedankenlos die auswendig gelernte Landesreligion nach, vermag es nicht, eine durchgreifende Theorie der Religion zu verstehen, lästert sie, und verschreit sie als Atheismus. — Diesen Hauptpunct habe ich S. 10—12. (oben S. 182. ff.) sorgfältig auseinandergesetzt, um einer Menge im Schwange gehender irriger Meinungen über den Glauben, als ob er ein Hülfsmittel der faulen und verzweifelnden Vernunft sey, welche auch in *dem* Aufsatze ihr Wesen trieben, zu dessen Berichtigung der meinige geschrieben wurde, zu begegnen; und habe die lügenhaften Verdrehungen, die z. B. Herr Heusinger mit dem Gesagten vornimmt, weder verdient, noch veranlasst.

Dies ist nun nach mir der *Ort* des religiösen Glaubens; dieses nothwendige Denken und Fordern einer intelligiblen Ordnung, Gesetzes, Einrichtung, oder wie man will, nach welcher die wahre Sittlichkeit, die innere Reinheit des Herzens nothwendig Folgen hat. Aus diesem — unter Voraussetzung der frei erzeugten moralischen Gesinnung — nothwendigen Denken, behaupte ich, entwickelt sich und hat sich von jeher entwickelt in den Gemüthern aller guten Menschen aller Glaube an einen Gott und an ein Göttliches: und ihr Glaube ist überall nichts anderes, als der Glaube an jene Ordnung, deren Begriff sie nur, ihnen selbst unbewusst, auch durch den Unterricht in der Gesellschaft getrieben, *weiter entwickelt und bestimmt* haben, ihn erst nach dieser weiteren Entwickelung in ihrem Bewusstseyn vorgefunden, und seitdem nie wieder auf jene ursprüngliche Einfachheit, deren zuletzt nur der Philosoph und der Volkslehrer bedarf, zurückgeführt haben: — kurz, in allem menschlichen Handeln wird gerechnet auf ein *Doppeltes:* auf etwas vom Menschen selbst Abhangendes, seine Willensbestimmung, und auf etwas von ihm nicht Abhangendes. Beim sinnlichen Handeln ist dieses letztere die *Naturordnung,* und wer nur sinnlich handelt, bedarf nichts anderes, worauf er rechne, und hat nichts anderes, wenn er consequent ist. Beim sittlichen Handeln, dem rein guten Willen, ist das letztere eine *intelligible Ordnung.*

Jeder Glaube an ein Göttliches, *der mehr enthält,* als diesen Begriff der moralischen Ordnung, ist insofern Erdichtung und Aberglaube, welcher *unschädlich* seyn mag, aber doch immer eines vernünftigen Wesens *unwürdig*, und höchst *verdächtig* ist. Jeder Glaube, der diesem Begriffe einer moralischen Ordnung *widerspricht* (der eine *unmoralische Unordnung*, eine gesetzlose Willkür durch ein übermächtiges Wesen vermittelst sinnloser Zaubermittel einführen will), ist ein *verwerflicher*, und *den Menschen durchaus zu Grunde richtender* Aberglaube.

Ueber diesen Punct nun, der lediglich die *Deduction* betrifft, habe ich es nur mit dem Philosophen zu thun; und zwar mit dem von mir ausschliessend so genannten *Transscendental*-Philosophen. Und wollte der Himmel, dass ich es mit diesen zu thun bekäme, und dass doch endlich mehrere vernehmen möchten, was in meinem Sinne des Worts eine Deduction sey, und dass das Wesen *meiner* Philosophie, und nach mir *aller* wirklichen Philosophie lediglich im Deduciren bestehe! Mit dem populär Religiösen und seinen Vormündern, der Kirche und dem Staate, habe ich es hier noch gar nicht zu thun; dieser *besitzt* den Glauben, ohne viel nach einer Deduction desselben zu fragen. Auch wird ihm der Begriff einer *intelligiblen moralischen Ordnung*, in dieser philosophischen Reinheit, Einfachheit und Präcision nemlich, keinesweges angemuthet; wohl aber, dass alles, was er glaubt (etwa durch seinen Religionslehrer, oder durch einen anderen Philosophen), sich auf jenen Begriff zurückführen *lasse*. Der populär Religiöse wird seines Interesse erst dann wahrzunehmen, und seine Ueberzeugung mit unseren Grundsätzen zusammen zu halten haben, wenn wir die letzteren *weiter bestimmen* und *entwickeln* werden. Das that ich in jenem Aufsatze nicht, und hatte es meinem nächsten Zwecke nach nicht zu thun: es hätten sonach über ihn nur diejenigen mitsprechen sollen, die einigen Grund gehabt hätten, sich für Transscendentalphilosophen zu halten; und deren Zahl ist bekanntlich in Deutschland noch nicht so gross, als die Anzahl derer, die da wirklich mitgesprochen, und mitunter *geschrien* haben. Die Entwickelung und Ableitung selbst in meine Seele zu machen, ist der bisherigen Erfahrung nach ein misliches Geschäft, das meinen Gegnern noch nie recht gelingen wollen, und sobald noch nicht

gelingen wird. Denn wenn sie auch meine Vordersätze ver-
ständen, welches wenigstens diesmal der Fall nicht gewesen,
so werden sie doch noch lange zu thun haben, ehe sie sich
meiner synthetischen Methode bemächtigen. Gerade fortschlies-
sen mögen sie können; aber dies ists nicht, dessen es hier
bedarf.

Ich habe gegenwärtig diese Entwickelung am weitesten
fortgeführt in meiner *Bestimmung des Menschen,* die Sie wahrscheinlich bald nach diesem Briefe erhalten werden. Aber ich
spreche fast lieber mit Ihnen, wo ich frei vom Herzen herunter sprechen darf, als mit dem grossen weitschichtigen Publicum. Seyen Sie daher nur immer gefasst, einen der nächsten
Posttage eine in meiner Briefmanier geschriebene Entwickelung
jenes Grundbegriffes, d. h. eine Untersuchung der Frage, *welches* denn nun jene Folge der Moralität seye, und *wie* dieselbe
erfolgen solle, zu erhalten.

Die

Anweisung zum seligen Leben,

oder auch

die Religionslehre.

Durch

Johann Gottlieb Fichte,

der Philosophie Doctor, Königl. Preuss. ordentlichen Professor der Speculation an der Friedrich-Alexander-Universität zu Erlangen, der Oberlausitzischen
Gesellschaft der Wissenschaften Mitglied.

In Vorlesungen

gehalten zu Berlin, im Jahre 1806.

Erste Auflage: Berlin, Reimer 1806.
Zweite, unveränderte Auflage: 1828.

Anmerkung. Die über dem Texte bemerkten Seitenzahlen mit Klam-
mern [ ] beziehen sich auf die erste, die freistehenden kleinen Zah-
len auf die zweite Auflage.

Vorrede.

Diese Vorlesungen, zusammengenommen mit denen, die unter dem Titel: Grundzüge des gegenwärtigen Zeitalters, soeben in derselben Buchhandlung erschienen sind, und denen: über das Wesen des Gelehrten u. s. w. (Berlin, bei Himburg), in welchen letztern die in diesen Vorträgen überhaupt herrschende Denkart an einem besonderen Gegenstande sich entwickelt, machen ein Ganzes aus von populärer Lehre, dessen Gipfel und hellsten Lichtpunct die gegenwärtigen bilden: und sie sind insgesammt das Resultat meiner, seit sechs bis sieben Jahren, mit mehr Musse und im reiferen Mannesalter unablässig fortgesetzten Selbstbildung an derjenigen philosophischen Ansicht, die mir schon vor dreizehn Jahren zu Theil wurde, und welche, obwohl sie, wie ich hoffe, manches an mir geändert haben dürfte, dennoch sich selbst seit dieser Zeit in keinem Stücke geändert hat. Die Entstehung solcher Aufsätze, sowie die äussere und innere Form, welche in ihnen die Lehre erhielt, war von aussen veranlasst; und so hing auch die Vollendung niemals von meinem eigenen Willen, sondern von der Zeit ab, innerhalb deren sie für den Vortrag fertig seyn mussten. Zu dem Abdrucke derselben haben Freunde unter meinen Zuhörern, die nicht ungünstig von ihnen dachten, mich, ich dürfte fast sagen, überredet; und für diesen Abdruck sie nochmals umzuarbeiten, wäre, nach meiner Weise zu arbeiten, das sichere Mittel gewesen, sie niemals zu vollenden. Diese mögen es nun verantworten, wenn der Erfolg gegen ihre Erwartung ausfällt. Denn ich für meine Person bin durch den Anblick der unendlichen Verwirrungen, welche jede kräftigere Anregung nach sich zieht, auch des Dankes, der jedem, der das Rechte will, unausbleiblich zu Theil wird, an dem grösseren Publicum also irre geworden, dass ich mir in Dingen dieser Art nicht selber zu rathen vermag, und nicht mehr weiss, wie man mit diesem Publicum reden solle, noch, ob es überhaupt der Mühe werth sey, dass man durch die Druckerpresse mit ihm rede.

Berlin, im April 1806.

Fichte.

Erste Vorlesung.

Ehrwürdige Versammlung,

Die Vorlesungen, welche ich hiermit eröffne, haben sich angekündigt als die Anweisung zu einem seligen Leben. Uns fügend der gemeinen und gewöhnlichen Ansicht, welche man nicht berichtigen kann, ohne fürs erste an dieselbe anzuknüpfen, konnten wir nicht umhin, uns *also* auszudrücken; ohnerachtet, der wahren Ansicht nach, in dem Ausdrucke: *seliges Leben,* etwas Ueberflüssiges liegt. Nemlich, das Leben ist nothwendig selig, denn es ist die Seligkeit; der Gedanke eines unseligen Lebens hingegen enthält, einen Widerspruch. Unselig ist nur der Tod. Ich hätte darum, *streng* mich ausdrückend, die Vorlesungen, welche zu halten ich mir vorgesetzt hatte, nennen sollen die Anweisung zum Leben, oder die Lebenslehre — oder auch, den Begriff von der anderen Seite genommen, die Anweisung zur Seligkeit, oder die Seligkeitslehre. Dass inzwischen bei weitem nicht alles, was da als lebendig erscheint, selig ist, beruht darauf, dass dieses Unselige in der That und Wahrheit auch nicht *lebet,* sondern, nach seinen mehrsten Bestandtheilen, in den Tod versenket ist, und in das Nichtseyn.

Das Leben ist selber die Seligkeit, sagte ich. Anders kann es nicht seyn: denn das Leben ist Liebe, und die ganze Form und Kraft des Lebens besteht in der Liebe und entsteht aus der Liebe. — Ich habe durch das soeben Gesagte einen der tiefsten Sätze der Erkenntniss ausgesprochen; der jedoch, meines Erachtens, jeder nur wahrhaft zusammengefassten und angestrengten Aufmerksamkeit auf der Stelle klar und einleuchtend werden kann. Die Liebe *theilet* das an sich todte Seyn gleichsam in ein zweimaliges Seyn, dasselbe vor sich selbst hinstellend, — und macht es dadurch zu einem Ich oder Selbst, das sich anschaut, und von sich weiss; in welcher Ichheit die Wurzel alles Lebens ruhet. Wiederum *vereiniget* und *verbindet* innigst die Liebe das getheilte Ich, das ohne Liebe nur kalt und ohne alles Interesse sich anschauen würde. Diese letztere Einheit, in der dadurch nicht aufgehobenen, sondern ewig bleibenden Zweiheit, ist nun eben das Leben; wie jedem, der die aufgegebenen Begriffe nur scharf denken und aneinanderhalten will, auf der Stelle einleuchten muss. Nun ist die Liebe ferner Zufriedenheit mit sich selbst, Freude an sich selbst, Genuss ihrer selbst, und also Seligkeit; und so ist klar, dass Leben, Liebe und Seligkeit schlechthin Eins sind und dasselbe.

Nicht alles, was als lebendig erscheine, sey lebendig in der That und Wahrheit, sagte ich ferner. Es gehet daraus hervor, dass, meines Erachtens, das Leben aus einem doppelten Gesichtspuncte angesehen werden kann, und von mir angesehen wird; nemlich theils aus dem Gesichtspuncte der Wahrheit, theils aus dem des Scheins. Nun ist vor allem voraus klar, dass das letztere bloss scheinbare Leben nicht einmal zu erscheinen vermöchte, sondern völlig und durchaus in dem Nichts bleiben würde, wenn es nicht doch auf irgend eine Weise von dem wahrhaftigen Seyn gehalten und getragen würde; und wenn nicht, da nichts wahrhaftig da ist, als das Leben, das wahrhaftige Leben auf irgend eine Weise in das nur erscheinende Leben einträte, und mit demselben sich vermischte. Es kann keinen reinen Tod geben, noch eine reine Unseligkeit; denn indem angenommen wird, dass es dergleichen *gebe,* wird ihnen das Daseyn zugestanden; aber nur das wahrhaftige Seyn und Leben vermag dazuseyn. Darum ist alles unvollkommene Seyn lediglich eine Vermischung des

Todten mit dem Lebendigen. Auf welche Weise im allgemeinen diese Vermischung geschehe, und welches, sogar in
den niedrigsten Stufen des Lebens, der unaustilgbare Stellver-
treter des wahrhaftigen Lebens sey, werden wir bald tiefer
unten angeben. — Sodann ist anzumerken, dass auch dieses
nur scheinbaren Lebens jedesmaliger Sitz und Mittelpunct die
Liebe ist. Verstehen Sie mich also: Der Schein kann auf mannigfaltige und ins Unendliche verschiedene Weisen sich gestalten; wie wir dieses bald näher ersehen werden. Diese
verschiedenen Gestaltungen des erscheinenden Lebens insgesammt nun leben überhaupt, wenn man nach der Ansicht des
Scheines redet; oder sie erscheinen als lebend überhaupt,
wenn man sich strenge nach der Wahrheit ausdrückt. Wenn
aber nun weiterhin die Frage entsteht: wodurch ist denn das
allen gemeinsame Leben in den besonderen Gestaltungen desselben verschieden; und was ist es denn, das jedem Individuum den ausschliessenden Charakter seines besonderen Lebens giebt: so antworte ich darauf: es ist die Liebe dieses
besonderen und individuellen Lebens. — Offenbare mir, was
du wahrhaftig liebst, was du mit deinem ganzen Sehnen su-
chest und anstrebest, wenn du den wahren Genuss deiner
selbst zu finden hoffest — und du hast mir dadurch dein Leben gedeutet. Was du liebest, das lebest du. Diese angegebene Liebe eben ist dein Leben, und die Wurzel, der Sitz
und der Mittelpunct deines Lebens. Alle übrigen Regungen
in dir sind Leben nur, inwiefern sie sich nach diesem einzigen Mittelpunct hinrichten. Dass vielen Menschen es nicht
leicht werden dürfte, auf die vorgelegte Frage zu antworten,
indem sie gar nicht wissen, was sie lieben, beweiset nur, dass
diese eigentlich nichts lieben, und eben darum auch nicht
leben, weil sie nicht lieben.

So viel im Allgemeinen über die Einerleiheit des Lebens,
der Liebe und der Seligkeit. Jetzt zur scharfen Unterscheidung des wahrhaftigen Lebens von dem blossen Scheinleben.

Seyn, — *Seyn,* sage ich, und Leben ist abermals Eins und
dasselbige. Nur das Leben vermag selbstständig, von sich
und durch sich selber, dazuseyn; und wiederum das Leben,

so gewiss es nur Leben ist, führt das Daseyn bei sich. Gewöhnlich denkt man sich das Seyn als ein stehendes, starres und todtes; selbst die Philosophen fast ohne Ausnahme haben es also gedacht, sogar indem sie dasselbe als Absolutes aussprachen. Dies kommt lediglich daher, weil man keinen lebendigen, sondern nur einen todten Begriff zum Denken des Seyns mit sich brachte. Nicht im Seyn an und für sich liegt der Tod, sondern im ertödtenden Blicke des todten Beschauers. Dass in diesem Irrthume der Grundquell aller übrigen Irrthümer liege, und durch ihn die Welt der Wahrheit und das Geisterreich für immer dem Blicke sich verschliesse, haben wir wenigstens denen, die es zu fassen fähig sind, an einem anderen Orte dargethan; hier ist die blosse historische Anführung jenes Satzes hinreichend.

Zum Gegensatze: — sowie Seyn und Leben Eins ist und dasselbe, ebenso ist Tod und Nichtseyn Eins und dasselbe. Einen reinen Tod aber und reines Nichtseyn giebt es nicht, wie schon oben erinnert worden. Wohl aber giebt es einen *Schein,* und dieser ist die *Mischung* des Lebens und des Todes, des Seyns und des Nichtseyns. Es folgt daraus, dass der Schein, in Rücksicht desjenigen in ihm, was ihn zum Scheine macht, und was in ihm dem wahrhaftigen Seyn und Leben entgegengesetzt ist, Tod ist und Nichtseyn.

Sodann und ferner: Das Seyn ist durchaus einfach, nicht mannigfaltig; es giebt nicht mehrere Seyn, sondern nur Ein Seyn. Dieser Satz, ebenso wie der vorige, enthält eine Einsicht, die gewöhnlich verkannt, oder gar nicht gekannt wird; von deren einleuchtender Richtigkeit sich aber jeder, der nur einen Augenblick ernsthaft über die Aufgabe nachdenken will, überzeugen kann. Wir haben hier weder die Zeit, noch den Vorsatz, mit den Anwesenden diejenigen Vorbereitungen und gleichsam Einweihungen vorzunehmen, deren es für die Möglichkeit jenes ernsthaften Nachdenkens bei den meisten Menschen bedarf.

Wir wollen hier nur die Resultate dieser Prämissen gebrauchen und vortragen, welche Resultate wohl schon durch sich selbst sich dem natürlichen Wahrheitssinne empfehlen werden. In Absicht ihrer tieferen Prämissen müssen wir uns begnügen, dieselben nur deutlich, bestimmt und gegen allen Misverstand gesichert auszusprechen. So ist denn nun, in Absicht des zuletzt vorgetragenen Satzes, unsere Meinung diese: Nur das Seyn *ist*, keinesweges aber *ist* noch etwas anderes, das kein Seyn wäre und über das Seyn hinausläge; welche letztere Annahme jedem, der nur unsre Worte versteht, als eine handgreifliche Ungereimtheit einleuchten muss: ohnerachtet gerade diese Ungereimtheit der gewöhnlichen Ansicht des Seyns dunkel und unerkannt zu Grunde liegt. Nach dieser gewöhnlichen Ansicht nemlich soll zu irgend einem Etwas, das durch sich selber weder ist, noch seyn kann, das Daseyn, das wiederum das Daseyn von Nichts ist, von aussen her zugesetzt werden; und aus der Vereinigung dieser beiden Ungereimtheiten soll alles Wahre und Wirkliche entstehen. Dieser gewöhnlichen Meinung wird durch den ausgesprochenen Satz: nur das Seyn, — nur dasjenige, was durch und von sich selber ist, ist, — widersprochen. Ferner sagen wir: dieses Seyn ist einfach, sich selbst gleich, unwandelbar und unveränderlich: es ist in ihm kein Entstehen, noch Untergehen, kein Wandel und Spiel der Gestaltungen, sondern immer nur das gleiche ruhige Seyn und Bestehen.

Die Richtigkeit dieser Behauptung lässt sich in kurzem darthun: Was durch sich selbst ist, das ist eben, und ist ganz, mit Einem Male dastehend, ohne irgend einen Abbruch, und ebensowenig kann ihm etwas zugefügt werden.

Und hierdurch haben wir uns denn den Weg zur Einsicht in den charakteristischen Unterschied des wahrhaftigen Lebens, welches Eins ist mit dem Seyn, von dem blossen Scheinleben, welches, inwiefern es blosser Schein ist, Eins ist mit dem Nichtseyn, gebahnt und eröffnet. Das Seyn ist einfach, unveränderlich, und bleibt ewig sich selbst gleich; darum ist auch das wahrhaftige Leben einfach, unveränderlich, ewig sich gleichbleibend. Der Schein ist ein unaufhörlicher Wechsel, ein stetes Schweben zwischen Werden und Vergehen; darum ist auch das blosse Scheinleben ein unaufhörlicher Wechsel, immerfort zwischen Werden und Vergehen schwebend, und durch unaufhörliche Veränderungen hindurchgerissen. Der Mittelpunct des Lebens ist allemal die Liebe. Das wahrhaftige Leben liebet das Eine, Unveränderliche und Ewige; das blosse Scheinleben versucht zu lieben, — wenn nur geliebt zu werden fähig wäre, und wenn seiner Liebe nur Stand halten wollte — das Vergängliche in seiner Vergänglichkeit.

Jener geliebte Gegenstand des wahrhaftigen Lebens ist dasjenige, was wir mit der Benennung Gott meinen, oder wenigstens meinen sollten; der Gegenstand der Liebe des nur scheinbaren Lebens, das Veränderliche, ist dasjenige, was uns als Welt erscheint, und was wir also nennen. Das wahrhaftige Leben lebet also in Gott, und liebet Gott; das nur scheinbare Leben lebet in der Welt, und versucht es, die Welt zu lieben. Von welcher besonderen Seite nun eben es die Welt erfasse, darauf kommt nichts an; das, was die gemeine Ansicht moralisches Verderben, Sünde und Laster heisst, mag wohl für die menschliche Gesellschaft schädlicher seyn und verderblicher, als manches andere, was diese gemeine Ansicht gelten lässt, und wohl sogar löblich findet: vor dem Blicke der Wahrheit aber ist alles Leben, welches seine Liebe auf das Zufällige richtet, und in irgend einem anderen Gegenstande seinen Genuss sucht, ausser in dem Ewigen und Unvergänglichen, lediglich darum und dadurch, *dass* es seinen Genuss in einem anderen Gegenstande sucht, auf die gleiche Weise nichtig, elend und unselig.

Das wahrhaftige Leben lebet in dem Unveränderlichen; es ist daher weder eines Abbruches, noch eines Zuwachses fähig, ebensowenig, als das Unveränderliche selber, in welchem es lebet, eines solchen Abbruches oder Zuwachses fähig ist. Es ist in jedem Augenblicke *ganz;* — das höchste Leben, welches überhaupt möglich ist; — und bleibt nothwendig in aller Ewigkeit, was es in jedem Augenblicke ist. Das Scheinleben lebet nur in dem Veränderlichen, und bleibet darum in keinen zwei sich folgenden Augenblicken sich selber gleich; jeder künftige Moment verschlinget und verzehrt den vorhergegangenen; und so wird das Scheinleben zu einem ununterbrochenen Sterben, und lebt nur sterbend, und im Sterben.

Das wahrhaftige Leben ist durch sich selber selig, haben wir gesagt, das Scheinleben ist nothwendig elend und unselig. — Die Möglichkeit alles — Genusses, Freude, Seligkeit, oder mit welchem Worte Sie das allgemeine Bewusstseyn des Wohlseyns fassen wollen, — gründet sich auf Liebe, Streben, Trieb. Vereinigt seyn mit dem Geliebten und innigst mit ihm verschmolzen, ist Seligkeit: getrennt von ihm seyn und ausgestossen, indess man es doch nie lassen kann, sich sehnend nach ihm hinzuwenden, ist Unseligkeit.

Folgendes ist überhaupt das Verhältniss der Erscheinung, oder des Wirklichen und Endlichen, zum absoluten Seyn, oder zum Unendlichen und Ewigen. Das schon Erwähnte, welches die Erscheinung tragen und im Daseyn erhalten müsse, wenn sie auch nur als Erscheinung daseyn solle, und welches wir bald näher zu charakterisiren versprachen, ist *die Sehnsucht nach dem Ewigen.* Dieser Trieb, mit dem Unvergänglichen vereinigt zu werden und zu verschmelzen, ist die innigste Wurzel alles endlichen Daseyns, und ist in keinem Zweige dieses Daseyns ganz auszutilgen, falls nicht dieser Zweig versinken soll in völliges Nichtseyn. Ueber dieser Sehnsucht nun, worauf alles endliche Daseyn ruht, und von ihr aus, kommt es entweder zum wahrhaftigen Leben, oder es kommt nicht dazu. Wo es zum Leben kommt, und dasselbe durchbricht, wird jene geheime Sehnsucht gedeutet und verstanden als Liebe zu dem Ewigen: der Mensch erfährt, was er eigentlich wolle, liebe und bedürfe. Dieses Bedürfniss ist nun immer und unter jeder Bedingung zu befriedigen: unaufhörlich umgiebt uns das Ewige und bietet sich uns dar, und wir haben nichts weiter zu thun, als dasselbe zu ergreifen. Einmal aber ergriffen, kann es nie wieder verloren werden. Der wahrhaftig Lebende hat es ergriffen, und besitzt es nun immerfort, in jedem Momente seines Daseyns ganz und ungetheilt, in aller seiner Fülle, und ist darum selig in der Vereinigung mit dem Geliebten; unerschütterlich fest überzeugt, dass er es in alle Ewigkeit also geniessen werde, — und dadurch gesichert gegen allen Zweifel, Besorgniss oder Furcht. Wo es zum wahrhaftigen Leben noch nicht gekommen ist, wird jene Sehnsucht

nicht minder gefühlt; aber sie wird nicht verstanden. Glückselig, ruhig, von ihrem Zustande befriedigt möchten alle gern
seyn, aber worin sie diese Glückseligkeit finden werden, wissen sie nicht; was eigentlich sie lieben und anstreben, verstehen sie nicht. In dem, was ihren Sinnen unmittelbar entge-
genkommt, und sich ihnen darbietet, — in der Welt, meinen
sie, müsse es gefunden werden; indem für diejenige Geistes-
stimmung, in der sie sich nun einmal befinden, allerdings nichts
anderes vorhanden ist, als die Welt. Muthig begeben sie sich
auf diese Jagd der Glückseligkeit, innig sich aneignend und
liebend sich hingebend dem ersten besten Gegenstande, der
ihnen gefällt, und der ihr Streben zu befriedigen verspricht.
Aber sobald sie einkehren in sich selbst, und sich fragen: bin
ich nun glücklich? — wird es aus dem Innersten ihres Gemüths vernehmlich ihnen entgegentönen: o nein, du bist noch
ebenso leer und bedürftig als vorher! Hierüber mit sich im
Reinen, meinen sie, dass sie nur in der Wahl des Gegenstandes gefehlt haben, und werfen sich in einen andern. Auch
dieser wird sie ebensowenig befriedigen, als der erste: kein
Gegenstand wird sie befriedigen, der unter Sonne oder Mond
ist. Wollten wir, dass irgend einer sie befriedigte? Gerade
das ja, dass nichts Endliches und Hinfälliges sie befriedigen
kann, das ja gerade ist das einzige Band, wodurch sie noch
mit dem Ewigen zusammenhängen und im Daseyn verbleiben;
fänden sie einmal ein endliches Object, das sie völlig zufrie-
denstellte, so wären sie eben dadurch unwiederbringlich ausgestossen von der Gottheit, und hingeworfen in den ewigen
Tod des Nichtseyns. So sehnen sie und ängstigen ihr Leben
hin; in jeder Lage, in der sie sich befinden, denkend, wenn
es nur *anders* mit ihnen werden möchte, so würde ihnen *besser* werden, und nachdem es anders geworden ist, sich doch
nicht besser befindend; an jeder Stelle, an der sie stehen,
meinend, wenn sie nur dort, auf der Anhöhe, die ihr Auge
fasst, angelangt seyn würden, würde ihre Beängstigung wei-
chen; — treu jedoch wiederfindend auch auf der Anhöhe ihren alten Kummer. Gehen sie etwa bei reiferen Jahren, nachdem der frische Muth und die fröhliche Hoffnung der Jugend

geschwunden sind, mit sich zu Rathe; überblicken sie etwa
ihr ganzes bisheriges Leben, und wagen eine entscheidende
Lehre daraus zu ziehen; wagen es etwa, sich zu gestehen,
dass durchaus kein irdisches Gut zu befriedigen vermöge: was
thun sie nun? Sie leisten vielleicht entschlossen Verzicht auf
alle Glückseligkeit und *allen* Frieden; — das denn doch fortdauernde unaustilgbare Sehnen ertödtend und abstumpfend,
soviel sie vermögen; und nennen nun diese Dumpfheit die
einzige wahre Weisheit, dies Verzweifeln am Heile das einzige wahre Heil, und die vermeinte Erkenntniss, dass der
Mensch gar nicht zur Glückseligkeit, sondern nur zu diesem
Treiben im Nichts um das Nichts bestimmt sey, den wahren
Verstand. Vielleicht auch leisten sie Verzicht auf Befriedigung
nur für dieses irdische Leben; lassen sich aber dagegen eine
gewisse, durch Tradition auf uns gekommene, Anweisung auf
eine Seligkeit jenseits des Grabes gefallen. In welcher bejam-
mernswerthen Täuschung befinden sie sich! Ganz gewiss zwar
liegt die Seligkeit auch jenseits des Grabes, für denjenigen, für
welchen sie schon diesseits desselben begonnen hat, und in
keiner andern Weise und Art, als sie diesseits, in jedem Augenblicke, beginnen kann; durch das blosse Sichbegrabenlas-
sen aber kommt man nicht in die Seligkeit; und sie werden
im künftigen Leben, und in der unendlichen Reihe aller künftigen Leben, die Seligkeit ebenso vergebens suchen, als sie
dieselbe in dem gegenwärtigen Leben vergebens gesucht haben, wenn sie dieselbe in etwas Anderem suchen, als in dem,
was sie schon hier so nahe umgiebt, dass es denselben in
der ganzen Unendlichkeit nie näher gebracht werden kann, in
dem Ewigen. — Und so irret denn der arme Abkömmling der
Ewigkeit, verstossen aus seiner väterlichen Wohnung, immer
umgeben von seinem himmlischen Erbtheile, nach welchem
seine schüchterne Hand zu greifen bloss sich fürchtet, unstät
und flüchtig in der Wüste umher, allenthalben bemüht sich
anzubauen; zum Glück durch den baldigen Einsturz jeder seiner Hütten erinnert, dass er nirgends Ruhe finden wird, als
in seines Vaters Hause.

So, E. V., ist das wahrhaftige Leben nothwendig die Seligkeit selber; und das Scheinleben nothwendig unselig.

Und von nun an überlegen Sie mit mir folgendes: Ich sage: das Element, der Aether, die substantielle Form, so jemand den letzteren Ausdruck besser versteht — das Element, der Aether, die substantielle Form des wahrhaftigen Lebens, ist *der Gedanke.* —

Zuvörderst dürfte wohl niemand geneigt seyn, im Ernste und in der eigentlichen Bedeutung des Wortes Leben und Seligkeit einem anderen zuzuschreiben, ausser demjenigen, das seiner selbst sich bewusst ist. Alles Leben setzt daher Selbstbewusstseyn voraus, und das Selbstbewusstseyn allein ist es, was das Leben zu ergreifen und es zu einem Gegenstande des Genusses zu machen vermag.

Sodann: das wahrhaftige Leben und die Seligkeit desselben besteht in der Vereinigung mit dem Unveränderlichen und Ewigen: das Ewige aber kann lediglich und allein durch den Gedanken ergriffen werden, und ist, als solches, auf keine andere Weise uns zugänglich. Das Eine und Unveränderliche wird begriffen, als der Erklärungsgrund unserer selbst und der Welt; als Erklärungsgrund in doppelter Rücksicht: theils nemlich, dass in ihm gegründet sey, dass es überhaupt *da* sey, und nicht im Nichtseyn verblieben; theils, dass in ihm und seinem inneren, nur auf diese Weise begreiflichen und auf jede andere Weise schlechthin unbegreiflichen Wesen, begründet sey, dass es also und auf keine andere Weise dasey, als es daseyend sich vorfindet. Und so besteht das wahrhaftige Leben und seine Seligkeit im Gedanken, d. h. in einer gewissen bestimmten Ansicht unserer selber und der Welt, als hervorgegangen aus dem inneren und in sich verborgenen göttlichen Wesen: und auch eine Seligkeitslehre kann nichts anderes seyn, denn eine Wissenslehre, indem es überhaupt gar keine andere Lehre giebt, ausser der Wissenslehre. Im Geiste, in der in sich selber gegründeten Lebendigkeit des Gedankens, ruhet das Leben, denn es ist ausser dem Geiste gar nichts wahrhaftig da. Wahrhaftig leben, heisst wahrhaftig denken und die Wahrheit erkennen.

So ist es: lasse keiner sich irre machen durch die Schmähungen, welche in diesen letzten, ungöttlichen und geistlosen
Zeiten über das, was sie Speculation nannten, ergangen sind.
Zum offenbar vorliegenden Wahrzeichen dieser Schmähungen
sind sie nur von solchen hergekommen, welche von der Speculation nichts wussten; keiner aber hat dieselbe geschmäht,
der sie kannte. Nur an den höchsten Aufschwung des Denkens kommt die Gottheit, und sie ist mit keinem anderen Sinne
zu fassen: diesen Aufschwung des Denkens den Menschen verdächtig machen wollen, heisst: sie auf immer von Gott und
dem Genusse der Seligkeit scheiden wollen.

Worin sollte denn das Leben und seine Seligkeit sonst
sein Element haben, wenn es dieselbe nicht im Denken hätte?
Etwa in gewissen Empfindungen und Gefühlen; in Rücksicht
welcher es uns gar nichts verschlägt, ob es die gröbsten sinnlichen Genüsse seyen, oder die feinsten übersinnlichen Ent-
zückungen? Wie könnte ein Gefühl, das, als Gefühl, in seinem
Wesen vom Ohngefähr abhängt, seine ewige und unveränderliche Fortdauer verbürgen; und wie könnten wir, bei der Dunkelheit, welche aus ebendemselben Grunde das Gefühl nothwendig bei sich führt, diese unveränderliche Fortdauer innerlich
lich anschauen und geniessen? Nein: nur die sich selbst
durchaus durchsichtige und ihr ganzes Innere frei besitzende
Flamme der klaren Erkenntniss verbürgt, vermittelst dieser
Klarheit, ihre unveränderliche Fortdauer.

Oder soll das selige Leben etwa in tugendhaften Thaten
und Handlungen bestehen? Was diese Profanen Tugend nennen, dass man sein Amt und seinen Beruf regelmässig ver-
walte, einem jeden das Seinige lasse, wohl noch überdies dem
Dürftigen etwas schenke: — diese Tugend werden fernerhin,
so wie bisher, die Gesetze erzwingen, und das natürliche Mitleid dazu bewegen. Aber zu der wahrhaftigen Tugend, zu
dem ächt göttlichen, das Wahre und Gute in der Welt aus
Nichts erschaffenden Handeln, wird sich hie einer erheben,
der nicht im klaren Begriffe die Gottheit liebend umfasst; wer
sie aber also erfasst, wird, ohne all seinen Dank und Wollen, anders handeln gar nicht können, denn also. ·

Auch stellen wir an unserer Behauptung keinesweges eine neue Lehre über das Geisterreich auf, sondern dies ist die alte, von aller Zeit her also vorgetragene Lehre. So macht z. B. das Christenthum den Glauben zur ausschliessenden Bedingung des wahrhaftigen Lebens und der Seligkeit, und verwirft alles ohne Ausnahme, als nichtig und todt, was nicht aus diesem Glauben hervorgehe. Dieser Glaube aber ist ihm ganz dasselbe, was wir den Gedanken genannt haben: die einzig wahre Ansicht unserer selbst und der Welt in dem unveränderlichen göttlichen Wesen. Nur nachdem dieser Glaube, d. h. das klare und lebendige Denken aus der Welt verschwunden, hat man die Bedingung des seligen Lebens in die Tugend gesetzt, und so auf wildem Holze edle Früchte gesucht.

Zu diesem, vorläufig im allgemeinen charakterisirten Leben ist nun hier insbesondere die *Anweisung* versprochen: ich habe mich anheischig gemacht, die Mittel und Wege anzugeben, wie man in dieses selige Leben hineinkomme, und es an sich bringe. Diese Anweisung lässt sich nun in eine einzige Bemerkung zusammenfassen: Es ist nemlich dem Menschen keinesweges angemuthet, sich das Ewige zu erschaffen, welches er auch niemals vermögen würde; dasselbe ist in ihm und umgiebt ihn unaufhörlich: der Mensch soll nur das Hinfällige und Nichtige, mit welchem das wahrhaftige Leben nimmer sich zu vereinigen vermag, fahren lassen; worauf sogleich das Ewige, mit aller seiner Seligkeit, zu ihm kommen wird. Die Seligkeit erwerben können wir nicht, unser Elend aber abzuwerfen vermögen wir, worauf sogleich durch sich selber die Seligkeit an desselben Stelle treten wird. Seligkeit ist, wie wir gesehen haben, Ruhen und Beharren in dem Einen: Elend ist Zerstreutseyn über dem Mannigfaltigen und Verschiedenen; sonach ist der Zustand des *Seligwerdens* die Zurückziehung unserer Liebe aus dem Mannigfaltigen auf das Eine. —

Das über das Mannigfaltige Zerstreute ist zerflossen und ausgegossen und umhergegossen, wie Wasser; ob der Lüsternheit, dieses und jenes und gar mancherlei zu lieben, liebt es nichts; und weil es allenthalben zu Hause seyn möchte, ist es nirgends zu Hause. Diese Zerstreutheit ist unsere eigentliche Natur, und in ihr werden wir geboren. Aus diesem Grunde nun erscheint die Zurückziehung des Gemüthes auf das Eine, welches der natürlichen Ansicht nimmer kommt, sondern mit Anstrengung hervorgebracht werden muss, als *Sammlung* des Gemüthes und *Einkehr* desselben in sich selber: und als *Ernst*, im Gegensatze des scherzenden Spiels, welches das Mannigfaltige des Lebens mit uns treibt, und als *Tiefsinn*, im Gegensatze des leichten Sinnes, der, indem er vieles zu fassen hat, nichts festiglich fasst. Dieser tiefsinnende Ernst, diese strenge Sammlung des Gemüthes und Einkehr zu sich selber, ist die einzige Bedingung, unter welcher das selige Leben an uns kommen kann; unter dieser Bedingung kommt es aber auch gewiss und unfehlbar an uns.

Allerdings ist es wahr, dass durch diese Zurückziehung unseres Gemüthes von dem Sichtbaren die Gegenstände unserer bisherigen Liebe uns verbleichen und allmählig schwinden, so lange, bis wir sie in dem Aether der neuen Welt, die uns aufgeht, verschönert wiedererhalten; und dass unser ganzes altes Leben abstirbt, so lange, bis wir es als eine leichte Zugabe des neuen Lebens, das in uns beginnen wird, wiederbekommen. Doch ist dies das der Endlichkeit nie abzunehmende Schicksal; nur durch den Tod hindurch dringt sie zum Leben. Das Sterbliche muss sterben, und nichts befreit es von der Gewalt seines Wesens; es stirbt in dem Scheinleben immerfort; wo das wahre Leben beginnt, stirbt es, in dem Einen Tode, für immer und für alle die Tode in die Unendlichkeit hinaus, die im Scheinleben seiner warten.

Eine Anweisung zum seligen Leben habe ich zu ertheilen versprochen! Aber in welchen Wendungen und unter welchen Bildern, Formeln und Begriffen, soll man diese an dieses Zeitalter und in diese Umgebungen bringen! Die Bilder und Formeln der hergebrachten Religion, die dasselbe sagen, was allein auch wir sagen können, und welche es überdies mit derselben Bezeichnung sagen, mit welcher allein auch wir es sagen können, weil dies die passendste Bezeichnung ist, — diese Bilder und Formeln sind zuerst ausgeleert, sodann laut

verhöhnt, und zuletzt der stillschweigenden und höflichen Verachtung hingegeben worden. Die Begriffe und Schlussreihen
des Philosophen sind, als verderblich für Land und Leute und
als zerrüttend die gesunde Besinnung, angeklagt — vor einem
Richterstuhle, wo weder Kläger noch Richter ans Licht tritt,
was zu ertragen wäre: was schlimmer ist, — von denselben
Begriffen und Schlussreihen wird jedem, der es glauben will,
gesagt, er werde sie nimmer verstehen, — zu dem Zwecke,
damit er die Worte nicht in ihrem natürlichen Sinne, und so
wie sie vorliegen, nehme, sondern noch irgend etwas besonderes und verborgenes hinter ihnen suche; auf welche Weise
denn auch das Misverständniss und die Verwirrung sicher
erfolgen wird.

Oder, falls etwa auch Eingang findende Formeln und Wendungen für eine solche Anweisung zu entdecken wären; wie
sollte man die Begierde, auf dieselbe nur einzugehen, erwek-
ken, da, wo mit grösserem Beifalle, denn jemals, die Verzweiflung am Heil als das einzig mögliche Heil, und die Einsicht,
dass die Menschen nichts seyen, als das Spiel eines muthwil-
ligen und launigen Gottes, als die einzige Weisheit, herumge-
boten wird; und wo derjenige, der noch an Seyn, Wahrheit,
Feststehen und Seligkeit in diesen glaubt, als ein unreifer
und mit der Welt durchaus nicht bekannter Knabe verspot-
tet wird?

Verhalte dies sich inzwischen wie es wolle; wir haben
Vorrath am Muthe; und für einen löblichen Zweck, sey es sogar vergebens, sich angestrengt zu haben, ist auch der Mühe
werth. — Ich sehe vor mir, und hoffe auch ferner also zu
sehen, Personen, denen die beste Bildung, welche unser Zeitalter zu geben vermag, zu Theil wurde: zuerst des weiblichen
Geschlechtes, welchem Geschlechte die menschliche Einrichtung zunächst die Sorgfalt für die äusserlichen kleinen Bedürfnisse oder auch die Decorationen des menschlichen Lebens
anheimgab; — eine Sorgfalt, welche mehr zerstreut und vom
klaren und ernsten Nachdenken mehr abzieht, als irgend etwas anderes; indess ihnen zum Ersatze die vernünftige Natur
ein heisseres Sehnen nach dem Ewigen und einen feineren

Sinn dafür ertheilte. Sodann sehe ich vor mir Geschäftsmän-
nner, welche ihr Beruf durch das mannigfaltigste und verschie-
denste Geringfügige alle die Tage ihres Lebens hindurch reisst,
welches Geringfügige zwar freilich mit dem Ewigen und Unvergänglichen zusammenhängt, aber also, dass nicht jeder auf
den ersten Blick das Glied des Zusammenhanges entdecken
dürfte. Endlich sehe ich vor mir jüngere Gelehrte, in denen
die Gestalt, welche das Ewige in ihnen zu ergreifen bestimmt
ist, noch arbeitet an ihrer Ausbildung. Indem in Rücksicht
der letzteren ich mir vielleicht schmeicheln dürfte, dass einige
meiner Winke einen Beitrag zu jener Ausbildung liefern könnten, mache ich in Absicht der beiden ersten Klassen weit be-
scheidenere Ansprüche. Ich ersuche sie bloss, von mir anzunehmen, was sie, ohne Zweifel auch ohne meine Hülfe, ebensowohl würden haben können, was aber mir nur mit leichterer Mühe zu Theile wird.

Indess diese insgesammt durch die mannigfaltigen Gegenstände, über welchen sie ihr Denken hin und her bewegen
müssen, zerstreut und zersplittert werden, geht der Philosoph,
in einsamer Stille und in ungestörter Sammlung des Gemüthes,
allein nach dem Guten, Wahren und Schönen; und ihm wird
zum Tagewerke, wohin jene nur zur Ruhe und Erquickung
einkehren können. Dieses günstige Loos fiel unter andern auch
mir, und so trage ich denn Ihnen an, das gemein verständliche, zum Guten und Schönen und Ewigen führende, was bei
meinen speculativen Arbeiten abfallen wird, hier Ihnen mitzutheilen, so gut ich es habe und es mitzutheilen verstehe.

Zweite Vorlesung.

Ehrwürdige Versammlung,

Strenge Ordnung und Methode wird in das Ganze der Vorträge, welche ich hier vor Ihnen zu halten gedenke, ohne alle weitere besondere Sorgfalt, ganz von selber kommen, sobald wir nur den Eingang in sie gefunden haben und den Fuss auf ihrem Gebiete festgesetzt haben werden. Jetzt haben wir es noch mit dem zuletzt erwähnten Geschäfte zu thun; und hierbei ist es die Hauptsache, uns eine noch klarere und noch freiere Einsicht in das Wesentliche, was in der vorigen Stunde aufgestellt wurde, zu erwerben. Wir werden darum von der nächstkünftigen Vorlesung an dasselbe damals gesagte nochmals sagen; lediglich ausgehend' aus einem anderen Standpuncte, und darum uns bedienend anderer Ausdrücke.

Für heute aber ersuche ich Sie, auf folgende Vorerinnerungen mit mir einzugehen.

Eine klare Einsicht wollen wir in uns hervorbringen, sagte ich: die Klarheit aber ist nur in der Tiefe zu finden, auf der Oberfläche liegt nie etwas anderes, als Dunkelheit und Verwirrung. Wer Sie daher einladet zu klarer Erkenntniss, der ladet Sie allerdings ein, mit ihm in die Tiefe herabzusteigen. Und so will ich denn auch gar nicht läugnen, sondern es sogleich im Beginnen laut bekennen, dass ich schon in der vorigen Stunde die tiefsten Gründe und Elemente aller Erkenntniss, über welche hinaus es keine Erkenntniss giebt, vor Ihnen berührt habe, und dass ich dieselben Elemente — in der Schulsprache die tiefste Metaphysik und Ontologie — in der nächsten Stunde auf andere Weise, und zwar auf eine populäre Weise auseinanderzusetzen mir vorgenommen.

Gegen ein solches Vorhaben pflegt man nun gewöhnlich

einzuwenden, entweder, es sey unmöglich, jene Erkenntnisse
populär vorzutragen, oder auch, es sey unrathsam; und das
letztere sagen zuweilen Philosophen, welche ihre Erkenntnisse
gern zu Mysterien machten: und ich muss vor allen Dingen
auf diese Einwendungen antworten, damit ich nicht, ausser
meinem Kampfe mit der Schwierigkeit der Sache selbst, noch
überdies mit Ihrer Ungeneigtheit für die Sache zu kämpfen
bekomme.

Was nun zuvörderst die Möglichkeit anbetrifft, so weiss
ich in der That nicht, ob es irgend einem Philosophen, oder
ob insbesondere mir es jemals gelungen ist oder jemals gelingen wird, solche, welche die Philosophie systematisch studiren nicht wollen, oder nicht können, auf dem Wege des
populären Vortrages zum Verständnisse ihrer Grundwahrhei-
ten zu erheben. Dagegen aber weiss ich und erkenne ich
mit absoluter Evidenz folgende zwei Wahrheiten. Die erste:
so jemand nicht zur Einsicht jener Elemente aller Erkenntniss,
— deren *künstliche* und *systematische Entwickelung* allein, keinesweges aber ihr *Inhalt,* ein Eigenthum der wissenschaftlichen
Philosophie geworden — so jemand, sage ich, nicht zur Einsicht jener Elemente aller Erkenntniss kommt, so kommt derselbe auch nicht zum *Denken* und zur wahren inneren Selbstständigkeit des Geistes, sondern er bleibt anheimgegeben dem
Meinen, und ist alle die Tage seines Lebens hindurch gar kein
eigener Verstand, sondern nur ein Anhang zu fremdem Verstande; es mangelt ihm immerfort ein geistiges Sinnorgan, und
zwar das edelste, welches der Geist hat. Dass daher die Behauptung: es sey weder möglich noch rathsam, diejenigen,
welche die Philosophie nicht systematisch zu studiren vermöchten, auf einem anderen Wege zur Einsicht in das Wesen der
geistigen Welt zu erheben, gleichbedeutend seyn würde mit
der folgenden: es sey unmöglich, dass jemand, der nicht schul-
mässig studire, je zum Denken komme und zur Selbstständigkeit des Geistes; indem die Schule allein, und nichts ausser
ihr, die Erzeugerin und Gebärerin des Geistes sey, oder, falls
es ja möglich wäre, so wäre es nicht rathsam, die Ungelehrten
je geistig frei zu machen, sondern diese müssten stets unter

der Vormundschaft der vermeinten Philosophen und ein Anhang zu ihrem souveränen Verstande bleiben. — Uebrigens
wird gleich zu Anfange der nächstkünftigen Vorlesung der
hier in Anregung gebrachte Unterschied zwischen eigentlichem Denken und blossem Meinen völlig ins Reine und Klare
kommen.

Zweitens weiss und erkenne ich mit derselben Evidenz
folgendes: dass man nur durch das eigentliche, reine und
wahre Denken, und schlechthin durch kein anderes Organ, die
Gottheit und das aus ihr fliessende selige Leben ergreifen
und an sich bringen könne; dass daher die angeführte Behauptung der Unmöglichkeit, die tiefere Wahrheit populär vorzutragen, auch gleichbedeutend ist mit der folgenden: nur
durch systematisches Studium der Philosophie könne man sich
zur Religion und zu ihren Segnungen erheben und jeder, der
nicht Philosoph sey, müsse ewig ausgeschlossen bleiben von
Gott und seinem Reiche. Alles, Ehrwürdige Versammlung, kommt
bei diesem Beweise darauf an, dass der wahre Gott und die
wahre Religion nur durch reines Denken ergriffen werde, bei
welchem Beweise diese unsere Vorträge gar oft verweilen und
ihn von allen Seiten zu führen suchen werden. — Nicht darin
besteht die Religion, worin die gemeine Denkart sie setzt, dass
man *glaube,* — dafür halte und sich gefallen lasse, weil man
nicht den Muth hat, es zu läugnen, auf Hörensagen und fremde
Versicherung hin: es sey ein Gott; denn dies ist eine abergläubische Superstition, durch welche höchstens eine mangel-
hafte Polizei ergänzt wird, das Innere des Menschen aber so
schlecht bleibt, als vorher, oft sogar noch schlechter wird;
weil er diesen Gott sich bildet nach seinem Bilde, und ihn
verarbeitet zu einer neuen Stütze seines Verderbens. Sondern
darin besteht die Religion, das man, in seiner eigenen Person,
und nicht in einer fremden, mit seinem eigenen geistigen Auge,
und nicht durch ein fremdes, Gott unmittelbar anschaue, habe
und besitze. Dies aber ist nur durch das reine und selbstständige Denken möglich; denn nur durch dieses *wird* man
eine eigene Person; und dieses allein ist das Auge, dem Gott
sichtbar werden kann. Das reine Denken ist selbst das gött-

liche Daseyn; und umgekehrt, das göttliche Daseyn in seiner Unmittelbarkeit ist nichts anderes, denn das reine Denken.

Auch ist, die Sache historisch genommen, die Voraussetzung, dass schlechthin alle Menschen ohne Ausnahme zur Erkenntniss Gottes kommen können, sowie das Bestreben, alle zu dieser Erkenntniss zu erheben, die Voraussetzung und das Bestreben des Christenthums; und da das Christenthum das entwickelnde Princip und der eigentliche Charakter der neuen Zeit ist, ist jene Voraussetzung und jenes Bestreben der eigentliche Geist der Zeit des neuen Testamentes. Nun bedeutet: alle Menschen ohne Ausnahme erheben zur Erkenntniss Gottes, — oder, die tiefsten Elemente und Gründe der Erkenntniss auf einem anderen Wege, als dem systematischen, an die Menschen bringen, ganz und genau dasselbe. Es ist darum klar, dass jeder, der nicht zurückkehren will in die alte Zeit des Heidenthums, die Möglichkeit sowohl, als die unerlassliche Pflicht zugeben muss, die tiefsten Gründe der Erkenntniss auf einem gemeinfasslichen Wege an die Menschen zu bringen.

Aber, — dass ich endlich diese Argumentation für die Möglichkeit einer populären Darstellung der allertiefsten Wahrheiten mit dem entscheidendsten Beweise beschliesse, dem factischen: — Ist denn wohl dieselbe Erkenntniss, welche wir durch diese Vorträge in denen, die sie noch nicht haben, zu entwickeln, in anderen, die sie schon besitzen, zu verstärken und zu verklären, uns vorgenommen haben, auch vor unserer Zeit in der Welt irgendwo vorhanden gewesen, oder geben wir vor, etwas ganz Neues und bis jetzt nirgends da Gewesenes einzuführen? Das letztere wollen wir von uns durchaus nicht gesagt wissen, sondern wir behaupten, dass diese Erkenntniss, in aller der Lauterkeit und Reinheit, welche auch wir auf keine Weise zu übertreffen vermögen, vom Ursprunge des Christenthums an, in jedem Zeitalter, wenn auch von der herrschenden Kirche grösstentheils verkannt und verfolgt, dennoch hier und da, im Verborgenen, gewaltet und sich fortgepflanzt habe. Wiederum nehmen wir von der anderen Seite gar keinen Anstand zu behaupten, dass der Weg einer consequent systematischen und wissenschaftlich klaren Ableitung, auf

welchem wir unseres Ortes zu derselben Erkenntniss gekommen, zwar nicht in Absicht der Versuche, wohl aber in
Absicht des Gelingens, vorher nie in der Welt gewesen; und,
nächst der Leitung des Geistes unseres grossen Vorgängers,
grösstentheils unser eigenes Werk sey. Ist also die wissenschaftlich philosophische Einsicht nie vorhanden gewesen; auf
welchem Wege ist denn Christus, — oder, falls bei diesem
jemand einen wunderbaren und übernatürlichen Ursprung annimmt, den ich hier nicht bestreiten will, — auf welchem
Wege sind denn Christi Apostel, — auf welchem Wege sind
denn alle folgenden, die bis auf unsere Zeiten hinab zu dieser
Erkenntniss kamen, — zu ihr gekommen? Unter den ersten,
sowie unter den letzten, sind sehr ungelehrte, der Philosophie
ganz unkundige oder auch abgeneigte Personen; die wenigen
unter ihnen, welche auf das Philosophiren sich einliessen, und
deren Philosophie wir kennen, philosophiren also, dass der
Kenner leicht bemerkt, dass ihre Philosophie es nicht sey, der
sie ihre Einsicht verdanken. Sie erhielten es nicht auf dem
Wege der Philosophie, heisst: sie erhielten es auf einem populären Wege. Warum sollte denn nun das, was ehemals,
in einer ununterbrochenen Folge von fast zwei Jahrtausenden,
möglich gewesen, nicht noch heute möglich seyn? Warum dasjenige, was mit sehr unvollkommenen Hülfsmitteln, als noch
nirgends allseitige Klarheit in der Welt sich befand, möglich
war, nicht mehr möglich seyn, nachdem die Hülfsmittel ver-
vollkommnet sind, und, wenigstens in der Philosophie, die um-
fassende Klarheit angetroffen wird? Warum dasjenige, was
möglich war, als der religiöse Glaube und der natürliche Verstand dennoch immer auf eine gewisse Weise im Streite waren, nun gerade unmöglich werden, nachdem beide ausgesöhnt sind und aufgegangen in einander, und freundschaftlich
anstreben dasselbe Eine Ziel?

Was aus dieser ganzen Betrachtung am entschiedensten
folgt, ist die Pflicht für jeden, der von jener hohen Erkenntniss ergriffen ist, alle seine Kräfte anzustrengen, um dieselbe
womöglich zu theilen mit dem ganzen verbrüderten Geschlechte,
jedem Einzelnen sie mittheilend in derjenigen Form, in der er

derselben am empfänglichsten ist, nie bei sich fragend, noch
hin und her zweifelnd, ob es auch wohl gelingen werde, sondern arbeitend, als ob es gelingen müsste, und nach jeder
vollendeten Arbeit mit neuer und frischer Kraft anhebend, als
ob nichts gelungen wäre: — von der anderen Seite, die Pflicht
für jeden, der diese Kenntniss noch nicht besitzt, oder der sie
nicht in der gehörigen Klarheit, Freiheit, und als immer gegenwärtiges Eigenthum besitzt; sich der ihm dargebotenen
Belehrung ganz und ohne Rückhalt hinzugeben, als ob sie
eigentlich für ihn sey und ihm gehöre, und er sie verstehen
müsse; keinesweges aber fürchtend und zagend: ach, werde
ich es auch wohl verstehen; oder verstehe ich es auch recht?
Recht verstehen, in dem Sinne der völligen Durchdringung,
will viel sagen: in diesem Sinne vermag diese Vorträge nur
derjenige zu verstehen, der sie ebensowohl auch selbst hätte
halten können. *Auch* verstanden aber, und *nicht unrecht* verstanden, hat sie jeder, der durch dieselben ergriffen, über die
gemeine Ansicht der Welt hinweggehoben, und zu erhabenen
Gesinnungen und Entschlüssen begeistert worden ist. Die gegenseitige Verbindlichkeit zu den beiden genannten Pflichten
sey die Grundlage der Art von Vertrag, den wir zu Anfange
dieser Vorlesungen mit einander errichten, Ehrwürdige Versammlung. Ich werde unermüdet sinnen auf neue Formeln,
Wendungen und Zusammenstellungen, gleich als ob es unmöglich wäre, sich Ihnen verständlich zu machen; gehen Sie dagegen, d. i. diejenigen unter Ihnen, welche allhier Belehrung
suchen, — denn den übrigen gegenüber bescheide ich mich
gern der Rathgebung, — gehen Sie dagegen mit *dem* Muthe an
die Sache, als ob Sie mich auf das halbe Wort verstehen
müssten; und auf diese Weise glaube ich, dass wir wohl zusammenkommen werden.

Die ganze soeben vollendete Betrachtung über die Möglichkeit und Nothwendigkeit eines gemeinfasslichen Vortrages der
tiefsten Elemente der Erkenntniss, wird eine neue Deutlichkeit und überzeugende Kraft erhalten, wenn man den eigentlichen Unterscheidungscharakter des populären Vortrages vom
wissenschaftlichen näher erwägt: eine Unterscheidung, welche

meines Wissens auch so gut als unbekannt und auch insbesondere denen, die so fertig von der Möglichkeit und Unmöglichkeit des Popularisirens sprechen, verborgen ist. Der *wissenschaftliche* Vortrag nemlich hebt die Wahrheit aus dem
von allen Seiten und in allen Bestimmungen ihr entgegengesetzten Irrthume heraus, und zeigt durch die Vernichtung dieser ihr gegenüberstehenden Ansichten, als irrig und im richtigen Denken unmöglich, die Wahrheit als das nach Abzug
jener allein übrigbleibende und darum einzigmögliche Richtige:
und in dieser Aussonderung der Gegensätze, und dieser Aus-
läuterung der Wahrheit aus dem verworrenen Chaos, in welchem Wahrheit und Irrthum durcheinander liegen, besteht
das eigentlich charakteristische Wesen des wissenschaftlichen
Vortrages. Dieser Vortrag lässt die Wahrheit vor unseren
Augen aus einer Welt voll Irrthum *werden,* und *sich erzeugen.*
Nun ist es offenbar, dass der Philosoph, schon vor diesem
seinem Beweise vorher, und um denselben auch nur entwerfen und anheben zu können, somit unabhängig von seinem
künstlichen Beweise, die Wahrheit schon haben und besitzen
müsse. Wie aber konnte er in den Besitz derselben kommen,
ausser von dem natürlichen Wahrheitssinne geführt; welcher,
nur mit einer höheren Kraft, als bei seinen übrigen Zeitgenossen, bei ihm heraustritt; somit, auf welchem anderen Wege
erlangt er sie zuerst, ausser auf dem kunstlosen und populären Wege? An diesen natürlichen Wahrheitssinn nun, der,
wie hier sich findet, sogar der Ausgangspunct selbst der wissenschaftlichen Philosophie ist, wendet der populäre Vortrag
sich unmittelbar, ohne noch etwas anderes zu Hülfe zu ziehen;
rein und einfach aussprechend die Wahrheit, und nichts als
die Wahrheit, wie sie in sich, keinesweges, wie sie dem Irrthume gegenüber ist; und rechnet auf die freiwillige Bestimmung jenes Wahrheitssinnes. *Beweisen* kann dieser Vortrag
nicht, wohl aber muss er *verstanden* werden; denn nur das
Verständniss ist das Organ, womit man den Inhalt desselben
empfängt, und ohne dieses ist er gar nicht an uns gelangt.
Der wissenschaftliche Vortrag rechnet auf Befangenheit im
Irrthume, und auf eine kranke und verbildete geistige Natur;

der populäre Vortrag setzt Unbefangenheit und eine an sich
gesunde, nur nicht hinlänglich ausgebildete geistige Natur voraus. Wie könnte nun, nach diesem allen, der Philosoph zweifeln, dass der natürliche Wahrheitssinn hinlänglich sey, um zur
Erkenntniss der Wahrheit zu leiten, da er selbst zuerst durch
kein anderes Mittel, ausser diesem, zu dieser Erkenntniss gekommen ist?

Ohnerachtet nun die Erfassung der tiefsten Vernunfter-
kenntnisse durch das Mittel einer populären Darstellung möglich ist, ohnerachtet ferner diese Erfassung ein nothwendiger
Zweck der Menschheit ist, nach dessen Erreichung hin aus
allen Kräften gearbeitet werden soll; so müssen wir dennoch
bekennen, dass gerade in unserem Zeitalter einem solchen Vorhaben grössere Hindernisse sich entgegenstellen, als in irgend
einem der vorhergehenden. Zuvörderst verstösst schon die
blosse Form dieser höheren Wahrheit; — diese entschlossene,
ihrer selbst sichere, und schlechthin nichts an sich ändern
lassende Form auf eine doppelte Weise gegen die Bescheidenheit, welche dieses Zeitalter zwar nicht hat, aber ihm gegenüber jedem, der es unternimmt, mit ihm zu handeln, anmuthet.
— Wohl ist es nicht zu läugnen, dass diese Erkenntniss wahr
seyn will, und allein wahr, und nur in dieser allseitigen Bestimmtheit, in der sie sich ausspricht, wahr; und dass schlechthin alles ihr Gegenüberstehende, ohne Ausnahme oder Milde-
rung, falsch seyn soll; dass sie daher ohne Schonung zu unterjochen begehrt allen guten Willen und alle Freiheit des
Wahnes, und durchaus verschmäht, mit irgend etwas ausser
ihr sich in einen Vertrag einzulassen. Durch diese Strenge
finden die Menschen dieser Tage sich beleidiget, als geschähe
ihnen die grösste Beeinträchtigung; sie wollen doch auch gefragt und höflich darum begrüsst seyn, wenn sie etwas gelten
lassen sollen, und auch ihrerseits ihre Bedingungen machen,
und es soll doch auch einiger Spielraum übrigbleiben für ihre
Kunststücke. Bei andern verdirbt es diese Form dadurch, dass
sie anmuthet, Partei zu nehmen, für oder wider, und sich zu
entscheiden auf der Stelle, für das Ja oder Nein. Denn diese
haben nicht Eile, Bescheid zu wissen über dasjenige, was al-

lein des Wissens werth ist, und mögen sich gern ihre Stimmen
offen behalten, wenn es etwa einmal noch ganz anders käme:
auch ist es sehr bequem, seinen Mangel an Verstande mit dem
vornehm tönenden Namen des Skepticismus zu bedecken, und
da, wo es uns in der That an dem Vermögen gefehlt hat, das
vorliegende zu fassen, die Menschen glauben zu lassen, es sey
bloss der übergrosse Scharfsinn, der uns unerhörte und allen
anderen Menschen unerschwingliche Zweifelsgründe herbei-
liefere.

Sodann stellt in diesem Zeitalter unserem Vorhaben sich
entgegen das ungeheuer paradoxe, ungewöhnliche und fast
unerhörte Aussehen unserer Ansichten, indem dieselben gerade
das zur Lüge machen, was dem Zeitalter bisher für die theuersten Heiligthümer seiner Cultur und seiner Aufklärung gegolten hat. Nicht, als ob unsere Lehre an sich neu wäre, und
paradox. Unter den Griechen ist Plato auf diesem Wege. Der
Johanneische Christus sagt ganz dasselbe, was wir lehren und
beweisen; und sagt es sogar in derselben Bezeichnung, deren
wir uns hier bedienen; und selbst in diesen Jahrzehnden, unter unserer Nation, haben es unsere beiden grössten Dichter
in den mannigfaltigsten Wendungen und Einkleidungen gesagt.
Aber der Johanneische Christus ist überschrien, durch seine
weniger geistreichen Anhänger: Dichter aber vollends wollen,
meint man, gar nichts sagen, sondern nur schöne Worte und
Klänge hervorbringen.

Dass nun diese uralte und auch später, von Zeitalter zu
Zeitalter, erneuerte Lehre diesem Zeitalter so ganz neu und
unerhört erscheint, kommt daher: — Seit der Wiederherstel-
lung der Wissenschaften im neuen Europa, und besonders,
seitdem durch die Kirchenreformation dem Geiste auch die
Prüfung der höchsten und religiösen Wahrheit frei gegeben
wurde, bildete sich allmählig eine Philosophie, die den Versuch machte, ob nicht das ihr unverständliche Buch der Natur und der Erkenntniss einen Sinn bekommen möchte, wenn
sie es verkehrt läse; wodurch nun freilich alles ohne Ausnahme aus seiner natürlichen Lage auf den Kopf gestellt wurde.
Diese Philosophie bemächtigte sich, so wie alle geltende Philo-

sophie es nothwendig thut, aller Quellen des öffentlichen Unterrichts, der Katechismen und aller Schulbücher, der öffentlichen religiösen Vorträge, der gelesenen Schriften. Unser aller jugendliche Bildung fällt in diese Epoche. Es ist daher gar kein Wunder, wenn, nachdem die Unnatur uns zur Natur geworden, die Natur uns erscheint als Unnatur; und wenn, nachdem wir alle Dinge zuerst auf dem Kopfe stehend erblickt haben, wir glauben, die in ihre rechte Lage gerückten Dinge ständen verkehrt. Dies ist nun ein Irrthum, der mit der Zeit wohl wegfallen wird: denn wir, die wir den Tod aus dem Leben ableiten, und den Körper aus dem Geiste, nicht aber umgekehrt, wie die Modernen — wir sind die eigentlichen Nachfolger der Alten, nur dass wir klar einsehen, was für sie dunkel blieb; die vorher erwähnte Philosophie aber ist eigentlich gar kein Fortschritt in der Zeit, sondern nur ein possenhaftes Zwischenspiel, als ein kleiner Anhang zur völligen Barbarei.

Endlich werden diejenigen, welche, sich selber überlassen, allenfalls noch die erwähnten beiden Hindernisse überwänden, durch mancherlei gehässige und boshafte Einreden von den Fanatikern der Verkehrtheit zurückgeschreckt. Zwar dürfte man sich wundern, wie die Verkehrtheit, nicht zufrieden in sich selber und in ihrer eigenen Person verkehrt zu seyn, auch noch einen fanatischen Eifer für die Aufrechthaltung und Verbreitung der Verkehrtheit ausserhalb ihrer Person hervorbringen könne. Doch lässt auch dies sich wohl erklären; und zwar verhält es sich damit also. Als diese in die Jahre der Selbstbesinnung und Selbstkenntniss gekommen waren, und ihr Inneres durchforscht hatten, und nichts in demselben gefunden, als den Trieb des persönlich sinnlichen Wohlseyns; auch nicht den mindesten Trieb hatten, noch etwas anderes in sich zu finden oder sich zu erwerben; haben sie um sich geblickt auf die andern Wesen ihrer Gattung, und zu beobachten geglaubt, dass auch in diesen nichts höheres anzutreffen sey, als derselbe Trieb des persönlichen, sinnlichen Wohlseyns. Hierauf haben sie bei sich festgesetzt, dass darin das eigentliche Wesen der Menschheit bestehe, und haben die-

ses Wesen der Menschheit mit unablässigem Fleisse in sich
zur möglichsten Kunstfertigkeit ausgebildet; wodurch sie in ihren Augen zu höchstvorzüglichen und ausgezeichneten Menschen werden mussten, indem sie ja in demjenigen, worin allein der Werth der Menschheit besteht, der Virtuosität sich
bewusst sind. So haben sie, ein Leben hindurch, gedacht und
gehandelt. Wenn sie nun aber in dem erwähnten Obersatze
ihres Syllogismus sich geirrt hätten, und wenn in andern ihrer Gattung sich allerdings noch etwas anderes, und, auf diesen Fall, ein unläugbar Höheres und Göttlicheres, zeigte, denn
der blosse Trieb des persönlich sinnlichen Wohlseyns; so wären ja *sie* für ihre Person, die sie sich bisher für vorzügliche
Menschen hielten, Subjecte niederer Art, und statt, dass sie
sich bisher über alles achteten, müssten sie sich von nun an
verachten und wegwerfen. Sie können nicht anders, als jene
sie beschämende Ueberzeugung von einem Höheren im Menschen, und alle Erscheinungen, die diese Ueberzeugung bestätigen wollen, wüthend anfeinden; sie *müssen* alles mögliche
thun, um diese Erscheinungen von sich abzuhalten, und sie
zu unterdrücken: sie kämpfen für ihr Leben, für die eigenste
und innigste Wurzel ihres Lebens, für die Möglichkeit, sich
selber zu ertragen. Aller Fanatismus und alle wüthende Aeusserung desselben ist vom Anfange der Welt an, bis auf diesen
Tag, ausgegangen von *dem* Princip: wenn die Gegner recht
hätten, so wäre ich ja ein armseliger Mensch. Vermag dieser Fanatismus zu Feuer und Schwert zu gelangen, so greift
er den verhassten Feind an mit Feuer und Schwert; sind
diese ihm unzugänglich, so bleibt ihm die Zunge, welche, wenn
sie auch den Feind nicht tödtet, doch sehr oft seine Thätigkeit und Wirksamkeit nach aussen kräftig zu lähmen vermag.
Eins der gebräuchlichsten und beliebtesten Kunststücke mit
dieser Zunge ist dieses, dass sie der, nur ihnen verhassten
Sache einen allgemein verhassten Namen beilegen, um dadurch
sie zu verschreien und verdächtig zu machen. Der stehende
Schatz dieser Kunstgriffe und dieser Benennungen ist uner-
schöpflich und wird immerfort bereichert, und es würde vergeblich seyn, hierbei einige Vollständigkeit anzustreben. **Nur**

einer der gewöhnlichsten verhassten Benennungen will ich hier gedenken; der, dass man sagt: diese Lehre sey Mysticismus.

Bemerken Sie hierbei, zuvörderst in Absicht der Form jener Beschuldigung, dass, falls etwa ein Unbefangner darauf antworten würde: nun wohl, lasst uns annehmen, es sey Mysticismus; und der Mysticismus sey eine irrige und gefährliche Lehre; so mag er darum doch immer seine Sache vortragen, und wir wollen ihn anhören; ist er irrig und gefährlich, so wird das bei der Gelegenheit wohl an den Tag kommen: — jene, der kategorischen Entscheidung gemäss, mit welcher sie dadurch uns abgewiesen zu haben glauben, darauf antworten müssten: da ist nichts mehr anzuhören, schon vorlängst, wohl seit anderthalb Menschenleben, ist der Mysticismus durch die einmüthigen Beschlüsse aller unserer Recensionsconcilien als Ketzerei decretirt, und mit dem Banne belegt.

Sodann, um von der Form der Beschuldigung zu ihrem Inhalte zu kommen, — was ist er denn nun selbst, dieser Mysticismus, dessen sie unsere Lehre beschuldigen? Zwar werden wir von ihnen nie eine bestimmte Antwort erhalten; denn so wie sie nirgends einen klaren Begriff haben, sondern nur auf weitschallende Worte sinnen, so mangelt es ihnen auch hier am Begriffe: wir werden uns selbst helfen müssen. Es giebt nemlich allerdings eine Ansicht des Geistigen und Heiligen, welche, so richtig sie auch in der Hauptsache, dennoch mit einem bösen Gebrechen behaftet ist, und dadurch verunreinigt und bösartig gemacht wird. Ich habe in meinen vorjährigen Vorträgen im Vorbeigehen diese Ansicht geschildert, und es wird vielleicht auch in den diesjährigen eine Stelle sich finden, wo ich darauf zurückkommen muss. Diese, zum Theil sehr verkehrte Ansicht durch die Benennung des Mysticismus von der wahrhaft religiösen Ansicht zu unterscheiden, ist zweckmässig; ich für meine Person pflege diese Unterscheidung, des erwähnten Namens mich bedienend, zu machen; von diesem Mysticismus ist meine Lehre sehr entfernt und demselben sehr abgeneigt. So, sage ich, nehme ich die Sache. Was aber wollen die Fanatiker? — Die erwähnte Unterscheidung ist vor ihren Augen, so wie vor den Augen derjenigen

Philosophie, der sie folgen, völlig verborgen: laut der **erwähn-**
ten einmüthigen Beschlüsse ihrer Recensionen, ihrer **Abhand-**
lungen, ihrer belustigenden Werke, aller ihrer Aeusserungen
ohne Ausnahme, — welche nachsehen kann, wer es vermag,
und die übrigen mir indessen aufs Wort glauben **können,** —
laut dieser einmüthigen Beschlüsse, ist es stets und immer —
die wahre Religion, die Erfassung Gottes im Geiste und in der
Wahrheit, die sie Mysticismus nennen, und welche in der That
unter dieser Benennung ihr Bannstrahl trifft. Ihre Warnung
auch vor dieser Lehre, als Mysticismus, heisst demnach mit einiger Umschreibung auch hier nichts anderes, als folgendes:
dort wird man euch sagen von dem Daseyn eines schlechthin
in keinen äussern Sinn fallenden, sondern nur durch das reine
Denken zu erfassenden Geistigen; ihr wäret verlorne Leute,
wenn ihr euch dessen überreden liesset, denn es existirt durchaus nichts, als das, was man mit Händen greifet, und man hat
um nichts anderes sich Sorge zu machen; alles andere sind
blosse Abstractionen von dem mit Händen zu Greifenden, die
durchaus keinen Gehalt haben, und welche diese Schwärmer
mit der greiflichen Realität verwechseln. Man wird euch sagen von der Realität, der innern Selbstständigkeit und der
Schöpferkraft des Gedankens; ihr seyd für das wirkliche Leben verdorben, wenn ihr das glaubt; denn es existirt nichts,
denn zuvörderst der Bauch, und sodann das, was ihn trägt
und ihm die Speise zuführt: und die aus ihm aufsteigenden
Dünste sind es, welche jene Schwärmer Ideen nennen. Wir
geben die ganze Beschuldigung zu, und gestehen, nicht ohne
freudiges und erhebendes Gefühl, dass in diesem Sinne des
Worts unsere Lehre allerdings Mysticismus ist. Mit jenen haben wir dadurch keinen neuen Streit bekommen, sondern befinden uns in dem uralten, nie aufzulösenden oder zu vermittelnden Streite, dass *sie* sagen, alle Religion, — es sey denn
etwa die oben erwähnte abergläubische Superstition — ist etwas höchst Verwerfliches und Verderbliches, und muss mit der
Wurzel ausgerottet werden von der Erde; und dabei bleibt
es: *wir* aber sagen: die wahre Religion ist etwas höchst Be-
seligendes, und dasjenige, was allein dem Menschen, hienie-

den und in alle Ewigkeit, Daseyn, Werth und Würde giebt, und es muss aus allen Kräften gearbeitet werden, dass, wo möglich, diese Religion an alle Menschen gelange; dies sehen wir ein mit absoluter Evidenz, und es bleibt daher auch dabei.

Dass jene inzwischen es mehr lieben, zu sagen: das ist Mysticismus; als, wie sie sollten, zu sagen: das ist Religion; hat neben noch andern, hierher nicht gehörenden Gründen besonders noch folgende Gründe. Sie wollen durch diese Benennung ganz unvermerkt die Furcht einflössen, dass durch diese Ansicht theils Intoleranz, Verfolgungssucht, Insubordination und bürgerliche Unruhen würden herbeigeführt werden, und dass, mit einem Worte, diese Denkart gefährlich sey für den Staat; theils aber und vorzüglich wollen sie die, welche auf dergleichen Betrachtungen, wie die gegenwärtigen, sich einlassen sollten, besorgt machen für die Fortdauer ihres gesunden Verstandes, und ihnen zu verstehen geben, dass sie auf diesem Wege wohl dahin kommen könnten, Geister am hellen Tage zu sehen, — welches ein besonders grosses Unglück seyn würde. Was das erste anbelangt, die Gefahr für den Staat, so vergreifen sie sich in der Benennung dessen, von welchem Gefahr zu befürchten sey, und sie rechnen ohne Zweifel sehr sicher darauf, dass niemand sich finden werde, der die Verwechselung aufdecke; denn niemals hat weder das, was *sie* Mysticismus nennen, die wahre Religion, noch auch das, was *wir* also nennen, — verfolgt, Intoleranz gezeigt, bürgerliche Unruhen angerichtet; — durch die ganze Kirchen-, Ketzer- und Verfolgungsgeschichte hindurch stehen die Verfolgten jedesmal auf dem verhältnissmässig höhern, und die Verfolger auf dem niedern Standpuncte; die letzteren fechtend, so wie wir oben es angegeben, für ihr Leben. Nein! intolerant, verfolgungssüchtig, Unruhen erregend im Staate, ist allein diejenige Gabe, welche sie selbst besitzen, der Fanatismus der Verkehrtheit; und wenn es sonst rathsam wäre, so möchte ich wünschen, dass die Gefesselten noch heute losgelassen würden, damit man sähe, was sie begönnen. Was das zweite betrifft, die Erhaltung des gesunden Verstandes, so hängt diese zunächst von der körperlichen Organisation ab; und gegen

deren Einflüsse schützet notorisch selbst die allertiefste Plattheit und die allerniedrigste Gemeinheit des Geistes keinesweges; — dass man sich also nicht in die Arme dieser zu werfen
braucht, um der gefürchteten Gefahr zu entgehen. So viel mir
bekannt ist, und seitdem ich lebe bekannt worden, sind sogar diejenigen, welche in den Betrachtungen, von denen hier
die Rede ist, leben, und in ihnen ihr ununterbrochenes Tagewerk treiben, jenen Zerstreuungen keinesweges ausgesetzt,
sehen keine Gespenster, und sind an Leib und Seele so gesund, als andere. Dass sie im Leben zuweilen nicht thun,
was die meisten andern an ihrer Stelle gethan haben würden,
oder thun, was die meisten andern an derselben Stelle unterlassen haben würden, kommt keinesweges daher, weil es ihnen an Scharfsinn gefehlt hätte, die erste Handelnsmöglichkeit
oder die Folgen der zweiten zu sehen; wie derjenige, der in
ihrer Stelle das gewusste sicher gethan hätte, nicht umhin
kann, zu glauben, — sondern — aus andern Gründen. — Mag
es doch immer kränkliche geistige Naturen geben, welche, sobald sie über ihre Haushaltungsbücher, oder was sie sonst
Reelles treiben, hinauskommen, sogleich in den Zustand der
Irren gerathen; bleiben diese bei ihren Haushaltungsbüchern!
— nur wünschte ich nicht, dass von ihnen, die doch hoffentlich die kleinere Zahl und sicher die niedere Art sind, die
allgemeine Regel entlehnt, noch, dieweil es schwache und
kranke unter den Menschen giebt, das ganze Menschengeschlecht als schwach und krank behandelt würde. Dass man
sich auch der Taubstummen und der Blindgebornen annimmt,
und einen Weg sich ausgesonnen hat, um an sie Unterricht
zu bringen, ist alles Dankes werth; — von den Taubstummen
nemlich und den Blindgebornen. Wenn man aber diese Weise
des Unterrichts zum allgemeinen Unterrichte auch für die Ge-
sundgebornen machen wollte, weil neben ihnen doch immer
auch Taubstumme und Blindgeborne vorhanden seyn könnten,
und man dann sicher wäre, für alle gesorgt zu haben; wenn
der Hörende, ohne alle Achtung für sein Gehör, ebenso müh-
sam reden und die Worte auf den Lippen erkennen lernen
sollte, als der Taubstumme; und der Sehende, ohne alle Ach-

tung für sein Sehen, die Buchstaben durch Betastung lesen;
so würde dies gar wenig Dank verdienen von den Gesunden;
ohnerachtet diese Einrichtung freilich sogleich getroffen werden würde, sobald die Einrichtung des öffentlichen Unterrichts
von dem Gutachten der Taubstummen und Blindgebornen abhängig gemacht würde.

Dies waren die vorläufigen Erinnerungen und Betrachtungen, welche ich Ihnen heute mitzutheilen für rathsam erach-
tete. Ueber acht Tage werde ich die Grundlage dieser Vorträge, welche zugleich die Grundlage der ganzen Erkenntniss
enthält, ihnen von einer neuen Seite, und in einem neuen
Lichte darzustellen suchen, wozu ich Sie ehrerbietig einlade.

Dritte Vorlesung.

Ehrwürdige Versammlung,

Im ersten dieser Vorträge behaupteten wir, dass bei weitem nicht alles, was als lebendig erscheine, wirklich und in
der That *lebe;* im zweiten haben wir gesagt, dass ein grosser
Theil der Menschen sein ganzes Leben hindurch gar nicht zum
wahren und eigentlichen *Denken* komme, sondern beim *Meinen*
stehen bleibe. Es könnte wohl seyn, und ist auch aus anderen Behauptungen, die wir bei dieser Gelegenheit gemacht haben, schon klar hervorgegangen, dass die beiden Benennungen: Denken und Leben, — Nichtdenken und Todtseyn, wohl
ganz dasselbe bedeuten dürften; indem schon früher das Element des Lebens in den Gedanken gesetzt worden, somit wohl
das Nichtdenken die Quel des Todes seyn dürfte.

Es steht nur dieser Behauptung eine bedeutende Schwierigkeit entgegen, auf welche ich Sie aufmerksam machen

muss: — die folgende: Ist das Leben ein organisches, durch
ein ohne Ausnahme gültiges Gesetz bestimmtes Ganze, so erscheint auf den ersten Blick es als unmöglich, dass irgend Ein
zum Leben gehöriger Theil abwesend seyn könne, wenn andere da sind; oder, dass irgend ein einzelner da seyn könne,
wenn nicht alle zum Leben gehörige Theile, und so das ganze
Leben in seiner vollendeten organischen Einheit stattfinde. Indem wir diese Schwierigkeit lösen, werden wir Ihnen zugleich
den Unterschied zwischen dem eigentlichen Denken und dem
blossen Meinen klar darlegen können; das schon in der vorigen
Stunde angekündigte erste Geschäft, ehewir, wie das gleichfalls
unser Vorsatz auf die heutige Stunde ist, das eigentliche Denken
selber an den Elementen aller Erkenntniss mit einander beginnen.

Die dargelegte Schwierigkeit wird also gelöset. Allerdings
erfolgt allenthalben, wo geistiges Leben ist, alles ohne Ausnahme, was zu diesem Leben gehört, ganz und ohne Abbruch,
nach dem Gesetze: — aber alles dieses mit absoluter, der me-
chanischen gleichender, Nothwendigkeit erfolgende tritt gar
nicht nothwendig ein im Bewusstseyn, und es ist zwar Leben
des Gesetzes, keinesweges aber unser, das uns eigenthümliche
und angehörige Leben. Unser Leben ist nur dasjenige, was
aus jenem nach dem Gesetze zu Stande gekommenen, von uns
mit klarem Bewusstseyn erfasst, und in diesem klaren Bewusstseyn geliebt und genossen wird. Wo die Liebe ist, da
ist das individuelle Leben, sagten wir einmal: die Liebe aber
ist nur da, wo da ist das klare Bewusstseyn.

Mit der Entwickelung dieses unseres in diesen Vorträgen
allein Leben zu benennenden Lebens, — innerhalb des ganzen, nach dem Gesetze zu Stande gekommenen Lebens, geht
es gerade also zu, wie mit dem physischen Tode. So wie dieser, in seinem natürlichen Gange, zuerst in den äussersten
und vom Mittelsitze des Lebens entferntesten Gliedmaassen beginnt, und von ihnen sich weiter nach dem Mittelpuncte verbreitet, bis er endlich das Herz trifft; ebenso beginnt das geistige, seiner sich bewusste, sich liebende und sich geniessende
Leben zuerst in den Extremitäten und entferntesten Aussen-

werken des Lebens, bis es, so Gott will, auch aufgeht in dem
wahren Grundpuncte und Mittelsitze desselben. — Ein alter
Philosoph behauptete, dass die Thiere aus der Erde gewach-
sen seyen: so wie es im kleinen, setzte er hinzu, noch bis diesen Tag geschehe, indem man in jedem Frühlinge, besonders
nach einem warmen Regen — z. B. Frösche beobachten könne,
an denen einige Theile, etwa die Vorderfüsse, schon recht gut
sich entwickelt hätten, indess die übrigen Gliedmaassen noch
ein roher und unentwickelter Erdklumpen seyen. Die Halb-
thiere dieses Philosophen, ohnerachtet sie übrigens kaum beweisen dürften, was sie beweisen sollen, liefern denn doch
ein sehr treffendes Bild des geistigen Lebens der gewöhnlichen
Menschen. Die äusseren Gliedmaassen dieses Lebens sind an
ihnen schon vollkommen ausgebildet, und es fliesset schon
warmes Blut in den Extremitäten; an der Stelle des Herzens
aber und der übrigen edlen Lebenstheile, — welche Stellen
an sich, und zufolge des Gesetzes, freilich da sind, und nothwendig da seyn müssen, indem ausserdem auch die äusseren
Gliedmaassen nicht da seyn könnten, — an diesen Stellen,
sage ich, sind sie noch ein gefühlloser Erdklumpen, und ein
eisiger Fels.

Zuvörderst will ich Sie dessen an einem schlagenden Beispiele überführen; worüber ich mich zwar mit der höchsten
Klarheit aussprechen werde, jedoch, um der Neuheit der Bemerkung willen, Ihre Aufmerksamkeit ganz besonders auffordere. — Wir sehen, hören, fühlen — äussere Gegenstände;
zugleich *mit* diesem Sehen u. s. w. *denken* wir auch diese
Gegenstände, und sind uns ihrer durch den innern Sinn bewusst, so wie wir, durch denselben innern Sinn, uns auch unseres Sehens, Hörens und Fühlens derselben bewusst werden
Hoffentlich wird auch keiner, der nur der allergewöhnlichsten
Besinnung mächtig ist, behaupten wollen: er könne einen Gegenstand sehen, hören, fühlen, ohne zugleich auch desselben
Gegenstandes und seines Sehens, Hörens, oder Fühlens desselben Gegenstandes, innerlich sich bewusst zu werden; er
könne bewusstlos etwas bestimmtes sehen, u. s. f. Dieses Zugleichseyn, — Zugleichseyn sage ich, und diese Unabtrennlich-

keit der äusseren Sinneswahrnehmung und des inneren Denkens von einander, — dieses, und nicht mehr, liegt in der factischen Selbstbeobachtung, der Thatsache des Bewusstseyns; keinesweges aber, — ich bitte dies wohl zu fassen, — keinesweges liegt in dieser Thatsache ein *Verhältniss* der beiden genannten Ingredientien — des äusseren Sinnes und des inneren Denkens, — ein Verhältniss der zweie zu einander, etwa wie Ursache und Bewirktes, oder wie Wesentliches und Zufälliges. Würde nun etwa doch ein solches Verhältniss der zweie angenommen, so geschähe dieses nicht zufolge der factischen Selbstbeobachtung, und es läge nicht in der Thatsache; welches das erste ist, das ich Sie zu begreifen und zu behalten bitte.

Sollte nun zweitens, aus irgend einem anderen Grunde, als dem der factischen Selbstbeobachtung, welchen möglichen Grund wir an seinen Ort gestellt seyn lassen, — sollte, sage ich, aus einem solchen Grunde denn doch ein solches Verhältniss zwischen den beiden Ingredientien gesetzt und angenommen werden; so scheint es auf den ersten Anblick, dass beide, als immer zugleich und unabtrennlich von einander vorhanden, in den gleichen Rang gestellt werden müssten; und so das innere Denken ebensowohl der Grund und das Wesentliche zu der äusseren Sinneswahrnehmung, als dem Begründeten und Zufälligen, seyn könnte, als umgekehrt; auf welche Weise ein unauflöslicher Zweifel zwischen den beiden Annahmen entstehen müsste, der es nie zu einem Endurtheile über jenes Verhältniss kommen liesse. So, sage ich, auf den ersten Anblick: falls aber etwa jemand tiefer blickte, so würde dieser, — da ja das innere Bewusstseyn den äusseren Sinn zugleich mit umfasst; indem wir ja auch des Sehens, Hörens, Fühlens selber uns bewusst werden, wir aber keinesweges auch umgekehrt das Bewusstseyn sehen, hören oder fühlen, und so schon in der unmittelbaren Thatsache das Bewusstseyn einen höheren Platz einnimmt: es würde dieser, sage ich, weit natürlicher finden, das innere Bewusstseyn zur Hauptsache, den äusseren Sinn zur Nebensache zu machen, und den letzteren

aus dem ersteren zu erklären, durch das erstere zu controliren und zu bewähren, — nicht aber umgekehrt. —

Wie nun verfährt hierbei die gemeine Denkart? Ihr ist,
ohne weiteres, der äussere Sinn überall das erste und der unmittelbare Probirstein der Wahrheit; was gesehen, gehört, gefühlt wird, das — ist, darum, weil es gesehen, gehört, gefühlt
wird u. s. w. Das Denken und das innere Bewusstseyn der
Gegenstände kommt hinten nach, als eine leere Zugabe, die
man kaum bemerkt, und die man ebenso gern entbehrte,
wenn sie sich nicht aufdränge; und überall wird nicht — gesehen oder gehört, weil gedacht wird, sondern — es wird gedacht, weil gesehen oder gehört wird, und unter der Regent-
schaft dieses Sehens und dieses Hörens. Die letzthin erwähnte, verkehrte und abgeschmackte moderne Philosophie,
als der eigentliche Mund und die Stimme der Gemeinheit, tritt
hinzu; öffnet ihren Mund und spricht, ohne zu erröthen: der
äussere Sinn allein ist die Quelle der Realität, und alle unsere
Erkenntniss gründet sich allein auf die Erfahrung: — als ob
dies ein Axiom wäre, gegen welches etwas vorzubringen wohl
keiner sich unterstehen werde. Wie ist es denn nun dieser
gemeinen Denkart und ihrem Vormunde so leicht geworden,
über die oben erwähnten Zweifelsgründe und positiven Anlei-
tungen zur Annahme des entgegengesetzten Verhältnisses sich
hinwegzusetzen, als ob sie gar nicht vorhanden wären? Warum
blieb ihr denn die, schon auf den ersten Anblick und noch
ohne alle tiefere Forschung, als weit natürlicher und wahr-
scheinlicher sich empfehlende, entgegengesetzte Ansicht, dass
die gesammten äusseren Sinne mit allen ihren Objecten, nur
— im allgemeinen Denken begründet seyen; und dass eine
sinnliche Wahrnehmung überhaupt nur im Denken und als ein
Gedachtes, als eine Bestimmung des allgemeinen Bewusstseyns,
keinesweges aber von dem Bewusstseyn getrennt, und an sich,
möglich sey: — ich meine, die Ansicht, dass es überhaupt
nicht wahr sey, dass wir sehen, hören, fühlen, schlechtweg;
sondern, dass wir uns nur bewusst sind unseres Sehens, Hörens, Fühlens, — warum blieb diese Ansicht, welcher z. B. wir
zugethan sind, und sie als die einzig richtige mit absoluter

28*

Evidenz begreifen, und das Gegentheil als eine offenbare Ungereimtheit einsehen; warum blieb diese der gemeinen Denkart, sogar ihrer Möglichkeit nach, verborgen? Es lässt sich
leicht erklären: Das *Urtheil* dieser Denkart ist der nothwendige Ausdruck ihres wirklichen *Lebensgrades*. Im äusseren
Sinne, als der letzten Extremität des beginnenden geistigen
Lebens, sitzt ihnen vor der Hand noch das Leben; im äusseren
Sinne sind sie mit ihrer lebendigsten Existenz zugegen, fühlen
sich in ihm, lieben und geniessen sich in ihm; und so fällt
denn nothwendig auch ihr *Glaube* dahin, wo ihr Herz ist; im
Denken dagegen schiesset bei ihnen das Leben erst an, nicht
als lebendiges Fleisch und Blut, sondern als eine breiartige
Masse; und darum erscheint ihnen das Denken als ein fremd-
artiger, weder zu ihnen, noch zur Sache gehöriger Dunst.
Wird es einmal mit ihnen dahin kommen, dass sie im Denken
bei weitem kräftiger zugegen seyn, und weit lebendiger sich
fühlen und geniessen werden, als im Sehen und Hören, so
wird auch ihr Urtheil anders ausfallen.

So herabgewürdigt und unwerth ist der gemeinen Ansicht
das Denken — sogar in seiner niedrigsten Aeusserung; weil
diese gemeine Ansicht in das Denken noch nicht den Sitz seines Lebens verlegt, noch seine geistigen Fühlhörner bis dahin
ausgestreckt hat. Das Denken in seiner niedrigsten Aeusserung, sagte ich; denn das, und nichts weiter, ist dieses Denken der äusseren Gegenstände, welches ein — Gegenbild, und
einen Mitbewerber um Wahrheit, an einer äusseren Sinneswahrnehmung hat. Das eigentliche, höhere Denken ist dasjenige, welches ohne alle Beihülfe des äusseren Sinnes, und
ohne alle Beziehung auf diesen Sinn, sein — rein geistiges
Object schlechthin aus sich selber sich erschafft. Im gewöhnlichen Leben kommt diese Art des Denkens vor, wenn z. B.
gefragt wird nach der Weise der Entstehung der Welt oder
des Menschengeschlechtes, oder nach den inneren Gesetzen
der Natur; wo im ersten Falle klar ist, dass bei Schöpfung
der Welt und vor dem Beginnen des Menschengeschlechtes
kein Beobachter zugegen gewesen, dessen Erfahrung ausgesprochen werden solle, im zweiten Falle durchaus nach kei-

ner Erscheinung, sondern nach demjenigen, worin alle einzelne
Erscheinungen übereinkommen, gefragt wird: und keine in die
Augen gefallene Begebenheit, sondern eine Denknothwendig-
keit herbeigeliefert werden soll, welche denn doch *sey*, und
also sey, und nicht anders seyn *könne*; was ein lediglich aus
dem Denken selber hervorgehendes Object giebt, welchen ersten Punct ich wohl zu fassen und einzusehen bitte.

In Sachen dieses höheren Denkens verfährt nun die gemeine Denkart also: Sie lässt sich aussinnen durch andere,
oder sinnet auch wohl, wo sie mehr Kraft hat, sich selber aus,
durch das freie und gesetzlose Denken, welches man Phantasie nennt, Eine von mehreren Möglichkeiten, wie es zu dem in
Frage gestellten Wirklichen gekommen seyn könne (eine Hypothese machen, nennt es die Schule): fragt darauf an bei ihrer Neigung, Furcht, Hoffnung, oder von welcher Leidenschaft
sie eben regiert wird, und falls diese zustimmt, wird jene Erdichtung festgesetzt als bleibende und unveränderliche Wahrheit. Eine von den mehreren Möglichkeiten ersinnt sie sich,
sagte ich; dies ist der Hauptcharakter des beschriebenen Verfahrens; aber dieser Ausdruck muss richtig verstanden werden. An sich nemlich ist es gar nicht wahr, dass irgend etwas auf mehrere Weisen möglich sey, sondern alles, was da
ist, ist nur auf eine einzige, in sich selbst vollkommen bestimmte
Weise möglich, wirklich und nothwendig zugleich; und schon
darin liegt der Grundfehler dieses Verfahrens, dass es mehrere
Möglichkeiten annimmt, — von denen es nun noch dazu, einseitig und parteiisch, nur Eine fasst, und diese durch nichts
zu bewahrheiten vermag, als durch seine Neigung. Dieses
Verfahren ist es, was wir *Meinen* nennen, im Gegensatze mit
dem wirklichen *Denken*. Dies eigentliche und von uns also
genannte Meinen hat, ebenso wie das Denken, die Region jenseits aller sinnlichen Erfahrung zum Gebiete; diese Region besetzt es nun mit den Ausgeburten fremder oder auch der eigenen Phantasie, denen allein die Neigung Dauer und Selbstständigkeit giebt: und dieses alles begegnet ihm also, bloss
und lediglich deswegen, weil der Sitz seines geistigen Lebens

noch nicht höher, als in die Extremität der blinden Zuneigung
oder Abneigung fällt.

Anders verfährt das wirkliche Denken in der Ausfüllung
jener übersinnlichen Region. Dieses — sinnt sich nicht aus,
sondern ihm kommt von selber, nicht das — neben und unter
andern, sondern das allein Mögliche, Wirkliche und Nothwendige; und dieses bestätigt sich nicht etwa durch einen ausser
ihm liegenden Beweis, sondern es führt seine Bestätigung unmittelbar in sich selber, und leuchtet, so wie es nur gedacht
wird, diesem Denken selber ein, als das einzig mögliche, schlechthin und absolut wahre; mit unerschütterlicher, schlechthin alle
Möglichkeit des Zweifels vernichtender Gewissheit und Evidenz
die Seele ergreifend. Da, wie gesagt, diese Gewissheit den
lebendigen Act des Denkens unmittelbar in seiner Lebendigkeit
und auf der That ergreift, und allein an diesen sich hält; so
folgt, dass jeder, der der Gewissheit theilhaftig werden wolle,
eben selber und in eigener Person das Gewisse denken müsse,
und keinen anderen das Geschäft für sich könne verrichten
lassen. Nur diese Vorerinnerung wollte ich noch machen; indem ich nun zu der gemeinschaftlichen Vollziehung des eigentlichen Denkens an den höchsten Elementen der Erkenntniss
fortschreite.

Die allererste Aufgabe dieses Denkens ist die: *das Seyn
scharf zu denken;* und ich leite zu diesem Denken Sie also. —
Ich sage: das eigentliche und wahre Seyn wird nicht, entsteht
nicht, geht nicht hervor aus dem Nichtseyn. Denn allem, was
da wird, sind Sie genöthigt ein Seyendes vorauszusetzen, durch
dessen Kraft jenes erste werde. Wollten Sie nun etwa dieses
zweite Seyende wiederum in einer früheren Zeit geworden seyn
lassen, so müssen Sie auch ihm ein drittes Seyendes voraussetzen, durch dessen Kraft es geworden: und falls Sie auch
dieses dritte entstehen lassen wollten, diesem ein viertes voraussetzen, und so in das Unendliche fort. Immer müssen Sie
zuletzt auf ein Seyn kommen, das da nicht geworden ist, und
das ebendarum keines anderen für sein Seyn bedarf, sondern
das da schlechthin durch sich selbst, von sich und aus sich
selbst ist. In diesem Seyn, zu welchem Sie doch einmal von

allem Werdenden sich erheben müssen, sollen Sie nun, meiner
Anforderung zufolge, gleich vonvornherein sich festsetzen; —
und so wird Ihnen denn, falls Sie nur die aufgegebenen Gedanken mit mir vollzogen haben, einleuchten, dass Sie das
wahrhaftige Seyn denken können, nur als ein Seyn von sich
selbst, aus sich selbst, durch sich selbst.

Zweitens setze ich hinzu: auch innerhalb dieses Seyns kann
nichts neues werden, nichts anders sich gestalten, noch wandeln und wechseln; sondern wie es ist, ist es von aller Ewigkeit her, und bleibt es unveränderlich in alle Ewigkeit. Denn,
da es durch sich selbst ist, so ist es ganz, ungetheilt und ohne
Abbruch alles, was es durch sich seyn kann und seyn muss.
Sollte es in der Zeit etwas neues werden, so müsste es entweder vorher, durch ein Seyn ausser ihm, verhindert worden
seyn, dies zu werden; oder auch, es müsste durch die Kraft
dieses Seyns ausser ihm, welche erst jetzt anfinge auf dasselbe
einzuwirken, dieses neue werden: welche beide Annahmen
der absoluten Unabhängigkeit und Selbstständigkeit desselben
geradezu widersprechen. Und so wird Ihnen denn, falls Sie
nur die aufgegebenen Gedanken selbst vollzogen haben, einleuchten, dass das Seyn schlechthin nur als Eins, nicht als
mehrere; und dass es nur als eine, in sich selbst geschlossene
und vollendete und absolut unveränderliche Einerleiheit zu
denken sey.

Durch ein solches Denken — welches unser Drittes wäre
— kommen Sie bloss zu einem in sich selber verschlossenen,
verborgenen und aufgegangenen Seyn: Sie kommen aber noch
keinesweges zu einem Daseyn, ich sage Daseyn, zu einer Aeusserung und Offenbarung dieses Seyns. Ich wünschte sehr,
dass Sie das gesagte gleich auf der Stelle fassten: und Sie
werden es ohne Zweifel, wenn Sie nur den zuerst construirten
Gedanken des Seyns recht scharf gedacht haben; und jetzt
sich bewusst werden, was in diesem Gedanken liegt, und was
nicht in ihm liegt. Die natürliche Täuschung, welche Ihnen die
begehrte Einsicht verdunkeln könnte, werde ich sehr bald tiefer unten aufdecken.

Um dies weiter auseinanderzusetzen: Sie vernehmen, dass

ich — Seyn, inneres und in sich verborgenes, vom — Daseyn
unterscheide, und diese zwei, als völlig entgegengesetzte **und**
gar nicht unmittelbar verknüpfte Gedanken, aufstelle. Diese Unterscheidung ist von der höchsten Wichtigkeit; und nur durch
sie kommt Klarheit und Sicherheit in die höchsten Elemente
der Erkenntniss. Was nun insbesondere das Daseyn sey, **wird**
am besten durch die wirkliche Anschauung dieses Daseyns
sich deutlich machen lassen. Ich nemlich sage: unmittelbar
und in der Wurzel ist — Daseyn des Seyns das — Bewusstseyn, oder die Vorstellung des Seyns, wie sie an dem Worte:
Ist, dasselbe von irgend einem Objecte, z. B. dieser Wand,
gebraucht, sich auf der Stelle klar machen können. Denn **was**
ist nun dieses *Ist* selber in dem Satze: die Wand *ist?* Offenbar ist es nicht die Wand selber, und einerlei mit ihr; auch
giebt es sich dafür gar nicht aus, sondern es scheidet durch
die dritte Person diese Wand, als ein unabhängig von ihm
Seyendes, aus von sich: es giebt sich also nur für ein äusseres Merkzeichen des selbstständigen Seyns, für ein Bild davon,
oder, wie wir dies oben aussprachen, und wie es am bestimmtesten auszusprechen ist, als das unmittelbare, äussere Daseyn
der Wand, und als *ihr Seyn ausserhalb ihres Seyns.* (Dass das
ganze Experiment der schärfsten Abstraction und der lebendigsten inneren Anschauung bedürfe, wird zugestanden; so
wie als die Probe hinzugefügt wird, dass keiner die Aufgabe
vollzogen hat, dem nicht, besonders der letzte Ausdruck als
vollkommen exact einleuchtet.)

Zwar pflegt sogar dies von der gemeinen Denkart nicht
bemerkt zu werden; und es kann wohl seyn, dass ich an dem
Gesagten vielen etwas ganz Neues und Unerhörtes gesagt habe.
Der Grund davon ist der, dass ihre Liebe und ihr Herz ohne
Verzug nur sogleich zum Objecte eilt, und nur für dieses sich
interessirt, in dasselbe sich wirft und nicht Zeit hat, bei dem
Ist betrachtend zu verweilen, und so dasselbe gänzlich verliert.
Daher kommt es, dass wir gewöhnlich, das Daseyn überspring-
gend, in das Seyn selber gekommen zu seyn glauben; indess
wir doch immer und ewig nur in dem Vorhofe, in dem Daseyn,
verharren: und gerade diese gewöhnliche Täuschung konnte

den Ihnen oben angemutheten Satz fürs erste verdunkeln. Hier liegt nun alles daran, dass wir dieses einmal einsehen, und es uns von nun an merken für das Leben.

Das Bewusstseyn des Seyns, das Ist zu dem Seyn — ist unmittelbar das Daseyn: sagten wir, vorläufig den Anschein übriglassend, als ob das Bewusstseyn etwa nur eine — neben und unter anderen mögliche Form, und Art und Weise des Daseyns wäre, und als ob es auch noch mehrere, vielleicht unendliche Formen und Weisen des Daseyns geben könne. Dieser Anschein darf nicht übrigbleiben; zuvörderst, so gewiss wir hier nicht — meinen, sondern wahrhaft denken wollen; sodann aber würde, auch in Absicht der Folgen, neben dieser übriggelassenen Möglichkeit nimmermehr unsere Vereinigung mit dem Absoluten, als die einzige Quelle der Seligkeit, bestehen können; sondern es würde vielmehr daraus eine unermessliche Kluft zwischen ihm und uns, als die wahre Quelle aller Unseligkeit, fliessen und hervorgehen.

Wir haben sonach, welches unser Viertes wäre, im Denken darzuthun, dass das *Bewusstseyn* des Seyns, die einzigmögliche Form und Weise des *Daseyns* des Seyns, somit selber ganz unmittelbar, schlechthin und absolut dieses Daseyn des Seyns sey. Wir leiten Sie zu dieser Einsicht auf folgende Weise: Das Seyn — als Seyn, und bleibend Seyn, keineswegs aber etwa aufgebend seinen absoluten Charakter, und mit dem Daseyn sich vermengend und vermischend, soll daseyn. Es muss darum von dem Daseyn unterschieden und demselben entgegengesetzt werden; und zwar, — da ausser dem absoluten Seyn schlechthin nichts anderes ist, als sein Daseyn, — diese Unterscheidung, und diese Entgegensetzung muss — in dem Daseyn selber — vorkommen; welches, deutlicher ausgesprochen, folgendes heissen wird: das Daseyn muss sich selber als blosses Daseyn fassen, erkennen und bilden, und muss, sich selber gegenüber, ein absolutes Seyn setzen und bilden, dessen blosses Daseyn eben es selbst sey: es muss durch sein Seyn, einem anderen absoluten Daseyn gegenüber, sich vernichten; was eben den Charakter des blossen Bildes, der Vorstellung oder des Bewusstseyns des Seyns giebt; wie Sie

dieses alles gerade also, schon in der obigen Erörterung des
Ist, gefunden haben. Und so leuchtet es denn, falls wir nur
die aufgegebenen Gedanken vollzogen haben, ein, dass das —
Daseyn des Seyns —: nothwendig ein — Selbstbewusstseyn
seiner (des Daseyns) selbst, als blossen Bildes, von dem absolut in sich selber seyenden Seyn, seyn — müsse, und gar
nichts anderes seyn könne.

Dass es nun also sey, und das Wissen und Bewusstseyn
das absolute Daseyn, oder wenn Sie jetzt lieber wollen, die
Aeusserung und Offenbarung des Seyns sey in seiner einzig-
möglichen Form, — kann das Wissen sehr wohl begreifen und
einsehen, so wie, der Voraussetzung nach, wir alle es soeben
eingesehen haben. Keinesweges aber — welches unser Fünf-
tes wäre, — kann dieses Wissen in ihm selber begreifen und
einsehen, wie es selber — entstehe, und wie aus dem innern
und in sich selber verborgenen Seyn ein Daseyn, eine Aeusserung und Offenbarung desselben, folgen möge, wie wir denn
auch oben, beim Anknüpfen unseres dritten Punctes, ausdrücklich eingesehen, dass eine solche nothwendige Folge für uns
nicht vorhanden sey. Dies kommt daher, weil, wie schon oben
gezeigt, das Daseyn gar nicht seyn kann, ohne sich zu finden,
zu fassen und vorauszusetzen, da ja das Sichfassen unabtrennlich ist von seinem Wesen; und so ist ihm denn durch die
Absolutheit seines Daseyns, und durch die Gebundenheit an
dieses sein Daseyn, alle Möglichkeit, über dasselbe hinauszugehen, und jenseits desselben sich noch zu begreifen und abzuleiten, abgeschnitten. Es ist, für sich und in sich, und damit gut: allenthalben wo es ist, findet es sich schon vor, und
findet sich vor auf eine gewisse Weise bestimmt, die es nehmen muss, so wie sie sich ihm giebt, keinesweges aber erklären kann, wie und wodurch sie also geworden. Diese unabänderlich bestimmte, und lediglich durch unmittelbare Auffassung und Wahrnehmung zu ergreifende *Weise* dazuseyn, des
Wissens, ist das innere und wahrhaft reale Leben an ihm.

Ohnerachtet nun dieses wahrhaft reale Leben des Wissens
— sich, in Absicht seiner besonderen Bestimmtheit, — im Wissen nicht erklären lässt, so lässt es sich denn doch in diesem

Wissen im Allgemeinen deuten; und es lässt sich verstehen, und mit absoluter Evidenz einsehen, was es seinem inneren und wahren Wesen nach sey; — welches unser Sechstes wäre. Ich leite Sie zu dieser Einsicht also: was wir oben, als unseren vierten Punct, folgerten, dass das Daseyn nothwendig ein Bewusstseyn sey, und alles andere, was damit zusammenhing, — folgte aus dem blossen Daseyn, als solchem, und seinem Begriffe. Nun *ist* dieses Daseyn selber auf sich ruhend und stehend; — vor allem seinem Begriffe von sich selbst, und unauflöslich diesem seinem Begriffe von sich selbst; wie wir soeben bewiesen, und dieses sein Seyn, sein reales, lediglich un mittelbar wahrzunehmendes: *Leben* genannt haben. Woher hat es nun dieses, von allem seinem, aus seinem Begriffe von sich selbst folgenden Seyn völlig unabhängiges, demselben vielmehr vorhergehendes, und es selbst erst möglich machendes Seyn? Wir haben es gesagt: es ist dieses das lebendige und kräftige Daseyn des Absoluten selber, welches ja allein zu seyn, und da zu seyn vermag, und ausser welchem nichts *ist,* noch wahrhaftig *da ist.* Nun kann das Absolute, so wie es nur durch sich selbst seyn kann, auch nur durch sich selber daseyn: und da es selbst, und kein fremdes an seiner Stelle, daseyn soll, indem ja auch kein fremdes ausser ihm zu seyn und dazuseyn vermag; — es ist da, schlechthin so, wie es in ihm selber ist, und ganz, ungetheilt und ohne Rückhalt, und ohne Veränderlichkeit und Wandel, als absolute Einerleiheit, so wie es also auch innerlich ist. Das reale Leben des Wissens ist daher, in seiner Wurzel, das innere Seyn und Wesen des Absoluten selber, und nichts anderes; und es ist zwischen dem Absoluten oder Gott, und dem Wissen in seiner tiefsten Lebenswurzel, gar keine Trennung, sondern beide gehen völlig ineinander auf.

Und so wären wir denn schon heute bei einem Puncte angekommen, der unsere bisherigen Behauptungen deutlicher macht, und Licht verbreitet über unseren künftigen Weg. — Dass irgend ein lebendig Daseyendes — aber alles Daseyende ist, wie wir gesehen haben, nothwendig Leben und Bewusstseyn, und das Todte und Bewusstlose ist nicht einmal da —

dass ein lebendig Daseyendes gänzlich von Gott sich trenne, dagegen ist gesorgt, und es ist dieses schlechthin unmöglich; denn nur durch das Daseyn Gottes in ihm wird es im Daseyn gehalten, und so Gott aus ihm zu verschwinden vermöchte, würde es selbst aus dem Daseyn schwinden. Nur wird dieses göttliche Daseyn auf den niederen Stufen des geistigen Lebens bloss hinter trüben Hüllen, und in verworrenen Schattenbildern gesehen, welche aus dem geistigen Sinnenorgane, mit dem man sich und das Seyn anblickt, abstammen; klar aber und unverhüllt, ausdrücklich als göttliches Leben und Daseyn es erblicken, und mit Liebe und Genuss in dieses also begriffene Leben sich eintauchen, ist das wahrhaftige und das unaussprechlich selige Leben.

Immer ist es, sagten wir, das Daseyn des absoluten und göttlichen Seyns, das da ist in allem Leben; unter welchem allem Leben wir hier das, zu Anfange dieser Stunde genannte allgemeine Leben nach dem Gesetze verstehen, welches insofern gar nicht anders seyn kann, als so, wie es eben ist. Nur geht, auf den niederen Stufen des geistigen Lebens der Menschen, jenes göttliche Seyn nicht als solches dem Bewusstseyn auf: in dem eigentlichen Grundpuncte aber des geistigen Lebens geht jenes göttliche Seyn, ausdrücklich als solches, dem Bewusstseyn auf, so wie es, der Voraussetzung nach, soeben uns aufgegangen ist. Aber, es geht als solches dem Bewusstseyn auf, — kann nichts anderes heissen, als, es tritt ein in die eben als nothwendig abgeleitete Form des Daseyns und Bewusstseyns, in einem *Bilde* und einer *Abschilderung*, oder einem *Begriffe*, der sich ausdrücklich nur als Begriff, keinesweges aber als die Sache selbst giebt. Unmittelbar mit seinem realen Seyn, und bildlos, ist es von jeher eingetreten im wirklichen Leben des Menschen, nur unerkannt, und fährt auch, nach erlangter Erkenntniss, ebenso fort in ihm einzutreten, nur dass es noch überdies auch im Bilde anerkannt wird. Jene bildliche Form aber ist das innere Wesen des Denkens; und insbesondere trägt das hier betrachtete Denken, an seinem Beruhen auf sich selber, und seinem sich selber Bewähren (was wir die innere Evidenz desselben nannten), den Charakter der Absolutheit;

und erprobt sich dadurch als reines, eigentliches und absolutes Denken. Und so ist denn von allen Seiten erwiesen, dass nur im reinen Denken unsere Vereinigung mit Gott erkannt werden könne.

Schon ist erinnert, aber es muss noch ausdrücklich eingeschärft und Ihrer Beachtung empfohlen werden, dass, ebenso wie das Seyn nur ein einiges ist, und nicht mehrere, und wie es, unwandelbar und unveränderlich, mit Einemmale ganz ist, und so ein inneres absolutes Einerlei; — dass ebenso auch das Daseyn oder das Bewusstseyn, da es ja ist nur durch das Seyn, und nur dessen Daseyn ist, ein absolut ewiges, unwandelbares und unveränderliches Eins und Einerlei sey. So ist es mit absoluter Nothwendigkeit an sich; und so *bleibt* es — im reinen Denken. Es ist durchaus nichts im Daseyn, ausser dem unmittelbaren und lebendigen Denken: — *Denken* sage ich, keinesweges aber etwa *Denkendes,* als ein todter Stoff, welchem das Denken inhärire; mit welchem Nichtgedanken freilich der Nichtdenker sogleich bei der Hand ist — ferner, das reale Leben dieses Denkens, das im Grunde das göttliche Leben ist: welche beide, jenes Denken und dieses reale Leben, zu einer inneren organischen Einheit zusammenschmelzen, so wie sie auch äusserlich eine Einheit, eine ewige Einfachheit und unveränderliche Einerleiheit sind. Nun entsteht jedoch, der letzteren äusseren Einheit zuwider, der Anschein einer Mannigfaltigkeit im Denken, theils vermöge verschiedener denkender Subjecte, die es geben soll, theils wegen der sogar unendlichen Reihe von Objecten, über welche das Denken jener Subjecte in alle Ewigkeit fortlaufen soll. Dieser Schein entsteht eben also auch dem reinen Denken, und dem in ihm seligen Leben, und es vermag dieses das Vorhandenseyn dieses Scheins nicht aufzuheben; keinesweges aber glaubt dieses Denken dem Scheine, noch liebt es ihn, noch versucht es, sich selbst in ihm zu geniessen. Dagegen das niedere Leben, auf allen niederen Stufen, irgend einem Scheine aus dem Mannigfaltigen und in dem Mannigfaltigen glaubt, über diesem Mannigfaltigen sich zerstreut und versplittert, und in ihm Ruhe und Selbstgenuss sucht, welchen es doch auf diesem Wege nie fin-

den wird. — Diese Bemerkung möge fürs erste die Schilderung, die ich in der ersten Vorlesung vom wahrhaftigen Leben
und von dem nur scheinbaren Leben machte, erläutern. Im
äusserlichen sind diese beiden entgegengesetzten Weisen des
Lebens einander so ziemlich gleich; beide laufen ab über dieselben gemeinschaftlichen Gegenstände, die von beiden auf
die gleiche Weise wahrgenommen werden; innerlich aber sind
beide gar sehr verschieden. Das wahre Leben nemlich glaubt
gar nicht an die Realität dieses Mannigfaltigen und Wandelbaren, sondern es glaubt ganz allein an ihre unwandelbare und
ewige Grundlage im göttlichen Wesen; mit allem seinem Denken, seiner Liebe, seinem Gehorsame, seinem Selbstgenusse,
unveränderlich verschmolzen und aufgegangen in dieser Grundlage; dagegen das scheinbare Leben gar keine Einheit kennt
oder fasset, sondern das Mannigfaltige und Vergängliche selbst
für das wahre Seyn hält, und es als solches sich gefallen lässt.
Fürs zweite stellt dieselbe Bemerkung die Aufgabe an uns, den
eigentlichen Grund, warum das, was nach uns an sich schlechthin Eins ist, und in dem wahrhaften Leben und Denken Eins
bleibt, in der Erscheinung, deren factische Unaustilgbarkeit
wir doch gleichfalls zugestehen, in ein Mannigfaltiges und Veränderliches sich verwandle; den eigentlichen Grund dieser
Verwandlung, sage ich, wenigstens genau anzugeben und deutlich zu vermelden; falls etwa die klare Demonstration dieses
Grundes der populären Darstellung unzugänglich seyn sollte.
Die Aufstellung dieses Grundes nun der Mannigfaltigkeit und
Veränderlichkeit soll, nebst der weiteren Anwendung des heute
Gesagten, den Inhalt unseres künftigen Vortrages ausmachen,
zu welchem ich Sie hierdurch ehrerbietigst einlade.

Vierte Vorlesung.

Ehrwürdige Versammlung,

Lassen Sie uns unsere heutige Betrachtung beginnen mit einem Ueberblicke unserer eigentlichen Absicht sowohl, als des bisher für diese Absicht Geleisteten.

Meine Meinung ist: der Mensch sey nicht zum Elende bestimmt, sondern es könne Friede, Ruhe und Seligkeit ihm zu Theil werden, — schon hienieden, überall und immer, wenn er nur selbst es wolle; doch könne diese Seligkeit durch keine äussere Macht, noch durch eine Wunderthat dieser äusseren Macht ihm angefügt werden, sondern er müsse sie selber mit seinen eigenen Händen in Empfang nehmen. Der Grund alles Elendes unter den Menschen sey ihre Zerstreutheit in dem Mannigfaltigen und Wandelbaren; die einzige und absolute Bedingung des seligen Lebens sey die Erfassung des Einen und Ewigen mit inniger Liebe und Genusse: wiewohl dieses Eine freilich nur im Bilde erfasst, keinesweges aber wir selber in der Wirklichkeit zu dem Einen werden, noch in dasselbe uns verwandeln können.

Diesen soeben ausgesprochenen Satz selbst nun wollte ich fürs erste an Ihre klare Einsicht bringen, und Sie von der Wahrheit desselben überzeugen. — Wir beabsichtigen hier Belehrung und Erleuchtung, welche allein auch dauernden Werth hat; keinesweges eine flüchtige Rührung und Erwekkung der Phantasie, welche grösstentheils spurlos vergeht. Zu Erzeugung dieser beabsichtigten klaren Erkenntniss gehören nun folgende Stücke: zuerst, dass man das Seyn begreife als schlechthin von und durch sich selber seyend; als Eins, und als in sich unwandelbar und unveränderlich. Diese Erkenntniss des Seyns ist nun keinesweges ein ausschliessendes

Eigenthum der Schule, sondern jedweder Christ, der nur in seiner Kindheit eines gründlichen Religionsunterrichtes genossen, hat schon damals, bei der Erklärung des göttlichen Wesens, — unseren Begriff vom Seyn erhalten. Zweitens gehörte zu dieser Einsicht die Erkenntniss, dass wir, die verständigen Wesen, in Rücksicht dessen, was wir an uns selbst sind, keinesweges jenes absolute Seyn sind, aber denn doch in der innersten Wurzel unseres Daseyns mit ihm zusammenhangen, indem wir ausserdem gar nicht vermöchten, dazuseyn. Diese letztere Erkenntniss kann nun, besonders in Rücksicht des Wie dieses unseres Zusammenhanges mit der Gottheit, mehr oder minder klar seyn. Wir haben dieselbe in der höchsten Klarheit, in welcher sie unseres Erachtens populär gemacht werden kann, also hingestellt: — Es ist, ausser Gott, gar nichts wahrhaftig und in der eigentlichen Bedeutung des Wortes da, denn — das *Wissen:* und dieses Wissen ist das göttliche Daseyn selber, schlechthin und unmittelbar, und inwiefern wir das Wissen sind, sind wir selber in unserer tiefsten Wurzel das göttliche Daseyn. Alles andere, was noch als Daseyn uns erscheint, — die Dinge, die Körper, die Seelen, wir selber, inwiefern wir uns ein selbstständiges und unabhängiges Seyn zuschreiben, — ist gar nicht wahrhaftig und an sich da; sondern es ist nur da im Bewusstseyn und Denken, als Bewusstes und Gedachtes, und durchaus auf keine andere Weise. Dies, sage ich, ist der klarste Ausdruck, in welchem, meines Erachtens, jene Erkenntniss populär an die Menschen gebracht werden kann. Falls nun aber etwa jemand selbst dies nicht begreifen könnte; ja, falls er etwa über das Wie jenes Zusammenhanges gar nichts zu denken oder zu begreifen vermöchte, so würde ihn dies noch gar nicht vom seligen Leben ausschliessen, oder daran ihm Abbruch thun. Dagegen aber gehört, meiner absoluten Ueberzeugung nach, zum seligen Leben nothwendig folgendes: 1) Dass man überhaupt stehende Grundsätze und Annahmen über Gott und unser Verhältniss zu ihm habe; die nicht bloss als ein auswendig Gelerntes, ohne unsere Theilnahme, im Gedächtnisse schweben, sondern die da für uns selber wahr, und in uns selber lebendig und thätig sind. Denn darin eben besteht die Religion: und wer nicht solche Grundsätze auf eine solche Weise hat, der hat eben keine Religion; und eben darum auch kein Seyn, noch Daseyn, — noch wahrhaftiges Selbst in sich, sondern er fliesset nur ab, wie ein Schatten, am Mannigfaltigen und Vergänglichen. 2) Gehöret zum seligen Leben: dass diese lebendige Religion wenigstens so weit gehe, dass man von seinem eigenen Nichtseyn, und von seinem Seyn lediglich — in Gott und durch Gott — innigst überzeugt sey, und dass man diesen Zusammenhang stets und ununterbrochen wenigstens fühle, und dass derselbe, falls er auch etwa nicht deutlich gedacht und ausgesprochen würde, dennoch die verborgene Quelle und der geheime Bestimmungsgrund aller unserer Gedanken, Gefühle, Regungen und Bewegungen sey. — Dass dies zu einem seligen Leben unerlasslich erfordert werde, ist unsere absolute Ueberzeugung, sage ich; und diese Ueberzeugung sprechen wir aus für solche, welche die Möglichkeit eines seligen Lebens schon voraussetzen; welche seiner, oder der Bestärkung in ihm, bedürfen, und darum eine Anweisung dazu zu vernehmen begehren. Dessenohnerachtet können wir nicht nur sehr wohl leiden, dass jemand ohne Religion und ohne wahres Daseyn, ohne innere Ruhe und Seligkeit sich behelfe, und ohne sie vortrefflich durchzukommen versichere, wie wahr seyn kann: sondern wir sind auch erbötig, einem solchen alle mögliche Ehre und Würdigkeit, welche er ohne die Religion an sich zu bringen vermag, zuzugestehen, zu gönnen und zu lassen. Wir bekennen bei jeder Gelegenheit freimüthig, dass wir weder in der speculativen Form, noch auch in der populären, irgend einen zu zwingen und unsere Erkenntniss ihm aufzunöthigen vermögen; noch würden wir das wollen, wenn wir es auch könnten.

Das bestimmteste Resultat unserer vorigen Vorlesung, an welches wir heute anzuknüpfen gedenken, war dieses: Gott ist nicht nur, innerlich und in sich verborgen, sondern er ist auch da, und äussert sich; sein Daseyn aber unmittelbar ist nothwendig Wissen, welche letztere Nothwendigkeit im Wissen selber sich einsehen lässt. In diesem seinem Daseyn ist er nun — wie gleichfalls nothwendig ist, und einzusehen ist, als nothwendig — also da, wie er schlechthin in sich selber ist; ohne irgend sich zu verwandeln auf dem Uebergange vom Seyn zum Daseyn, ohne eine zwischen beiden liegende Kluft oder Trennung, oder dess etwas. Gott ist innerlich in sich selbst Eins, nicht mehrere; er ist in sich selbst Einerlei, ohne Veränderung noch Wandel; da er nun da ist gerade also, wie er in sich selber ist, so ist er auch da als Eins, ohne Veränderung noch Wandel; und da das Wissen, oder — wir, — dieses göttliche Daseyn selbst sind, so kann auch in uns, inwiefern wir dieses Daseyn sind, keine Veränderung oder Wandel, kein Mehreres und Mannigfaltiges, keine Trennung, Unterscheidung noch Zerspaltung, stattfinden. — So muss es seyn, und es kann nicht anders seyn: darum ist es also.

Nun aber findet sich dennoch jenes Mannigfaltige, jene Trennungen, Unterscheidungen und Zerspaltungen des Seyns, und in dem Seyn, in der *Wirklichkeit*, welche im *Denken* als schlechthin unmöglich einleuchten, und hierdurch entsteht denn die Aufgabe, diesen Widerspruch zwischen der Wahrnehmung der Wirklichkeit und dem reinen Denken zu vereinigen; zu zeigen, wie die widerstreitenden Aussprüche beider dennoch neben einander bestehen, und so beide wahr seyn können; und diese Aufgabe besonders dadurch zu lösen, dass man nachweise, woher denn nun eigentlich, und aus welchem Princip, jene Mannigfaltigkeit in das an sich einfache Seyn komme? —

Zuvörderst und vor allen Dingen: Wer ist es, der die Frage nach dem Grunde des Mannigfaltigen erhebt, und eine solche Einsicht in diesen Grund begehrt, dass er das Mannigfaltige, aus demselben hervorgehend erblicke; und so eine Einsicht in das Wie der Verwandlung und des Ueberganges erhalte? Keinesweges ist es der unerschütterliche und feste Glaube. Dieser fasst sich kurz also: es ist schlechthin nur das Eine, Unwandelbare und Ewige, und nichts ausser ihm; alles Wandelbare und Veränderliche ist darum ganz gewiss nicht, und seine Erscheinung ist ganz gewiss leerer Schein; dies weiss ich: ob ich nun diesen Schein zu erklären ver-

möge, oder nicht zu erklären, so wird durch das erstere
meine Gewissheit ebensowenig fester, als sie durch das letztere wankender wird. Dieser Glaube ruht unerschütterlich in
dem Das seiner Einsicht, ohne des Wie zu bedürfen. So beantwortet z. B. das Christenthum, in dem Evangelium Johannis,
diese Frage in der That nicht; es berührt dieselbe nicht einmal, oder wundert sich auch nur über das Vorhandenseyn
des Vergänglichen, indem es eben jenen festen Glauben hat,
und voraussetzt, dass nur das Eine sey, und das Vergängliche
durchaus nicht sey. So nun jemand auch unter uns dieses
festen Glaubens theilhaftig ist, so erhebt auch Er nicht diese
Frage; er bedarf daher auch nicht unserer Beantwortung derselben, und es kann ihm zuletzt, in Beziehung auf das selige
Leben, gleichgültig seyn, ob er unsere Beantwortung derselben
fasse oder sie nicht fasse.

Wohl aber erhebt diese Frage, und muss durch eine Beantwortung derselben zu den Einsichten, die die Erzeugung eines
seligen Lebens bedingen, hindurchgehen, — derjenige, welcher
entweder bisher nur an das Mannigfaltige geglaubt und sich
zur Ahndung des Einen noch gar nicht erhoben, oder zwischen den beiden Ansichten und der Unentschiedenheit, in
welcher von beiden er fest fussen, und die entgegengesetzte
aufgeben solle, herumgeworfen worden. Für solche muss ich
die aufgegebene Frage beantworten; und ihnen ist es nöthig,
dass sie meine Beantwortung derselben fassen.

Die Sache steht so: Inwiefern das göttliche Daseyn unmittelbar sein lebendiges und kräftiges Daseyen ist, — Daseyen
sage ich, gleichsam einen Act des Daseyns bezeichnend, —
ist es dem inneren Seyn gleich, und ist darum eine unveränderliche, unwandelbare und der Mannigfaltigkeit durchaus
unfähige Eins. Darum kann — ich habe hier die doppelte
Absicht, theils auf eine populäre Weise die vorliegenden Erkenntnisse an einige erst zu bringen, theils für andere unter
den Anwesenden, welche diese Erkenntnisse anderwärts auf
dem scientifischen Wege schon erhalten haben, in einen einzigen Strahl und Lichtpunct zusammenzufassen, was sie ehemals
vereinzelt erblickt haben; darum drücke ich mich mit der

strengsten Präcision aus — darum kann, wollte ich sagen, das
Princip der Spaltung nicht unmittelbar in jenen *Act* des göttlichen Daseyns fallen, sondern es muss *ausser denselben* fallen; jedoch also, dass dieses Ausser einleuchte als unmittelbar mit jenem
lebendigen Acte verknüpft, und aus ihm nothwendig folgend; dass
keinesweges aber etwa in diesem Puncte die Kluft zwischen
uns und der Gottheit, und unsere unwiederbringliche Ausstossung von ihr, befestiget werde. Ich leite Sie zur Einsicht in
dieses Princip der Mannigfaltigkeit also:

1) Was das absolute Seyn, oder Gott, ist, das ist er
schlechthin und unmittelbar durch und von sich: nun ist er
unter anderm auch da; äussert und offenbaret sich: dieses
Daseyn — dies ist der Punct, auf den es ankommt — dieses
Daseyn ist er daher auch von sich, und nur — im Vonsich-
seyn unmittelbar, das ist im unmittelbaren Leben und Werden. Er ist, in seinem Existiren, mit seiner ganzen Kraft zu
existiren dabei; und nur in diesem seinem kräftigen und lebendigen Existiren besteht seine unmittelbare Existenz: und in
dieser Rücksicht ist sie ganz, eins, unveränderlich.

2) Hierin nun ist Seyn und Daseyn völlig in einander aufgegangen, und mit einander verschmolzen und vermischt; denn
zu seinem Seyn von sich und durch sich gehört sein Daseyn,
und einen anderen Grund kann dieses Daseyn nicht haben:
wiederum zu *seinem* Daseyn gehört alles dasjenige, was er
innerlich und durch sein Wesen ist. Der ganze in der vorigen
Stunde aufgezeigte Unterschied zwischen Seyn und Daseyn,
und der Nichtzusammenhang zwischen beiden, zeigt sich hier
als nur für uns, und nur als eine Folge unserer Beschränkung
seyend: keinesweges aber als an sich und unmittelbar in dem
göttlichen Daseyn seyend.

3) Ferner sagte ich in der vorigen Vorlesung: das Seyn
darf *in dem blossen Daseyn* mit dem Daseyn nicht vermischt,
sondern beides muss von einander unterschieden werden, damit das Seyn *als* Seyn, und das Absolute *als* Absolutes heraustrete. Diese Unterscheidung, und dieses *Als* der beiden
zu Unterscheidenden, ist zunächst in sich selber absolute Trennung, und das *Princip* aller nachmaligen Trennung und Man-

nigfaltigkeit, wie Sie auf folgende Weise in Kurzem sich klar
machen können.

a. Zuvörderst das *Als* der beiden liefert nicht unmittelbar
ihr Seyn, sondern es liefert nur *was* sie sind, ihre Beschreibung und Charakteristik: es liefert sie im Bilde; und
zwar liefert es — ein gemischtes, sich durchdringendes
und gegenseitig sich bestimmendes Bild beider; indem
jedes von den beiden zu begreifen und zu charakterisiren
ist nur durch das zweite, dass es nicht sey, was das andere ist, und umgekehrt, dass das andere nicht sey, was
dieses ist. — Mit dieser Unterscheidung hebt nun das
eigentliche Wissen und Bewusstseyn — wenn Sie wollen
und was dasselbe heisst: das Bilden, Beschreiben und
Charakterisiren, mittelbare Erkennen und Anerkennen, eben
durch den Charakter und das Merkmal, an, und in diesem Unterscheiden liegt das eigentliche Grundprincip des
Wissens. (Es ist reine Relation; die Relation zweier liegt
aber durchaus nicht weder in dem einen, noch in dem
anderen, sondern zwischen beiden, und als ein drittes,
welches die eigentliche Natur des Wissens, als ein vom
Seyn durchaus verschiedenes, anzeigt.

b. Dieses Unterscheiden geschieht nun im Daseyn selber, und
gehet von ihm aus; da nun das Unterscheiden sein Object nicht unmittelbar, sondern nur das Was desselben
und seinen Charakter fasset, so fasset auch das Daseyn
im Unterscheiden, d. i. im Bewusstseyn, nicht unmittelbar
sich selbt, sondern es fasset sich nur im Bilde und Repräsentanten. Es begreift sich nicht unmittelbar wie es
ist, sondern es begreift sich nur innerhalb der, im absoluten Wesen des Begreifens liegenden Grenzen. Dies
populär ausgedrückt: wir begreifen zu allernächst und
selber nicht, wie wir an sich sind: und dass wir das
Absolute nicht begreifen, davon liegt der Grund nicht in
dem Absoluten, sondern er liegt in dem Begriffe selber,
der sogar sich nicht begreift. Vermöchte er nur sich zu
begreifen, so vermöchte er ebensowohl das Absolute zu

begreifen; denn in seinem Seyn jenseits des Begriffes ist
er das Absolute selber.

c. Also das Bewusstseyn, als ein Unterscheiden, ist es, in
welchem das ursprüngliche Wesen des göttlichen Seyns
und Daseyns — eine Verwandlung erfährt. Welches ist
nun der absolut Eine und unveränderliche Grundcharakter
dieser Verwandlung? —

Bedenken Sie folgendes: Das Wissen, als ein Unterscheiden, ist ein Charakterisiren der Unterschiedenen; alle
Charakteristik aber setzt durch sich selbst das stehende
und ruhende Seyn und Vorhandenseyn des charakterisirt
werdenden voraus. Also, durch den Begriff wird zu einem
stehenden und vorhandenen Seyn (die Schule würde hinzusetzen, zu einem Objectiven, welches aber selbst aus
dem ersten folgt, und nicht umgekehrt) dasjenige, was an
sich unmittelbar das göttliche Leben im Leben ist, und
oben auch also beschrieben wurde. Also: das lebendige
Leben ist es, *was* da verwandelt wird; und ein stehendes und ruhendes Seyn ist die *Gestalt,* welche es in
dieser Verwandlung annimmt, oder: die Verwandlung
des 'unmittelbaren Lebens in ein stehendes und todtes
Seyn ist der gesuchte Grundcharakter derjenigen Verwandlung, welche der Begriff mit dem Daseyn vornimmt.
— Jenes stehende Vorhandenseyn ist der Charakter desjenigen, was wir die Welt nennen; der Begriff daher ist
der eigentliche Weltschöpfer, vermittelst der aus seinem
inneren Charakter erfolgenden Verwandlung des göttlichen
Lebens in ein stehendes Seyn, und nur für den Begriff
und im Begriffe ist eine Welt, als die nothwendige Erscheinung des Lebens im Begriffe; jenseits des Begriffes
aber, d. h. wahrhaftig und an sich, ist nichts und wird
in alle Ewigkeit nichts, denn der lebendige Gott in seiner
Lebendigkeit.

d. Die Welt hat in ihrem Grundcharakter sich gezeigt, als
hervorgehend aus dem Begriffe; welcher Begriff wiederum
nichts ist, denn das Als zum göttlichen Seyn und Daseyn.
Wird nun etwa diese Welt im Begriffe, und der Begriff

an ihr noch eine neue Form annehmen? — es versteht
sich mit Nothwendigkeit, und also, dass die Nothwendigkeit einleuchte?

Um diese Frage zu beantworten, überlegen Sie mit mir
folgendes: Das Daseyn erfasset sich selber, sagte ich oben,
im Bilde, und mit einem dasselbe vom Seyn unterscheidenden Charakter. Dies thut es nun schlechthin durch
und von sich selbst, und durch seine eigene Kraft; auch
erscheint diese Kraft der gewöhnlichen Selbstbeobachtung
in allem sich Zusammennehmen, Aufmerken und seine
Gedanken auf einen bestimmten Gegenstand Richten (mit
dem Kunstausdrucke nennt man diese selbstständige Sich-
erfassung des Begriffs die *Reflexion;* und so wollen auch
wir es fernerhin nennen). Diese Kraftanwendung des Daseyns und Bewusstseyns folgt daraus, dass ein Als des
Daseyns seyn soll: dieses Soll selbst aber ist gegründet
unmittelbar in dem lebendigen — Daseyen Gottes. Der
Grund der Selbstständigkeit und Freiheit des Bewusstseyns liegt freilich in Gott; aber ebendarum und deswegen, weil er in Gott liegt, ist die Selbstständigkeit und
Freiheit wahrhaftig da, und keinesweges ein leerer Schein.
Durch sein eigenes — *Daseyn*, und zufolge des inneren
Wesens desselben, stösst Gott zum Theil, d. h. inwiefern
es Selbstbewusstseyn wird, sein Daseyn aus von sich,
und stellt es hin wahrhaft selbstständig und frei: welchen
Punct, als denjenigen, der das letzte und tiefste Misverständniss der Speculation löst, ich hier nicht übergehen
wollte.

Das Daseyn erfasset sich mit eigener und selbstständi-
ger Kraft: dies war das Erste, was ich Ihnen hierbei be-
merkbar machen wollte. Was entsteht ihm denn nun in
diesem Erfassen? Dies ist das Zweite, worauf ich Ihr
Nachdenken zu richten wünsche. Indem es fürs erste
nur schlechtweg auf sich hinsieht in seinem Vorhandenseyn, so entsteht ihm unmittelbar in dieser kräftigen Richtung auf sich selbst die Ansicht, dass es das und das
sey, den und den Charakter trage; also — dies ist der

allgemeine Ausdruck, den ich Sie wohl zu fassen bitte —
also, in der Reflexion auf sich selbst spaltet sich das Wissen durch sich selber und seine eigene Natur, indem es
nicht nur überhaupt — sich einleuchtet, welches Eins
wäre; sondern zugleich auch sich einleuchtet als das und
das, welches zum ersten das zweite giebt; — ein aus dem
ersten gleichsam herausspringendes; so dass die eigentliche Grundlage der Reflexion gleichsam in zwei Stücke
zerfällt. Dies ist das wesentliche Grundgesetz der Reflexion.

e. Nun ist der erste und unmittelbare Gegenstand der absoluten Reflexion das Daseyn selber, welches, durch die schon
oben erklärte Form des Wissens, aus einem lebendigen
Leben sich in ein stehendes Seyn, oder in eine Welt verwandelt hat: also der erste Gegenstand der absoluten
Reflexion ist die Welt. Diese Welt muss, zufolge der soeben abgeleiteten inneren Form der Reflexion, in dieser
Reflexion zerspringen und sich zerspalten also, dass die
Welt oder das stehende Daseyn überhaupt, und im allgemeinen, mit einem bestimmten Charakter heraustrete, und
die allgemeine Welt in der Reflexion zu einer besonderen *Gestalt* sich gebäre. Dies liegt, wie gesagt, in der
Reflexion als solcher; die Reflexion aber ist, wie gleichfalls gesagt worden, in sich selber absolut frei und selbstständig. Wird daher nicht reflectirt, wie es denn zufolge
der Freiheit wohl unterlassen werden kann, so erscheint
nichts; wird aber ins Unendliche fort von Reflexion auf
Reflexion reflectirt, wie zufolge derselben Freiheit wohl geschehen kann, so muss jeder neuen Reflexion die Welt in
einer neuen Gestalt heraustreten, und so in einer unendlichen Zeit, welche gleichfalls nur durch die absolute Freiheit
der Reflexion erzeugt wird, ins Unendliche fort sich verändern und gestalten, und hinfliessen als ein unendliches
Mannigfaltige. — So wie der Begriff überhaupt sich zeigte
als Welterzeuger, so zeigt hier das freie Factum der Reflexion sich als Erzeuger der Mannigfaltigkeit, und einer
unendlichen Mannigfaltigkeit, in der Welt; welche Welt
jedoch, ohngeachtet jener Mannigfaltigkeit, dieselbe bleibt

darum, weil der Begriff überhaupt in seinem Grundcharakter Einer und derselbe bleibt.

f. Und nun fassen Sie das Gesagte also in einen Blick zusammen: das Bewusstseyn, oder auch wir selber, — ist
das göttliche Daseyn selber, und schlechthin Eins mit ihm.
In diesem Seyn fasst es sich nun, und wird dadurch Bewusstseyn; und sein eigenes oder auch das göttliche
wahrhaftige Seyn, wird ihm zur Welt. Was ist denn nun
in diesem Zustande in seinem Bewusstseyn? Ich denke,
jeder wird antworten: die Welt, und nichts denn die
Welt. Oder, ist etwa in diesem Bewusstseyn auch das
unmittelbare göttliche Leben? Ich denke, jeder wird antworten: nein: denn das Bewusstseyn kann schlechthin
nicht anders, als jenes unmittelbare Leben in eine Welt
verwandeln, und so wie Bewusstseyn gesetzt ist, ist diese
Verwandlung als geschehen gesetzt; und das absolute
Bewusstseyn ist eben durch sich selbst die unmittelbare,
und darum nicht wieder bewusste Vollziehung dieser Verwandlung. Nun aber, — wo ist denn jenes unmittelbare
göttliche Leben, welches in seiner Unmittelbarkeit das Bewusstseyn ja seyn soll, — wo ist es denn hingeschwun-
den, da es laut unseres eigenen, durch unsere Sätze
durchaus nothwendig gewordenen Geständnisses, — im
Bewusstseyn, seiner Unmittelbarkeit nach, unwiederbringlich ausgetilgt ist? Wir antworten: es ist nicht verschwunden, sondern es ist und bleibt da, wo es allein seyn
kann; im verborgenen und dem Begriffe unzugänglichen —
Seyn des Bewusstseyns; in dem, was allein das Bewusstseyn trägt und es im Daseyn erhält, und es im Daseyn möglich macht. Im Bewusstseyn verwandelt das göttliche Leben
sich unwiederbringlich in eine stehende Welt: ferner aber ist
jedes wirkliche Bewusstseyn ein Reflexionsact; der Reflexionsact aber spaltet unwiederbringlich die Eine Welt in unendliche Gestalten, deren Auffassung nie vollendet werden
kann, von denen daher immer nur eine endliche Reihe
ins Bewusstseyn eintritt. Ich frage: wo bleibt denn also
die Eine, in sich geschlossene und vollendete Welt, als

das eben abgeleitete Gegenbild des in sich selber geschlos-
senen göttlichen Lebens? Ich antworte: sie bleibt da, wo
allein sie ist — nicht in einer einzelnen Reflexion, sondern in der absoluten und Einen Grundform des Begriffes; welche du niemals im wirklichen unmittelbaren Bewusstseyn, wohl aber in dem darüber sich erhebenden
Denken wiederherstellen kannst; ebenso wie du in demselben Denken das noch weiter zurückliegende und noch
tiefer verborgene göttliche Leben wiederherstellen kannst.
Wo bleibt denn nun in diesem, durch unaufhörliche Veränderungen ablaufenden Strome der wirklichen Reflexion
und ihrer Weltgestaltung das Eine, ewige und unveränderliche, in dem göttlichen Daseyn aufgehende Seyn des
Bewusstseyns? Es tritt in diesen Wechsel gar nicht ein,
sondern nur sein Repräsentant, das Bild, tritt darin ein.

So wie schon dein sinnliches Auge ein Prisma ist, in
welchem der an sich durchaus sich gleiche, reine und
farblose Aether der sinnlichen Welt auf den Oberflächen
der Dinge in mannigfaltige Farben sich bricht; — du aber
darum keinesweges behaupten wirst, dass der Aether an
und für sich farbig sey, sondern nur, dass er in und an
deinem Auge, und mit diesem in Wechselwirkung stehend,
zu Farben sich breche: und du nun zwar nicht vermagst,
den Aether farblos zu — sehen, wohl aber ihn farblos
zu — denken; welchem Denken du, nachdem dir die Natur deines sehenden Auges bekannt worden, allein Glauben beimissest: — so verfahre auch in Sachen der geistigen Welt, und mit der Ansicht deines geistigen Auges.
Was du siehst, bist ewig du selbst; aber du bist es nicht,
wie du es siehst, noch siehest du es, wie du es bist. Du
bist es unveränderlich, rein, farben- und gestaltlos. Nur
die Reflexion, welche gleichfalls du selber bist, und du
darum nie von ihr dich trennen kannst; — nur diese
bricht es dir in unendliche Strahlen und Gestalten. Wisse
darum doch, dass es nicht an sich, sondern, dass es nur
in dieser deiner Reflexion, als deinem geistigen Auge, wodurch allein du zu sehen vermagst, und in Wechselwir-

kung mit dieser Reflexion gebrochen und gestaltet, und
wie ein Mannigfaltiges gestaltet ist; erhebe über diesen
Schein, — der in der Wirklichkeit ebenso unaustilgbar
ist, als die Farben es in deinem sinnlichen Auge sind —
erhebe über diesen Schein dich zum Denken; lass von
diesem dich ergreifen; und du wirst von nun an nur
ihm Glauben beimessen.

Soviel als ich eben gesagt, soll, meines Erachtens, ein populärer Vortrag beibringen zur Beantwortung der Frage: woher denn, da das Seyn an sich doch schlechthin nur Eines,
und unwandelbar und unveränderlich seyn müsse, und als
solches dem Denken auch einleuchte, dennoch die Veränderlichkeit und Wandelbarkeit in dasselbe komme, die das wirkliche Bewusstseyn darin antrifft. Das Seyn ist an sich allerdings Eins, das einige göttliche Seyn: und dieses allein ist das
wahrhaft Reale in allem Daseyn, und bleibt es in Ewigkeit.
Dieses Eine Seyn wird durch die Reflexion, welche im wirklichen Bewusstseyn mit jenem unabtrennlich vereinigt ist, in
einen unendlichen Wechsel von Gestalten zerspaltet. Diese
Spaltung ist, wie gesagt, eine schlechthin ursprüngliche und
im wirklichen Bewusstseyn niemals aufzuhebende, oder durch
etwas anderes zu ersetzende: die wirklichen Gestalten somit,
welche durch diese Zerspaltung das an sich Reale erhalten
hat, lassen sich nur im wirklichen Bewusstseyn, und so, dass
man sich demselben beobachtend hingebe, — leben und erleben; keinesweges aber erdenken und *a priori* ableiten. Sie
sind reine und absolute Erfahrung, die nichts ist, denn Erfahrung; welche aufheben zu wollen wohl keiner Speculation,
die nur sich selber versteht, jemals einfallen wird: und zwar
ist der Stoff dieser Erfahrung an jedem Dinge das — absolut
ihm allein zukommende, und es individuell charakterisirende;
das in dem unendlichen Ablaufe der Zeiten nie wiederkom-
men, auch niemals vorher dagewesen seyn kann. Wohl aber
lassen sich, — geradeso durch die Untersuchung der verschiedenen Gesetze der Reflexion, wie wir soeben das Eine Grundgesetz davon aufgestellt haben, — die allgemeinen Eigenschaften jener, durch die Spaltung entstandenen Gestalten des Einen

Realen — in Rücksicht welcher Eigenschaften übereinstimmende Klassen und Arten entstehen — *a priori* ableiten; und
eine systematische Philosophie soll und muss das absolut erschöpfend und vollständig thun.   So lässt sich die Materie im
Raume, so lässt sich die Zeit, so lassen sich geschlossene Systeme von Welten, so lässt sich, wie die das Bewusstseyn tragende Substanz, welche an sich doch auch nur Eine seyn
kann, in ein System von verschiedenen, auch als selbstständig
erscheinenden Individuen, sich zerspalten, — und alles von
dieser Art — aus dem Reflexionsgesetze völlig einleuchtend
ableiten.   Doch bedarf es dieser Ableitungen mehr, um eine
gründliche Einsicht in die besonderen Wissenschaften hervor
zubringen, als zur Erweckung eines gottseligen Lebens.   Sie
fallen darum dem scientifischen Vortrage der Philosophie, als
ausschliessendes Eigenthum, anheim, und sind der Popularität
weder fähig, noch bedürftig.   Hier sonach, in dem erwähnten
Puncte, liegt die Grenze zwischen strenger Scienz und Popularität.   Wir sind, wie Sie sehen, an dieser Grenze angekommen; und es lässt sich darum wohl erwarten, dass von nun
unsere Betrachtung allmählig sich zu denjenigen Regionen herablassen werde, welche, wenigstens in Absicht der Gegenstände,
uns auch schon vorher bekannt waren, und die wir mit unserem Denken schon zuweilen berührt haben.

Ausser der heute abgeleiteten Spaltung der im Bewusstseyn aus dem göttlichen Leben entstandenen Welt in eine, in
Absicht ihrer Gestaltung ins unendliche veränderlichen Welt,
vermittelst der Grundform der Reflexion, — giebt es noch eine
andere, mit der ersten Spaltung unabtrennlich verbundene
Spaltung derselben Welt, nicht in eine unendliche, sondern in
eine fünffache Form ihrer möglichen Ansicht.   Wir müssen auch
diese zweite Spaltung — wenigstens historisch aufstellen und
Ihnen bekannt machen; welches in der nächsten Stunde geschehen wird.   Erst nach diesen Vorbereitungen werden wir
fähig seyn, das innere Wesen sowohl, als die äusseren Erscheinungen des wahrhaft seligen Lebens fürs erste zu fassen,
und, nachdem wir es also gefasst haben, einzusehen, dass es
der Seligkeit, und welcher Seligkeit es theilhaftig sey.

Fünfte Vorlesung.

— — — — —

Ehrwürdige Versammlung,

Nach dem, was wir bisher ersehen, besteht die Seligkeit in der Vereinigung mit Gott, als dem Einen und absoluten. Wir aber sind in unserm unaustilgbaren Wesen nur Wissen, Bild und Vorstellung; und selbst in jenem Zusammenfallen mit dem Einen, kann jene unsere Grundform nicht verschwinden. Selbst in diesem unserm Zusammenfallen mit ihm wird er nicht unser eigenstes Seyn selber, sondern er schwebt uns nur vor als ein fremdes und ausser uns befindliches, an das wir lediglich uns hingeben und anschmiegen in inniger Liebe; er schwebt uns vor an sich als gestaltlos und gehaltlos, für sich keinen bestimmten Begriff oder Erkenntniss von seinem innern Wesen gebend, sondern nur als dasjenige, durch welches wir uns und unsere Welt denken und verstehen. Auch nach der Einkehrung in ihn geht die Welt uns nicht verloren; sie erhält nur eine andere Bedeutung; und wird aus einem für sich selbstständigen Seyn, für welches wir vorher sie hielten, lediglich zur Erscheinung und Aeusserung des in sich verborgenen göttlichen Wesens in dem Wissen. — Fassen Sie dieses noch einmal im Ganzen also zusammen. Das göttliche Daseyn, — sein Daseyn, sage ich, der früher gemachten Unterscheidung zufolge seine Aeusserung und Offenbarung, — ist schlechthin durch sich, und schlechthin nothwendig *Licht:* das inwendige nemlich, und das geistige Licht. Dieses Licht, — sich selbst überlassen bleibend, — zerstreut und zerspaltet sich in mannigfaltige und in unendliche Strahlen, und wird auf diese Weise, in diesen einzelnen Strahlen, sich selber und seinem Urquelle entfremdet. Aber dasselbe Licht vermag auch durch sich selbst aus dieser Zerstreuung sich wieder zusammenzufassen und sich als Eines zu begreifen, und sich zu verstehen als das, was es an sich ist, als — Daseyn und Offenbarung Gottes; bleibend zwar auch in diesem Verstehen das, was es in seiner Form ist — Licht; doch aber in diesem Zustande, und vermittelst dieses Zustandes selber, sich deutend als *nichts Reales* für sich, sondern nur als Daseyn und Sich-darstellung Gottes.

Insbesondere war in den beiden letzten Vorlesungen, und ganz besonders in der allerletzten, unser Bestreben dies: der Verwandlung des an sich einzig möglichen und unveränderlichen Seyns in ein anderes, und zwar in ein mannigfaltiges und veränderliches Seyn, zuzusehen; also, dass wir in den Punct dieser Verwandlung eingeführt würden, und dieselbe vor unsern eigenen Augen vor sich ginge. Wir fanden folgendes. Zuvörderst wurde durch den Charakter des Wissens überhaupt, als eines blossen Bildes, eines von demselben unabhängig vorhandenen und bestehenden Seyns, das, was an sich, und in Gott lauter That und Leben ist, in ein ruhendes Seyn, oder in eine Welt überhaupt verwandelt. Zweitens wurde noch überdies, durch das, von allem wirklichen Wissen unabtrennbare Grundgesetz der Reflexion jene, für das blosse Wissen einfache Welt weiter charakterisirt, gestaltet und zu einer besondern Welt gemacht; und zwar zu einer ins unendliche verschiedenen, und in einem nie zu endenden Strome neuer Gestaltungen ablaufenden Welt. Die hierdurch zu erzeugende Einsicht war, unsers Erachtens, nicht bloss dem Philosophen, sondern auch der Gottseligkeit — falls nemlich die letzte nicht bloss instinctartig und als ein dunkler Glaube in dem Menschen wohnet, sondern über ihren eigenen Grund zugleich Rechenschaft sich abzulegen begehrt, auf die gleiche Weise unentbehrlich.

So weit waren wir in der vorigen Vorlesung fortgerückt, und äusserten zum Beschlusse, dass mit dieser, auf das Eine Grundgesetz aller Reflexion sich gründenden Spaltung der Welt ins unendliche, noch eine andere Spaltung unzertrennlich ver-

knüpft wäre, die wir an diesem Orte, wenn auch nicht abzuleiten, denn doch historisch deutlich anzugeben und zu beschreiben hätten. Ich fasse diese neue und zweite Spaltung
im allgemeinen hier nicht tiefer, denn so. Erstens ist sie, in
ihrem innern Wesen, von der in der vorigen Stunde abgeleiteten, hier soeben wieder erwähnten Spaltung also verschieden, — dass jene die durch die Form des Wissens überhaupt
aus dem göttlichen Leben entstandene stehende Welt unmittelbar spaltet und theilet; dagegen die jetzt zu betrachtende
nicht unmittelbar das Object, sondern nur die Reflexion auf
das Object spaltet und theilet. Jene ist eine Spaltung und
Eintheilung in dem Objecte selber: diese ist nur eine Spaltung
und Eintheilung in der Ansicht des Objects, nicht, wie jene,
gebend an sich verschiedene Objecte, sondern nur verschiedene Weisen, die Eine bleibende Welt innerlich anzusehen,
zu nehmen und zu verstehen. Zweitens ist nicht ausser Acht
zu lassen, dass diese beiden Spaltungen — nicht etwa eine
die Stelle der andern vertreten, und so sich gegenseitig verdrängen können, sondern dass sie beide, — unabtrennlich,
und so in Einem Schlage sind, so wie nur die Reflexion, deren unveränderliche Formen sie sind, überhaupt ist: — dass
daher auch die Resultate der beiden unabtrennlich sich begleiten und neben einander fortgehen. — Das Resultat der ersten
Spaltung ist, wie wir in der vorigen Rede zeigten, die Unendlichkeit; das Resultat der zweiten ist, wie wir damals erwähnten, eine Fünffachheit: somit ist die jetzt behauptete Unabtrenn-
lichkeit beider Spaltungen also zu verstehen, dass die ganze
bleibende und nie aufzuhebende Unendlichkeit, in ihrer Unendlichkeit, auf eine fünffache Weise angesehen werden könne;
und wiederum, dass jede der fünf möglichen Ansichten der
Welt denn doch wieder die Eine Welt in ein unendliches spalte.
Und so fassen Sie denn alles bisjetzt Gesagte also in Einen
Ueberblick zusammen: Im geistigen Sehen wird das, was an
sich göttliches Leben ist, zu einem *Gesehenen,* d. i. zu einem
vollendet Vorhandenen, oder zu einer Welt. Welches das Erste
wäre. Dieses Sehen ist nun immer ein Act, genannt Reflexion,
und durch diesen Act, theils als gehend auf sein Object, die

Welt, theils als gehend auf sich selber, wird jene Welt in ein unendliches Fünffaches, oder, was dasselbe sagt, in eine fünffache Unendlichkeit gespalten. Was das Zweite wäre. Um nun hier zunächst bei der zweiten Spaltung, als dem eigentlichen Gegenstande unserer heutigen Betrachtung, stehen zu bleiben, machen wir über dieselbe noch folgende allgemeine Bemerkungen.

Es giebt diese Spaltung, wie schon erwähnt, nicht eine Eintheilung im Objecte, sondern nur eine Eintheilung, Verschiedenheit und Mannigfaltigkeit in der Ansicht des Objects. — Es scheint sich der Gedanke aufzudringen, dass diese Verschiedenheit, nicht des Objects, sondern der Ansicht desselben, allenthalben bleibenden Objects, nur in der Dunkelheit oder Klarheit, der Tiefe oder Flachheit, der Vollständigkeit oder Unvollständigkeit dieser Ansicht, der Einen bleibenden Welt, beruhen könne. Und so verhält es sich denn allerdings: oder, dass ich an etwas hier schon vorgetragenes anknüpfe, und das vorliegende durch jenes, sowie gegenseitig jenes durch das vorliegende verständlicher mache; — die erwähnten fünf Weisen, die Welt zu nehmen, sind dasselbe, was ich in der dritten Vorlesung die verschiedenen möglichen Stufen und Entwicklungsgrade des innern geistigen Lebens nannte, — als ich sagte, dass es sich in der Regel mit dem Fortschritte des, im eigentlichen Sinne uns angehörigen, freien und bewussten geistigen Lebens so verhalte, wie mit dem Fortschritte des physischen Todes, und dass das erstere, ebenso wie der letztere, in den entferntesten Gliedmaassen beginne, und von ihnen aus nur allmählig fortrücke zum Mittelpuncte. Was ich in dem damals gebrauchten Bilde die Aussenwerke des geistigen Lebens nannte, sind, in der gegenwärtigen Darstellung, die niedrigsten, dunkelsten und oberflächlichsten unter den fünf möglichen Weisen, die Welt zu nehmen; was ich edlere Lebenstheile und das Herz nannte, sind die höheren und klareren, und die höchste und allerklarste, von diesen Weisen.

Ohnerachtet aber, sowohl nach unserem damaligem Gleichnisse, als nach unserer gegenwärtigen Darstellung, in dem gewöhnlichen Gange des Lebens und nach der Regel, der Mensch

nur, nachdem er in einer niedrigen Weise, die Welt zu deuten, eine Zeitlang beruhet, zu einer höhern sich erhebt; so ist
doch darum fürs erste ja nicht zu läugnen, sondern ausdrücklich zu bedenken und festzuhalten, dass jene vielfache Ansicht
der Welt eine wahre und ursprüngliche Spaltung sey, wenigstens in dem Vermögen des Menschen, die Welt zu nehmen.
Verstehen Sie mich also: jene höhern Weltansichten entstehen
nicht etwa erst in der Zeit, und so, dass die ihnen durchaus
entgegengesetzten sie erst erzeugten und möglich machten;
sondern sie sind von aller Ewigkeit in der Einheit des göttlichen Daseyns da, als nothwendige Bestimmungen des Einen
Bewusstseyns; gesetzt auch, kein Mensch erfasste sie; und keiner, der sie erfasst, kann sie erdenken und durch Denken erzeugen, sondern er vermag nur sie zu finden, und sich anzu-
eignen. Zweitens aber ist jener allmählige Fortschritt auch
nur der gewöhnliche Gang und die Regel, welche durchaus
nicht ohne Ausnahme gilt. Wie durch ein Wunder finden,
durch Geburt und Instinct, einige Begeisterte und Begünstigte,
ohne ihr eigenes Wissen, sich in einem höheren Standpuncte
der Weltansicht; welche nun von ihrer Umgebung ebensowenig begriffen werden, als von ihrer Seite sie dieselbe zu begreifen vermögen. In diesem Falle befanden von Anbeginn
der Welt an sich alle Religiosen, Weisen, Heroen, Dichter, und
durch diese ist alles Grosse und Gute in die Welt gekommen,
was in ihr sich befindet. Wiederum sind andere Individuen,
und, wo die Ansteckung recht gefährlich wird, ganze Menschen-
alter, mit wenig Ausnahmen, — durch denselben nicht weiter
zu erklärenden Instinct — also in die gemeine Ansicht hinein-
gebannt und hineingewurzelt, dass selbst der allerklarste und
einleuchtendste Unterricht sie nicht dahin bringt, ihr Auge
auch nur Einen Augenblick über den Boden zu erheben, und
irgend etwas anderes zu fassen, als was mit den Händen sich
fassen lässt.

So viel im allgemeinen über die angegebene neue Eintheilung in der Weise, die Eine Welt anzusehen: und jetzt zur
Aufstellung der einzelnen Glieder dieser Eintheilung!

Die erste, niedrigste, oberflächlichste und verworrenste

Weise, die Welt zu nehmen, ist die, wenn man dasjenige für
die Welt und das wirklich Daseyende hält, was in die äusseren Sinne fällt: dies für das höchste, wahrhafte und für sich
bestehende. Diese Ansicht ist auch in diesen unseren Vorlesungen, besonders in der dritten, sattsam geschildert, deutlich,
wie es mir scheint, charakterisirt, und schon damals durch
einen selber nur auf der Oberfläche liegenden Wink in ihrer
Verwerflichkeit und Seichtigkeit hinlänglich dargestellt worden.
Dass es demohnerachtet die Ansicht unserer Weltweisen und
des in ihrer Schule gebildeten Zeitalters sey, ist gleichfalls zugestanden: sowie zugleich gezeigt worden, dass diese Ansicht
keinesweges in ihrer Logik liege, — indem überhaupt aller
Logik jene Ansicht ins Gesicht widerspricht, — sondern in
ihrer Liebe. Hiebei kann ich nun mich nicht länger aufhalten;
denn auch in diesen Vorlesungen müssen wir weiter kommen,
und darum einiges, als nun für immer abgethan, hinter uns
lassen. Ob nun jemand auf seinem Sinne bestehe, und fort-
fahre zu sagen: aber diese Dinge sind ja offenbar, wirklich
und wahrhaftig da; denn ich sehe sie ja, und höre sie u. s.
w.: so wisse dieser, dass wir uns durch seine dreiste Versicherung und seinen festen Glauben gar nicht irre machen
lassen, sondern dass es bei unserm kategorischen, unumwun-
denen und ganz nach den Worten zu verstehenden: Nein, diese
Dinge sind nicht, gerade darum, weil sie sichtbar und hörbar
sind, — auf einmal für immer verbleibt; und dass wir mit einem solchen, als der Verständigung und Belehrung durchaus
unfähig, gar nicht weiter reden können.

Die zweite, aus der ursprünglichen Spaltung möglicher Ansichten der Welt hervorgehende Ansicht ist die, da man die
Welt erfasset als ein Gesetz der Ordnung und des gleichen
Rechts in einem Systeme vernünftiger Wesen. Verstehen Sie
mich gerade also, wie die Worte lauten. Ein Gesetz, und
zwar ein ordnendes und gleichendes Gesetz für die Freiheit
mehrerer, ist dieser Ansicht das eigentliche Reale und für sich
selber Bestehende; dasjenige, mit welchem die Welt anhebt,
und worin sie ihre Wurzel hat. Falls hiebei jemand sich wundern sollte, wie denn ein Gesetz, das da ja, wie ein solcher

sich ausdrücken würde, ein blosses Verhältniss und lediglich
ein Abstractionsbegriff sey, für ein Selbsständiges gehalten
werden könne, so käme einem solchen die Verwunderung lediglich daher, dass er nichts als real fassen könnte, ausser
der sichtbaren und fühlbaren Materie; und er gehörte sonach
unter diejenigen, mit denen wir gar nicht reden. Ein Gesetz,
sage ich, ist für diese Weltansicht das Erste, was da allein
wahrhaftig *ist*, und durch welches alles andere, was da ist,
erst da ist. Freiheit und ein Menschengeschlecht ist ihr das
Zweite, vorhanden lediglich, weil ein Gesetz an die Freiheit
nothwendig Freiheit und freie Wesen setzt: und der einige
Grund und Beweis der Selbstständigkeit des Menschen ist in
diesem Systeme das in seinem Innern sich offenbarende Sittengesetz. Eine Sinnenwelt· endlich ist ihr das Dritte; diese
ist lediglich die Sphäre des freien Handelns der Menschen;
vorhanden dadurch, dass ein freies Handeln Objecte dieses
Handelns nothwendig setzt. In Absicht der aus dieser Ansicht
hervorgehenden Wissenschaften gehört hierher nicht bloss die
Rechtslehre, als aufstellend die juridischen Verhältnisse der
Menschen, sondern auch die gewöhnliche Sittenlehre, die nur
darauf ausgeht, dass keiner dem andern Unrecht thue, und
nur jeder das Pflichtwidrige, ob es nun durch ein ausdrückliches Gesetz des Staats verboten sey oder nicht, unterlasse.
Beispiele zu dieser Ansicht der Welt lassen aus der gewöhnlichen Ansicht des Lebens sich nicht beibringen, indem diese,
in die Materie gewurzelt, nicht einmal zu ihr sich erhebt; aber
in der philosophischen Literatur ist Kant, wenn man seine
philosophische Laufbahn nicht weiter als bis zur Kritik der
praktischen Vernunft verfolgt, das getroffenste und consequen-
teste Beispiel dieser Ansicht; — den eigentlichen Charakter
dieser Denkart, den wir oben so ausdrückten, dass die Realität und Selbstständigkeit des Menschen nur durch das in ihm
waltende Sittengesetz bewiesen, und dass er lediglich dadurch
etwas an sich werde, drückt Kant aus mit denselben Worten.
— Auch wir für unsere Person haben diese Weltansicht, niemals zwar als die höchste, aber als den eine Rechtslehre und
eine Sittenlehre begründenden Standpunct in unserer Bearbei-

tung dieser beiden Disciplinen angegeben, durchgeführt und, wie wir uns bewusst sind, nicht ohne Energie ausgesprochen: es kann daher in unserem Zeitalter denen, welche für das Gesagte sich näher interessiren, nicht an Exemplaren der beschriebenen zweiten Weltansicht fehlen. Uebrigens gehört die reinmoralische innere Gesinnung, dass lediglich um des Gesetzes willen gehandelt werde, die auch in der Sphäre der niederen Moralität stattfindet, und deren Einschärfung weder von Kant, noch von uns vergessen worden, nicht hierher, wo wir es allein mit den Objecten zu thun haben.

Eine allgemeine Bemerkung, welche für alle folgende Gesichtspuncte mit gilt, will ich gleich bei diesem, wo sie sich am klarsten machen lässt, beibringen. Nemlich dazu, dass man überhaupt einen festen Standpunct seiner Weltansicht habe, gehört, dass man das Reale, das Selbstständige und die Wurzel der Welt in — Einen, bestimmten und unveränderlichen Grundpunct setze, aus welchem man das übrige, als nur theilhabend an der Realität des ersten und nur mittelbar gesetzt, durch jenes erste ableite: gerade so, wie wir oben, im Namen der zweiten Weltansicht, das Menschengeschlecht als das Zweite, und die Sinnenwelt als das Dritte aus dem ordnenden Gesetze, als dem Ersten, abgeleitet haben. Keinesweges aber gilt es, dass man die Realitäten mische und menge, und etwa der Sinnenwelt die ihrige zumessen, aber doch auch nebenbei der moralischen Welt die ihrige nicht absprechen wolle; wie zuweilen die ganz Verworrenen diese Fragen abzuthun suchen. Solche haben gar keinen festen Blick, und gar keine gerade Richtung ihres geistigen Auges, sondern sie schielen immerfort auf das Mannigfaltige. Weit vorzüglicher, denn sie, ist der, der sich entschieden an die Sinnenwelt hält, und alles übrige ausser ihr abläugnet; denn ob er schon ebenso kurzsichtig ist als sie, so ist er doch nicht noch überdies ebenso feig und muthlos. — In Summa: eine höhere Weltansicht duldet nicht etwa neben sich auch die niedere, sondern jede höhere vernichtet ihre niedere, — als absolute und als höchsten Standpunct, — und ordnet dieselbe sich unter.

Die dritte Ansicht der Welt ist die aus dem Standpuncte der

wahren und höheren Sittlichkeit. Es ist nöthig, über diesen, dem
Zeitalter so gut als ganz verborgenen Standpunct sehr bestimmte
Rechenschaft abzulegen. — Auch ihm ist, ebenso wie dem jetzt beschriebenen zweiten Standpuncte, ein Gesetz für die Geisterwelt,
das höchste, erste und absolut reale; und hierin kommen die
beiden Ansichten überein. Aber das Gesetz des dritten Standpunctes ist nicht, so wie das des zweiten, lediglich ein das
vorhandene *ordnendes,* sondern vielmehr ein das neue und
schlechthin nicht vorhandene, innerhalb des vorhandenen, *erschaffendes* Gesetz.   Jenes ist nur negativ, nur aufhebend den
Widerstreit zwischen den verschiedenen freien Kräften, und
herstellend Gleichgewicht und Ruhe: dieses begehret die dadurch in Ruhe gebrachte Kraft wieder auszurüsten mit einem
neuen Leben. Es strebt an, könnte man sagen, nicht bloss
wie jenes, die *Form* der Idee, sondern die *qualitative* und
reale Idee selber.   Sein Zweck lässt sich kurz also angeben:
es will die Menschheit in dem von ihm Ergriffenen, und durch
ihn in andern, in der Wirklichkeit zu dem machen, was sie
ihrer Bestimmung nach ist, — zum getroffenen Abbilde, Abdrucke und zur Offenbarung des inneren göttlichen Wesens. —
Die Ableitungsleiter dieser dritten Weltansicht, in Absicht der
Realität, ist daher diese: Das wahrhaft Reale und Selbstständige
ist ihr das Heilige, Gute, Schöne; das Zweite ist ihr die Menschheit, als bestimmt, jenes in sich darzustellen; das ordnende
Gesetz in derselben, als das Dritte, ist ihr lediglich das Mittel,
um, für ihre wahre Bestimmung, sie in innere und äussere
Ruhe zu bringen; endlich die Sinnenwelt, als das Vierte, ist
ihr lediglich die Sphäre, für die äussere und innere, niedere
und höhere, Freiheit und Moralität: — lediglich die Sphäre für
die Freiheit, sage ich; was sie auf allen höheren Standpuncten
ist und bleibt, und niemals eine andere Realität an sich zu
bringen vermag.

Exemplare dieser Ansicht finden sich in der Menschengeschichte, — freilich nur für den, der ein Auge hat, sie zu entdecken.   Durch höhere Moralität allein, und durch die von ihr
Ergriffenen, ist Religion, und insbesondere die christliche Religion, — ist Weisheit und Wissenschaft, ist Gesetzgebung und

Cultur, ist die Kunst, ist alles Gute und Achtungswürdige, das
wir besitzen, in die Welt gekommen. In der Literatur finden
sich, ausser in Dichtern zerstreut, nur wenig Spuren dieser
Weltansicht: unter den alten Philosophen mag Plato eine Ahdung derselben haben, unter den neueren Jacobi zuweilen an
diese Region streifen.

Die vierte Ansicht der Welt ist die aus dem Standpuncte
der Religion; welche, falls sie hervorgehet aus der dritten soeben beschriebenen Ansicht, und mit ihr vereinigt ist, beschrieben werden müsste als die klare Erkenntniss, dass jenes Heilige, Gute und Schöne keinesweges unsere Ausgeburt, oder
die Ausgeburt eines an sich nichtigen Geistes, Lichtes, Denkens, — sondern, dass es die Erscheinung des inneren Wesens Gottes, in uns, als dem Lichte, unmittelbar sey, — sein
Ausdruck und sein Bild durchaus und schlechthin, und ohne
allen Abzug also, wie sein inneres Wesen herauszutreten vermag in einem Bilde. Diese, die religiöse Ansicht, ist eben diejenige Einsicht, auf deren Erzeugung wir in den bisherigen
Vorlesungen hingearbeitet haben, und welche wir nun, in dem
Zusammenhange ihrer Grundsätze, schärfer und bestimmter also
ausdrücken können. 1) Gott allein ist, und ausser ihm nichts:
— ein, wie mir es scheint, leicht einzusehender Satz, und die
ausschliessende Bedingung aller religiösen Ansicht. 2) Indem
wir nun auf diese Weise sagen: Gott ist; haben wir einen
durchaus leeren, über Gottes inneres Wesen schlechthin keinen Aufschluss gebenden Begriff. Was wollten wir denn aus
diesem Begriffe auf die Frage antworten: *Was* denn nun Gott
sey? — Der einzig mögliche Zusatz, dass er absolut sey von
sich, durch sich, in sich, ist selbst nur die an ihm dargestellte
Grundform unsers Verstandes, und sagt nichts weiter aus, als
unsere Denkweise desselben; noch dazu nur negativ, und wie
wir ihn nicht denken sollen, d. h. wir sollen ihn nicht von einem Andern ableiten, so wie wir, durch das Wesen unsers
Verstandes genöthiget, mit andern Gegenständen unsers Denkens verfahren. *Dieser* Begriff von Gott ist daher ein gehaltloser Schattenbegriff; und indem wir sagen: Gott ist, ist er
eben für uns innerlich nichts, und wird gerade, durch dieses

Sagen selber, zu nichts. 3) Nun aber tritt Gott dennoch, wie
wir dies oben fleissig auseinandergesetzt haben, ausser diesem leeren Schattenbegriffe, in seinem wirklichen, wahren und
unmittelbaren Leben in uns ein; oder strenger ausgedrückt,
wir selbst sind dieses sein unmittelbares Leben. — Wohl:
von diesem unmittelbaren göttlichen Leben aber — wissen
wir nicht: und da, gleichfalls nach unserer Aeusserung,
unser eigenes, uns angehöriges Daseyn nur dasjenige ist,
was wir im Bewusstseyn erfassen können, so bleibt jenes
unser Seyn *in Gott*, ohnerachtet es in der Wurzel immer das
unsrige seyn mag, uns dennoch ewig fremd, und so in der
That und Wahrheit *für uns selbst* nicht unser Seyn; wir sind
durch jene Einsicht um nichts gebessert, und bleiben von Gott
ebenso entfernt, als je. — Wir wissen von jenem unmittelbaren göttlichen Leben nichts, sagte ich: denn mit dem ersten
Schlage des Bewusstseyns schon verwandelt es sich in eine
todte Welt, die sich noch überdies in fünf Standpuncte ihrer
möglichen Ansicht theilt. Mag es doch immer Gott selber seyn,
der hinter allen diesen Gestalten lebt; wir sehen nicht ihn,
sondern immer nur seine Hülle; wir sehen ihn als Stein, Kraut,
Thier, sehen ihn, wenn wir höher uns schwingen, als Naturgesetz, als Sittengesetz, und alles dieses ist doch immer nicht
Er. Immer verhüllet die Form uns das Wesen; immer verdeckt unser Sehen selbst uns den Gegenstand, und unser
Auge selbst steht unserm Auge im Wege. — Ich sage dir, der
du so klagest: erhebe dich nur in den Standpunct der Religion, und alle Hüllen schwinden; die Welt vergehet dir mit ihrem todten Princip, und die Gottheit selbst tritt wieder in dich
ein, in ihrer ersten und ursprünglichen Form, als Leben, als
dein eigenes Leben, das du leben sollst und leben wirst. Nur
noch die Eine, unaustilgbare Form der Reflexion bleibt, die
Unendlichkeit dieses göttlichen Lebens in dir, welches in Gott
freilich nur Eins ist; aber diese Form drückt dich nicht; denn
du begehrst sie, und liebst sie nicht: sie irret dich nicht;
denn du vermagst sie zu erklären. In dem, was der heilige
Mensch thut, lebet und liebet, erscheint Gott nicht mehr im
Schatten, oder bedeckt von einer Hülle, sondern in seinem ei-

genen, unmittelbaren und kräftigen Leben; und die, aus dem leeren Schattenbegriffe von Gott unbeantwortliche Frage: *was ist Gott,* wird hier so beantwortet: er *ist* dasjenige, was der ihm Ergebene und von ihm Begeisterte *thut.* Willst du Gott schauen, wie er in sich selber ist, von Angesicht zu Angesicht? Suche ihn nicht jenseits der Wolken; du kannst ihn allenthalben finden, wo du bist. Schaue an das Leben seiner Ergebenen, und du schauest Ihn an; ergieb dich selber ihm, und du findest ihn in deiner Brust.

Dies, E. V., ist die Ansicht der Welt und des Seyns, vom Standpuncte der Religion.

Die fünfte und letzte Ansicht der Welt ist die aus dem Standpuncte der Wissenschaft. *Der* Wissenschaft, sage ich, der Einen, absoluten und in sich selber vollendeten. Die Wissenschaft erfasset alle diese Puncte der Verwandlung des Einen in ein Mannigfaltiges, und des Absoluten in ein Relatives, vollständig, in ihrer Ordnung und in ihrem Verhältnisse zu einander; allenthalben, und von jedem einzelnen Standpuncte aus, zurückzuführen vermögend nach dem Gesetze jedes Mannigfaltige auf die Einheit, oder aus der Einheit abzuleiten vermögend jedes Mannigfaltige: so wie wir die Grundzüge dieser Wissenschaft in dieser und in den letzten beiden Vorlesungen vor Ihren Augen entwickelt haben. Sie, die Wissenschaft, geht über die Einsicht, *dass* schlechthin alles Mannigfaltige in dem Einen gegründet und auf dasselbe zurückzuführen sey, welche schon die Religion gewährt, hinaus zu der Einsicht des Wie dieses Zusammenhanges: und für sie wird genetisch, was für die Religion nur ein absolutes Factum ist. Die Religion ohne Wissenschaft, ist irgendwo ein blosser, demohngeachtet jedoch unerschütterlicher Glaube: die Wissenschaft hebt allen Glauben auf und verwandelt ihn in Schauen. — Da wir hier diesen wissenschaftlichen Standpunct keinesweges als zu unserem eigentlichen Zwecke gehörig, sondern nur um der Vollständigkeit willen angeben, so sey es genug, über ihn nur folgendes hinzuzusetzen. Das gottselige und selige Leben ist durch ihn zwar keinesweges bedingt; dennoch aber gehört die Anforderung, diese Wissenschaft in uns und andern zu realisiren,

in das Gebiet der höheren Moralität. Der wahrhaftige und
vollendete Mensch soll durchaus in sich selber klar seyn: denn
die allseitige und durchgeführte Klarheit gehört zum Bilde und
Abdrucke Gottes. Von der anderen Seite aber kann freilich
keiner diese Anforderung an sich selber thun, an den sie nicht
schon, ohne alles sein Zuthun, ergangen, und dadurch selbst
ihm erst klar und verständlich geworden ist.

Noch ist folgendes über die angezeigten fünf Standpuncte
anzumerken, und dadurch das Bild des Religiosen zu vollenden.

Die beiden zuletzt genannten Standpuncte, der wissenschaftliche sowohl als der religiöse, sind lediglich betrachtend
und beschauend, keinesweges an sich thätig und praktisch. Sie
sind blosse stehende und ruhende Ansicht, die im Innern des
Gemüthes bleibt, keinesweges aber zu einem Handeln treibende
und in demselben ausbrechende Ansicht. Dagegen ist der
dritte Gesichtspunct, der der höheren Moralität, praktisch und
zu einem Handeln treibend. Und jetzt setze ich hinzu: Die
wahrhaftige Religion, ohnerachtet sie das Auge des von ihr Ergriffenen zu ihrer Sphäre erhebt, hält dennoch sein Leben in
dem Gebiete des Handelns, und des ächt moralischen Handelns fest. Wirkliche und wahre Religiosität ist nicht lediglich
betrachtend und beschauend, nicht bloss brütend über andäch-
tigen Gedanken, sondern sie ist nothwendig thätig. Sie besteht, wie wir gesehen, in dem innigen Bewusstseyn, dass Gott
in uns wirklich lebe und thätig sey, und sein Werk vollziehe.
Ist nun in uns überhaupt kein wirkliches Leben, und geht
keine Thätigkeit und kein erscheinendes Werk von uns aus,
so ist auch Gott nicht in uns thätig. Unser Bewusstseyn von
der Vereinigung mit Gott ist sodann täuschend und nichtig;
ein leeres Schattenbild eines Zustandes, welcher der unsrige
nicht ist; vielleicht die allgemeine, aber todte Einsicht, dass ein
solcher Zustand möglich und in andern vielleicht wirklich sey,
an welchem wir jedoch nicht den geringsten Antheil haben. Wir
sind aus dem Gebiete der Realität geschieden, und wieder in
den des leeren Schattenbegriffes verbannt. Das letztere ist
Schwärmerei und Träumerei, weil ihr keine Realität entspricht;
und diese Schwärmerei ist eines der Gebrechen des Mysti-

cismus, dessen wir früher erwähnten, und ihn der wahren Religion entgegensetzten; durch lebendige Thätigkeit unterscheidet sich die wahre Religiosität von jener Schwärmerei. Die Religion ist nicht blosses andächtiges Träumen, sagte ich: die Religion ist überhaupt nicht ein für sich bestehendes Geschäft, das man abgesondert von anderen Geschäften, etwa in gewissen Tagen und Stunden treiben könnte; sondern sie ist der innere Geist, der alles unser, übrigens seinen Weg ununterbrochen fortsetzendes, Denken und Handeln durchdringt, belebt und in sich eintaucht. — Dass das göttliche Leben und Walten wirklich in uns lebe, ist unabtrennlich von der Religion, sagte ich. Doch kommt es dabei, wie es nach dem unter dem dritten Standpuncte Gesagten scheinen möchte, keinesweges an auf die Sphäre, in welcher man handelt. Wen seine Erkenntniss zu den Objecten der höheren Moralität erhebt, dieser wird freilich, falls ihn die Religion ergreift, in dieser Sphäre leben und handeln, weil diese sein eigenthümlicher Beruf ist. Wer einen niederen hat, dem wird selbst dieser niedere durch die Religion geheiliget, und erhält durch sie, wenn auch nicht das Materiale, dennoch die Form der höheren Moralität; zu welcher nichts mehr gehört, als dass man sein Geschäft, als den Willen Gottes an uns und in uns, erkenne und liebe. So jemand in diesem Glauben sein Feld bestellt, oder das unscheinbarste Handgewerbe mit Treue treibt, so ist dieser höher und seliger, als ob jemand, falls dies möglich wäre, ohne diesen Glauben die Menschheit auf Jahrtausende hinaus beglückseligte.

Dies daher ist das Bild und der innere Geist des wahrhaft Religiosen: — er erfasset seine Welt, den Gegenstand seiner Liebe und seines Strebens, nicht als irgend einen Genuss: keinesweges, als ob Trübsinn oder abergläubische Scheu ihm den Genuss und die Freude als etwas Sündliches vorstellte, sondern weil er weiss, dass kein Genuss ihm wirkliche Freude gewähren kann. Er erfasset seine Welt als ein *Thun*, welches er eben darum, weil es seine Welt ist, allein lebt und nur in ihm leben mag, und nur in ihm allen Genuss seiner selbst findet. Dieses Thun will er nun wiederum nicht

darum, damit sein Erfolg in der Sinnenwelt wirklich werde;
wie ihn denn in der That der Erfolg oder Nichterfolg durchaus nicht kümmert, sondern er nun im Thun, rein als Thun,
lebt: sondern er will es darum, weil es der Wille Gottes in
ihm, und sein eigener, eigentlicher Antheil am Seyn ist. Und
so fliesset denn sein Leben ganz einfach und rein ab, nichts
anderes kennend, wollend oder begehrend, über diesen Mittelpunct nie herausschwebend, durch nichts ausser ihm Liegendes gerührt oder getrübt.

So *ist* sein Leben. Ob dies nun nicht nothwendig die
reinste und vollkommenste Seligkeit sey, wollen wir zu einer
anderen Zeit untersuchen.

Sechste Vorlesung.

Ehrwürdige Versammlung,

Unsere gesammte Lehre, als die Grundlage alles dessen,
was wir hier noch sagen können, und überhaupt alles desjenigen, was wir jemals sagen können, ist nun deutlich und bestimmt aufgestellt, und lässt sich in einem Blicke übersehen.
— Es giebt durchaus kein Seyn und kein Leben, ausser dem
unmittelbaren göttlichen Leben. Dieses Seyn wird in dem Bewusstseyn, nach den eigenen, unaustilgbaren und in dem Wesen desselben gegründeten Gesetzen dieses Bewusstseyns, auf
mannigfaltige Weise verhüllt und getrübt; frei aber von jenen
Verhüllungen, und nur noch durch die Form der Unendlichkeit modificirt, tritt es wieder heraus in dem Leben und Handeln des gottergebenen Menschen. In diesem Handeln handelt nicht der Mensch, sondern Gott selber in seinem ursprüng-

lichen inneren Seyn und Wesen ist es, der in ihm handelt, und durch den Menschen sein Werk wirket.

Ich sagte in einer der ersten und einleitenden Vorlesungen: diese Lehre, so neu und unerhört sie auch dem Zeitalter erscheinen möge, sey darum doch so alt, als die Welt, und sie sey insbesondere die Lehre des Christenthums, wie dies, in seiner ächtesten und reinsten Urkunde, in dem Evangelium Johannis noch bis diesen Augenblick vor unseren Augen liegt; und diese Lehre werde daselbst sogar mit denselben Bildern und Ausdrücken vorgetragen, deren auch wir uns bedienen. Es dürfte' in mancherlei Rücksichten gut seyn, diese Behauptung zu erhärten, und wir wollen die heutige Stunde diesem Geschäfte widmen. — Es versteht sich wohl auch ohne unsere ausdrückliche Erinnerung, dass wir durch den Erweis dieser Uebereinstimmung unserer Lehre mit dem Christenthume keinesweges erst die Wahrheit dieser unserer Lehre zu beweisen, oder ihr eine äussere Stütze unterzulegen gedenken. Sie muss schon in dem vorhergehenden sich selber bewiesen und als absolut evident eingeleuchtet haben, und sie bedarf keiner weiteren Stütze. Und ebenso muss das Christenthum, eben als übereinstimmend mit der Vernunft, und als reiner und vollendeter Ausdruck dieser Vernunft, ausser welcher es keine Wahrheit giebt, sich selbst beweisen, wenn es auf irgend eine Gültigkeit Anspruch machen will. Die Zurückführung in die Fessel der blinden Autorität erwarten Sie nicht vom Philosophen.

. Dass ich insbesondere den Evangelisten Johannes allein als Lehrer des ächten Christenthums gelten lasse, dafür habe ich in den Vorlesungen des vorigen Winters ausführlicher den Grund angegeben, dass der Apostel Paulus und seine Partei, als die Urheber des entgegengesetzten christlichen Systems, halbe Juden geblieben, und den Grundirrthum des Juden- sowohl als Heidenthums, den wir tiefer unten werden berühren müssen, ruhig stehen gelassen. Für jetzt möge folgendes hinreichen. — Nur mit Johannes kann der Philosoph zusammenkommen, denn dieser allein hat Achtung für die Vernunft, und beruft sich auf den Beweis, den der Philosoph allein gelten lässt: den innern. „So jemand will den Willen thun des, der mich gesandt hat, der wird inne werden, dass diese Lehre von Gott sey." Dieser Wille Gottes aber ist nach dem Johannes der, dass man Gott, und den er gesandt hat, Jesum Christum recht erkenne. Die anderen Verkündiger des Christenthums aber bauen auf die äussere Beweisführung durch Wunder, welche, für uns wenigstens, nichts beweiset. Ferner enthält auch unter den Evangelisten Johannes allein das, was wir suchen und wollen, eine Religionslehre: dagegen das beste, was die übrigen geben, ohne Ergänzung und Deutung durch den Johannes, doch nicht mehr ist, als Moral; welche bei uns nur einen sehr untergeordneten Werth hat. — Wie es sich mit der Behauptung, dass Johannes die übrigen Evangelien vor sich gehabt, und das von ihnen Uebergangene nur habe nachtragen wollen, verhalten möge, wollen wir hier nicht untersuchen: nach unserem Erachten wäre sodann der Nachtrag das Beste, und die Vorgänger hätten gerade das, worauf es eigentlich ankommt, übergangen.

Was mein Princip der Auslegung dieses, sowie aller christlichen Schriftsteller betrifft, so ist es das folgende: sie also zu verstehen, als ob sie wirklich hätten etwas sagen wollen, und, so weit ihre Worte das erlauben, das rechte und wahre gesagt hätten: — ein Princip, das der Billigkeit gemäss zu seyn scheint. Ganz abgeneigt aber sind wir dem hermeneutischen Princip einer gewissen Partei, nach welchem sie die ernstesten und unumwundensten Aeusserungen dieser Schriftsteller für blosse Bilder und Metaphern halten, und so lange an und von ihnen herunter erklären, bis eine Plattheit und Trivialität herauskommt, wie diese Erklärer sie auch wohl selber hätten erfinden und vorbringen können. Andere Mittel der Erklärung, als die in ihnen selbst liegenden, scheinen mir bei diesen Schriftstellern, und ganz besonders beim Johannes, nicht stattzufinden. Wo, wie bei den klassischen Profan-Scribenten, mehrere Zeitgenossen unter einander, und diese wieder mit einem ihnen vorhergehenden und ihnen folgenden Gelehrten-Publicum verglichen werden können, da finden diese äusseren Hülfsmittel statt. Das Christenthum aber, und ganz besonders Johan-

nes, stehen isolirt, als eine wunderbare und räthselhafte Zeiterscheinung, ohne Vorgang und ohne eigentliche Folge, da.

An dem von uns aufzustellenden Inhalte der Johanneischen
Lehre wird sorgfältig zu unterscheiden seyn, was in derselben
an sich, absolut und für alle Zeiten gültig, wahr ist, von demjenigen, was nur für Johannes und des von ihm aufgestellten
Jesus Standpunct, und für ihre Zeit und Ansicht wahr gewesen. Auch das letztere werden wir getreu aufstellen; denn
eine andere Erklärungsweise ist unredlich, und überdies ver-
wirrend.

Was im Evangelium Johannis zu allererst unsere Aufmerksamkeit auf sich ziehen muss, ist der dogmatische Eingang
desselben in der Hälfte des ersten Capitels; gleichsam die
Vorrede. Halten Sie diese Vorrede ja nicht für ein eigenes
und willkürliches Philosophem des Verfassers; gleichsam für
eine räsonnirende Verbrämung seiner Geschichts-Erzählung,
von der man, rein an die Thatsachen sich haltend, der eigenen Absicht des Verfassers nach denken könne, wie man wolle;
sowie einige diesen Eingang anzusehen scheinen. Es ist vielmehr derselbe in Beziehung auf das ganze Evangelium zu denken, und nur im Zusammenhange mit demselben zu begreifen.
Der Verfasser führt, durch das ganze Evangelium durch, Jesum
ein, als auf eine gewisse Weise, die wir unten angeben werden, von sich redend; und es ist ohne allen Zweifel Johannes
Ueberzeugung, dass Jesus gerade also, und nicht anders gesprochen habe, und dass er ihn also reden — gehört habe:
und sein ernster Wille, dass wir ihm dies glauben sollen. Nun
erklärt die Vorrede die Möglichkeit, wie Jesus also von sich
habe denken und reden können, wie er von sich redet: es ist
daher nothwendig die Voraussetzung Johannis, dass nicht bloss
er, dieser Johannes, für seine Person und seiner geringen
Meinung nach, Jesum also ansehen und sich erklären wolle,
sondern dass Jesus selber sich gleichfalls also gedacht und
angesehen habe, wie er ihn schildert. Die Vorrede ist anzusehen, als der Auszug und der allgemeine Standpunct aller
Reden Jesu: sie hat darum, der Absicht des Verfassers nach,
die gleiche Autorität, wie Jesus unmittelbare Reden. Auch die

Vorrede ist, nach Johannes Ansicht, nicht des Johannes, son+
dern Jesu Lehre; und zwar der Geist und die innigste Wurzel von Jesu ganzer Lehre.

Nachdem wir diesen nicht unbedeutenden Punct ins reine
gebracht haben, gehen wir durch folgende Vorerinnerung
zur Sache.

Aus Unkunde der im bisherigen von uns aufgestellten
Lehre entsteht die Annahme einer Schöpfung; als der absolute
Grundirrthum aller falschen Metaphysik und Religionslehre und
insbesondere, als das Urprincip des Juden- und Heidenthums.
Die absolute Einheit und Unveränderlichkeit des göttlichen Wesens in sich selber anzuerkennen genöthigt, — wiederum auch
das selbstständige und wahrhafte Daseyn endlicher Dinge nicht
aufgeben wollend, liessen sie die letzten durch einen Act absoluter Willkür aus dem ersten hervorgehen: wodurch ihnen
zuvörderst der Begriff der Gottheit im Grunde verdarb, und
mit einer Willkür ausgestattet wurde, die durch ihr ganzes
religiöses System hindurchging; sodann die Vernunft auf immer
verkehrt, und das Denken in ein träumendes Phantasiren verwandelt wurde; — denn eine Schöpfung lässt sich gar nicht
ordentlich denken — das was man wirklich denken heisst —
und es hat noch nie irgend ein Mensch sie also gedacht. Insbesondere ist, in Beziehung auf die Religionslehre, das Setzen
einer Schöpfung das erste Kriterium der Falschheit; das Abläugnen einer solchen Schöpfung, falls eine solche durch vorhergegangene Religionslehre gesetzt seyn sollte, das erste Kriterium der Wahrheit dieser Religionslehre. Das Christenthum,
und insbesondere der gründliche Kenner desselben, von welchem wir hier sprechen, Johannes, befand sich in dem letzten
Falle: die vorhandene jüdische Religion hatte eine solche
Schöpfung gesetzt. Im Anfange — schuf Gott: heben die heiligen Bücher dieser Religion an; nein, im directen Widerspruche, und anhebend mit demselben Worte, und statt des
zweiten falschen an derselben Stelle das rechte setzend, um
den Widerspruch herauszuheben, — nein, sagt Johannes: im
Anfange, in demselben Anfange, wovon auch dort gesprochen
wird, d. h. ursprünglich und vor aller Zeit, schuf Gott nicht,

und es bedurfte keiner Schöpfung, — sondern es — war
schon; es war das Wort — und durch dieses erst sind alle
Dinge gemacht.

Im Anfange war das *Wort*, der *Logos*, im Urtexte; was
auch hätte übersetzt werden können, die Vernunft, oder, wie
im Buche der Weisheit beinahe derselbe Begriff bezeichnet
wird, die Weisheit: was aber unseres Erachtens durch den
Ausdruck: Wort, der auch in der allerältesten lateinischen
Uebersetzung, ohne Zweifel auf Veranlassung einer Tradition
der Johanneischen Schüler, also vorkommt, am treffendsten
übersetzt ist. Was ist nun, der Absicht des Schriftstellers nach,
dieser Logos oder dieses Wort? Vernünfteln wir doch ja nicht
über den Ausdruck; sondern sehen wir lieber unbefangen hin,
was Johannes von diesem *Worte* aussagt: — die dem Subjecte beigelegten Prädicate, besonders wenn sie diesem Subjecte ausschliessend beigelegt werden, pflegen ja das Subject
selbst zu bestimmen. Es war im Anfange, sagt er; es war
bei Gott; Gott selbst war es; es war im Anfange bei Gott.
Kann deutlicher ausgesprochen werden dasselbe, was wir
früher so ausgesprochem haben: Nachdem, ausser Gottes innerem und in sich verborgenem Seyn, das wir zu denken vermögen, er auch noch überdies *da ist*, was wir bloss factisch
erfassen können, so ist er nothwendig durch sein inneres und
absolutes Wesen da: und sein, nur durch uns von seinem
Seyn unterschiedenes Daseyn, ist an sich und in ihm davon
nicht unterschieden; sondern dieses Daseyn ist ursprünglich,
vor aller Zeit und ohne alle Zeit, bei dem Seyn, unabtrennlich von dem Seyn, und selber das Seyn: — das Wort im
Anfange, — das Wort bei Gott, — das Wort im Anfange bei
Gott, — Gott selbst das Wort, und das Wort selbst Gott.
Konnte schneidender und herausspringender der Grund dieser Behauptung angegeben werden: in Gott, und aus Gott,
wird nichts, entsteht nichts; in ihm ist ewig nur das *Ist*, und
was daseyn soll, muss ursprünglich bei ihm seyn, und muss
er selbst seyn? Weg mit jenem verwirrenden Phantasma, —
hätte der Evangelist hinzusetzen können, wenn er viele Worte
hätte machen wollen, — weg mit jenem Phantasma eines Wer-

dens aus Gott, dessen, was in ihm nicht ist, und nicht ewig
und nothwendig war; einer Emanation, bei welcher er nicht
dabei ist, sondern sein Werk verlässt; einer Ausstossung und
Trennung von ihm, die uns in das öde Nichts wirft, und ihn
zu einem willkürlichen und feindseligen Oberherrn von uns
macht. —

Dieses — bei Gott Seyn nun, nach unserem Ausdrucke
dieses Daseyn, wird ferner charakterisirt als Logos oder Wort.
Wie könnte deutlicher ausgesprochen werden, dass es die
sich selbst klare und verständliche Offenbarung und Mani-
festation, sein geistiger Ausdruck sey, — dass, wie wir dasselbe aussprachen, das unmittelbare Daseyn Gottes nothwendig *Bewusstseyn,* theils seiner selbst, theils Gottes sey; wofür
wir den strengen Beweis geführt haben.

Ist nun erst dies klar, so ist nicht die mindeste Dunkelheit mehr in der Behauptung: v. 3. „dass alle Dinge durch
dasselbige Wort gemacht sind, und ohne dasselbige nichts gemacht ist, was gemacht ist u. s. w." — und es ist dieser Satz
ganz gleichgeltend mit dem von uns aufgestellten, dass die Welt
und alle Dinge lediglich im Begriffe, in Johannes *Worte,* und
als begriffene, und bewusste, — als Gottes Sich-Aussprechen
seiner selbst, — da sind; und dass der Begriff, oder das Wort,
ganz allein der Schöpfer der Welt überhaupt, und, durch die
in seinem Wesen liegenden Spaltungen, der Schöpfer der mannigfaltigen und unendlichen Dinge in der Welt sey.

In Summa: ich würde diese drei Verse in meiner Sprache
also ausdrücken. Ebenso ursprünglich als Gottes inneres Seyn
ist sein Daseyn, und das letztere ist vom ersten unzertrennlich,
und ist selber ganz gleich dem ersten: und dieses göttliche
Daseyn ist in seiner eigenen Materie nothwendig Wissen: und
in diesem Wissen allein ist eine Welt und alle Dinge, welche
in der Welt sich vorfinden, wirklich geworden.

Ebenso klar werden nun auch die beiden folgenden Verse.
In ihm, diesem unmittelbaren göttlichen Daseyn, war das Leben, der tiefste Grund alles lebendigen, substantiellen, ewig
aber dem Blicke verborgen bleibenden, Daseyns; und dieses
Leben ward im wirklichen Menschen Licht, bewusste Reflexion;

und dieses Eine ewige Urlicht schien ewig fort in den Finster-
nissen der niedern und unklaren Grade des geistigen Lebens,
trug dieselben unerblickt, und erhielt sie im Daseyn, ohne
dass die Finsternisse es begriffen.

So weit als wir jetzt den Eingang des Johanneischen Evangeliums erklärt, geht sein absolut Wahres und ewig Gültiges.
Von da hebt an das nur für die Zeit Jesu und der Stiftung
des Christenthums, und für den nothwendigen Standpunct Jesu
und seiner Apostel Gültige: der historische, keinesweges metaphysische Satz nemlich, dass jenes absolut unmittelbare Daseyn Gottes, das ewige Wissen oder Wort, rein und lauter,
wie es in sich selber ist, ohne alle Beimischung von Unklar-
heit oder Finsterniss, und ohne alle individuelle Beschränkung,
in demjenigen Jesus von Nazareth, der zu der und der bestimmten Zeit im jüdischen Lande lehrend auftrat, und dessen
merkwürdigste Aeusserungen hier aufgezeichnet seyen, in einem
persönlich sinnlichen und menschlichen Daseyn sich dargestellt, und in ihm, wie der Evangelist vortrefflich sich ausdrückt, Fleisch geworden. Mit der Verschiedenheit sowohl, als
der Uebereinstimmung dieser beiden Standpuncte, des absolut und ewig wahren, und des bloss aus dem zeitigen Gesichtspuncte Jesu und seiner Apostel wahren, verhält es sich
also. Aus dem ersten Standpuncte wird zu allen Zeiten, in
jedem ohne Ausnahme, der seine Einheit mit Gott lebendig
einsieht, und der wirklich und in der That sein ganzes indi-
viduelles Leben an das göttliche Leben in ihm hingiebt, das
ewige Wort, ohne Rückhalt und Abbruch, ganz auf dieselbe
Weise, wie in Jesu Christo, Fleisch, ein persönlich sinnliches
und menschliches Daseyn. — Diese also ausgesprochene Wahrheit, welche da redet lediglich von der *Möglichkeit* des Seyns,
ohne alle Beziehung auf das *Mittel* des wirklichen Werdens,
läugnet nun weder Johannes, noch der von ihm redend einge-
führte Jesus; sondern sie schärfen dieselbe vielmehr, wie wir
tiefer unten sehen werden, allenthalben auf das nachdrück-
lichste ein. Der dem Christenthum ausschliessend eigene und
nur für die Schüler desselben geltende Standpunct sieht auf
das Mittel des Werdens, und lehrt hierüber also: Jesus von

Nazareth sey eben schlechthin von und durch sich, durch sein
blosses Daseyn, Natur, Instinct, ohne besonnene Kunst, ohne
Anweisung, die vollkommene sinnliche Darstellung des ewigen
Wortes, sowie es vor ihm schlechthin niemand gewesen; alle
diejenigen aber, welche seine Jünger würden, seyen es eben
darum, weil sie seiner bedürften, noch nicht, sondern sollten
es erst durch ihn werden. — Das soeben klar ausgesprochene
ist das charakteristische Dogma des Christenthums, als einer
Zeiterscheinung, einer zeitigen Anstalt zu religiöser Bildung
der Menschen, welches Dogma ganz ohne Zweifel Jesus und
seine Apostel geglaubt haben: rein, lauter und in einem hohen Sinne im Evangelium Johannis, welchem Johannes Jesus
von Nazareth freilich auch der Christus, der verheissene Bese-
liger der Menschheit ist, nur dass ihm dieser Christus wieder
für das Fleisch gewordene Wort gilt: vermischt mit jüdischen
Träumen von einem Sohne Davids und einem Aufheber eines
alten Bundes, und Abschliesser eines neuen, bei Paulus und
den übrigen. Allenthalben, und ganz besonders beim Johannes, ist Jesus der Erstgeborene und Einige unmittelbar ge-
borene Sohn des Vaters, keinesweges als Emanation oder dess
etwas — welche vernunftwidrige Träume erst später entstanden sind — sondern, in dem oben erklärten Sinne, in ewiger
Einheit und Gleichheit des Wesens: und alle andern können
erst in ihm, und durch die Verwandlung in sein Wesen mittelbar Kinder Gottes werden. Dies lassen Sie uns zuvörderst
anerkennen; denn ausserdem würden wir theils unredlich deuten, theils das Christenthum gar nicht verstehen, sondern durch
dasselbe verworren werden. Sodann lassen Sie uns, gesetzt
auch wir wollten für unsere Person von jener Ansicht keinen
Gebrauch machen, was einem jeden freistehen muss, dieselbe
wenigstens richtig nehmen und beurtheilen. Und so erinnere
ich denn in dieser Rücksicht: 1) Allerdings ist die Einsicht in
die absolute Einheit des menschlichen Daseyns mit dem göttlichen die tiefste Erkenntniss; welche der Mensch erschwin-
gen kann. Sie ist vor Jesu nirgends vorhanden gewesen: sie
ist ja auch seit seiner Zeit, man möchte sagen, bis auf diesen
Tag, wenigstens in der profanen Erkenntniss, wieder so gut

31*

als ausgerottet und verloren. Jesus aber hat sie offenbar gehabt; wie wir, ;sobald wir nur selbst sie haben, — wäre es
auch nur im Evangelium Johannis, unwidersprechlich finden
werden. — Wie kam nun Jesus zu dieser Einsicht? Dass jemand hinterher, nachdem die Wahrheit schon entdeckt ist, sie
nacherfinde, ist kein so grosses Wunder; wie aber der erste,
von Jahrtausenden vor ihm und von Jahrtausenden nach ihm
durch den Alleinbesitz dieser Einsicht geschieden, zu ihr gekommen sey, dies ist ein ungeheures Wunder. Und so ist
denn in der That wahr, was der erste Theil des christlichen
Dogmas behauptet, dass Jesus von Nazareth der, — auf eine
ganz vorzügliche, durchaus keinem Individuum ausser ihm zukommende Weise, — eingeborene und erstgeborene Sohn Gottes ist: und dass alle Zeiten, die nur fähig sind ihn zu verstehen, ihn dafür werden erkennen müssen. 2) Ob es nun schon
wahr ist, dass jetzt ein jeder in den Schriften seiner Apostel
diese Lehre wiederfinden, und für sich selbst und durch eigene Ueberzeugung sie für wahr anerkennen kann; ob es gleich,
wie wir ferner behaupten, wahr ist, dass der Philosoph — so
viel er weiss, — ganz unabhängig vom Christenthume dieselben Wahrheiten findet, und sie in einer Consequenz und in
einer allseitigen Klarheit überblickt, in der sie vom Christenthume aus an uns wenigstens nicht überliefert sind; so bleibt
es doch ewig wahr, dass wir mit unserer ganzen Zeit und
mit allen unseren philosophischen Untersuchungen auf den Boden des Christenthums niedergestellt sind, und von ihm ausgegangen: dass dieses Christenthum auf die mannigfaltigste
Weise in unsere ganze Bildung eingegriffen habe, und dass
wir insgesammt schlechthin nichts von alle dem seyn würden,
was wir sind, wenn nicht dieses mächtige Princip in der Zeit
vorhergegangen wäre. Wir können keinen Theil unsers, durch
die früheren Begebenheiten uns angeerbten Seyns aufheben;
und mit Untersuchungen, was da seyn würde, wenn nicht
wäre, was da ist, giebt kein Verständiger sich ab. Und so
bleibt denn auch der zweite Theil des christlichen Dogmas, dass
alle diejenigen, die seit Jesu zur Vereinigung mit Gott gekommen, nur durch ihn und vermittelst seiner dazu gekommen,

gleichfalls unwidersprechlich wahr. Und so bestätiget es sich
denn auf alle Weise, dass bis an das Ende der Tage vor diesem Jesus von Nazareth wohl alle Verständigen sich tief beu-
gen, und alle, je mehr sie nur selbst sind, desto demüthiger
die überschwängliche Herrlichkeit dieser grossen Erscheinung
anerkennen werden.

Soviel, um diese für ihre Zeit gültige Ansicht des Christenthums gegen unrichtiges und unbilliges Urtheil, da, wo sie
natürlich sich vorfindet, zu schützen; keinesweges aber etwa,
um diese Ansicht jemandem aufzudringen, der entweder seine
Aufmerksamkeit nach jener historischen Seite gar nicht hinge-
richtet hätte, oder der, selbst wenn er sie dahin richtete, das,
was wir da zu finden glauben, eben nicht entdecken könnte.
Keinesweges nemlich haben wir durch das Gesagte uns zur
Partei jener Christianer schlagen wollen, für welche die Sache
nur durch ihren Namen Werth zu haben scheint. Nur das
Metaphysische, keinesweges aber das Historische, macht selig;
das letztere macht nur verständig. Ist nur jemand wirklich
mit Gott vereinigt und in ihn eingekehrt, so ist es ganz gleichgültig, auf welchem Wege er dazu gekommen; und es wäre
eine sehr unnütze und verkehrte Beschäftigung, anstatt in der
Sache zu leben, nur immer das Andenken des Weges sich zu
wiederholen. Falls Jesus in die Welt zurückkehren könnte, so
ist zu erwarten, dass er vollkommen zufrieden seyn würde,
wenn er nur wirklich das Christenthum in den Gemüthern der
Menschen herrschend fände, ob man nun sein Verdienst dabei preisete, oder es überginge; und dies ist in der That das
allergeringste, was von so einem Manne, der schon damals,
als er lebte, nicht seine Ehre suchte, sondern die Ehre des,
der ihn gesandt hatte, sich erwarten liesse.

Nachdem wir an der Unterscheidung der beiden beschriebenen Standpuncte den Schlüssel haben zu allen Aeusserungen
des Johanneischen Jesus; und das sichere Mittel, das in einer
Zeitform ausgesprochene auf reine und absolute Wahrheit
zurückzuführen, fassen wir den Inhalt dieser Aeusserungen in
die Beantwortung der beiden Fragen zusammen: Zuvörderst
was sagt Jesus über sich selbst in Absicht seines Verhältnis-

ses zur Gottheit? sodann, was sagt er über seine Anhänger und Lehrlinge in Absicht des Verhältnisses derselben zuerst zu ihm, und sodann vermittelst seiner zur Gottheit?

Cap. 1, 18. „Niemand hat Gott je gesehen; der eingeborene Sohn, der in des Vaters Schooss ist, der hat es verkündiget." — Wie wir gesagt haben: In sich in das göttliche Wesen verborgen: nur in der Form des Wissens tritt es heraus; und zwar ganz wie es in sich ist.

Cap. 5, 19. „Der Sohn kann nichts von ihm selber thun, denn was er siehet den Vater thun; denn was derselbige thut, das thut gleich auch der Sohn." — Aufgegangen ist seine Selbstständigkeit in dem Leben Gottes, wie wir uns ausgedrückt haben.

Cap. 10, 28. „Ich gebe meinen Schaafen das ewige Leben, und niemand kann sie aus meiner Hand reissen." V. 29. „Der Vater, der sie mir gegeben hat, ist grösser denn alles und niemand kann sie aus meines Vaters Hand reissen.' — Wer ist es denn nun, der sie hält und trägt: Jesus oder der Vater? Die Antwort giebt V. 30. „Ich und der Vater sind Eins." — Einerlei gesagt in beiden identischen Sätzen. — Sein Leben ist das meinige, das meinige das seinige. Mein Werk sein Werk, und umgekehrt. Gerade also, wie wir in der vorigen Stunde uns ausgedrückt haben.

Soviel von den deutlichsten und zwingendsten Stellen. Auf diese Weise lehrt über diesen Punct einmüthig und gleichlautend das ganze Evangelium. Jesus redet nie anders von sich.

Ferner, wie redet er von seinen Anhängern und deren Verhältnisse zu sich? Die beständige Voraussetzung ist, dass diese in ihrem dermaligen Zustande gar nicht das rechte Daseyn hätten, sondern, wie er Cap. 3 gegen Nikodemus sich äussert, ein so völlig anderes und ihrem bisherigen Daseyn entgegengesetztes Daseyn erhalten müssten, als ob an ihrer Stelle ein ganz neuer Mensch geboren würde: — oder, wo er am eindringendsten sich ausspricht: dass sie eigentlich gar nicht existirten, noch lebten, sondern im Tode und Grabe sich befänden, und dass Er erst das Leben ihnen ertheilen müsse.

Hören Sie darüber folgende entscheidende Stellen:

Cap. 6, 53. „Werdet ihr nicht essen mein Fleisch und trinken mein Blut (dieser Ausdruck wird tiefer unten erklärt
werden), so habt ihr kein Leben in euch." Nur durch dieses Essen meines Fleisches und Trinken meines Blutes
kommt welches in euch; und ohne dies ist keines.

Und Cap. 5, 24. „Wer mein Wort höret, der *hat* das ewige
Leben, und *ist* vom Tode zum Leben hindurchgedrungen."
V. 25. „Es kommt die Stunde, und ist schon jetzt, dass
die Todten werden die Stimme des Sohnes Gottes hören,
und die sie hören werden, die werden leben." — Die
Todten! Wer sind diese Todten? etwa die, die am jüngsten Tage in den Gräbern liegen werden? Eine rohsinn-
liche Deutung: — im biblischen Ausdrucke, — eine Deutung nach dem Fleische, nicht nach dem Geiste. Die Stunde
war ja schon damals. Diejenigen waren diese Todten,
welche seine Stimme noch nicht gehört hatten, und eben
darum todt waren.

Und was für ein Leben ist dies, das Jesus den Seinigen zu
geben verspricht?

Cap. 8, 51. „So jemand mein Wort wird halten, der wird
den Tod nicht sehen ewiglich" — keinesweges, wie geist-
lose Ausleger dies nehmen; er wird wohl einmal sterben,
nur nicht auf ewig, sondern er wird am jüngsten Tage
wieder auferweckt werden; sondern, er wird nun und
nimmermehr sterben: — wie es denn auch die Juden
wirklich verstanden, und durch die Berufung auf Abrahams
erfolgten Tod Jesus widerlegen wollten, und er ihre Auslegung billigt, indem er andeutet, dass Abraham, — der
Jesu Tag gesehen, — in seine Lehre, ohne Zweifel durch
Melchisedek, eingeweiht worden, — auch wirklich nicht
gestorben sey.

Oder noch einleuchtender: Cap. 11, 23. — „Dein Bruder soll
auferstehen." Martha, die den Kopf eben auch mit jüdischen Grillen angefüllt hatte, sagte, ich weiss wohl, dass
er auferstehen wird in der Auferstehung am jüngsten Tage.
— Nein, sagt Jesus: „Ich bin die Auferstehung und das
Leben. Wer an mich gläubet, der wird leben, ob er gleich

stürbe. Und wer da lebet und gläubet an mich, der wird
nimmermehr sterben."—Die Vereinigung mit mir giebt die
Vereinigung mit dem ewigen Gott und seinem Leben, und
die Gewissheit derselben; also, dass man in jedem Momente die ganze Ewigkeit ganz hat und besitzt, und den
täuschenden Phänomenen einer Geburt und eines Ster-
bens in der Zeit durchaus keinen Glauben beimisst, daher auch keiner Auferweckung, als der Rettung von einem
Tode, den man nicht glaubt, weiter bedarf.

Und woher hat Jesus diese, seine Anhänger auf alle Ewigkeit
belebende Kraft? Aus seiner absoluten Identität mit Gott— Cap.
5, 26.: „Wie der Vater hat das Leben in ihm selber, also hat
er dem Sohne gegeben das Leben zu haben in ihm selber."

Ferner, auf welche Weise werden die Anhänger Jesu dieser Identität ihres Lebens mit dem göttlichen Leben theilhaftig? Jesus sagt dies in den mannigfaltigsten Wendungen, von
denen ich hier nur die allerstärkste und deutlichste, und gerade um ihrer absoluten Klarheit willen den Zeitgenossen sowohl, als auch den Nachkommen bis auf diesen Tag allerun-
verständlichste und anstössigste anführen will. — Cap. 6, 53
bis 55. — „Werdet ihr nicht essen das Fleisch des Menschen-
sohnes, und trinken sein Blut, so habt ihr kein Leben in euch.
Wer mein Fleisch isset, und trinket mein Blut, der hat das
ewige Leben. Mein Fleisch ist die rechte Speise, und mein
Blut ist der rechte Trank." Was heisst dies? — Er erklärt
es selber V. 56. „Wer mein Fleisch isset, und trinket mein
Blut, der — bleibet in mir, und ich in ihm;" und umgekehrt, wer in mir bleibet, und ich in ihm, der hat gegessen
mein Fleisch u. s. w. Sein Fleisch essen, und sein Blut trinken, heisst: ganz und durchaus er selber werden und in seine
Person, ohne Abbruch oder Rückhalt, sich verwandeln, — ihn
in seiner Persönlichkeit nur wiederholen, — transsubstantiirt
werden mit ihm — so wie er das zu Fleisch und Blut gewordene ewige Wort ist, ebenso zu seinem Fleische und Blute,
und, was nun daraus folgt und dasselbe ist, zu dem zu Fleisch
und Blut gewordenen ewigen Worte selber werden: denken
durchaus und ganz wie er, und so, als ob er selber dächte

und nicht wir; leben durchaus und ganz wie er, und so, als
ob er selber lebte in unserer Stelle. So gewiss Sie nur, E. V.,
jetzt nicht meine eigenen Worte herabziehen und herunterdeu-
ten zu dem beschränkten Sinne, dass man Jesum, als unerreichbares Muster, nur nachahmen solle stückweise und aus
der Ferne, so wie die menschliche Schwäche es erlaube; sondern dieselben so nehmen, wie ich sie ausgesprochen habe,
dass man Er selber ganz werden müsse: so leuchtet Ihnen
ein, dass Jesus nicht füglich anders sich ausdrücken konnte,
und dass er sich vortrefflich aussprach. • Jesus war weit entfernt davon, sich als unerreichbares Ideal hinzustellen, wozu
erst die Dürftigkeit der Folgezeit ihn gemacht hat; auch nahmen ihn seine Apostel nicht so: unter anderen auch nicht
Paulus, der da sagt: Ich lebe gar nicht mehr, sondern in mir
lebt Jesus Christus.   Sondern Jesus wollte durch seine Anhänger ganz und ungetheilt in seinem Charakter wiederholt
werden, so wie er selber war; und zwar forderte er dieses
absolut, und als unerlässliche Bedingung: esset ihr nicht
mein Fleisch u. s. w., so bekommt ihr überhaupt kein Leben in
euch, sondern ihr bleibet liegen in den Gräbern, in denen ich
euch angetroffen habe.

Nur dieses Eine forderte er; nicht mehreres, und nicht
weniger. Keinesweges gedachte er sich zu begnügen mit dem
blossen historischen Glauben, dass er das Fleisch gewordene
ewige Wort, und der Christus sey, für welchen er sich gab.
Allerdings fordert er auch bei Johannes als vorläufige Bedingung, — lediglich damit man ihn nur anhöre und auf seine
Reden eingehe, *Glauben;* d. h. die vorläufige Voraussetzung
der Möglichkeit, dass er wohl dieser Christus seyn könne, und
verschmäht es auch gar nicht, diese Voraussetzung durch frap-
pante und wunderbare Thaten, die er vollbringt, zu bestärken
und zu erleichtern. Aber der endliche und entscheidende Beweis, der durch die vorläufige Voraussetzung oder den Glauben erst möglich gemacht werden soll, ist der: dass jemand
nur wirklich den Willen thue des, der Jesus gesandt hat, d.
h. dass er, in dem erklärten Sinne, sein Fleisch und sein Blut
esse, wodurch er denn inne werden werde, dass diese Lehre

von Gott sey, und dass er nicht von sich selber rede. Ebensowenig ist die Rede von einem Glauben an sein stellvertre-
tendes Verdienst. Jesus ist bei Johannes zwar ein Lamm
Gottes, das der Welt Sünde wegträgt, keinesweges aber ein
solches, das sie mit seinem Blute einem erzürnten Gotte ab-
büsst. Er trägt sie weg: Nach seiner Lehre existirt der Mensch
ausser Gott und Ihm gar nicht, sondern er ist todt und be-
graben; er tritt gar nicht ein in das geistige Reich Gottes; wie
könnte doch der arme, nichtseyende, in diesem Reiche etwas
verwirren und die göttlichen Plane stören? Wer aber in Jesum, und dadurch in Gott sich verwandelt, der lebet nun gar
nicht mehr, sondern in ihm lebet Gott: aber wie könnte Gott
gegen sich selbst sündigen? Den ganzen Wahn demnach von
Sünde, und die Scheu vor einer Gottheit, die durch Menschen
sich beleidigt finden könnte, hat er weggetragen und ausgetilgt. Endlich, so nun jemand auf diese Weise den Charakter
Jesu in dem seinigen wiederholt; was ist denn nach der Lehre
Jesu der Erfolg? — So ruft Jesus in Gegenwart seiner Jünger gegen seinen Vater aus! Cap. 17, 20. „Ich bitte nicht
allein für sie, sondern auch für die, so durch ihr Wort an
mich glauben werden, auf dass sie alle Eines seyen; gleich
wie du Vater in mir, und ich in dir, dass auch sie in uns
Eines seyen,“ — in uns — Eines seyen. Jetzt, nach der Vollendung, ist aller Unterschied aufgehoben: die ganze Gemeine,
der erstgeborene, zugleich mit den zuerst und mit den später nachgeborenen fallen wieder zusammen in den Einen gemeinschaftlichen Lebensquell Aller, die Gottheit. Und so fällt
denn, wie wir oben behaupteten, das Christenthum, seinen Zweck
als erreicht setzend, wieder zusammen mit der absoluten Wahrheit, und behauptet selbst, dass jederman zur Einheit mit
Gott kommen, und das Daseyn desselben selber, oder das
ewige Wort, in seiner Persönlichkeit werden könne und solle.

Und so ist denn erwiesen, dass die Lehre des Christenthums mit unserer, in den bisherigen Reden Ihnen vorgetragenen und zu Anfange der heutigen in einen einzigen Ueberblick
zusammengefassten Lehre, sogar in dem Bildersystem von Le-

ben und Tod und allem, was daraus fliesset, genau übereinstimme.

Hören Sie noch zum Beschlusse dasselbe, womit ich meine
letzte Vorlesung beschloss, mit denselben Worten desselben
Johannes.

So fasset er, ohne Zweifel in Beziehung auf sein Evangelium, das praktische Resultat desselben, Ep. 1, Cap. 1. zusammen. „Das da von Anfang war, das wir gehöret haben, das
wir gesehen haben mit unseren Augen, das wir beschauet haben, und unsere Hände betastet haben vom Wort des Lebens."
— Bemerken Sie, wie sehr es ihm darum zu thun ist, in seinem Evangelium nicht als seine eigenen Gedanken vortra-
gend, sondern als blosser Zeuge von gehabten Wahrnehmungen zu erscheinen! — „Das verkündigen wir euch, auf dass
auch *ihr* — ganz im Geiste und auf dem Grunde der zuletzt
angeführten Worte Jesu — mit *uns* Gemeinschaft habet; und
unsere (die unsere, der Apostel, so wie die eurige, der Neu-
bekehrten) Gemeinschaft sey — mit dem Vater, und mit seinem Sohne, Jesu Christo. — — So wir *sagen*, dass wir Gemeinschaft mit ihm haben, und *wandeln* in Finsterniss (so wir
mit Gott vereinigt zu seyn glauben, ohne dass in unserem Leben das göttliche Wirken herausbricht), so lügen wir (und
sind nur Phantasten und Schwärmer). So wir aber im Lichte
wandeln, so wie Er im Lichte ist, so haben wir Gemeinschaft
untereinander; und das Blut Jesu Christi, des Sohnes Gottes
(keinesweges sein, im metaphysischen Sinne, zur Abbüssung
unserer Sünde vergossenes Blut, sondern sein in uns eingetre-
tenes Geblüt und Gemüth, sein Leben in uns), macht uns rein
von aller Sünde," — und hebt uns weit weg über die Möglichkeit zu sündigen.

Siebente Vorlesung.

Ehrwürdige Versammlung,

Unsere Theorie über Seyn und Leben ist nun vollständig vorgetragen. Es ist, keinesweges um die Theorie dadurch zu beweisen, sondern lediglich als eine Nebenbemerkung, darge- than worden, dass die Theorie des Christenthums über diese Gegenstände ganz die gleiche sey. Ich ersuche in der letzten Beziehung hier nur noch um die Erlaubniss, von diesem ge- führten Beweise den fortdauernden Gebrauch zu machen, dass ich zuweilen an einen Ausdruck oder ein Bild aus den christ- lichen Schriften, in denen höchst ausdrucksvolle und vortreff- liche bezeichnende Bilder sich befinden, erinnere. Ich werde diese Erlaubniss nicht misbrauchen. Es ist mir nicht unbe- kannt, dass man in unserem Zeitalter in keinen nur ein wenig zahlreichen Cirkel aus den gebildeten Klassen treten kann, worin sich nicht einzelne befinden sollten, bei denen die Er- wähnung Jesu und der Gebrauch biblischer Ausdrücke unan- genehme Empfindungen anregt und den Verdacht, dass der Redende eins von beiden, entweder ein Heuchler, oder ein beschränkter Kopf seyn müsse. Es ist ganz gegen meine Grundsätze, dieses jemandem zu verdenken; wer kann es wis- sen, wie sehr sie von unberufenen Eiferern mit diesen Gegen- ständen gequält, und welche vernunftwidrige Dinge ihnen als Bibellehre aufgedrungen seyn mögen? Wiederum aber weiss ich, dass in jeder gebildeten Gesellschaft, und namentlich auch in der hier sich versammelnden, andere Individuen sich be- finden, welche es lieben, zu jenen Erinnerungen, und mit ih- nen zugleich zu ihren früheren jugendlichen Gefühlen zurückzukehren. Mögen diese beiden Klassen hier sich gegenseitig einander gefällig fügen. Ich werde alles, was ich zu sagen habe, zuerst in der gewöhnlichen Büchersprache sagen: mögen diejenigen, denen das biblische Bild wehe thut, allein an den ersteren Ausdruck sich halten, und den zweiten ganz überhören.

Der aufgestellten Theorie lebendiger Besitz nun, keinesweges aber ihr trockenes und todtes, lediglich historisches Wissen ist, nach unserer Behauptung, die höchste und die einzig mögliche Seligkeit. Dieses darzuthun ist von heute an unser Geschäft, und es machet dies eigentlich den zweiten Haupttheil dieser ganzen Vorlesungen aus, welcher durch die episodische Untersuchung der vorigen Stunde unter anderen auch von dem ersten geschieden werden sollte.

Die Klarheit gewinnt allenthalben durch den Gegensatz. Indem wir im Begriffe sind, die richtige und beseligende Denkweise tief zu erfassen und nach dem Leben zu schildern, wird es gut seyn, die ihr entgegengesetzte flache und unselige Weise dazuseyn, welche wir, ebenso wie das Christenthum, ein Nichtexistiren, ein Todtseyn und Begrabenseyn bei lebendigem Leibe nennen, gleichfalls noch tiefer und anschaulicher zu charakterisiren, als es in der ersten Stunde, wo wir allerdings sie schon beschrieben haben, geschehen konnte. Als Zerstreuung über das Mannigfaltige, im Gegensatze mit der Zurückziehung und Zusammenziehung auf das Eine, haben wir damals die unrichtige Denkweise im Gegensatze mit der richtigen charakterisirt: und dies ist und bleibt ihr wesentlicher Grundzug. Anstatt aber, dass wir damals mehr auf die mannigfaltigen äusseren Objecte sahen, über welche sie sich zerstreut, lassen Sie uns heute betrachten, wie dieselbe, noch ohne alle Rücksicht auf das Object, in sich selber ein ausgedehntes breites, flaches, und gleichsam ausgegossenes und umhergegossenes ist.

Alle innere geistige Energie erscheint im unmittelbaren Bewusstseyn derselben, als ein sich Zusammennehmen, Erfassen und Contrahiren seines ausserdem zerstreuten Geistes in Einen Punct, und als ein sich Festhalten in diesem Einheitspuncte gegen das stets fortdauernde natürliche Bestreben, diese Contraction aufzugeben, und sich wiederum auszudehnen. Also, sage ich, erscheint schlechthin alle innere Energie; und nur in diesem sich Zusammennehmen ist der Mensch selbstständig, und fühlt sich selbstständig. Ausser diesem Zustande der Selbstcontraction verfliesst er eben und zerfliesst, und zwar keinesweges also, wie er will und sich macht (denn alles sich Machen ist das Gegentheil des Zerfliessens, die Contraction), sondern so wie er eben wird, und das gesetzlose und unbegreifliche Ohngefähr ihn giebt. Er hat demnach in diesem letzteren Zustande gar keine Selbstständigkeit, er existirt gar nicht als ein für sich bestehendes Reales, sondern bloss als eine flüchtige Naturbegebenheit. Kurz, das ursprüngliche Bild der geistigen Selbstständigkeit ist im Bewusstseyn ein ewig sich machender und lebendigst sich haltender, geometrischer Punct: das ebenso ursprüngliche Bild der Unselbstständigkeit und des geistigen Nichtseyns, eine unbestimmt sich ergiessende Fläche. Die Selbstständigkeit kehrt der Welt eine Spitze zu; die Unselbstständigkeit eine stumpf ausgebreitete Fläche.

In dem ersten Zustande allein ist Kraft und Selbstgefühl der Kraft; darum ist auch nur in ihm eine kräftige und energische Auffassung und Durchdringung der Welt möglich. In dem zweiten Zustande ist keine Kraft: der Geist ist bei der Weltauffassung gar nicht mit dabei und zu Hause, sondern er ist, wie in einer alten Erzählung Baal, über Feld gegangen, oder dichtet oder schläft: wie vermöchte er im Objecte sich zu fühlen, und sich von ihm abzusondern? Er verfliesset sich für sich selbst mit ihm, und so verblasset ihm seine Welt, und er erhält statt des lebendigen Wesens, an welches er sein eigenes Leben setzen, und dieses ihm entgegensetzen müsste, nur einen grauen Schatten und ein Nebelgebilde. Auf solche passt, was ein alter Prophet von den Götzenbildern der Heiden sagt: Sie haben Augen und sehen nicht: und haben Ohren und hören nicht. — Sie sehen in der That nicht mit sehenden Augen; denn es ist ganz etwas anderes: die sichtbare Gestalt, in ihrer bestimmten Begrenzung, also in das Auge und in das Gemüth fassen, dass man sie von nun an jeden Augen-

blick mit absoluter Freiheit gerade also, wie man sie gesehen
hat, wieder vor das innere Auge bringen könne; unter welcher Bedingung doch allein jemand sagen kann, er habe gesehen; — als dies ist, eine wankende und formlose Erscheinung
sich nur so vorschweben lassen, bis sie eben verschwindet,
und keine Spur ihres Daseyns für uns hinterlässt. Wer es
noch nicht einmal zu dieser kräftigen Auffassung der Gegenstände des äusseren Sinnes gebracht hat, der sey nur sicher,
dass das unendlich höhere innere Leben an ihn noch sobald
nicht kommen wird.

In diesem langen, breiten und vielfachen geistigen Seyn
lieget nun eine Fülle von Gegensätzen und Widersprüchen ruhig und verträglich neben einander. In ihm ist nichts geschieden und gesondert, sondern alles stehet gleich, und ist in einander hineingewachsen. Sie halten nichts für wahr und nichts
für falsch; sie lieben nichts und hassen nichts. Beides zuvörderst darum, weil zur Anerkennung, wobei es nun bleibe für
immer, zur Liebe, zum Hasse und zu jedem Affecte gerade
jenes energische Sichzusammennehmen gehört, dessen sie nicht
fähig sind; sodann deswegen, weil dazu gehört, dass man das
Mannigfaltige sondere und trenne, um daraus den einigen Gegenstand seiner Anerkennung und seines Affects sich zu wählen. Wie aber könnten diese irgend etwas als Wahrheit festsetzen; indem sie ja sodann alles mögliche andere, das jenem
ersten entgegengesetzt ist, als falsch verwerfen und aufgeben
müssten, wozu es ihre zärtliche Anhänglichkeit auch an das
letztere nie kommen lässt? Wie könnten sie irgend etwas mit
ganzer Seele lieben, da sie ja sodann das Gegentheil davon
hassen müssten, was ihre allgemeine Liebe und Verträglichkeit ihnen nimmer erlauben wird? Sie lieben gar nichts, sagte
ich, und interessiren sich für gar nichts; nicht einmal für sich
selbst. Wenn sie sich jemals die Frage vorlegten: habe ich
denn nun recht, oder habe ich unrecht, und bin ich denn
recht, oder bin ich unrecht? was wird wohl noch mit mir werden, und befinde ich mich wohl auf dem Wege zum Glücke
oder zum Elende? so müssten sie sich antworten: was kümmerts mich, ich muss eben sehen, was aus mir werden wird,

und mich verbrauchen, wie ich werden werde; es wird sich
schon finden. So sind sie von sich selbst verschmäht, verlassen und aufgegeben; und so mag ihr allernächster Besitzer,
sie selber, sich nicht um sie kümmern. Welcher andere ausser ihnen soll denn mehr Werth in sie setzen, als sie selbst
es thun? Hingegeben haben sie selbst sich dem blinden und
gesetzlosen Ohngefähr, aus ihnen zu machen, was eben werden will.

So wie die rechte Denkart an sich recht und gut ist, und
an und für sich keiner guten Werke, die freilich auch nicht
ausbleiben werden, zu Erhöhung ihres Werthes bedarf, so ist
die beschriebene Sinnesart an sich nichtswürdig und verwerflich, und es braucht gar nicht etwa noch eine besondere Bös-
artigkeit dazu zu kommen, damit sie verwerflich werde; auch
darf keiner hiebei damit sich trösten, dass er bei alledem doch
nichts Böses, sondern vielleicht gar nach seiner Weise, und
was Er also nennt, Gutes thue. Das ist eben der wahrhaft
sündliche Hochmuth bei dieser Sinnesart, dass sie denken, sie
könnten auch sündigen, wenn es ihnen beliebte, und man
müsse ihnen noch grossen Dank dafür wissen, wenn sie es
unterliessen. Sie irren; *sie* können gar nichts thun, denn sie
sind gar nicht *da*, und es giebt gar keine solche Sie, wie es
ihnen scheint; sondern an ihrer Stelle lebet und wirket das
blinde und gesetzlose Ohngefähr: und dieses bricht aus, wie
es sich nun trifft, hier als eine bösartige, dort als eine äusserlich unbescholtene Erscheinung, ohne dass darum die Erscheinung, der blosse Abdruck und Schatten der blind wirkenden
Kraft, im ersten Falle Tadel, im zweiten Lob verdiene. Ob
sie als bösartige oder als gutartige Erscheinungen ausfallen
werden, müssen wir erwarten; und es kommt hierauf gar
nicht an. Dass sie auf alle Fälle ohne inneres geistiges Leben,
und verworren und unzuverlässig ausfallen werden, wissen
wir sicher; denn das, was in ihnen waltet, die blinde Naturkraft, kann gar nicht anders wirken, noch dieser Baum andere
Früchte tragen.

Was diesen Zustand unheilbar macht, und ihn der Anregung zu einem bessern und der Mittheilung von aussen ver-

schliesst, ist das mit demselben verbundene, fast totale Unvermögen, etwas über ihre Denkart hinausliegendes auch nur historisch in seinem wahren Sinne zu nehmen. Sie würden gegen alle Menschenliebe zu verstossen, und einem ehrlichen
Manne das kränkendste Unrecht anzuthun glauben, wenn sie
annähmen, dass, wie wunderlich er auch sich etwa ausdrük-
ken möge, er damit irgend etwas anderes meinen könne oder
wolle, als dasselbe, was sie eben auch meinen und sagen;
und wenn sie bei irgend einer Mittheilung einen andern Zweck
voraussetzten, als den, sich von ihnen, in Rücksicht der alten
und bekannten Lection, überhören zu lassen, ob man diese
Lection auch recht auswendig gelernt habe.   Verwahre man
sich, wie man wolle, durch die schneidendsten Gegensätze,
erschöpfe man alle Geheimnisse der Sprache, um den stärksten, frappantesten und in die Augen springendsten Ausdruck
zu wählen; wie er nur an ihr Ohr gelangt, verliert er seine
Natur, und verwandelt sich in die alte Trivialität; und ihre
Kunst, alles herunterzudeuten und herabzuziehen, ist über-
schwänglich vor aller andern Kunst.   Darum sind sie auch jedem kräftigen, energischen und besonders durch Bilder zum
Verstehen zwingen wollenden Ausdrucke höchst abgeneigt;
und nach ihrer Regel müsste allenthalben die allgemeinste,
nüchternste und abgezogenste, und eben dárum matteste und
kraftloseste Bezeichnung gewählt werden, bei Strafe, als un-
fein und zudringlich zu erscheinen.   So, wenn Jesus vom Essen seines Fleisches und Trinken seines Blutes redete, fanden
seine Jünger darin eine harte Rede; und wenn er der möglichen Vereinigung mit Gott erwähnte, so hoben die Juden Steine
auf, dass sie auf ihn würfen.   Sie haben zu allen Zeiten recht.
Da nun einmal schlechthin nichts anderes gesagt werden kann,
noch soll, als dasjenige, was sie in ihrer Sprache so und so
sagen: wozu denn das wunderliche Bestreben, dasselbe Eine
anders zu sagen? wodurch ihnen nur die überflüssige Mühe
gemacht wird, es wieder in ihre Sprache zurück zu übersetzen.

    Diese Schilderung der geistigen Nichtexistenz, oder mit
dem Bilde des Christenthums, des Todtseyns und Begraben-
seyns bei lebendigem Leibe, wurde hier gemacht, theils, um

durch den Gegensatz damit das geistige Leben klarer darzustellen, theils aber und zweitens ist sie selbst ein nothwendiger Bestandtheil der Beschreibung des Menschen in Beziehung auf sein Verhältniss zum Wohlseyn; welche Beschreibung
wir demnächst zu liefern haben. Zum Leitfaden dieser Beschreibung besitzen wir und bedienen wir uns der oben in
der fünften Vorlesung aufgestellten fünf, oder, da der Standpunct der Wissenschaft von populären Vorträgen auszuschlies-
sen ist, der übrigbleibenden vier Standpuncte der Weltansicht,
als ebenso vieler Standpuncte des Genusses der Welt und
seiner selber. In ihren Zusammenhang gehört nicht einmal
der jetzt beschriebene Zustand der geistigen Nichtexistenz;
dieser ist überhaupt gar kein mögliches positives Etwas, sondern er ist ein reines Nichts; und so ist er auch uns negativ
in Beziehung auf Genuss und Wohlseyn. In ihm ist keine
Liebe, aller Genuss aber gründet sich auf Liebe. Somit ist für
jenen Zustand auch der Genuss durchaus unmöglich, und in
dieser Rücksicht war seine Beschreibung vorauszuschicken, als
die Beschreibung der absoluten Genusslosigkeit oder Unseligkeit;
im Gegensatze der einzelnen, jetzt aufzustellenden besonderen
Weisen, die Welt, oder sich selbst, wirklich zu geniessen.

Aller Genuss aber gründet sich auf Liebe, sagte ich. Was
ist nun Liebe? Ich sage: Liebe ist der *Affect des Seyns*. Sie
sollen nemlich, E. V., also mit mir argumentiren. Das Seyn
ist auf sich selbst ruhend, sich selber genügend, in sich selbst
vollendet und keines Seyns ausser ihm bedürfend. Lassen
Sie es nun also, absolut sich bewusst, sich fühlen; was entsteht? Offenbar eben ein Gefühl dieses *Sichzusammenhaltens*
und *Sichtragens*, also eben einer *Liebe* zu sich selbst, und
wie ich sagte, Affect, Afficirtseyn durch das Seyn, d. i. eben
Gefühl des Seyns als Seyns. Setzen Sie ferner, dass dem endlichen, d. i., wie wir es oben beschrieben haben, dem stets
im Werden begriffenen Seyn ein Urbild seines wahren und
ihm gebührenden Seyns beiwohne, so liebet es eben dieses
Urbild; und wenn sein wirkliches, ihm fühlbares Seyn mit diesem Urbilde übereinkommt, so ist seine Liebe befriedigt und
ihm ist wohl: stimmt hingegen sein wirkliches Seyn mit jenem

dennoch lebendiggewordenen, und unaustilgbaren und ewig
geliebten, Urbilde nicht überein, so ist ihm unwohl, denn ihm
mangelt das, was es sich nicht entbrechen kann, doch über
alles zu lieben, es sehnet sich und ängstigt sich immerdar nach
ihm hin. Wohlseyn ist Vereinigung mit dem Geliebten; Schmerz
ist Getrenntheit vom Geliebten. — Nur durch die Liebe giebt
man sich der Einwirkung des Wohlseyns, so wie des Schmerzes hin; wer nicht liebt, der ist gegen beides gleich gesichert.
— Glaube jedoch keiner, dass der anfangs geschilderte blasse
und todtenähnliche Zustand, der, wie er ohne Liebe ist, freilich auch ohne Schmerz ist, dem, dem Schmerze zugänglichen
und durch ihn verwundbaren Leben in der Liebe vorzuziehen
sey. Zuvörderst fühlt man wenigstens sich, und hat sich und
besitzt sich auch im Gefühle des Schmerzes, und dies allein
beseliget schon durch sich selbst unaussprechlich vor jenem
absoluten Mangel des Selbstgefühls; sodann ist dieser Schmerz
der heilsame Stachel, der uns treiben soll, und der über kurz
oder lang uns auch treiben wird, zur Vereinigung mit dem
Geliebten und zur Seligkeit in ihm. Wohl daher dem Menschen,
der auch nur zu trauern und Sehnsucht zu empfinden vermag!

Auf dem ersten Standpuncte der Weltansicht, wo allein
dem Gegenstande des äusseren Sinnes Realität beigemessen
wird, ist, in Beziehung auf den Genuss seiner selbst und der
Welt, der sinnliche Genuss das herrschende. Auch dieser
(was in wissenschaftlicher Absicht, und zur Erläuterung des
erst hingestellten Grundsatzes dieser ganzen Materie gesagt
wird), auch dieser gründet sich auf den Affect des Seyns, hier,
als eines organisirten sinnlichen Lebens, und auf die Liebe zu
diesem Seyn, und zu den unmittelbar gefühlten (keinesweges
etwa, wie einige sich ausgedacht haben, durch einen geheimen
Schluss eingesehenen), befördernden und entwickelten Mitteln
dieses Seyns. Eine Speise schmeckt uns wohl, und eine Blume
riecht uns angenehm, deswegen, weil sie unser organisches
Daseyn erhöht und belebt; und der Wohlschmack so wie der
Wohlgeruch ist gar nichts anderes, als das unmittelbare Gefühl jener Erhöhung und Belebung. Verweilen wir bei diesem,
in das System des gesammten Lebens allerdings mitgehörenden

und darum nicht etwa vornehm zu verachtenden, nur der Betrachtung und der ernsten Sorge nicht sehr werthen Genusse
nicht länger! — ohnerachtet ich relativ und vergleichend freimüthig bekenne, dass, meines Erachtens, dem consequenten
Philosophen derjenige, der auch nur mit ungetheiltem Sinne
und ganz in einen sinnlichen Genuss sich zu werfen vermag,
weit mehr werth ist, als derjenige, der vor lauter Flachheit,
Zerstreutheit und Ausgeflossenheit nicht einmal recht hinzu-
schmecken vermag oder hinzuriechen, wo es dem Schmecken
oder dem Riechen allein gilt.

Im gesellschaftlichen Zustande treten zwischen diesen bloss
sinnlichen Appetit und die höheren Standpuncte zwischen ein
die durch die Phantasie vermittelten Affecte, welche aber zuletzt sich immer auf einen sinnlichen Genuss beziehen und von
ihm ausgehen. So unterwirft z. B. der Geizige allerdings sich
freiwillig dem gegenwärtigen Mangel, zu welchem er unmittelbar gar keinen Appetit hat, aber lediglich aus Furcht
vor dem künftigen Mangel, zu welchem er noch weniger Appetit hat, und weil er nun einmal seine Phantasie so wunderlich gewöhnt hat, dass ihn der in dieser abgebildete
künftige Hunger weit mehr nagt, als der reale Hunger, den er
gegenwärtig wirklich fühlt. — Lassen Sie uns auch bei diesen,
sogar dem unmittelbaren sinnlichen Genusse gegenüber, un-
gründlichen, seichten und grillenhaften Affecten — alles, was
in diese Region fällt, ist gleich seicht und grillenhaft — nicht
länger verweilen!

Der zweite Standpunct der Weltansicht war der der Rechtlichkeit, auf welchem ganz allein Realität beigemessen wird
einem das vorhandene ordnenden geistigen Gesetze. Welches
ist der Affect dieses Standpunctes, und demzufolge sein Verhältniss zum Wohlseyn? Ich will nebenbei für diejenigen, welche philosophische Kenntnisse haben, in diese schon von Kant
sehr gut behandelte Materie durch scharfe Consequenz in einigen ganz kurzen Bemerkungen ein neues Licht bringen.

Der Mensch auf diesem Standpuncte ist in der tiefsten
Wurzel seines Seyns selbst das Gesetz. Dieses Gesetz ist das
auf sich selbst ruhende, sich tragende und durchaus keines

anderen ausser sich bedürfende, oder ein solches auch nur annehmen könnende Seyn eines solchen Menschen: Gesetz,
schlechthin üm des Gesetzes willen, und verschmähend durchaus jeden Zweck ausser ihm selber. —

Zuvörderst, — also in dem Gesetze eingewurzelt, kann der
Mensch allerdings seyn, denken und handeln. Der nur nicht
ganz seichte Philosoph beweiset es *a priori,* der auch nur nicht
ganz rohe oder verworrene Mensch fühlt es ewig in sich selbst,
und beweiset es sich durch sein ganzes Leben und Denken.
Auf jenes berühmte Axiom, welches, nachdem in unserem Zeitalter der soeben ausgesprochene Satz von Kant und anderen
wieder angeregt worden, die entschiedene Majorität der Theologen, Philosophen und Schöngeister der Zeit vorgebracht und
bis zum Ekel wiederholt hat, — das Axiom, dass es schlechthin unmöglich sey, dass der Mensch ohne einen äusseren Zweck
des von ihm Gewollten wolle, oder ohne eine äussere Absicht
seines Handelns handele; — auf dieses Axiom hat man sich
gar nicht einzulassen, sondern es ist demselben lediglich kalt
wegwerfende Verachtung entgegenzusetzen. Woher wissen sie
denn, was sie so kategorisch behaupten, und wie gedenken sie
denn ihr Axiom zu beweisen? Lediglich aus der Kenntniss ihrer selbst wissen sie es; wie sie denn auch dem Gegner nichts
anderes anmuthen, als dass er in seinen eigenen Busen greife
und sich also finde, wie sie sind. *Sie* können es nicht, und
darum behaupten sie: kein Mensch könne es. Nochmals: *Was*
können sie nicht? wollen und handeln, ohne irgend eine Absicht noch ausser dem Handeln. Was giebt es denn nun, das
ausser dem Wollen und Handeln, und ausser der Selbstistän-
digkeit des Geistes in sich selbst liege? Durchaus nichts anderes, als das sinnliche Wohlleben; denn dieses ist der einzige
Gegensatz des ersteren: sinnliches Wohlleben, sage ich, wie
wunderlich man es auch etwa aussprechen, und ob man auch
etwa die Zeit und den Ort jenseits des Grabes verlegen möge.
Was also ist es, dass sie in jenem Bekenntnisse von sich selber bekannt haben? Antwort: Sie könnten gar nicht denken,
noch sich regen oder sich bewegen, wenn sie nicht irgend
eine Aussicht auf ein dadurch zu erlangendes Wohlleben hät-

ten; sie könnten sich selbst durchaus nicht anders ansehen
ausser als Mittel und Instrument eines sinnlichen Genusses, und
ihrer unaustilgbaren Ueberzeugung nach sey das Geistige in ihnen lediglich darum da, um das Thier zu nähren und zu pflegen. Wer möchte ihnen denn ihre Selbstkenntniss abstreiten
und ihnen in demjenigen, was sie selbst am besten wissen
müssen, und was in der That nur sie wissen können, widersprechen wollen?

Der Mensch, auf dem zweiten Standpuncte der Weltansicht,
sey selber das Gesetz, sagten wir; ein lebendiges, sich fühlendes, von sich selber afficirtes Gesetz, versteht sich, oder ein
Affect des Gesetzes. Der *Affect* des Gesetzes aber, als Gesetzes und in dieser Form, ist, wie ich Sie auffordere selbst
mit mir einzusehen, ein absoluter Befehl, ein unbedingtes Soll,
ein kategorischer Imperativ; der gerade durch dieses Kategorische seiner Form alle Liebe und Neigung zu dem Befohlenen
durchaus abweist. Es soll seyn, das ist alles: lediglich es soll.
Wenn du es wolltest, so brauchte es nicht zu sollen, und das
Soll käme zu spät und würde entlassen: umgekehrt, so gewiss
du deines Ortes sollst und sollen kannst, willst du nicht, das
Wollen wird dir erlassen, und die Neigung und Liebe ausdrücklich abgewiesen.

Könnte nun der Mensch mit seinem ganzen Leben in diesem Affecte des Gesetzes aufgehen: so würde es bei diesem
kalten und strengen Soll, und, in Rücksicht der Ansicht seiner
selbst und der Welt, bei dem schlechthin uninteressirten, alle
Theilnahme und alles dem Wohlgefallen oder dem Misfallen
ähnliche durchaus ausschliessenden Urtheilsspruche bleiben,
dass etwas dem Gesetze gemäss sey oder nicht; wie es denn
da, wo der Mensch in jenem Affecte aufgeht, wirklich dabei
bleibt; und ein solcher wohl, bei seiner sehr richtigen Erkenntniss des Gesetzes, ohne Reue oder Misfallen an sich selbst erklärt, er thue doch nicht darnach und wolle auch nicht darnach thun, mit derselben Kälte, mit welcher er anerkennen
würde, dass tausend Jahre vor seiner Geburt in einem entfernten Welttheile jemand nicht seine Schuldigkeit gethan hätte.
In der Regel aber vereinigt sich mit jenem Affecte das Inter-

esse für uns selbst und unsere Person; welches letztere Interesse sodann die Natur des ersteren Affects annimmt, und dadurch modificirt wird: also, dass die Ansicht unserer selbst zwar ein blosser Urtheilsspruch bleibt, was sie zufolge des ersteren seyn muss, doch nicht ein ganz uninteressirter Urtheilsspruch; wir müssen uns verachten, wenn wir nicht nach dem Gesetze einhergehen, und sind dieser Selbstverachtung entledigt, wenn wir damit übereinstimmen; mögen uns jedoch weit lieber in dem letzteren Falle befinden, als in dem ersteren.

Das Interesse des Menschen für sich selbst, sagten wir, ist in jenem ·Affecte des Gesetzes aufgegangen. Der Mensch will nur nicht genöthigt seyn, dem Gesetze gegenüber sich selbst zu verachten. Sich nicht zu verachten, sage ich, negative: keinesweges aber etwa kann er sich achten wollen, positive. Allenthalben, wo man von positiver Selbstachtung spricht, meint man nur, und kann man nur meinen, die Abwesenheit der Selbstverachtung. Denn der Urtheilsspruch, von welchem hier die Rede ist, gründet sich auf das Gesetz, welches durchaus bestimmt ist und den Menschen ganz in Anspruch nimmt. Man kann nur entweder demselben nicht entsprechen, und dann muss man sich verachten, oder demselben entsprechen, und dann hat man sich eben nur nichts vorzuwerfen: keinesweges aber kann man über die Forderung desselben mit seiner Leistung noch hinausgehen, und etwas über sein Gebot thun, was ja gerade ebendarum ohne Gebot gethan, mithin ein gesetzloses Thun wäre; man kann darum niemals positiv sich achten und ehren als etwas vorzügliches.

Des Menschen Interesse für sich selbst ist im Affecte des Gesetzes aufgegangen; dieser Affect aber vernichtet alle Neigung, alle Liebe und alles Bedürfniss. Der Mensch will sich nur nicht verachten müssen, weiter aber will er nichts, und bedarf nichts und kann nichts brauchen. In jenem seinem einzigen Bedürfnisse aber hängt er schlechthin von sich selbst ab, denn ein absolutes Gesetz, in welchem der Mensch aufgeht, stellt ihn nothwendig hin als durchaus frei. Durch diese Denkart wird er nun über alle Liebe und Neigung und Bedürftigkeit, und so über alles, was ausser ihm ist und nicht von ihm

abhängt, hinweggesetzt, für sich keines Dinges bedürfend, denn
sich selber, und so, durch Austilgung des Abhängigen in ihm,
wahrhaft unabhängig, über alles erhaben und gleich den seligen Göttern. — Nur unbefriedigtes Bedürfniss macht unglücklich; bedürfe nur nichts als das, was du dir selbst gewähren
kannst; — aber du kannst dir nur das gewähren, dass du dir
nichts vorzuwerfen habest, — und du bist auf ewig unzugänglich dem Unglücke. Du bedarfst keines Dinges ausser dir;
auch nicht eines Gottes; du selbst bist dir dein Gott, dein Hei-
land und dein Erlöser.

Es kann keinem, der auch nur die bei jedem Gebildeten
vorauszusetzenden historischen Kenntnisse hat, entgangen seyn,
dass ich soeben die Denkart und das System des bei den Alten berühmten Stoicismus ausgesprochen. Ein ehrwürdiges Bild
dieser Denkart ist die Darstellung, die ein alter Dichter von
dem mythischen Prometheus macht, welcher, im Bewusstseyn
seiner gerechten und guten That, des Donnerers über den Wolken und aller Qualen, die derselbe auf sein Haupt häuft, la-
chet, und unerschrockenen Muthes die Trümmer der Welt
über sich zusammenstürzen sieht; und welcher bei einem unserer Dichter den Zeus also anredet:

> Hier sitz ich, — forme Menschen
> Nach meinem Bilde;
> Ein Geschlecht, das mir gleich sey,
> Zu leiden, zu weinen,
> Zu geniessen und zu freuen sich, —
> Und Dein nicht zu achten,
> Wie ich.'

Sie haben sattsam vernommen, E. V., dass für uns diese
Denkart nur auf der zweiten Stufe der möglichen Weltansicht
steht, und nur die erste und niedrigste des höheren geistigen
Lebens ausmacht. Es sind Ihnen, schon in der vorigen Rede,
Andeutungen eines weit innigeren und vollkommeneren Lebens
gegeben worden, welche in den künftigen Reden weiter ausgeführt werden sollen. Dennoch ist es nicht unsere Meinung,
diese denn doch aller Ehren werthe Denkart der vornehmen
Verachtung der geistigen Verwesung preiszugeben, noch dieser

Verwesung irgend einen Schlupfwinkel offen zu lassen. Ich
setze in dieser Rücksicht folgendes hinzu.

Unwidersprechlich wahr ist es, dass diese Denkart nur
durch Inconsequenz zur Annahme eines Gottes kommen kann,
und dass sie allenthalben, wo sie consequent ist, wenn auch
etwa für theoretische Naturerklärung, doch sicher nicht für ihr
praktisches Bedürfniss jemals einen Gott brauche, wenigstens
für ihr Herz keines Gottes bedürfe, keines achte, und sich selber ihr Gott sey. Aber was ist dies für ein Gott, den sie fallen lässt? Es ist kein anderer, und kann kein anderer seyn,
weil auf diesem Standpuncte kein anderer möglich ist, als der
oben beschriebene willkürliche Ausspender des sinnlichen
Wohlseyns, dessen Geneigtheit man durch irgend ein Mittel,
wenn auch dieses Mittel das gesetzmässige Betragen wäre,
sich erst erwerben muss. Diesen also gestalteten Gott lässt
sie nun mit allem Rechte fallen, er soll fallen, denn er ist nicht
Gott; und auch die höhere Ansicht erhält in dieser Gestalt
Gott nicht wieder, wie wir dies an seinem Orte klar einsehen
werden. Der Stoicismus verwirft nicht das Wahre, sondern
nur die Lüge; zur Wahrheit kommt er überhaupt nicht, sondern bleibt in Beziehung auf diese lediglich negativ; dies ist
sein Fehler.

Somit bleibt der Wahn eines gewissen, sich auch christ-
lich nennenden Systems, dass durch das Christenthum die
sinnliche Begier heilig gesprochen und einem Gotte ihre Befriedigung aufgetragen und das Geheimniss gefunden werde,
gerade dadurch, dass man ihr fröhne, zugleich diesem Gotte
zu dienen, ein Irrthum. Die Glückseligkeit, die der sinnliche
Mensch sucht, ist von der Seligkeit, welche die Religion nicht
— verheisset, sondern unmittelbar darreichet, durch die Kluft
der Unterwerfung unter ein heiliges Gesetz, vor dem jede Neigung verstumme, unvereinbar abgetrennt; nicht bloss dem
Grade, sondern dem inneren Wesen nach verschieden. So
machen diejenigen, welche dasselbe als Philosophen aussprechen, und welche in den begeistertsten Ausrufungen uns zu
Gemüthe führen, dass wir durch unsere Anforderungen den
Grundzug der menschlichen Natur ausrotten, und ihnen ihr

Herz aus dem Leibe reissen wollen, über ihre zugestandene
Verächtlichkeit sich noch lächerlich obendrein. Ebenso befinden die Schöngeister, welche über die Vertilgung der Liebe
durch den Stoicismus Klage erheben — da sie unter dieser
Liebe keinesweges die Flamme der göttlichen Liebe, von welcher wir später reden werden, sondern nur die irdische Liebe
und Neigung verstehen, — und welche glauben, dass deswegen, weil ein Kind, das unschuldig den kleinen Arm nach einem dargebotenen Leckerbissen ausdehnt, ein wehmüthig rüh-
render und darum gefallender Anblick ist, auch der Erwach-
sene, der auf dieselbe Weise sich beträgt, die — moralische
Billigung des ernsthaften Beurtheilers fordern könne; und dass
überhaupt dasjenige, was dem Zuschauer ein belustigendes
ästhetisches Schauspiel zu geben vermöge, deswegen auch in
sich edel und gut sey — diese, sage ich, befinden sich in der
sonderbarsten Verwirrung aller Begriffe.

So viel hatte ich, in Beziehung auf Wohlseyn, über den
zweiten Standpunct der Weltansicht, welcher in dieser Beziehung nur negativ und blosse Apathie ist, zu sagen: und ich
wollte dasselbe scharf und bestimmt herausheben, um durch
diese Apathie, als dem Zwischengliede, das Gemeine von dem
Heiligen zu sondern, und eine unübersteigliche Scheidewand
zwischen beiden zu befestigen. Worin diese Apathie beschränkt
sey, und wie sie eben darum zur Entwickelung eines höheren
Lebens in der göttlichen Liebe hinauftreibe, davon in der folgenden Rede!

Achte Vorlesung.

Ehrwürdige Versammlung,

Der gesammte Zweck und Inhalt dieser ganzen Vorlesungen liesse sich kurz also angeben, dass sie eine Beschreibung des wahren und eigentlichen, und eben darum seligen Lebens enthielten. Jede gute Beschreibung aber soll genetisch seyn, und sie muss das zu beschreibende allmählig vor den Augen des Zuschauers entstehen lassen. Einer solchen genetischen Beschreibung ist nun das eigentliche geistige Leben sehr wohl empfänglich; denn es entwickelt sich, wie wir schon vor einiger Zeit, bildlich wie es schien, woraus aber hinterher sehr buchstäblicher Ernst geworden ist, sagten — es entwickelt sich dieses Leben in der Regel nur allmählig und nach und nach, und hält seine bestimmten Stationen. Als diese Stationen des geistigen Lebens haben wir fünf Hauptstandpuncte der möglichen Weltansicht kennen gelernt, und durch diese das Leben, anfangs nur als kalte und uninteressirte Ansicht heraufgesteigert; in der vorigen Stunde aber haben wir diese blosse Ansicht mit ihrem Affecte, ihrer Liebe und ihrem Selbstgenusse versetzt, und dadurch die Form des Lebens erst vollendet. Dieses also bestimmte Leben haben wir in der vorigen Rede durch den Zustand der Nullität, des blossen Sinnengenusses, der strengen Rechtlichkeit und Gesetzmässigkeit hindurchgeleitet.

Wie eine solche Beschreibung des geistigen Lebens zu höheren Stufen hinaufsteigt, wird sie begreiflicherweise für die Majorität eines gesunkenen Zeitalters dunkler und schwerer zu verstehen, weil sie nun eintritt in derselben fremde, weder durch eigene geistige Erfahrung, noch durch Hörensagen bekannte Regionen. Dies leget dem, der es einmal unternommen über solche Gegenstände zu reden, die Pflicht auf, wenigstens, falls er auch die Hoffnung aufgeben müsste, von allen positiv verstanden zu werden, doch wenigstens vor jedem selbstveranlassten Misverständnisse sich zu verwahren; und wenn er auch nicht an alle das Wahre bringen könnte, dennoch zu verhüten, dass durch seine Schuld keiner etwas Falsches erhalte; und wenigstens diejenigen, die das Vermögen wohl hätten, ihn ganz zu fassen, also auszurüsten, dass sie selbst wieder in ihren Cirkeln Rede und Antwort geben und Umdeutungen berichtigen können. Dies hat mich zu dem Entschlusse gebracht, einen Theil dieser Stunde dazu anzuwenden, um die hier zu behandelnde, und in der letzten Stunde auf ihrem Culminationspuncte stehen gelassene Materie in ihrer Tiefe zu erschöpfen.

Diejenigen unter den Anwesenden, welche in die Speculation schon eingeweihet sind, sollen bei dieser Gelegenheit in den organischen Einheitspunct aller Speculation also hineinversetzt werden, wie es, meines Wissens, noch niemals und nirgends geschehen. Die übrigen, welche mit uns philosophiren entweder nicht können oder nicht wollen, können die Veranlassung, dass vor ihren Augen philosophirt wird, wenigstens dazu gebrauchen, um sich einen allgemeinen Begriff von der Sache zu verschaffen, und um zu ersehen, dass, wenn es nur recht gemacht wird, es dabei nicht so wunderbar und künstlich, als man gewöhnlich glaubt, sondern ganz einfach und natürlich hergehe, und nicht mehr dazu gehöre, als nur das Vermögen einer anhaltenden Aufmerksamkeit. Jedoch wird nöthig seyn, dass auch die von der letzteren Klasse das zu sagende wenigstens historisch fassen, weil noch vor dem Schlusse dieser Stunde etwas kommen wird, welches alle zu verstehen begehren werden; das aber nicht verstanden werden kann, wenn man das erstere nicht einmal historisch gefasst und als eine mögliche Hypothese gesetzt hat.'

Wir haben eingesehen: das Seyn *ist* — schlechthin, und es ist nie geworden, noch ist etwas in ihm geworden. Dieses Seyn ist ferner, wie sich nur finden, keinesweges aber genetisch begreifen lässt, auch äusserlich da; und nachdem es einmal als daseyend gefunden ist, so lässt sich nun wohl auch begreifen, dass auch dieses Daseyn nicht geworden; sondern in der innern Nothwendigkeit des Seyns gegründet, und durch diese absolut gesetzt ist. Vermittelst dieses Daseyens nun, und in diesem Daseyn, wird das Seyn, wie dies alles, als aus dem Daseyn nothwendig erfolgend, sich einsehen lässt, zu einem Bewusstseyn, und zu einem auf mannigfaltige Weise gespalteten Bewusstseyn.

Alles, was *an* dem Seyn aus dem *Daseyn* folgt, zusammengefasst, wollen wir, lediglich um nicht immer dieselbe Reihe von Worten zu wiederholen, die *Form* nennen: welches Wort nun eben alles dasjenige bedeutet, was wir schon vorher als — folgend aus dem Daseyn eingesehen haben müssen. (So verhält es sich — dies erinnere ich für die nicht mitphilosophirenden — mit aller philosophischen Terminologie; die Ausdrücke derselben sind lediglich Redeabkürzungen, um an etwas schon vorher in unmittelbarer Anschauung erblicktes in der Kürze zu erinnern; und wer dieser Anschauung nicht theilhaftig geworden, für den, für ihn aber auch allein, sind sie leere und nichts bedeutende Formeln.)

Wir haben sonach die beiden Stücke: — das Seyn, wie es innerlich und in sich ist, und die Form, welche das erstere dadurch, dass es da ist, annimmt. — Wie haben wir uns ausgedrückt? Was ist es, das eine Form annimmt? Antwort: Das Seyn, wie es in sich selber ist, ohne die mindeste Veränderung seines innern Wesens — darauf eben kommt es mir an. Was also ist — in dem Daseyn? Antwort: Durchaus nichts anderes, als das Eine, ewige und unveränderliche Seyn, ausser welchem gar nichts zu seyn vermag. Wiederum vermag denn dieses ewige Seyn dazuseyn, ausser gerade in dieser Form? Wie wäre es doch möglich, da diese Form nichts anderes ist, als das Daseyn selbst; somit die Behauptung: das Seyn könne auch in einer andern Form daseyn, heissen würde: das Seyn könne daseyn, ohne doch dazuseyn. Nennen Sie das Seyn A, und die Form, die gesammte Form versteht sich, in ihrer Einheit gedacht, B, so ist das wirkliche Daseyn A $\times$ B und B $\times$ A.

A bestimmt durch B, und gegenseitig. — Bestimmt, sage ich, mit dem Accente, so dass Sie mit Ihrem Denken nicht von einem der Endpuncte, sondern vom Mittelpuncte ausgehen, und sich so verstehen; beide sind in der Wirklichkeit verwachsen und gegenseitig von einander durchdrungen, so dass sie in der Wirklichkeit, und ohne dass die Wirklichkeit des Daseyns vernichtet werde, nicht wieder getrennt werden können. — Dieses nun ists, worauf mir alles ankommt; dies der organische Einheitspunct aller Speculation; und wer in diesen eindringt, dem ist das letzte Licht aufgegangen.

Um es noch zu verstärken — Gott selbst, d. i. das innere Wesen des Absoluten, welches nur unsere Beschränktheit von seinem äusseren Daseyn unterscheidet, kann jene absolute Verschmelzung des Wesens mit der Form nicht aufheben; denn selbst sein Daseyn, was nur dem ersten lediglich factischen Blicke als factisch und zufällig erscheint, ist ja für das allein entscheidende wahrhaftige Denken nicht zufällig, sondern, da es ist, und es ausserdem nicht seyn könnte, *es muss nothwendig folgen aus dem inneren Wesen.* Zufolge Gottes innerem Wesen demnach ist dieses innere Wesen mit der Form unabtrennlich verbunden und durch sich selber eingetreten in die Form; welches für die, die es zu fassen vermögen, die vom Anfange der Welt bis auf den heutigen Tag obgewaltete höchste Schwierigkeit der Speculation leicht auflöst, und unsern schon früher gelieferten Commentar der Johanneischen Worte verstärkt: der Worte: Im Anfange, schlechthin unabhängig von aller Möglichkeit des Gegentheils, aller Willkür, allem Zufalle, und darum aller Zeit, gegründet in der inneren Nothwendigkeit des göttlichen Wesens selber, war die Form; und diese war bei Gott, liegend eben und gegründet in — und ihr Daseyn hervorgehend aus der innern Bestimmtheit des göttlichen Wesens, und die Form war selbst Gott, Gott trat in ihr also heraus, wie er in ihm selber ist.

Z. B.: Ein Theil der Form war die ins unendliche gehende Fortgestaltung und Charakterisirung des an sich ewig sich gleichbleibenden Seyns = A. Ich stelle, damit Sie hieran sich versuchen, Ihnen die Frage: Was ist denn nun in diesem un-

endlichen Gestalten und Charakterisiren das realiter und thätig Gestaltende und Charakterisirende selbst? Ist es etwa die
Form? Diese ist ja an sich ganz und gar nichts. Nein; das
absolut Reale = A ist es, welches — sich gestaltet; sich, sage
ich, sich selbst, wie es innerlich ist, — gestaltet, sage ich, nach
dem Gesetze einer Unendlichkeit. Es gestaltet sich nicht Nichts,
sondern es gestaltet sich das innere göttliche Wesen.

Fassen Sie aus dieser Unendlichkeit, wo Sie wollen, den
Inhalt irgend eines bestimmten Moments heraus. Es ist dieser
Inhalt, wie sich versteht, durchgängig bestimmt; derjenige, der
er ist, und durchaus kein anderer. Ich frage: Warum ist er
der, der er ist, und wodurch wird er also bestimmt? Sie können
nicht anders antworten, denn also: durch zwei Factoren, zuvörderst dadurch, dass das Absolute in seinem innern Wesen
ist, wie es ist, sodann dadurch, dass dieses Absolute ins un
endliche sich gestaltet: nach Abzug desjenigen, was vom Inhalte aus dem innern Wesen folgt, ist das übrige in diesem
Momente, d. h. das, was in ihm rein und lediglich Gestaltung
ist, dasjenige, was aus der übrigen unendlichen Gestaltung für
diesen Moment übrig bleibt.

Diese Unendlichkeit der Zerspaltung ist der eine Theil der
Form, haben wir gesagt; und dieses Theils bedienten wir uns
als Beispiels, um an ihm unsern Grundsatz klarer zu machen.
Für unsern gegenwärtigen Zweck aber kommt es auf den zweiten Theil der Form an, auf welchen wir den aufgestellten, und
hoffentlich nun eingesehenen Grundsatz bestimmend anwenden
wollen; wofür ich Ihre Aufmerksamkeit von neuem in Anspruch
nehme.

Dieser zweite Theil der Form ist eine Spaltung in fünf
neben einander liegende, und als herrschende Puncte gegenseitig sich ausschliessende Ansichtspuncte der Realität. Neben
einander liegende, als herrschend gegenseitig sich ausschliessende
darauf, dass dies im Auge behalten werde, kommt es hier an.
Bewiesen ist es übrigens schon oben; auch leuchtet es unmittelbar und auf den ersten Blick ein. Nochmals: was ist es,
das in dieser neuen Spaltung sich spaltet? Offenbar das Absolute, wie es in sich selber ist; welches selbige Absolute in

derselben Ungetheiltheit und Einheit der Form sich auch spaltet ins unendliche. Darüber ist kein Zweifel. Aber, wie sind
diese Puncte gesetzt: sind sie als wirklich gesetzt, so wie die
ganze in der Zeit ablaufende Unendlichkeit? Nein, denn sie
schliessen sich gegenseitig als herrschende in einem und demselben Zeitmomente aus: darum sind sie insgesammt, in Beziehung auf Ausfüllung aller Zeitmomente durch einen von ihnen
nur als gleich mögliche gesetzt: und das Seyn tritt, in Beziehung auf jeden einzelnen, nicht als nothwendig so zu nehmen,
oder als wirklich also genommen, sondern nur als möglicher-
weise so zu nehmen ein. Specieller: Tritt denn nun das Eine,
in eine unendliche Zeit freilich unwiederbringlich gespaltene
ein in der Weise von 1, — oder in der von 2, u. s. w.?
Schlechthin nicht; sondern es ist dieses Seyn an und durch
sich völlig unbestimmt und völlig indifferent in Rücksicht dieses seines Genommenwerdens. Das Reale geht in dieser Beziehung nur bis zur Möglichkeit, und nicht weiter. Es setzt
daher durch sein Daseyn eine von ihm in seinem innern Wesen völlig unabhängige Freiheit und Selbstständigkeit seines
Genommenwerdens, oder der Weise, wie es reflectirt werde;
und nun dasselbe noch schärfer ausgedrückt: das absolute
Seyn stellt in diesem seinem Daseyn sich selbst hin, als diese
absolute Freiheit und Selbstständigkeit sich selber zu nehmen,
und als diese Unabhängigkeit von seinem eignen innern Seyn;
es erschafft nicht etwa eine Freiheit ausser sich, sondern es
ist selber, in diesem Theile der Form, diese seine eigne Freiheit ausser ihm selber; und es trennt in dieser Rücksicht allerdings sich in seinem Daseyn — von sich in seinem Seyn, und
stösst sich aus von sich selbst, um lebendig wieder einzukeh-
ren in sich selbst. Nun ist die allgemeine Form der Reflexion
Ich: demnach ein selbstständiges und freies Ich setzt es; oder
auch: ein Ich, — und, was allein ein Ich giebt, ein selbstständiges und freies Ich gehört zur absoluten Form = B, und ist
der eigentliche organische Einheitspunct der absoluten Form
des absoluten Wesens; indem ja auch die dermalen als zweiter Theil der Form bei Seite gelegte Spaltung ins unendliche,
unsrer eignen Ableitung nach, sich auf die Selbstständigkeit

der Reflexionsform gründet: und sie ist nach der obigen Bemerkung von der innern Nothwendigkeit des göttlichen Wesens unabtrennlich, so dass sie durch Gott selbst nicht aufgehoben werden kann.

Es ist leicht, im Vorübergehen folgende Sätze mit anzumerken. — 1) Freiheit ist gewiss und wahrhaftig da, und sie ist selber die Wurzel des Daseyns: doch ist sie nicht unmittelbar real; denn die Realität geht in ihr nur bis zur Möglichkeit. Die Paradoxie des letzteren Zusatzes wird sich von selbst lösen, so wie unsere Untersuchung fortschreiten wird. 2) Freiheit innerhalb der Zeit, und zu selbstständig zu bestimmender Ausfüllung der Zeit, ist nur in Beziehung auf die angegebenen fünf Standpuncte des geistigen Lebens, und inwiefern sie aus diesen erfolgt; aber sie ist keinesweges jenseits dieser fünffachen Spaltung; denn da ist nur das innerlich bestimmte absolute Wesen in der ebenso unabänderlich bestimmten Form der Unendlichkeit und der durch die Realität selbst unmittelbar ausgefüllten Zeit; noch ist sie diesseits dieser Spaltung, und das Ich in einem dieser Puncte ruhend gesetzt, sondern da ist wiederum strenge Nothwendigkeit und Folge aus dem Princip.

Dies im Vorbeigehen wegen seiner anderweitigen Wichtigkeit; auch mit darum, weil es nicht sonderlich bekannt zu seyn scheint. Nicht im Vorbeigehen, sondern unmittelbar zu unserem Zwecke gehörig, sagen wir folgendes, wozu ich von neuem Ihre Aufmerksamkeit auffordere. 1) Da jene Selbstständigkeit und Freiheit des Ich zum Seyn desselben gehört, jedes Seyn aber im unmittelbaren Bewusstseyn seinen Affect hat, so ist, inwiefern ein solches unmittelbares Bewusstseyn der eignen Freiheit stattfindet, nothwendig auch ein Affect für diese Selbstständigkeit, die Liebe derselben und der daraus folgende Glauben daran vorhanden. — Inwiefern ein solches unmittelbares Bewusstseyn der eignen Freiheit stattfindet, sagte ich: denn 2) welches, als die Hauptsache dieser ganzen Untersuchung und das eigentliche Ziel alles vorausgeschickten, ich Sie wohl zu fassen bitte — denn jene Freiheit und Selbstständigkeit ist ja nichts mehr, denn die blosse Möglichkeit der Standpuncte des Lebens: diese Möglichkeit aber ist ja auf die angezeigten fünf Weisen an der Zahl beschränkt; so daher jemand die Auffassung nach diesem Schema vollendet, so hat er damit die Möglichkeit vollendet und sie zur Wirklichkeit erhoben; er hat sein Vermögen erschöpft, und das Maass seiner Freiheit verbraucht, es ist ihm in der Wurzel seines Daseyns keine Freiheit mehr übrig; mit dem Seyn aber verschwindet nothwendig auch der Affect, und die Liebe und der Glaube, ohne Zweifel, um einer weit heiligeren Liebe und einem weit beseligenderen Glauben Platz zu machen. So lange das Ich noch durch ursprüngliche Selbstthätigkeit an seiner Selbsterschaffung zur vollendeten Form der Realität zu arbeiten hat, bleibet in ihm freilich der Trieb zur Selbstthätigkeit und der unbefriedigte Trieb als der heilsam forttreibende Stachel und das innige Selbstbewusstseyn der Freiheit, welches bei dieser Lage der Sachen absolut wahr ist und ohne Täuschung; wie er sich aber vollendet, fällt dieses Bewusstseyn, das nun allerdings trügen würde, hinweg, und ihm fliesst von nun an die Realität ruhig ab in der einzig übriggebliebenen und unaustilgbaren Form der Unendlichkeit.

Also, was ich als gemeinverständliches Resultat und nicht lediglich für den speculirenden Theil der Anwesenden aufstelle — die Anwesenheit eines Affects, einer Liebe und eines Glaubens an eigne Selbstständigkeit von einer, so wie die Abwesenheit desselben Affectes von der andern Seite, sind die Grundpuncte zweier — wie ich jetzt die bisherige Fünffachheit schärfer zusammenfasse, zweier durchaus entgegengesetzter Ansichten und Genussweisen der Welt.

Was zuvörderst den Zustand der Anwesenheit des Affectes für die eigne Selbstständigkeit anbelangt, so hat auch dieser wiederum zwei verschiedene Formen (Sie bemerken, dass dieses eine Unterabtheilung in dem ersten Theile der soeben aufgestellten Oberabtheilung ist): — deren erste und niedrigere ich Ihnen also klar mache. Das Ich, als das Subject der Selbstständigkeit, ist, wie Sie wissen, die Reflexion. Diese ist, wie Sie gleichfalls wissen, in ihrer ersten Function, gestaltend, weiter bestimmend, charakterisirend — die Welt. Innerhalb dieser Gestalten und dieses Gestaltens nun ist das hier von uns

zu beschreibende besondere Ich ein eignes und selbstständiges Seyn; welches sein bestimmtes Seyn es ebendarum mit
Liebe umfasst, und so Trieb und Bedürfniss dieses also bestimmten Seyns erhält. Nochmals: was für ein Seyn war dies?
Seyn in einer bestimmten Gestaltung seines Lebens. Woher
das Bedürfniss dieser Gestaltung? Aus seiner Selbstliebe in
diesem Standpuncte seiner Freiheit. Wenn das Bedürfniss befriedigt würde, was würde dies geben? Genuss. Woraus würde
dieser Genuss entstehen? Aus einer gewissen Gestaltung seines Lebens durch die selbst gestaltete, d. i. objective, getheilte
und mannigfaltige Welt. Hier liegt der Grundpunct der sinnlichen Begier des Menschen, und dieser ist der eigentliche
Schöpfer der Sinnenwelt. Also — es entsteht Begier und Bedürfniss einer gewissen und bestimmten Gestalt — darauf
kommt alles an, dieses ist der charakteristische Grundzug, und
diesen bitte ich zu bemerken — unseres Lebens. Trieb nach
Glückseligkeit in bestimmten und durch bestimmte Objecte.
Dass die objective Bestimmung dieses Glückseligkeitstriebes
nicht auf nichts, sondern auf die in dieser Form der Selbstständigkeit nun einmal stehen gebliebene Realität sich gründe,
versteht sich; ebenso wie dies, dass, da in dieser Form der
Fortgestaltung der Welt ein ununterbrochener Wandel stattfindet, auch das Ich fortgehend sich verwandelt, und darum auch
dasjenige, worin es seine Glückseligkeit zu setzen genöthigt
ist, allmählig sich verändert, und im Fortgange die ersten Objecte der Begier verschmäht werden und andere ihre Stelle
einnehmen. Bei dieser absoluten Ungewissheit nun über das
eigentlich beglückseligende Object stellt man zuletzt einen, in
dieser Rücksicht völlig leeren und unbestimmten Begriff hin,
der jedoch *den* Grundcharakter beibehält, dass die Glückseligkeit aus irgend einem bestimmten Objecte kommen solle: —
den Begriff eines Lebens, in welchem alle unsere Bedürfnisse
überhaupt, welche dieses nun auch seyen, auf der Stelle befriedigt werden, einer Abwesenheit alles Schmerzes, aller Mühe
und aller Arbeit, — die Inseln der Glückseligen und elysischen
Gefilde der Griechen, den Schooss Abrahams der Juden, den
Himmel der gewöhnlichen Christen. Die Freiheit und Selbst-

ständigkeit auf dieser Stufe ist material. Die zweite Weise der
Anwesenheit des Affects für eigne Freiheit und Selbstständigkeit ist die, da diese Freiheit nur überhaupt, und eben darum
rein, leer und formal gefühlt und geliebt wird, ohne durch
sich irgend einen bestimmten Zustand zu setzen und anzustreben. Dies giebt den zu Ende der vorigen Stunde beschriebenen Standpunct der Gesetzmässigkeit, den wir, um an Bekanntes zu erinnern, auch den des Stoicismus nannten. Dieser
hält sich überhaupt für frei, denn er nimmt an, dass er dem
Gesetze auch nicht gehorchen könne; er sondert sonach sich
ab und stellt sich, als auch eine für sich bestehende Macht, dem
Gesetze oder was das nun eigentlich seyn mag, das ihm als
Gesetz erscheint, gegenüber. Er vermag sich, sagte ich, nicht
anders zu fassen und anzusehen, denn als einen solchen, der
dem Gesetze auch nicht gehorchen gar wohl könne. Jedoch
nach seiner ebenso nothwendigen Ansicht soll er ihm gehorchen, und nicht seiner Neigung; für ihn fällt darum allerdings
die Berechtigung auf Glückseligkeit, und, wenn die ausgesprochne
Ansicht nur wirklich lebendig ist in ihm, auch das Bedürfniss
einer Glückseligkeit und eines beglückseligenden Gottes rein
weg. Durch jene erste Voraussetzung aber, seines Vermögens
auch nicht zu gehorchen, entsteht ihm erst überhaupt ein Gesetz, denn seine Freiheit, beraubt der Neigung, ist nun leer
und ohne alle Richtung. Er muss sie wieder binden; und Band
für die Freiheit oder Gesetz ist ja ganz dasselbe. Lediglich
demnach durch den, nach dem Aufgeben aller Neigung dennoch beibehaltenen Glauben an Freiheit macht er ein Gesetz
für sich möglich, und giebt für seine Ansicht dem wahrhaft
Realen die Form eines Gesetzes.

Fassen Sie dies in der Tiefe, und darum in der Fülle der
Klarheit also. 1) In die sich gegenseitig ausschliessenden Puncte
der Freiheit tritt das göttliche Wesen nicht ganz und ungetheilt, sondern es tritt in diese nur einseitig ein: jenseits dieser Puncte aber tritt es unverdeckt durch irgend eine Hülle,
welche nur in diesen Puncten gegründet ist, so wie es in sich
selber ist, ein; sich fortgestaltend ins Unendliche: in dieser
Form des ewig fortfliessenden Lebens, welche unabtrennlich

ist von seinem an sich einfachen, innern Leben. Dieser ewige
Fortfluss des göttlichen Lebens ist nun die eigentliche innerste
und tiefste Wurzel des *Daseyns,* — der oben genannten absolut unauflöslichen Vereinigung des Wesens mit der Form.
Offenbar führt nun dieses Seyn des Daseyns, so wie alles Seyn,
bei sich seinen *Affect;* es ist der stehende, ewige und unveränderliche *Wille* der absoluten Realität, so sich fort zu entwickeln, wie sie nothwendig sich entwickeln muss. 2) So lange
nun aber irgend ein Ich noch in irgend einem Puncte der
Freiheit steht, hat es noch ein *eigenes* Seyn, welches ein ein-
seitiges und mangelhaftes Daseyn des göttlichen Daseyns, mithin eigentlich eine Negation des Seyns ist, und ein solches Ich
hat auch einen Affect dieses Seyns, und einen dermalen unveränderlichen und stehenden Willen, dieses sein Seyn zu behaupten. Sein immerfort vorhandener Wille ist daher gar nicht
Eins mit dem stehenden Affecte und Willen des vollendeten
göttlichen Daseyns. 3) Sollte nun ein Ich auf diesem Standpuncte dennoch vermögen, jenem ewigen Willen gemäss zu
wollen, so könnte dies schlechthin nicht geschehen durch seinen immer vorhandenen Willen, sondern dieses Ich müsste
durch ein drittes dazwischentretendes Wollen, das man einen
Willensentschluss nennt, diesen Willen sich erst machen. —
Ganz genau in diesem Falle befindet sich nun der Mann des
Gesetzes; und dadurch eben, dass er in diesem Falle sich befindet, wird er ein Mann des Gesetzes. Indem er, welches
die eigentliche Wurzel seiner Denkart ist, bei welcher wir ihn
erfassen müssen — indem er bekennt, dass er auch nicht gehorchen könnte —˜welches, da ja hier vom physischen Vermögen, dessen Abhängigkeit vom Wollen vorausgesetzt wird, nicht
die Rede ist, offenbar so viel heisst, dass er auch nicht gehorchen — wollen könnte; — welcher Versicherung, als dem
unmittelbaren Ausspruche seines Selbstbewusstseyns, ohne
Zweifel auch Glauben beizumessen ist: bekennt er ja, dass es
nicht sein herrschender und immer bereiter Wille sey, zu gehorchen; denn wer könnte denn auch gegen seinen Willen, und wer
dächte hinaus über seinen stets fertigen und immer bereitwil-
ligen Willen? Keinesweges etwa, dass er dem Gehorchen ab-

geneigt sey; denn dann müsste doch eine andere, und zwar sinnliche Neigung in ihm walten, welches gegen die Voraussetzung ist, indem er sodann sogar nicht moralisch wäre, sondern durch äussere Zwangsmittel in Zucht und Ordnung gehalten werden müsste; sondern nur, dass er ihm auch nicht geneigt ist, sondern überhaupt sich indifferent dagegen verhält. Durch diese Indifferenz seines eigenen stehenden Willens nun wird ihm jener Wille zu einem fremden, den er sich erst als ein Gesetz für seinen natürlich das nicht wollenden Willen hinstellt; und zu dessen Befolgung er erst durch einen Willensentschluss den natürlich ihm ermangelnden Willen hervorbringen muss. Und so ist denn die bleibende Indifferenz gegen den ewigen Willen, nach geschehener Verzichtleistung auf den sinnlichen Willen, die Quelle eines kategorischen Imperativs im Gemüthe; so wie ferner der beibehaltene Glaube an unsere, wenigstens formale Selbstständigkeit die Quelle jener Indifferenz ist.

So wie durch den höchsten Act der Freiheit und durch die Vollendung derselben dieser Glaube schwindet, fällt das gewesene Ich hinein in das reine göttliche Daseyn, und man kann der Strenge nach nicht einmal sagen: dass der Affect, die Liebe und der Wille dieses göttlichen Daseyns die seinigen würden; indem überhaupt gar nicht mehr Zweie, sondern nur Eins, und nicht mehr zwei Willen, sondern überhaupt nur noch Einer und ebenderselbe Wille Alles in Allem ist. So lange der Mensch noch irgend etwas selbst zu seyn begehrt, kommt Gott nicht zu ihm, denn kein Mensch kann Gott werden. Sobald er sich aber rein, ganz und bis in die Wurzel vernichtet, bleibt allein Gott übrig, und ist Alles in Allem. Der Mensch kann sich keinen Gott erzeugen; aber sich selbst, als die eigentliche Negation, kann er vernichten, und sodann versinket er in Gott.

Diese Selbstvernichtung ist der Eintritt in das höhere, dem niedern, durch das Daseyn eines Selbst bestimmten Leben, durchaus entgegengesetzte Leben; und nach unserer ersten Weise zu zählen, die Besitznehmung vom dritten Standpuncte der Weltansicht; der reinen und höheren Moralität.

Das eigentliche innere Wesen dieser Gesinnung und die im Mittelpuncte dieser Welt einheimische Seligkeit wollen wir in der künftigen Stunde beschreiben. Jetzt wollen wir nur noch die Beziehung derselben auf die niedere und sinnliche Welt angeben. —. Ich hoffe oben den Grund so tief gelegt zu haben, dass mir dabei der Nebenzweck, jener üblichen Verwirrung der Seligkeit und Glückseligkeit alle Ausflüchte zu nehmen, gelingen könne. Diese Denkart, welche, falls ein Ernsthafter über sie kommt, lieber nicht gesagt haben möchte, was sie doch ewig fortsagt, liebt sehr ein wohlthätiges Helldunkel und eine gewisse Unbestimmtheit der Begriffe; uns dagegen ist es zuträglicher, sie an das klare Licht hervorzuziehen, und uns mit der schneidendsten Bestimmtheit von ihr abzusondern. Jene möchten sich gern vertragen; wir wissen es wohl: sie möchten den Geist nicht gern ganz wegwerfen, — wir sind nicht so ungerecht, sie dessen zu beschuldigen; — nur wollen sie auch vom Fleische nichts aufgeben. Wir aber wollen weder, noch können wir uns vertragen; denn diese beiden Dinge sind schlechterdings unvereinbar, und wer das eine will, muss das andere lassen.

Die Ansicht seiner selbst, als einer für sich bestehenden und in einer Sinnenwelt lebenden Person, bleibt dem auf dem dritten Standpuncte befindlichen freilich, weil dieser in der unveränderlichen Form liegt; nur fällt dahin nicht mehr seine Liebe und sein Affect. Was wird ihm nun diese Person und die ganze sinnliche Selbstthätigkeit? Offenbar nur Mittel für den Zweck, das zu thun, was er selber will und über alles liebt, den in ihm sich offenbarenden Willen Gottes. — Ebenso, wie dieselbe Persönlichkeit auch dem Stoiker nur das Mittel ist, um dem Gesetze zu gehorchen, und beide hierin ganz gleich sind und uns für Eins gelten. Dem sinnlichen Menschen dagegen ist seine persönliche sinnliche Existenz letzter und eigentlicher Zweck, und alles andere, was er noch ausserdem thut oder glaubt, ist ihm das Mittel für diesen Zweck.

Es ist schlechthin unmöglich und ein absoluter Widerspruch, dass jemand zweierlei liebe, oder zwei Zwecke habe. Die beschriebene Liebe Gottes tilgt schlechthin die persönliche

Selbstliebe aus. Denn nur durch die Vernichtung der letzteren kommt man zur ersteren. Wiederum, wo die persönliche Selbstliebe da ist, da ist nicht die Liebe Gottes; denn die letztere duldet keine andere Liebe neben sich.

Dies ist, wie schon oben erinnert worden, der Grundcharakter der sinnlichen Selbstliebe, dass sie ein auf eine bestimmte Weise gestaltetes Leben und ihre Glückseligkeit von irgend einem Objecte begehrt; dagegen die Liebe Gottes alle Gestalt des Lebens und alle Objecte nur als Mittel betrachtet, und weiss, dass durchaus alles, was gegeben wird, das rechte und nothwendige Mittel ist; darum durchaus und schlechthin kein auf irgend eine Weise bestimmtes Object will, sondern alle nur nimmt, wie sie kommen.

Was würde nun der sinnliche, eines objectiven Genusses bedürftige Mensch thun, wenn er auch nur ein Mann wäre, und consequent? Ich sollte glauben, er würde, auf sich selbst gestützt, alle Kraft anstrengen, um sich die Gegenstände seines Genusses zu verschaffen; geniessen, was er hätte, und entbehren, was er müsste. Was aber begegnet ihm, wenn er noch überdies ein abergläubisches Kind ist? Er lässt sich sagen, die Objecte seines Genusses seyen in der Verwahrung eines Gottes, der sie ihm freilich ausliefern werde, der aber für diesen Dienst auch etwas begehre; er lässt sich aufbinden, es sey hierüber ein Contract mit ihm abgeschlossen; er lässt sich eine Sammlung von Schriften als die Urkunde dieses vorgeblichen Contracts aufweisen.

Wenn er nun eingeht in diese Vorstellung, wie steht es denn nun mit ihm? Immer bleibt der Genuss sein eigentlicher Zweck, und der Gehorsam gegen seinen eingebildeten Gott nur das Mittel zum Zwecke. Dies muss zugestanden werden, und es giebt da schlechthin keine Ausflucht. Es geht nicht, dass man sage, wie man wohl zu sagen pflegt: ich will den Willen Gottes um sein selbst willen; ich will die Glückseligkeit nur — nebenbei. Abgesehen einen Augenblick von deinem Nebenbei, gestehst du doch immer, die Glückseligkeit zu wollen, weil sie Glückseligkeit ist, weil du glaubst, dass du dich bei ihr wohlbefinden wirst, und weil du gern dich wohlbe-

finden möchtest. Dann aber willst du ganz sicher den Willen
Gottes um sein selbst willen, denn sodann könntest du die
Glückseligkeit gar nicht wollen, indem der erste Wille den
zweiten aufhebt und vernichtet, und es schlechthin unmöglich
ist, dass das Vernichtete neben seinem Vernichtenden stehe.
Willst du nun, wie du sagst, den Willen Gottes auch, so kannst
du diesen nur wollen, weil du ausserdem zu dem, was du
eigentlich willst, zur Glückseligkeit, nicht kommen zu können
glaubst, und weil dieser Wille dir durch den, den du eigentlich
hast, aufgelegt wird; du willst daher — den Willen Gottes nur
nebenbei, weil du musst; aus eigenem Antriebe aber, und gutwillig, willst du nur die Glückseligkeit. —

Es hilft auch nichts, dass man diese Glückseligkeit recht
weit aus den Augen bringe und sie in eine andere Welt jenseits des Grabes verlege; wo man mit leichterer Mühe die
Begriffe verwirren zu können glaubt. Was ihr über diesen
euren Himmel auch — sagen, oder vielmehr verschweigen
möget, damit eure wahre Meinung nicht an den Tag komme:
so beweiset doch schon der einzige Umstand, dass ihr ihn von
der Zeit abhängig macht und ihn in eine andere Welt verlegt,
unwidersprechlich, dass er ein Himmel des sinnlichen Genusses
ist. Hier ist der Himmel nicht, sagt ihr: jenseits aber wird er
seyn. Ich bitte euch: was ist denn dasjenige, das jenseits anders seyn kann, als es hier ist? Offenbar nur die objective
Beschaffenheit der Welt, als der Umgebung unseres Daseyns.
Die objective Beschaffenheit der gegenwärtigen Welt demnach
müsste es eurer Meinung zufolge seyn, welche dieselbe untauglich machte zum Himmel, und die objective Beschaffenheit
der zukünftigen das, was sie dazu tauglich machte; und so
könnt ihr es denn gar nicht weiter verhehlen, dass eure Seligkeit von der Umgebung abhängt, und also ein sinnlicher Genuss ist. Suchtet ihr die Seligkeit da, wo sie allein zu finden
ist, rein in Gott und darin, dass er heraustrete, keinesweges
aber in der zufälligen Gestalt, in der er heraustrete; so brauch-
tet ihr euch nicht auf ein anderes Leben zu verweisen: denn
Gott ist schon heute, wie er seyn wird, in alle Ewigkeit. Ich
versichere euch, und gedenket dabei einst meiner, wenn es

geschieht, — so ihr im zweiten Leben, zu dem ihr allerdings gelangen werdet, euer Glück wiederum von den Umgebungen abhängig machen werdet, werdet ihr euch ebenso schlecht befinden, wie hier; und werdet euch sodann eines dritten Lebens trösten, und im dritten eines vierten, und so ins unendliche — denn Gott kann weder, noch will er durch die Umgebungen selig machen, indem er vielmehr sich selbst, ohne alle Gestalt, uns geben will.

In Summa: diese Denkart, auf die Form eines Gebets gebracht, würde sich also aussprechen: Herr! es geschehe nur mein Wille, und dies zwar in der ganzen, eben deswegen seligen Ewigkeit; und dafür sollst du auch den deinigen haben, in dieser kurzen und mühseligen Zeitlichkeit; — und dies ist offenbar Unmoralität, thörichter Aberglaube, Irreligiosität und wahrhafte Lästerung des heiligen und beseligenden Willens Gottes.

Dagegen ist der Ausdruck der steten Gesinnung des wahrhaft Moralischen und Religiösen das Gebet: Herr! es geschehe nur dein Wille, so geschieht eben dadurch der meinige; denn ich habe gar keinen anderen Willen, als den, dass dein Wille geschehe. Dieser göttliche Wille geschieht nun nothwendig immerfort; zunächst in dem inwendigen Leben dieses ihm ergebenen Menschen, wovon in der nächsten Stunde; sodann, was hierher zunächst gehört, in allem, was ihm äusserlich begegnet. Alle diese Begegnisse sind ja nichts anderes, als die nothwendige und unveränderliche äussere Erscheinung des in seinem Inneren sich vollziehenden göttlichen Werks; und er kann nicht wollen, dass irgend etwas in diesen Begegnissen anders sey, als es ist, ohne zu wollen, dass das Innere, was nur also erscheinen kann, anders sey; und ohne dadurch seinen Willen von Gottes Willen abzusondern und ihm entgegenzusetzen. Er kann in diesen Dingen gar nicht weiter eine Auswahl sich vorbehalten, sondern er muss alles gerade so nehmen, wie es kommt; denn alles, was da kommt, ist der Wille Gottes mit ihm, und darum das allerbeste, was da kommen konnte. Denen, die Gott lieben, müssen alle Dinge zum besten dienen; schlechthin und unmittelbar.

Auch an denjenigen, in denen Gottes Wille innerlich nicht

geschieht, weil gar kein Innerliches da ist, sondern sie überhaupt nur Aussendinge sind, geschiehet dennoch äusserlich,
wohin allein er zu langen vermag, der zuvörderst ungnädige
und strafende, im Grunde aber dennoch höchst gnädige und
liebevolle Wille Gottes; indem es ihnen schlimm gehet, und
immer schlimmer, und sie in dem vergeblichen Haschen nach
einem Gute, das immer vor ihnen schwebt und immer vor
ihnen flieht, sich abmatten, und sich verächtlich und lächerlich
machen, bis sie dadurch getrieben werden, das Glück da zu
suchen, wo es allein zu finden ist.   Denen, die Gott nicht
lieben, müssen alle Dinge unmittelbar zur Pein und zur Qual
dienen, so lange, bis sie mittelbar, durch diese Qual selbst,
ihnen zum Heile gereichen.

Neunte Vorlesung.

Ehrwürdige Versammlung,

Folgendes waren die Resultate unserer letzten Vorlesung,
und der Punct, wo wir stehen blieben: So lange der Mensch
noch etwas für sich selbst seyn will, kann das wahre Seyn
und Leben in ihm sich nicht entwickeln, und er bleibt eben
darum auch der Seligkeit unzugänglich; denn alles eigene Seyn
ist nur Nichtseyn und Beschränkung des wahren Seyns; und
eben darum, entweder auf dem ersten Standpuncte der Sinnlichkeit, die ihr Glück von den Objecten erwartet, lauter Unseligkeit, da durchaus kein Object den Menschen befriedigen
kann, oder auf dem zweiten, der bloss formalen Gesetzmässigkeit, zwar keine Unseligkeit, aber auch ebensowenig Seligkeit, sondern reine Apathie, uninteressirte Kälte und absolute

Unempfänglichkeit für allen Genuss des Lebens. Wie hingegen der Mensch durch die höchste Freiheit seine eigene Freiheit und Selbstständigkeit aufgiebt und verliert, wird er des einigen wahren, des göttlichen Seyns und aller Seligkeit, die in demselben enthalten ist, theilhaftig. Wir gaben zuerst an, um von der entgegengesetzten sinnlichen Denkart uns rein auszuscheiden und diese von nun an liegen zu lassen, wie ein solcher zum wahren Leben Gekommener das äussere und sinnliche Leben betrachte; und fanden, dass er sein ganzes persönliches Daseyn und alle äussere Ereignisse mit demselben ansehe, lediglich als Mittel für das in ihm sich erfüllende göttliche Werk; und zwar alle, so wie sie sind, als nothwendig die besten und zweckmässigsten Mittel; daher er denn auch über die objective Beschaffenheit jener Ereignisse durchaus keine Stimme oder Auswahl haben wolle, sondern alles nur nehme, so wie es sich vorfinde. Dagegen behielten wir die Beschreibung des eigentlichen und inneren Lebens eines solchen Menschen der heutigen Rede vor: welche Beschreibung wir jetzt beginnen.

Schon früher habe ich geäussert, dass der dritte Standpunct des geistigen Lebens, — welcher ohne Zweifel zunächst es ist, bei dem wir angekommen sind, der der höheren und eigentlichen Moralität, von dem zweiten, dem der bloss formalen Gesetzmässigkeit, dadurch sich unterscheide, dass die erstere eine völlig neue und wahrhaft übersinnliche Welt erschaffe, und in der sinnlichen, als ihrer Sphäre, herausarbeite; dagegen das Gesetz des Stoicismus lediglich Gesetz einer Ordnung in der sinnlichen Welt sey. Diese Behauptung ist es, welche ich zunächst tiefer zu begründen, und durch diese Begründung zu erklären und näher zu bestimmen habe.

Die ganze, lediglich durch unsere Liebe und unseren Affect für ein bestimmtes Daseyn innerhalb der Objecte gesetzte Sinnenwelt wird auf diesem Standpuncte bloss und lediglich Mittel; aber doch ohne Zweifel nicht Mittel für nichts, unter welcher Voraussetzung, da ausser ihr nichts da wäre, sie nicht Mittel würde, sondern als das einzige und absolute Daseyn ewig fort Zweck bliebe, sondern sie wird ohne Zweifel Mittel für ein wirkliches, wahres und reales Seyn. Was ist das für ein Seyn? Wir wissen es aus dem obigen. Es ist das innere Seyn Gottes selber, wie es durch sich selbst und in sich selbst schlechthin ist, unmittelbar, rein und aus der ersten Hand, ohne durch irgend eine in der Selbstständigkeit des Ich liegende, und eben darum beschränkende Form bestimmt, und dadurch verhüllt und getrübt zu seyn; nur noch in der unzerstörbaren Form der Unendlichkeit gebrochen. Da, wie schon in der vorigen Stunde sehr scharf ausgesprochen wurde, dieses Seyn nur durch das absolut in sich gegründete göttliche Wesen von der einen, und durch die im wirklichen Daseyn nie aufzulösende oder zu endende Form der Unendlichkeit von der anderen Seite, bestimmt ist, so ist klar, dass durchaus nicht mittelbar und aus einem anderen, und so *a priori,* eingesehen werden könne, wie dieses Seyn ausfallen werde; sondern dass es nur unmittelbar erfasst und erlebt, und nur auf der That seines lebendigen Ausströmens aus dem Seyn in das Daseyn ergriffen werden könne: dass somit die eigentliche Erkenntniss dieser neuen und übersinnlichen Welt nicht durch eine Beschreibung und Charakteristik an diejenigen gebracht werden könne, die nicht selber darin leben. Der von Gott Begeisterte wird uns offenbaren, wie sie ist, und sie ist, wie er es offenbaret, deswegen, weil Er es offenbaret; ohne innere Offenbarung aber kann niemand darüber sprechen.

Im allgemeinen aber, und durch ein äusseres und nur negatives Kennzeichen lässt diese göttliche Welt sich sehr wohl charakterisiren; und dies zwar auf folgende Weise. Alles Seyn führt seinen Affect bei sich und seine Liebe; und so auch das in der Form der Unendlichkeit heraustretende unmittelbare göttliche Seyn. Nun ist dies, so wie es ist, nicht durch irgend ein anderes, und um irgend eines anderen willen, sondern durch sich selbst und um sein selbst willen: und wenn es eintritt und geliebt wird, wird es nothwendig rein und lediglich um sein selbst willen geliebt, und gefällt durch sich selbst, keineswegs aber um eines anderen willen, und so nur als Mittel für dieses andere, als seinen Zweck. Und so hätten wir denn das gesuchte äussere Kriterium der göttlichen Welt, wodurch sie von der sinnlichen Welt durchaus ausgeschieden wird, gefunden. Was schlechthin durch sich selber, und zwar in dem höchsten, allen anderen Grad des Gefallens unendlich überwiegenden Grade gefällt, ist Erscheinung des unmittelbaren göttlichen Wesens in der Wirklichkeit. — Als das in jedem bestimmten Momente und unter den gegebenen Zeitbedingungen allervollkommenste kann man es auch beschreiben; — wenn nur dabei nicht an eine durch einen logischen **Begriff** gesetzte Vollkommenheit, die nicht mehr enthält, als die Ordnung und die Vollständigkeit des Mannigfaltigen, sondern an eine durch einen unmittelbaren, auf ein bestimmtes Seyn gehenden Affect gesetzte Vollkommenheit gedacht wird.

So weit geht die mögliche Charakteristik der neuen, durch höhere Moralität innerhalb der Sinnenwelt zu erschaffenden Welt. Sollten Sie, E. V., über diesen Punct noch eine grössere Deutlichkeit von mir fordern, so würden Sie damit keinesweges eine deutlichere Charakteristik fordern, welcher, so wie sie eben gegeben worden, nichts zugesetzt werden kann, sondern Sie würden nur Beispiele fordern. Gern will ich, in diesen gewöhnlichen Augen verborgenen Regionen mich befindend, auch dieses Begehren befriedigen; einschärfend jedoch, dass es nur einzelne Beispiele sind, was ich anführe, welche das allein durch Charakteristik zu erschöpfende, und von uns wirklich erschöpfte, keinesweges durch sich erschöpfen können; und welche selber nur vermittelst der Charakteristik richtig gefasst werden.

Ich sage: Gottes inneres und absolutes Wesen tritt heraus als Schönheit; es tritt heraus als vollendete Herrschaft des Menschen über die ganze Natur; es tritt heraus als der vollkommene Staat und Staatenverhältniss; es tritt heraus als Wissenschaft: kurz, es tritt heraus in demjenigen, was ich die Ideen im strengen und eigentlichen Sinne nenne und worüber ich sowohl in den im vorigen Winter allhier gehaltenen Vorlesungen, als in anderen, welche vor einiger Zeit im Drucke erschienen sind, mannigfaltige Nachweisung gegeben habe. Um hier an der niedrigsten Form der Idee, über welche man noch am allerersten deutlich zu werden hoffen darf, an der Schönheit, meinen Grundgedanken zu erläutern. — Da reden sie

wohl von Verschönerung der umgebenden Welt, oder von
Naturschönheiten u. dergl., als ob, — wenn es nemlich die
Absicht gewesen wäre, dass man diese Worte streng nähme, —
als ob das Schöne jemals an dem Vergänglichen und Irdischen
sich vorfinden oder auf dasselbe übertragen werden könnte.
Aber die Urquelle der Schönheit ist allein in Gott, und sie tritt
heraus in dem Gemüthe der von ihm Begeisterten. Denken
Sie sich z. B. eine heilige Frau, welche, emporgehoben in die
Wolken, eingeholt von den himmlischen Heerschaaren, die
entzückt in ihr Anschauen versinken, umgeben von allem
Glanze des Himmels, dessen höchste Zierde und Wonne sie
selbst wird — welche — allein unter allen — nichts zu bemerken vermag von dem, was um sie vorgeht, völlig aufgegangen und verflossen in die Eine Empfindung: Ich bin des
Herrn Magd, mir geschehe immerfort, wie er will; und gestalten Sie diese Eine Empfindung in dieser Umgebung zu einem
menschlichen Leibe, so haben Sie ohne Zweifel die Schönheit
in einer bestimmten Gestalt. Was ist es nun, das diese Gestalt schön macht? Sind es ihre Gliedmaassen und Theile? Ist
es nicht vielmehr ganz allein die Eine Empfindung, welche
durch alle diese Gliedmaassen ausgegossen ist. Die Gestalt ist
hinzugekommen lediglich, weil nur an ihr, und durch ihr Medium, der Gedanke sichtbar wird; und mit Strichen und Farben ist sie aufgetragen auf die Fläche, weil er nur also mit-
theilbar wird für andere. Vielleicht hätte dieser Gedanke auch
im harten und gefühllosen Steine oder in jeder andern Materie
ausgedrückt werden können. Würde denn dadurch der Stein
schön geworden seyn? Der Stein bleibt ewig Stein, und ist
eines solchen Prädicats durchaus unempfänglich: aber die Seele
des Künstlers war schön, als er sein Werk empfing, und die
Seele jedes verständigen Beschauers wird schön werden, der
es ihm nachempfängt; der Stein aber bleibt immerfort nur das,
das äussere Auge begrenzende während jener inneren geistigen Entwickelung.

    Dieses ideale Seyn nun überhaupt und der erschaffende
Affect desselben tritt, als blosse Naturerscheinung, heraus
als *Talent* für Kunst, für Regierung, für Wissneschaft u. s. w.

Es versteht sich von selber, und ist auch jedem, der nur
einige Erfahrung in Dingen dieser Art hat, durch diese eigene
Erfahrung sattsam bekannt, dass — da der natürliche Affect
für solche Schöpfungen des Talents der Grundaffect von dem
Leben des Talents ist, in welchem sein ganzes übriges Leben
aufgeht; dass, sage ich, das wirkliche Talent sich gar nicht zu
reizen und zu treiben braucht, durch irgend einen kategorischen
Imperativ, zum Fleisse in seiner Kunst oder in seiner Wissenschaft, sondern dass ganz von selber alle seine Kräfte sich auf
diesen seinen Gegenstand richten: ferner, dass ihm, so gewiss
er Talent hat, sein Geschäft auch immer gut von statten geht,
und die Producte seiner Arbeit ihm wohl gefallen; und so er
immer, innerlich und äusserlich, vom Lieblichen und Wohl-
gefälligen umfangen wird: dass er endlich mit dieser seiner
Thätigkeit nichts ausser derselben sucht, noch dafür haben
will: indem ganz im Gegentheil er um keinen Preis in der
Welt unterlassen würde, was er allein thun mag, oder es anders machen würde, denn also, wie es ihm als recht erscheint
und ihm wohl gefallen kann; und dass er demnach seinen
wahren und ihn ausfüllenden Lebensgenuss nur in solchem
Thun, rein und lediglich als Thun, und um des Thuns willen,
findet; und was er von der Welt etwa noch ausserdem mit-
nimmt, ihn nicht ausfülle, sondern er es nur deswegen mit-
nehme, um, von demselben erneuert und gestärkt, wieder in
sein wahres Element zurückzukehren. Und so erhebt schon
das blosse natürliche Talent, sowie über die schimpfliche
Bedürftigkeit des Sinnlichen, ebenso über die genusslose Apathie
des Stoikers weit hinweg, und versetzt seinen Besitzer in eine
ununterbrochene Reihe höchstseliger Momente, für die er nur
seiner selbst bedarf, und welche, ohne alle lästige Anstrengung
oder Mühe, ganz von selber aus seinem Leben hervorblühen.
Der Genuss einer einzigen, mit Glück in der Kunst oder in der
Wissenschaft verlebten Stunde überwiegt bei weitem ein ganzes Leben voll sinnlicher Genüsse; und schon vor dieser Seligkeit Bilde würde der sinnliche Mensch, falls es an ihn sich
bringen liesse, in Neid und in Sehnsucht vergehen.

Immer wird in der soeben vollendeten Betrachtung ein

natürliches Talent, als die eigentliche Quelle und Wurzel des geistigen Lebensgenusses, sowie der Verschmähung des sinnlichen, vorausgesetzt; und an diesem einzelnen Beispiele höherer Moralität und der Seligkeit aus ihr habe ich Sie nur erst heraufführen wollen zum Allgemeinen. Dieses Talent, ohnerachtet sein Object an sich wahrhaft übersinnlich und der reine Ausdruck der Gottheit ist, wie wir besonders am Beispiele des Schönen gezeigt, will dennoch und muss wollen, dass dieses geistige Object eine gewisse Hülle und tragende Gestalt in der Sinnenwelt erhalte; das Talent will also in gewissem Sinne allerdings auch eine bestimmte Gestalt seiner Welt und seiner Umgebung, — was wir in der vorigen Rede an der Sinnlichkeit unbedingt verurtheilt und verdammt haben; und würde nun der Selbstgenuss des Talents von der zufälligen Realisation oder Nichtrealisation jenes angestrebten äusseren Objects abhängig, so wäre es um die Ruhe und den Frieden, selbst des Talentes, geschehen; und die höhere Moralität wäre allem Elende der niedern Sinnlichkeit preisgegeben. Was nun insbesondere das Talent betrifft, so gelingt ihm, so gewiss es Talent ist, der Ausdruck und die Darstellung seiner Idee in dem angemessenen Medium allemal sicher; die begehrte Gestalt und Umgebung kann darum nie aussen bleiben: sodann aber ist der eigentliche Sitz seines Genusses unmittelbar nur die Thätigkeit, mit der es jene Gestalt hervorbringt, und die Gestalt macht ihm nur mittelbar Freude, weil nur in ihr die Thätigkeit erscheint: welches man besonders daraus abnehmen kann, dass das wahre Talent nie lange verweilt bei dem, was ihm gelungen ist, noch im wollüstigen Genusse desselben und seiner selbst in ihm beruhet, sondern unaufhaltsam forteilt zu neuen Entwickelungen. Im allgemeinen aber, abgesehen vom besonderen Talente, und gesehen auf alles mögliche Leben, in dem das göttliche Seyn rein heraustritt, stelle ich folgendes als Grundsatz auf: So lange die Freude an dem Thun sich noch mit dem Begehren des äussern Products dieses Thuns vermischt, ist selbst der höher moralische Mensch in sich selber noch nicht vollkommen im Reinen und Klaren; und sodann ist in der göttlichen Oekonomie das äussere Mislingen seines

Thuns das Mittel, um ihn in sich selbst hineinzutreiben, und ihn auf den noch höhern Standpunct der eigentlichen Religiosität, d. i. des Verständnisses, was das eigentlich sey, das er liebe und anstrebe, heraufzuerheben. Verstehen Sie dieses im Ganzen und nach seinem Zusammenhange also:

1) Das in der vorigen Rede deutlich genug abgeleitete und beschriebene Eine freie Ich, welches als Reflexion auch ewig Eins bleibt, wird als Object, d. i. als die lediglich in der Erscheinung vorkommende reflectirende Substanz, gespalten; nach dem ersten Anblicke in eine Unendlichkeit; aus einem für diese Vorlesungen zu tief liegenden Grunde aber in ein zu vollendendes System — von Ichen oder Individuen. (Diese Spaltung ist ein Theil aus der zu mehrern Malen sattsam beschriebenen Spaltung der objectiven Welt in der Form der Unendlichkeit; gehört somit zur absoluten, durch die Gottheit selbst nicht aufzuhebenden Grundform des Daseyns: wie in ihr ursprünglich das Seyn sich brach, so bleibt es gebrochen in alle Ewigkeit; es kann daher kein durch diese Spaltung gesetztes, d. h kein wirklich gewordenes Individuum jemals untergehen; welches nur im Vorbeigehen erinnert wird gegen diejenigen unter unsern Zeitgenossen, welche, bei halber Philosophie und ganzer Verworrenheit, sich für aufgeklärt halten, wenn sie die Fortdauer der hier wirklichen Individuen in höhern Sphären läugnen.) In sie, diese in der Grundform begründete Individuen, ist das ganze göttliche Seyn, zu unendlicher Fortentwickelung aus ihnen selber in der Zeit, gespalten, und an sie, nach der absoluten und im göttlichen Wesen selbst gegründeten Regel einer solchen Vertheilung, gleichsam ausgetheilt; indess nun ferner jedes einzelne dieser Individuen, als eine Spaltung des Einen, durch seine eigene Form bestimmten Ich, nothwendig diese letztere Form ganz trägt, d. h. laut unserer vorigen Rede frei und selbstständig ist in Beziehung auf die fünf Standpuncte. Jedes Individuum hat daher in seiner freien, durch die Gottheit selbst nicht aufzuhebenden Gewalt die Möglichkeit der Ansicht und des Genusses aus jenen fünf Standpuncten seines, dasselbe als reales Individuum charakterisirenden Antheils an dem absoluten Seyn. So hat

jedes Individuum zuvörderst seinen bestimmten Antheil an dem
sinnlichen Leben und seiner Liebe; welches Leben ihm als das
absolute und als letzter Zweck erscheinen wird, so lange die
im wirklichen Gebrauche befindliche Freiheit darin aufgeht.
Wird es sich aber, vielleicht durch die Sphäre der Gesetzmässigkeit hindurch, zur höhern Moralität erheben, so wird
ihm jenes sinnliche Leben zum blossen Mittel werden, und es
wird seiner Liebe sein Antheil an dem höhern, übersinnlichen
und unmittelbar göttlichen Leben aufgehen. Jeder ohne Ausnahme erhält nothwendig durch seinen blossen Eintritt in die
Wirklichkeit seinen Antheil an diesem übersinnlichen Seyn;
denn ausserdem wäre er gar kein Resultat der gesetzmässigen
Spaltung des absoluten Seyns, ohne welches gar keine Wirklichkeit ist, und er wäre gar nicht wirklich geworden; nur
kann, gleichfalls jedem ohne Ausnahme, dieses sein übersinnliches Seyn verdeckt bleiben, weil er sein sinnliches Seyn und
seine objective Selbstständigkeit nicht aufgeben mag. Jeder
ohne Ausnahme, sage ich, erhält seinen ihm ausschliessend
eigenen, und schlechthin keinem andern Individuum ausser
ihm also zukommenden Antheil am übersinnlichen Seyn, welcher
Antheil nun in ihm in alle Ewigkeit fort sich also entwickelt, —
erscheinend als ein fortgesetztes Handeln, — wie er schlechthin in keinem andern sich entwickeln kann; — was man kurz
den individuellen Charakter seiner höhern Bestimmung nennen
könnte. Nicht etwa, dass das göttliche Wesen an sich selbst
sich zertheilte; in allen ohne Ausnahme ist gesetzt und kann
auch, wenn sie sich nur frei machen, wirklich erscheinen das
Eine und unveränderliche göttliche Wesen, wie es in sich selber ist; nur erscheint dieses Wesen in jedem in einer andern,
und ihm allein eigenthümlichen Gestalt. (Das Seyn, wie oben,
gesetzt $= A$, und die Form $= B$; so scheidet das in B absolut
eingetretene A, absolut in seinem Eintreten, nicht nach seinem
Wesen, sondern nach seiner absoluten Reflexionsgestalt sich
in $[b + b + b \infty] =$ ein System von Individuen: und jedes
nb hat in sich 1) das ganze und untheilbare A, 2) das ganze
und untheilbare B, 3) sein b, das da gleich in dem Reste aller
übrigen Gestaltungen des A durch $[b + b + b \infty]$).

2) Diesen seinen eigenthümlichen Antheil am übersinnlichen Seyn kann nun keiner sich erdenken oder aus einer
andern Wahrheit durch Schlüsse ableiten, oder von einem
andern Individuum sich bekannt machen lassen, indem dieser
Antheil durchaus keinem andern Individuum bekannt zu seyn
vermag, sondern er muss ihn unmittelbar in sich selber finden; auch wird er dies nothwendig ganz von selbst, sobald er
nur allen eignen Willen und alle eignen Zwecke aufgegeben
und rein sich vernichtet hat. Es ist darum zuvörderst klar,
dass über dies, nur jedem in sich selbst aufgeben könnende
nicht im allgemeinen gesprochen werden kann, und ich hierüber nothwendig abbrechen muss. Wozu könnte auch hier das
Sprechen dienen, selbst wenn es möglich wäre? Wem wirklich also seine eigenthümliche höhere Bestimmung aufgegangen
ist, der weiss es, wie sie ihm erscheint; und er kann nach
der Analogie schliessen, wie es im allgemeinen mit andern
sich verhält, falls auch ihnen ihre höhere Bestimmung klar
werde. Wem sie nicht aufgegangen ist, dem ist hierüber keine
Kunde beizubringen; und es dient zu nichts, mit dem Blinden
von Farben zu reden.

Geht sie ihm auf, so ergreift sie ihn mit unaussprechlicher
Liebe und mit dem reinsten Wohlgefallen; sie, diese seine ihm
eigenthümliche Bestimmung, ergreift ihn ganz und eignet sich
an alles sein Leben. Und so ist es denn der allererste Act
der höhern Moralität, welcher auch unausbleiblich, wenn nur
der eigne Wille aufgegeben ist, sich findet, dass der Mensch
seine ihm eigenthümliche Bestimmung ergreife, und durchaus
nichts anderes seyn wolle, als dasjenige, was er, und nur Er,
seyn kann, was er, und nur Er, zufolge seiner höhern Natur,
d. i. des Göttlichen in ihm, seyn soll: kurz, dass er eben gar
nichts wolle als das, was er recht im Grunde wirklich will.
Wie könnte denn ein solcher jemals mit Unlust etwas thun,
da er nimmermehr etwas anderes thut, als dasjenige, woran
er die höchste Lust hat? Was ich oben von dem natürlichen
Talente sagte, gilt noch weit mehr von der durch vollendete
Freiheit erzeugten Tugend; denn diese Tugend ist die höchste
Genialität; sie ist unmittelbar das Walten des Genius, d. h.

derjenigen Gestalt, welche das göttliche Wesen in unserer Individualität angenommen. Dagegen ist das Streben, etwas anderes seyn zu wollen, als das, wozu man bestimmt ist, so erhaben und gross auch dieses andere erscheinen möge, die höchste Unmoralität, und aller der Zwang, den man sich dabei anthut, und alle die Unlust, die man darüber erduldet, sind selbst Empörungen gegen die uns warnende göttliche Ordnung, und Auflehnungen unseres Willens gegen den seinigen. Was ist es denn, das diesen, durch unsere Natur uns nicht aufgegebenen Zweck gesetzt hat, ausser der eigne Wille, die eigne Wahl, die eigne, sich selbst die Ehre gebende Weisheit? Wir sind also weit davon entfernt, den eignen Willen aufgegeben zu haben. Auch ist dieses Bestreben nothwendig die Quelle des höchsten Unglücks. Wir müssen in dieser Lage uns immerfort zwingen, nöthigen, treiben, uns selbst verläugnen; denn wir werden nie gern thun, was wir im Grunde nicht wollen können; auch wird uns die Ausführung nie gelingen, denn wir können gar nicht thun dasjenige, dem unsere Natur sich versagt. Dies ist die Werkheiligkeit aus eigner Wahl, vor der z. B. das Christenthum warnt. Es könnte einer Berge versetzen und seinen Leib brennen lassen, ohne dass es ihm das Mindeste hülfe, wenn dies nicht seine Liebe wäre, d. h. wenn es nicht sein eigenthümliches geistiges Seyn wäre, das nothwendig seinen Affect bei sich führt. — Wolle seyn, — es versteht sich im Uebersinnlichen, denn im Sinnlichen giebt es überhaupt kein Glück — wolle seyn, was du seyn sollst, was du seyn kannst, und was du eben darum seyn willst, — ist das Grundgesetz der höhern Moralität sowohl, als des seligen Lebens.

3) Diese höhere Bestimmung des Menschen nun, welche derselbe, wie gesagt, mit ganzer und ungetheilter Liebe umfasst, geht zunächst freilich auf sein eigenes Handeln, vermittelst dessen aber zweitens auch auf einen gewissen Erfolg in der Sinnenwelt. So lange der Mensch die eigentliche Wurzel und den einigen Grundpunct seines Daseyns noch nicht kennt, werden die genannten zwei Stücke, sein eigentliches inneres Seyn und der äussere Erfolg desselben, sich ihm vermischen. Es gelinge ihm etwas nicht, und der angestrebte äussere Er-

folg bleibe aussen, welches zwar niemals an ihm selber liegen
wird, denn er will nur, was er kann, sondern an der äussern
Umgebung, die seiner Einwirkung nicht empfänglich ist: so
wird durch dieses Mislingen seine Liebe, die noch einen ge-
mischten Gegenstand hat, nicht befriedigt, und eben dadurch
seine Seligkeit getrübt und gestört werden. Dies treibt ihn
tiefer in sich selber hinein, sich vollkommen klar zu machen,
was es eigentlich sey, das er anstrebe, was dagegen er in der
That und Wahrheit nicht anstrebe, sondern ihm gleichgültig
sey. Er wird in dieser Selbstprüfung finden dasselbe, was
wir oben deutlich ausgesprochen haben, gesetzt auch, er spräche
es nicht mit denselben Worten aus: es sey die Entwickelung
des göttlichen Seyns und Lebens in ihm, diesem bestimmten
Individuum, die er zunächst und eigentlich anstrebe; und hierdurch wird denn sein ganzes Seyn und seine eigentliche Liebe
ihm vollkommen klar werden, und er von dem dritten Standpuncte der höhern Moralität, in welchem wir ihn bisher fest-
gehalten haben, sich erheben in den vierten der Religiosität.
Dieses göttliche Leben, wie es lediglich in ihm und seiner Individualität sich entwickeln kann und soll, entwickelt sich
immerfort ohne Hinderniss und Anstoss; dies allein ist es, was
er eigentlich will; sein Wille geschieht daher immerfort, und
es ist schlechthin unmöglich, dass etwas gegen denselben erfolge. Nun begehrt freilich dieses sein eigenes inwendiges
Leben immerfort auch auszuströmen in die Umgebungen, und
diese nach sich zu gestalten; und nur in diesem Streben nach
aussen zeigt es sich als wahrhaftiges inneres Leben, keinesweges als bloss todte Andacht; aber der Erfolg dieses Strebens
nach aussen hängt nicht von seinem isolirten individuellen
Leben allein ab, sondern von der allgemeinen Freiheit der übrigen Individuen ausser ihm: diese Freiheit kann Gott selbst
nicht vernichten wollen; darum kann auch der ihm ergebene
und über ihn ins Klare gekommene Mensch nicht wollen, dass
sie vernichtet werde. Er wünscht daher allerdings den äussern
Erfolg, und arbeitet unablässig und mit aller Kraft, weil er das
gar nicht lassen kann und weil dieses sein eigenstes inneres
Leben ist, an der Beförderung desselben; aber er will ihn

nicht unbedingt und schlechthin, und es stört darum auch
seinen Frieden und seine Seligkeit keinen Augenblick, wenn
derselbe dennoch aussen bleibt; seine Liebe und seine Seligkeit kehrt zurück in sein eigenes Leben, wo sie immer und
ohne Ausnahme sich befriedigt findet. — So viel im allgemeinen. Uebrigens bedarf die soeben berührte Materie einer
weitern Auseinandersetzung, die wir der künftigen Rede vorbehalten, um in der heutigen noch zu der allgemeine Klarheit über das Ganze verbreitenden Schlussfolge zu kommen. —
Nemlich:

4) Alles, was dieser moralisch-religiöse Mensch will und
unablässig treibt, hat ihm nun keinesweges an und für sich
Werth, — wie es denn auch an sich keinen hat, und
nicht an sich das Vollkommenste, sondern nur das in diesem
Zeitmomente Vollkommenste ist, das in der künftigen Zeit
durch ein noch Vollkommeneres verdrängt wird, — sondern
es hat für ihn darum Werth, weil es die unmittelbare Erscheinung Gottes ist, die er in ihm, diesem bestimmten Individuum,
annimmt. Nun ist ursprünglich Gott auch in jedem andern
Individuum ausser ihm gleichfalls in einer eigenthümlichen
Gestalt; ohnerachtet er in den mehreren, durch ihren eigenen
Willen und aus Mangel an höchster Freiheit, verdeckt bleibt,
und so weder ihnen selbst, noch in ihrem Handeln anderen
wirklich erscheint. In dieser Lage ist nun der moralisch
Religiöse, — von seiner Seite freilich eingekehrt in seinen Antheil am wahren Seyn, — von den Seiten anderer Individuen,
von den zu ihm gehörigen Bestandtheilen des Seyns abgeschnitten und getrennt, und es bleibt in ihm ein wehmüthiges Streben und Sehnen, sich zu vereinigen und zusammenzuströmen
mit den zu ihm gehörenden Hälften: nicht zwar, dass dieses
Sehnen seine Seligkeit störe, denn dies ist das fortdauernde
Loos seiner Endlichkeit und seiner Unterwürfigkeit unter Gott,
welche letztere selbst mit Liebe zu umfassen ein Theil seiner
Seligkeit ist.

Wodurch nun würde jenes verborgene innere Seyn, wenn
es in dem Handeln der andern Individuen herausträte, Werth
erhalten für den vorausgesetzten religiösen Menschen? Offen-

bar nicht durch sich selbst, wie auch sein eigenes Wesen ihm
dadurch nicht Werth hat, sondern weil es ist die Erscheinung
Gottes in diesen Individuen. Ferner, wodurch wird er wollen,
dass diese Erscheinung für diese Individuen selbst Werth erhalte? Offenbar nur dadurch, dass es von ihnen als die Erscheinung Gottes in ihnen anerkannt werde. Endlich, wodurch
wird er wollen, dass sein eigenes Thun und Treiben für jene
Individuen Werth erhalte? Offenbar nur dadurch, dass sie es
für die Erscheinung Gottes in ihm erkennen.

Und so haben wir denn nunmehr einen allgemeinen äusseren
Charakter des moralisch-religiösen Willens, inwiefern derselbe
aus seinem innern, ewig in sich verborgenen Leben herausgeht nach aussen. Zuvörderst ist der Gegenstand dieses Willens ewig nur die Geisterwelt der vernünftigen Individuen;
denn die sinnliche Welt der Objecte ist ihm längst zur blossen
Sphäre herabgesunken. Sein positiver Wille aber an diese
Geisterwelt ist der, dass in jedes Individuums Handeln rein
diejenige Gestalt erscheine, welche das göttliche Wesen in ihm
angenommen, und dass jeder Einzelne in aller übrigen Handeln Gott erkenne, wie er ausser ihm erscheint, und alle
übrigen in dieses Einzelnen Handeln gleichfalls Gott, wie er
ausser ihnen erscheint; dass daher immer und ewig fort, in
aller Erscheinung, Gott ganz heraustrete, und dass er allein
lebe und walte, und nichts ausser ihm; und allgegenwärtig,
und nach allen Richtungen hin ewig nur Er erscheine dem
Auge des Endlichen.

Also, wie das Christenthum es als Gebet ausspricht: Es
komme dein *Reich*; eben der Weltzustand, da du allein noch
bist und lebest und regierest dadurch, dass dein Wille geschehe auf *Erden*, in der Wirklichkeit, vermittelst der von dir
selbst nicht aufzuhebenden Freiheit, so wie er ewig fort geschieht, und gar nichts anderes geschehen kann im *Himmel*,
in der Idee, in der Welt, wie sie an sich und ohne Beziehung
auf die Freiheit ist. —

Z. B. Da bejammern sie nun, dass des Elendes in der
Welt so viel ist, und gehen mit an sich lobenswerthem Eifer
daran, desselben etwas weniger zu machen! Ach! das dem

Blicke zunächst sich entdeckende Elend ist leider nicht das
wahre Elend; da die Sachen einmal stehen, wie sie stehen,
ist das Elend noch das allerbeste von allem, das in der Welt
ist, und da es trotz allem Elende doch nicht besser wird in
der Welt, möchte man fast glauben, dass des Elendes noch
nicht genug in ihr sey: dass das Bild Gottes, die Menschheit,
besudelt ist und erniedriget, und in den Staub getreten, das
ist das wahre Elend in der Welt, welches den Religiösen mit
heiliger Indignation erfüllt. — Du linderst vielleicht, soweit
deine Hand reicht, Menschenleiden mit Aufopferung deiner
eigenen, liebsten Genüsse. Aber begegnet dir dies etwa nur
darum, weil dir die Natur ein so zartes und mit der übrigen
Menschheit so harmonisch gestimmtes Nervensystem gab, dass
jeder erblickte Schmerz schmerzlicher in diesen Nerven wie-
dertönt, so mag man dieser deiner zarten Organisation Dank
bringen; in der Geisterwelt geschieht deiner That keine Erwähnung. Hättest du die gleiche That gethan, — mit heiligem
Unwillen, dass der Sohn der Ewigkeit, in welchem sicher auch
ein Göttliches wohnt, durch solche Nichtigkeiten geplagt werden, und von der Gesellschaft so verlassen da liegen solle, —
mit dem Wunsche, dass ihm einmal eine frohe Stunde zu Theil
werde, in der er fröhlich und dankbar aufblicke zum Himmel,
— mit dem Zwecke, dass in deiner Hand ihm die rettende Hand
der Gottheit erscheine, und dass er inne werde, der Arm Gottes sey noch nicht verkürzt, und er habe noch allenthalben
Werkzeuge und Diener genug, und dass ihm Glaube, Liebe
und Hoffnung aufgehen möchten; wäre daher der eigentliche
Gegenstand, dem du aufhelfen wolltest, nicht sein Aeusseres,
das immer ohne Werth bleibt, sondern sein Inneres: so wäre
die gleiche That mit moralisch-religiösem Sinne gethan.

Zehnte Vorlesung.

Ehrwürdige Versammlung,

Fassen Sie heute nochmals die ganze hier vor Ihren Augen erzeugte Abhandlung, jetzt, da wir sie zu beschliessen gedenken, in Einem Blicke zusammen.

Das Leben an sich ist Eines, bleibt ohne alle Wandelbarkeit sich selbst gleich, und ist, da es die vollendete Ausfüllung der in ihm ruhenden Liebe des Lebens ist, vollendete Seligkeit. Dieses wahre Leben ist im Grunde allenthalben, wo irgend eine Gestalt und ein Grad des Lebens angetroffen wird; nur kann es durch Beimischung von Elementen des Todes und des Nichtseyns verdeckt werden, und sodann drängt es durch Qual und Schmerz und durch Abtödtung dieses unvollkommenen Lebens seiner Entwickelung sich entgegen. Wir haben diese Entwickelung des wahren Lebens aus dem unvollkommenen und Scheinleben, womit es anfangs verdeckt seyn kann, mit unsern Augen begleitet, und gedenken heute dieses Leben einzuführen in seinen Mittelpunct, und es Besitz nehmen zu lassen von aller seiner Glorie. Wir charakterisirten in der letzten Rede das höchste wirkliche Leben — d. h. — da die Wirklichkeit durchaus in einer Reflexionsform stehen bleibt, die absolut unaustilgbare Form aber der Reflexion die Unendlichkeit ist, — dasjenige Leben, das in der unendlichen Zeit abfliesset und das persönliche Daseyn des Menschen zu seinem Werkzeuge gebraucht, und darum als ein Handeln erscheinet — unter der Benennung der höheren Moralität. Wir mussten freilich gestehen, dass, wegen der durch das Reflexionsgesetz unabänderlich gesetzten Trennung des Einen göttlichen Wesens in mehrere Individuen, jedes besondern Indi-

viduums Handeln nicht umhin könne, einen von ihm allein
nicht abhängenden Erfolg ausser sich in der übrigen Welt der
Freiheit anzustreben; dass jedoch auch durch das Aussenblei-
ben dieses Erfolges die Seligkeit dieses Individuums nicht gestört werde, falls es nur zum wahren Verständnisse dessen,
was es eigentlich unbedingt und zur Unterscheidung dieses
ersten von dem, was es nur unter Bedingung anstrebe, als zu
der eigentlichen Religiosität, sich erhebe. Besonders der letzte
Punct war es, über welchen ich auf unsere heutige Rede
verwies, und in dieser eine tiefere Erörterung desselben
versprach.

Ich vorbereite diese Erörterung durch Erfassung unseres
ganzen Gegenstandes aus seinem tiefsten Standpuncte.

Das Seyn — ist da; und das Daseyn des Seyns ist nothwendig Bewusstseyn oder Reflexion, nach bestimmten, in der
Reflexion selber liegenden und aus ihr zu entwickelnden Gesetzen: dieses ist der von allen Seiten nunmehr sattsam auseinandergesetzte Grund unserer ganzen Lehre. Das Seyn allein
ist es, das da ist in dem Daseyn, und durch dessen Seyen in
ihm allein das Daseyn ist, und das da ewig bleibet in ihm, wie
es in sich selber ist, und ohne dessen Seyn in ihm das Daseyn
in nichts schwände; niemand zweifelt daran, und niemand,
der es nur versteht, kann daran zweifeln. In dem Daseyn aber
als Daseyn, oder in der Reflexion, wandelt schlechthin unmittelbar das Seyn seine durchaus unerfassbare, höchstens als
reines Leben und That zu beschreibende Form in ein *Wesen*,
in eine stehende Bestimmtheit; wie wir uns denn auch über
das Seyn nie anders ausgesprochen haben, und nie jemand
sich anders darüber aussprechen wird, als so, dass wir von
seinem inneren Wesen redeten. Ob nun gleich an sich unser
Seyn ewigfort das Seyn des Seyns ist und bleibt, und nie
etwas anderes werden kann, so ist doch das, was wir selbst
und für uns selbst sind, haben und besitzen, — in der Form
unserer selbst, des Ich, der Reflexion im Bewusstseyn, — niemals das Seyn an sich, sondern das Seyn in unserer Form
als Wesen. Wie hängt denn nun das, in die Form schlechthin nicht rein eintretende Seyn dennoch mit der Form zusam-

men? stösst dieselbe nicht unwiederbringlich aus von sich, und
stellt nicht hin ein zweites, durchaus neues Seyn, welches
neue und zweite Seyn eben durchaus unmöglich ist? Antwort:
Setze nur statt alles Wie ein blosses Dass. Sie hängt schlechthin zusammen: es giebt schlechthin ein solches Band, welches,
höher denn alle Reflexion, aus keiner Reflexion quellend und
keiner Reflexion Richterstuhl anerkennend — mit und neben
der Reflexion ausbricht. In dieser Begleitung der Reflexion
ist dieses Band — Empfindung; und, da es ein Band ist, Liebe,
und, da es das Band des reinen Seyns ist und der Reflexion,
die Liebe Gottes. In dieser Liebe ist das Seyn und das Daseyn, ist Gott und der Mensch Eins, völlig verschmolzen und
verflossen (sie ist der Durchkreuzungspunct des obengenann-
ten A und B); des Seyns Tragen und Halten seiner selbst in
dem Daseyn, ist seine Liebe zu sich; die wir nur nicht als
Empfindung zu denken haben, da wir sie überhaupt nicht zu
denken haben. Das Eintreten dieses seines sich selbst Haltens
neben der Reflexion, d. h. die Empfindung dieses seines sich
selbst Haltens, ist unsere Liebe zu Ihm; oder, nach der Wahrheit, seine eigne Liebe zu sich selber in der Form der Empfindung; indem wir ihn nicht zu lieben vermögen, sondern nur
er selbst es vermag, sich zu lieben in uns.

Diese, nicht die seinige, noch die unsrige, sondern diese
erst uns beide zu zweien scheidende, so wie zu Einem bin-
dende Wechselliebe, ist nun zuvörderst die Schöpferin unseres
oft erwähnten leeren Begriffs eines reinen Seyns oder eines
Gottes. Was ist es denn, das uns hinausführt über alles er-
kennbare und bestimmte Daseyn, und über die ganze Welt der
absoluten Reflexion? Unsere durch kein Daseyn auszufüllende
Liebe ist es. Der Begriff thut dabei nur dasjenige, was er eben
allein kann, er deutet und gestaltet diese Liebe, rein auslee-
rend ihren Gegenstand, der nur durch ihn zu einem Gegenstande wird, von allem, was diese Liebe nicht befriedigt, nichts
ihm lassend, als die reine Negation aller Begreiflichkeit, nebst
der ewigen Geliebtheit. Was ist es denn, das uns Gottes gewiss macht, ausser die schlechthin auf sich selbst ruhende
und über allen nur in der Reflexion möglichen Zweifel

erhabene Liebe? Und was macht diese Liebe auf sich selber ruhen, ausser das, dass sie unmittelbar das Sichtragen und Sichzusammenhalten des Absoluten selber ist? — Nicht die Reflexion, E. V., welche vermöge ihres Wesens sich in sich selber spaltet, und so mit sich selbst sich entzweit; nein, die Liebe ist die Quelle aller Gewissheit, und aller Wahrheit und aller Realität.

Der eben dadurch zu einem inhaltleeren Begriffe ausfallende Begriff von Gott deutet die Liebe überhaupt, sagte ich. Im lebendigen Leben hingegen, — ich bitte dieses zu bemerken, — ist diese Liebe nicht gedeutet, sondern sie ist, und sie hat und hält das Geliebte keinesweges etwa im Begriffe, der ihr nie nachkommt, sondern eben unmittelbar in der Liebe, und zwar also, wie es in sich selber ist, weil sie ja nichts anderes ist, als das Sichselbsthalten des absoluten Seyns. Dieser Gehalt und Stoff der Liebe nun ist es, welchen die Reflexion des Lebens zuvörderst zu einem stehenden und objectiven Wesen macht, sodann, dieses also entstandene Wesen in die Unendlichkeit fort wiederum spaltet und anders gestaltet, und so ihre Welt erschafft. Ich frage: was giebt denn für diese Welt, an der die Form des Wesens und die Gestalt offenbar das Product der Reflexion sind, den eigentlichen Grundstoff her? Offenbar die absolute Liebe; die absolute: — wie Sie nun sagen wollen — Gottes zu seinem Daseyn, oder — des Daseyns zum reinen Gotte. Und was bleibt der Reflexion? — ihn objectiv hinzustellen und ins unendliche fortzugestalten. Aber selbst in Absicht des letzteren, was ist es, das die Reflexion nirgends stillstehen lässt, sondern sie unaufhaltsam forttreibt von jedem Reflectirten, bei dem sie angekommen ist, zu einem folgenden, und von diesem zu seinem folgenden? Die unaustilgbare Liebe ist es zu dem, der Reflexion nothwendig entfliehenden, hinter aller Reflexion sich verbergenden, und darum nothwendig in alle Unendlichkeit hinter aller Reflexion aufzusuchenden, reinen und realen Absoluten; diese ist es, welche sie forttreibt durch die Ewigkeit, und sie ausdehnt zu einer lebenden Ewigkeit. Die Liebe daher ist höher, denn alle Vernunft, und sie ist selbst die Quelle der Vernunft und die Wurzel der Realität, und die einzige Schöpferin des Lebens und der Zeit; und ich habe dadurch, E. V., den höchsten realen Gesichtspunct einer Seyns- und Lebens- und Seligkeitslehre, d. i. der wahren Speculation, zu welchem wir bis jetzt hinaufstiegen, endlich klar ausgesprochen.

(Endlich, die Liebe ist, so wie überhaupt Quelle der Wahrheit und Gewissheit, ebenso auch die Quelle der vollendeten Wahrheit in dem wirklichen Menschen und seinem Leben. Vollendete Wahrheit ist Wissenschaft: das Element aber der Wissenschaft ist die Reflexion. So wie nun diese letztere sich selbst klar wird als Liebe des Absoluten, und dasselbe, wie sie nun nothwendig muss, erfasset als schlechthin über alle Reflexion hinausliegend und derselben in jeder möglichen Form unzugänglich, geht sie erst ein in die reine, objective Wahrheit; so wie sie eben dadurch allein auch fähig wird, die Reflexion, die sich ihr vorher noch immer mit der Realität vermischte, rein auszuscheiden und aufzufassen, und alle Producte derselben an der Realität erschöpfend aufzustellen und so eine Wissenslehre zu begründen. — Kurz, die zu göttlicher Liebe gewordene und darum in Gott sich selbst rein vernichtende Reflexion ist der Standpunct der Wissenschaft; welchen ich bei dieser schicklichen Gelegenheit im Vorbeigehen mit angeben wollte.)

Um dies in einer leicht zu behaltenden Form Ihnen zu geben und an schon geläufiges anzuknüpfen! — Schon zweimal haben wir die Johanneischen Worte: Im Anfang war das Wort u. s. w., in unsern, im unmittelbaren Gebrauche befindlichen Ausdruck umgesetzt: zuerst also im Anfange und schlechthin bei dem Seyn war das Daseyn; sodann, nachdem wir die mannigfaltigen innern Bestimmungen des Daseyns näher erkannt und dieses Mannigfaltige unter der Benennung Form zusammengefasst hatten, also: im Anfange, und schlechthin bei Gott oder dem Seyn, war die Form. Jetzt, nachdem wir das uns vorher für das wahre Daseyn gegoltene Bewusstseyn mit seiner ganzen mannigfaltigen Form nur als das Daseyn aus der zweiten Hand und die blosse Erscheinung desselben; das wahre aber und absolute Daseyn in seiner eigen-

thümlichen Form als Liebe erkennen: sprechen wir jene Worte
also aus: im Anfange: höher denn alle Zeit und absolute
Schöpferin der Zeit, ist die Liebe, und die Liebe ist in Gott,
denn sie ist sein Sichselbsterhalten im Daseyn: und die Liebe
ist selbst Gott, in ihr ist er und bleibet er ewig, wie er in
sich selbst ist. Durch sie, aus ihr, als Grundstoff, sind vermittelst der lebendigen Reflexion alle Dinge gemacht, und ohne
sie ist nichts gemacht, was gemacht ist; und sie wird ewig
fort in uns und um uns herum Fleisch, und wohnet unter
uns, und es hängt bloss von uns selbst ab, ihre Herrlichkeit,
als eine Herrlichkeit des ewigen und nothwendigen Ausflusses
der Gottheit, immerfort vor Augen zu erblicken.

Das lebendige Leben ist die Liebe, und hat und besitzt, als
Liebe, das Geliebte, umfasst und durchdrungen, verschmolzen
und verflossen mit ihm: ewig die Eine und dieselbe Liebe.
Nicht die Liebe ist es, welche dasselbe äusserlich vor sich hinstellt und es zerspaltet, sondern das thut nur die Reflexion.
Inwiefern daher der Mensch die Liebe ist, — und dies ist er
in der Wurzel seines Lebens immer und kann nichts anderes
seyn, obwohl er die Liebe seiner selbst seyn kann; — und inwiefern insbesondere er die Liebe Gottes ist, bleibt er immer
und ewig das Eine, Wahre, Unvergängliche, so wie Gott selbst,
und bleibet Gott selbst; und es ist nicht eine kühne Metapher,
sondern es ist buchstäbliche Wahrheit, was derselbe Johannes sagt: wer in der Liebe bleibet, der bleibet in Gott, und
Gott in ihm. Seine Reflexion nur ist es, welche dieses sein
eignes, keinesweges ein fremdes Seyn ihm erst entfremdet, und in der ganzen Unendlichkeit zu ergreifen sucht dasjenige, was er selbst, immer und ewig und allgegenwärtig, ist
und bleibt. Es ist daher nicht sein inneres Wesen, sein eigenes, ihm selbst, keinem fremden angehöriges, das da ewig sich
verwandelt, sondern nur die Erscheinung dieses Wesens, welches im Wesen der Erscheinung ewig unerschwinglich bleibt,
ist es, was sich verwandelt. Das Auge des Menschen verdeckt
ihm Gott und spaltet das reine Licht in farbige Strahlen, haben wir zu seiner Zeit gesagt; jetzt sagen wir: Gott wird
durch des Menschen Auge ihm verdeckt, lediglich darum, weil

er selbst sich durch dieses sein Auge verdeckt wird, und weil sein Sehen nie an sein eigenes Seyn zu reichen vermag. Was er sieht, ist ewig er selber; wie wir auch schon oben sagten: nur sieht er sich nicht so wie er selber ist, denn sein Seyn ist Eins, sein Sehen aber ist unendlich.

Die Liebe tritt nothwendig ein in der Reflexion und erscheinet unmittelbar als ein Leben, das eine persönlich sinnliche Existenz zu seinem Werkzeuge macht, also als ein Handeln des Individuums; und zwar als ein Handeln in einer durchaus ihr eignen, über alle Sinnlichkeit hinaus liegenden Sphäre, in einer völlig neuen Welt. Wo die göttliche Liebe ist, da ist nothwendig diese Erscheinung; denn so erscheint die erstere durch sich, ohne ein dazwischentretendes neues Princip; und wiederum, wo diese Erscheinung nicht ist, da ist auch die göttliche Liebe nicht. Es ist durchaus vergeblich, dem, der nicht in der Liebe ist, zu sagen: handle moralisch; denn nur in der Liebe geht die moralische Welt auf, und ohne sie giebt es keine; und ebenso überflüssig ist es, dem, der da liebt, zu sagen, handle: denn seine Liebe lebet schon durch sich selbst, und das Handeln, und das moralische Handeln, ist bloss die stille Erscheinung dieses seines Lebens. Das Handeln ist gar nichts an und für sich selbst, und es hat kein eignes Princip; sondern es entfliesst still und ruhig der Liebe, so wie das Licht der Sonne zu entfliessen scheint, und so wie der innern Liebe Gottes zu sich selbst die Welt wirklich entfliesst. So jemand nicht handelt, so liebt er auch nicht; und wer da glaubt zu lieben, ohne zu handeln, dessen Phantasie bloss ist durch ein von aussen an ihn gebrachtes Bild der Liebe in Bewegung gesetzt, welchem Bilde keine innere, in ihm selbst ruhende Realität entspricht. Wer da sagt, ich liebe Gott, sagt derselbe Johannes, und, — nachdem er die Bruderliebe, in einem gewissen sehr richtigen Sinne, selbst als die höhere Moralität aufgestellt hatte, — und hasset seinen Bruder, der ist ein Lügner; oder wie wir unsrer Zeit angemessener, jedoch gar nicht milder sagen würden, der ist ein Phantast, — und hat nicht die Liebe Gottes in ihm bleibend — bleibend, *realiter*,

sie ist nicht die Wurzel seines wahren Lebens, sondern er
mag sie sich höchstens nur vorbilden.

Die Liebe ist ewig ganz und in sich gedrungen, sagten
wir; und sie hat in sich, als Liebe, ewig die Realität ganz; bloss
und lediglich die Reflexion ist es, welche theilt und spaltet.
Darum ist auch — hierdurch kommen wir zu dem Puncte zurück, bei welchem wir in der vorigen Rede stehen blieben, —
darum ist auch die Spaltung des Einen göttlichen Lebens in verschiedene Individuen keinesweges in der Liebe, sondern sie
ist lediglich in der Reflexion. Das sich unmittelbar als han-
delnd erscheinende Individuum sonach und alle ausser ihm
erscheinende Individuen sind lediglich die Erscheinung der
Einen Liebe, keinesweges aber die Sache selbst. In seinem
eigenen Handeln soll die Liebe erscheinen, ausserdem wäre
sie nicht da: das moralische Handeln anderer aber ist nicht
die ihm unmittelbar zugängliche Erscheinung der Liebe; desselben Ermangeln beweiset gar nicht unmittelbar die Abwesenheit der Liebe; darum wird, wie wir schon in der vorigen
Rede uns ausdrückten, die Moralität und Religiosität anderer
nicht unbedingt gewollt, sondern mit der Bescheidung in die
Freiheit anderer; und die Abwesenheit dieser allgemeinen Moralität stört nicht den Frieden der durchaus auf sich selber
ruhenden Liebe.

Die Moralität und Religiosität des ganzen übrigen Geister-
reichs hängt mit dem Handeln jedes besondern Individuums
zunächst zusammen, wie zu bewirkendes mit seiner Ursache.
Der moralisch Religiöse will Moralität und Religion allgemein
verbreiten. Die Absonderung aber zwischen seiner und der
andern Religiosität ist lediglich eine Absonderung in der Reflexion. Seine Affection durch den Erfolg oder Nichterfolg
muss daher nach dem Gesetze der Reflexion erfolgen. Aber
wie wir schon oben bei einer andern Gelegenheit ersehen haben, der eigenthümliche Affect der Reflexion ist Billigung oder
Misbilligung, welche freilich nicht eben kalt seyn muss, sondern die um so leidenschaftlicher wird, je liebender der Mensch
überhaupt ist. Einen Affect aber führt die Reflexion auf die
Moralität anderer allerdings bei sich; denn diese Reflexion ist

die allerhöchste für den Religiösen und die eigentliche **Wur-**
zel der ganzen, mit Affect zu umfassenden Welt ausser ihm,
welche letztere für ihn rein und lediglich eine Geisterwelt ist.

Das soeben gesagte liefert uns die Principien, um **die**
Gesinnung des Religiösen gegen andere, oder dasjenige, was
man seine Menschenliebe nennen würde, tiefer zu charakterisiren, als es in der vorigen Rede geschehen konnte.

Zuvörderst ist von dieser religiösen Menschenliebe **nichts**
entfernter, als jenes gepriesene gut seyn und immer gut seyn
und alles gut seyn Lassen. Die letzte Denkart, weit entfernt
die Liebe Gottes zu seyn, ist vielmehr die in einer frühern
Rede sattsam geschilderte absolute Flachheit und innere Zer-
flossenheit eines Geistes, der weder zu lieben vermag, noch
zu hassen. — Den religiösen Menschen kümmert nicht — es
sey denn sein besonderer Beruf, für eine würdige Subsistenz
der Menschen Sorge zu tragen, — die sinnliche Glückseligkeit
des Menschengeschlechts, und er will kein Glück für dasselbe
ausser in den Wegen der göttlichen Ordnung. Durch die Umgebungen sie selig machen zu wollen, kann er nicht begehren,
ebensowenig, als es Gott begehren kann: denn Gottes Wille
und Rathschluss, auch über sein verbrüdertes Geschlecht, ist
immer der seinige. So wie Gott will, dass keiner Friede und
Ruhe finde, ausser bei ihm, und dass jeder bis zur Vernichtung
seiner selbst und der Einkehrung in Gott, immerfort geplagt
und genagt sey: so will es auch der Gott ergebene Mensch.
Wiederfindend ihr Seyn in Gott, wird er ihr Seyn lieben; ihr
Seyn ausser Gott hasset er innig, und dies ist eben seine Liebe
zu ihrem eigentlichen Seyn, dass er ihr beschränkendes Seyn
hasset. Ihr wähnet, sagt Jesus, ich sey gekommen, Frieden
zu bringen auf Erden, — Frieden: eben jenes Gutseynlassen
alles dessen, was da ist; — nein, da ihr nun einmal seyd, **wie**
ihr seyd, bringe ich euch das Schwert. Auch ist der religiöse
Mensch weit entfernt von dem gleichfalls bekannten und oft
empfohlenen Bestreben derselben erwähnten Flachheit, sich
über die Zeitumgebungen etwas aufzubinden, damit man **eben**
in jener behaglichen Stimmung bleiben könne; sie umzudeuten
und ins Gut, eins Schöne hierüber zu erklären. Er will **sie**

sehen, wie sie sind in der Wahrheit, und er sieht sie so, denn
die Liebe schärft auch das Auge; er urtheilt streng und scharf,
aber richtig, und dringt in die Principien der herrschenden
Denkart.

Sehend auf das, was die Menschen seyn könnten, ist sein
herrschender Affect eine heilige Indignation über ihr unwürdi-
ges und ehrloses Daseyn: sehend darauf, dass sie im tiefsten
Grunde doch alle ihr Göttliches tragen, nur dass es in ihnen
nicht bis zur Erscheinung hindurchdringt; betrachtend, dass
sie durch alles, was man ihnen verargt, doch sich selbst den
allergrössten Schmerz zufügen, und dass dasjenige, was man
geneigt ist, ihre Bosheit zu nennen, doch nur der Ausbruch
ihres eigenen tiefen Elendes ist; bedenkend, dass sie nur ihre
Hand ausstrecken dürften nach dem immerfort sie umgebenden Guten, um im Augenblick würdig und selig zu seyn, über-
fällt ihn die innigste Wehmuth und der tiefste Jammer. Seinen eigentlichen Hass erregt lediglich der Fanatismus der Verkehrtheit, welcher sich nicht damit begnügt, selbst in seiner
eignen Person nichtswürdig zu seyn, sondern, soweit er zu
reichen vermag, alles ebenso nichtswürdig zu machen strebt,
als er selbst ist, und den jeder Anblick eines Bessern ausser
ihm innig empört und zum Hasse aufreizt. Denn — indess das
erstbeschriebene nur armes Sünderwerk ist, ist das letzte
Werk des Teufels; denn auch der Teufel hasset das Gute,
nicht schlechthin darum, weil es gut ist, wodurch derselbe
völlig undenkbar würde: sondern aus Neid, und weil er selbst
es nicht an sich zu bringen vermag. So wie, unserer neu-
lichen Schilderung zufolge, der von Gott Begeisterte will, dass
ihm und allen seinen Brüdern, von allen Seiten und in allen
Richtungen, ewig fort nur Gott entgegenstrahle, wie er ist in
ihm selber: so will umgekehrt der von sich selbst Begeisterte,
dass ihm und allen seinen Mitmenschen, von allen Seiten und
in allen Richtungen, ewig fort nur das Bild seiner eigenen
Nichtswürdigkeit entgegenstrahle. Er überschreitet durch dieses Heraustreten aus seiner Individualität die natürliche und
menschliche Grenze des Egoismus, und macht sich zum allge-

meinen Ideale und Gotte; welches alles eben also der Teufel auch thut.

Endlich, ganz entschieden, unveränderlich und ewig sich gleich bleibend, offenbaret im Religiösen die Liebe zu seinem Geschlechte sich dadurch, dass er schlechthin nie und unter keiner Bedingung es aufgiebt, an ihrer Veredlung zu arbeiten, und, was daraus folgt, schlechthin nie und unter keiner Bedingung die Hoffnung von ihnen aufgiebt. Sein Handeln ist ja die nothwendige Erscheinung seiner Liebe; wiederum aber geht sein Handeln nothwendig nach aussen und setzt ein Aussen für ihn, und setzt seinen Gedanken, dass in diesem Aussen etwas wirklich werden solle. Ohne Vertilgung jener Liebe in ihm kann weder dieses Handeln, noch dieser sein nothwendiger Gedanke beim Handeln jemals wegfallen. So oft er auch abgewiesen werde von aussen, ohne den gehofften Erfolg, wird er in sich selbst zurückgetrieben, schöpfend aus der in ihm ewig fortfliessenden Quelle der Liebe neue Lust und Liebe, und neue Mittel; und wird fortgetrieben von ihr zu einem neuen Versuche, und wenn auch dieser mislänge, abermals zu einem neuen; jedesmal voraussetzend, was bisher nicht gelungen sey, könne diesmal gelingen, oder auch das nächstemal, oder doch irgend einmal, und falls auch ihm überhaupt nicht, doch etwa, durch seine Beihülfe und zufolge seiner Vorarbeiten, einem folgenden Arbeiter. So wird ihm die Liebe eine ewig fortrinnende Quelle von Glauben und Hoffnung; nicht an Gott oder auf Gott: denn Gott hat er allgegenwärtig in sich lebend, und er braucht nicht erst an ihn zu glauben, und Gott giebt sich ihm ewig fort ganz, so wie er ist; und er hat darum nichts von ihm zu hoffen, sondern von Glauben an Menschen und Hoffnung auf Menschen. Dieser unerschütterliche Glaube nun und diese nie ermüdende Hoffnung ist es, durch welche er sich über alle die Indignation oder den Jammer, mit denen die Betrachtung der Wirklichkeit ihn erfüllen mag, hinwegsetzen kann, sobald er will, und den sichersten Frieden und die unzerstörbarste Ruhe einladen kann in seine Brust, sobald er ihrer begehrt. Blicke er hinaus über die Gegenwart in die Zukunft! — und er hat ja für diesen

Blick die ganze Unendlichkeit vor sich, und kann Jahrtausende über Jahrtausende, die ihm nichts kosten, daran setzen, so viele er will.

Endlich — und wo ist denn das Ende? — endlich muss doch alles einlaufen in den sichern Hafen der ewigen Ruhe und Seligkeit; endlich einmal muss doch heraustreten das göttliche Reich, und seine Gewalt und seine Kraft und seine Herrlichkeit.

Und so hätten wir denn die Grundzüge zu dem Gemälde des seligen Lebens, soweit ein solches Gemälde möglich ist, in einen Punct vereinigt. Die Seligkeit selbst besteht in der Liebe und in der ewigen Befriedigung der Liebe, und ist der Reflexion unzugänglich: der Begriff kann dieselbe nur negativ ausdrücken, so auch unsere Beschreibung, die in Begriffen einhergeht. Wir können nur zeigen, dass der Selige des Schmerzes, der Mühe, der Entbehrung frei ist; worin seine Seligkeit selbst positiv bestehe, lässt sich nicht beschreiben, sondern nur unmittelbar fühlen.

Unselig macht der Zweifel, der uns hierhin reisset und dorthin, die Ungewissheit, welche eine undurchdringliche Nacht, in der unser Fuss keinen sichern Pfad findet, vor uns her verbreitet. Der Religiöse ist der Möglichkeit des Zweifels und der Ungewissheit auf ewig entnommen. In jedem Augenblicke weiss er bestimmt, was er will und wollen soll; denn ihm strömt die innerste Wurzel seines Lebens, sein Wille unverkennbar ewig fort unmittelbar aus der Gottheit: ihr Wink ist untrüglich, und für das, was ihr Wink sey, hat er einen untrüglichen Blick. In jedem Augenblicke weiss er bestimmt, dass er in alle Ewigkeit wissen wird, was er wolle und solle, dass in alle Ewigkeit die in ihm aufgebrochene Quelle der göttlichen Liebe nicht versiegen, sondern unfehlbar ihn festhalten und ihn ewig fortleiten werde. Sie ist die Wurzel seiner Existenz; sie ist ihm nun einmal klar aufgegangen, und sein Auge ist mit inniger Liebe auf sie geheftet; wie könnte jene vertrocknen, wie könnte dieses wo andershin sich wenden! Ihn befremdet nichts, was irgend um ihn herum vorgeht. Ob er es begreife, oder nicht; dass es in der Welt Gottes ist, und dass in dieser nichts seyn kann, das nicht zum Guten abzwecke, weiss er sicher.

In ihm ist keine Furcht über die Zukunft, denn ihn führt das absolut Selige ewig fort derselben entgegen; keine Reue über das Vergangene, denn inwiefern er nicht in Gott war, war er nichts, und dies ist nun vorbei, und erst seit seiner Einkehr in die Gottheit ist er zum Leben geboren; inwiefern er aber in Gott war, ist recht und gut, was er gethan hat. Er hat nie etwas sich zu versagen, oder sich nach etwas zu sehnen, denn er besitzt immer und ewig die ganze Fülle alles dessen, das er zu fassen vermag. Für ihn ist Arbeit und Anstrengung verschwunden, seine ganze Erscheinung fliesst lieblich und leicht aus seinem Innern, und löset sich ab von ihm ohne Mühe. Um es mit den Worten eines unsrer grossen Dichter zu sagen:

> Ewig klar, und spiegelrein und eben,
> Fliesst das zephyrleichte Leben
> Im Olymp den Seligen dahin.
> Monde wechseln und Geschlechter fliehen —
> Ihrer Götterjugend Rosen blühen,
> wandellos im ewigen Ruin

So viel, E. V., habe ich Ihnen in diesen Vorlesungen über das wahre Leben und über die Seligkeit desselben mittheilen wollen. Es ist sehr wahr, dass man über diesen Gegenstand noch lange fortreden könnte, und dass es besonders sehr interessant seyn würde, den moralisch-religiösen Menschen, nachdem man ihn im Mittelpuncte seines Lebens kennen gelernt hat, von da aus zu begleiten in das gewöhnliche Leben, bis auf die gemeinsten Angelegenheiten und Umgebungen, und da ihn anzuschauen in seiner ganzen, wahrhaft rührenden Liebenswürdigkeit und Heiterkeit. Aber ohne eine gründliche Erkenntniss jener ersten Grundpuncte zerfliesst eine solche Beschreibung dem Zuhörer gar leicht, entweder in eine leere Declamation, oder in ein nur ästhetisch gefallendes, aber keinen wahren Grund seines Bestehens in sich tragendes Luftgebilde: und dies ist der Grund, warum wir der Fortsetzung uns lieber enthalten. Für die Principien haben wir genug, vielleicht sogar zu viel gesagt.

Um dem ganzen Werke seinen angemessenen Schluss anzufügen, lade ich Sie nur noch auf Eine Stunde ein.

Eilfte Vorlesung.

Ehrwürdige Versammlung,

Der Gegenstand unserer Untersuchung ist, so weit er hier erschöpft werden sollte, durch unsere letzte Rede vollends erschöpft, und ich habe dem Ganzen nur noch die allgemeine Nutzanwendung hinzuzufügen; mich haltend, wie sich versteht, innerhalb der Grenzen, welche das freie und liberale Verhältniss, das diese Reden zwischen Ihnen, Ehrwürdige Versammlung, und mir geknüpft haben, und das heute zu Ende geht, und die wohlbegründete gute Sitte mir setzen.

Mein Wunsch war, mich Ihnen so innig als möglich mitzutheilen, Sie zu durchdringen, und von Ihnen, meinem Sinne nach, durchdrungen zu werden. — Ich glaube auch wirklich, dass es mir gelungen ist, die Begriffe, welche hier zur Sprache gebracht werden sollten, mit einer, wenigstens vorher nicht also erreichten Klarheit auszusprechen; so wie auch diese Begriffe in ihrem natürlichen Zusammenhange hinzustellen. Aber selbst bei der klarsten Darstellung der Begriffe, und bei sehr richtiger Erfassung dieser Begriffe durch den Zuhörer, kann noch immer eine grosse Kluft befestigt bleiben zwischen dem Geber und dem Empfänger, und es kann der Mittheilung an ihrer möglichen Innigkeit gar vieles abgehen; und man hat in diesem unserem Zeitalter auf diesen Mangel, als auf die eigentliche Regel, von der das Gegentheil nur die Ausnahme ist, zu rechnen.

Dieser Mangel an Innigkeit des Empfangens der dargebotenen Belehrung in unserem Zeitalter hat zwei Hauptgründe.

Zuvörderst nemlich giebt man sich nicht, wie man sollte, mit ganzem Gemüthe, sondern etwa nur mit dem Verstande, oder mit der Phantasie, dem dargebotenen Unterrichte hin. Man betrachtet es im ersten Falle lediglich mit Wissbegier oder Neubegier, um zu sehen, wie sich das nun machen und gestalten möge; übrigens indifferent gegen den Inhalt, ob er nun so, oder so ausfalle. Oder man belustigt im zweiten Falle sich bloss an der Reihe der Bilder, der Erscheinungen, der etwa gefallenden Worte und Redensarten, die vor unserer Phantasie vorbeigeführt werden; übrigens ebenso indifferent gegen den Inhalt. Man stellt es eben ausser sich selbst, und von sich selbst abgesondert vor sich hin, und scheidet es ab von sich; statt, wie man sollte, es zu versuchen an seiner wahrhaftigen Liebe, und zu sehen, wie es dieser zusagen möge. Man setzt sodann leicht auch bei dem Geber dieselbe Stimmung voraus, glaubend, dass es ihm lediglich darum zu thun sey, speculirend die Zeit auf eine Art, die nicht unangenehm seyn möge, hinzubringen, seinen Scharfsinn und seine dialektische Kunst bewundern zu lassen, schöne Phrasen zu machen und dergleichen. Durch die Aufwerfung der Frage aber — sey es auch nur in seinem eigenen Herzen, — ob wohl derselbe selbst liebend und lebendig ergriffen seyn möge von dem, was er sagt, und durch die Voraussetzung, dass er auch wohl uns also zu ergreifen wünschte, wenn er es vermöchte, — würden wir die Grenzen der individuellen Rechte zu überschreiten, demselben eine Schmach zuzufügen, vielleicht gar ihn zum Schwärmer umzuwandeln befürchten. — Nun wird zwar, falls man die erwähnte Voraussetzung auch da nicht macht, wo man sie doch machen könnte und sollte, dem Geber kein Schaden zugefügt, indem dieser über dieses hinter seinen wahren Gesinnungen weit zurückbleibende fremde Urtheil sich leicht wird hinwegsetzen können; wohl aber wird dem Empfänger ein

Schade zugefügt, denn diesem fällt die ertheilte Belehrung allemal so aus, wie er sie nimmt, und sie erhält für ihn keine
Beziehung auf das Leben, wenn nicht er selber diese Beziehung ihr giebt. Jene kalte und indifferente Beschauung durch
den blossen Verstand ist der Charakter der wissenschaftlichen
Denkart, und alle wirkliche Entwickelung von Wissenschaft
hebt an mit dieser Indifferenz für den Inhalt, indem die Richtigkeit der Form allein interessirt, bleibt auch bis zu ihrer
vollständigen Erzeugung in dieser Indifferenz beruhend; wie
sie aber vollendet hat, strömt sie zurück in das Leben, auf
welches zuletzt doch alles sich bezieht. Unser Zweck bei den
gegenwärtigen Vorlesungen war zu allernächst nicht wissenschaftlich, ohnerachtet nebenbei mancherlei Rücksichten auf
mir bekannte wissenschaftliche Bedürfnisse meiner Zuhörer genommen wurden; sondern er war praktisch. Wir müssen daher
heute, am Beschlusse stehend, allerdings bekennen, dass wir
nichts dagegen haben dürften, falls jemand voraussetzte, dass
es uns mit dem in diesen Vorlesungen Vorgetragenen ganzer
und völliger Ernst gewesen sey, dass die aufgestellten Grundsätze bei uns auch mit vom Leben ausgegangen seyen und in
dasselbige zurückgriffen, dass wir allerdings gewünscht hätten,
dass sie auch auf die Liebe und das Leben unserer Zuhörer
einfliessen möchten; und dass wir erst in dem Falle, dass dieses wirklich geschehen, unseren Zweck für vollkommen erreicht halten und glauben würden, dass die Mittheilung so innig gewesen sey, wie sie seyn sollte.

Ein zweites Hinderniss inniger Mittheilung in unserem Zeitalter ist die herrschende Maxime, keine Partei nehmen zu wollen, und sich nicht zu entscheiden, für oder wider; welche
Denkart sich Skepticismus nennt, und auch noch andere vor-
nehme Namen annimmt. Wir haben auch schon im Laufe dieser Vorlesungen über dieselbe gesprochen. Ihr Grund ist absoluter Mangel an Liebe, sogar an der allergewöhnlichsten zu
sich selber; — der tiefste Grad der oben beschriebenen Zer-
flossenheit des Geistes, da der Mensch nicht einmal über sein
eigenes Schicksal sich zu kümmern vermag, oder auch wohl
die wahrhaft brutale Meinung, dass Wahrheit kein Gut sey,

und dass an der Erkenntniss derselben nichts liege. Um über diesen, keinesweges Scharfsinn, sondern den allerhöchsten Grad des Stumpfsinns verrathenden Skepticismus hinauszukommen, muss man aufs wenigste darüber mit sich einig werden, ob es überall Wahrheit gebe, ob sie erreichbar sey für den Menschen, und ob sie ein Gut sey. Ich muss am Schlusse dieser Reden bekennen, dass, falls jemand heute sogar über die eben genannten Puncte noch nicht im Reinen wäre; — ja, sogar in dem Falle, dass er wenigstens über die hier vorgetragenen Resultate sich noch Bedenkzeit zur Entscheidung zwischen dem Ja oder Nein erbäte, und etwa, übrigens die Fertigkeit des Vortrages billigend, ein Urtheil über die Sache selber nicht zu haben bekennte, — dass, sage ich, zwischen diesem und mir die Mittheilung und gegenseitige Wechselwirkung am allerflächsten ausgefallen wäre; und dieser nur eine Vermehrung seines stehenden Vorraths von möglichen Meinungen erhalten hätte, indess ich ihm etwas vorzüglicheres zudachte. Mir ist, — nicht so gewiss, wie die Sonne am Himmel, oder dieses Gefühl meines eigenen Körpers, sondern unendlich gewisser, dass es Wahrheit, und dem Menschen zugängliche und von ihm klar zu begreifende Wahrheit gebe; auch mag ich wohl überzeugt seyn, dass auch ich an meinem Theile diese Wahrheit, aus einem gewissen, mir eigenthümlichen Puncte und in einem gewissen Grade der Klarheit ergriffen habe, denn ausserdem würde ich ja wohl schweigen, und es vermeiden, mündlich und schriftlich zu lehren; endlich mag ich auch wohl davon überzeugt seyn, dass dasjenige, was ich unter anderen auch hier vorgetragen, jene ewige, unwandelbare und alles ihr Gegenüberstehende zur Unwahrheit machende Wahrheit sey; denn ausserdem würde ich ja nicht das vorgetragen haben, sondern vielmehr das andere, welches ich für Wahrheit hielte. — Man hat seit langer Zeit im grösseren lesenden und schreibenden Publicum, gereimt und reimlos, den Verdacht auf mich zu bringen gesucht, dass ich der zuletzt geäusserten sonderbaren Meinung zu seyn scheine; ich habe vielfältig auf demselben Wege des Drucks bekannt und eingestanden; — aber der Buchstabe erröthet nicht, scheint

man zu denken, und zu verharren in der guten Hoffnung von
mir, dass ich schon noch einmal der Beschuldigung, die man
zu diesem Zwecke immerfort wiederholt, mich schämen werde;
ich habe darum einmal, Angesichts einer zahlreichen und ehrwürdigen Versammlung, und derselben ins Auge schauend, die
Wahrheit jener Anklage gegen mich mündlich eingestehen wollen. Auch ist es von jeher bei aller Mittheilung, und so auch
bei der in diesen Reden an Sie, Ehrwürdige Versammlung,
alles Ernstes mein Zweck und meine Absicht gewesen, das,
was ich erkannt habe, den anderen zuvörderst durch alle in
meiner Gewalt stehende Mittel klar und verständlich zu machen, und, so viel an mir liegt, sie zum Verstehen zu zwingen; wo sodann, — wie ich auch dessen sicher war, — die
Ueberzeugung von der Wahrheit und Richtigkeit des Vorgetragenen sich von selbst einfinden werde; also ist es allerdings
von jeher, und so auch jetzt, mein Zweck gewesen, meine
Ueberzeugung zu verbreiten, — Proselyten zu machen, oder
mit welchen Worten noch diejenigen, die sie hassen, jene Absicht, die ich sehr freimüthig zugestehe, ausdrücken wollen.
Jene mir gar oft und auf alle Weise empfohlene Bescheidenheit, zu sagen: sehen Sie da meine Meinung und wie ich für
meine Person die Sache ansehe, indem ich freilich noch überdies *der* Meinung bin, dass diese meine Meinung um nichts
besser ist, als alle die übrigen Meinungen, welche gehegt worden sind seit dem Anfange der Welt, und noch werden gehegt
werden bis an das Ende derselben, — jene Bescheidenheit,
sage ich, kann ich aus dem angeführten Grunde und überdies
auch noch deswegen nicht an mich bringen, weil ich diese
Bescheidenheit als die grösste Unbescheidenheit erkenne, und
es für eine fürchterliche und des Abscheues würdige Arroganz
halte, zu glauben, es wolle jemand wissen, wie wir für unsere
Person ein Ding ansehen; und den Mund zur Lehre zu öffnen,
so lange man nur noch seines *Meinens,* keinesweges aber seines *Wissens* sich bewusst ist. Freilich muss ich hinterher,
nachdem die Sache geschehen ist, mich darein ergeben, dass
man mich nicht verstanden hat, und eben deswegen auch nicht
überzeugt worden ist, weil es kein äusseres logisches Zwangs-

mittel zum Verstehen giebt, sondern das Verständniss **und die**
Ueberzeugung nur aus dem Innersten des Lebens heraus **und**
seiner Liebe sich entwickeln: aber schon im voraus in **das**
Nichtverständniss mich ergeben, und schon während **der Mit-**
theilung, als auf etwas, das da erfolgen solle, darauf **zu rech-**
nen , dieses kann ich nicht; und ich habe es nie, und **auch**
bei diesen Vorlesungen nicht gethan.

Die jetzt genannten Hinderungen einer innigeren **und**
fruchtbareren Meinung über ernsthafte Gegenstände **werden**
immerfort frisch erhalten und erneuert, selbst bei denen, **die**
wohl Lust und Kraft hätten, sich darüber zu erheben **durch**
die täglichen Umgebungen, welche man im Zeitalter antrifft. —
Sie werden, E. V., so wie meine Meinung nur deutlicher heraustreten wird, finden, dass ich bisher dieser Dinge **weder**
geradezu erwähnt, noch indirect auf sie hingedeutet habe: **jetzt**
aber habe ich, sehr reifen Ueberlegungen und Erwägungen
zufolge, mich entschlossen, zum Beschlusse jene Umgebungen
in ihrer Existenz anzuerkennen, sie aus ihrem Princip zu **wür-**
digen, und durch diese tiefere Ansicht Sie, soviel ich und soviel überhaupt eine fremde Kraft dies vermag, auf die Zukunft
dagegen auszurüsten.

Es soll mich davon nicht abhalten der mir sehr **wohl**
bekannte, fast allgemeine Hass gegen das, was man Polemik
nennt; denn dieser Hass geht selbst aus jener Umgebung hervor, mit welcher ich den Streit aufnehme, und ist eins ihrer
vornehmsten Bestandtheile. Wo er nicht etwas noch nichts-
würdigeres ist, wovon tiefer unten,· da ist er aufs mindeste
die krankhafte Abneigung vor aller schärferen Unterscheidung
und Auseinandersetzung, zu der jede Controverse allerdings
nöthigt; und die unüberwindliche Liebe zu der ehemals sattsam beschriebenen Verworrenheit und Verflossenheit aller Gegensätze.

Ebensowenig soll mich davon abhalten die gar häufig
sich vernehmen lassende Vermahnung: man müsse über dergleichen Dinge sich hinwegsetzen und sie verachten. Es ist
nicht zu erwarten, dass in unserem Zeitalter irgend ein Mann
von klarer Erkenntniss und Charakter es an Verachtung werde

fehlen lassen gegen die Voraussetzung, er könne für seine
Person durch Urtheile aus jenen Umgebungen heraus beleidigt
und herabgesetzt werden; und jene Ermahner selbst mögen
wohl nicht bedenken, welche Fülle von Verachtung sie selber
durch die Meinung, sie erst müssten uns an die schuldige Verachtung erinnern, verdienen und oft auf der Stelle erhalten.

Es soll mich davon nicht abhalten die gewöhnliche Voraussetzung, dass man lediglich darum widerspreche, streite
und polemisire, um eine persönliche Leidenschaftlichkeit zu
befriedigen, und wiederum wehezuthun dem, der uns etwa
wehegethan habe; — durch welche Voraussetzug eben schwache und von einer festen Wahrheit und ihrem Werthe nichts
wissende Menschen sogar einen ehrenvollen Grund zu erhalten
glauben, um die ohnedies aus ihrer Behaglichkeit sie aufstö-
rende Polemik mit Fug zu hassen und zu verachten. Denn
dass jemand glaube, nur aus irgend einem persönlichen Interesse könne man sich gegen etwas setzen, beweiset nichts
mehr, als dass dieser für seine Person es lediglich aus diesem
Grunde könne, und dass, wenn er einmal polemisiren sollte,
allerdings nur persönliche Gehässigkeit die Triebfeder davon
seyn würde; und hier nehmen wir denn den oben ertheilten
Rath, dergleichen Dinge zu verachten, gern an; denn dass ein
solcher ohne weiteren Beweis uns als seines gleichen festsetze,
ist eine Beschimpfung, die nur mit Verachtung erwiedert werden kann, und von jedem rechtlichen Menschen es wird.

Auch soll mich davon nicht abhalten, dass man sagt: es
sind nur wenige, die also sagen oder denken; denn diese Behauptung ist eben eine Unwahrheit, mit der die tadelnswür-
dige Furchtsamkeit der Besseren sich etwas aufbindet. Milde
gerechnet denken neunundneunzig Hunderttheile in den gebildeten Ständen in Deutschland also; und in den höchsten Cirkeln, welche den Ton angeben, ist es am ärgsten; und eben
darum kann auch das angezeigte Verhältniss demnächst sich
noch nicht vermindern, sondern es wird sich vermehren; und
wenn es auch nur wenige Sprecher der Partei giebt und solche, die den Geist derselben gedruckt aussagen, so kommt
dies lediglich daher, weil allenthalben die Sprecher die weni-

geren sind; was aber nicht drucken lässt, das liest und **erquickt**
sich in der geheimsten Stille seines Gemüths an dem **getrof-**
fenen Abdrucke seiner wahren Gesinnung.   Dass das **letztere**
in der That sich also verhalte und wir durch die Beschuldigung dem Publicum gar nicht Unrecht thun, gebet, so **sorgfäl-**
fältig auch dasselbe über seine Aeusserungen wachen **mag, so**
lange es seine Fassung behält, dennoch sodann unwidersprechlich hervor, sobald es in Leidenschaft gebracht wird; welches
allemal erfolgt, wenn man einen seiner Sprecher und Vormün-
der antastet.   Sie stehen sodann alle auf, Mann für Mann, und
vereinigen sich gegen den gemeinschaftlichen Feind, als ob
jeder Einzelne in seinem theuersten Besitzthume sich angegriffen glaubte.

.   Wie man daher auch mit allen einzelnen uns bekanntge-
wordenen Personen dieser Partei fertig werden und über sie
hinwegkommen möge; so soll man doch über die Sache selber
mit der blossen Verachtung sich nicht hinwegsetzen; indem
es die Sache der entschiedenen Majorität, ja beinahe der allgemeinen Einstimmigkeit ist, und noch lange es bleiben wird.
Auch sieht diese sorgfältige Vermeidung einer Berührung mit
jenen Dingen und der Vorwand, man sey dazu zu vornehm,
der Feigheit nicht unähnlich, und es scheint, als ob man doch
in jenen Winkeln sich zu beflecken befürchtete; da ja vielmehr das kräftige Sonnenlicht jeder Höhle Finsterniss muss
zerstreuen können, ohne darum die Finsterniss in sich aufzunehmen.   Die Augen der Blinden in diesen Höhlen kann es
freilich nicht eröffnen, wohl aber kann es den Sehenden zeigen, wie es in diesen Höhlen aussieht.

In früheren Vorlesungen haben wir gezeigt, und auch in
diesen von Zeit zu Zeit berührt, dass die herrschende Denkart des Zeitalters die Begriffe von Ehre und Schande geradezu
umkehre, und das wahrhaft Entehrende sich zum Ruhme, die
wahre Ehre hingegen sich zur Schande anrechne.   So ist, wie
jedem, der nur ruhig gehört hat, unmittelbar eingeleuchtet haben muss, der obenerwähnte Skepticismus, den unter der Benennung des Scharfsinns das Zeitalter sich zur Ehre anzurechnen pflegt, offenbarer Stumpfsinn, Flachheit und Schwäche des

Verstandes. Ganz besonders aber und vorzüglich gilt diese totale Verkehrtheit des Zeitalters in Bezug auf Religion. Ich müsste durchaus alle meine Worte an Ihnen verloren haben, wenn ich Ihnen nicht wenigstens so viel einleuchtend gemacht hätte, dass alle Irreligiosität auf der Oberfläche der Dinge und in dem leeren Scheine befangen bleibt, und eben darum einen Mangel an Kraft und Energie des Geistes voraussetzt, somit nothwendig Schwäche, des Kopfes sowohl als des Charakters, verräth; dagegen die Religion, als sich erhebend über den Schein und eindringend in das Wesen der Dinge, nothwendig den glücklichsten Gebrauch der Geisteskräfte, den höchsten Tiefsinn und Scharfsinn, und die davon unabtrennliche höchste Stärke des Charakters entdeckt; dass daher, nach den Principien aller Urtheile über Ehre, der Irreligiöse geringgeschätzt und verachtet, der Religiöse aber hochgeachtet werden müsste. — Die herrschende Denkart des Zeitalters kehrt das um. Nichts bringt bei der Majorität desselben unmittelbarer und sicherer Schande, als wenn man sich auf einem religiösen Gedanken oder einer solchen Empfindung ergreifen lässt; nichts kann, was daraus folgt, sicherer Ehre bringen, als wenn man von dergleichen Gedanken und Empfindungen sich frei erhält. Was bei dieser Gesinnung dem Zeitalter einige Beschönigungen zu geben scheint, ist dies, dass es die Religion nur als Superstition zu denken vermag und dass es ein Recht zu haben glaubt, diese Superstition, als etwas, worüber es hinweg sey, und da sie und die Religion Eins seyen, alle Religion zu verachten. Hierin spielt nun dem Zeitalter sein Unverstand und seine unermessliche Ignoranz, die aus diesem Unverstande stammt, zwei schlimme Streiche auf einmal. Denn zuvörderst ist es gar nicht wahr, dass das Zeitalter über die Superstition hinweg sey; das Zeitalter ist, wie man bei jeder Gelegenheit mit Augen sehen kann, innerlich noch davon angefüllt, denn es erschrickt und zittert bei jeder kräftigen Berührung der Wurzel des Aberglaubens: sodann aber, und was die Hauptsache ist, ist die Superstition selbst der absolute Gegensatz zur Religion, sie ist auch nur Irreligiosität, nur in einer anderen Form; sie ist die schwermüthige Irreligiosität, dagegen dasje-

nige, was das Zeitalter gern an sich brächte, wenn es könnte,
nur als Befreiung von jener Schwermüthigkeit — die leichtsinnige Irreligiosität seyn würde. Nun lässt sich zwar wohl
einsehen, wie einem in der letzten Stimmung ein wenig woh-
ler in seinem Muthe seyn könne, als in der ersten; — und
kann man auch diese kleine Verbesserung ihres Zustandes den
Menschen gönnen; wie aber durch diese Veränderung in der
ausserwesentlichen Form die im Wesen bleibende Irreligiosität
verständig und achtungswürdig werde, wird nie ein Verständiger begreifen.

Also die Majorität des Zeitalters verachtet unbedingt die
Religion. — Wie macht sie es denn nun möglich, diese Verachtung zur That und Aeusserung zu bringen? Greift sie die
Religion an mit Vernunftgründen? Wie könnte sie, da sie von
der Religion schlechthin gar nichts weiss? Oder etwa mit
Spott? Wie könnten sie, da der Spott schlechthin irgend einen Begriff von dem Verspotteten voraussetzt, dergleichen
diese doch durchaus nicht haben? Nein, sie sagen bloss wörtlich wieder, dass da und da das und das gesagt sey, was
etwa auf die Religion sich beziehen könnte; und ohne weiter
von dem ihrigen etwas hinzuzuthun lachen sie eben, und
jeder Höfliche lacht zur Gesellschaft mit; keinesweges, als ob
der erste oder irgend einer seiner Nachfolger innerlich in seinem Gemüthe von einer lächerlichen Vorstellung, welches ja
ohne einen Begriff durchaus unmöglich ist, wirklich angeregt
sey, sondern lediglich zufolge des allgemeinen Pactums; und
so lacht bald die ganze Gesellschaft, ohne dass irgend ein
Einzelner eines Grundes zum Lachen sich bewusst ist; jeder
aber denkt, sein Nachbar möge wohl einen solchen Grund
haben.

Um an der Gegenwart selber, ja unmittelbar an dem, was
wir hier treiben, die Illustration weiter fortzusetzen! — Die
Erzählung, wie ich überhaupt darauf gebracht worden, in dieser Stadt populäre philosophische Vorlesungen für ein gemischtes Publicum zu halten, würde zu weit führen. Dies aber einmal gesetzt, begreift jeder, der einige Kenntnisse von der Sache hat, dass, wenn der bloss scientifische Zweck beiseite ge-

setzt wird, für ein gemischtes Publicum von der Philosophie nichts allgemein interessantes und allgemein verständliches übrigbleibt, als die Religion; dass dies, religiöse Gesinnungen zu wecken, der eigentliche und wahre Zweck dieser Vorträge sey, hatte ich nun am Schlusse meiner Vorlesungen vom vorigen Winter, welche nunmehr auch zum Nachlesen, und zum Nachlesen für diesen Zweck, gedruckt sind, bestimmt ausgesprochen; ebenso wie ich die Erläuterung hinzugefügt hatte, dass jene Vorlesungen nur eine Vorbereitung dieses Geschäfts seyen, dass wir in ihnen nur das Hauptsächlichste von der Sphäre der Verstandesreligion durchmessen hätten, die ganze Sphäre der Vernunftreligion aber unberührt geblieben sey. Es war von mir zu erwarten, dass, falls ich diese Unterhaltungen jemals wieder aufnähme, ich sie da aufnehmen würde, wo ich sie hatte fallen lassen. — Ich musste ferner einen Gegenstand für populäre Vorlesungen auf eine populäre Weise bezeichnen; ich fand die Benennung: Anweisung zu einem seligen Leben, würde diese Vorlesungen erschöpfend charakterisiren. Ich glaube auch noch bis heute, dass ich darin nicht fehlgegriffen habe: und Sie selbst, E. V., können, nachdem Sie selbst die Abhandlung bis zu Ende gehört haben, entscheiden, ob Sie eine Anweisung zum seligen Leben gehört haben, und ob Sie etwas anderes gehört haben, als eine solche Anweisung. Und so geschah es denn, dass eine solche Anweisung durch die öffentlichen Zeitungen angekündigt wurde; sowie ich dies noch bis diesen Augenblick ganz schicklich und natürlich finde.

Gar nicht unerwartet aber würde mir gewesen seyn, und ebenso natürlich würde ich gefunden haben, dass einer Majorität, wie der beschriebenen, meine Ankündigung und mein ganzes Unternehmen als unübertrefflich komisch erschienen wäre, und dass sie darin eine reiche Quelle des Lachens für sich entdeckt hätten. Ganz natürlich würde ich gefunden haben, wenn Zeitungsherausgeber und Redactoren fliegender Blätter in meinem Hörsaale stehende Referenten angestellt hätten, um die hier ergiebig fliessende Quelle des Lächerlichen auch in ihre Blätter zu leiten, und um sie zur Aufheiterung ihrer Leser zu gebrauchen. — „Anweisung zu einem seligen

Leben!" Wir wissen zwar freilich nicht, was der Mann durch Leben, und durch seliges Leben, verstehen möge, aber es ist doch immer eine sonderbare Zusammensetzung von Worten, die also verbunden an unser Ohr noch nicht getroffen sind; es lässt sich leicht absehen, dass dabei nichts als Dinge herauskommen werden, von denen ein wohlgezogener Mann in guter Gesellschaft nicht gern spricht; und auf alle Fälle — hätte denn der Mann nicht voraussehen können, dass wir über ihn lachen würden? Da er nun, falls er ein vernünftiger Mensch wäre, dies um jeden Preis müsste vermeiden wollen, so ist seine Ungeschicktheit klar; wir wollen vorläufig lachen, zufolge des allgemeinen Pactums; vielleicht, dass während dieses Lachens noch einem unter uns ein eigner Einfall und Zusatz kommt, der dieses Lachen begründe.

Es wäre nicht unmöglich, dass ein solcher Einfall käme. Z. B. könnte man nicht sagen: „Wie selig ist doch der *Mann* selber zu preisen, der andern Anweisung zum seligen Leben geben will!" Auf den ersten Blick scheint nun die Wendung schon witziger; aber nehmen wir uns die Geduld, einen zweiten Blick auf sie zu werfen. Den Fall wirklich gesetzt, dass der, von dem die Rede, bei der klaren Einsicht seiner Grundsätze sich ganz wohl und ruhig befände, so hätte man ihm wohl dadurch, dass man ihm so etwas nachsagt, eine rechte Schmach zugefügt? — „Ja, aber so etwas von sich selber zu sagen, ist das nicht ein unverschämtes Selbstlob?" — Geradezu von sich gesagt haben wird man es ohne Zweifel nicht; denn ein gesetzter Mensch dürfte wohl ausser ihm selbst noch andere Gegenstände haben, von denen er reden könnte, falls er reden will. Wenn aber in der Behauptung: es gäbe eine gewisse Denkart, die Frieden und Ruhe über das Leben verbreite, und in dem Versprechen, man wolle diese Denkart andern bekannt machen, die Voraussetzung nothwendig liegt, man habe diese Denkart selbst, und habe, da sie nicht anders könne, denn Frieden geben, durch sie Frieden und Ruhe gewonnen; und man vernünftigerweise das erste gar nicht sagen kann, ohne das zweite stillschweigend anzuerkennen: so muss man freilich folgen lassen, was da folgt. Und wäre denn das eine

so grosse Unverschämtheit, die ein unauslöschbares Ridicüle
gäbe, wenn man es, durch den Zusammenhang dazu genöthigt,
hätte merken lassen, dass man sich für keinen Stümper, und
für keinen schlechten und elenden Menschen halte?

Allerdings, E. V., ist gerade dies die einzige Unverschämtheit und das einzige Ridicüle bei der Majorität, von der wir
reden; und wir liefern durch das soeben Gesagte den innigsten Geist ihres Lebens zu Tage. Aller Verkehr unter den
Menschen soll nach dem, dieser Majorität vielleicht selbst verborgenen, dennoch aber allen ihren Urtheilen zu Grunde liegenden Princip sich gründen auf die stillschweigende Voraussetzung, dass wir alle auf dieselbe Weise arme Sünder sind:
wer die andern ausser sich für etwas Besseres nimmt, der ist
ein Thor; wer sich selbst ihnen für etwas Besseres giebt, der
ist ein anmaassender Geck: beide werden verlacht. — Arme
Sünder: in Kunst und Wissenschaft; — wir können und wissen freilich alle nichts, jeder will jedoch auch gern ein Wort
mitsprechen: das sollen wir gegenseitig einander demüthig bekennen und verstatten, und reden und reden lassen; wer es
aber anders nimmt, und im Ernste thut, als ob er etwas wüsste
oder vermöchte, handelt gegen das Pactum, und ist anmaassend.
Arme Sünder im Leben: — der letzte Zweck von unser aller
Regungen und Bewegungen ist der, unsere äusserlichen Umstände zu verbessern; wer weiss das nicht? Freilich erfordert
die vertragsmässige Lebensart, dass man das dem andern nicht
geradezu unter die Augen sage, wie denn auch dieser nicht
verbunden ist, es mit lauten Worten zu gestehen, sondern hiebei gewisse Vorwände vertragsmässig verstattet sind; aber stillschweigend voraussetzen muss es jeder lassen, und wer gegen
die stillschweigende Voraussetzung sich setzt, ist anmaassend,
und ein Heuchler obendrein.

Aus dem aufgestellten Princip stammt die bekannte Klage gegen die wenigen Bessern in der Nation, welche Klage man allenthalben hören und allenthalben gedruckt lesen kann; die Klage:
Wie, der Mann will uns mit dem Schönen und Edlen unterhalten!
Wie wenig kennt er uns! Gebe er in geschmacklosen Spässen uns
das treue Gegenbild unseres eigenen frivolen und trivialen Lebens;

denn das gefällt uns, und dann ist er unser Mann, und kennt auch sein Zeitalter. Wir sehen selbst freilich wohl ein, dass jenes, was wir nicht mögen, vortrefflich, und das, was uns gefällt, schlecht und elend ist: aber dennoch mögen wir nur das letzte, denn — so einmal sind wir. — Aus diesem Princip stammen alle die Vorwürfe von Arroganz und Unbescheidenheit, welche die Schriftsteller einander in offenem Drucke, und die Weltleute einander in Worten machen; und die ganze Fülle des stehenden und ausgeprägten Witzes, der sich im öffentlichen Umlaufe findet. Ich mache mich, wenn die Probe angestellt werden sollte, anheischig, den ganzen Schatz von Spott in der Welt, — höchstens den tausendsten Theil davon ausgenommen — entweder auf das Princip: er weiss noch nicht, dass die Menschen arme Sünder sind, oder auf das, er glaubt besser zu seyn, als wir andern alle, oder auf beide zugleich, zurückzuführen. In der Regel sind beide Principien vereinigt. So lag im Sinne jener Majorität das Ridicüle einer Anweisung zum seligen Leben nicht bloss darin, dass ich glaubte, eine solche Anweisung geben zu können, sondern auch darin, dass ich voraussetzte, Zuhörer, und in der zweiten Stunde wiederkommende Zuhörer, für eine solche Anweisung zu finden, und falls ich sie dennoch fände, darin, dass diese glaubten, es sey hier etwas für sie zu holen.

In jener Voraussetzung der gleichen Sündhaftigkeit aller lebt nun jene Majorität immerfort; dieselbe Voraussetzung muthet sie immer jedwedem an; und wer dagegen verstösst, über den lacht sie, wenn man sie bei guter Laune lässt, oder erboset sich gegen ihn, wenn man sie in den Harnisch bringt; — welches unter andern auch durch dergleichen tiefere Untersuchungen ihres wahren Wesens, wie die gegenwärtige war, zu geschehen pflegt. Durch diese Voraussetzung nun wird sie eben schlecht, profan, irreligiös, und dies immer mehr, je länger sie darin verharrt. Ganz umgekehrt hält der gute und rechte Mensch, obwohl er seine Mängel erkennt und an der Verbesserung derselben unablässig arbeitet, sich nicht für radical schlecht und für einen substantiellen Sünder; denn wer sich in seinem Wesen als solchen anerkennt, mithin sich dar-

ein ergiebt, der ist es eben deswegen, und bleibt es. Neben
dem, was ihm fehlt, anerkennt der gute Mensch auch, was er
hat, und muss es anerkennen, denn das eben soll er ja brauchen. Dass er dabei nicht sich selbst die Ehre gebe, versteht
sich; denn wer noch ein Selbst hat, an dem ist sicher gar
nichts gutes. Ebensowenig setzt er, wie er auch etwa theoretisch von seiner Umgebung denken möge, in seinem wirklichen Verkehr mit den Menschen, diese als schlecht und als
arme Sünder voraus, sondern er setzt sie als gut voraus. Mit
der Sündhaftigkeit in ihnen hat er nichts zu thun, und an diese
wendet er sich gar nicht, sondern er wendet sich an das in
ihnen dennoch gewiss verborgene Gute. Auf alles das, was
in ihnen nicht seyn soll, rechnet er gar nicht, und verfährt, als
ob es gar nicht da wäre: dagegen rechnet er festiglich auf
dasjenige, was nach den obwaltenden Umständen in ihnen seyn
soll, als auf etwas, das da eben seyn muss, das vorausgesetzt
und unter keiner Bedingung ihnen erlassen wird. Falls er
z. B. lehrte, will er von der Zerstreutheit nicht verstanden seyn,
sondern nur von der Aufmerksamkeit; denn die Zerstreutheit
soll nicht seyn, und es kommt zuletzt weit mehr darauf an,
dass man aufmerken lerne, als dass man gewisse Sätze lerne.
Die Scheu vor gewissen Wahrheiten will er gar nicht schonen
und zahm machen, sondern er will ihr trotzen; denn diese
Scheu soll nicht seyn, und wer die Wahrheit nicht ertragen
kann, der soll sie von ihm nicht erhalten; die Festigkeit des
Charakters dürfte zuletzt noch mehr werth seyn, als irgend
eine positive Wahrheit, und man dürfte, ohne die erstere,
etwas der letzteren ähnliches wohl überhaupt nicht an sich
bringen können. — Aber will er denn nicht gefallen und wirken? Allerdings; aber nur durch das Rechte, und in den Wegen der göttlichen Ordnung; auf andere Weise will er schlechthin nicht weder wirken noch gefallen. Es ist eine gar gutmüthige Voraussetzung jener Majorität, dass mancher sonst
rechtliche Mann, — sey es in Kunst, in Lehre oder in Leben, —
ihnen gern gefallen wolle, dass er dies nur nicht recht anzustellen wisse, weil er sie, diese tiefen Charaktere, nicht recht
kenne, dass sie also es ihm sagen müssten, wie sie es gern

hätten. Wie wäre es, wenn er sie unendlich tiefer durch-
schaute, als sie selbst es je vermögen werden; aber von dieser seiner Erkenntniss für sein Handeln mit ihnen Notiz nehmen nur nicht wollte, weil er sich eben nichts daraus macht,
ihnen zu Willen zu leben, und es ihnen nicht recht machen
will, ehe nicht sie selber erst ihm recht geworden sind?

Und so habe ich Ihnen denn, E. V., neben der Schilderung
der gewöhnlichen Umgebung im Zeitalter, zugleich das Mittel
angegeben, sich über dieselbe gründlich hinwegzusetzen und
sich von ihr auszuscheiden. Man schäme sich nur nicht weise
zu seyn; sey man es auch allein, in einer Welt von Thoren.
Was ihren Spott anbelangt, so habe man nur den Muth, nicht
sogleich mitzulachen, sondern einen Augenblick ernsthaft zu
bleiben, und das Ding ins Auge zu fassen: um das Lachen
kommt man darum nicht; der rechte Witz liegt bei solcher Gelegenheit im Hintergrunde, und dieser ist für uns; und *soweit*
der gute Mensch den schlechten überhaupt überwiegt, soweit
überwiegt auch sein Witz den des schlechten. Was ihre Liebe
und ihren Beifall betrifft, so habe man nur den Muth, entschieden darauf Verzicht zu thun, denn man wird ohnedies, ohne
selbst schlecht zu werden, denselben nimmermehr erhalten; —
und dieses allein ists, was selbst die Besseren in unseren Tagen so lähmt und schwächt, und die gegenseitige Anerkennung
derselben und ihre Vereinigung so hindert, dass sie es nicht
aufgeben wollen, zwei unvereinbare Dinge, ihr eigenes Rechtthun und den Beifall der Gemeinheit, zu vereinigen, und sich
nicht entschliessen mögen, das Schlechte als schlecht zu erkennen. Hat man nur einmal über diese Hoffnung und dieses
Bedürfniss sich hinweggesetzt, so hat man nichts weiter zu
fürchten; das Leben geht seinen ordentlichen Gang fort, und
jene können wohl hassen, aber sie können wenig schaden;
auch vermindert sich, nachdem auch sie von ihrer Seite die
Hoffnung aufgeben müssen, uns zu ihres Gleichen zu machen,
um vieles ihr böser Wille, und sie werden geneigter, uns zu
verbrauchen, wie wir sind; und das äusserste gesetzt, ist Ein
guter Mensch, wenn er nur consequent ist und entschlossen,
stärker denn hundert schlechte.

Und so glaube ich denn alles gesagt zu haben, was ich hier sagen wollte, und beschliesse hiermit diese Vorlesungen; nicht unbedingt wünschend Ihren Beifall, E. V., sondern, falls er mir zu Theil werden sollte, ihn also wünschend, dass er Sie und mich ehren möge.

Beilage
zur sechsten Vorlesung.

Die Hauptlehre des Christenthums, als einer besonderen Anstalt, Religion im Menschengeschlecht zu entwickeln: dass in Jesu zu allererst, und auf eine keinem andern Menschen also zukommende Weise, das ewige Daseyn Gottes eine menschliche Persönlichkeit angenommen habe, dass alle übrigen nur durch ihn, und vermittelst der Wiederholung seines ganzen Charakters in sich, zur Vereinigung mit Gott kommen könnten; sey ein bloss historischer, keinesweges aber ein metaphysischer Satz, heisst es im Texte (S. 482). Es ist vielleicht nicht überflüssig, die Unterscheidung, auf welche die erwähnte Aeusserung sich gründet, hier noch klarer auseinanderzusetzen; da ich bei dem grösseren Publicum, dem ich jetzt dieselbe im Druck vorlege, nicht ebenso, wie bei der Mehrzahl meiner unmittelbaren Zuhörer, voraussetzen darf, dass ihnen aus meinen übrigen Lehren jene Unterscheidung geläufig sey.

Wo die Ausdrücke streng genommen werden, ist das Historische und das Metaphysische geradezu entgegengesetzt; und was nur wirklich historisch ist, ist gerade deswegen nicht me-

taphysisch, und umgekehrt. Historisch nemlich und das rein
Historische an jeder möglichen Erscheinung, ist dasjenige, was
sich nur eben als blosses und absolutes Factum, rein für sich
dastehend und abgerissen von allem übrigen, auffassen, keinesweges aber aus einem höheren Grunde erklären und ableiten
lässt: metaphysisch dagegen und der metaphysische Bestandtheil jeder besondern Erscheinung, ist dasjenige, was aus einem
höheren und allgemeineren Gesetze nothwendig folgt, und aus
demselben abgeleitet werden kann; somit gar nicht lediglich
als Factum erfasst wird, und, der Strenge nach, nur durch
Täuschung für ein solches gehalten wird, da es in Wahrheit
gar nicht als Factum, sondern zufolge des in uns waltenden
Vernunftgesetzes also erfasst wird. Der letztgenannte Bestandtheil der Erscheinung geht niemals bis zu ihrer Wirklichkeit,
und niemals geht die wirkliche Erscheinung in ihm vollständig
auf; und es sind darum in aller wirklichen Erscheinung diese
beiden Bestandtheile unabtrennlich verknüpft.

Es ist das Grundgebrechen aller ihre Grenzen verkennen-
den, vermeintlichen Wissenschaft (des transscendenten Ver-
standesgebrauchs), wenn sie sich nicht begnügen will, das Factum rein als Factum zu nehmen, sondern es metaphysicirt.
Da unter der Voraussetzung, dasjenige, was eine solche Metaphysik auf ein höheres Gesetz zurückzuführen sich bemüht, sey
in der That lediglich factisch und historisch, es ein solches,
wenigstens im gegenwärtigen Leben uns zugängliches Gesetz
nicht geben kann: so folgt daraus, dass die beschriebene Metaphysik, willkürlich voraussetzend, es finde hier eine Erklärung statt, — welches ihr erster Fehler ist, — sich noch überdies auf das Erdichten legen und durch eine willkürliche Hypothese die vorhandene Kluft ausfüllen müsse, welches ihr
zweiter Fehler ist.

In Beziehung auf den vorliegenden Fall nimmt man das
Urfactum des Christenthums historisch und rein als Factum,
wenn man nimmt, was am Tage liegt, dass Jesus gewusst
habe, was er eben weiss, früher als irgend ein andrer es gewusst hat, und gelehrt und gelebt habe, wie er hat; — ohne
noch weiter wissen zu wollen, wie dieses alles ihm möglich

gewesen: was man denn auch, zufolge einleuchtender, nur
hier nicht mitzutheilender Grundsätze, in diesem Leben nimmermehr erfahren wird. Durch, das Factum überfliegenden,
Verstandesgebrauch aber metaphysicirt wird dasselbe Factum,
wenn man es in seinem Grunde zu begreifen strebt, und etwa
zu diesem Behufe eine Hypothese, wie das Individuum Jesus,
als Individuum, aus dem göttlichen Wesen hervorgegangen
sey, aufstellet. — Als Individuum, habe ich gesagt: denn wie
die ganze Menschheit aus dem göttlichen Wesen hervorgehe,
lässt sich begreifen, und hat durch die vorstehenden Vorlesungen begreiflich gemacht werden sollen, und ist nach uns der
Inhalt des Einganges des Johanneischen Evangeliums.

Nun kommt es uns insbesondre, die wir die Sache historisch nehmen, nicht darauf an, auf welche von den beiden
Weisen irgend jemand den aufgestellten Satz nehmen wolle,
sondern zunächst nur darauf, auf welche von den beiden Weisen Jesus selber und sein Apostel Johannes ihn genommen
haben, und die übrigen befugt gewesen seyen, ihn zu nehmen; und es ist allerdings der bedeutendste Bestandtheil unserer Behauptung, dass das *Christenthum* selber, d. h. zunächst Jesus, jenen Satz durchaus nicht metaphysisch genommen habe.

Wir bringen unsere Beweisführung auf folgende Sätze
zurück.

1) Jesus von Nazareth hat die allerhöchste und den Grund
aller anderen Wahrheiten enthaltende Erkenntniss von der absoluten Identität der Menschheit mit der Gottheit, in Absicht
des eigentlichen Realen an der erstern, ohne Zweifel besessen.
— Ueber diesen, auch nur historischen Satz müsste zu allererst ein jeder, für den der folgende Beweis etwas beweisen
soll, mit mir einverstanden seyn; und ich ersuche mein Zeitalter, über diesen Punct sich ja nicht zu übereilen. Meines
Erachtens wird nicht leicht jemand, der nicht dieselbe Erkenntniss von der Einen Realität schon vorher auf einem andern Wege erhalten, und sie in sich lebendig werden lassen,
sie da finden, wo ich sie, auch erst hindurchgegangen durch
jene Bedingung, gefunden habe. Hat aber jemand nur erst

diese Bedingung erfüllt, und sich dadurch erst das Organ verschafft, mit welchem allein das Christenthum aufgefasst werden kann: so wird er nicht nur jene Grundwahrheit im Christenthume klar wiederfinden, sondern es wird sich ihm auch
über die übrigen, oft sehr sonderbar scheinenden Aeusserungen derselben Schriften ein hoher und heiliger Sinn
verbreiten.

2) Die Art und Weise dieser Erkenntniss in Jesu Christo,
welche der zweite Punct ist, auf den es ankommt, lässt sich
am besten charakterisiren durch den Gegensatz mit der Art
und Weise, auf welche der speculative Philosoph zu derselben
Erkenntniss kommt. Der letztere geht aus von der an sich
der Religion fremden und für sie profanen Aufgabe seiner
Wissbegier, das Daseyn zu erklären. Die Aufgabe findet er
allenthalben, wo ein gelehrtes Publicum vorhanden ist, schon
durch andere ausgesprochen vor sich, und findet Mitarbeiter
um die Auflösung unter seinen Vorgängern und Zeitgenossen.
Ihm kann es nicht einfallen, um der blossen, ihm klar gewordenen Aufgabe willen sich für etwas besonderes und ausge-
zeichnetes zu halten. Ferner spricht die Aufgabe, als Aufgabe,
seinen eignen Fleiss und seine ihm klar bewusste persönliche
Freiheit an; seiner Selbstthätigkeit gar klar sich bewusst,
kann er sich ebensowenig für inspirirt halten.

Setzet endlich, dass die Lösung ihm gelinge, und ihm auf
die einzig rechte Weise, durch das Religionsprincip, gelinge,
so liegt sein Fund doch immer in einer Reihe von vorbereiten-
den Untersuchungen, und ist auf diese Weise für ihn ein natürliches Ereigniss. Die Religion ist nur nebenbei, und nicht
rein und lediglich als Religion, sondern zugleich als das lö-
sende Wort des Räthsels, welches die Aufgabe seines Lebens
ausmachte, an ihn gekommen.

So verhielt es sich nicht mit Jesu. Er ist zuvörderst
schlechthin nicht von irgend einer speculativen Frage, welche
durch die später und im Verlaufe der Erforschung jener Frage
ihm gekommene Religionserkenntniss nur gelöst worden wäre,
ausgegangen: denn — er erklärt durch sein Religionsprincip
schlechthin nichts in der Welt, und leitet nichts ab aus jenem

Princip; sondern trägt ganz allein und ganz rein nur dies vor,
als das einzige des Wissens Würdige, liegen lassend alles übrige,
als nicht werth der Rede. Sein Glaube und seine Ueberzeugung liess es über das Daseyn der endlichen Dinge auch nicht
einmal zur Frage kommen. Kurz, sie sind eben gar nicht da
für ihn, und allein in der Vereinigung mit Gott ist Realität.
Wie dieses Nichtseyn denn doch den Schein des Seyns annehm-
men könne, von welcher Bedenklichkeit alle profane Speculation ausgeht, wundert ihn nur nicht.

Ebensowenig hatte er seine Erkenntniss durch Lehre
von aussen und Tradition; denn bei der wahrhaft erhabenen
Aufrichtigkeit und Offenheit, die aus allen seinen Aeusserungen hervorleuchtet — hier setze ich freilich abermals bei meinem Leser voraus, dass er durch seine eigne Verwandtschaft
zu dieser Tugend, und durch ein tieferes Studium der Lebens-
beschreibung Jesu einen anschaulichen Begriff von jener Aufrichtigkeit sich verschaffe — hätte er in diesem Falle das gesagt, und seine Jünger nach seinen eigenen Quellen hingewie-
sen. — Daraus, dass er selbst auf eine richtigere Religions-
kenntniss vor Abraham hindeutet, und einer seiner Apostel bestimmt auf Melchisedek hinweiset, folgt nicht, dass Jesus durch
unmittelbare Tradition mit jenem Systeme zusammengehangen
habe; sondern er kann sehr füglich das ihm schon in ihm selber aufgegangene beim Studium Moses nur wiedergefunden
haben; indem auch aus einer Menge anderer Beispiele hervorgeht, dass er die Schriften des alten Testaments unendlich
tiefer erfasste, als die Schriftgelehrten seiner Zeit und die Mehrzahl der unsrigen; indem auch er ausging, wie es scheint, von
dem hermeneutischen Princip, dass Moses und die Propheten
nicht nichts, sondern etwas hätten sagen wollen.

Jesus hatte seine Erkenntniss weder durch eigne Speculation, noch durch Mittheilung von aussen, heisst: er hatte sie
eben schlechthin durch sein blosses Daseyn; sie war ihm erstes und absolutes, ohne irgend ein anderes Glied, mit welchem sie zusammengehangen hätte; rein durch Inspiration, wie
wir hinterher, und im Gegensatze mit unserer Erkenntniss,
uns darüber ausdrücken; er selbst aber nicht einmal also sich

ausdrücken konnte. — Und zwar, welche Erkenntniss hatte er auf diese Weise? Dass alles Seyn nur in Gott gegründet sey: mithin, was da unmittelbar folgt, dass auch sein eignes Seyn mit dieser und in dieser Erkenntniss in Gott gegründet sey, und unmittelbar aus ihm hervorgehe. Was da unmittelbar folgt, sagte ich; denn für uns ist das letztere allerdings ein Schluss vom Allgemeinen aufs Besondere, weil wir insgesammt erst unser vorher vorhandenes persönliches Ich, als das hier vorkommende Besondere, an dem Allgemeinen vernichten müssen: keinesweges aber eben also — was als die Haupt-sache ich zu bemerken bitte — bei Jesu. Da war kein zu ver-nichtendes geistiges, forschendes oder lernendes Selbst; denn erst in jener Erkenntniss war sein geistiges Selbst ihm aufge-gangen. Sein Selbstbewusstseyn war unmittelbar die reine und absolute Vernunftwahrheit selber; seyend und gediegen, und blosses Factum des Bewusstseyns, keinesweges, wie *bei* uns andern allen, genetisch, aus einem vorhergegangenen an-dern Zustande, und darum kein blosses Factum des Bewusst-seyns, sondern ein Schluss. In dem, was ich soeben bestimmt auszusprechen mich bemühte, dürfte wohl der eigentliche per-sönliche Charakter Jesu Christi, welcher, wie jede Individualität, nur einmal gesetzt seyn kann in der Zeit, und in derselben nie wiederholt werden, bestanden haben. Er war die zu ei-nem unmittelbaren Selbstbewusstseyn gewordene absolute Ver-nunft, oder was dasselbe bedeutet, Religion.

3) In diesem absoluten Factum ruhte nun Jesus, und war in ihm aufgegangen; er konnte nie es anders denken, wissen oder sagen, als dass er eben wisse, dass es so sey, dass er es unmittelbar in Gott wisse, und dass er auch dies eben wisse, dass er es in Gott wisse. Ebensowenig konnte er seinen Jüngern eine andere Anweisung zur Seligkeit geben, ausser die, dass sie werden müssten wie Er: denn dass seine Weise, da zu seyn, beselige, wusste er an sich selber; anders aber, ausser an sich selbst, und als seine Weise, da zu seyn, kannte er das beseligende Leben gar nicht, und konnte es darum auch nicht anders bezeichnen. Er kannte es ja nicht im allgemei-nen Begriffe, wie der speculirende Philosoph es kennet und

es zu bezeichnen vermag; denn er schöpfte nicht aus dem
Begriffe, sondern lediglich aus seinem Selbstbewusstseyn. Er
nahm es lediglich historisch; und wer es so nimmt, wie wir
soeben uns darüber erklärt haben, der nimmt es, unsers Erachtens nach seinem Beispiele, auch nur historisch: es war zu
der und der Zeit im jüdischen Lande ein solcher Mensch; und
damit gut. — Wer aber nun noch ferner zu wissen begehrt,
durch welche — entweder willkürliche Veranstaltung Gottes,
oder innere Nothwendigkeit in Gott — ein solches Individuum
möglich und wirklich geworden, der überfliegt das Factum und
begehrt zu metaphysiciren das nur Historische.

Für Jesus war eine solche Transscendenz schlechthin unmöglich; denn für diesen Behuf hätte er sich in seiner Persönlichkeit von Gott unterscheiden, und sich abgesondert hin-
stellen und sich über sich selber, als ein merkwürdiges Phänomen, verwundern und sich die Aufgabe stellen müssen, das
Räthsel der Möglichkeit eines solchen Individuums zu lösen.
Aber es ist ja der allerhervorspringendste, immer auf dieselbe
Weise wiederkommende Zug im Charakter des Johanneischen
Jesus, dass er von einer solchen Absonderung seiner Person
von seinem Vater gar nichts wissen will, und andern, welche
sie zu machen versuchen, sie ernstlich verweist; dass er immerfort annimmt, wer ihn sehe, sehe den Vater, und wer ihn
höre, höre den Vater, und das sey alles Eins; und dass er
ein Selbst an ihm, über dessen ungebührliche Erhebung der
Misverstand ihm Vorwürfe macht, unbedingt abläugnet und
wegwirft. Ihm war nicht der Jesus Gott, denn einen selbstständigen Jesus gab er nicht zu; wohl aber war Gott Jesus,
und erschien als Jesus. Von jener Selbstbeschauung aber und
Verwunderung über sich selber, war — ich will nicht sagen,
ein Mann wie Jesus, in Beziehung auf welchen wohl die blosse
Lossprechung hievon eine Lästerung seyn dürfte, — sondern
der ganze Realismus des Alterthums sehr weit entfernt; und
das Talent, immer nach sich selber hinzusehen, wie es uns
stehe, und sein Empfinden, und das Empfinden seines Empfin-
dens wieder zu empfinden, und aus langer Weile sich selber
und seine merkwürdige Persönlichkeit psychologisch zu erklä-

ren, war den Modernen vorbehalten; aus welchen eben darum
so lange nichts rechtes werden wird, bis sie sich begnügen,
eben einfach und schlechtweg zu leben, ohne wiederum in
allerlei Potenzirungen dieses Leben leben zu wollen; andern,
die nichts besseres zu thun haben, überlassend, dieses ihr
Leben, wenn sie es der Mühe werth finden, zu bewundern
und begreiflich zu machen.

Inhalts - Anzeige.

Hang zur Willkür im Meinen und die Unentschlossenheit, welche sich Skepticismus betitle, verstosse; theils der Inhalt fremd und ungeheuer paradox erscheine; und endlich Unbefangene durch das Einreden der Fanatiker der Verkehrtheit irre gemacht würden. Genetische Erklärung dieses Fanatismus. Die von demselben zu erwartende Anklage unserer Lehre als Mysticismus gedeutet. Was jedoch der eigentliche Zweck dieser und ähnlicher Anklagen sey?

Dritte Vorlesung. S. 431. Lösung des Zweifels, wie, — da ja das Leben ein organisches Ganzes seyn müsse, — im wirklichen Leben ein Theil des nothwendigen Lebens ermangeln könne, — sowie es, unserer Behauptung zufolge, mit dem Scheinleben sich verhalte, — durch die Bemerkung, dass das geistige Leben in der Wirklichkeit sich nur allmählig und gleichsam nach Stationen entwickle; anschaulich gemacht an dem auffallenden Beispiele, dass der grosse Haufen das Denken der äusseren Gegenstände aus der sinnlichen Wahrnehmung derselben ableitet, und nicht anders weiss, als dass alle unsere Erkenntniss sich auf Erfahrung gründe. Was, im Gegensatze mit diesem, auch nicht durch Wahrnehmung begründeten Denken äusserer Gegenstände, das eigentliche höhere Denken sey; und wie dieses vom blossen *Meinen*, mit welchem es in Absicht seiner Region übereinkomme, der Form nach sich unterscheide.

Wirkliche Vollziehung dieses Denkens an den höchsten Elementen der Erkenntniss, wobei resultirt: das Seyn sey weder geworden, noch sey in ihm etwas geworden, sondern es sey schlechthin Eins und mit sich einerlei; von ihm sey zu unterscheiden das *Daseyn* desselben, das nothwendig sey *Bewusstseyn* desselben; welches Bewusstseyn, zugleich nothwendig *Selbstbewusstseyn* — seinem eigenen Daseyn überhaupt, sowie den besonderen realen Bestimmungen desselben nach, aus dem Seyn sich selbst nicht genetisch ableiten, wohl aber im Allgemeinen begreifen könne, dass diese seine reale Bestimmtheit im Wesen Eins sey mit dem inneren Wesen des Seyns.

Vierte Vorlesung. S. 447. Was unentbehrlich sey zu einem seligen Leben; was dagegen nur unter Bedingungen nothwendig? So sey die Beantwortung der Frage: wie, da das Seyn ebenso dasey, wie es in sich selbst sey, — als Eines, — in dieses sein Daseyn, oder das Bewusstseyn, die Mannigfaltigkeit eintreten könne? — nur unter Bedingung nothwendig. — Beantwortung dieser Frage. Das aus der lediglich im Daseyn vorkommenden Unterscheidung folgende Als, oder die Charakteristik durch den

Gegensatz, sey der absolute Gegensatz und das Princip aller anderen Trennung. Es setze dieses Als ein stehendes Seyn des Charakterisirten, wodurch das, was an sich inneres göttliches Leben sey, in eine ruhende Welt verwandelt werde. Diese Welt werde charakterisirt oder gestaltet durch das *Factum* jenes Als, welches Factum sey eine *absolut freie Selbstständigkeit* — ins unbedingte und unendliche fort.

Fünfte Vorlesung. S. 461. Princip einer neuen Spaltung im Wissen, nicht zunächst auf die Welt, sondern auf die Reflexion der Welt gehend, und darum nur gebend verschiedene Ansichten der Einen bleibenden Welt; welche letztere Spaltung jedoch mit der ersten innigst durchdrungen und verwachsen sey. Diese Spaltung, daher die aus ihr resultirende Verschiedenheit der Weltansicht sey fünffach. Die erste und niedrigste die Ansicht der herrschenden Zeitphilosophie, da man der Sinnenwelt, oder der Natur, Realität beimisst. Die zweite, da das Reale in ein, die vorhandene Welt *ordnendes* Gesetz an die Freiheit gesetzt wird: der Standpunct der objectiven Legalität, oder des kategorischen Imperativs. Die dritte, da dasselbe Reale in ein, — innerhalb der vorhandenen Welt, eine neue *erschaffendes* — Gesetz an die Freiheit gesetzt wird: der Standpunct der eigentlichen Sittlichkeit. Die vierte, da die Realität allein in Gott und in sein Daseyn gesetzt wird: der Standpunct der Religiosität. Die fünfte, welche das Mannigfaltige in seinem Hervorgehen aus dem Einen Realen klar erblickt: der Standpunct der Wissenschaft. Jedoch sey wahrhafte Religiosität nicht als blosse Ansicht möglich, sondern sie sey nur da, wo sie mit einem wirklichen göttlichen Leben vereinigt sey; und ohne diese Vereinigung sey die blosse Ansicht leer, und Schwärmerei.

Sechste Vorlesung. S. 475. Beweis der früheren beiläufigen Behauptung, dass diese Lehre zugleich die Lehre des ächten Christenthums sey, wie dieselbe beim Evangelisten Johannes sich vorfinde. Gründe, warum wir uns vorzüglich auf diesen Evangelisten berufen. Unser hermeneutisches Princip. — Es sey im Johannes zuvörderst zu unterscheiden, was an sich, und was nur für seinen temporären Standpunct wahr seyn solle. Das erste sey enthalten im Eingange des Evangeliums bis V. 5. Würdigung dieses Einganges, nicht als unvorgreifliche Meinung des Evangelisten, sondern als unmittelbare Lehre Jesu. Erklärung desselben. Das temporär Gültige sey der nicht *metaphysische*, sondern bloss *historische* Satz: dass das göttliche Daseyn, rein und ohne alle individuelle Beschränkung, in Jesus von Nazareth sich dargestellt habe. Erklärung des Unterschiedes dieser

beiden Ansichten, und Vereinigung derselben; gleichfalls und
ausdrücklich auch nach der christlichen Lehre. Würdigung dieses historischen Dogmas. Auffassung des Inhalts des ganzen
Evangeliums aus diesem Gesichtspuncte, nach den Fragen:
Was lehret Jesus von sich und seinem Verhältnisse zu
Gott; und was von seinen Anhängern und deren Verhältnisse
zu ihm?

Siebente Vorlesung. S. 492. Eine noch tiefere Schilderung des
blossen Scheinlebens aus dem Princip desselben. — Zum Erweise der Seligkeit des religiösen Lebens gehört die erschöpfte
Aufstellung aller möglichen Weisen, sich selbst und die Welt zu
geniessen. Es giebt, da die eben aufgestellten fünf Weisen der
Ansicht der Welt ebenso viele Weisen des Genusses derselben
sind, ihrer fünf; von denen, nach Ausschliessung des wissenschaftlichen Standpunctes, hier nur vier in Betrachtung kommen.
Der Genuss überhaupt, als Befriedigung der Liebe, gründet sich
auf Liebe; Liebe aber ist der Affect des Seyns. — Sinnlicher
Genuss und die durch Phantasie vermittelten Affecte im ersten
Standpuncte. Der Affect der Realität im zweiten Standpuncte,
des Gesetzes, ist ein Befehl, aus welchem an sich ein uninteressirter Urtheilsspruch erfolgen würde, der jedoch, mit dem Interesse für das Selbst zusammentretend, in Nicht - Selbstverachtung sich verwandelt. Durch diese Denkart werde im Menschen
alle Liebe ertödtet, eben darum aber er auch über alle Bedürftigkeit hinweggesetzt. Stoicismus, als blosse Apathie in Beziehung
auf Glückseligkeit und Seligkeit.

Achte Vorlesung. S. 507. Tiefere Erfassung der hier vorgetragenen Seynslehre. — Alles, was aus dem blossen Daseyn, als
solchem, folge, durch die Benennung der *Form* zusammengefasst: — sey in der Wirklichkeit das Seyn von der Form schlechthin unabtrennlich, und das Daseyn der letzteren sey selbst in
der inneren Nothwendigkeit des göttlichen Wesens gegründet.
Erläuterung dieses Satzes an dem einen Theile der Form, der
Unendlichkeit. Anwendung desselben auf den zweiten Theil derselben Form, die Fünffachheit. Diese giebt ein freies und selbstständiges Ich, als den organischen Einheitspunct der ganzen
Form. — Belehrung über das Wesen der Freiheit. — Affect des
Ich für seine Selbstständigkeit, der da nothwendig verschwinde,
sobald, durch vollendete Freiheit, die einzelnen Standpuncte
bloss möglicher Freiheit vernichtet werden; und so geben denn
die Anwesenheit oder Abwesenheit jener Liebe des Selbst zwei
durchaus entgegengesetzte Hauptweisen, die Welt anzusehen
und zu geniessen. Aus der ersten stamme zuvörderst der Trieb

nach sinnlichem Genusse. als die Liebe zu einem, auf eine gewisse Weise durch die Objecte bestimmten Selbst: sodann, in
der Denkart der Gesetzmässigkeit, die Liebe zu bloss formaler
Freiheit, nach aufgegebener Liebe objectiver Selbstbestimmung.
Charakteristik der Liebe, aus der ein kategorischer Imperativ
entspringt. Durch die Vernichtung jener Liebe des Selbst falle
der Wille des Ich zusammen mit dem Leben Gottes; und es
entstehe daraus zuvörderst der, oben als dritter aufgestellte,
Standpunct der höheren Moralität. Verhältniss dieser Denkart
zu den äusserlichen Umgebungen, besonders im Gegensatze mit
der Superstition der sinnlichen Bedürftigkeit.

Neunte Vorlesung. S. 523. Die neue Welt, welche die höhere
Moralität innerhalb der Sinnenwelt erschaffe, sey das unmittelbare Leben Gottes selbst in der Zeit; — an sich nur unmittelbar zu erleben; im allgemeinen nur durch das Merkmal, dass
jede Gestaltung desselben schlechthin um ihrer selbst willen,
und nicht als Mittel zu irgend einem Zwecke gefalle, zu charakterisiren. Erläutert an den Beispielen der Schönheit, der Wissenschaft u. s. w. und an den Erscheinungen des natürlichen
Talents für diese. Dieses Handeln strebe denn doch einen Erfolg ausser sich an; so lange nun das Begehren des Erfolges
mit der Freude am blossen Thun noch vermischt sey, sey selbst
die höhere Moralität noch ausgesetzt der Möglichkeit des Schmerzes. Ausscheidung dieser beiden durch den Standpunct der
Religiosität. — Grund der Individualität. Jeder hat seinen eigenthümlichen Antheil am göttlichen Leben. Erstes Grundgesetz
der Moralität und des seligen Lebens, dass jeder diesen seinen
Antheil ergreife. — Allgemeine äussere Charakteristik des moralisch-religiösen Willens, inwiefern derselbe aus seinem eigenen
innern Leben herausgeht nach aussen.

Zehnte Vorlesung. S. 538.· Erfassung des ganzen abgehandelten
Gegenstandes aus seinem tiefsten Standpuncte. — Das in der
Form der Selbstständigkeit des Ich, als der Reflexionsform, schlechthin sich selbst von sich selbst ausstossende Seyn hänge, jenseits aller Reflexion, allein durch die *Liebe* mit der Form zusammen. Diese Liebe sey die Schöpferin des leeren Begriffs
von Gott; die Quelle aller Gewissheit; das das Absolute unmittelbar und ohne alle Modification durch den Begriff im Leben
erfassende; das die Reflexion, in deren Form nur die *Möglichkeit* der Unendlichkeit liege, *wirklich* zur Unendlichkeit aus-
dehnende; endlich die Quelle der Wissenschaft. In der lebendigen und realen Reflexion tritt diese Liebe unmittelbar heraus
in der Erscheinung des moralischen Handelns.

Gedruckt bei Julius Sittenfeld in Berlin.

Lightning Source UK Ltd.
Milton Keynes UK
UKHW051528220119
335989UK00006B/503/P

9 781144 990945